• 二十一世纪“双一流”建设系列精品教材

国际投资学

（第3版）

GUOJI TOUZIXUE

吴晓东 编著

西南财经大学出版社

图书在版编目(CIP)数据

国际投资学/吴晓东编著．—3版．—成都:西南财经大学出版社,2021.12
ISBN 978-7-5504-4722-6

Ⅰ.①国… Ⅱ.①吴… Ⅲ.①国际投资 Ⅳ.①F831.6

中国版本图书馆CIP数据核字(2020)第253326号

国际投资学(第3版)

吴晓东 编著

责任编辑:冯雪
责任校对:王琳
封面设计:墨创文化 吴刘煜
责任印制:朱曼丽

出版发行	西南财经大学出版社(四川省成都市光华村街55号)
网　　址	http://cbs.swufe.edu.cn
电子邮件	bookcj@swufe.edu.cn
邮政编码	610074
电　　话	028-87353785
照　　排	四川胜翔数码印务设计有限公司
印　　刷	郫县犀浦印刷厂
成品尺寸	185mm×260mm
印　　张	27.5
字　　数	638千字
版　　次	2021年12月第3版
印　　次	2021年12月第1次印刷
印　　数	1—2000册
书　　号	ISBN 978-7-5504-4722-6
定　　价	49.80元

第三版前言

21世纪，世界经济正在发生深刻的变化，世界格局的多极化与个别国家的单边主义的斗争越发激烈，经济全球化潮流不可阻挡，各国经济联系日益密切。经济全球化是指世界各国在全球范围内的经济融合。它是世界生产力发展的结果，其推动力是追求利润、取得竞争优势和谋求经济的发展。导致经济全球化的直接原因是国际直接投资与贸易环境出现了新变化。一方面，国与国之间的经济贸易壁垒和限制正逐步被打破与取消，各国经济正向着更加开放的方向演进，生产要素、商品和劳务的跨国流动为各国各类经济主体积极参与世界经济活动提供了日益均等的机会和广阔的市场空间；另一方面，开放经济又必然带来国际分工的进一步细化和各国经济相互依存度的不断提高。

国际投资在经济全球化的进程中发挥了原动力和加速器的关键作用。传统的以国际贸易、国际金融为基础的多元化正逐步被以国际投资为基础的一体化取代。跨国公司通过国际投资建立起庞大的国际生产体系；跨国金融机构通过国际投资广泛地介入全球资本市场的运作中；而官方、半官方投资组织则通过国际投资不断地调整着全球经济运作的结构。尽管国际投资是在国际贸易和国际金融的基础上发展起来的，并与两者始终保持着千丝万缕的联系，但就对全球经济的影响而言，无论从广度还是从深度来看，国际投资都远比这两者要深刻得多。应该说，这也是当代世界经济发展的内在要求。

国际投资学是研究跨国投资运行及其规律和其对世界经济、各国经济影响的经济学科。其具体内容主要包括：①国际投资概述，包括国际投资的基本概念和国际投资的产生与发展以及国际投资与经济增长；②国际投资的理论，包括国际直接投资理论与国际间接投资理论；③国际投资的风险管理，包括对国际投资环境的分析，国际投资政治风险、汇率风险与经营风险的管理；④国际投资决策，包括国际直接投资决策和国际间接投资决策；⑤跨国公司的国际投资；⑥跨国金融机构和其他投资主体的国际投资；⑦国际证券投资，包括国际证券投资的发展与方式；⑧国际投资的法规；⑨中国的国际投资；等等。本书在认真总结当代国内外学者对国际投资研究成果的基础上，密切结合全球经济发展的最新动态，将国际投资纳入世界经济运行的整体框架中进行研究，以客观地凸显其作用和地位，并以此为基石，对国际投资学做了一次系统化的构架和整合，目的在于使读者能更为清晰、准确地把握国际投资学的理论框架。

在编写时，笔者为了跟上国际投资领域变化的步伐，查阅了大量的数据和资料，吸收和借鉴了前人的许多研究成果，许多作者的光辉思想给了笔者很大的启迪和帮助，在此表示衷心的感谢。

最后需要说明的是，本书是笔者在繁忙的教学和科研工作之余完成的，再加之笔者水平有限，本书难免存在一些疏漏，恳请广大读者批评指正，谢谢！

吴晓东

2021 年 7 月于光华园

目　录

第一章
国际投资概述

国际投资已成为当今世界经济中最活跃、最引人注目的现象。第二次世界大战结束以后，国际资本运动日趋频繁、日益扩大，逐渐超过了以往最具影响的商品贸易，成为世界经济发展的主导力量。同时，国际投资的活动和业务也日趋复杂化，与传统的国际商品贸易、日益发展的国际技术转让、国际工程承包、国际金融等具体的国际经济交往方式相融合，构成现代国际经济交往的综合性的业务。本章主要阐述国际投资的基本概念、国际投资的产生与发展、国际投资与经济增长等内容。

第一节　国际投资的基本概念

一、国际投资的含义

国际投资（international investment），是各国官方机构、跨国公司、金融机构及居民个人等投资主体，使其拥有的货币资本或产业资本，经跨国流动形成实物资产、无形资产或金融资产，并通过跨国运营实现价值增值的经济行为。从最基本的含义来看，就是国际投资行为，或者说是一国对其他国家发生的投资行为。因此，要理解国际投资，首先应该理解什么是投资。

（一）投资的含义

投资是一个大家经常提及却有众多解释的名词。一般解释认为投资（investment），是指为了不确定的未来值而做出的现值的牺牲。也有人进一步解释，认为投资是指为了获取效益而投入资金，并将其转化为实物资产或金融资产的行为和过程，它是投资主体（个人或单位）寄希望于不确定的未来收益，而将货币或其他形式的资产投入经济活动的一种经济行为。

西方学者对投资本质的理解是大致相同的。艾密林在其著作《投资学：管理与分析入门》中对“投资”做了如下定义：“投资可以定义为个人或机构对在未来投资期内能产生与风险成正比例收益的金融资产的购买。”杜格尔等在其著作《投资学》中从金融意义上和经济意义上分别对“投资”做了定义。杜格尔等认为：从金融意义上来讲，“投资就是投放现有资金，以便以利息、股息、租金或退休金的形式，或者以本金价值增值的形式，取得将来的收入”；从经济意义上来讲，“投资是指新建筑、新耐用设备或以额外库存的形式表现的新生产资本形式”。赫特等在其所著的《投资管理与策略的基本原理》中对“投资”做了如下定义：“投资可以定义为对现有资金的投入，这种投入预期在未来获得更大的现金流量。”权威工具书《简明不列颠百科全书》对“投资”的解释是：投资是“指在一定时期内期望在未来能产生收益而将收益变换成资产的过程”。“如从个体的观点来看，投资可分为生产资料投资和纯金融投资。就个体而言，二者均对投资者提供货币报酬。但就整体而论，纯金融投资只表现为所有权的转移，并不构成生产能力的增加；生产资料投资能增加一国经济生产的能力，它是反映经济增长的因素。”

一般来讲，西方学者都强调投资的收益和投资的风险呈正比例的关系。不论是个人投资者还是机构投资者，投资的目的都是利用现有资金，以达到在预期将来获得与其所承担风险成正比例的收益或本金的增益。收益性与风险性是投资的两个基本特征。任何一项投资的目的都是能够在未来获得经济效益，因此预期经济效益如何，是投资者制定投资决策的主要依据。无风险的投资是不存在的，风险可以说是投资的伴生物，而且与预期投资收益成正比，即投资预期收益越大，其风险也就越大。

理解投资的含义应把握以下几点：

（1）投资的本质在于这一经济行为或过程的获利性。

也就是说，投资者的目的是以一定量的资产获得更大量的经济回报，即“资本增值”或“经济效益”。

（2）投资的主体。

投资的主体可以是自然人，也可以是法人即人格化的经济组织，如各级政府、企事业单位等。

（3）投资的过程存在风险。

投资者进行投资是为了获取更大的经济利益，是为了以较少量的投入获得一定的产出，或者说是为了以一定量的投入获得较大的产出。但是，投资者收益的获得要经过一段时间的经营，在这个时间差中存在着各种不可预测或难以控制的损失因素，即导致投资者利益变化的不确定性。这种不确定性既包括未来收益量的大小无法确定，也包括投入资产收回量的大小无法确定，甚至有可能“血本无归”。未来收益的不确定性是投资的特征之一。因此，有人说“风险孕育着收益”，也有人说“投资的风险与利润成正比”。对投资与风险的关系，还可以从投资收益与银行存款利息的比较来理解。一般来说，投资者的投资预期收益率要大于银行存款利息率。投资者的资本如果不用于投资，而存入银行作为存款，也会按银行的存款利息率获得一定量的利息。存入银行的资本几乎没有风险，可以按期获得可确知的利息收入，也就是说，没有利益变化的不确定性。所以，投资的收益要大于银行的利息，其超过额即为利润。有的西方经济学家称利润为投资风险的报酬。

（4）投资的资产形式是多样化的。

投资投入物的最一般形式是货币，但是随着商品经济的高度发展，可以用来投资的资产已不再局限于货币形式，而呈现出多样性。一般来说，资产可以划分为三种形式：①货币性资产，包括现金和银行存款、应收账款、有价证券等其他货币形式。其中如股票、企业债券和政府债券等有价证券本身具有资本属性，它们自身没有任何价值，只是代表取得收益的权利，故称为虚拟资本。这些虚拟资本，也可以用来进行再投资，如将债券转移为股票，以一个公司的股票换取另一个公司的股票等。②实物资产，包括土地、建筑物、机器设备、零部件和原材料等。其中建筑物和机器设备等用于投资的较多，被称为资本货物。货币性资产和实物资产都被称为有形资产。③无形资产，包括所谓的经营资源，即经营管理方面的无形资产和知识经验，包括专利、生产技术、销售方法和渠道、原材料购入及资金筹措的方法和渠道、商标、商誉和信用、情报收集和研究开发的组织，等等。以上几类资产和劳动一起，构成了生产要素。

（二）国际投资的特点

从国际投资的定义来看，国际投资与前述一般意义上的投资具有共同性，即国际投资的基本性质是其趋利性。但是，国际投资在实际运作中比一般意义上的投资或者说国内投资更复杂。与国内投资相比，“跨国性”是国际投资的最显著的特征，由此而产生了如下特点：

（1）国际投资目的的多元化。

与国内投资一样，国际投资的最基本的目的是获利。但比较而言，国际投资的目的更复杂，有些国际投资项目本身并不能盈利，但出于投资者其他考虑（如改善投资国与东道国的双边经济关系或政治关系，为投资者得到其他有利可图的投资机会做铺垫等），国际投资仍然得以进行。

（2）国际投资所使用的货币的多元化。

国际投资中往往可以，也必须使用所谓“硬通货”或在国际货币市场上可自由兑换的那些国家的货币，如美元、欧元、日元等。即使是发行硬通货的国家（美国）的投资者进行国际投资（在中国设立合资企业），也必然会发生投资者所在国的货币与投资对象国的货币的相互兑换（在这里假设的就是美元和人民币的兑换），这是因为在投资对象国只流通本国货币。所使用货币的多元化，是国际投资与国内投资的明显区别。

（3）国际投资体现着一定的民族、国家的利益。

虽然进行国际投资的主体往往是个人或单个的企业，但对投资对象国而言，却是来自“异己”的民族或国家的。不论这具体的国际投资项目本身的动机是否单纯商业性的获利，对于投资者和投资对象来说，都或多或少地代表了各自民族或国家的利益。国际投资是基于双方利益的一致性而发生的，也必然包含了双方利益的矛盾性或冲突性。

（4）国际投资环境的差异性。

在国际投资过程中，投资者面临的投资环境与一般国内投资者的投资环境迥然不同。除自然环境而外，投资环境的其他因素，如政治、经济、法律、文化以及社会习俗等，都与投资者所在国有很大差异，因而构成了国际投资的复杂性。

（5）国际投资所包含的风险更大。

由于前述国际投资的各种特性，与国内投资相比较，国际投资在获利更大的同时，也面临着各种各样的不确定性，具有更大的风险。比如：外汇风险，由投资对象国的国际收支恶化而引起的进出口限制或资金汇出入限制以及汇率变化而招致的损失等；政治风险，由于投资对象国的民族主义倾向加强或政局变动、党派之争而带来的政府首脑的更迭或政策的剧变，都有可能造成对外资实行国有化或强行征收。因此，国际投资强调双边国家的批准和法律保护，也强调遵守国际惯例和有关国际条约（双边互相保护投资协定）的规定。如果在国际投资决策中考虑不全面，就很有可能造成投资严重损失。

二、国际投资的分类

国际投资是投资主体、资本的特性、投资目标、投资要素、投资国别、投资流向、投资方式、投资领域、投资行为、投入与产出之间关系等诸多因素的高度内在的统一。从不同的目的，按照不同的标准，国际投资可以有不同的分类：

（一）以资本来源及用途为区分标准

以资本来源及用途为区分标准，国际投资可分为公共投资（public investment）和私人投资（private investment）。公共投资，是指某国政府向另一国投资，或者政府间国际金融机构（世界银行、国际货币基金组织、国际金融公司等）向某一国投资。公共投资一般用于社会公共利益，如某国政府投资为另一国兴建机场、铁路、体育场所等，又如世界银行或国际货币基金组织给某国贷款开发农业、牧业等。这类投资的目的，除了取得直接经济效益外，有的还具有一定的国际经济援助的性质，有的则是为了配合或支持本国的私人投资，具有明显的政治目的。私人投资，一般是指一国的个人或经济单位以营利为目的而对他国的经济活动进行投资。需要指出的是，在国际直接投资的统计中，一国政府或国际组织进行的投资（前述一般意义上的公共投资）也归入私人投资的范围。

（二）以投资期限为区分标准

以投资期限为区分标准，国际投资可分为长期投资（long term investment）和短期投资（short term investment）。前者是指一年以上的投资，后者是指一年及一年以下的投资。

（三）以资本的特性为区分标准

以资本的特性为区分标准，国际投资可分为国际直接投资（international direct investment）和国际间接投资（international indirect investment）。国际直接投资又称对外直接投资（foreign direct investment），即指以取得国外企业的经营权、管理权为特征的投资。也就是说，国际直接投资的投资者直接参与所投资的国外企业的经营和管理活动，并拥有实际的管理权、控制权。国际间接投资又称对外间接投资（foreign indirect investment），即指以取得利息或股息等形式的资本增值为目的、以被投资国的证券为对象的投资。国际间接投资的投资对象具体包括公司股票、公司债券、政府债券、衍生证券等金融资产。国际间接投资者并不参与国外企业的经营、管理活动，其投资是通过国际资本市场（或称国际金融证券市场）进行的。国际直接投资和国际间接投资具有明显的区别，具体如下：

（1）对投资对象的控制权不同。

国际直接投资和国际间接投资的基本区分标志是投资者是否能有效地控制作为投资对象的外国企业。这里的问题是，国外企业的股票也是国际金融证券市场上的投资对象，投资者购买国外企业的股票，从理论上说也就拥有了国外企业的部分财产所有权以及相应的经营管理权。那么，在这种情况下，如何区分是属于国际直接投资还是国际间接投资呢？如前所述，其区分标志是对国外企业的有效控制权。根据国际货币基金组织的解释，这种有效控制权是指投资者拥有企业一定数量的股份，因而能行使表决权并在企业的经营决策和管理中享有发言权。这种股权参与下取得的对企业的控制权有别于非股权参与的情况。如果没有这种股权参与，即使能通过其他途径或方法而对企业产生影响，也不构成直接投资。而国际间接投资即使是在取得股权证券进行投资的情况下，也不构成对企业经营管理的有效控制。

在国际直接投资活动中，投资者对企业的控制权一般与投资者对企业股份的拥有权相对应，拥有的股份比例越高，其控制权也就越大。一个由某个投资者单独投资设立的企业，它的全部财产所有权都归该投资者所有，该投资者也就拥有该企业的全部股权和完全的控制权。对于两个或两个以上的投资者共同出资设立的企业，其控制权要依投资者所拥有的企业股份的多寡而定。在这种情况下，其中的某一方可能拥有多数股权，而其他方就拥有少数股权。当然，也可能形成各方在企业中的对等股权。一般而言，这种股权地位的差别是投资者拥有不同控制权的直接原因。实际上，国际直接投资要求的有效控制权并不与股份拥有比例构成确定的数量关系。因为，按照国际投资实践的通行原则，有效控制权是指投资者实际参与企业经营决策的能力和在企业经营管理中的实际地位。

国际上并没有形成对国际直接投资范畴所需拥有的最低股权比例的统一标准。国际货币基金组织出版的《国际收支手册》认为，一个紧密结合的组织在所投资的企业中拥有25%及以上的投票股，可以作为控制所有权的合理标准。也就是说，国际货币基金组织主张外国投资占25%及以上就可以算是国际直接投资。许多国家也在其外国投资法或有关的法律、法规中规定了构成外国直接投资所需拥有的最低股权比例，以区别于其他形式的外国投资。美国商务部在1956年规定，如果某外国企业完全（100%）受美国公司控制，或者某外国公司50%及以上的股东权益由一群相互没有联系的美国人掌握，或者某外国公司25%及以上的股东权益由一个有组织的美国人集团拥有，或者某外国公司10%及以上的股东权益是由一个美国人（法人）所拥有，在以上四种情况下，外国公司都可被视为是受美国人控制的，即美国人对该公司的投资就属于国际直接投资的范畴。但美国有些机构还规定，只要外国投资者实际上能控制美国企业的管理权，即使投资者只掌握该企业10%的投票股，仍可被视为外国的直接投资。加拿大政府则规定，当本国居民持有外国公司50%及以上的股权时，方可在原则上认为存在有效控制①。日本外汇管理法规定，对外直接投资包括本国投资者对外国企业进行的10%及以上的所有权投资，对该企业提供

① 联合国跨国公司中心．再论世界发展中的跨国公司［M］．北京：商务印书馆，1982：378-381.

的贷款或出资虽不满10%但同时通过非股权的形式与该企业保持长期持续的关系。而日本外资法（1974年最后修正）及其施行细则（1978年最后修正）则规定：凡外国投资者直接或间接地拥有日本公司（法人）或其他企业全部或50%及以上股份的，或凡外国投资者实际上控制日本的公司或企业的董事会，即外国投资者占据半数以上董事席位的投资，均称为外国直接投资。其他如英国、法国、德国和意大利等西方国家的法律对此也有类似的规定。

值得一提的是，依据上述"有效控制"的原则，还有两类经济行为亦可归入国际直接投资范畴：

第一，非股权安排。非股权安排指投资者不参与外国企业的股权，而是通过其技术、专利、设备、商标、版权、营销渠道等向外国企业提供合作或服务，并按相应形式分取产品或收益的投资形式。由于这类方式是通过各种生产要素的直接运用，从而必将对企业的生产经营活动造成影响或控制。有人将这类投资方式称为"灵活方式投资"，并将其视为国际直接投资。

第二，限制性中长期国际贷款。这类国际贷款往往规定了款项的用途，甚至还有其他限制性条款，因而实际上对借款企业产生了一定程度的影响和控制[①]。对这种方式，也有人视其为国际直接投资。

在实际经济生活中，由于不同企业的组织形式和股权结构的不同，投资者取得有效控制权所需的股权比例也是不同的。从当今世界大趋势来看，各国都日益看重对外投资和利用外资，对国际投资范畴的有效控制权规定的股权比例也相应趋小，国际惯例认为超过企业10%股权的外国投资即可以认定为国际直接投资。

（2）投资的复杂性不同。

国际直接投资的性质和投资过程比国际间接投资复杂。国际间接投资的性质比较简单（或者说单纯），它一般体现为国际货币资本的流动或转移，其过程也比较简单。而国际直接投资从本质上讲是生产资本在国际流动或转移，不仅有货币形式的资本转移，还有生产资本的物质有形形态的转移（机器、设备、原材料及劳动力的投入），更往往是无形资产的输出（商标、专利、专有技术和管理经验等），而且，国际直接投资涉及对国外企业的有效控制问题，有效控制的手段往往是无形资产。因此，从国际直接投资的股权确认、谈判过程以及实际操作过程等各方面看，都比国际间接投资复杂。

（3）投资收益不同。

一般来说，间接投资的收益相对固定（购买少量普通股者除外），而大部分直接投资的收益是浮动的，会随着投资企业经营状况的变化而变化。

（4）投资风险不同。

由上述情况决定，国际直接投资的风险要大于国际间接投资的风险。

在国际投资的方式中，除了上面所讲的国际直接投资与国际间接投资两种主要投资方式以外，还有一些新型的比较灵活的投资方式，如国际租赁、国际补偿贸易

① 酒井健三. 国际金融［M］. 羊子村，译. 北京：中国财政经济出版社，1980：161.

和国际加工装配贸易等。

1. 国际租赁

国际租赁是在第二次世界大战结束后出现的一种商品信贷与金融信贷相结合的国际投资形式。它能有效地发挥投资、融资和促进销售三种作用，受到世界各国企业的重视。租赁是出租人出租物品收取费用，承租人支付租金借用物品的经济行为。具体地说，就是出租人在一定期限内将物品或设备租给用户使用，借以收取租金，用户以定期支付租金为条件，租用出租人的物品或设备进行生产的业务过程。现代经济活动中的租赁业务，主要是指企业间较长期间的动产租赁，通常称为设备租赁。这是一种兼有商品信贷和金融信贷两重性质的新型贸易方式，是企业获得设备的一种独特的筹资手段。所租赁的物品，通常是标准的工业设备和产品，如飞机、汽车、电子计算机、办公设备等，几乎所有部门的产品都成了租赁的对象，其中设备租赁的发展最为重要。租赁业务自20世纪50年代在美国兴盛，20世纪60年代推广到加拿大、日本、西欧和发展中国家，并逐步进入国际经济生活。到20世纪70年代中期，国际租赁已成为发达国家在制造业方面投资和出口资本设备的重要方式，发展中国家也把它作为利用外资、引进技术设备的有效手段。

国际租赁的形式主要有：①金融租赁，又称融资租赁，是一种以融通资金为主要目的的租赁方式。它是国际租赁业务中使用得最多的形式，实际上是租赁公司给予用户的长期信贷，适宜办理长期的、大型的、价值高的设备租赁，它给承租人提供了一种间接取得设备的特殊方式。②衡平租赁，也称杠杆租赁，即设备购置成本的小部分由出租人投资承担，大部分由银行等金融机构投资人提供贷款补足的特殊金融租赁。它牵涉的当事人较多，它是近40年发展起来的一种最高级、最复杂的租赁方式之一，适用于金额巨大的物品的长期租赁业务，如飞机、卫星系统等的租赁。③经营租赁，泛指融资性租赁以外的其他一切租赁形式，其主要目的在于对设备的使用，是一种由出租人提供维修管理等售后服务的、不撤销、不完全支付的短期融资便利，适用于一些需要专门技术进行保养，或者技术更新较快，以及只需要短期使用的通用设备，如电子计算机、复印机、汽车、仪器等。④综合租赁，是一种将租赁与其他贸易方式相结合的方式，如租赁与补偿贸易、租赁与加工装配相结合等。⑤维修租赁，是在融资租赁的基础上加上多种服务条件（维修、保险等）的租赁方式，其租金低于经营租赁，高于金融租赁。⑥转租赁，即承租人把租来的设备再转租给第三者使用。⑦售后租赁，即承租人将其拥有的设备出售给出租人，再从出租人手中将该设备重新租回。这种方式有利于企业的资金周转，与购买商品相比，通过租赁形式取得一定时期内对商品的使用权主要有节约直接购买资金、使用比较先进的设备、缩短供货期、解决季节性或急需性的生产设备等好处。

2. 国际补偿贸易和国际加工装配贸易

国际补偿贸易和国际加工装配贸易是20世纪60年代以来为国际上广泛采用的将国际贸易与国际投资相结合的投资方式。补偿贸易是进口方在外汇资金短缺的情况下，原则上以不支付现汇为条件，而是在信贷的基础上从国外卖方引进机器、设备、技术资料或其他物资，待工程建成投产后，以其生产的产品或者商定的其他商品或劳务分期偿还价款的一种投资和贸易相结合的较为灵活的国际投资方式。它是20 世纪 60 年代末 70 年代初在传统的易货贸易的基础上发展起来的。由于这种方式可以解决国际投资和贸易中的外汇短缺问题，因此在发达国家与发展中国家、发达国家之间广泛流行。

补偿贸易的特点是：①具有赊销易货贸易的性质。由于发达国家的技术、设备过剩，所以他们力图通过这种特定的贸易方式将其输出，以谋取较多的利润；进口方则不需动用现汇，而待投产后以产品偿付其价款。因此，此种方式具有明显的易货贸易性质。②它是特殊的信贷手段。由于补偿贸易需要的时间较长，短则两三年，长则几十年，这就不可避免地要涉及信贷。进口国通过这种信贷获得技术、设备和专利等，出口国通过提供信贷推动其商品出口，同时进口国对利用补偿贸易的外资建立起来的企业拥有完全的自主权，所以它是特殊的信贷手段，是国际上利用外资引进技术、设备的一种颇受欢迎的方式。③它是一种特殊的国际直接投资方式。由于补偿贸易的进口方以产品作为偿还贷款的手段，所以有利于调动国外投资者的积极性，使他们关心企业的兴衰；有利于提高产品的质量，使产品在国际市场上有竞争力；有利于利用外国投资者在国外现有的销售渠道，便于开拓国际市场。④具有对等性。补偿贸易中用产品偿付的对象是引进的技术设备、专利等，而用于偿付的产品一般都是引进技术、设备的直接产品，且以直接产品的出口来补偿进口设备等的价款。

补偿贸易的主要形式有：①直接补偿，也称产品返销或回购，即进口方用引进设备或技术所生产的全部或部分产品分期偿还进口技术、设备价款。这是当前补偿贸易的基本形式。②间接补偿，也称互购，指用进出口贸易双方商定的其他产品或劳务分期偿付进口技术、设备价款。③综合补偿，即补偿贸易中进口设备和技术等的价款，以一部分直接产品和一部分间接产品进行偿付。

国际加工装配贸易是集国际贸易与国际投资于一体的比较灵活的新型的国际直接投资形式，是将利用外资和本国（本地区）的劳务相结合的一种方式。它不需要东道国的投资，并可利用现有的厂房、土地、劳动力等，达到引进先进技术和利用外国投资的目的。因此它特别适合于缺少外汇、技术相对落后的发展中国家和地区。

国际加工装配贸易的主要形式：

①进料加工：一国厂商从国外进口原料进行加工后，再把成品销往国外。其特点是自进原料、自行安排加工、组织出口、自负盈亏。原料进口与成品出口没有必然联系。②来料加工：乙方国家按照甲方国家的要求，把甲方国家商人提供的原料、辅料加工为成品，然后按规定时间交给甲方厂商，乙方国家收取一定加工费用，不负责销售的盈亏。来料加工是一种委托加工关系，这是其与进料加工的主要区别。③来件装配：甲国商人向乙国商人提供零件和原件、技术，由乙国厂商按设计、工艺要求进行装配后交成品给甲国商人，乙方收取装配费。④来样加工：甲国商人提供样品或图样，乙国厂商提供所有原材料和辅料按样加工后交成品给甲国商人，乙方收取成品出口的全部货款。这种加工业务简单易行，创汇水平高，适合于自然资源丰富、劳动力价格低廉、拥有特殊加工技艺的中小型企业和乡镇企业。

国际加工装配贸易的特点：①加工装配贸易虽有进口和出口（指原料与成品），但因对方是同一个客户（限于来料加工和来件装配），其进出口实质上是一笔业务，故必须同时达成协议。②承接方一般不需要自备货源。因系代客加工，故一般不需具备原材料或元部件、辅料等。③承接方对委托方提供的原材料、元部件只有使用权，不具有所有权。④承接方对制成品的质量、款式、技术性能指标等，只能按照委托方的设计和工艺要求制作，不能擅自做主，随意修改。⑤承接方不需要负责销售业务，只收取事先约定的加工费，与委托方的经营盈亏无关。对东道国来说，利用外资加工装配生产，可以发挥本国的劳动力资源优势，增加外汇收入，及时了解出口商品在国际市场上的信息。

三、国际资本流动和国际投资的关系

现代经济理论一般认为，生产要素可分为资本、土地、劳动力、技术等。传统的国际贸易理论是建立在生产要素在国内可以自由流动而在国际完全不流动的前提下的。日本著名经济学家小岛清指出："国际分工和贸易是在生产要素不发生国际流动（不完全竞争）的条件下，通过商品的国际自由流动来合理利用世界资源的最好方法；而劳动和资本在国际自由流动是更直接地、完全竞争地合理利用世界资源的最好方法。"① 资本要素在国际流动就构成了国际投资的基础。因此，探讨国际投资理论和实务的各类著作都十分注重二者的联系。而且，不少著作往往把二者直接等同起来，认为国际资本流动就是国际投资。实际上，二者是既有联系又有区别的两个不同的概念。

（一）资本要素国际移动的基本含义

1. 资本要素是当代社会的生产要素之一

在讨论国际资本流动（或移动）时，首先应该明确这是生产要素的国际流动中的资本要素的国际流动。如前所述，资本是指处于劳动、土地与最终消费资料之间的生产手段，这是狭义的资本概念；而从广义来理解资本，可以把人类社会生产除人以外的一切条件称为资本。也就是说，资本既有其实物形态的实物资本，也有其非实物形态的无形资本（或称无形资产）。

马克思从生产关系（生产过程中人与人的关系）分析的角度定义了资本，指出资本是能够带来剩余价值的价值，从而揭示了资本乃至资本主义生产方式的本质。马克思在此基础上进而阐述了现实社会经济生活中资本所借以采取的各种形式，如不变资本和可变资本、固定资本和流动资本、货币资本和生产资本及商品资本、职能资本和借贷资本等。这些资本概念的划分从不同方面揭示了资本的各种特性，但都是以马克思对资本的剥削本质的揭示为基础的，是属于资本的社会属性的概念。

资本要素的国际移动是从生产力和生产力的国际化发展的角度提出来的，这个概念强调的是其作为生产条件的生产力属性。在国际投资的实务研讨中，资本要素是指那些通过直接或间接的形式投入最终产品和劳务生产过程的中间产品和金融性

---

① 小岛清．对外贸易论［M］．周宝廉，译．天津：南开大学出版社，1987：414.

资产。这里的中间产品是指厂商用于生产产品所使用的物质形态的经济货物，如厂房、机器、工具、原材料等，这些货物没有进入人们的生活消费，而是成为从最初生产到最终消费的中介物，或者说成为生产另一种产品的物质前提和条件。厂商把这些货物与其他生产要素（劳动力、土地等）配置而进行另一些产品的生产。而金融性资产（包括货币、股票、债券或借款、商标、销售技能或渠道等）是非物质形态的资产形式，这些形式的投资从生产过程来看并不是直接投入，而必须转化为特定产品来生产所需要的生产原料和生产设备。也就是说，金融性资产具备流动性，能够方便地转变为生产原料和设备甚至转变为其他生产要素。

从生产力与生产关系的对立统一关系来看，资本要素是资本主义生产关系的物质载体，但也可以是其他社会化大生产条件下非资本主义生产关系的物质载体。在阐述国际投资理论与实务的场合，我们着重从生产力角度分析作为生产要素的资本在生产中的特定地位和作用。

2. 资本要素国际流动是生产力发展、生产社会化的必然要求

传统的国际贸易理论认为生产要素在国内自由流动而在国际完全不流动的假定，不仅是“绝对利益说”“比较利益说”等国际贸易理论逻辑推理的需要，也是符合第二次世界大战爆发以前的基本现实。在第二次世界大战爆发以前的宗主国与殖民地、半殖民地的经济交往中，存在着大量的资本输出。但是，从严格意义上看，资本输出与国际投资有着明显区别。二者的根本区别在于：资本输出是资本主义生产关系的输出，是资本主义宗主国与殖民地、半殖民地之间剥削与被剥削关系的表现，是着重于生产关系分析的概念；国际投资是生产力发展所要求的生产要素流动的表现形式，是着重于生产力分析的范畴。正是第二次世界大战结束后科学技术水平的飞跃性提高促进了社会生产力的极大发展，从而在社会生产体系内部产生了打破国界进行生产要素的国际配置的要求，使投资活动跨越国界成了普遍性现象。以平等、互利为基本原则的国际投资取代了以剥削和控制关系为特征的资本输出并成为当代国际经济生活中最为活跃的因素。

（二）资本要素国际流动的内容

资本要素在当今国际经济交往中的频繁、大量的运动，具体体现在各国的国际收支平衡表的资本项目统计中。资本项目以货币表示国际债权债务的变动，包括一国所有对外资产与对外负债增减的交易。当两个国家间发生资本借贷行为时，贷款国（投资方）为对外投资或资本输出，在其国际收支平衡表上记入借方；借款国（借入方）则为引进外资或资本输入，在其国际收支平衡表上记入贷方。

经济学家们在国际收支平衡表的资本项目中，把资本要素的国际流动区分为短期资本和长期资本。

1. 短期资本（short term capital）

短期资本和长期资本的区分标准以一年期为限。借出与收入的回流期限在一年及以内的资本流动为短期资本流动。短期资本流动包括以下具体内容：暂时周转用的相互借贷、国际存款、购买一年内到期的汇票及证券等。短期资本的国际流动的直接动机是具有多样性的，有的是为了商品贸易的顺利进行而发生的资金周转，有

的是为了进行外汇投机或利率投机，有的则是为逃避货币贬值和外汇管制，等等。

实际上，根据时间长短进行分类只是为了统计方便，并没能反映资本流动的本质特征。从根本用途来看，短期的资本国际流动可以理解为对国际收支起缓冲作用的国际融通资金问题。从一定意义上看，短期资本的国际流动与黄金的国际流动起着同样的作用，即起着刺激各国货币量变动的客观作用。

短期资本国际流动的实际运作过程比较复杂。一般来说，影响短期资本流动的因素有两个，一个是利息率差额，另一个是汇率的变动。如果国内外存在利息率差额，银行或私人为了充分利用资金，就要购买能获得较高利息的证券。比如，中国银行购买汇往纽约的跟单汇票，如果纽约的利率高于北京的利率，就形成了按纽约利率获得较高利息的短期投资，也就是中国对美国的短期资本输出，中国银行将把汇票保存到期满之日而换回更多的美元外汇；如果纽约的利率低于北京的利率，中国银行就会把汇票在纽约卖掉，即支付一定的贴现手续费后直接得到美元，从而收回短期投资。类似的利息套汇和公司、银行或私人为避免汇率风险而进行的套期保值业务，都形成短期资本的国际流动。

在一般情况下，短期资本是从低利率国向高利率国流动的。但在国内政局不稳的情况下，也可能发生短期资本从利率较高而政局动荡的国家流向利率较低而政局稳定的国家的情形。另外，一国为弥补短期内发生的国际收支不平衡而调整外汇储备、黄金储备，也会发生短期资本的国际流动。

2. 长期资本（long term capital）

从国际收支平衡表上反映出来的长期资本项目，是指借贷期为一年以上的资本流动。严格地说，长期资本就是指回收期在一年以上的资本。一般认为，长期资本的国际流动采取国际直接投资和国际间接投资这两种形态。

（三）国际投资和国际资本流动的联系与区别

如上所述，国际资本流动所包含的内容是比较广泛的，它构成了国际投资的基础。也就是说，国际投资必然包含在国际资本流动的范畴之中。

但是，从两者概念的定义上看，它们是有严格的区别的。国际投资的本质特征在于它的营利性；而国际资本流动则只是从一国与他国的资金往来角度划分的，它的具体内容中既包括以营利为目的的国际投资，也包括带有资金融通性质的其他非投资内容。比如，一国从另一国得到长期贷款，但并不一定从贷款国或其他国家进口生产资料，也可以用借来的资金进口消费品，即并没有成为真正意义上的国际投资。类似的情况在国际援助（国际收支平衡表上往往以官方的资本流动来表现）的场合也可能发生。

四、国际投资的性质

（一）国际投资是生产领域社会分工国际化的表现形式

随着人类社会生产力的不断提高，世界各国间的经济联系日益密切，这同时也伴随着社会分工领域的逐步深入。第一次工业革命发生后，机器大工业得以建立，新兴资产阶级极力推动商品资本在世界范围的运动，形成了流通领域内以国际贸易为主的国际经济联系。第一次科技革命发生后，新的工业部门不断涌现，人类生产活动的规模、广度及深度都达到了新的水平，这时生产领域内的生产要素供求乃至直接生产过程都开始突破国家的界限，走向国际化。首先是以国际间接投资形式（股票、债券投资）为主提供了货币资本要素，而后是以国际直接投资形式为主实现了产业资本运营国际化；20 世纪 80 年代以来，则是两种形式相互作用、竞相发展，共同促进全球生产的一体化。

（二）国际投资是国际关系国际运动的客观载体

首先，伴随着国际投资，母国的生产关系开始实现跨国界的地理上的扩张。历史上，西方国家的对外投资，是由他们在世界范围内追求剩余价值的欲望所驱动的，往往存在着对受资国的剥削、掠夺与控制；而当代许多国家相互之间的对外投资，大都希望建立在平等互利的基础上，有时还带有援助的性质。其次，不同意识形态国家间的国际投资，还会带来新型生产方式的发展。在投资过程中，不同的产权制度、分配方式的相互融合，都有可能创造出新的经济成分。

（三）国际投资具有更为深刻的政治、经济内涵

首先，在宏观层面上，国际投资虽然是以全球范围内资源的合理组合与利用为核心的，但也不可避免地受到国家、民族自身利益因素的制约。一方面，即使某项跨国投资有利于世界总体经济福利的增长，但也可能造成东道国或母国在国际收支、技术优势等方面的利益损失，因而国际投资更多地受到各国政策法规的约束；另一方面，这也使得国际投资的目的有时会超越对个别经济利益的追求，而带有建构政治关系的色彩，从而为国家更为长远的根本利益奠定基础。其次，在微观层面上，国际投资的运营面临更为复杂多变的影响因素，包括货币单位、货币制度的差异，政治、经济、法律、社会文化等多方面投资环境的差异等。这些都要求跨国投资者在经营战略、组织结构等方面采取新的举措。

第二节　国际投资的产生与发展

一、国际投资的产生

国际投资是随着社会生产力的发展，商品经济发展到一定阶段，生产的社会分工国际化的产物，并随着生产力的提高及国际政治、经济格局的演变呈现出特定的发展过程。从历史的角度看，国际投资的起源可以追溯到 19 世纪上半叶，当时生产力的大发展和工业革命引起了国际分工，从而出现了国际资本的运动，这是国际投资产生和发展的基础。从出现跨越国界的商品贸易开始，就出现了以实物商品为形式的商业资本的国际流动，即国际贸易。在西方主要国家向垄断阶段发展的过程中，随着银行业与产业界的相互融合和发展，形成了规模庞大的金融资本。当资本逐渐积累并出现过剩时，国际资本输出就逐渐超过并取代了商品输出，这既表现为货币资本的国际运动（以国际借贷、国际证券投资为主要形式的国际间接投资），又表现为生产资本的国际运动（以在海外投资办厂为主要形式的国际直接投资）。如今，

国际投资已取代国际贸易成为国际经济发展中最活跃、最引人注目的经济活动。从国际投资的规模及方式的发展角度分析，我们通常把国际投资形成与发展的历程划分为四个阶段：

（一）1914 年以前的国际投资

这一时期，随着两次产业革命的进行，西方一些国家通过资本的原始积累攫取了大量的财富。为了赚取更多的财富，加强对殖民地、半殖民地落后国家的控制和剥削，它们对外进行大规模的资本输出，到 1914 年，各主要工业国的对外投资总额超过了 410 亿美元，其中主要是私人对外投资。英国、法国和德国是世界上最大的国际投资债权国，其中作为代表的英国每年的对外投资额占其国民生产总值的 5%~10%。荷兰和瑞士也是重要的国际资本来源地，美国则从 19 世纪末期开始从净债务国转为积极对外投资。

从投资方向上看，19 世纪初期，英国的对外投资大多投向欧洲大陆，但到 1870 年以后则主要投向其农产品和原料的主要产地，如美国、澳大利亚、加拿大、阿根廷和新西兰等。法国和德国到 19 世纪末才开始对外投资，法国的对外借贷主要流向俄国、东欧和北欧的一些国家，德国的对外投资则局限在中欧、东欧的某些国家。

从投资形式上看，国际间接投资是当时的主要投资形式，它包括以借贷资本的形式对外投资和以证券的形式对外投资。以当时世界主要国际投资输出国为例，1913 年英国（占全球投资总额的 1/2）有 70.5%的对外投资为证券投资；法国也以债券资本输出为主，故而有“高利贷帝国主义”之称。直到 1914 年，国际投资的 90%都是证券投资，生产性直接投资仅占 10%①。

这一阶段的国际投资的主要特点有五个：①投资来源大部分为私人资本；②投资形式主要为国际间接投资，以借贷资本和证券资本为主；③投资国主要为英、法、德、美、日等少数国家，其中又以英国为主，其他国家几乎没有对外投资；④投资主要用于东道国的资源开发和基础设施建设，如铁路建设等；⑤由于世界各国经济发展不平衡，使得资本输出国获得了巨大的收益。

（二）1915—1945 年的国际投资

这一阶段发生了两次世界大战。这两次世界大战的爆发，使国际投资活动受到了严重的影响，国际投资活动的发展脱离了正常轨道，除在两次大战之间的几年有短暂的恢复和发展外，国际投资基本上不活跃。到 1945 年战争结束时，主要国家的对外投资总额下降到 380 亿美元②。

这一阶段值得注意的是，1929 年以后的 11 年间，世界性的经济危机以及危机以后的大萧条，各国生产萎缩、经济发展停滞、国际货币体系崩溃、贸易保护主义抬头及各国普遍实施外汇管制、国际政治局势动荡不定，等等，导致新的国际投资中止，未清偿的国际贷款普遍不履约，从而发生了国际债务危机。在美国，从 1930 年开始发生国际资本的反向流动，大量外汇由世界各个不安全的地区涌入美国，美国的对外投资总额少于在美国的外国投资总额；两次大战期间，国际政治、经济局

① 王东京. 国际投资论［M］. 北京：中国经济出版社，1993：137.

② 张中华，李荷君. 国际投资理论与实务［M］. 北京：中国财政经济出版社，1995：17.

势变幻，国际投资活动几乎停止。因此，在这一阶段，国际投资活动总体来说处于停滞和动荡之中，西方各个主要国家的海外直接投资在本阶段的年增长率不足1%①。

这一阶段的国际投资活动呈现以下特点：①投资来源仍以私人资本为主，但官方的对外投资规模也迅速扩大，主要表现为美国政府的对外投资。美国的对外长期贷款以官方资本为主，其主要流向有两个：一是对昔日的国际债权国发放巨额贷款（基本上用于帮助欧洲国家进行战后救济和经济复兴）；二是对拉美、亚洲等进行经济扩张而发放的政治性贷款。②投资方式依然以间接投资为主。如1920年，美国的私人海外投资中有60%为证券投资；1930年，英国的对外投资中有88%为间接投资②。这时③，美国的对外直接投资也有了巨大发展。③主要投资国的地位发生了重大变化。两次世界大战的爆发，使国际投资格局发生了很大变化。第一次世界大战结束后，英、法两国在战争中大量消耗，大大削弱了其经济实力，其投资国地位降低。德国由于国外投资被没收和支付战争赔款，更是由国际债权国沦为净债务国。美国由于受战争影响较小，其经济地位发生了巨大而根本的变化，一跃成为经济强国，并迅速成为头号投资国，由国际净债务国变为净债权国，取代了英国早期所起的作用④，国际长期资本来源地也由英国转移到美国。

（三）1946—1979年的国际投资

这一阶段是从第二次世界大战后到20世纪70年代末的期间。在这段时间中，世界政治局势相对平稳，又兴起了第三次工业革命，因而促使国际投资迅速恢复并增长。发达国家的对外投资总额由1945年的510亿美元增长到1978年的6 000亿美元⑤。

第二次世界大战使各参战国的经济受到了很大破坏，唯独美国成为战争的最大受益者。第二次世界大战结束后，随着布雷顿森林体系的建立，美元成为世界性货币。从1947年开始，美国实行“马歇尔计划”，帮助被战火破坏的欧洲国家重建经济。凭借工业生产、对外贸易和黄金储备上的绝对优势，美国获得了世界政治、经济、军事的霸主地位，并迅速进行了大规模的对外扩张。在1946—1965年，美国的对外贷款和赠予总额达840亿美元，其中赠予即达500亿美元。1960年年底，美国对外投资总额为662亿美元，而1970年年底，这一数字达到1 486亿美元。在这一阶段，美国私人资本和官方资本的对外直接投资得到迅速增长，成为对外投资的主要形式。1965年是美国私人对外投资的转折点，其投资总额超过了以往任何时期的水平。20世纪60年代美国对外投资的形式与20世纪20年代相比也有很大变化。1920年，美国私人对外投资中约60%为证券投资。第二次世界大战以后，美国私人对外投资中则是直接投资占主导地位。1965年的美国私人对外投资中，直接投资就占了82%。与此同时，美国政府的官方对外投资也逐年增长，1946年为50亿美元，1965年则高达203亿美元。

① 世界经济统计年鉴［M］. 上海：生活·读书·新知三联书店，1974.
② 世界经济统计年鉴［M］. 上海：生活·读书·新知三联书店，1974.
③ 主要指第一次世界大战结束后至第二次世界大战爆发前。
④ 英国在1930年以前仍是世界主要债权国之一，其投资流向也以英属殖民地为主。
⑤ 叶刚. 遍及全球的跨国公司［M］. 上海：复旦大学出版社，1989：28-29.

相比之下，英国的国际投资地位由于受第二次世界大战的影响而发生了根本性的变化。1938—1948 年，英国对外投资的名义价值从 35.5 亿英镑跌落到 19.6 亿英镑，而同期英国的海外负债增长极快，超过了英国对外投资的总额。其他国家的对外投资虽然也出现了较快的增长，但总体来说仍处于恢复阶段。这一时期，英、法、德等国的对外投资总和仅为美国的一半左右，国际投资发展中的这一阶段可以说是美国独霸天下的时代。但是，到 20 世纪 60 年代末期，美国的国际收支持续出现巨额逆差。而在 20 世纪 70 年代初世界经济发展不平衡状况的作用下，加上受到国际石油危机的严重冲击，美国的经济地位受到较大影响。

在这一阶段的 1971—1980 年，国际投资在国际经济中的地位得到了极大的提高。美国、英国、法国、联邦德国和日本在国际投资领域仍保持领先地位，其中，美国仍然占据主导地位。西方经济大国既发展对外投资，又大力引进外资。到 1980 年年底，美国对外投资余额达 6 069 亿美元，引进外资余额为 5 009 亿美元，与 1970 年相比，美国对外投资余额增长近 4 倍。在这一阶段，西方主要投资国的地位又发生了变化，作为后起之秀的日本，在国际投资领域的地位日益提高。美国和西欧各国是日本对外投资的重点区域。在 1970 年以前，日本在美国的投资微不足道，而到 1975 年已增至 5 亿美元，以后逐年增加。日本在美国的直接投资占外国对美国的直接投资的比例已从 1960 年的 3.16%上升到 1980 年的 6.2%。到 1980 年年底，日本已超过法国，成为继美国、英国、联邦德国之后的第四大对外投资国。

在这一阶段，值得注意的是一些新兴发展中国家和地区也开始加入对外投资的行列中来。进入 20 世纪 70 年代以后，发展中国家和地区的对外投资增长较快，如新加坡、中国香港、韩国、印度、菲律宾、阿根廷、巴西、墨西哥、委内瑞拉等国家和地区，既积极引进外资，又大力发展对外投资，成为发展中国家和地区主要的对外投资国和地区。1970—1972 年，发展中国家和地区的对外投资余额仅为 4 300 万美元，相当于发达国家对外投资余额的 0.33%。1978—1980 年，这一比例上升到 1.64%。苏联和东欧一些国家也开始发展对外投资；另外，在这一时期，石油输出国组织异军突起，成为国际投资领域的一支重要力量。1973—1974 年与 1979—1980 年的两次石油提价，使得石油输出国组织的经常账户出现了巨额盈余。但由于这些国家的经济落后，吸收和利用资金的能力有限，于是大量资本外流。1974—1980 年，石油输出国组织的资本大量流向国外，其中，在西方发达国家的存款为 1 250 亿美元，对外直接投资与证券投资为 2 320 亿美元，为国际货币基金组织提供贷款 200 亿美元，无偿或有偿援助非产油发展中国家 810 亿美元。所有这些都使以往国际投资活动被少数西方大国垄断的局面得到改观。

这一阶段的国际投资活动呈现如下主要特点：①国际投资活动逐渐复兴，并呈现出快速增长的势头；②整个国际投资活动基本上是美国独霸天下；③国际直接投资占国际投资的主导地位。国际直接投资额从 1945 年的 200 亿美元增至 1978 年的 3 693 亿美元，占国际投资总额的比重由 39.2%上升到 61.6%；主要发达国家的私人海外直接投资存量总额从 1960 年的 537 亿美元上升至 1979 年的 4 472 亿美元（见表 1-1）。

表 1-1　主要国家私人对外投资额

（1960—1979 年）　　　　单位：亿美元

年份	1960 年	1967 年	1971 年	1973 年	1975 年	1979 年
金额	537	1 063	1 580	1 965	2 590	4 472

资料来源：①美国商务处. 美国统计摘要［R］. 1984；②日本贸易振兴会. 海外通商白皮书［R］. 1984；③藤维藻，陈荫枋. 跨国公司概论［M］. 北京：人民出版社，1995.

（四）1980 年以来的国际投资

20 世纪 70 年代以来，由于生产国际化和资本国际化的程度大大提高，国际投资得到了快速发展，在国际经济中的地位得到了极大的提高。尤其是进入 20 世纪 80 年代中期以后，国际投资活动以前所未有的速度发展。1985—1990 年，世界对外投资名义年增长率高达 34%，大大超过世界商品出口总额名义增长率（13%）和国内生产总值名义增长率（12%）。1990 年全球对外直接投资总额为 2 250 亿美元，累计金额高达 1.7 万亿美元。1992 年，全球对外直接投资总额累计近 2 万亿美元。国际投资已经取代国际贸易成为世界经济运动中的主导因素。

在这一阶段，国际直接投资的规模迅速扩大（见表 1-2），成为对外投资的主要方式。1983—1990 年，全球国际直接投资的增长速度是全球国内生产总值增速的 4 倍，是全球国际贸易增长速度的 3 倍。1986—1990 年，国际直接投资的年增长率高达 28%。对许多发展中国家来说，外国直接投资已成为其外来资本的主要来源。据对 90 多个发展中国家的统计，1981—1985 年，外国直接投资在其长期资本流入总额中的比重为 30%，而 1986—1990 年，这一比重增加到 74%。

表 1-2　世界对外直接投资存量表

（1980—1996 年部分年份）　　　　单位：亿美元

年份	1980 年	1985 年	1992 年	1993 年	1994 年	1995 年	1996 年
金额	5 142	6 794	16 676	21 346	23 780	26 000	29 940

资料来源：①联合国跨国公司与投资司. 1996 年世界投资报告［R］. 1997；②联合国贸发会议. 1997 年投资报告［R］. 1998.

在这一阶段，随着世界经济发展水平不平衡的加剧，西方主要投资国的地位又发生了变化。美国在第二次世界大战结束后的很长一段时间内在国际投资领域处于绝对主导地位，但从 1982 年起，美国对外投资额增长开始变得极为缓慢。1985 年，美国引进外资的余额超过其对外投资余额，由世界最大的债权国变为债务国。虽然如此，美国仍然是最大的投资国，在国际投资领域仍处于重要地位。在这一阶段，日本和德国作为对外投资领域的后起之秀，迅速发展成为国际投资大国。1968 年年底，日本在国外净资产仅为 3 亿美元，1984 年年底，已增至 744 亿美元，1985 年年底更高达1 300 亿美元，成为世界头号债权国。以德国、英国为首的欧共体国家由于经济区域集团化趋势的加强，其对外投资的发展速度也大大增加，成为美、日之外的另一支重要力量，整个国际领域呈现出“三足鼎立”的局面。进入 20 世纪

80年代以后，许多发展中国家也积极主动地参与到国际投资活动中去，使投资来源出现多元化、全球化趋势。

2003年，全球外国直接投资总额约为6 530亿美元，与2002年的6 510亿美元相比略有增长。这是自2001年以来，国际直接投资在连续两年大幅下降后首次微量回升。2003年，发达国家吸收外资总额约为4 670亿美元，比2002年增加了70亿美元。跨国并购仍处于低潮期，未出现1999—2000年的超大型跨国并购案。

2003年，流入美国的外资呈恢复增长的强劲态势，总额达到866亿美元，比2002年几乎增长两倍。美国重新回归世界头号实际吸收外资大国地位。流入加拿大的外资则由2002年的206亿美元降至2003年的111亿美元。日本尽管加大了引资力度，但其2003年吸收外资额仅为75亿美元，低于2002年的水平。流入欧盟的外国投资连续3年大幅度下降，继从2000年的6 839亿美元下降到2002年的3 744亿美元后，2003年进一步减至3 418亿美元。在欧盟成员国中，2003年降幅最大的依次是法国、德国和卢森堡。爱尔兰的外资增加了一倍，达到417亿美元。

与发达国家相比，发展中国家从整体看吸收外资效绩略显逊色，由2002年的1 621亿美元降至2003年的1 557亿美元。中国2003年吸收外资总额预计稳定在500亿美元左右，成为全球实际吸收外资第二大国。中国吸收的外资约占发展中国家吸收外资总额的1/3，远远高于拉丁美洲地区吸收外资的总额。

总的来看，这一阶段的国际投资活动主要有以下特点：①国际直接投资迅速发展，成为主要的对外投资形式；②国际投资格局由“三足鼎立”到“三多鼎立”态势，国际投资格局已呈分散化、全球化趋势；③发达国家间相互投资和发展中国家吸引外资逐年增加相互促进；④国际直接投资投向转向技术、资金密集型部门；⑤中国国际直接投资迅速发展。

2018年，在全球化遭遇严峻挑战、贸易局势紧张、地缘政治风险加大等国际背景下，预计将来全球经济运行环境将更为严峻。从联合国、国际货币基金组织、世界银行等发布的对2020年以及2021年世界经济增长率预测来看，这些国际组织对全球经济增长预期一再下调，深刻反映出在全球国际关系与经济政策处于不确定性明显增加的时期，全球贸易、对外投资等领域复苏遇到瓶颈，世界经济下行风险加大。

1. 全球外国直接投资连续三年下滑，流入量为2010年以来最低

如图1-1所示，2018年，全球外国直接投资（FDI）流入量从2017年的1.5万亿美元下降至1.3万亿美元，同比下降13%，虽然降幅较上年有所收窄，但全球外国直接投资流入量仍是2010年以来的最低水平。有专业分析认为，美国税改造成跨国公司海外留存利润回流、中美贸易摩擦的不确定性前景以及以欧美发达国家为代表的投资保护主义等因素是全球外国直接投资连年下降的重要原因。

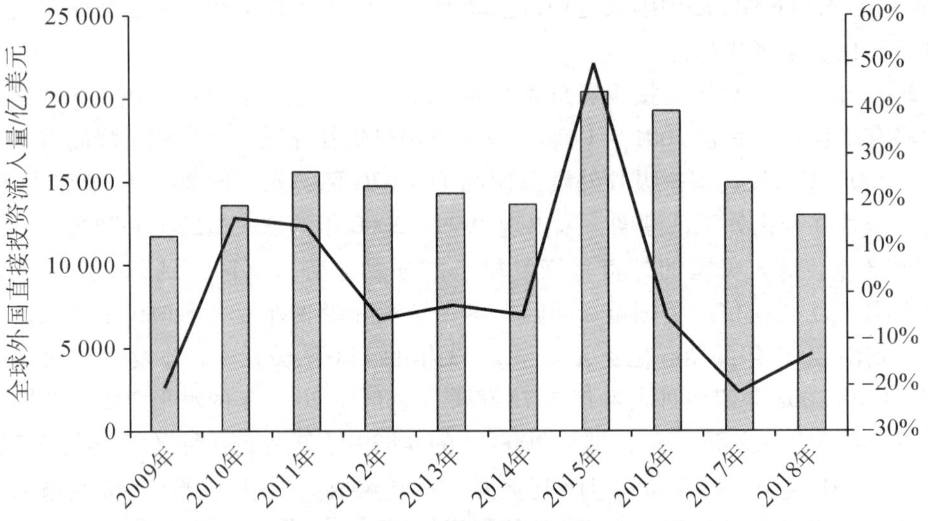

图 1-1　2009—2018 年全球外国直接投资（FDI）流入量

资料来源：联合国贸发会议（UNCTAD）。

2017 年 12 月，美国国会通过《2017 年减税及就业法案》（The Tax Cuts and Jobs Act of 2017），该法案不但将美国企业税率下调至 21%，还大幅取消了对企业海外回流利润的征税。在税改政策影响下，美国跨国公司海外留存利润开始回流。如图 1-2 所示，美联储数据显示，近十年，美国非金融企业海外留存利润流量一直保持在 1 800 亿美元以上，2013 年以来，上升到 2 000 亿美元以上，2018 年 1 月，税改法案生效后，跨国公司开始汇回海外留存利润，整个 2018 年，海外留存利润流量减少了 2 933.63 亿美元。跨国公司海外留存利润是企业进行海外再投资的主要资金来源，随着利润回流，美国公司利润再投资大幅下降，这也是 2018 年全球外国直接投资流量继续下滑的重要原因。

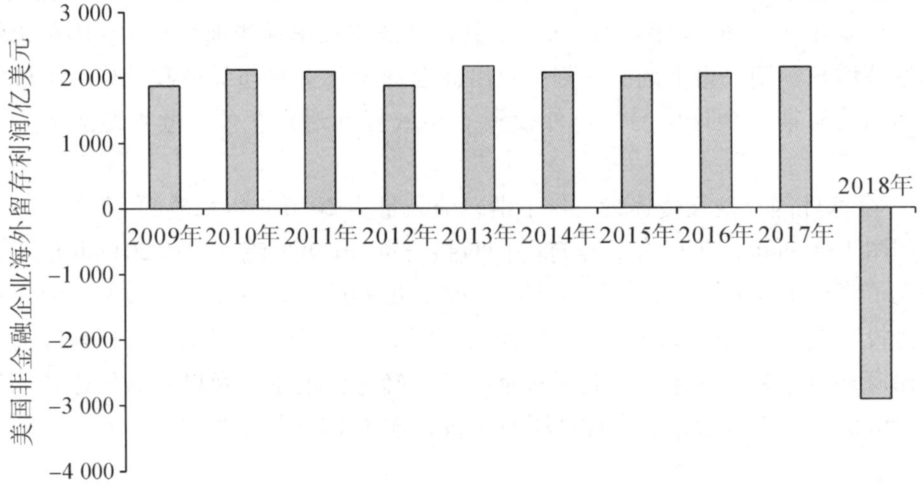

图 1-2　2009—2018 年美国非金融企业海外留存利润情况

资料来源：美联储 https://www.federalreserve.gov/。

此外，中美贸易摩擦的不确定性前景使全球经济前景承压，对全球产业变迁产生重要影响，或将重塑全球产业链与价值链，这也将极大影响跨国公司在世界范围内的投资决策。从全球范围来看，以欧美发达国家为代表的投资保护主义倾向明显，以涉及敏感行业、国家安全等为由，加强对外国投资的审查，迫使一些跨国并购以失败告终。

2. 发展中经济体 FDI 净流入平稳增长，其中流入亚洲的比例超过 70%；转型经济体 FDI 净流入量连续两年下滑；北美对外投资大幅跳水，欧洲成为全球最大的对外投资区域

如图 1-3 所示，金融危机后的近十年里，全球外国直接投资对发展中经济体始终保持每年超过 2 000 亿美元的净流入，2018 年，发展中经济体 FDI 净流入 2 884. 9 亿美元，同比增长 26%。其中，亚洲发展中经济体的 FDI 流入量自 2015 年以来占比一直超过 70%。研究显示，经济增长潜力越大的国家越有利于 FDI 净流入，2008 年金融危机以来的数据说明全球外国直接投资较看好亚洲发展中经济体的经济增长潜力。

发达经济体一直是全球 FDI 的主要来源，不过，其对外投资在 2015 年达到 1. 24 万亿美元的峰值后，连续三年呈下滑状态。2018 年，发达经济体 FDI 流出量降到 5 584 亿美元，同比下降近 40%，占全球外国直接投资流出量的 55. 1%，比 2017 年下降 9. 85%。其中，北美对外投资大幅跳水，同比下降 103%；欧洲对外投资 4 183. 6 亿美元，占发达经济体对外投资的 74. 9%，成为全球最大的对外投资区域。

转型经济体的 FDI 净流入量也出现了连续两年下滑情况，2018 年，转型经济体 FDI 净流出 39. 6 亿美元。

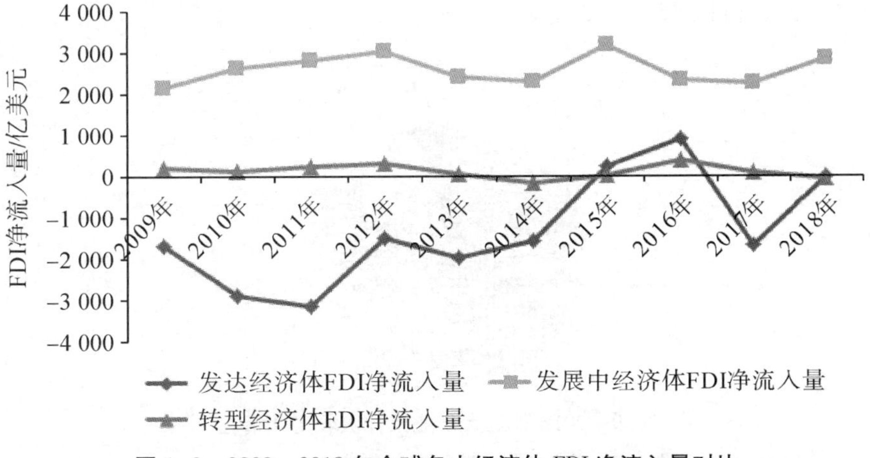

图 1-3　2009—2018 年全球各大经济体 FDI 净流入量对比

资料来源：联合国贸发会议（UNCTAD）。这里的 FDI 净流入量=同期 FDI 流入量-同期 FDI 流出量。

3. 绿地投资实现金额与数量的双增长，跨国并购交易活跃度有所下降

如图 1-4 所示，投资方式方面，绿地投资实现金额与数量的双增长，其中金额上涨超过 40 个百分点，实现数量连续三年上涨；跨国并购在金额上同比增长 17. 5%，不过，跨国并购在数量上结束连续四年上涨的态势，同比下降 2. 1%，其交易活跃度有所下降。

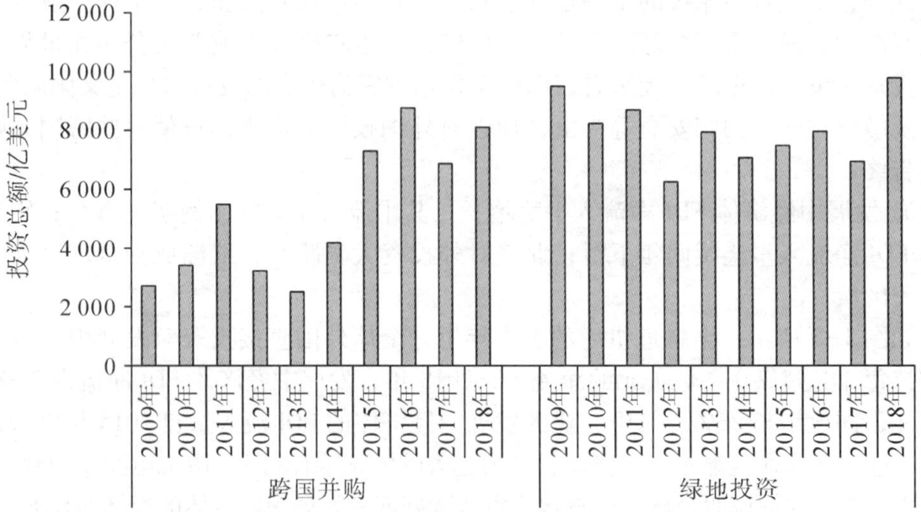

图 1-4　2009—2018 年跨国并购与绿地投资总额对比

资料来源：联合国贸发会议（UNCTAD）。

4. 第一产业吸收外资创近年新高，同比增长 286.3%；第二和第三产业中，化学原料及化学制品制造业、金融业吸收外资金额占比最大，分别占 26.6%与 35.6%。

2009 年至今，除个别年份，第三产业吸收全球外国直接投资的金额一直是三大产业里面最多的，十年吸收外资 6.98 万亿美元，占比 52%，第二产业十年吸收外资 5.71 万亿美元，占比 43%（如图 1-5 所示）。

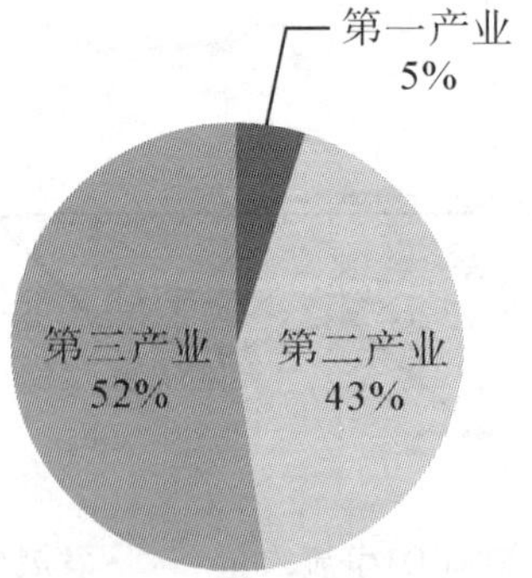

2009—2018 年三大产业累计吸收 FDI 情况

图 1-5　资料来源：联合国贸发会议（UNCTAD）。

如图 1-6 所示，从 2018 年的情况来看，三大产业吸收外国直接投资金额均有所增长，其中涨幅最大的是第一产业，同比增长 286.3%，达到 708 亿美元。第二、三产业吸收外资金额分别增长了 14.9%和 34.4%，第二产业中，化学原料及化学制品制造业吸收外资金额占比最大，达到 26.6%，其次是石油加工、炼焦及核燃料加工业，交通运输设备制造业等。第三产业中，金融业吸收外资金额所占比重最大，为 35.6%，其次为商务服务业、电力、煤气及水的生产和供应业等。

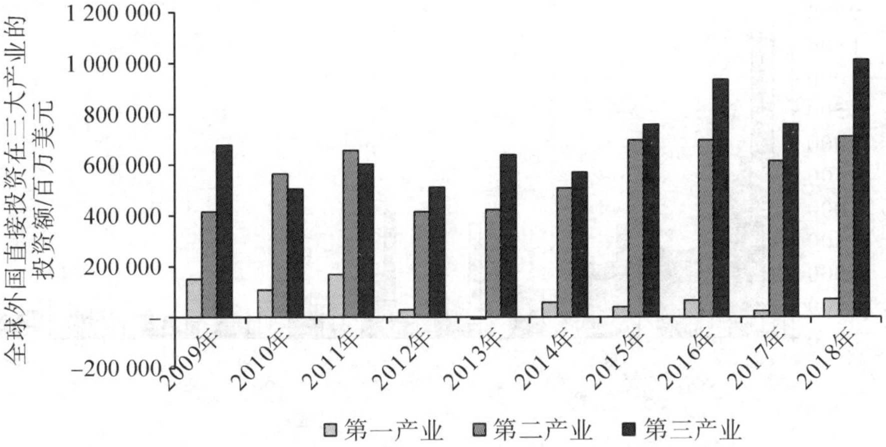

图 1-6　2009—2018 年全球外国直接投资在三大产业的分布情况

资料来源：联合国贸发会议（UNCTAD）。

5. 日本取代美国成为全球最大对外投资国，美国仍是全球最大对外投资目的国

近年来，日本的通信、金融、零售等行业企业积极进军海外，对外直接投资呈增长之势。如图 1-7 所示，2018 年，日本取代美国成为全球最大对外投资国，全年对外直接投资 1 431. 6 亿美元；中国紧随日本，由 2017 年的全球对外投资第三位上升到第二位；在全球前十大 FDI 来源国家中，法国和荷兰的对外直接投资实现大幅增长，增长率分别为 148. 2%和 110. 5%。其中，法国对外直接投资额为该国近十年来最高；美国因受到该国跨国企业海外留存利润大量回流的影响，未能进入全球对外投资经济体前 20 位。

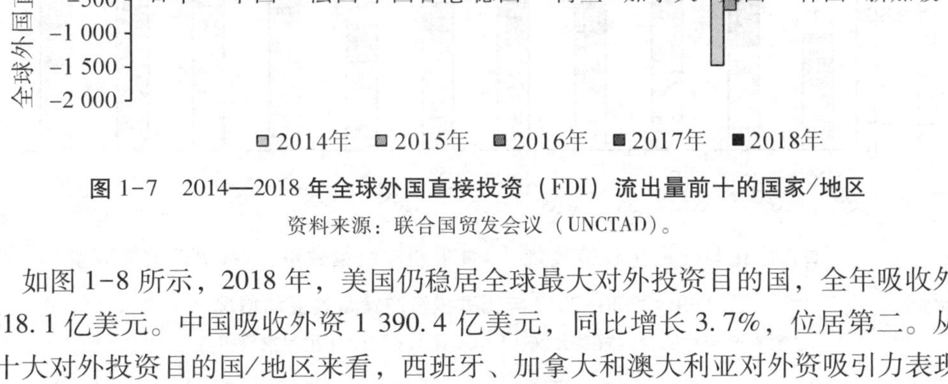

图 1-7　2014—2018 年全球外国直接投资（FDI）流出量前十的国家/地区

资料来源：联合国贸发会议（UNCTAD）。

如图 1-8 所示，2018 年，美国仍稳居全球最大对外投资目的国，全年吸收外资 2 518. 1 亿美元。中国吸收外资 1 390. 4 亿美元，同比增长 3. 7%，位居第二。从全球十大对外投资目的国/地区来看，西班牙、加拿大和澳大利亚对外资吸引力表现突出，其增长率分别达到 108. 4%、59. 6%、42. 9%。

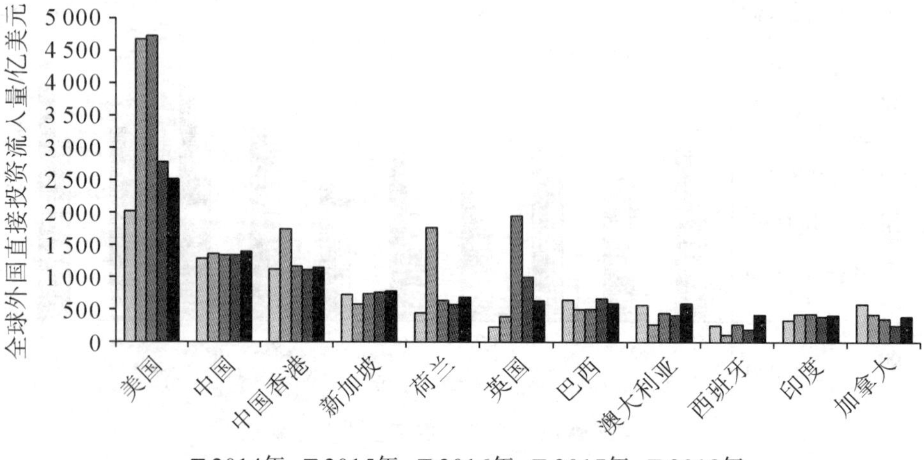

图 1-8　2014—2018 年全球外国直接投资（FDI）流入量前十的国家/地区

资料来源：联合国贸发会议（UNCTAD）。

6. 各国尤其是欧美发达国家对外资持谨慎态度，限制性外资政策数量创近年新高；亚洲发展中经济体成为推动国际投资自由与便利化的关键力量

如图 1-9 所示，2018 年，各国出台的外资政策总量为 112 项，同比减少 22.2%，其中，自由与便利化政策以及中性政策出台数量均出现大幅下降，分别下降 33.7%和 30.4%，与此形成鲜明对比，限制性政策出台数量却大幅上升了 34.8%，全年出台 31 项限制性政策，创 2011 年以来的新高。各国对外资态度更为谨慎尤其是对高新技术及关键基础设施领域，比如，欧盟理事会通过了针对外商投资的新审查框架，美国众议院和参议院相继通过《外国投资风险审查现代化法案》（FIRRMA 法案），进一步扩大美国外国投资委员会（CFIUS）审查权限，英国先后通过《英国外商投资审查新规》《国家安全与投资》白皮书等。

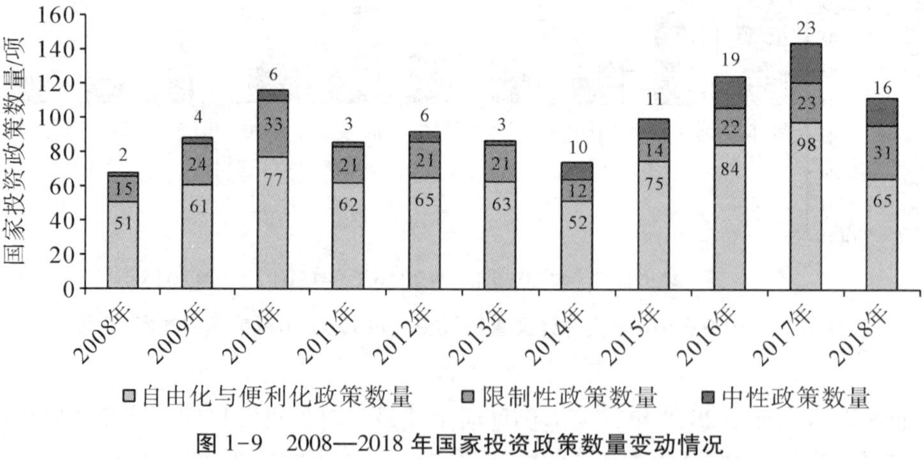

图 1-9　2008—2018 年国家投资政策数量变动情况

资料来源：联合国贸发会议（UNCTAD）《2019 年世界投资报告》。

需要指出的是，在推动国际投资自由化和便利化的过程中，亚洲发展中经济体正扮演着重要角色。2018 年，亚洲发展中经济体出台的 42 项国际投资政策中，76.2%属于投资自由化和便利化政策；而欧美发达国家共出台 29 项国际投资政策，其中 72.4%属于限制性政策。

第三节 国际投资与经济增长

国际投资的产生和发展，与经济的增长和发展是紧密相关的，二者呈同步推进的趋势。国际投资是生产国际化的产物，19 世纪上半叶，工业革命引起了国际资本流动；第二次世界大战以来，由于生产力的发展和科技的进步，国际分工日益扩大和深化，经济迅速发展，各国相互间的经济关系越来越密切，依赖性日益加强，国际经济趋向一体化，同时又表现出很强的区域化趋势。特别是由计算机技术和电子技术引发的信息革命正日益使人们在地域、时间上的差距缩小，全球经济已成为一个紧密结合的共同体。与此同时，随着经济的发展，国际投资也从最初的对外借贷发展成为包括采取证券形式，通过国际资本市场进行的间接投资以及采取创办公司企业形式，通过生产要素国际转移进行的直接投资。这种形式多样、结构复杂、主体多元、日益复杂的经济活动，已逐渐超过以往最有影响的商品贸易，成为当今世界经济发展中最活跃、最引人注目的因素。国际投资已渗入世界各国政治、经济、社会生活的各个领域，成为影响一国国际贸易、国际收支、产业更新、科技发展等诸多方面的重要因素。

一、国际投资对经济增长的促进作用

在众多的现代经济增长理论中，无不将资本要素即投资作为经济增长的重要因素来分析。例如，著名的哈罗德—多马模型中，假设资本—产出比率不变的前提下，如果忽略非技术因素的影响，则经济增长率主要取决于投资率。在新古典经济增长模型中，认为经济增长由资本增长率和劳动增长率决定。在新剑桥经济增长模型中，认为利润在国民收入中所占的份额取决于利润收入者的储蓄率和投资率。也有的经济学家综合了各种因素，提出经济增长是一个复杂的多元函数：经济增长 = F（资本、劳动力、自然资源、技术等）。

对国际投资来说，它对经济增长的贡献如何体现呢？一个国家经济增长所需的资本有国内和国外两个来源。许多发展中国家的经济发展实践证明，在国内资本不足以支持较高的经济增长率时，引进外来资本提高投资率是实现经济目标的重要途径。早在 1948 年，哈罗德在阐述“起飞”理论时，就指出用引进外资来增加发展中国家的投资，使净投资率达到 10%以上，并认为这是经济起飞的必要条件之一。1966 年，钱纳里和斯特劳特提出了“两缺口”模型，认为影响经济发展的主要因素有储蓄、投资、进口和出口。根据凯恩斯宏观经济理论，要使国民收入达到均衡，总需求必须等于总供给，亦即 $C+I+X=C+S+M$，其中消费（C）、投资（I）、出口

(X)构成总需求消费，储蓄(S)、进口(M)构成总供给。整理后可得如下表达式：$I-S=M-X$。左端 $I-S$ 为投资与储蓄之差，称为储蓄缺口；右端 $M-X$ 为进口与出口之差，称为外汇缺口。当国内出现储蓄缺口即投资大于储蓄时，根据两缺口应该平衡的原则，必须用外汇缺口即进口大于出口（表示从国外获得储蓄）来平衡。

利用外资来平衡两缺口具有双重效应：若一笔外资以直接投资（机器设备）的形式流入，从供给方面分析，相当于从国外进口，而且这笔进口不需要用增加出口来弥补，这样就缓解了外汇压力；从需求方面分析，这笔投资不需用国内储蓄来提供，这样就减轻了对国内储蓄需求的压力。因此，利用引进外资来平衡两个缺口，既能缓解国内储蓄不足的问题，促进经济迅速增长，又能减轻超额使用国内资源来满足投资需求及抵消外贸逆差所造成的压力，增强经济发展的后劲。

以上论述都是建立在理论分析的基础上的。结合具体实践来看，国际投资对经济增长的促进作用可以从四个方面来分析：

1. 国际直接投资对东道国经济增长的促进作用

（1）增加东道国的资金供给。

资本是一种稀缺资源，它的匮乏往往是制约一国经济发展的重要因素。对发展中国家来说，由于处在经济的高速发展和“起飞”阶段，急需大量的建设资金，而国内的储蓄往往不能满足对资金的需求，这就不可避免地产生“投资—储蓄”缺口。同时，由于对进口的大量需求，这些国家往往也存在着外汇的短缺。在这种情况下，外国的直接投资是弥补上述缺口的重要来源。例如，韩国在 1962—1982 年经济的急速发展期间，年平均经济增长率为 8.2%，若无外资投入，实际增长率只能停留在 4.9%的水平。统计资料表明，20 世纪 70 年代，外资对韩国经济增长的贡献度为 36.1%。对发达国家来说，一般不存在资金严重不足的问题，但外国的直接投资可以防止由于本国对外投资过度所造成的“产业空心化”，使资本的流出和流入趋于平衡。

（2）推动东道国技术进步和科学管理水平的提高。

当今世界范围的竞争已突出地表现在科学技术的竞争上。国际投资的广泛开展，可以促使各国合理利用资源，加速生产要素优化配置，发展信息产业、高科技产业，并注重把高科技成果尽快转化为生产力，推动经济的发展。对发展中国家来说，学习发达国家的先进技术是实现经济成功起飞的关键，而这些国家往往没有能力独立进行技术创新，通过利用外资来引进国外先进技术，可以大大节约本国在科研资金和时间上的耗费，实现跳跃式发展，并可以获得比单纯技术转让更充分的支援，有利于消化、吸收和创新技术。同时，在利用外资的过程中，可以学习外国特别是实力雄厚的跨国公司的先进组织形式和成熟管理经验，为本国参与国际竞争打下基础。对发达国家来说，则可在利用外资中通过示范效应促进相互之间的经济技术协作与交流，取长补短，并共同开发新技术，推动本国的技术进步和管理科学化。

（3）促进东道国产业结构的调整和升级。

对发展中国家来说，过去多是农业国或半工业化国家，工业基础薄弱，服务业不发达。通过利用发达国家的直接投资并有意识地对其加以引导，可以促进新兴工业部门的形成和发展，实现产业结构的升级。例如新加坡制造业和金融业的迅速崛起直接得益于跨国公司和跨国银行；韩国的钢铁、造船、汽车、电子等工业也是在外资的参与下兴建和发展起来的。对发达国家来说，通过利用外资，可大力开发高新技术产业，淘汰和转移“夕阳”产业，实现产业结构调整。同时，有些外资为了避免激烈竞争，在向发达东道国投资时投向一些“空隙”即盈利率相对较低的部门，这也有利于防止发达东道国产业结构畸形发展，起到一定的协调作用。

（4）推动东道国的出口贸易。

由于目前国际直接投资的主体多为实力雄厚的跨国公司，它们根据其全球发展战略，在发展中东道国多投资于劳动密集型加工制造业，其产品多数用于出口，这就扩大了东道国的出口量。从我国利用外资的情况来看也证实了这一点。而发达国家之间的相互投资则形成密布全球的销售网络，有力地促进了相互之间的出口贸易发展。

（5）为东道国创造就业机会。

众所周知，外国直接投资于东道国创办公司（企业），必然会为东道国提供直接就业机会。同时，外国直接投资通过促进东道国的社会消费水平的提高和经济的发展，也可间接提供东道国就业机会。对发达国家来说，更多的就业机会可以缓解失业的压力，促进经济发展；对发展中国家来说，不但可以解决农业剩余劳动力向工业转移的难题，而且可以利用“三资”企业提供的正规培训来提高本国劳动者的素质，增强经济发展的后劲。

2. 国际直接投资对投资国经济增长的促进作用

（1）对发达投资国来说，可通过对外直接投资获得丰厚利润，增强本国经济实力。

由于发达国家跨国公司按其全球发展战略进行对外投资，可以利用廉价的自然资源和劳动力，有效地组织生产、科研和销售，实现全球资源最佳配置。同时，也由于东道国特别是一些发展中东道国对外资所给予的优惠政策以及投资国所给予的补贴，发达国家跨国公司对外直接投资的利润率一般要比国内投资的利润率高。如20世纪70年代后期，美国国内制造业平均利润率为13%，而同期对外投资的利润率皆高于此，个别年份对发展中国家的投资利润率更高达32%。发达国家对外投资所获得的巨额利润扩大了资本规模，巩固了其在国际竞争中的垄断地位。对发达投资国来说，对外投资有利于改善其国际收支状况。有些发达国家国内存在着资本过剩的情况，对外投资为这些资本提供了出路。有些发达投资国虽然存在国际收支逆差，但通过对外投资，使国外企业的利润汇回大于资本汇出，也可以平衡国际收支。因为，虽然对外投资初期可能会发生资本的净流出，但从长期来看，一方面，当跨国公司的国外子公司正常运作后，可向母国汇回利息、红利、专利使用费、管理费用等，改善投资国的国际收支状况；另一方面，通过对外投资可带动投资国的设备、原材料、零部件等的出口，从而对投资国的国际收支产生有利影响。

（2）对发展中投资国来说，有利于获得国外先进技术和管理经验。

发展中国家对外投资于发达国家，直接介入国际市场的科研开发和企业管理，相对于吸引发达国家投资而言，不仅可获得更为先进、尖端的技术和管理经验，而且更具有主动性和选择性，这对于打破发达国家的技术垄断和控制，提高技术水平，带动国内工业发展具有战略意义。韩国、中国台湾等一些国家和地区近年来一直在海外投巨资于高科技产业，就是很好的例证。

（3）有利于占领和开拓国际市场。

在国际经济联系日益密切的今天，国际贸易已同国际投资和跨国公司的行为紧密地联系在一起。通过对外直接投资开拓国际市场，已成为一国介入国际经济活动的重要手段，尤其是在贸易保护主义盛行、关税壁垒重重的今天，利用对外直接投资打开国际市场已成为必不可少的方式。对发展中国家来说，随着大规模地引入外资，也出现了一些诸如国内市场丧失、民族品牌沦陷等负面效应，不利于民族经济的发展。因此，发展中国家对外投资，建立自己的生产、销售网络，攻占国际市场，创立世界品牌，增强自身的竞争力，更具有战略意义。

3. 对外直接投资对全球经济增长的促进作用

（1）促进了生产的国际化和资本的国际化。

国际直接投资的发展得益于科技进步和国际分工的深化；同时，现代跨国公司的出现和国际直接投资的发展，使资金、技术、劳动力、自然资源在全球范围内进行合理配置和利用成为可能，使国际分工在广度和深度上进一步拓展，导致现代生产的国际化。在生产国际化的过程中，需要庞大的国际资金的支持，从而推动了国际金融市场的发展和资本国际化的进程，跨国银行也应运而生。正是由于跨国公司和跨国银行的出现和发展，世界经济日趋一体化，促进了全球的经济增长。

（2）促进了科学技术的开发利用和产业结构的演进。

随着世界各国生产力的发展，国际竞争不断加剧，国际直接投资对新技术的开发和产业结构的调整起着极为重要的作用。具有雄厚实力的跨国公司为了维持自己的优势和地位，往往动用庞大的资金进行科学研究和开发，其数额甚至超过了单独一国政府的科研经费，已成为高、新、尖技术开发的重要保障。同时在技术革命的浪潮中，各国为了保持竞争力，不断进行产业调整与升级。随着工业跨国公司在海外投资的发展，银行、保险、电信、咨询等服务行业也纷纷开展海外业务，造成了世界产业结构表现为劳动密集型向资本密集型、技术密集型、科学密集型的演进趋势，从而提高了全球经济增长的质量。

4. 国际间接投资对经济增长的促进作用

国际间接投资主要是指国际证券投资及国际中长期信贷、经济开发援助等形式的对外投资。国际间接投资的发展所带来的是高度发达的国际资本市场，它包括辛迪加贷款（银团贷款）、欧洲中长期票据市场、债券市场和国际股票市场。国际间接投资对经济增长的促进作用主要表现在以下两个方面：

（1）通过国际资本市场筹资可使企业及投资项目获得所需的资金。

筹资的渠道有多种：向国际金融机构（跨国银行）借款，在国际证券市场上融资——在海外资本市场出售有价证券（包括在海外发行股票、债券等）。资本市场的发展还可以按照市场的具体需要进行创新，创造出灵活的、可转换的、可选择的金融工具，满足投资人和借款人的专门偏好。通过国际资本市场，可以方便高效地筹集到所需的资金，满足国内经济发展的需要。尤其是对发展中国家来说，新兴市场的蓬勃发展及机构投资者队伍的扩大，可使筹资者通过直接融资的手段方便地筹措到资金。对欲在国外进行投资的企业来说，不仅可以靠国内资本市场筹资，还可以利用在国际资本市场和东道国资本市场筹资来进行对外投资，以缓解对本国国际收支平衡的压力。

（2）通过国际资本市场可进行资产经营。

资产经营是市场经济和现代企业制度发展到一定阶段的高级产物。它通过对生产要素的优化配置和资产结构的动态调整来获得最大利润，使资产最大化增值。目前，跨国企业在国际资本市场上频繁地进行海外上市：一是可以得到来自海外的所有权融资，并可以通过提高投资者的预期值而获得大量的溢价发行收入；二是可以改善公司的所有权结构，建立科学的经营管理体制，提高公司运作效率；三是可以提高公司的知名度，实现无形资产的增值；四是可利用上市公司配股筹资，引入资金到国内来支援国内企业的发展。通过跨国兼并或收购：一是可以促进存量资产重组，在全球范围优化资源配置，扩大企业规模，降低经营成本；二是可以迅速进入另一国市场，控制销售渠道，抢占国际市场份额；三是可以增强企业实力，获得竞争优势，降低经营风险。20 世纪 90 年代中期以来，全球范围内多次出现企业兼并与收购浪潮，许多大型跨国公司通过并购，或扩大了市场，或取得了技术，或调整了业务结构，或精简了组织。总之，这对企业自身的发展及全球经济的增长起到了重要的推动作用。

二、国际投资对经济增长作用的评价

虽然国际投资对经济增长具有强大的推动和促进作用，但不是说国际投资就是经济增长的决定性因素。

1. 资本并不是决定经济增长的唯一因素

经济增长是一个复杂的函数，是若干因素综合作用的结果，其中包括人力资源（数量、素质、积极性、参与程度等）、资本（数量、结构、技术密集程度等）、科学技术（设备存量、水准、工艺、专利等）、自然资源（土地、矿藏等），以及制度和组织上的因素等。许多经济学家的研究成果表明：教育和科学技术进步等因素在经济增长中的贡献要大于资本的贡献。而实际上，经济制度等关系到生产关系变革的因素更能促进经济增长。既然资本并不是决定经济增长的唯一因素，那么一国经济的增长也就不能完全归结为国际投资的贡献。

2. 利用外资及对外投资不当也会妨碍经济增长

众所周知，利用外资和对外投资都具有双重影响，既有积极的一面，也有消极的一面。若东道国利用外资的政策失当，造成规模过度或结构不合理，会带来以下负面效应：一是外债负担过重，容易造成债务危机。20 世纪 80 年代一些发展中国家的债务危机就是一个很好的例证。二是冲击国内产业，造成对外资的过分依赖，甚至使国民经济的主要部门被外资控制。三是引进外资结构不合理，造成国内产业结构畸形。四是对利润汇出控制不当，会造成外汇流失。五是项目审批不严，引进高污染高能耗产业。同样，如投资国在投资时对自身实力和投资风险认识不足，也会造成以下不利后果：一是挤占国内正常发展所需的资金，恶化国际收支状况。这常见于一些发展中国家。二是受东道国政治和经济波动影响，导致收益减少甚至损失。

由此可见，国际投资对经济增长的促进作用是有条件、有限度的，它是经济增长的重要因素或约束条件之一，但绝不是唯一的或决定性的因素。

三、经济增长决定国际投资

按照马克思的再生产理论，在生产、分配、交换、消费的环节中，存在相互作用，但总体来看，生产在其中起决定性作用。经济增长是生产的发展，而国际投资则是一部分社会产品在国际范围内的分配和运用。因此，经济增长是矛盾的主要方面，决定着国际投资的增长。

1. 经济增长决定了国际投资的产生和规模

根据传统的经济学观点，随着科学技术的进步、劳动生产率的提高，资本积累会不断扩大。但在资本主义制度下，生产不断扩大，资本积累不断增加，终归会遇到社会消费增长相对低缓的限制，从而产生了资本的相对过剩。随着生产国际化的展开，这些闲置资本受追逐最大利润本性的驱使，流向国际资本市场，一步步国际化，推动了对外投资。同时，随着经济的增长，可用于进行国际投资的资本增加，政府也会鼓励对外投资，从而使国际投资的规模迅速扩大。因此，经济增长决定了国际投资的产生和发展。

2. 经济增长决定了国际投资的结构和质量

众所周知，经济增长决定了经济结构和产业结构，这体现为存量的调整和增量的改善。而国际投资作为对增量资金的运用，也必须符合经济增长所提出的要求。例如发达国家的经济增长要求由初级产品生产向制造业和服务业过渡，因此其对外投资及引进外资就偏向于技术密集型和资本密集型，尤其是发达国家之间的相互渗透投资更体现出这一点。同时它们也通过向发展中国家投资进行劳动密集型产业的转移，从而实现本国产业结构的升级。同样，随着发展中国家经济的增长，它们必然要走出国门，参与国际分工和国际竞争，使本国产品的结构和质量更上一个台阶，因此它们在引进外资及对发达国家投资时就表现为参与新兴产业和先进技术的要求。但它们在对发展中国家进行对外投资时，由于受自身经济增长水平和质量的制约，又不得不表现为对成熟实用型技术的参与。总之，国际投资的结构和质量在很大程度上受到本国经济增长状况的制约。

3. 经济增长决定了国际投资利用者的引资意愿和国际投资者的投资意愿

随着旧的国际经济秩序的打破，新的国际经济秩序的建立，许多发展中国家的经济得到了快速增长。它们在经济起飞的过程中，急需外部资金的支援，因此这些国家的政府往往采取各种优惠措施吸引外国投资。相反，如果这些国家的经济不景气，那么必然会收缩对外资的利用，以免背上严重的债务负担，恶化国际收支状况。

发展中国家高速的经济增长及深厚的市场潜力对其他国家投资者也是很大的诱惑。他们纷纷直接投资兴办企业，或间接投资于证券市场，博取高额利润。而如果这些国家的经济出现大的波动，间接投资就会迅速撤走，直接投资也会锐减。

4. 经济增长决定了国际投资环境的改善

一个国家在寻求对外投资时，必然要对各国的投资环境进行评价，考虑其自然环境、政治、经济、法律、社会文化等诸方面因素。同样，一个国家要想更好地吸引外资，也必然要对本国这些方面的因素不断进行改善和提高。这些复杂的环境要素的改善在很大程度上要依赖本国经济的增长来完成。因此，从这个角度来说，经济增长也决定了国际投资。

在讨论经济增长对国际投资的决定作用时，应注意的一点是：在这里，经济增长不能简单地局限于国内经济的增长。因为国际投资作为一项国际经济活动，在很大程度上受世界经济的影响和制约。事实上也是如此：西方发达国家在近几年国内经济增长缓慢甚至停滞的情况下，对外投资仍保持强劲的增长势头。这正是由世界经济宏观调整向好和一些发展中国家经济的高速增长决定的。

综上所述，我们可以对国际投资与经济增长的关系得出如下结论：经济增长决定国际投资；同时，国际投资对经济增长有很强的促进和推动作用。二者相互联系，相互制约，存在着辩证统一的关系。

➤➤➤扩展阅读

影响外国直接投资流向发展中国家和地区的因素

一、东亚、南亚和东南亚

1. 经济因素

①能否迅速摆脱危机并恢复经济增长；②主要外资吸收者（中国、泰国和台湾地区）克服基础设施瓶颈的能力；③受成本和市场因素驱动的以亚洲为基地的跨国公司的跨国化程度；④持续不断的低成本和技能改进的劳工供应。

2. 政治因素

①亚洲转轨国家的经济改革；②进一步的投资自由化政策与外向型贸易政策；③区域经济一体化增强；④南亚及东南亚相关地区的政局稳定及地区安全。

3. 跨国公司战略因素

跨国公司合理化与一体化战略。

二、拉丁美洲与加勒比

1. 经济因素

①继续采取良好的宏观政策，包括债务服务政策；②维持和改善现有的增长水平；③改进基础设施；④区内对外直接投资增长。

2. 政策因素

①正在进行的私营化政策；②区域一体化增强。

3. 跨国公司战略因素

①一体化条件下的地区生产合理化；②市场渗透。

三、非洲

1. 经济因素

①朝制造业、服务业方向发展的生产结构进一步多样化；②扩大市场和高速增长的能力；③改进基础设施；④南非成为次撒哈拉非洲投资的能力。

2. 政策因素

①进行宏观经济改革，包括减轻债务负担；②外国直接投资及其相关政策包括初级产业和服务业投资政策的自由化；③推进与发展私营化计划。

资料来源：联合国贸发会议跨国公司与投资司。

➤➤➤核心知识点小结

国际投资日益成为当今世界经济中最活跃、最引人注目的现象。国际投资是各国官方机构、跨国公司、金融机构及居民个人等投资主体，将其拥有的货币资本或产业资本，经跨国界流动形成实物资产、无形资产或金融资产，并通过跨国营运实现价值增值的经济行为。

投资（investment)，是指为了不确定的未来值而做出的现值的牺牲。

国际投资是投资主体、资本的特性、投资目标、投资要素、投资国别、投资流向、投资方式、投资领域、投资行为、投入与产出之间关系等诸多因素的高度内在的统一。

公共投资，是指某国政府向另一国的投资，或者政府间国际金融机构（世界银行、国际货币基金组织、国际金融公司等）向某一国的投资。私人投资，一般是指一国的个人或经济单位以营利为目的而对他国的经济活动进行的投资。

国际直接投资又称对外直接投资，即指以取得国外企业的经营、管理权为特征的投资。也就是说，国际直接投资的投资者直接参与所投资的国外企业的经营和管理活动，拥有实际的管理、控制权。国际间接投资又称对外间接投资，即指以取得利息或股息等形式的资本增值为目的、以被投资国的证券为对象的投资。

非股权安排指投资者不参与外国企业的股权，而是通过其技术、专利、设备、商标、版权、营销渠道等向外国企业提供合作或服务，并按相应形式分取产品或收益的投资形式。限制性中长期国际贷款往往规定了款项的用途，甚至还有其他限制性条款，因而实际上对借款企业产生了一定程度的影响和控制。

补偿贸易是进口方在外汇资金短缺的情况下，原则上以不支付现汇为条件，而是在信贷的基础上从国外卖方引进机器、设备、技术资料或其他物资，待工程建成投产后，以其生产的产品或者商定的其他商品或劳务分期偿还价款的一种投资和贸易相结合的、灵活的国际投资方式。国际加工装配贸易是集国际贸易与国际投资于一体的比较灵活的新型的国际直接投资形式，是利用外资和本国（本地区）的劳务相结合的一种方式。它不需要东道国的投资，并可利用现有的厂房、土地、劳动力等，达到引进先进技术和利用外国投资的目的。

现代经济理论一般认为，生产要素可分为资本、土地、劳动力、技术等。传统的国际贸易理论是建立在生产要素在国内可以自由流动、而在国际完全不流动的前提下的。

资本是指处于劳动、土地与最终消费资料之间的生产手段，这是狭义的资本概念；而从广义来理解资本，可以把人类社会生产除人以外的一切条件称为资本；也就是说，资本既有其实物形态的实物资本，也有其非实物形态的无形资本（或称无形资产）。马克思从生产关系（生产过程中人与人的关系）分析的角度定义了资本，指出资本是能够带来剩余价值的价值，从而揭示了资本乃至资本主义生产方式的本质。

国际投资是随着社会生产力的发展，商品经济发展到一定阶段、生产的社会分工国际化的产物，并随着生产力提高及国际政治、经济格局的演变呈现出特定的发展过程。

国际投资的产生和发展，与经济的增长和发展是紧密相关的，二者呈同步推进的趋势。国际投资是生产国际化的产物。与此同时，随着经济的发展，国际投资也从最初的对外借贷发展成为包括采取证券形式、通过国际资本市场进行的间接投资以及采取创办公司企业形式、通过生产要素国际转移进行的直接投资。这是一项形式多样、结构复杂，主体多元的复杂的经济活动，已逐渐超过以往最有影响的商品贸易，而成为当今世界经济发展中最活跃、最引人注目的因素。国际投资已渗入到世界各国政治、经济、社会生活的各个领域，成为影响一国国际贸易、国际收支、产业更新、科技发展等诸多方面举足轻重的因素。

虽然国际投资对经济增长具有强大的推动和促进作用，但也绝不是说国际投资是经济增长的决定性因素。国际投资对经济增长的促进作用是有条件、有限度的，它是经济增长的重要因素或约束条件之一，但绝不是唯一的或决定性的因素。按照马克思的再生产理论，在生产、分配、交换、消费诸环节中，存在相互作用，但总体看来，生产在其中起决定性作用。经济增长是生产的发展，而国际投资则是一部分社会产品在国际范围内的分配和运用。因此，经济增长是矛盾的主要方面，决定着国际投资的增长。

➤➤➤关键术语

投资　国际投资　货币性资产　实物资产　无形资产　公共投资　私人投资　长期投资　短期投资　国际直接投资　国际间接投资　非股权安排　限制性中长期国际贷款　国际租赁　金融租赁　衡平租赁　经营租赁　综合租赁　维修租赁　转租赁　售后租赁　国际补偿贸易　直接补偿　间接补偿　综合补偿　国际加工装配贸易　资本　短期资本　长期资本

➤➤➤复习思考题

1. 理解投资的含义应把握哪几点？
2. 国际投资的特点是什么？
3. 国际投资的分类有哪些？
4. 国际直接投资和国际间接投资有哪些明显的区别？
5. 补偿贸易的特点和形式主要有哪些？
6. 国际加工装配贸易的特点和形式主要有哪些？
7. 国际资本流动和国际投资的类系是什么？
8. 国际投资的性质有哪些？
9. 国际投资与经济增长的关系是什么？
10. 国际直接投资对东道国经济增长有哪些促进作用？
11. 国际直接投资对投资国经济增长有哪些促进作用？
12. 对外直接投资对全球经济增长有哪些促进作用？
13. 国际间接投资对经济增长有哪些促进作用？
14. 如何正确评价国际投资对经济增长的作用？
15. 为什么说经济增长决定国际投资？

第二章
国际投资理论

伴随着国际投资的产生和发展，解释和指导国际投资活动的国际投资理论亦经历着相应的发展和演变。第二次世界大战爆发前的国际投资以国际间接投资为主，即通过国际证券投资进行资本输出。因此，当时出现的国际投资理论主要是国际间接投资理论。这些理论多以古典经济学中的比较优势原理为核心，着重分析不同国家要素禀赋差异及由此产生的利率差异如何引导资本在国际流动。与当时相对简单的、单向性为主的国际投资结构相适应，这些建立在自由市场、完全竞争等诸多假设基础上的古典资本流动理论是比较粗略的。

第二次世界大战结束以后，以跨国公司为主要载体的国际直接投资蓬勃兴起，并日益成为国际投资活动的主导，当然，其间也经历了区域格局的一系列演变。因此，自 20 世纪 60 年代开始，各种国际直接投资理论不断涌现，丰富多彩。20 世纪 80 年代以来，在国际金融自由化浪潮、电子通信技术革命等各种因素的促进下，国际证券投资再度出现强劲增长的势头。这时，我们所面临的国际证券市场无论在深度、广度还是复杂程度等方面，都是第二次世界大战结束以前所不可比拟的，与之相对应的国际间接投资理论则在先进的现代证券投资组合理论的基础上向国际范围延伸而形成现代国际证券投资理论。

在国际投资理论方面，马克思、列宁关于剩余资本是资本输出的基础的论述，是马克思主义经济学关于世界经济学的核心部分，也是研究当代资本输出或国际投资问题的重要依据。本章将介绍经典作家的国际投资理论、主要国际直接投资理论以及国际证券投资理论。

第一节　经典作家的国际投资理论

经典作家关于国际投资的思想主要集中在关于资本输出的理论，这一理论是研究当代国际投资问题的重要理论依据之一。

一、马克思关于资本输出的论述

马克思认为，资本过剩是导致资本输出的直接原因。资本过剩，是指由于一般利润率趋于下降，一部分资本相对于使资本价值增值这个生产目的而变成了多余的资本这样一种经济现象。马克思认为，由于资本积累规律的存在及其作用，不可避免地引起利润率趋于下降，导致一些资本或者接受较低的盈利率继续运营——而这是资本家所不能容许的，或者丧失独立的行动能力而以信用的形式交由别人支配从而形成借贷资本，这必然导致发生生产过剩和资本过剩。

马克思认为，在资本主义社会，过剩资本的存在是必然的。因为在这种制度下，资本存在着两大特性，一是增值，一是剥削。这就会形成生产和资本积累的不断扩大与人民群众有支付能力的需求相对缩小的矛盾。资本要增值，要追逐更多的剩余价值，为此，资本家必然要扩大生产规模，加快资本积累，提高资本有机构成；资本要剥削，要榨取更多的剩余价值，为此，资本家必然会加紧剥削雇佣工人，使他们的支付能力相对下降。因此，资本的这种过剩并非真的多余没用了，而是相对于国内狭小的市场而言的过剩，相对于利润率降低而言的过剩。如果资本家用这种过剩的资本去提高劳动人民的生活水平，那就不会有什么资本的过剩了。马克思指出："资本的这种过剩是由引起相对过剩人口的同一情况产生的，因而是相对过剩人口的补充现象。"[①] 马克思揭示了资本主义社会的生产过剩、资本过剩和人口过剩的同时并存现象：这一现象是由资本主义生产资料私人占有和生产社会化的基本矛盾决定的。

资本主义社会的资本所有者的过剩资本要寻找出路，其出路之一就是向国外进行资本输出。由于国内利润率下降，过剩的资本不可能在国内找到出路，就只能输出到国外，而且是将过剩资本输出到能够获得更高利润率的国外。马克思指出："如果资本输出国外，那么这种情况之所以发生，并不是因为它在国内已经绝对不能使用。这种情况之所以发生，是因为它在国外能够按更高的利润率来使用。"[②] 这说明，在资本主义社会，资本输出是解决资本过剩的一种手段，其目的是追逐高额利润。同时，资本输出又是国际投资的一种方式。

马克思、恩格斯认为，随着资本主义的发展，特别是大工业的兴起和发展，国际关系也会扩大。马克思和恩格斯在《共产党宣言》中指出：寻找"产品销路的需要，驱使资产阶级奔走于全球各地。它必须到处落户，到处创业，到处建立关系"[③]。马克思、恩格斯在《共产党宣言》中又指出："资产阶级，由于开拓了世界市场，使一切国家的生产和消费都成为世界性的了……过去那种地方的和民族的自给自足的闭关自守状态，被各民族的各方面的互相往来和各方面的互相依赖所代替了。"[④] 马克思在论述世界货币时还指出："……要把财富从一个国家转移到另一个国家。"[⑤] 马克思、恩格斯的这些论述，足以说明随着国际关系的发展，每个国家的

① 马克思. 资本论：第3卷［M］. 北京：人民出版社，1975：280.
② 马克思，恩格斯. 马克思恩格斯全集：第25卷［M］. 北京：人民出版社，1979：285.
③ 马克思，恩格斯. 马克思恩格斯选集：第1卷［M］. 北京：人民出版社，1956：254.
④ 马克思，恩格斯. 马克思恩格斯选集：第1卷［M］. 北京：人民出版社，1956：254-255.
⑤ 马克思. 资本论：第1卷［M］. 北京：人民出版社，1975：164-165.

政治与经济生活必然互相依存、互相制约、彼此联系，而国际投资的发展又是国际经济关系发展的重要表现。

二、列宁关于资本输出的论述

到了19世纪末20世纪初，西方主要国家发展到了一个新的阶段——帝国主义阶段。列宁概括了这一阶段经济的五个基本特征，指出："从经济上说，帝国主义就是垄断资本主义。"① 列宁的这一论述，从经济上分析了西方主要国家的这一新阶段，为认识国际投资提供了理论基础。

列宁根据西方主要国家的经济情况，发展了马克思关于过剩资本的理论。列宁指出："帝国主义的特点，恰好不是工业资本而是金融资本。"② 金融资本作为帝国主义的特征，一方面加剧了西方主要国家的固有矛盾，另一方面使西方主要国家和资本所有者的过剩资本能够在更大规模上形成，在更大范围内开展资本输出，也就是说金融资本越出国界在国际范围内形成垄断。

在这一阶段，资本输出之所以具有必然性，也是因为这时形成了大量的过剩资本。过剩资本形成的主要原因在于，垄断资本的形成更进一步加剧了资本主义制度所固有的矛盾：一是国内垄断统治的确立，使能够获得高额利润的经济部门已被垄断资本分割和控制，从而新投资无法进入这些部门；二是垄断提高了资本有机构成，使利润率呈现出迅速下降的趋势。这样，垄断资本家手中积累起来的大量货币资本，由于找不到足够的有利可图的投资场所而成为过剩资本。资本的本性是要增值，要榨取更多的剩余价值，因此，为追逐高额利润，这些过剩资本必然会涌向国外，特别是输出到经济落后的国家去，因为那里资本少、工资低、地价便宜、原料便宜、利润率和利息率一般很高。在帝国主义阶段，资本输出不仅有其必然性，还有其可能性。列宁指出："其所以有输出资本的可能，是因为许多落后国家已经卷入世界资本主义的流通范围，主要的铁路已经建成或已经开始兴建，发展工业的起码条件已有保证等等。"③ 显然，19世纪末20世纪初这一新阶段的国际投资不仅具有掠夺和剥削性质，而且具有垄断性质。

资本输出对当时的西方主要国家来说，既是垄断资本压迫和剥削世界上大多数国家和民族的坚实基础，也是垄断资本维护其国内经济和政治统治的重要支柱。对于输入资本的落后国家来说，资本输入使这些国家的社会经济发展停滞不前，长期处于落后贫困状态，即使某些方面得到了一些发展，那也是适应这些西方国家需要的畸形的发展。

列宁不仅继承了马克思、恩格斯的国际投资理论，同时还发展了马克思、恩格斯关于国际关系的理论。列宁指出："人类的整个经济、政治和精神生活，在资本主

---

① 列宁. 列宁全集：第23卷［M］. 北京：人民出版社，1963：35.
② 列宁. 列宁选集：第2卷［M］. 北京：人民出版社，1955：810.
③ 列宁. 列宁选集：第2卷［M］. 北京：人民出版社，1955：783.

义制度下已经越来越国际化了。社会主义把它完全国际化。”① 列宁还指出：“社会主义实现得如何，取决于我们苏维埃政权和苏维埃管理机构同资本主义最新的进步的东西结合，只能充分利用资本主义的成果，而绝对不能排斥它，否则就难以设想建设和巩固社会主义制度。”② 列宁不仅发展了马克思、恩格斯的国际投资理论，而且把其理论与实践结合起来。例如在苏联十月革命胜利后的“新经济政策”时期，列宁主张并实践了利用资本主义东西的理论，与资本主义国家进行了合作。

值得注意的是：资本输出与现代国际资本流动是有区别的。马克思、恩格斯和列宁的上述资本输出理论，有许多方面至今仍然是正确的。例如，关于垄断是形成过剩资本的根本原因、过剩资本是资本输出的基础等观点至今仍然是有效的。但是，随着世界经济的发展，政治格局的变动，列宁当初说的资本输出与现代国际资本流动出现了明显的区别。首先，现代国际资本流动顺应世界各国经济发展的要求，已经成为国际生产要素流动的一种形式。不论是发达国家还是发展中国家，不论是资本主义国家还是社会主义国家，都同时进行资本的输出和输入，因此，用国内“有利的投资场所已经不多”这种观点是无法解释这种现象的，也与列宁当初说的少数国家向殖民地国家单向输出不同。其次，现代国际资本输出的主要形式是对外直接投资，而列宁当初说的资本输出的主要形式则是证券投资。再次，现代国际资本流动是在殖民体系瓦解，各国主权平等条件下进行的，而列宁当初说的资本输出则是和西方主要国家对殖民地的掠夺和扩张相联系的。最后，现代国际资本流动的结果，总体来看对资本流出国和流入国都产生了很好的促进经济发展的作用，而并非像列宁当初所说的那样，资本输出只有利于输出国而不利于输入国。

三、毛泽东、邓小平的国际投资理论

毛泽东、邓小平同志发展了马克思、恩格斯和列宁的国际投资理论。毛泽东同志在党的七届二中全会上指出：“关于同外国人做生意，那是没有问题的……我们必须尽可能地首先同社会主义国家和人民民主国家做生意，同时也要同资本主义国家做生意。”③

当今世界，科学技术革命突飞猛进，生产和资本的国际化趋势进一步加强，国际垄断资本组织的生产过程和生产活动日益跨越国界，以跨国公司和多国公司形式出现的现代国际垄断组织的生产国际化水平迅速提高，而且在世界生产中越来越重要。跨国公司以全球战略安排其产品设计和组织产销，在全球范围内对生产要素进行重新配置和优化组合，从而使更多国家和地区卷入国际分工体系，这不仅大大提高了世界生产力的水平，而且使各国各地区相互间的经济联系进一步增强，由生产的国际化发展为资本的国际化、技术的国际化、人才的国际化。

① 列宁. 列宁全集：第 19 卷［M］. 北京：人民出版社，1955：239.
② 列宁. 列宁全集：第 27 卷［M］. 北京：人民出版社，1963：237.
③ 毛泽东. 毛泽东选集：四卷本［M］. 北京：人民出版社，1960：1436.

邓小平敏锐地洞察了这一客观现实。他说："现在的世界是开放的世界"①，"对外开放具有重要意义，任何一个国家要发展，孤立起来，闭关自守是不可能的。不加强国际交往，不引进发达国家的先进经验、先进科学技术和资金，是不可能的。"② 从世界范围看是这样，从我国经济建设的历史经验教训看也是这样。邓小平指出："三十几年的经验教训告诉我们，关起门来搞建设是不行的，发展不起来。"③"我们现在要实现四个现代化，有好多条件，毛泽东同志在世的时候没有，现在有了……我们坚持反对帝国主义、霸权主义、殖民主义和种族主义，维护世界和平，在和平共处五项原则的基础上，积极发展同世界各国的关系和经济文化往来。经过几年的努力，有了今天这样的比过去好得多的国际条件，使我们能够吸收国际先进技术和经营管理经验，吸收他们的资金。这是毛泽东同志在世的时候所没有的条件。"④ 邓小平还指出："中国在历史上对世界有过贡献，但是长期停滞，发展缓慢。现在是我们向世界先进国家学习的时候了。"⑤

应该说，邓小平对外开放理论的重要贡献在于及时发现了国际条件的变化，并把利用外部有利条件发展我们自己从愿望变成了现实。邓小平指出，利用外资和世界成果这个条件"过去没有，后来有了，但一段时期没有利用，现在应该利用起来"⑥。邓小平关于加快对外开放的一系列论述具有强烈的紧迫感、明显的时间观和机遇观，对我们很有警醒作用。

从我国改革开放的实践来看，十一届三中全会以来，我国进一步发展了马克思、恩格斯和列宁的国际投资理论。一个国家可以存在"一国两制"，不同社会制度下只要坚持平等互利也可以相互进行国际投资。由于国际分工和世界经济的发展，当今世界的国际投资发生了重大变化。我国对外开放，参与国际投资就是一个很好的证明。我国一方面利用外资和引进技术，举办合资企业、合营企业、合作企业和独资企业，意味着外国对本国进行国际投资；另一方面"走出去"，我国进行对外投资，面向世界，走向世界。这就是我国利用外资和对外投资，"两条腿走路"，也是国际投资的双向流动。

① 邓小平. 邓小平文选：第3卷 [M]. 北京，人民出版社，1993：64.
② 邓小平. 邓小平文选：第3卷 [M]. 北京：人民出版社，1993：117.
③ 邓小平. 邓小平文选：第3卷 [M]. 北京：人民出版社，1993：64.
④ 邓小平. 邓小平文选：第2卷 [M]. 2版. 北京：人民出版社，1994：127.
⑤ 邓小平同志会见德意志联邦共和国新闻代表团时的谈话 [N]. 人民日报，1978-10-10 (01).
⑥ 邓小平. 邓小平文选：第2卷 [M]. 2版. 北京：人民出版社，1994：234.

第二节　国际间接投资理论

国际间接投资是以国际债券、股票等国际证券①为投资标的进行的一种国际投资行为，因此，有一些人认为国际间接投资理论也就是国际证券投资理论。国际间接投资理论主要有两种，一是古典国际间接投资理论，二是现代国际间接投资理论。前者着重说明国际间接投资的原因和流动规律，后者着重说明国际间接投资的选择和优化组合。

一、传统的国际资本流动理论

资本的国际流动，即资本在国际转移。传统的国际资本流动理论是一种传统的国际投资理论，产生于第二次世界大战后国际直接投资大规模发展之前，以证券投资为主要研究对象。该理论的前提是，世界各国的商品和生产要素市场是完全竞争市场，资本能够在各国之间自由流动，没有任何障碍。资本之所以在国际流动，是因为各国利率之间存在差异。国际资本流动的方向是从利率较低的资本充裕国流向利率较高的资本稀缺国，直到利率差异消失为止。因此，资本的国际流动，会引起资本收益率的均等化。这个均等化过程是资本资源在世界范围内重新配置的过程，重新配置的结果是使世界总产量增加，对资本充裕国和资本稀缺国都带来好处。下面我们用麦克杜格尔模型揭示资本在国际流动所产生的效应。

（一）资本国际流动的一般模型

资本国际流动的一般模型又称麦克杜格尔模型，用于描述在完全竞争条件下资本国际流动的机制。在完全竞争条件下，资本国际流动的主要原因就是资本收益率

① 证券在一般意义上是指用以证明持有者有权按其所载取得相应收益的各类权益凭证。其构成有三大类：证据证券、所有权证券和有价证券。证据证券只是单纯证明某种事实的凭证。诸如借据、收据等。所有权证券是认定持有人是某种财产所有权的合法享有者，证明持有人所履行的义务有效的文件，诸如存单、存折、土地所有权证书等。有价证券则是证明某项财产权利诸如支票、汇票、债券、股票等。日本学者津村英文认为："有价证券是某种权利的化身，持有人有权取得一定的收入，要行使该项权利就必须保有该项证券，要转移该项权利也必须转移该项证券。"（津村英文. 证券市场学［M］. 张友栋，白若愚，译. 北京：中国经济出版社，1988：13）有价证券是某种权利的化身，有了有价证券，持有人即可根据证券所载明的内容，实现其财产权利；而对有价证券负有义务的人，则履行证券所要求的义务。有价证券表现出权利与证券紧密相连、不可分离这一基本特点。有价证券按其表明的财产权利的不同性质，又可分为三类：商品证券、货币证券及资本证券。商品证券是证明某种商品所有权的凭证，是一种物权。这里的物权是指占有一定空间，有一定使用价值和交换价值，并可由民事主体支配，以满足人们生产或生活需要的一切客观存在的物质资料。商品证券作为某种商品物权的凭证，其拥有者对该证券所载明的商品享有合法权利。提货单、栈单、运货单等就属于商品证券。货币证券是证明某种商品的所有权转化为对货币的索取权的凭证。这种证券因商品交易而产生，代表着索取与某种商品价值相符的货币的权利。如期票、汇票、支票等。资本证券是证明投资这一事实以及投资者拥有相应权利的凭证，如股票、债券等。在法律上，有时将货币证券称为有价证券，但在证券投资中所指的有价证券或简称证券，多指资本证券。在证券市场上交易的证券基本上就是资本证券，如股票、债券等。但随着证券制度本身的创新，其交易工具又有所扩展。比如优先认股权证，它本身并不反映投资的事实，从而不具备资本证券的条件，但是因为它是预定要转化为股票的证券，而且在证券市场上交易，因而也包含在有价证券中。也有人称之为"相关证券"或"派生证券"。派生证券除优先认股权证外，还有基金券。股票、债券、认股权证、基金券等资本证券和派生证券构成证券投资的主要工具。而从最新发展来看，证券投资工具还包括期货与期权。

的国际差异，如前所述，资本总是从收益率低的地方流向收益率高的地方。

如图 2-1 所示，我们假定世界上只有 A、B 两个国家，且 A 国是个资本要素较为丰裕的国家，资本报酬率较低，而 B 国则是资本较为稀缺的国家，资本报酬率较高。在框形图中，我们以横轴表示世界资本的总量，其中 OA 为 A 国拥有的资本量，O′A 为 B 国拥有的资本量；两纵轴分别代表 A 国和 B 国资本的边际产值或边际产出，在竞争条件下，资本的边际产值代表资本的报酬或收益，并假定资本的边际产出率递减。曲线 FA′为 A 国的边际产量曲线或边际生产力曲线，曲线 JB′为 B 国的边际产量曲线或边际生产力曲线。当两国的国民经济处于封闭状态时，两国各自拥有的资本将全部用于各自的国内投资。当资本边际收益为 OC 时，A 国资本 OA 的总收益为 OCGA，其他生产要素如劳动、土地等的收益为 CFG，A 国的总产出或总收入为全部生产要素收益之和，即 OFGA；当资本边际收益为 O′H 时，B 国资本 O′A 的总收益为 O′HMA，其他生产要素如劳动、土地等的收益为 HJM，B 国的总产出或总收入为 O′JMA。

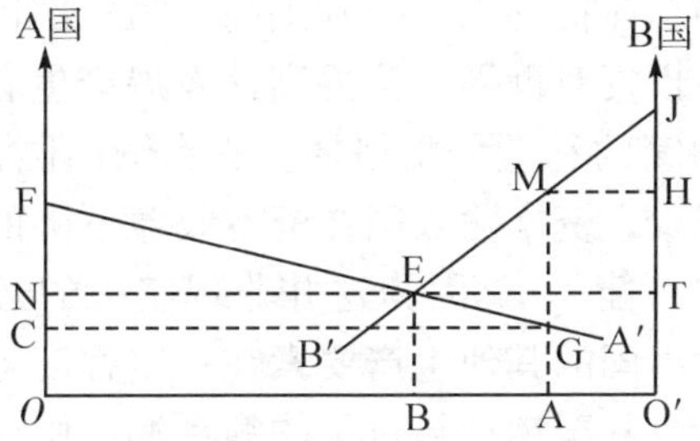

图 2-1　资本国际流动的一般模型

上述情况表明，B 国资本的边际收益高于 A 国资本的边际收益。假定资本在国际可以自由流动，在开放经济的条件下，资本将会从比较丰裕的 A 国流向比较稀缺的 B 国，也就是从资本收益较低的 A 国流向资本收益较高的 B 国。随着资本的流动，A 国的资本存量逐步减少，而资本的边际收益会沿边际产量曲线 FA′逐渐提高；B 国的情况则相反，随着资本的流入，B 国的资本存量将逐步增加，其资本的边际收益会沿边际产量曲线 JB′逐渐下降。只要两国的资本边际收益还有差异，资本就会继续在两国之间流动；只有当 A 国资本的减少使其边际产量上升至 E 点而 B 国资本的增加使其边际产量下降至 E 点时，也就是只有当从 A 国流向 B 国的资本数量达到 AB 时，两国的资本收益才会相等，资本的国际流动才会停止。

这个分析告诉我们，资本的国际流动改变了资本的存量，即资本输出国的存量减少而资本输入国的存量上升；在其他条件不变的情况下，资本的国际自由流动，将会导致资本边际生产力均等化，即资本要素价格的均等化。

（二）资本国际流动的利益及其分配

资本收益的差异导致资本的国际流动，而资本的国际流动又会使资本的这种差异归于消失。AB 数量的资本从 A 国流入 B 国，使 A、B 两国的边际产量在 E 点实现均衡，也就是使两国的资本报酬相等于 EB：A 国的资本边际收益从 OC 增加至 ON，B 国的资本边际收益从 O′H 下降至 O′T。

资本国际流动的结果不仅使两国资本的边际收益发生了变化，而且使得两国各自的产出也发生了变化。A 国的产出减少到 OFEB，其中国内投入资本的收益为 ONEB，国内其他要素收益为 NFE；B 国的产出增加到 O′JEB，其中国内外投入资本的收益为 O′TEB，国内其他要素收益为 TJE。

真正具有意义的是世界总产出和总收入的变化，由原来的 OFGMJO′增加到 OFEJO′，增长了 EGM。增长部分中，EDM 属于 B 国，是 B 国由于外资的到来而增加配套的其他要素的收益；EGD 属于 A 国，是 AB 数量的资本从效率低的 A 国重新配置到效率高的 B 国所获得的增加的收益，而 BEDA 为 A 国对外投资所获得的全部收益。因此，在资本国际流动的情况下，国民生产总值与国民收入是不相同的。A 国的国民收入等于其国民生产总值 OFEB 加上对外投资收益 BEDA，即 OFEDA；而 B 国的国民收入则等于其国民生产总值 O′JEB 减去 A 国的对外投资收益 BEDA，即 O′JEDA。

资本国际流动有着重要的政策含义。首先，它可以使世界上有限的资源得到更为有效的利用，使世界的总体福利水平得到提高。第二次世界大战结束后，急剧增长的对外直接投资和间接投资对世界经济的高速发展产生着积极的影响。其次，资本国际流动会影响有关国家的利益分配格局。资本输出国在资本收益增加的同时，非资本要素的收益可能减少；资本输入国在资本收益下降的同时，非资本要素的收益可能增加。之所以说“可能”，是因为这并非现实中的必然，假如输出的资本属于过剩资本，假如资本输出国的其他生产要素在一定程度上分享了资本的收益，假如在东道国获得的利润超过甚至远远超过了均衡利润，假如东道国的收入分配极端不公而特别有利于资本所有者，那情况就可能完全相反了。最后，资本的国际流动也会对国际贸易、贸易条件、国际收支平衡产生一定的影响，频频出现的令人们谈虎色变的泡沫经济、金融危机，就是很好的例证。

（三）古典国际间接（证券）投资理论

从国际证券投资的角度看，古典学者认为，国际证券投资的起因是各国之间存在的利率差异。如果一国的利率低于另一国的利率，那么资本就会从利率低的国家流向利率高的国家，直到两国的利率相等为止。进一步说，在国际资本能够自由流动的条件下，如果两国的利率存在差别，两国的能够带来同等收益的有价证券的价值也会产生差别，即高利率国家有价证券的价格低，低利率国家有价证券的价格高。这样，低利率国家就会向高利率国家投资购买有价证券。有价证券的收益、价格和市场利率的关系可用下式表示：

$$C=I/r$$

式中，C 为有价证券的价格，I 为有价证券的常年收益，r 为资本的市场利率。

假设在 A、B 两国市场上发行面值为 10 000 美元、附有 5%息票（每年收益为 500 美元）的债券，A 国市场上的利率为 4%，B 国市场上的利率为 4. 2%。根据上式计算，每一张债券在 A 国的售价为 12 500 美元，在 B 国的售价为 11 904. 76 美元。由于 A 国市场利率比 B 国市场利率低，同一张债券的售价在 A 国要比在 B 国高，因此 A 国的资金就会流向 B 国购买有价证券，以获得较多的收益，直至两国的市场利率相等为止。

古典国际证券投资理论有助于说明国际短期资本流动和国际证券投资的原因，当前仍被许多西方学者认为是有效的。但在实际运用中，这一理论却有着很大的局限性。首先，它的前提是国际上不存在任何妨碍资本流动的障碍，但在当今的国际经济社会中，实施资本流动限制政策的国家有很多，即使国际上存在利率差别，也不一定导致国际资本流动。其次，这一理论仅仅考虑了利率差异这一个因素，无法解释资本的双向流动现象：A 国居民购买 B 国证券（资本从 A 国流向 B 国），同时 B 国居民又购买 A 国证券（资本从 B 国流向 A 国）。也就是说，仅考虑利率差异这一因素显然是不够的，还需要考虑另一个重要因素，那就是风险。投资者不仅关心利率（收益率）的差异，而且也同样关心投资的安全性。在深入分析证券投资收益与风险问题的基础上，产生了现代证券投资理论。

二、现代国际间接投资理论

现代国际间接投资理论是从 20 世纪 80 年代以来随着国际证券投资活动的迅猛扩张而产生和发展起来的，其理论源于现代西方证券投资理论，是现代西方证券投资理论在国际投资领域的延伸与拓展。证券投资者的投资目标简单地说就是如何以最小的风险获得最大的收益。为达到这一目标，就涉及证券投资组合的问题。很多证券投资者都奉行“不要把所有的鸡蛋放在一个篮子里”的格言，并按此进行投资组合，以降低风险，获取收益，但在这一经验格言基础上发展起来的早期证券投资理论具有机械性和过分定性化的特点，不能很好地指导投资者进行操作。

20 世纪 50 年代初，纽约市立大学巴鲁克学院的经济学教授马柯维茨（Harry Markowitz）将概率论和线性代数的方法应用于证券投资组合的研究，探讨了不同的、运动方向各异的证券之间的内在相关性，于 1952 年发表了论文《证券组合选择》并在 1959 年出版了《证券组合选择》一书，详细论述证券组合的基本原理，提出了著名的资产选择理论，从而为现代西方证券投资理论奠定了基础。1963 年，马柯维茨的学生威廉·夏普（William E. Sharpe）又发展了这一理论，他在其后发表的《资本资产价格：在多种风险情况下的市场均衡理论》和《在股票组合和资本预算中风险资产的估计和风险投资的选择》两篇论文中提出了“资本资产价格模型”（Capital Asset Pricing Model），论述了资本资产的价格是如何在市场上决定的，使证券投资理论由规范经济学进入实证经济学范畴。史提夫·罗斯于 1976 年和 1977 年又分别发表了《资本资产的套利理论》和《风险、收益和套利》两篇论文，从而建立了“资本资产套利理论”（Arbitrage Pricing Theory），该理论与资本资产定价理论一样，也是一个资产价格的均衡模型，只是它设想证券收益并不单纯产生于“市场组合”，而是产生于“因素模型”。

（一）马柯维茨的证券组合理论

马柯维茨的证券组合理论主要解释了投资者如何衡量不同的证券投资风险，证券投资组合的风险与收益存在什么关系，怎样使风险分散化，重点解决投资风险存在条件下的投资决策问题。马柯维茨将证券投资的决策过程分为三个相互分离的阶段，即证券分析、证券组合分析和证券组合选择。

1. 证券分析

证券分析主要是对单一证券的风险、收益及证券与证券之间的相关性进行分析。

一般而言，证券投资者最关心的问题就是证券预期收益与预期风险的关系。证券收益包括两部分：一是证券买卖的差价，二是债息或股利。如果投资者要预测某种证券的未来收益，只需将该种证券的收益估值乘以不同状态下的发生概率，加总后得出的结果便是预期收益。因此，预期收益实际是表示投资者持有某种证券在一段时间所获得的平均收益，即收益的期望值，用公式可表示为：

$$EX = \sum_{i=1}^{n} X_i \times P_i$$

其中，EX 是预期收益，X_i 是第 i 种状态下的会计收益值，P_i 是第 i 种状态出现的概率。

对预期收益加以解释和定量化较为容易，而要精确衡量持有证券的风险即证券收益的不确定性则甚为困难。马柯维茨运用统计学的方法，将不确定的收益率看成随机变量，用它们的集中趋势即期望值来表示证券预期收益（如上所述），而用它们的离散趋势即标准差来度量证券风险的大小，用公式可表示为：

$$\sigma = \sqrt{\sum_{i=1}^{n} (X_i - EX)^2 \times P_i}$$

其中，σ 为标准差。

单个证券的投资预期收益和投资风险可直接从概率分布中得出，而证券投资组合的预期收益和风险则必须把各种证券之间的相关关系考虑在内。证券预期收益之间的相关程度是用相关系数来表示的，公式如下：

$$P_{ij} = \frac{\mathrm{COV}_{ij}}{\sigma_i \times \sigma_j}$$

其中，P_{ij} 是 i 证券与 j 证券的相关系数，COV_{ij} 是 i 证券与 j 证券预期收益的协方差，σ_i、σ_j 是 i 证券与 j 证券各自的标准差。

相关系数取值总在-1 和+1 之间，即 $-1 \leqslant P_{ij} \leqslant 1$。若 $P_{ij}=1$，则称这两种证券完全正相关；若 $P_{ij}=-1$，则称这两种证券完全负相关；若 $P_{ij}=0$，则这两种证券之间毫不相关。

2. 证券组合分析

投资者一旦确定了各种证券的预期收益和标准差以及各种证券收益之间的相关性，就可以进一步计算出每一个证券组合的预期收益和标准差。每一个证券组合的预期收益可以通过对其包含的每一种证券的预期收益的加权平均求得，其计算公式如下：

$$r_{pe} = \sum_{i=1}^{n} x_i \cdot r_{ie} = x_1 r_{1e} + x_2 r_{2e} + \cdots + x_n r_{ne}$$

其中，r_{pe} 是证券组合的预期收益；x_i 是证券 i 在该证券组合总值中所占比重，$\sum_{i=1}^{n} x_i = 1$；r_{ie} 是证券 i 的预期收益；n 是证券组合中证券种类数。

一个证券组合的标准差的计算相对要复杂得多，它不是个别证券标准差的简单加权平均，必须通过下面的公式求得：

$$\sigma_p^2 = \sum_{i=1}^{n} \sum_{j=1}^{n} \mathrm{COV}_{ij} X_i \times X_j$$

其中，σ_p^2是证券组合的方差①（平方根即为标准差）；COV_{ij}是证券 i 和证券 j 收益之间的协方差；X_i、X_j是证券 i 和证券 j 的权数。

由此可以看出，证券组合的预期收益和风险主要取决于各种证券的相对比例、每种证券收益的方差以及证券与证券之间的相关程度。在各种证券的相关程度、收益及方差确定的条件下，投资者可以通过调整各种证券的购买比例来降低风险。

3. 证券组合选择

通过证券组合分析，人们可以在一个可能的收益和风险范围内，对若干已确认可以投资的证券，通过调整各种证券的购买比例来建立不同的证券组合。马柯维茨指出，对应于每一个特定的预期收益率，市场上都存在着许多不同的证券组合，但这些组合的风险水平各不相同。其中：在该预期收益率下风险最小的组合称为“最小方差组合”；而对应于各个预期收益率的所有的最小方差组合便构成了“最小方差集合”（Minimum Variance Set），如图 2-2 中的 *FEAG* 曲线。这些组合就构成了一个可行集，可行集的形状如图 2-2 所示，一般呈伞形，其边界上 *F*、*E*、*A*、*G* 等点以及边界内 *BC* 等各点代表了所有可行的证券组合点。

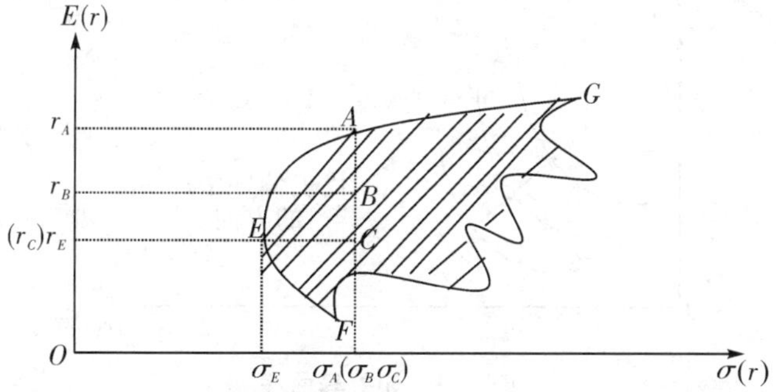

注：纵轴表示证券组合预期收益；横轴表示证券组合标准差；阴影部分表示可行集；*FEAG* 表示有效边界。

图 2-2　可行集与有效边界

马柯维茨认为在可行集提供的证券组合的所有可能方案中，投资者通过有效集定理可以找到有效集（efficient set）。有效集定理认为一个理性的投资者所挑选的证券投资组合一定是以下两类组合之一：①在各种风险水平条件下，提供最大预期收益率的组合；②在各种预期收益水平下，承担最小风险的组合。这两类组合称为有效集或有效证券组合。在上面的图中，阴影区域左上方的曲线 *FEAG* 就代表着有效组合，这条曲线称为有效边界。我们用有效边界 *FEAG* 上的点与其他证券组合点相比，可以发现此边界上的点比其他所有点在同样风险水平下的收益都高。如 *A*、*B* 两点相比，二者有同样的风险，但 *A* 点的收益明显高于 *B* 点；如 *E* 与 *C* 两点相比，

① 方差表示变量的每一个真实值与预期值偏差的平方和的平均值。

二者有相同的收益，但 E 点的风险要小于 C 点。曲线 $FEAG$ 的左侧代表无法达到的证券组合，右侧代表虽能达到但对应每一预期收益率要承担更大风险的证券组合。总之，除有效边界 $FEAG$ 上的点以外，可行集中的其他组合点，相比之下不是收益太低就是风险太高，所以都不足取。投资者在进行证券组合选择时，都会选择有效边界上的点。有效边界以外的点被称为“无效证券组合”。

对于具体投资者而言，并不是有效集中的任何一个证券组合都会是他认为的最优组合，这里还存在着一个投资者偏好的问题。对投资者偏好的分析需要引入经济学上的一个概念即无差异曲线来进行比较研究。投资者对同一无差异曲线上的不同证券组合具有相同的偏好，但不同的无差异曲线代表了不同的偏好水平，而且相互平行，永不相交。由于在风险增加的情况下，投资者为保持相同的偏好水平必然会要求更高的收益，因此无差异曲线具有正的斜率；又由于投资者大多是风险厌恶者，投资者总是希望以最小的风险获取最大的收益，因此偏好增加的方向是由右下指向左上。

图 2-3 中曲线 I_1、I_2、I_3代表了三条不同的无差异曲线。它们所代表的投资者偏好是不同的，从图 2-3 中我们可明显看出在收益相同的情况下，风险状况依次是 $I_1>I_2>I_3$；而在风险相同的情况下，收益情况依次是 $I_1<I_2<I_3$。因此，投资者偏好依次是 $I_1<I_2<I_3$，即投资者更偏好于 I_3这条无差异曲线，这与前面的结论是一致的。

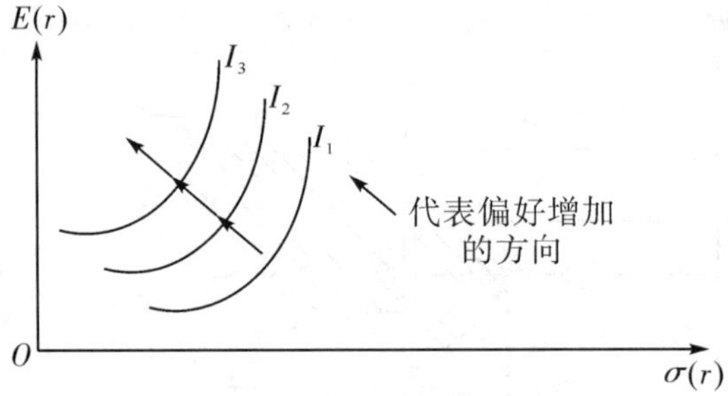

图 2-3　无差异曲线

引入无差异曲线来衡量投资者偏好后，我们就很容易通过求出无差异曲线与有效边界的切点来获得适合投资者偏好的最优证券组合（见图 2-4）。

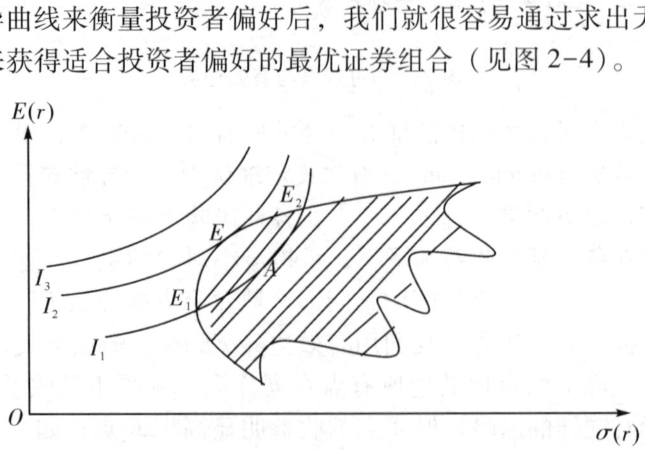

图 2-4　最优证券组合

图 2-4 中 I_1、I_2、I_3是某投资者的无差异曲线，阴影代表可行集，边界 E_1EE_2是有效集，图中 I_2与 E_1EE_2切于 E 点。我们知道投资者偏好 I_3甚于 I_2，但 I_3与有效边界没有交点，即在 I_3上无法找到有效的证券组合来满足投资者偏好。投资者转而求其次，找到了 I_2与有效边界的切点 E，在这一点上可得到有效可行的最优证券组合。投资者不会选择 E_1、E_2两点的证券组合。这两点虽然都是有效可行的证券组合点，但满足的偏好水平只相当于 I_1的水平，投资者不会满意。由此可见，可行集大部分是不重要的，重要的是有效边界，每一个理性投资者都是在有效边界上而非内部选择最优组合，因为投资者在此可以确保每一单位风险下获得最大的预期收益。

4. 马柯维茨证券组合理论评价

马柯维茨以前的传统投资理论把投资决策的重点放在分析和预防风险方面。而分析和预防风险的基本原则主要是利用分散投资的原理，其代表性口号是“不要把所有鸡蛋放在一个篮子里”。这种观点的确有很大的合理成分，但总体说来，它仍是基于一种主观判断并以定性分析为主（尽管也用了一些简单的数学工具）。这就不可避免地会遇到下列难以解决的问题：一笔投资分散到什么程度最好，怎样确定投资证券的种类，每种证券占投资多大份额，等等，从而使传统投资理论遇到了这样的矛盾，即分散投资是必要的，但不知道怎样分散。在这种状况下，投资者只好根据各自的知识、信息、判断能力和经验单独进行决策，至于决策是否合理，也没有理论依据来论证。

马柯维茨运用复杂的数学方法，测算各种证券的方差、协方差和收益率，通过比较找出投资组合：在收益率一定时，用方差（标准差）表示的风险最小，或在风险一定时，收益率最大，即找出了证券组合的有效集。只要是有效集上的证券组合就是合理的、有效的，否则就是不合理的、无效的。这样就从理论上为判断证券组合的合理性提出了明确的界限，从而也为实际投资提供了参考依据。

马柯维茨的证券组合理论自问世以来，受到了越来越多的关注，同时也引起了越来越多的异议，这与马氏理论的缺陷是分不开的。首先是证券组合的现实合理性问题。从理论上讲，该理论是合理的（尽管有许多不足之处），但在具体进行证券组合时，却是依据过去的数据和未来的预期值计算的。这就暗含两个条件：过去的数据在未来将会重复出现；预期值也将是准确的。显然，这两个条件是非常苛刻的，或者说在事实上它们是难以成立的。因此，在不够准确的信息基础上，即使使用了科学的理论，也难以得出可靠的结果。换言之，马氏理论是合理的，却很难说有相应的现实性。其次是马氏理论适用于强有效市场，即适用于所有投资者能迅速对各种市场信息做出反应的市场。从现实情况看，目前世界各国还不存在强有效市场，这就使得马氏理论在使用效果上不够理想。比如，在强有效市场上，投资者获得市场平均利润率即可，马氏理论也是依此设计的。但是懂得并能够使用先进的手段、科学的理论、丰富的经验和灵敏的信息的投资者并不满足于市场平均利润率。因为，现实的市场不是强有效的，还存在大量非理性的投资者。最后，在运用马氏理论时，工作量太大，即使利用电脑，其计算和调整过程也不胜其烦。这对于一般投资者来说，只能是可望而不可即。

（二）指数模型

在马柯维茨模型的运用过程中，当组合所涉及的证券数目较多时，在求解度量风险程度的方差时会要求进行大量复杂的计算，从而限制了它在实际操作中的应用。因此，后来有人对它进行了简化，提出了指数模型，包括单指数模型和多指数模型。

1. 单指数模型

由于大部分证券的价格变动与整个市场指数变动之间显示出一定的正相关关系，因而单指数模型认为，证券的收益率 r_j 与市场指数的收益率 r_m 之间存在一定的线性关系。通过对两者收益率数据的回归分析，可得出其关系式为：

$$r_{jt}=A_j+\beta_j r_{mt}+\varepsilon_{jt}$$

式中，r_{jt}、r_{mt} 分别表示时期 t 第 j 种证券及市场指数的收益率；A_j 表示市场收益率为0时证券 j 的收益率，它仅与证券本身的性质有关，数值相对固定；β_j 表示证券 j 的收益率的变动对市场指数变动的反应敏感程度，其值为市场指数与证券 j 之间的协方差对市场指数方差的比值，即：$\beta_j=\mathrm{COV}(r_j, r_m)/\sigma^2_{(m)}$；$\varepsilon_{jt}$ 表示时期 t 证券 j 的实际收益率与某一阶线性表达式所估算出的理论收益率的偏差，称为“剩余差”。

单指数模型认为，上述结论完全可以由单个证券 j 推广到一个证券组合 P，即：

$$r_{pt}=A_p+\beta_p r_{mt}+\varepsilon_{pt}$$

因此，一个证券组合的收益风险主要来源于两方面：一个是整个市场指数收益率 r_{mt} 的波动风险，这主要是由一些会影响整个市场的宏观经济因素如经济增长率、通货膨胀率、中央银行货币政策等导致的，亦称为“系统性风险”（systematic risk）；另一个则是特定组合的个别风险，这主要是由某些仅会影响特定证券的微观因素引起的，亦称为“非系统性风险”（unsystematic risk），即式中 ε_{pt} 所度量的部分。这样，证券组合 P 的风险测度 $\sigma^2_{(r_p)}$ 可以下式计算：

$$\sigma^2_{(r_p)}=\beta_p^2\sigma^2_{(r_m)}+\sigma^2(\varepsilon_p)$$

单指数模型认为，证券组合的风险主要是由系统性风险决定的，而非系统性风险则可通过选取一定数目的证券种类予以分散，甚至降低到零。首先，就系统性风险而言，由于市场指数风险 $\sigma^2_{(r_m)}$ 是投资者无法施以影响或控制的，因而代表组合对市场变动反应敏感度的系数 β_p 显得至关重要。若 $\beta_p<1$，则组合的波动幅度小于市场波动，属于“防守性组合”。其次，就非系统性风险而言，单指数模型假设各种证券的非系统性风险是相互独立的，即特定的微观因素只影响相对应的个别证券，而不会影响到组合中的其他证券。这样，当组合中的证券种类足够多，每种证券所占的比重相当小时，其个别风险对整个组合的影响程度就显得微不足道；而组合中多个证券同时发生特殊风险的概率是极小的，因而整个组合的非系统性风险将被分散甚至接近于无。上述关系可用公式表示为：

$$\sigma^2(r_p)=(\sum_{j=1}^{n} w_j\beta_j)^2\sigma^2(r_m)+\sum_{j=1}^{n} w_j^2\cdot\sigma^2(\varepsilon_j)$$

式中，$(\sum_{j=1}^{n} w_j\beta_j)^2$ 表示一个含有几种证券、各证券比重为 w_j 的组合的市场反应敏感度系数 β_p 的平方；$\sum_{j=1}^{n} w_j^2\cdot\sigma^2(\varepsilon_j)$ 表示组合的非系统性风险 $\sigma^2(\varepsilon_p)$，当 n 足够大时

其值接近于零。公式中的 β_j、σ^2（r_m）、σ^2（ε_p）均可通过历史资料计算而得，其总体计算量要大大少于马柯维茨的模型。

2. 多指数模型

在单指数模型中，一个重要的假设前提是除市场整体风险外的其他风险都是不相关的，而实际上这是不确切的，因为许多因素所能影响的都不止一种证券。对此，有人又提出了“多指数模型”来对单数模型进行修正，其核心思想为：对原单指数模型的剩余差部分进行分析，从中剔出那些能影响多种证券的风险因素，使最终获得的剩余差尽量互不相关。一般说来，选用的除市场指数外的其他指数的种类越多，组合中各证券的剩余差之间的相关性便越小，模型也就越精确。例如，模型除市场指数外，还选用了 f_1，f_2，…，f_s 这 s 个因素指数进行风险分析，则其计算公式为：

$$\sigma^2(r_p)=\beta^2 mp\sigma^2(r_m)+\beta^2 f_1 p\sigma^2(rf_1)+\cdots+\beta^2 f_s p\sigma^2(rf_s)+\sigma^2(\varepsilon_p)$$

（三）威廉·夏普的资本资产定价理论

资本资产定价理论模型（capital asset pricing model，CAPM）是由斯坦福大学教授威廉·夏普建立的。这一模型在马柯维茨理论①的基础上，着重描述了证券组合的预期收益和预期风险之间的关系，对证券均衡价格的确定做出了系统性的解释。这一理论模型不仅适用于金融投资，也可指导实业资本投资，因此成为现代金融投资理论的核心。

1. 模型假设条件

与任何其他经济理论一样，资本资产定价模型给出了若干假定，这样既减少了不必要的论证上的复杂性，又不失其要旨。模型的假设条件如下：①所有投资者都拥有一个相同的且是单一的持有期。②所有投资者都是风险厌恶者和追求最大财富者。他们都根据投资组合报酬的期望值和标准差评价组合的优劣。③所有投资者都能不受限制地以一个无风险利率借入或借出无风险资产，且任何资产的卖空不受限制。在实际生活中，最接近无风险状态的资产也许是短期政府公债，至少在名义报酬上是如此。因此，我们可把短期政府公债视为无风险资产的代表。④所有投资者对每种证券前景的预期是一致的，也就是说，他们对每种证券的期望报酬及其标准差和证券间的协方差等的主观估计，都是相同的。⑤不存在税收、交易费；所有资产都是完全可分割的和流动的；所有资产的数量都是已知的和有限的；所有投资者都是价格接受者，他们的证券买卖活动不能影响市场价格。这些假定使得证券价格是一种均衡价格。

上述假定中，前几条与马柯维茨组合理论中的假定是一致的，这再次说明资本资产定价模型是以马柯维茨的组合理论为基础的。但是，资本资产定价模型要精细得多，也比马氏模型要进步得多。尽管上述假定看起来会对资本资产定价模型的应用设置许多限制，但是，在实践中，当把其中许多假定撤去时，实际运用的事例表

① 马柯维茨模型的投资组合中的证券都是有风险的。实际上市场交易的证券中有些是无风险的，如美国的联邦政府短期国库券就被视为无风险证券。人们建立证券组合，并不一定只限于有风险证券，也可以包含一些无风险证券在内。马柯维茨的理论也没有考虑另一种情况，即在证券市场上进行交易时可以借钱投资。在这些方面 CAPM 模型较马氏理论进了一步。

明，资本资产定价模型的结论仍然是值得信赖的。

2. 借入和借出

资本资产定价模型的假定之一是，投资者能够不受限制地以一个无风险利率借入或借出无风险资产，这就使得投资者能够把无风险资产和只包含风险资产的投资组合 M 结合起来，形成一个新的投资组合，从而获得其所需要或期望的风险/报酬配合。以 R_f 表示无风险利率，W_f 表示投资于无风险资产的比例，则投资于风险资产的比例为（$1-W_f$），新投资组合的期望报酬率为：

$$E(r_p)=R_fW_f+E(r_m)(1-W_f)$$

报酬率的方差为：

$$\sigma_p{}^2=\sigma_f^2W_f{}^2+2COV_{f,m}W_f(1-W_f)+\sigma_m^2(1-W_f)^2$$

上面两个式子中，$E(r_p)$、$\sigma_p{}^2$ 分别是新投资组合的期望报酬率和方差；$E(r_m)$、$\sigma_m{}^2$ 分别为风险资产组合的收益率和方差；σ_f^2 为无风险资产的方差；$COV_{f,m}$ 为无风险资产与风险资产组合收益间的协方差。根据风险的定义即证券投资风险是指证券投资报酬的不确定性变动，以证券投资报酬的标准差来衡量，显然无风险资产报酬方差为0，因此有：$\sigma_p{}^2=\sigma_m^2(1-W_f)^2$，$\sigma_p=\sigma_m(1-W_f)$。这说明，新投资组合的方差完全取决于风险资产的比例。

一般来说，借入即借入无风险资产以投资于风险资产（这实际上就是负债经营）能提高期望报酬率，而借出即投资者把其一部分资金用于购买无风险资产则会降低期望报酬率。但是，从风险角度来看，借出的风险较小，这是由于投资者同时投资于无风险和风险资产，从而使新投资组合的风险要小于仅包含风险资产的投资组合的风险。借入的风险较大，这是由于投资者借入无风险资产以购买额外的风险资产，从而使新投资组合的总风险要大于仅包含风险资产的投资组合的风险。因此，借入与借出报酬的高低是同其风险的大小相对应的，投资者是喜欢具有较高报酬但风险较大的借入，还是喜欢具有较低报酬但风险较小的借出，要取决于投资者的偏好，即由投资者在风险与报酬间进行权衡。

3. 资本市场线（capital market line，CML）

由于在资本资产定价模型中，投资者可以不受限制地借入和借出，因而马柯维茨的效率边界变成了如图2-5中的一条直线 R_fMB，即资本市场线。

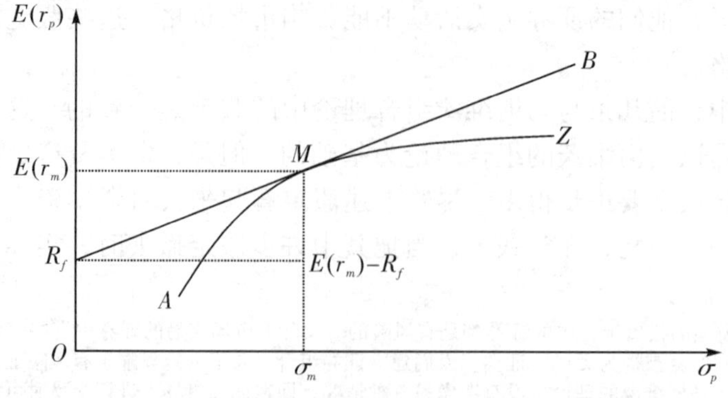

图2-5 资本市场线

资本市场线与纵轴相交于R_f点，从此点开始上升，与马氏理论中的效率边界相切于M点。直线上的任意一点都表示把风险资产组合M和无风险资产的借入和借出相结合从而得到的一定的风险和报酬的配合。R_fM段上的点表示风险证券和无风险证券（如短期国库券）相结合而形成的“借出型”投资组合；MB段上的点表示风险证券和借入无风险证券相结合而形成的“借入型”投资组合，又称“杠杆投资组合”。

根据资本资产定价模型关于所有投资者都具有相同未来预期的假定，所有投资者都会拥有一个相同的风险投资组合。它应该包括市场上所存在的各种风险资产，且在组合中每种风险资产的价值比例与其市场价值比例相一致。这个由所有风险资产组成的投资组合，被称为市场投资组合（market portfolio）。市场投资组合是资本资产定价模型的一个关键概念。它的作用是：在资本资产定价模型的各种假定条件下，每个投资者都只愿意建立一个包含无风险资产和市场投资组合M的新投资组合，而不愿意把无风险资产同除市场投资组合外的其他马氏理论中的有效投资组合相结合。从图2-5可以看出，R_fMB线上的各个投资组合要优于AMZ上的各个纯粹由风险资产组成的投资组合（M点除外），因为前者在同样的风险水平上能比后者提供更高的报酬，或者在相同的报酬水平上却具有较小的风险。如果把无风险资产同AMZ上除M点外的其他任意一点相结合，则所得到的新投资组合有时并非最优的。这样，以无风险利率R_f不受限制地借入和借出的作用，使马氏有效边界AMZ变成了夏普的有效边界，即资本市场线R_fMB。这也说明了资本资产定价模型比马氏模型进步之处。

资本市场线上各投资组合的期望报酬可以用无风险利率和市场投资组合的报酬率来衡量。根据前面的两个公式：

$$E(r_p)=R_fW_f+E(r_m)(1-W_f) \text{ 和 } \sigma_p=\sigma_m(1-W_f)$$

有：

$$E(r_p)-R_f=\{[E(r_m)-R_f]/\sigma_m\}\times\sigma_p$$

上式说明，通过资本市场线，可以把资本市场均衡的特征用下述两个关键数字来描述：①无风险利率R_f，它是时间的价格；②R_fMB线的斜率，它等于市场投资组合的期望报酬与风险利率之差除以市场投资组合的风险之商。它表示单位风险所产生的报酬，即风险的价格。

资本市场线对效率投资组合的风险—报酬关系进行了衡量，但是并没有说明其他低效率投资组合和单个证券的风险—报酬关系。这是因为这些低效率投资组合和单个证券位于R_fMB线之下，相应的，其报酬的标准差就不能合适地衡量它们的风险。因为在以标准差衡量的总风险中，有一部分可以通过多样化来消除从而无须给予相应的市场报酬。为了确定哪部分是需要由市场补偿的风险，并考察各种有效或无效证券与投资组合的风险—报酬关系，夏普发展了β值和证券市场线。

4. β值和证券市场线（security market line，SML）

根据夏普的定义，某个证券与市场投资组合间的协方差被市场投资组合之方差所除之商，即为该证券相对于市场投资组合的β值，或简称β值。其公式如下：

$$\beta_{im}=\frac{\mathrm{COV}_{im}}{\sigma_m^2}$$

式中，β_{im}为证券 i 相对于市场投资组合的β值，COV_{im}为证券 i 的报酬和市场投资组合 M 的报酬间的协方差；σ_m^2为市场投资组合的方差。根据协方差的性质有：

$$\beta_{qm}=\sum_{i=1}^{n}W_{iq}\times\beta_{im}$$

式中，β_{qm}为投资组合 q 相对于市场投资组合 M 点的β值；W_{ip}为投资组合 q 中投资于证券 i 的比例；β_{im}同前。上式说明，某个投资组合的β值是其中诸证券的β值的加权平均数，权重为投资于各证券的比例。

由于市场投资组合 M 点的报酬与其本身的协方差就是σ_m^2，因此，$\beta_{mm}=1.0$。又由于某种无风险证券与市场投资组合的协方差为 0，因而$\beta_{jm}=0$，假定证券 j 是无风险的。

由于某个投资组合的β值是其中诸证券值的加权平均数，而且某个投资组合的期望报酬是其中诸证券期望报酬的加权平均数，二者都以投资组合中投资于各证券的相应比例为权重，因而，每个证券和投资组合都必定位于以期望报酬为纵轴、β为横轴的图 2-6 中的一条向右上倾斜的直线上。这条直线即为证券市场线，如图 2-6 所示。

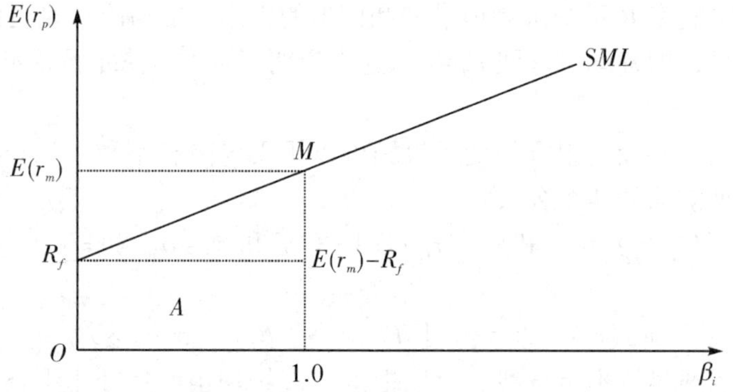

图 2-6 证券市场线

图 2-6 中 R_f是无风险证券收益，所以位于β等于零的点。从这点开始通过 M 点的直线，是一条等比的线，其斜率大小由 r_m-r_f决定。由β系数公式我们可明显看出市场组合 M 点的β总是等于 1.0，其他各种证券（组合）各有个别的β值。若β值大于 1，表示其风险较大；若β值小于 1，表示其风险较小。所谓风险大小的意义，是指市场组合的预期收益提高或降低 1%，则某种证券（组合）的预期收益提高的程度超过 1%，或降低的程度不到 1%。

如前所述，市场投资组合是有效率的，因而证券市场线必定经过此点，其β值为 1.0，期望报酬率为 $E(r_m)$。另外，在资本资产定价模型中，假定投资者能够以无风险利率 R_f不受限制地借入和借出，且无风险证券的β值为 0，因此，证券市场线也必定经过纵轴上的期望报酬为 R_f的点。

证券市场线说明了所有证券和投资组合在不同的β值时有着相应的合适预期报

酬这样一种均衡关系。问题是这种均衡关系从何而来？它是投资者调整证券的持有量及其对证券价格的压力所产生的组合效果。给定一系列证券价格，投资者就可以计算预期报酬和证券报酬间的协方差，然后决定所需要的（最优的）投资组合。如果某种共同需要的证券数量与所可能持有的量不同，那就会对其价格产生向上或向下的压力。给定一系列新的价格，投资者重新计算他们对各种证券的需要，这个过程将持续到投资者的数量调整不再需要进一步的市场范围的价格调整才停止。可以说，证券市场线将每一种预期收益同相应的系统性风险连在一起。位于 *SML* 之上的每一种资产，由于在同等市场风险下具有较高预期收益，从而使它成为一种吸引力较大的证券，投资者踊跃购买，求大于供，价格上扬，从而又使供给增加，直至供需相等，价格仍回落到原来水平。同理，位于 *SML* 之下的每一种资产，由于在同等市场风险下，具有较低预期收益，致使大量抛售，直至供大于求，价格降低，从而又使需求上升，直至供需相等，价格又升到原来水平。当所有证券都经过类似调整，处于供求平衡时，市场就处于均衡状态。在均衡状态中，各种证券的预期收益都落在 *SML* 上。

对于各个投资者来说，证券的价格及其前景是固定的，而其持有量是可变的；但对整个市场来说，数量是固定的（至少在短期内），而价格是可变的。因此，就像在任何竞争市场上一样，均衡需要调整价格，这种调整将持续到所需要的量和所可能持有的量一致时为止。

证券市场线描述了证券预期报酬和其不可分散的风险水平即 β 值间的均衡关系。以数学函数形式可表示为：

$$E_i^e = f\ (\beta_i)$$

E_i^e 表示证券 i 的预期均衡报酬。证券市场线表明这个函数关系是线性的，因而：

$$E_i^e = a + b \times \beta_i$$

又由于证券市场线经过无风险资产利率 R_f 点和市场投资组合 M 点，因而有：

$$a = R_f,\ b = \frac{E\ (r_m)\ - R_f}{1.0} = E\ (r_m)\ - R_f$$

于是有：

$$E_i^e = R_f + [E\ (r_m)\ - R_f] \times \beta_i$$

证券市场线与资本市场线的主要区别就是用协方差而不是用标准差来作为证券风险的合适衡量标准。它说明，某种证券的不可分散风险或市场风险应该用该证券对其所在的投资组合总风险的贡献部分来衡量。在数学上，就是计算 β 值而非标准差 σ。又由于 β 值与 σ 值不同，因而证券市场线和资本市场线的位置是不同的。

5. 资本资产定价模型评价

从前面的论述中我们不难看出，资本资产定价模型是基于马柯维茨理论体系而建立起来的。但是，在投资理论和实务界，资本资产定价模型已经得到普遍认可。投资专家用它来进行资本预算或其他决策；立法机构用它来规范基金界人士的费用率；评级机构用它来测定投资管理者的业绩。这不仅是因为该模型在理论上对风险和收益的关系进行了开拓性的研究和论述，更重要的是它大大简化了马氏理论，把一套复杂的理论变成了较为简便的操作模型。比如把风险与收益的关系用 β 值来刻画，使 β 值成为收益对风险的灵敏度，或者使 β 值直接表示证券的风险程度。

在资本资产模型被广泛使用的同时，对其可信程度的实证研究也日益增多，而且，许多实证研究并没能使该模型得到确证。因此，资本资产定价模型的地位也逐渐动摇。大量的实证研究证明，除了 β 值外，还有其他因素能较好地解释证券收益率。比如，有的学者发现低的市盈率、较小的公司规模等都对证券收益率有显著的影响。

资本资产定价模型之所以有这些缺陷，或许是因为一个 β 值并不能较好地解释风险与收益的关系，但更大的可能是该模型的假定条件过于严格。如果仅仅是在理论阶段，过于严格的假定尚可接受。但对于一个运用于实际投资决策的模型来说，如果现实的市场并不具备其所要求的条件，则运用模型的结果，要么出现较大偏差，要么使投资行为彻底失败。另外，CAPM 模型主要对证券收益与市场组合收益变动的敏感性做出分析，而没有考虑其他更多的因素对证券收益的影响，因而也有一定的局限性。

（四）资产套期定价理论

马柯维茨的证券组合理论和夏普的资产定价理论集中解决了一定收益水平下使风险最小化的问题。史提夫·罗斯在 1976 年又进一步提出了套期定价理论①（the arbitrage pricing theory，简称 APT 理论即套期定价理论）。与上述两种理论相比，套期定价理论不需要那样严格的假定条件就能分析多因素影响的证券均衡价格问题，因此，这种理论更具有一般性。

APT 理论建立在一物一价法则的基础上，即在一个竞争充分的市场上，相同的产品一定会以相同的价格出售。这种法则同样适用于更加复杂的资本市场。一切相同的证券都应提供相同的收益率。如果同样的证券价格却不同，那么套期者就会买进价格低的证券而卖出价格高的证券，迫使价格过高的证券下跌，价格过低的证券上升。套期者将不断地进行这种活动，直到同样的证券提供同样的收益率为止。

1. 证券价格形成受多种因素影响

如果说资本资产定价模型着重解决的是个别证券的市场均衡问题，那么，罗斯的套期定价模型则要回答在更一般和更复杂的市场条件下证券价格的形成过程。罗斯认为，证券收益要受各种宏观经济因素如国民生产总值增长率、通货膨胀率、利率等的影响，因此，证券分析的目的在于识别经济中的这些因素以及证券收益对这些因素变动的不同敏感性。敏感性仍用贝塔系数来说明。由此，他提出了"证券收益因素模型"，简称因素模型。

APT 理论的基本假定是：不同证券收益的相关性可归因于证券或多或少地对一种或多种因素的变动而产生的效应。若我们假定证券收益率和其他多种因素之间的关系是线性的，则在任一给定时期 t，证券 i 的收益率可用公式表示为：

---

① 与 CAPM 强调投资者厌恶风险不同的是，APT 主要假设投资者更为喜好较高的收益率，因而其理论的适用范围更为广泛。

$$R_{it}=a_i+\beta_{i1}F_{1t}+\beta_{i2}F_{2t}+\cdots+\beta_{ij}F_{jt}+e_{it}$$

式中，R_{it}代表证券 t 时期中的收益率；a_i代表无风险收益率；F_{jt}代表 t 时期中影响证券收益的风险因素；β_{ij}代表敏感系数，衡量证券 i 的收益对风险因素 F_{jt}的敏感程度；e_{it}代表证券 i 在 t 时期中的特有风险。

若我们构建一个包括几种证券的市场证券组合，则其收益率可表示为：

$$R_{pt}=\sum_{i=1}^{n}x_ia_i+(\sum_{i=1}^{n}x_i\beta_i)F+\sum_{i=1}^{n}x_il_i=\alpha_p+\beta_pF+L_p$$

式中，R_{pt}代表 t 时期中证券组合 p 的收益率；x_i代表组合中各证券所占投资比重；α_p代表各证券预期收益率的加权平均数；β_p代表加权平均贝塔系数；L_p代表加权平均个别证券风险。

从上面的公式中可以看到，由于各种因素产生的风险平均化，对各种证券的特有风险而言，该因素对每个企业并不相同，一般低于个别证券平均的标准差，再加上证券的个别收益率互不相关，市场证券组合具有良好的分散风险的功能，当 n 很大时，特有风险将大大减小甚至为零，即 $L_p\approx0$。

2. 套期定价模型

罗斯套期定价模型的假设条件为：①市场上存在无穷多种证券；②影响证券收益率的市场因素 F 的数量是有限的，证券组合高度多样化；③市场抛空交易不受限制；④投资者为风险厌恶型，预期收益率不一定均匀。

在完善的市场上，如果证券 i 的预期收益率低于投资组合 p 的预期收益率，一个精明的套利者就会卖空证券，从抛空中取得收益，再来购买投资组合 p 的多头，以获得差额收益；反之亦然。投资组合的较高收益率吸引着众多投资者纷至沓来，从而使证券组合的均衡价格发生变动。*APT* 理论的核心是，如果因素系数 β 和预期收益率 $E(r)$ 之间的关系近似线性，那么就可以通过无穷的套利机会来增加财富。

概括地说，套期定价理论对证券组合风险与收益关系的说明最终可用下列公式来表示：

$$E(r_p)=r_f+\beta_{p1}[E(r)_1-r_f]+\beta_{p2}[E(r)_2-r_f]+\cdots+\beta_{pi}[E(r)_i-r_f]$$

式中，$E(r_p)$ 代表证券组合 p 的预期收益；r_f代表无风险收益率；β_{p1}代表组合 p 对因素 1 的敏感性；β_{p2}代表组合 p 对因素 2 的敏感性；$E(r)_1-r_f$代表因素 1 的风险代价；$E(r)_2-r_f$代表因素 2 的风险代价。

把这个公式概括起来，可以变为下列公式：

$$E(r_p)=r_f+\beta_{p1}\lambda_1+\beta_{p2}\lambda_2+\cdots+\beta_{pi}\lambda_i$$

式中 λ 即 $E(r)_i-r_f$代表因素 i 的风险代价。

套期定价理论虽然建立了“因素模型”，但其本身并没有指明影响证券收益的是些什么因素，有哪些主要的因素及其数目的多寡。一般认为，诸如国民生产总值增长率、通货膨胀率、利率、公司资信、股息发放比例等因素对证券价格变化起重要作用，但估计总数不大可能超过 10 个。然而，对于这一问题，至今还没有人做出肯定的解释，尚待理论界和实务界做进一步的深入研究。

（五）国际证券投资理论

在了解了现代证券组合投资理论后，就不难理解现代国际证券投资理论了。该理论认为：通过投资于不同国家的证券，建立国际证券投资组合，能够在相同的风险水平下获得比单纯的国内证券组合更高的收益率。

国际证券投资组合理论假设国际证券市场完全一体化，不存在任何对国际资本流动的阻碍；而且，购买力平价能够在世界范围内存在，因而证券投资没有任何价格风险。这样，把 *CAPM* 模型中的国内证券市场线扩展为国际证券市场线，就得到：

$$E(r_j) = r_f + [E(r_w) - r_f] \cdot \beta_j^w$$

式中，r_f表示国际证券市场上的无风险证券收益率，$E(r_w)$ 表示国际证券市场组合的预期收益率，β_j^w则表示证券 j 的收益率对国际证券市场指数变动的反应敏感度。

如果投资者建立了两个证券投资组合 A、B，A 为国内证券投资组合，而 B 则为包括外国证券的国际证券投资组合，但其风险水平均为 $\sigma(r_0)$。若 A、B 均符合 *CAPM* 模型要求，则其预期收益率分别为：

$$E(r_A) = r_f + [E(r_w) - r_f] \cdot \beta_A^w$$
$$E(r_B) = r_f + [E(r_w) - r_f] \cdot \beta_B^w$$

两者的差额为：

$$E(r_B) - E(r_A) = [E(r_w) - r_f] \cdot (\beta_B^w - \beta_A^w)$$

又因为有：

$$\beta_j^w = \frac{\mathrm{COV}(r_j, r_w)}{\sigma^2(r_w)} = \frac{\rho_{jw} \cdot \sigma(r_j) \cdot \sigma(r_w)}{\sigma^2(r_w)} = \frac{\rho_{jw} \cdot \sigma(r_j)}{\sigma(r_w)}$$

所以，$E(r_B) - E(r_A) = \dfrac{[E(r_w) - r_f] \cdot \sigma(r_0)}{\sigma(r_w)} \cdot (\rho_{B_w} - \rho_{A_w})$

由于 B 在国际证券市场线上，因此$\rho_{Bw} = +1$；而 A 在国内证券市场线上，只要国内、国际市场投资组合不完全一致，ρ_{Aw}便应小于 1，因此 $E(r_B) - E(r_A) > 0$（见图 2-7）。

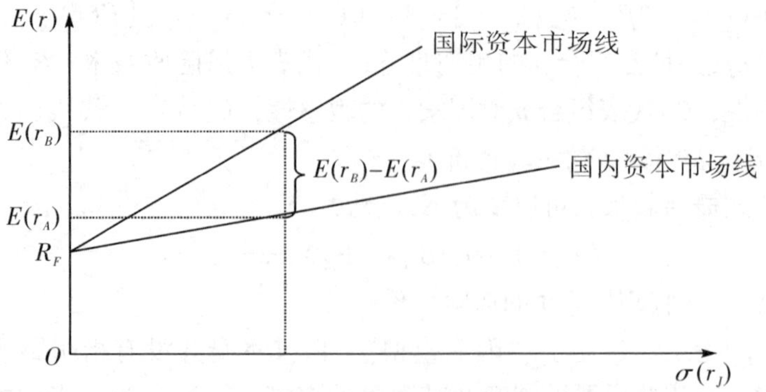

图 2-7　国内、国际证券投资组合的收益差

事实上，国际证券组合投资理论遵循的依然是“分散投资、降低风险”的原则。由于各国在经济发展状况、金融法规政策、社会文化环境等多种因素方面都存在着差异性，各国证券市场指数之间是不可能完全相关的，即其波动是不可能同步的，因此，国际证券组合投资能够更为有效地分散风险。国际证券组合投资的风险表示为：

$$\sigma^2(r_p) = \sum_{i=1}^{n} \sum_{j=1}^{n} w_i w_j \mathrm{Cov}(r_i,\ r_j)$$

式中，Cov（r_i，r_j）表示任意两种国际证券间的协方差。但应注意的是，计算不同国家证券的协方差时，要按汇率把各国证券的母国货币收益率折换成投资者本国货币的收益率。因此，国际证券投资理论还需考虑收益的汇率风险。一般来说，投资者可通过在外汇市场上的套期保值来有效地规避汇率风险（见图 2-8）。

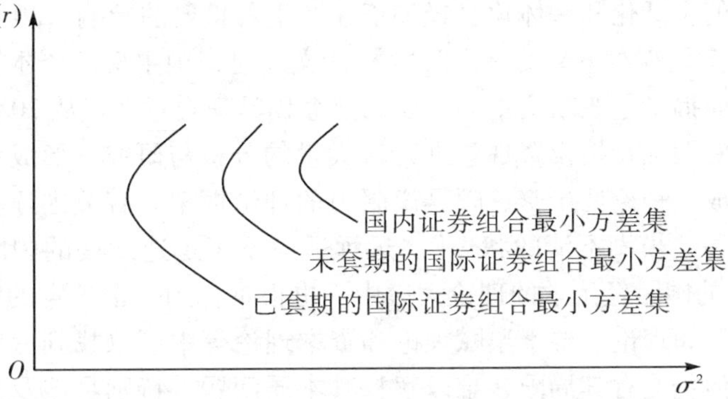

图 2-8　通过套期保值规避国际证券投资的汇率风险

第三节　国际直接投资理论

国际直接投资的理论分析，是在西方经济学界关于跨国公司和国际直接投资的各种理论中集中阐述的。西方经济学的古典的（传统的）国际贸易理论是以生产要素在国际不能直接流动为假设前提的；并且假定市场上存在着完全的竞争而不存在垄断和寡头垄断，交易双方随时可以获得有关国际贸易的完全信息；因而，国际经济交往的基本形式是商品的国际贸易，即生产要素借助于商品国际贸易而发生间接的流动。这种基本假设并不符合社会化大生产条件下的国际经济交往的现实，更不能解释第二次世界大战结束后出现的国际经济一体化和跨国公司的产生、发展以及国际直接投资的迅猛增长。有不少经济学家正视当代社会经济发展的现实而对国际贸易理论做了大量的理论工作使之更具有现实意义，但其努力的基本目的是要使传统的国际贸易理论更具有灵活性和对现实的适应性，而不是从修改其基本的假设前提出发去建立一套新的理论体系以说明跨国公司和国际直接投资的产生和发展。

与此同时，则有一批经济学家另起炉灶，从批判传统的国际贸易理论着手，系统地研究跨国公司对外扩张、进行国际投资的决定因素，使国际直接投资理论成为独立的理论体系。这一理论体系中又包含了各种从不同角度进行探讨的理论模型。本章简要介绍一下西方有关跨国公司和国际直接投资的主要的、有代表性的理论流派。

一、国际直接投资理论的研究状况

相对于世界范围内直接投资发展的现实，应该说，国际直接投资理论与其是极不相称的。一方面，国际直接投资缺乏经典性的理论解释；另一方面，至今未形成系统、全面和权威的理论体系，各种解释既自成一派，又相互借鉴与交融。本节主要分析理论研究与现实需要的差距，择要阐述当代美国、欧盟和日本的一些学者对国际直接投资研究的有代表性的理论主张，并做出一定的评价。

国际直接投资作为国际经济、金融现象，从其出现起至今，对各国经济的发展以及世界经济的全球化和一体化已经和正在产生着重要的影响。20世纪初期，列宁发表《帝国主义是资本主义的最高阶段》一文，对帝国主义的资本输出做出了经典性的描述，从而揭示了垄断资本的本质，至今仍具现实意义。从20世纪50年代起，很多西方学者对国际直接投资现象进行过大量的分析与研究，形成了不同的学术流派，但未能形成一种论证严密、颇具说服力的理论框架。有关国际直接投资的理论至今仍处于一种“模糊不清的状态”“远远适应不了迅速发展的国际投资的现实需要”①。在传统的国际经济学的理论大厦中，也很难找到一个满意的解释。从传统的经济学理论如厂商理论、要素禀赋理论和资本理论等中可以找到一些解释国际直接投资的线索，但仍然有其局限，难以解释其本质问题，特别是涉及外国投资者对一国企业进行所有权控制的问题时，更是无从解释。

例如，根据要素禀赋理论，由于各国资本的供求状况不同，资金较多的国家的利率总是低于资金短缺的国家；或者，从另一个意义上说，资本穷国的边际效益要高于资本富国。所以，为谋求利率和边际效益的差额收益，资本总是从富余的国家流向短缺的国家。各国资本收益率的差距可解释证券投资流动。虽然一部分证券投资可以计入直接投资，但企业为什么不通过输出资本赚取利息而要采取对外直接投资形式呢？况且，对外直接投资流动的基本格局表明，虽然到1975年年底大部分直接投资流入了发展中国家，但此后，在发展中国家的资本短缺状况并未缓解的情况下，发达国家间的相互投资越来越多，特别是进入20世纪80年代后，发达国家已成为事实上的国际直接投资的主体。到20世纪80年代中期，发达国家吸引的直接投资为76%，1992—1994年仍保持在60%左右②，直接投资主要在发达国家间进行。显而易见，要素禀赋理论不能说明投资方式的改变和直接投资发展的历史与现实的情况。

20世纪50年代末，美国经济学家马柯维茨和托宾认识到了这一局限，认为要素禀赋理论与现实有矛盾的原因在于“忽视了风险的存在”。考虑到资本所有者对

---

① THOMAS ANDERSON. Multinational Investment in Developing Countries [M]. Published by Routledge, 1991: 24.

② 世界银行于1995年全球经济前景与发展中国家的报告。

风险的厌恶，他们提出了“证券选择理论”，认为投资者可以发展一种避免风险的“有效的”证券投资，并使预期的收益与风险均衡化。证券持有者的风险可以通过收益率的差异来计算。这里虽说是证券投资，但如果投资者从事的是一种“有控制权”的投资，仍可在某种程度上解释直接投资。只是，这种分析仍未完全解释要素禀赋理论在说明国际直接投资方面的不足。传统的厂商理论同样也解释不了国际直接投资为何会在极端不完善的市场发生。

20 世纪 60 年代后期起，国际直接投资迅速发展。一些西方理论家在分析这一现象时注意到传统理论不足以说明实际情况，于是在已有基础上做了进一步的探索，使关于直接投资的研究进入一个繁荣时期，各种理论主张纷纷出笼。如果按类别来划分，主要是基于产业组织分析基础上的“微观导向理论”和基于国际贸易分析基础上的“宏观导向理论”。

1. 基于产业组织分析的“微观导向理论”

其代表人物及理论主要有：1966 年提出的“产品生命周期理论”（product cycle theory），1968 年格鲁贝尔（grubel）提出的“风险分散理论”（risk-diversification theory），1969 年金德尔伯格（kindelberger）等人提出的“国际化理论和交易理论”（international theory or the transactional approach），以及 1977 年邓宁提出的“折中理论”（eclectic approach）等。

2. 基于国际贸易分析基础上的“宏观导向理论”

其代表人物及理论主要有：1970 年美国经济学家阿利伯（aliber）提出的“货币诱惑论”（currency premium theory），1973 年日本经济学家小岛清（kojima）提出的“动态比较优势论”（dynamic comparative advantage），1981 年邓宁提出的“发展水平论”（level of development theory）。

在试图说明国际直接投资现象的浩繁理论流派当中，微观和宏观导向理论的区别仍然是模糊不清的。不过，这种划分将有益于寻找一种大致的共同点，因而是值得注意的。本节从中挑出一些有代表性的理论主张，并做出一些简要评价，以期能对这一问题的研究与分析多少有些启示。

二、早期的国际资本流动理论

最早的国际直接投资理论研究，是纳克斯发表于 1933 年的题为《资本流动的原因和效应》的论文。纳克斯是把国际直接投资作为国际资本流动来研究的，使用的完全是国际资本流动的分析范畴，而他所分析的产业资本跨国移动，实际上就是以后所称的国际直接投资。

纳克斯认为，资本的国际流动主要是由国家之间利息率（利润率）的差别引起的，而资本利息率的差别又主要是由各国资本的不同供求关系决定的。资本总是由利息率低的国家流向利息率高的国家，从而打破各国原有的资本供求关系，并导致利息率的逆向变动，引起资本的往复运动，最终达到资本供求的国际平衡（当然这是一种动态平衡）。

纳克斯虽然没有明确提出国际直接投资的概念，但是他分析的实际对象正是国际直接投资。第一，他强调资本流动的直接动因是利润动机，这是产业资本流动的动因特征。第二，他注意到引起国际资本供求关系变动的产业变动因素。第三，他虽然对国际直接投资与国际间接投资未做出区别，对直接投资的分析也很不清晰，但他关于直接投资的动因观察，却比以后很长时期以国际资本流动为依据的理论更接近地触及了直接投资的本质特征，如产业活动、利润机会、技术创新、市场需求等。这些特征成为20世纪60年代后可称之为“独立的国际直接投资理论”的各派学说各自侧重的分析基点。

在纳克斯之后，麦克道格尔和肯普采用几何图（麦—肯图式），根据资本收益率差别引起资本流动的一般理论来解释国际直接投资的发生及其福利效果，是资本流动理论中最有影响的理论。麦—肯图式致力于将国际直接投资按国际资本流动理论框架一般化。它没有明确区分是间接投资还是直接投资，没有明确指出资本流动是通过信贷方式还是通过生产转移方式进行的，没有专门注意投资者是否控制投资经营活动，没有提及引起直接投资的产业、技术、市场等重要因素。因此，它只能分析直接投资和间接投资的一些共同性问题，以至于与纳克斯相比，他们提出的理论离直接投资的特殊性质更远。

20世纪60年代以后，从不同角度、依据不同因素说明国际直接投资的理论不断出现，学派纷起。国际直接投资的发生，不仅与国家之间资本收益率的差别有关，它更强调产业活动、技术创新、市场动态、产品差异等方面的因素。现实中直接投资的形式多种多样，各种直接投资的发生可能决定于不同的因素，这样，国际直接投资的产生机理很难在国际资本流动的一般均衡理论框架内找到令人满意的答案。

三、国际直接投资的微观理论

20世纪60年代初产生了从厂商寡占行为角度来解释国际直接投资发生机理的新理论。由于这种新理论强调了直接投资过程中的经营控制问题，从而将直接投资与间接投资明确区分开来，直接投资理论才开始作为国际经济学研究领域中一支独立的理论分支发展起来。国际直接投资理论研究也从过去主要侧重国际资本流动的宏观角度转到了投资厂商行为及市场结构运行的微观角度。正如金德尔伯格所言，“直接投资与其说属于国际资本流动理论不如说属于产业组织理论”。新理论采用更接近现实的不完全竞争假定，即市场的不完全性、寡占者相互依赖关系及厂商垄断优势，并以此为基础，发展出了对直接投资的各种不同的解释。

（一）垄断优势论

所谓垄断优势是指大企业特有的优势，例如专有技术、管理经验、融资渠道和销售能力等。美国学者、麻省理工学院教授海默（S. H. Hymer）是通过对跨国企业行为进行分析研究，对国际直接投资进行理论探索的先行者。1960年，海默在他的博士论文《国内企业的国际经营：对外直接投资的研究》[①] 中指出，跨国企业“在进行产品生产和销售时，存在着很多种优势”，这就是“垄断优势论”的最初含义。

① S H HYMER. The International Operational Firms: A Study of Direct Foreign Investment [D]. Ph. D. Dissertation. Published by M.I.T. Press, 1976.

1. 海默与金德尔伯格的出发点

海默最主要的贡献是区分了直接投资和间接投资①，指出二者无论如何是不能互相替代的，基准是“控制”。海默强调，拥有金融资本或者拥有取得它的有利条件，并不足以引起直接投资。因为，如果资本是唯一优势，通过间接投资就可使资本从利率低的国家流入利率高的国家。但这样，投资者只是拥有了外国金融资产的所有权，但不是控制权。只有当这种投资能够直接控制外国企业时才属于直接投资，否则就是证券投资。

海默指出，投资者在东道国办企业，相对于当地企业②具有先天的困难。这主要是因为，外国投资者进入的是一个“全新甚至陌生”的环境，经济、政策、法律规则不同，社会、文化、风俗习惯迥异，这些因素可能增加企业在当地经营的成本。如果投资者要承担海外风险，克服经营成本上升的因素，就必须获得比在国内的企业更高的利润，赚取比当地企业更高的收益，这是“距离上的成本”。这种成本包括旅游、通信及信息决策传递在时间上的损失。

既然如此，为什么还要进行直接投资呢？海默认为，外国直接投资更多的属于工业组织理论范围，因而难以用国际资本理论来解释。如果投资者要承担海外风险，在不同的政治、经济、文化环境下克服经营成本方面的不利，那么投资者就必须比在国内获得更高的利润。以资本理论来解释，资本完全可以通过资本市场流动，企业不必进行国外生产与经营。何况资本本来就是可以通过有组织的资本市场流动的，企业不一定非要在国外进行生产与销售。因为资本市场是专业性的，在非完全竞争条件下，会比企业做得更好。海默认为，进入当地的外国投资者拥有一种当地竞争者所没有的企业优势，如管理和生产技术等，从而保障这种投资可以获得高于国内的投资收益。那么，这种较高的利润从何而来呢？这就是企业拥有的比东道国企业在技术、管理等投入要素方面更大的优势，而其前提是市场的不完全竞争性③。在一个商品和要素完全竞争的世界，直接投资不可能存在，在这种条件下，国内（东道国）企业将比外来投资企业拥有优势，外国企业不可能生存。根据这个前提，直接投资是一种技术知识的转移和“商业技巧与技术人员的流动”。企业的内部化使

---

① 海默认为，直接投资和证券投资的区别至少表现在以下几个方面：第一，证券投资只涉及资金的移动，而直接投资还要涉及技术、知识和管理等的国际转移。第二，证券投资的目的仅在于赚取货币利润，而直接投资的目的是控制国外经营，占有和控制东道国的市场，进而攫取垄断利润。第三，证券投资是一种实际的国际资金流动，而直接投资由于可以在东道国市场上筹措资金进行投资，因而可能不发生实际的国际资金流动。而且，许多跨国公司通过工业产权、专利、许可证等技术转移与东道国企业合作，这时，投资并不以资本的流动为形式。第四，根据传统国际资本移动理论，各国之间金融利率的差异是国际资本流动的原因。由于资本充裕国利率低于资本稀缺国的利率，因而证券投资流向是从资本充裕国到资本稀缺国。当然，如果各国间金融利率没有差异，则不会发生证券资本流动。但是，由于跨国公司具有特定优势，它的海外企业也可以充分利用这些优势，因而即使没有足够的利率差异，企业仍可进行直接投资并获取垄断利润。因此，是企业的不同能力（优势）而非各国间利率差，构成了国际经营的充分条件。

② 海默认为，东道国的国内企业与投资国的跨国公司相比有如下优势：第一，更能适应本国政治、经济、文化和法律等因素构成的投资环境；第二，能够得到本国政府的优惠和保护；第三，较少或不面临跨国公司所无法避免的汇率波动风险。

③ 市场的不完全竞争性是指产品在生产和销售过程中，或市场存在着某些障碍和干扰，从而引起的不完全竞争。海默认为至少存在着下述四种类型的市场不完全：第一，产品和生产要素市场的不完全；第二，由规模经济引起的市场不完全；第三，由政府介入引起的市场不完全；第四，由关税引起的市场不完全。

这种优势向国外转移时仍在企业内部范围，即在一种边际成本接近于零的基础上实现的。直接投资保证了跨国企业对自己的优势可以进行全面地控制，并最大限度地取得技术和能力转移上的收益。

海默提出这一理论以后，美国著名经济学家金德尔伯格（C. P. Kindelberger）教授结合对要素市场的深入分析，进一步丰富、完善了海默的理论。金德尔伯格认为，企业优势向海外转移的边际成本“接近于零”主要是利用了市场机制。对外直接投资是市场不完全性（market imperfection）的产物。换句话说，在一个商品和要素市场完全竞争的世界，不可能存在直接投资。因为在这种条件下，国内企业比外国企业拥有优势，外国企业也不可能生存。直接投资之所以能发展起来，肯定是由于“存在产品或要素市场的不完全性（包括技术的不完全性）”等，从而跨国企业具有某种垄断性的优势，把这种优势运用到国外，就可以取得较高的投资收益。

海默和金德尔伯格最先提出用企业的几种优势来说明直接投资，被认为是“所有对外直接投资的和跨国企业理论的出发点”①。其他经济学家如阿利伯（R. Z. Aliber）等人进一步完善了这一理论，并把它扩大到包括垄断优势的其他方面。

2. 企业的优势

“垄断优势论”的“优势”是指进入东道国的外国企业，相对于当地企业所具有的在“生产经营、专利技术、营销手段、售后服务”等方面的优势。具体包括以下优势：

（1）资本优势，即与资本信贷市场的特殊关系。

与东道国企业比较而言，外国投资者具有更多的或者是更廉价的资本资源。这种情况使得在外国投资的机会成本可能较低。在东道国当地开业的跨国银行与跨国公司的关系相对来说也会更密切。因此，投资者在东道国筹资时，也具有一种有利条件或优势。这种优势被认为是“美国的跨国公司对外扩张的一个重要因素”。

（2）汇率风险优势。

1970 年，阿利伯在金德尔伯格主编的《对外直接投资理论》一书中首先提出汇率风险问题。他认为，由于存在汇率风险和资本出口国具有相对硬通货的情况，跨国企业投资于预期收益相当的部门，即可获得高于东道国企业的收益率。为什么呢？主要在于资本出口国有相对的硬通货，而且市场也需要一个承担不稳定的汇率风险的通货溢价，以反映通货可能贬值的情况。因此，与东道国企业相比，跨国企业能以较低的利率筹集资金，而且能向当地子公司提供更廉价的资本。第二次世界大战结束后初期一段时间，美国对外直接投资迅速扩大，据认为就与坚挺的美元汇率密切相关。对于在发达国家的直接投资来说，阿利伯主要以发达国家情况分析为例的解释有一定意义，但是，在相当长一段时间内，似乎不太适用于在发展中国家的外国直接投资。那里资本市场曾极不完善甚至缺乏，对汇率管制较严，抵消了跨国公司在当地筹资的优势。即使对发达国家的相互投资而言，也只能是一种不完全和不满意的解释，它说明不了跨国公司进行相互投资的实际。

---

① 尼尔·胡德，斯蒂芬·扬. 跨国企业经济学［M］. 叶刚，等，译. 北京：经济科学出版社，1994：55.

（3）管理优势。

管理（包括组织）是提高效率的需要，是促使资本最大限度增值的需要。在管理方面，跨国公司由于发展的历史较长，管理经验的日积月累，逐步形成了一种“卓越管理”的优势。这种管理技能与组织能力也被看成国际企业优势之一。它来源于外国公司或者跨国公司拥有受过良好教育、训练有素的经理和企业管理人员。由于历史与文化原因，发展中国家缺少类似的强大的企业家和经理阶层。因此，与东道国当地企业类似的生产比较，跨国公司可能依据这种管理优势更为有效地进行生产，承担风险的能力也更为突出。

（4）技术优势。

在国际分工与交换中，技术对提高产品的竞争力也有着至关重要的影响。与发展中国家或较小的外国投资者比较，跨国公司拥有较为先进的技术，这是构成企业优势的重要因素。这里所说的技术优势，并非指一般的科学知识，而是指“商品化的”技术或“市场化的”技术，即将技术转化于实际生产中，转化到具体的商业活动中的技术。一个国家技术力量较强，不一定意味着有较强的转化能力，因而，也不可能形成企业的优势。对技术优势的估计表现于研究与开发的支出当中。发达国家特别是美国的一些企业的研究与开发高度集中，这些企业多数是跨国企业。正是这些企业承担着研究与开发具有市场潜力的大宗创新产品的任务，它们在几乎所有国家拥有大多数的技术专利。技术研究与开发的目的在于取得竞争优势，在于能增加产品的销售量和进行有利可图产品的生产。因此，研究与开发支出主要是应用技术的研究与开发。据估计，1973 年美国研究与开发的总支出（包括联邦政府的有关支出）中，97%投入应用技术的研究与开发，只有不到 3%用于不会有实际应用的基础研究。这种应用技术的研究与开发又包括：

第一，新的生产工艺和新产品。新的生产工艺可以促进企业经营更有效率，新产品则能更好地满足市场的需要，迎合消费者对时尚的追求。这是“现代一般经济学中技术进步的正常含义”，是社会生产力提高的具体表现。跨国公司在转移这种技术时，会促进东道国的经济增长。

第二，生产差异。随着跨国企业制造业的增长越来越具有垄断性，特别是当某种特殊的技术日趋成熟时，这种以市场为导向的研究和开发，对产品销售的促进作用会日益明显。当然，区分这种新的和有差异的产品与工艺可能是困难的，而且，从长期看，这种“边际上”的变化可能寓于重要的创新之中，需要根据消费者的需要来判别这种新产品。1968 年，金德尔伯格在美国一些大学做关于对外直接投资的讲座时指出，“生产差异诱导直接投资主要是因为它的流行性”①。如一些“著名的”品牌的产品，包括药品、化妆品、软饮料、特殊食品、汽车、轮船、化学、电子设备、农机、办公设备等。这里的新产品不包括具有较强竞争性的行业生产的标准产品，如纺织、服装等行业的产品。

① C P KINDLEBERGER. American Business Abroad, Six Lectures on Direct Investment［M］. New Haven, CT：Yale University Press，1969.

（5）营销技术优势。

在国际直接投资中，营销技术可以说至关重要。它被认为是“构成垄断优势的重要源泉，其作用甚至比技术的应用与开发更大”。跨国公司由于拥有很强的经营实力，可以通过以下三个途径创造企业的营销优势：①市场研究。通过对市场状况进行调查分析，帮助企业了解不同市场消费者的具体需要。②广告和促销。通过广告和促销，为消费者提供最新产品的信息，增强和创造某些特殊产品的市场需求。③不同类型的资助活动，以此扩大企业的知名度与影响。

（6）获取资源的优势。

如果跨国企业对东道国的原材料和矿产品享有某种程度的特权，就使得企业具有一种优先获得资源的优势。这种特权是通过对一些产品的控制至少是对某一个环节的控制取得的。如对某些农产品最终市场和运输（通常是海运）的控制。再如，由于历史的、技术的、资金的和有关产品的最终销售方面相关的原因，一投资国对资源国有着历史的投资关系，从而对某些矿产品开采、冶炼、加工等具有一定的控制权。获得资源的优势可保障企业生产所需的原材料的稳定供应。

（7）规模经济优势。

在有关竞争的文献中，学者们几乎不约而同地把规模经济视为形成市场力量的一个重要因素。对于国际直接投资来说，规模经济的作用是显而易见的。这主要体现为在国外创办一个分支企业并进行生产经营时，大企业有着筹资、专业技术和营销方面的优势。把这种优势的一部分转移到国外，即在国外开设子公司，就可能形成强大的力量，使之相对于东道国的企业的规模要更强大一些，这有利于取得或扩大在东道国的市场。不过，需要指出的是，如果不考虑跨国企业的筹资、技术和营销优势的话，规模经济无论如何也算不上一个独立的企业优势。

（8）政治力量优势。

“垄断优势论”者认为，跨国公司较之于东道国企业更能与东道国政府达成某种妥协或者取得更为有利的经营条件。为什么呢？一是它们拥有一些“稀缺”的资源，如资本和技术，而当地企业没有；二是它们可能有较强大的政治支持，这种支持是通过本国政府对东道国施加压力得到的（如经济援助、军事、外交和政治联系等）；也可能是国内利益集团施加压力取得的。

总而言之，“垄断优势论”强调的是，对外投资的企业需要拥有一些特殊的优势，以抵消企业对外经营的明显不利条件。有了这些因素，才能诱导企业对外直接投资。而在这些因素之中，“决定一个企业走出去而其他企业不一定走出去经营的关键因素是‘营销’和‘技术’优势”，其他因素仅仅起配合作用，而不能取代它们。而较之于技术优势而言，营销优势似乎是一个更为“基本的先决条件”，尽管技术的作用不可替代，但没有营销优势，高技术产业可能不会扩大在国外的生产。相反，有了营销方面的优势，低技术的产业“也可能走上跨国经营之路”。

在决定企业进行国外投资的决定性因素中，“垄断优势论”的这种解释在实践上是说得过去的。但是，形成企业进行跨国经营的基础力量究竟是什么？把营销这个因素说得如此重要未免有失偏颇，在逻辑上也说不过去。从总体上，“垄断优势论”铺垫了对外直接投资研究的基础，拥有这些优势可能是企业进行对外直接投资的必要条件。但是，为什么有这种必要而不采取其他形式来取得这些优势的效益呢？如通过出口这些优势企业的产品或直接销售这些优势来取得收益，“垄断优势论”对此并没有做出进一步的解释。海默没有从直接投资应具备的充分条件中区分出进行贸易所需要的充分条件，拥有一种特殊优势是对外直接投资的必要条件，而对于贸易而言，不过是一种充分条件。海默没有完全解释一些国家可能比别的国家先行工业化的问题，没有创立一种确切的理论说明企业的优势是如何产生的，对跨国公司扩张的内部成本问题也没有充分交代。他仅仅以美国的情况来进行实证分析，也缺乏普遍性。这也正是吸引“垄断优势论”的继承者进行深入研究的最基本动因。

3. 直接投资相对于出口的利益

企业具备垄断优势，可以生产价格较低、品质优良的产品，而且市场需求较大。企业本来可以通过出口利用这些优势，而不一定要在海外组织生产经营。确实，很多大企业，即使没有在国外生产经营，也是本国的主要出口者。那么是什么影响企业做出这种选择的呢？“垄断优势论”的继承者们提供了以下几个因素：

（1）生产成本。

到国外建立新工厂，只要在汇率、生产技巧、运输和技术转移方面的成本拥有优势，企业就会做出进行直接投资而非出口的选择。如果跨国公司真正具有全球眼光，就会在合理计算成本后，开展对外投资，通过在不同的国家以不同的方式有效地进行资源配置。如 IBM 公司在欧洲、中国香港、中国台湾和墨西哥等地设立分厂，合理配置各地的要素优势，最大限度地减少整个生产过程的成本。生产成本因素也可以说明一些出口导向型的企业将生产线移至劳动力工资较低的发展中国家的原因。

（2）政府政策。

采取直接投资而非出口的“最重要”的原因在于，世界远未形成统一的市场，政府政策造成的不完全性是进行直接投资的重要原因。这表现在：①关税、进口限额和其他非关税贸易限制，如对进口商品的管制等。各国都设有进口关税壁垒，对进口实施直接与间接的限制。这种情况随着第二次世界大战后广大发展中国家实行进口替代战略而更加强化。事实上，发达国家也广泛存在着关税与非关税的种种限制，直接影响着跨国企业的对外出口。为避开关税和非关税壁垒的限制，对当地竞争者拥有一定优势的企业就会直接在当地进行生产，以扩大市场份额。在其他条件相同情况下，这些贸易限制因素对企业在被保护国从事对外直接投资（而不是出口）也起着重要的促进作用。②税收。对外直接投资可产生于两国税法的不同。如果母国税法允许国外投资利润递延缴纳，将有利于企业在国外的对外直接投资。③政府其他管制，如价格管制、利润管制和反托拉斯法。这些管制促使国内企业纷纷到世界各地开办企业。

显然，政策限制导致了厂商选择直接投资。现实情况更多地表明，国外政策优惠更大程度上吸引了投资者进行直接投资，这从另一个方面也说明了政策优惠对促进直接投资的作用。

（3）营销的重要性。

采取直接投资既可更好地利用成本优势，还能更好地满足当地的市场需要。各国对产品的偏好不同，导致市场需求的不同。根据国外对同一产品的规格、式样、价格的不同偏好，迅速调整当地的生产经营，在国外进行生产较之于直接出口的优势就会更为突出。

（4）垄断优势反应（oligopolistic reaction）。

在国外生产可能迫使当地或其他竞争对手跟进，垄断竞争的结构和平衡正是任何跨国公司不能忽视的因素。在国外投资可促使企业在利用市场的同时，注意竞争对手的情况，及时做出生产经营战略上的调整。

4. 直接投资相对于许可证销售的利益

许可证即东道国企业在得到跨国公司的批准后可以使用其企业优势要素。当然，对这种优势要素的使用是有条件的。作为一种知识产权，它广泛包括专利技术，如销售技术、商品品牌、管理服务和其他企业资产。

由于国际上存在着活跃的技术贸易，一般来说，企业如果拥有这些方面的优势，就可以利用出售或许可证转让方式来取得这些优势的收益。影响企业在对外直接投资和出售许可证之间做出选择的因素主要有：市场规模、投资风险、新的技术和专利、许可证使用过程中可能带来取代自己的竞争威胁、东道国的政策、企业的管理战略、产品市场的结构因素等。

通常，如果市场稳定，企业对有关技术的控制就会越紧。投资者会要求更多地和在更大程度上卷入生产过程，即在国外直接进行生产经营，从而取得持久的经营利益。一些经济学家认为，在一个充满希望的市场，通过直接投资而非出售技术专利方式，可以使企业优势获得更大的效益。有的甚至认为，很多发展中国家缺乏把先进技术利用到生产上的能力，而且即使能这样做，跨国公司也不太情愿为取得一些转让费而出售新的和具有市场潜力的技术。因为它可能威胁企业未来的盈利前景，使跨国企业拥有的其他优势不能充分发挥应有的效益。

跨国公司垄断优势的效益来源于多种盈利因素，即一种优势要素集合体，出售一种或两种要素虽可取得一些收益，但会影响优势要素综合体的营利能力。不愿转让技术还被归因于跨国公司的特性。再者，企业的管理和组织能力、经营经验和企业精神、在金融市场上的地位与作用、与其他企业的合约等也是很难出售给其他企业的，即使愿意合作生产也是如此。从另外一个意义上看，随着规模经济和国际经营的扩大，这些优势在日积月累，成功的企业需要的是国际利润，而不是通过出售许可证来“变卖家产”。只有在出售一些特殊的许可证（如过时的和外围的技术）而不会影响企业总体盈利等情况时，跨国企业才愿意出售一些企业的资产（包括技术专利和企业优势要素）。尽管如此，发放许可证仍被认为是一种“次优”（second best）选择。美国经济学家威廉逊认为：“只有当企业希望扩张而受到管理或财务上的限制时，才会求助于发放许可证。”①

① 威廉逊. 开放经济与世界经济［M］. 厉伟，等，译. 北京：北京大学出版社，1991：128.

（二）内部化理论

内部化（internalization）理论是解释对外直接投资的一种目前仍然较为流行、较有影响的理论。其代表人物是英国里丁大学的学者巴克利（Peter J. Buckley）、卡森（M. Cason）和加拿大学者鲁格曼（Alan M. Rugman）。

内部化理论的思想渊源可追溯到“科斯定理”。这一定理旨在解释企业组织的形成原因和规模扩张的界限，其中心思想为：市场上的生产者们既可以通过契约的途径，以完全非中央化的方式从事生产活动，也可以以企业的方式组织原先通过市场交易方式进行的生产活动，其抉择标准在于组织企业性生产的内部管理成本与通过市场达成契约的交易成本的比较。企业规模的限度在于利用企业方式组织管理的成本等于通过市场交易的成本。早在 1937 年，科斯（R. H. Coase）就在一篇题为《企业的性质》的论文中提出了内部化理论的雏形①。科斯认识到了在市场中进行交易时所发生的市场交易成本问题，他将市场成本分为四类：①寻找和确定合适的贸易价格的活动成本；②确定合同签约人责任的成本；③接受这种合同有关的风险成本；④从事市场贸易所支付的交易成本。他认为任何企业在市场机制下活动都会发生交易成本、合同成本和合作成本，而企业的内部组织则是一种低成本的有效的生产联系方式。

1977 年，美国著名企业史学家钱德勒撰写了《看得见的手——美国企业的管理革命》一书②，对企业内部化从交易成本的角度做了进一步的阐述。他认为，当管理上的协调比市场机制的协调能带来更大的生产力、较低的成本和较高的利润时，现代多单位的工商企业就会取代传统的小公司，即把以前由几个经营单位进行的活动及其相互交易内部化。这种内部化给扩大了的企业带来了许多好处，它所造成的节约，要比单纯降低信息和交易成本所造成的节约大得多。

建立在交易成本学说基础之上的内部化理论对现代工商企业的起源和成长提供了解释。英国里丁大学的经济学家邓宁、卡森等人将其运用于国际直接投资领域，将内部化理论看成是解释跨国企业的形成和跨国企业对外直接投资发生机理的核心原理。他们在解释国际直接投资的发生机理时，将讨论的重点放在知识资产等中间产品市场上，而不是最终产品市场上。他们认为，厂商所具有的知识资产优势，不是形成对外直接投资的充分条件，厂商的特有优势是在国内形成的，必须以低成本的方式转移到国外，因转移而发生的成本必须低于由转移而带来的收益。跨国企业为降低转移成本或者说是交易成本，倾向于构造一个内部化市场以替代通常的外部化市场。所谓内部化是指“建立由公司内部调拨价格起作用的内部市场，使之像固定的外部市场那样有效地发挥作用”③。

内部化理论认为，跨国企业保持对专有知识资产等中间产品的控制，由此形成对外直接投资，是由知识资产等中间产品的市场机制失效造成的。知识资产等中间产品市场机制失效，是指知识资产等中间产品的价格特别是产权知识传播价格不能

① 科斯. 论生产的制度结构（论文集）［M］. 盛洪，陈郁，译. 上海：上海三联书店，1994.

② 钱德勒. 看得见的手：美国企业的管理革命［M］. 重武，译. 北京：商务印书馆，1987.

③ A. M. 格拉曼. 跨国企业的内幕：内部化市场经济学［M］. 纽约：哥伦比亚大学出版社，1981：28.

被有效确定，知识资产的模仿者可以以比产权知识的创造者更低的成本获得和运用该知识。许多知识资产等中间产品市场，特别是那些体现了专有技术和人力资源的知识技术信息市场，是很难组织的，而且使用这种市场的费用是高昂的。由于知识资产等中间产品的性质比较特殊，其价格往往难以通过正常的市场方式确定，这就给交易的完成带来了巨大的困难，造成了高额的成本。首先，若提供零部件的上游部门的资产专用性较强，因而承担了较大的风险时，就会对厂商提出较为复杂的风险补偿条款，从而增加了交易成本。其次，在进行知识产品转让时，由于买卖双方对该项知识的真实效用的信息存在不对称性，因而交易价格往往难以确定。在这种情况下，跨国企业为更好地利用产权知识并保持其特有知识优势，就必须利用内部化市场进行对外直接投资。内部化市场是相对于外部化市场而言的。跨国企业为避免在外部化市场销售知识资产等中间产品产权所引起的优势散失风险，便组成自己的内部化市场，使企业内跨国界的生产组织、资源调配和内部定价相互依赖、结成一体。正是这种内部化组织方式，使跨国企业能够有效使用知识资产等中间产品产权知识，获取更高的收益。国外子公司把在国内市场开发发展起来的知识资产等中间产品扩展到国际市场上，从而在国际经营中保持优势。跨国企业在所有可能的市场上开发利用知识资产等中间产品优势，并使利用知识资产等中间产品的收益保持在企业内部，以便补偿创造知识资产等中间产品所花费的成本。

内部化组织可减少交易成本的原理，对跨国企业的形成发展过程也提供了一种解释。在国内市场容量一定的情况下，厂商在国内扩张的边际收益下降，与竞争者的摩擦加剧，交易成本增加，于是便产生了向国外市场扩张的趋向。内部化交易方式使国际经营的交易成本降低，这诱使具有某种特有优势的厂商或者说潜在的跨国企业做出对外投资的决策，形成跨国企业。

在巴克利和卡森两人合著的《跨国公司的未来》① 一书中，对以前的直接投资理论提出了批评，并试图建立综合性的理论基础。他们的理论可以概括为：公司在其跨国经营活动中，面临着各种市场障碍。为了克服这些障碍，弥补市场机制的内在缺陷，实现利润最大化，就将各种交易不经过外部市场而在公司所属各企业间进行，从而形成一个内部市场。当内部化过程超越了国界时，跨国公司便产生了。因此，内部化动机是企业进行对外直接投资的主要原因。

巴克利和卡森特别强调中间产品问题。所谓中间产品，不仅包括上游部门提供的半成品、原材料等投入要素，而且包括技术、专利、诀窍、管理技能及市场区位等知识产品。中间产品的市场是不完全的。因为这些产品会由于买方在信息、知识等方面的缺乏，使其与卖方在对于产品性质、价值等的了解方面出现不均等，从而引起买方的不确定性，买方不愿意出合理的价格。相反，如果要使买方确信这些产品的价值，那就必须让买方更多、更详细地了解这些产品。然而，这又违背了这种产品需要严格保密的原则。这就促使销售者自己去从事购买者的经营活动，即让这些产品在跨国公司内部让渡，实行纵向一体化。

---

① KOBRIN，CASSON. The Future of Multinational Enterprise [J]. Journal of Marketing，1976，41 (4)：137.

巴克利和卡森还认为，内部化意愿取决于四大类因素：①行业特定因素，它与产品特性、外部市场结构、厂商生产和规模经济有关。②地区特定因素，即地理上的距离、文化、差异、社会特点等。③国家特定因素，即国家的政治、金融、财政制度等。④企业特定因素，即组织机构、管理知识和能力等。在这四大类因素中，行业特定因素最为关键，其中知识因素又最为重要。首先，如前所述，中间产品市场是不完全的，其供求在外部市场上很难协调一致而往往产生剧烈波动，因而要克服这种不完全性就必须内部化；其次，知识提供垄断优势，企业利用自己的判别性定价要比通过发放许可证更好地利用这些优势；最后，知识产品的形成需要长期的研究与开发努力，在知识化为实际生产力以前，如果企业打算出售这种知识，则很难估计和确定其价值，而这个问题通常可以通过公司内部的转移定价来得到有效解决。

20 世纪 70 年代末 80 年代初，卡森、鲁格曼等人出版了几本研究内部化理论的专著。根据鲁格曼的解释，内部化是指“把市场建立在公司内部的过程，以内部市场取代原来固定的外部市场，公司内部的调拨起着润滑内部市场的作用，使它能像固定的外部市场那样有效地发挥作用”①。内部化理论是运用交易成本来解释内部化产生的原因和基本动机的。交易成本是由于外部市场不完全所引起的费用，或企业为克服外部市场的交易障碍所必须付出的代价。公司在国际性经营中，面临着诸如关税、配额、税收、红利汇回、汇率政策和政府干预等，这时企业有可能通过转移定价而使税收支出等最小化。而且，由于贸易在公司内部进行，买卖双方对商品质量、定价等都有一致的认识，大大减少了外部贸易情况下的风险。当然，内部化过程中不可避免地也要付出成本，如需要增加信息通信成本，增加管理成本、资源成本（企业不能达到最优经营规模），增加会计复杂性等，还有海外经营的国家风险成本（在东道国可能发生的损失）、经济风险成本和跨国公司受东道国厌恶甚至排斥的成本。因此，要使内部化产生的利益超过成本。内部化产生的利益主要包括：①在产品期货市场不起作用的场合，建立内部市场可以协调企业的业务活动，如克服市场反应的时滞性，在内部市场中协调组织不同阶段部门的供需关系和持续生产获得的收益。②内部市场比外部市场能更准确地对“知识产品”等中间产品进行定价，从而制定有效的差别性价格，如利用差别价格维持其在中间产品市场上的市场势力获得的收益。③通过内部化使中间产品的买卖在所有权上合二为一，消除了买方不确定性，在其他产品买卖上，也可部分或全部消除外部市场上的“独卖”和“独买”交易形成的不稳定的讨价还价态势，即消除买方垄断或卖方垄断的不确定性带来的收益。另外，通过对前后关联产业的内部化，保证原材料的供应以及产品的销售。④建立内部技术的公司内部市场，可以减轻国际市场不完全性，缓和外贸的不稳定性。⑤知识技术在公司内部转移，可避免外国竞争者的仿制，从而确保公司在世界范围内的特定技术优势，在各子公司充分利用开发而来的知识成果，实现效用最大化。还有实行知识资产等中间产品的内部划拨价格，可以逃避税负，转移

① 鲁格曼. 跨国公司的内幕［M］. 伦敦：克鲁姆海尔姆出版公司，1981：28.

资金（利润），避免干预等。市场内部化的目的是为了取得内部化本身的收益，但内部化过程也会使企业的成本增加，因此，只有在内部化的边际收益大于边际成本时，内部化才会变为现实，跨国公司才会产生。

可见，内部化理论是阐述厂商如何在国内和国外进行扩张的理论。企业的跨国化是该理论中的一个特例。在这种情况下，市场的内部化过程是跨越国界进行的。内部化理论与海默等人的直接投资理论相比有其特点：首先，海默以垄断引起的市场不完全作为跨国化的前提，而内部化理论恰恰相反，认为内部化就是为了消除市场的不完全性。其次，海默认为市场不完全是由于垄断排斥竞争造成的，而内部化理论则把市场不完全归结为市场机制的内在缺陷，并从中间产品的性质与市场机制的矛盾来解释内部化的必要性，并认为内部化是解决上述矛盾的途径。再次，海默强调技术垄断优势对跨国经营的重要意义，而内部化理论则注重于使交易成本最小化，从而强调提高企业的协调和管理能力，以保证跨国经营的优势。最后，海默的理论主要适用于发达国家特别是美国，而内部化理论既适用于发达国家也适用于发展中国家，既可用于国内也可用于国外。因此，有人把内部化理论推崇为直接投资的一般理论或通论。但是，内部化理论并未能解释对外直接投资的地理方向和跨国经营的布局，从而经常被那些重视区位因素的学者批评，认为它仍然不足以被冠以“通论”之雅称。

（三）产品周期理论

产品周期理论（product cycle hypothesis）由美国经济学家、哈佛大学跨国公司研究中心教授弗农（Raymond Vernon）首先提出。1966 年，他在美国《经济学家》季刊上发表了一篇名为《产品周期中的国际投资与国际贸易》[①] 的学术论文，认为外国直接投资是打入外国市场的一个跳板，技术创新是世界贸易结构和各国产品分配变化的决定因素。第二年，英国牛津大学出版了 S. 赫尔施（S. Hirsch）的名为《工业区域与国际竞争》的学术专著，对国际经营中的产品周期模型做了全面的描述。因此，他们两人成为产品周期理论的主要代表人物。该理论对企业在不同的时期如何利用不同的垄断优势对生产过程起作用进行了一种特殊的分析与综合，归纳了技术、生产成本和营销因素的不同作用。

弗农的理论不仅在垄断优势理论的基础上有所发展，而且兼顾了国际贸易理论中的区位因素。首先，其对企业垄断优势的研究集中于与新产品开发相关联的技术优势方面，而且开创性地提出这种垄断优势并不是静止的，而是一个随着产品周期演进的动态变化过程，因此在分析中要考虑动态和时间因素。其次，弗农指出，在产品周期的不同阶段，跨国公司的战略抉择将顾及不同地区的要素禀赋状况。因此，在分析跨国公司国际直接投资的时机与区位选择时，要结合所处阶段的技术垄断特征及其所要求的要素特征。

弗农认为，拥有技术优势的垄断厂商具备较强的能力进行产品创新，从而获取垄断利润。但是，这种对新产品的垄断是不可能长期存在的。因为高利润会引致仿

① R VERNON. International Investment and International Trade in the Product Cycle [J]. Quarterly Journal of Economics, 1966 (80): 190-207.

制品的出现，从而使新产品得以普及化乃至最终衰退。这一过程构成了一个产品的生命周期。弗农根据不同时期的技术特征把产品周期分为四个阶段。

1. 产品周期的四个阶段

产品周期论把产品分为四个阶段，即崭新产品阶段，新产品成熟阶段，产品标准化阶段和产品老化、转移阶段。并且根据产品所处的不同阶段说明企业生产的区位选择，并同企业在国外的生产经营联系起来，以此为线索，分析对外直接投资的发生和发展。

第一阶段：崭新产品阶段。当企业的开发创新取得成功后，新产品就会被制造出来。这种新产品首先在收入和技术水平较高的国家进行生产和销售。弗农指出，美国是一个拥有世界最大市场和人均收入最高的国家，是大多数新产品首先出现或试用的地方。原因在于，这种新产品的生产过程属于人力资本密集型的生产，需要大量的技术投入，其研究与开发需要资金、组织和技能方面的优势。由于投入成本较高，加之技术的暂时性垄断，新产品在价格上没有弹性。因此，产品的销售只能在人均收入较高的国家，那里有“大量的具有购买力”的消费者，他们有较强的试用新产品的需求。再者，技术和收入较高的国家，市场竞争较为激烈，竞争压力、高工资成本或资源短缺会自然而然地刺激企业不断进行开发与创新。

第二阶段：新产品成熟阶段。在富裕国家的市场上，如果这种新产品取得成功，生产会进一步扩大，新的市场被逐步开发出来，出口不断扩大。这时就进入了产品周期的第二阶段。在此阶段，创新企业仍有着技术上可靠的优势。由于产品的生产基本定型，长期生产成为可能。但是，由于产品成功，自然引起其他竞争者模仿并开发出类似的产品，竞争压力迫使企业努力降低生产成本，但这种形势也是暂时的。当美国出口这种产品的价格高于进口市场（如西欧）的预期成本时，出口形势就变得不利起来。这时，考虑在西欧直接投资生产已成为必要的了。于是新产品的生产开始走向与美国具有类似需要的海外市场，在那里，对这种新产品的需求就像刚开始在美国出现时的需求一样迅速增长。在当地的生产使企业优势的效应得以进一步持续地更加充分地发挥出来。

第三阶段：产品标准化阶段。当新产品的竞争充分表现出来，生产技术变得足够标准化时，由于美国国内生产成本相对高昂，对国外当地市场的考虑进而更加重要。创新企业便会加强营销努力（改善产品形象和促销）、在劳动力更廉价和更接近外国市场的地区进行投资来保持新产品的利润，并促使形成产品渐次转移，如从美国转向欧洲，再从欧洲转向发展中国家，直到产品完全成熟。

第四或最后阶段：产品老化、转移阶段。在这个阶段，产品逐渐老化，在发达市场不再具有扩大生产的市场魄力，发展中国家便成为这种产品的主要生产基地。由于发展中国家生产成本相对低廉，产品价格进一步下降，其产品还会返销到发达市场。这种产品可能在除跨国公司总部以外的几家子公司间进行，或者通过不同的生产分工、组装进行。这个过程中，营销手段变得相当突出，“市场的优势地位可能从创新领先者手中转到营销技术领先者手中”。

产品周期理论是把外国投资与特定国家的特殊技术优势结合起来进行研究的。弗农认为，美国特殊的条件——国内市场较大、人均收入较高、缺乏劳动力和技术工人成本较高等，注定了美国创新的动力，这种创新也正是以后其他国家所需要的。20 世纪 60 年代，美国跨国公司在全球的迅速扩张，也提升了弗农对美国的偏爱度。他认为，美国市场的特点决定了美国作为跨国公司的“中心作用”。他当时甚至预计，美国“作为外国直接投资者的支配地位会继续得以保持”①。

根据产品生命周期理论，企业从事对外直接投资是遵循产品生命周期的一个必然步骤。假定世界上存在着三类国家：一是新产品的发明国，通常称为发达国家；二是发达程度略低一点的国家，通常称为较发达国家；三是落后国家，通常称为发展中国家。根据这一理论，新产品随其产品生命周期而在这三类国家间进行转移，其转移过程如下：

第一，产品在发达国家发明或革新，并开始在发达国家销售。在一个阶段内，产品的国内生产和销售持续增长，直至生产能力接近饱和。

第二，发达国家的产品生产和销售继续增长，但是以递减的速度增长，至此，产品的生产均在发达国家进行，但产品开始向较发达国家出口，小部分向发展中国家出口。其原因有：①较发达国家的市场与发达国家的市场相似，这些国家存在着对发达国家产品的需求；②由于销售迅速增长，产品价格因大批量生产而下降；③较发达国家的收入水平较高，购买力水平也较高。

第三，产品在较发达国家的销售开始下降。由于较发达国家对产品进一步熟悉，它们在本国生产该种产品的可能性增大。这一阶段，较发达国家内其他公司已发明类似的产品或替代品，与发达国家的产品展开价格战。其结果是，较发达国家政府提高关税或规定进口限额，鼓励发达国家的企业在其国内投资。基于这些原因，发达国家的企业在这一阶段做出在较发达国家直接投资的决策。于是产品开始在较发达国家生产，发达国家对外出口的速度开始减慢，有时甚至下降。在这一阶段，发达国家继续向没有该产品生产基地的国家特别是发展中国家出口。

第四，产品在发达国家的销售继续下降，直至停止出口。较发达国家和发展中国家的市场由较发达国家的生产基地（发达国家的子公司）提供，这是因为在同等运输费用和关税条件下，较发达国家的工资费用较低，其产品更有竞争力。

第五，发达国家的国内市场开始面临来自较发达国家进口商品的竞争。这是因为较发达国家的生产也达到足够的规模，成本下降，并开始向发达国家出口。与此同时，较发达国家向发展中国家的出口开始由发展中国家的生产基地（可以是发达国家的子公司）代替。

第六，发展中国家的生产代替较发达国家和发达国家的生产，发展中国家的产品开始向较发达国家和发达国家出口。

总之，发达国家的跨国公司将遵循以上产品生命周期的步骤，逐步向较发达国家和发展中国家扩张，发展对外直接投资。

---

① R VERNON. Sovereignty at Bay [M]. New York: Basic Books, 1971.

2. 弗农的修正与产品周期理论的缺陷

产品周期理论主要提供的是一种说明20世纪特定年代美国向欧洲扩展的投资理论框架，最适合于（也只能）说明一个制造商最初作为一个投资者进入国外市场时的情况。随着国际经济的发展，国际资本流动的格局较多地呈现工业发达国家相互之间的产业内双向投资，而非弗农当时的发达国家对发展中国家的投资。特别是随着第二次世界大战结束后日本和德国（当时的西德）经济的恢复与发展，其对外投资能力逐步表现出来。世界直接投资发展的速度出现了与弗农的预测不完全一致的情况。1967—1976年，日本的外国子公司的账面价值增加了12倍，德国也增加了6倍，美国仅增加2.42倍。同样，外国对美国的直接投资也在迅速增加。1973—1979年，外国在美国的直接投资增加了254%，而美国在外国的直接投资增加了190%。美国作为外国直接投资者的支配地位开始受到较大的削弱。而且，如果跨国公司利用其国外子公司开发新产品尔后出口到母国，这等于把产品周期理论颠倒过来了。最后，对于那些已经建立起全球子公司体系的跨国企业来说，它更会从全球性战略角度考虑而不会按产品周期模型来进行国际生产和直接投资。

为了解释这些新情况，弗农在研究中对自己最初的观点做了一些修正。在《经济活动的区位》一文中，弗农更强调跨国企业的寡占行为，他把其产品周期相应地分为发明创造寡占阶段、成熟寡占阶段和老化寡占阶段。相应地，他开始把所有跨国企业定义为寡占者，并把它们分为三类（三个发展阶段）：技术创新期寡占者、成熟期寡占者、开始衰退的寡占者。其含义分别是：①技术创新期寡占者，在生产新产品上拥有技术垄断优势并由此获得垄断利润。②成熟期寡占者，已出现技术扩散，从而其技术优势有可能减弱，并且由于贸易壁垒等因素引起出口成本增加的情况下，选择进行对外投资。这种对外投资同时又是一种技术转移，技术优势企业通过自己控制的技术扩散获得寡占利润。③开始衰退的寡占者，其技术创新优势和技术传播优势相继丧失，从而寡占利润逐渐消消失。

这里，弗农不再像在其最初理论中那样强调美国是新产品的来源，而认为美国、欧洲、日本等都可以是新产品的来源。他认为寡占厂商根据寡占产品的竞争情况利用对外投资使其寡占利润最大化，因此，产品生命周期论实际上也是从寡占竞争的角度来分析对外投资问题的，分析的重点是跨国企业在决定进行对外投资时所面临的问题，是关于厂商垄断寡占行为分析及其所引起的商品生产配置理论。即：在发明创造寡占阶段，应把生产地点放在发明创造国，以便把生产过程同研究与开发、市场购销活动协调起来；在成熟寡占阶段，他认为产品和地区的战略将取决于其他跨国企业的行动与反应；在老化寡占阶段，由于新产品或新市场进入障碍减弱，竞争异常激烈，这时生产地点的选定更多地取决于成本的差异，而非寡占反应。

1977年，弗农又在《跨国企业的风暴》一书中认为，在节省劳动力的创新方面，美国有相对的优势，而在节省土地、原材料方面，欧洲和日本的创新可能会占支配地位。

弗农的修正虽可以说明一些新的问题，但产品周期理论强调的是一种特殊形态的对外直接投资，即在国外进行创新产品的生产。

首先，该理论只能从这一方面说明问题，它解释不了国际分工中垂直性的投资，如资源投资等。弗农强调成功的创新导致外国直接投资，解释了制造业在国外投资的区位选择，但没有解释它们的所有权，没有说明在国外的生产由谁来控制。由于存在仿冒的可能性，复制成本较低，美国将失去在国外经营的优势，在对外投资的风险考虑上，许可证生产似乎是一种更为有效的选择。弗农的理论没有充分考虑这些因素。

其次，一些拥有技术创新优势的国家，并没有完全利用对外直接投资形式来取得收益。英国的情况就极为明显。19 世纪前半期，像今天的美国一样，英国拥有多方面的技术优势，新的技术创新和产品虽不断转移至欧洲大陆，但这种转移多是通过英格兰熟练的技术工人移民到其他国家实现的，只有很少的例子受到英国企业的影响。具体表现在外国企业力图说服英国熟练工人移民到他们国家工作。美国就曾大量引进英国的钢铁、纺织和玻璃等行业的熟练工人，并使之成为美国公民。很多移民出去的英国公民在外国开办企业，成为新居民国的企业家。如来自英格兰的移民 J. 狄克森在美国建立了钢铁厂，詹姆斯·杰克逊移居法国后建立了钢铁厂。在对外输出资本的形式上，英国的资本输出也主要是证券投资而非直接投资。1913 年，英国对美国的直接投资估计仅为 7 亿美元，而间接投资则高达 36. 7 亿美元。

再次，从现实情况看，按照产品周期理论，发展中国家不拥有技术创新优势是很难开展对外直接投资的，即使拥有技术创新，它的第二阶段向高收入国家转移也是不可能实现的。但国际直接投资的发展实际并不是这样的，即发展中国家的对外直接投资在不断增加。从产品周期发展的过程上说，发达国家在国内失去优势的产品可以转向国外，但是，产品周期理论并没有考虑到发展中国家是否有可能接受这种转移，或者说，这种产品在发展中国家是否必然有市场。

最后，产品创新并不一定都必然发生在发达国家，发展中国家的产品创新也在日益增多。特别是在亚洲，为了实现产业高级化，各国、各地区已纷纷把力量投向研究与开发活动：或者是进行面向市场的产品研究与开发，或者是与外国企业联合研究，或者是加快将研究成果向产品转化。1970 年前后，亚洲各国和地区中几乎没有谁获得过专利，而到 1993 年，中国台湾获得的专利数量在世界已排名第 8 位，韩国上升到第 11 位，超过了一些欧洲国家和地区。此外，近十几年来，中国、印度、新加坡在世界获得专利的排名也有明显提高。这说明，这些国家和地区已经具有一定的技术开发能力，并培育出了一些世界性的企业。虽然发达国家仍占据高新技术产品开发的大本营，但这一态势也正在发生变化。如被产品周期理论认为的新产品最先发源地的美国，自 20 世纪 80 年代起，从发展中国家和地区进口的高新技术产品日益增多。1980—1984 年，美国向东亚国家和地区高新技术产品的出口增加了 41%，而进口却增加了 139%。1984 年，美国商务部出版的《美国 1984 年贸易情况和展望》报告认为："东亚的跨国公司正在快速地扩大其高新技术产品的出口，并日渐侵蚀由发达国家供给的世界出口份额。"①

① US Department of Commerce. U. S. Trade Performance and Outlook [R]. US Government Printing Office, 1984: 16-23.

从上述这些情况分析，弗农的产品周期理论本身及其时代局限性是显而易见的。尽管如此，从分析角度而言，该理论从产品分析着手来分析跨国公司对外投资的原因，应该说是独特而深入的。弗农的产品周期论也因而赢得了“开拓性”研究的称誉。在美国等地，对该理论的研究经久而不衰。从 20 世纪 70 年代至 20 世纪 90 年代初，针对弗农理论及现实发展中出现的新问题，克鲁格曼（Krugman）、詹森（Jensen）、瑟斯比（Thursby）、弗兰（Flam）、海普曼（Helpman）、格罗斯曼（Grossman）等大批经济学家仍在潜心研究，从不同的侧面提出了很多极具价值的观点。如在解释南方国家的高技术出口增加的原因分析上，1987 年，弗兰和海普曼建立了“产品质量差异静态的产品周期模型”①，认为对不同质量产品的需求源于不同消费者收入的不同，较高收入的消费者需要较高的产品质量水平。因此，当发达国家对高质量的产品进口需求增加时，发展中国家停止生产低质量的产品，并接受先前主要由发达国家进行的高质量产品的生产。瑟斯比则认为发展中国家的高技术产品出口增加在于南北国家“创新与模仿在以同步的速度发展”。还有一些经济学家则认为是在开发与创新方面“有选择的投资”所致，或者是新产品的研究开发在不同国家进行，各国包括发展中国家在产品制造的具体环节都有其优势，因而其出口上也有优势。

总体上，产品周期理论尚未过时。近年来的《美国经济评论》仍载文认为：当新兴工业化国家“最终接受发达国家的生产时，发达国家仍处于发展新产品生产的最前线”。南方“通过模仿”已有的质量水平可以进入北方市场；但通过发明更高质量的产品，北方企业仍可“抵制南方企业向本国的渗透”②。要说明的是，现今对产品周期理论的研究，不完全集中在说明外国直接投资问题上，其研究的目的、范围、影响日益具有广泛性、多侧面性，这也正是产品周期自提出起能长久引起重视的缘由所在。

（四）厂商增长理论

前面所述的垄断优势论、内部化理论、产品周期理论都是在垄断竞争理论的前提下发展起来的，而厂商增长理论则以一般化厂商理论为依据，是最早从厂商行为角度解释对外直接投资的理论。

该理论的思想始于彭罗斯发表于 1956 年的《对外投资与厂商增长》的论文③。彭罗斯在这篇论文中提出，对外直接投资活动是厂商经营规模扩张的一种表现，而这种扩张倾向是任何一种企业都具有的。但这种对外扩张很大程度上取决于厂商内部资源，如厂商内部管理经验、管理能力、技术诀窍、知识产权等。这些内部资源就是海默等人在垄断优势论中所指的厂商特有优势。但是，彭罗斯及后来对这一论点做出发展的学者的注意力并不在厂商对外投资所具有的垄断优势方面，而是强调厂商经营规模扩张的性质。彭罗斯虽提出了一些思想，但并没有建立起厂商行为的

---

① H FLAM, E HELPMEN. Verticle Product Differentiation and North Trade [J]. American Economic Review, 1987 (87): 810-822.

② AMY JOCELYN GLASS. Product Cycles and Market Penetration [J]. American Economic Review, 1997 (38): 885-886.

③ E. T. 彭罗斯. 对外投资与厂商增长 [J]. 经济学, 1956 (82): 991-999.

一般模式。以一般化厂商理论为依据的厂商增长论，实际上是在 20 世纪 60 年代以后提出的厂商增长最大化的新古典厂商理论基础上形成和发展起来的。

厂商增长最大化理论的提出者是马里斯、鲍莫尔和加尔布雷斯等人。增长最大化，是指厂商经理偏好扩大规模（以销售量或资产额衡量）而不是偏好增加净利润。在增长最大化状态时，厂商最优投资量超出利润最大化状态下边际利润等于边际成本的点。该理论主要基于如下假定：公司所有权与经营权相分离，厂商经理可以在相当独立的程度上做出决策，经理报酬与厂商规模增长的关系比与厂商利润的关系更为紧密。在上述假设前提下，厂商经理就会尽可能地扩大厂商规模，仅追求资本所有者要求的最低利润水平。假定厂商扩大规模的新增投资全部来源于过去投资的收益，则一定量的投资收益用于再投资的部分越多，股东红利部分就越小，从而厂商股票现期价格就越低。如图 2-9 所示：从 A 点到 B 点，厂商较快的投资扩张带来较高的红利和较高的股票价格，厂商扩张到 B 点时与股东收益一致；超过 B 点之后，投资扩张的增长率超过了股东收益的增长率，即厂商经理执行的扩张战略是以降低股东红利来实现的。

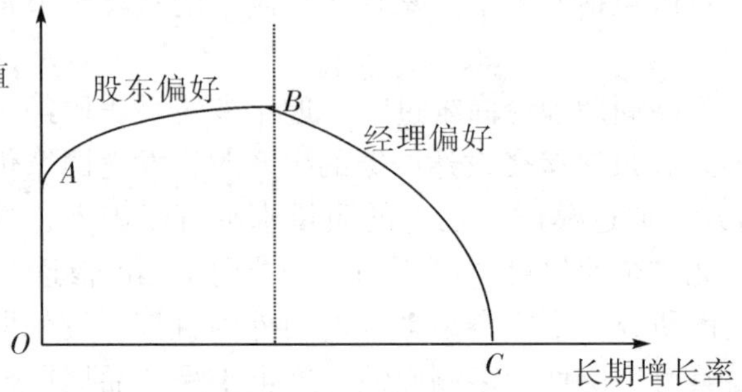

图 2-9　厂商股票现值与长期增长率相关关系

厂商增长论者认为，厂商增长最大化理论所描述的情况比较符合跨国企业的一些特点：厂商经理具有独立经营权。厂商倾向扩大国外市场销售额，赚取超额利润。所以，厂商增长理论可以作为解释厂商对外直接投资动机及跨国企业形成的理论依据。厂商增长理论提出，对外直接投资是厂商追求增长最大化的自然结果。增长最大化厂商的对外扩张一般要经历出口、许可生产、跨国企业三个阶段。这既是厂商追求增长最大化的内在要求，又是增长最大化厂商对外投资的战略体现。

厂商增长论所解释的是经理控制下的增长最大化厂商的对外直接投资，这种对外直接投资的形式与股东控制下的利润最大化厂商的情况有所不同，两者的主要不同点如图 2-10 所示：①在各个时点上，增长最大化厂商的销售量总是大于利润最大化厂商。②增长最大化厂商较早从出口转向直接投资。③从出口到直接投资的转折，增长最大化厂商不像利润最大化厂商那样等到市场扩大后才转向直接投资，而是在此点之前就已先行转为直接投资。

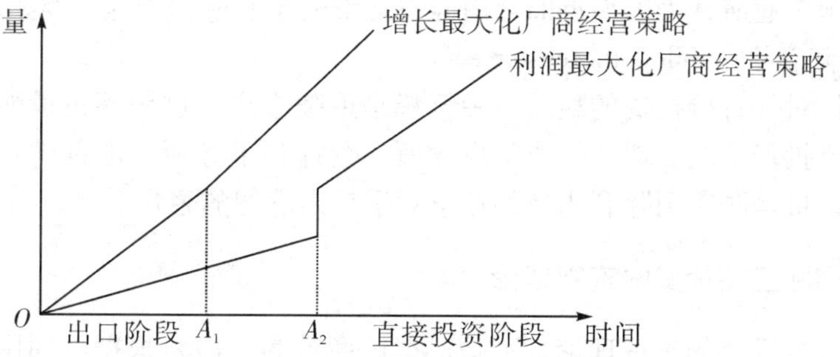

说明：A_1、A_2为从出口到直接投资的转折点

图 2-10　增长最大化厂商与利润最大化厂商的直接投资决策

（五）防御性对外直接投资理论（defensive FDI）

一些学者认为，跨国公司进行国际直接投资是从防御性的角度出发的，这种理论又包含几种有所区别的观点。

1. 追随领导者（follow the leader）

这一理论由尼克博士在 1973 年提出。他认为，在寡头垄断行业里，如果某一个企业从事对外直接投资，其他竞争对手为了保持自己在该行业中的原有状态，也会采取在同一市场从事防御性对外直接投资的对策。

尽管有些投资从会计的角度看是不合算的，但企业有时也会在竞争对手的国内市场从事防御性对外直接投资，其目的是瓜分竞争对手的市场占有比例，从而降低竞争对手的规模经济和竞争性。美国、欧洲和日本的汽车制造商在各自市场上开办企业就是从防御性方面考虑的。

防御性对外直接投资在原料行业比较常见。如为了实现对石油、锡、铜、橡胶、森林等资源的控制和防止这些资源落入竞争对手手中，企业常常从事防御性对外直接投资。

但尼克博士的理论没有解释领导者为什么会首先从事对外直接投资，而只是从事物的反面解释了对外直接投资。

2. 对市场的依赖（credibility）

防御性对外直接投资有时也产生于对某一销售市场的过分依赖。如美国市场是丹麦某一公司产品的主要出口基地，该公司就觉得有必要在美国从事直接投资。

3. 发展中求生存（growth to survive）

另一些学者认为，企业从事对外直接投资的原因是国内市场已经饱和，如进一步扩张将导致与其他垄断寡头的关系恶化，或政府将采取反垄断措施。通过对外投资兼并国外企业，企业可以在发展中求生存，因为进一步对外扩张可以扩大规模经济，提高财务管理水平。

4. 知识寻求者（knowledge seekers）

防御性对外投资理论的另一种解释是知识寻求者。根据这一理论，跨国企业从事对外直接投资的原因是想获取某一竞争性因素的优势，如改进管理、技术、产品和生产要素等。而这主要是通过兼并某一国外早已拥有这些优势的企业来实现的。

如一些跨国企业兼并美国靠近旧金山硅谷地带的企业就属于这一类型。

5. 追随客户（follow the customers）

防御性对外直接投资的最后一种解释是追随客户。这一理论最能反映服务行业的对外直接投资情况。银行、律师事务所、会计师事务所一般都随客户而走向国外市场。其动机是防止国际和当地的竞争对手拉走它们的客户。

四、国际直接投资的宏观理论

国际直接投资的宏观理论，不是根据厂商行为，而是根据不同国家的生产要素或生产环境差别，来对国际直接投资的起因做出解释。我们这里所说的宏观理论，是指 20 世纪 70 年代以后出现的新理论。上面所述的各种微观理论虽然指出了厂商特定优势在国际直接投资中的关键作用，却未能指出或辨明不同国家之间各类要素的差别对于引起国际直接投资所具有的重要意义。现代微观理论从微观层次上也不能充分说明国际直接投资过程，但为新宏观理论的产生奠定了基础。新的宏观理论以厂商垄断优势理论作为其微观基础，从宏观层次上解释国际直接投资，其中有代表性的是阿利伯的资本化率理论和小岛清的比较优势理论。

（一）资本化率理论

1970 年，美国芝加哥大学教授阿利伯在其《对外直接投资理论》一文中，提出了用不同国家的资本化率差异来解释国际投资活动的理论，即资本化率理论。资本化率是指使收益流量资本化的程度，用公式可表示为：

$$K=C/I$$

这里的 K 为资本化率，C 为资产价值，I 为资产收益流量。资本化率越高，表示可使同量收益流量形成较高价值的资产，也意味着资本预期收益的较快增长；反之，同量收益流量只能形成较低价值的资产，同时意味着资本预期收益的较慢增长。阿利伯注意的是由不同国家货币差别而不是由厂商融资能力差别所造成的资本化率差异，因而是一种宏观层次上的解释。

阿利伯认为，强币国的资本化率要高于弱币国。因此，跨国公司的对外直接投资是从强币国向弱币国流动的。这是因为在以投标形式购买东道国有收益资产的竞争条件下，资本化率高（强币国）的外国厂商由于具有相对较低的筹资成本而可以出较高的价格，因而通常由资本化率高的国家的厂商而不是东道国当地厂商接管现有产权。在这种直接投资的实现过程中，外国厂商是以较高的资本化率 K 将同量收益流量 I 资本化的。在这里，资本化率 K 的差异起着决定性作用。假定其他条件不变，强货币国家里具有较高资本化优势的厂商将向弱货币国家进行直接投资。

这里还需特别指出的是，资本化率理论认为强货币国家所有厂商与弱货币国家所有厂商相比，在股权资本成本上具有普遍优势的原理应基于这样的假定：国外子公司获得的收益应根据投资来源国（母国）的资本化率重新转化为投资资本，而不是以东道国的资本化率来确定。这一假定非常重要，它将问题限定在国家差别的层面上，注重的是国家差别特征而不是厂商差别特征。

阿利伯的资本化率理论是根据 20 世纪五六十年代美国的经济状况提出来的，在一定程度上能够解释美国当时大量向国外投资的原因。但这一理论有其局限性，如其对目前发达国家之间、发达国家与发展中国家之间的交叉性投资无法做出科学的解释。

（二）小岛清比较优势理论

1971 年，日本一桥大学教授小岛清①（Kiyoshi Kojima）发表了自称是“系统的”海外直接投资理论，提出了贸易导向型（日本的）和逆贸易导向型（美国的）对外直接投资理论，被称为“小岛清的海外直接投资理论”。此后，他在 1973—1983 年发表了一系列著作和论文，系统地阐述他的理论。

1. 小岛清理论

小岛清是在比较利益的基础上开始自己的研究的。小岛清认为，对外直接投资和国际贸易的综合理论可以建立在“比较利益（成本）原理”的基础上，因为：①贸易是按照既定的比较成本进行的，一国通过对比较优势产业实行专业化，并出口该种产品，同时缩小比较劣势产业，并进口该种产品以获得贸易利益。②对外直接投资创造出新的比较成本。因为按照小岛清的主张，投资国应从趋于比较劣势的边际产业②开始进行投资，这可以使东道国因缺少资本、技术、经营管理技能等而没有显现出来的潜在比较优势显现出来，从而扩大两国间的比较成本差距，为进行具有更大贸易利益的贸易创造条件。可见，无论是国际贸易还是对外直接投资，它们都以比较成本原则作为判断标准。

正是从比较成本原理出发，小岛清认为，美国式的对外直接投资由于是从最具比较优势产业（诸如汽车、电子计算机、化学产品等）进行的，因而产生了极为严重的后果：①比较优势产业是经济发展的推动力量，这些产业可能通过出口贸易的发展获得高额利润，占领广阔的国外市场，从而有利于国际收支状况，有利于增加就业，有利于产业结构的优化。但是，美国却过早地把这些产业普及到国外，从而引起国际收支逆差扩大，就业困难，产业、产品结构退化等一系列问题，美国经济出现“空心化”现象，逐渐丧失世界经济霸权地位。②从比较优势产业开始进行对外直接投资，不符合东道国特别是大多数发展中国家循序渐进地发展经济的要求，而且许多跨国公司为了攫取巨额垄断利润，并不实行技术转让。小岛清认为，美国式的对外投资纯粹是为获取垄断利润服务的，并不能节省资源，对社会并没有益处。而且从最具优势的产业开始对外投资，只是替代了本来可通过贸易实现的利益，这种做法加剧了美国的国际收支逆差，减少了就业机会，老化了产业结构，后果十分严重。因此，美国式的对外直接投资，是违背国际分工的基本原则的，是属于替代贸易的，它既不利于投资国本身，也会受到东道国的限制甚至憎恨。

---

① KIYOSHI KOJIMA. Direct Foreign Investment：A Japanese Model of Multinational Business Operation［M］. Published By Holt Rinehart & Winston，1978.

② 小岛清比较优势论的核心是：对外直接投资应该从本国已经处于或即将处于比较劣势的产业即边际产业开始，并依次进行。所谓边际产业，不仅包括已趋于比较劣势的劳动力密集部门，还可包括某些行业中装配或生产特定部件的劳动力密集的生产过程或部门。他认为国际贸易是按既定的比较成本进行的，而对外直接投资由于按照从趋于比较劣势的行业开始的原则，因此可以扩大投资国与东道国的比较成本差距，使两类国家在直接投资中都受益，形成新的互补格局。

与美国式的直接投资相反，小岛清认为，日本对外直接投资对于资本输出国和输入国的比较成本给予了同等程度的重视。这样可使从比较劣势的边际产业开始进行的对外直接投资可以补充、创造和扩大贸易，而不是替代贸易，而且在于能够比美国式对外投资更为有效地实现母国与东道国之间的合作及双方产业结构的优化。因此，以发达国家的劣势产业向发展中国家的优势产业投资，其转让的技术更适合于东道国的吸收、采用，而母国则能够进一步加强优势产业。这对投资国和投资接受国都能产生比较利益。另外，小岛清还认为，“比较劣势的边际产业”这个概念可以扩大，因为同在一个比较劣势产业中，还有相对来说更为比较劣势的企业、部门。据此，小岛清认为，日本的中小企业与大企业相比一般更趋于比较劣势，但它们与东道国的技术等方面的差距较小，因而他主张，在日本式对外直接投资中，中小企业的对外投资应走在了前面，对外投资应在投资国和接受投资国之间从技术差距最小的产业集资进行移植；同时，应将技术差距较小的投资国的中小企业作为这种移植的承担者。

小岛清认为，根据比较成本的尺度来估量，投资者对东道国具有相对优势地位的产业部门（对投资者来说则是在国内处于相对劣势的产业部门）进行投资，向东道国转移自己的经营资源，那么，由于东道国的生产得以改善，与投资国在这一部门生产的比较成本的差距就会拉大，从而可以创造出更多的贸易机会。这就是小岛清贸易导向型的海外直接投资的基本思想。其意义在于，投资国通过在海外建立这种类型的生产线，以廉价的成本生产产品，然后向本国或部分地向第三国市场销售这种产品，从而满足投资国产业发展的资源（原材料、半成品）的需要。与此相反，如果把在本国具有相对优势的产业也可以说是主要出口产业通过直接投资转移到东道国相对劣势的产业部门，那么，东道国该产业的生产效率会得到改善，其进口产业的生产率得以提高，与原投资国的出口产品的比较成本的差距缩小。由于投资国的出口减少也就是东道国的进口减少了，于是，投资国的直接投资起到了出口替代的作用，这就是逆贸易导向型的对外直接投资。

小岛清比较了贸易和逆贸易导向型的直接投资。就贸易导向的投资来说，以日本对韩国投资为例，最初面向的是以纺织和日用品等为主的劳动密集型的中小企业，此后逐步向重化工业如钢铁、化工等资本较为密集的中间产品的生产转移，最后进入汽车、电器和电子等大企业。因此他认为，这种投资可促进东道国的产业走向高级化，并向比较优势的地位转变，从而为双方创造了更多的贸易机会。就逆贸易导向的投资来说，以日本对美国的直接投资为例，是按照如下顺序进行的：开始主要是纺织行业，进而是钢铁、机床行业，此后进一步打入汽车、电子产品部门。这些产业在不同的时期，日本有相对的优势，本来可以以低价格出口产品，选择直接投资的目的在于克服贸易壁垒，在成本更高的美国进行生产，这就是所谓的逆贸易导向，替代了出口。由于生产从成本低的日本转到了生产成本较高的美国进行，结果两国都浪费了资源，使美国消费者受到了产品高价格的损害，对两国均产生了不理想的宏观经济效果。由此，小岛清断言，欧美的对外直接投资是“不理想的”，日本也存在类似的逆贸易导向型的直接投资，但这种投资可以为跨国公司带来最大利润从而得到肯定。西方经济学家如弗农、海默、邓宁等人也认为这种投资是完全正当的。

可以看出，小岛清理论所阐述的是某些发达国家对发展中国家的、以垂直分工为基础的国际直接投资。这种以资源导向型、劳动力导向型为主的投资对发展中国家的长期技术进步及贸易发展是不利的，具有维护现有国际秩序的一面。但在相当一段时间内，这一理论仍将在国际经济生活中广泛存在。

2. 小岛清理论与实际

20 世纪 50 年代，日本在第二次世界大战中推行侵略战争造成的经济崩溃逐步得到恢复振兴和发展。作为一个资源穷国（主要能源、资源几乎全部依赖进口），日本实行了贸易立国的发展战略，主要发展重工业和化学工业，进口原材料，产品向亚洲国家和地区出口。从 20 世纪 50 年代中期开始，除马来西亚和菲律宾外，日本对其他东南亚国家的贸易均为顺差。贸易盈余的扩大逐步增强了日本刚刚起步的对外直接投资的能力。到 20 世纪 60 年代中期，日本海外投资集中在三个地区：对美国的投资，以帮助打通日本输美产品的市场通道；在亚洲，日本逐步成为重要的投资力量，不断增加对东南亚的资源开发项目的投资，以满足国内工业发展的需要，并作为向这一地区出口机器设备的手段；在拉美和亚洲其他地方（中国除外），对实行替代战略的国家进行直接投资，以逐步占领当地市场。日本经济学家在广泛研究西方国际直接投资理论的基础上，以本国海外投资的实际状况为依据，提出了自己的研究成果，这些研究成果与日本海外投资的迅速发展是密切相关的。

从 20 世纪 50 年代初期至 20 世纪 70 年代初，是日本经济发展的繁荣时期。适应经济快速发展的需要，日本对外直接投资是贸易导向型的，通过这种投资来满足国内产业发展所需。这一事实与小岛清的理论基本上是吻合的。一方面，日本需要在海外开发本国短缺的石油、煤炭、矿石等原材料，然后进口，以满足国内所需；另一方面，由于国内经济高速发展，劳动力短缺，工资成本上升，一些劳动密集型的生产部门如纤维工业也加快向相对劣势产业的地位转变，这样，这些产业自然而然地通过直接投资转移到了其他欠发达的国家和地区。

20 世纪 70 年代初发生的世界石油危机，标志着世界廉价能源时代的结束，使得靠大投入、高消耗、大批量生产的企业的进一步发展受到限制。节约资源、提高效益具有更紧迫的意义。自此，日本加快了向“技术立国”的经济发展战略的转变，国内产业结构调整加快，产品更新换代周期缩短，直接促使日本海外直接投资走向高级化和多样化。这种形势使小岛清理论难以自圆其说，甚至被认为是一种“过时的”理论。因为，资源开发型和劳动密集型的海外直接投资是 20 世纪 70 年代前后日本的一个特有现象，随着时间的推移，日本对外投资也加快了向资本和技术密集型产业转变，对发达国家的投资也在增加。

从经济、社会意义上而言，小岛清之后，日本经济学家赤松要①提出了“雁行发展模式”，并被广泛用来解释处于不同发展阶段的国际劳动分工。由于日本与东

① 赤松要根据产品生命周期理论提出了产业发展的“雁行发展模式”。

南亚国家或地区都处于亚太边缘地带，地理空间上相近，文化政治因素基本类似，因此，他所描绘的主要是日本、亚洲“四小龙”和东盟之间的国际分工格局。该理论指出，处于较高发展阶段的国家和地区所具有的相对优势不断地转向低发展阶段的国家和地区，这是因为：前者由于劳动密集型和技术陈旧工业的单位劳动力成本上升，这些产业逐步失去竞争力，或者为了实现产业升级，需要将这些产业转向其他国家和地区。显然，在某种意义上，“雁行发展模式”可以看成小岛清理论的延伸或发展。

小岛清关于日本海外直接投资的理论揭示了日本海外投资的发展逻辑，但是其局限也是十分明显的。他所解释的是日本式的对外投资，所强调的对外直接投资，只是日本在贸易上或在国内发展上处于相对劣势的产业，即把劳动密集型产业和资源型产业转移到发展中国家。他在引用日本另一位经济学家小泽的观点时也承认了这一点，即日本向发展中国家的技术出口不同于日本对发达国家的投资，后者伴随有较多的专利、较高的技术。日本“向亚洲发展中国家的技术转移则是非资本密集型的即更多的是劳动密集型的”①。在实际过程中，日本确实是通过对外直接投资方式实现国内产业升级的，而且，转移一些耗能高、污染大、产出效益低的例子也是不鲜见的。这从一个侧面也揭示了日本海外投资与其他跨国公司或者外国直接投资者力图在世界市场竞争中保住自己的优势一样，并且与很多跨国公司不情愿转移较高生产技术的本质意图是一脉相承的，其局限性也是十分明显的。

五、国际直接投资综合理论的进展

国际直接投资理论的各种不同学说是分别在产业组织理论和国际贸易理论这两个不同理论框架下发展起来的。这两个流派的理论出发点不同，关注的重点不同，产业组织理论强调微观层次上厂商行为及市场结构的决定作用，轻视国家要素禀赋差别的作用；而国际贸易理论则强调在宏观层次上国家要素禀赋差别对国际直接投资发生的决定作用，并认为依据产业组织理论所做的解释不能反映厂商进行国际经济活动所具有的不同于国内经济活动的特殊性质。针对这种两派理论各执一说的情况，许多学者开始将它们综合起来进行研究，以建立一种一般性的国际直接投资理论框架。

20 世纪 60 年代初以来，一方面出现了新要素理论、新技术理论、规模经济论等国际贸易新理论，打破了传统国际贸易理论中生产要素不能跨国流动的假设前提；另一方面则出现了以垄断优势论为代表的国际直接投资理论。到 20 世纪 70 年代初，开始出现了这两种理论融合的趋势，许多学者在这方面进行了卓有成效的研究。如戈登根据新要素论及与厂商拥有特定资产有关的新技术要素论解释厂商国际直接投资的区位决定原因②；霍斯特选取厂商经济活动规模作为关键变量，既解释国际贸易又解释直接投资③；马吉用厂商追求非生产利润（租金）的动机来解释国际贸易

① KIYOSHI KOJIMA. Direct Foreign Investment [M]. London: Croon Helm, 1978: 137.

② W. M. 戈登. 生产理论 [M]. 伦敦：牛津大学出版社，1972.

③ T. 霍斯特. 对外投资决策的企业和产业决定因素 [J]. 经济学和统计学评论，1972 (54)：113-116.

和直接投资[①]；巴克莱和卡森认为直接投资的发生，一是由于区位优势的吸引，二是因为产权知识市场失效，主张将国际贸易论和产业组织理论结合起来解释直接投资。[②]

在所有进行理论综合工作的学者中，里丁大学经济学教授邓宁（J. H. Dunning）是最早开始并始终不断地致力于这方面研究的学者。1958 年邓宁出版了他的第一部研究投资问题的著作《美国对英国制造业的投资》。20 世纪 70 年代邓宁的研究达到高潮，成果颇丰，专著达十多本。其中，1971 年的《跨国公司》、1973 年的《国际生产的决定因素》、1974 年的《经济分析与跨国企业》、1977 年的《贸易、经济活动的区位和跨国企业：一种折中主义方法的探索》[③] 和《国际生产折中理论的实证研究》等引起了理论界的重视。邓宁教授广泛吸收国际直接投资和跨国公司研究专家的观点，如巴克莱（P. J. Buckley）的内部化理论、霍斯特（T. Horst）对区位的分析和金德尔伯格的垄断优势理论等，“折中”确实体现了他的研究及其理论特色。在此基础上，他提出了关于跨国公司海外投资的理论，即“生产折中理论”，亦称“邓宁模式”。

1. 邓宁的理论模式

邓宁试图综合市场结构与市场的不完全性学说，从而寻求一个普遍适用的理论架构，对跨国公司及外国直接投资现象做出全新的解释。他研究得出的结论是：一国企业从事国际直接投资，主要是由三个基本因素（优势要素）决定的，即所有权优势、内部化优势和区位优势，这就是他的“所有权、内部化和区位”理论模式。

（1）所有权优势。

所有权优势主要指一国的企业能够拥有或获得对外投资的资产及其所有权。这是其他国家的企业无法拥有或得到的。它既包括有形资产，如对原材料产地的垄断，拥有某种经营和生产技能的劳动力等，也包括无形资产，如某种特殊的生产专利或技术，组织、经营管理经验（技巧）、商标商誉和在金融市场上的筹资地位，等等。所有权优势在邓宁的几篇论文中定义不尽相同，但可归纳为两类：一是独占无形资产的优势，这也是能通过市场转让的优势；二是规模经济优势，它是不能通过市场转让的优势。具体来看，所有权优势主要包括：①技术优势。从广义而言，它包括生产技术诀窍、管理组织技术、销售技巧、研究与开发能力等。但邓宁指出，技术优势中一个不可忽视的方面，就是当产品标准化时，生产差别产品的能力。②企业规模优势。它存在于两个方面：首先，企业规模越大，承担研究与开发成本的能力越强，从而有利于创新；其次，规模越大，越能在国内和国外市场上获得规模经济优势。③组织管理优势。公司越大，吸引的优秀管理人才越多，企业的组织、管理等搞得越好。而且，一些在小企业中无法充分施展才华的高度专业化的管理人才，在国际企业中能得到充分使用。④财务融资优势。大公司往往具有较高的国际知名

---

① G. P. 马吉. 信息和跨国公司：对外直接投资的报偿理论［M］//巴格瓦蒂. 国际经济秩序. 马萨诸塞州，坎布里奇：麻省理工学院出版社，1977.

② P. J. 巴克利. 跨国企业的未来［M］. 伦敦：麦克米兰出版公司，1976.

③ J. H. 邓宁. 贸易、经济活动的区位和跨国企业：一种折中主义方法的探索［M］. 伦敦：麦克米兰出版公司，1977.

度，它们不仅资金来源渠道多，而且能以比小企业低得多的成本获得融资。

邓宁认为，所有权优势只是进行直接投资的必要条件而非充分条件，因为这种优势的开拓可以采取先在国内生产然后出口或转移技术的方法，而并非一定要依赖于直接投资。于是邓宁把内部化优势加到所有权优势之中。

（2）内部化优势。

内部化优势主要指跨国公司对外直接投资时，将特定优势（其资产及各种所有权）加以内部使用而带来的优势。对内部化问题的研究形成了一种关于直接投资的理论主张。前面说过，早在1937年，科斯（R. H. Coase）就提出了“科斯定理”，认为由于外部市场的不完全性，会提高产品交易的成本，迫使企业从事企业内部交易。巴克莱和卡森后来对此做进一步研究，系统地提出了跨国企业的“内部化理论”，认为在不完全竞争的市场条件下，特别是生产分工不断深化、企业的中间产品不完全时，会促使企业对外投资以建立企业的内部供需市场，从而替代外部市场。当这种内部化行为越过国界时，就形成了跨国公司，这种投资即对外直接投资。邓宁把市场的不完全分为三类：①结构性市场不完全，指竞争壁垒、交易成本过高等。②知识性市场不完全，指无形产品转让中信息成本太高等。③政策性市场不完全，指有时存在政府干预措施而导致的市场机制非完全竞争性。邓宁指出，克服市场失效的内部化能力的强弱对于跨国企业的国际能力强弱具有至关重要的作用。

跨国企业可以通过对外投资而将其优势转移给外国公司，也可以直接通过市场交易这种外部形式转移给外国公司。但市场交易有很多不确定性，如增加转让成本、合同执行的变化等。因而，通过内部化转移所取得的利益要大于市场交易之所得。之所以有这种利益上的差距，在于内部化可以把不完全性的外部市场置于企业可操控的范围，增强了企业控制和计划生产的能力，特别是便于协调关键要素投入的流动，它可以通过企业内部非歧视性的定价政策充分利用市场力量，避免双边市场不相关联而产生的干扰，避免在知识产权转移过程中由于采取其他替代形式而出现的不确定性，避免可能出现的政府对关键要素转移的干预等。

内部化的条件包括：签订和执行合同需较高的费用、买者对技术出售价值的不确定性、需要控制产品的使用。如果以上这些条件存在，企业将通过内部市场使用其特有优势，而不是向其他国家企业出售其特有优势。因此，内部化优势决定了跨国公司开展对外直接投资的有利条件，而且这种投资可以取得相对较大的利益。所谓内部化优势，是指跨国企业能够而且愿意建立公司内部市场以取代原来固定的外部市场，从而降低交易成本，实现最大化利润。不过可以看出，内部化的目的也只是为了保持和扩展垄断优势，把这两组优势结合起来仍然无法解释直接投资动因。因此，邓宁引入了一组区位因素，称为区位特定优势。

（3）区位优势。

区位优势主要指东道国不可或不易流动的要素禀赋优势以及东道国政府的鼓励或限制政策。区位优势会导致企业产品投入的要素价格的差异。邓宁认为，区位因素制约着跨国公司对外直接投资的选址及其国际生产布局。区位特定优势构成对外直接投资的充分条件。区位因素主要包括：①劳动力成本。劳动力成本在各国间差异很大，对外投资应选择在同等技术水平下，劳动力成本最低的区位，特别是当产品生命周期已到达标准化阶段时。②市场需求。如果东道国市场容量大并且发展较快，那么对直接投资的吸引力也大。③关税与非关税壁垒。关税与非关税壁垒的高低会影响跨国公司在直接投资和出口之间的选择。④政府政策。很显然，如果东道国故意运用关税与配额的方法，或对外资征收较低的税、允许红利汇回等政策，将鼓励和吸引外国直接投资。

对于跨国公司来说，区位优势被认为具有特殊的重要性。如资源优势可诱发垂直性的外国直接投资；廉价的劳动力优势会吸引跨国公司转移生产线；东道国对市场的保护将导致外国投资者到当地生产以绕过关税壁垒。而且，国家之间关税的降低甚至取消也可能改变跨国企业的市场营销决策，调整跨国公司经营活动的区位安排。再者，对投资者来说，地理位置的远近导致运输成本的不同，在东道国或离东道国较近的地方生产可以节省运输费用，降低产品成本，从而相对地提高了产品的竞争力。

邓宁模式中的三个因素各有各的重要性，又相互结合形成企业对外经营的整体优势。所有权优势是基础，是企业对生产投入的必要条件；内部化是实现这种优势的载体，所有权优势越大，实现内部化的可能性也就越大；区位优势是实现上述两个优势的充分条件。只具备所有权优势和内部化优势而不具备区位优势时，厂商选择出口；如果只具备所有权优势，既没有能力使之内部化，也不能利用国外区位优势，那就只能采取许可经营的方式；只有当三个条件同时具备时，厂商才有可能进行直接投资。邓宁在1981年出版的《国际生产和国际企业》一书中列表做了说明：只有当三种优势都具备时，才能从事有利的对外直接投资；如果只有前两项优势而无区位优势，则缺乏有利的投资场所，因而只能在国内利用优势进行生产然后出口；如果仅有前一项优势，则只能采用技术转移的方法。上述三位一体的表述被称为“OIL范例”。

2. 邓宁的投资发展周期论

对特定国家而言，它可以同时充当直接投资的输出国和输入国，然后通过输出规模和输入规模的相互抵消而最终确定其在国际直接投资中的地位：是净输出国还是净输入国。进而需要解释的问题是：一个国家在国际直接投资中所处的地位从动态上看是不是不断变化的？这种动态演变有无规律可循？什么决定了其动态演变？又是邓宁在20世纪80年代提出了投资发展周期论，依托经济发展水平，为各国参与国际直接投资划分出了若干阶段。

根据投资发展周期论，从一个国家整体来看，企业拥有的优势与一国经济发展水平具有密切关系，因此，对外直接投资作为资本输出，和资本输入一道，与本国经济发展水平相伴随，就呈现出阶段性特征。具体说来，随着经济的发展，人均GDP水平提高，一国的净对外直接投资（直接投资输出减直接投资输入之差）具有周期性规律，其间将经历四个阶段：

第一阶段：较少接受直接投资，也没有对外投资，净对外投资为零或负数。这时，企业没有所有权和内部化优势，该国也不具备区位优势。此阶段的人均GDP不超过 400 美元，为最不发达国家。

第二阶段：随着经济发展，吸收外资增加，但对外直接投资仍然为零或很少，净对外投资额为负数，并且随 GDP 的提高而日益扩大。处在这一阶段的国家，企业还未建立起可靠的所有权优势和内部化优势，但随着该国基础设施的改进以及经济结构和政府外资政策的调整，区位优势有所增加。大多数发展中国家处于这一阶段。

第三阶段：随着经济发展水平的进一步提高，资本流出逐渐快于资本流入，净对外直接投资额仍为负数，但数额日渐缩小。在此阶段，本国企业的所有权优势和内部化优势日益上升，竞争力大为增强，而外国子公司的所有权优势下降。发达国家的对外直接投资着眼于东道国的自然资源和廉价劳动力，发展中国家的对外直接投资则着眼于东道国的先进技术。无论是发达国家还是发展中国家的对外直接投资，都反映了东道国的比较优势和母国比较优势的结合。大多数新兴工业化国家处于这一阶段。

第四阶段：伴随着经济发展达到较高水平，资本流出超过资本流入，该国已成为净对外投资国，净对外直接投资大于零且不断扩大。这反映了本国企业强大的所有权和内部化优势。一些发达国家处于这个阶段。

1988 年，邓宁又提出第五个阶段。此阶段的净对外直接投资额仍然大于零，但绝对值已经开始下降。与前四个阶段相比，第五个阶段受经济发展阶段的影响程度大大减弱，而更多地取决于发达国家之间的交叉投资。

由此可以看出，邓宁的投资周期理论是从宏观角度对一个国家直接投资与经济发展之间关系所做出的理论假设。

3. 简要评价

邓宁的“国际生产折中理论”，是在吸收过去国际贸易和投资理论精髓的基础上提出来的，使国际投资研究向比较全面和综合的方向发展，其折中理论被认为是迄今为止最完备的、被人们最广泛接受的一个国际生产模式。其实，瑞典的隆德格林（1975 年）和英国的赫区（1976 年）都分别在各自的论文中提倡过折中之说。邓宁选用“折中”一词，旨在集各家之长，真正地建立一个“通论”。为此，他不仅沿用了西方经济学中的厂商理论、区位理论和产业组织理论等，而且还吸收了国际经济学中的各派思潮，包括海默以后诸人的思想，以及俄林的要素禀赋论。正如邓宁指导的博士生克莱格所说的，邓宁旨在“创建一个关于国际贸易、对外直接投资和国际协议安排三者统一的理论”[①]。邓宁的理论既肯定了绝对优势对国际直接投资的作用，也强调了诱发国际直接投资的相对优势，一定程度上弥补了在解释发展中国家对外直接投资理论上的不足。如把区位优势引入这一理论，对“跨国公司面临的成本选择产生了影响，也解释了跨国公司国际扩张的动机”[②]。邓宁理论中的“三个优势”理论，又吸引了同时代和此后的学者做进一步研究，如巴克莱、卡森、马奇和鲁格曼等，对三者之间的关系和影响做了深入的研究，促使原本相对独立的理论和“内部化理论”及“区位理论”的研究进一步深入。这些研究更加详尽地论

① J. 克莱格. 跨国企业和世界竞争［M］. 伦敦：麦克米兰出版公司，1987：22.

② PETER J BUCKLEY，M Z BOOK. International Business Studies［M］. London：Blackwell，1992：65.

述了某一优势，从而进一步丰富了国际直接投资的理论内容，常被广泛用来分析当代国际直接投资的动因与行为。

像任何一个理论主张一样，邓宁的“国际生产折中论”提出来以后，也有不少批评者。艾德伍德·陈指出：“这在某种意义上并非什么理论，因为尽管它的解释能力很强，但这种能力仅仅是由于它几乎囊括了其他各种直接投资理论。就此而言，折中理论不过是其他多种理论借以发展的一个结构。”① 邓宁在里丁大学的同事巴克利和卡森也评论道：“有几种理论可列为通论的候选者，其中邓宁建立在 OIL 范例上的折中理论便是其中之一。但它仍有若干未解决的问题：一是对这三类优势（要素）的相互关系及其在实践过程中的发展没有交代清楚，要素分类体系缺乏动态的内容；二是把所有权优势分离出来单独存在是否恰当，令人怀疑，而且这在逻辑上是多余的。”② 因为在他们看来，内部化理论中提出的行业、国别、地区和企业四类特定因素已足以解释一切了。

从邓宁的理论论述来看确实也存在一些不足。如资产转移形式方面，内部化和外部化的界限并不分明。由于各国生产的国际分工加强，专业化程度提高，跨国公司的网络布满全球各个角落，当代的国际贸易大部分是跨国公司内部的贸易，也是通过市场交易进行的，能简单来说这就是内部化或者是外部转移吗？邓宁的理论可以解释发展中国家的一些直接投资的动机和具有的优势，但这些国家内部化的载体是不如发达国家明显的，因此，这种解释尚有模糊不清之处。同时，投资发展周期论假设是否能够有效地解释现实过程，也需要由实证分析予以检验。

尽管如此，邓宁的理论应该说从一个侧面反映了当今国际直接投资理论的最新研究成果，还是比较贴近现实的，他和其他学者还在不断修正该理论以求完善之。

以上我们对比较有代表性的国际直接投资理论进行了介绍，他们从不同的侧面探讨了影响国际直接投资决策的各种因素。在实际经济活动中，我们并不一定能把具体的国际直接投资行为归于哪一类，而往往是多种因素在影响着国际直接投资的战略决策。

➤➤➤核心知识点小结

伴随着国际投资的产生和发展，用以解释和指导国际投资活动的国际投资理论亦经历着相应的发展和演变。

马克思、列宁关于剩余资本是资本输出的基础的论述，是马克思、列宁经济学关于世界经济学的核心部分，也是研究当代资本输出或国际投资问题的重要依据。

国际间接投资是以国际债券、股票等国际证券为投资标的而进行的一种国际投资行为，有一些人常常认为国际间接投资理论也就是国际证券投资理论。

传统的国际资本流动理论是一种传统的国际投资理论，产生于第二次世界大战后国际直接投资大规模发展之前，以证券投资为主要研究对象。资本国际流动的一

---

① 艾德伍德·陈. 跨国公司、技术和就业［M］. 伦敦：麦克米兰出版公司，1983：32.

② P. J. 巴克利，M. C. 卡森. 跨国企业的经济理论［M］. 伦敦：麦克米兰出版公司，1985：18.

般模型又称麦克杜格尔模型，用于描述在完全竞争条件下资本国际流动的机制。在完全竞争条件下，资本国际流动的主要原因就是资本收益率的国际差异；从国际证券投资的角度看，古典学者认为，国际证券投资的起因是各国之间存在的利率差异。

现代国际间接投资理论是在20世纪80年代以来随着国际证券投资活动的迅猛扩张而产生和发展起来的，其理论源于现代西方证券投资理论，是现代西方证券投资理论在国际投资领域的延伸与拓展。证券投资者的投资目标简单来说就是如何以最小的风险获得最大的收益。为达到这一目标，就涉及证券投资组合的问题。很多证券投资者都奉行“不要把所有的鸡蛋都放在一个篮子里”的格言，并按此进行投资组合，以降低风险、获取收益，但在这一经验格言基础上发展起来的早期证券投资理论却具有机械性和过分定性化的特点，不能很好地指导投资者进行操作。

马柯维茨的证券组合理论主要解释了投资者如何衡量不同的证券投资风险，证券投资组合的风险与收益存在什么关系、怎样使风险分散化，重点解决投资风险存在条件下的投资决策问题。马柯维茨将证券投资的决策过程分为三个相互分离的阶段，即证券分析、证券组合分析和证券组合选择。

证券分析主要是对单一证券的风险、收益及证券与证券之间的相关性进行分析。一般而言，证券投资者最关心的问题就是证券预期收益与预期风险的关系。证券收益包括两部分：一是证券买卖的差价，二是债息或股利。如果投资者要预测某种证券的未来收益，只需将该种证券的收益估值乘以不同状态下的发生概率，加总后所得出的结果便是预期收益；投资者一旦确定了各种证券的预期收益和标准差以及各种证券收益之间的相关性，就可以进一步计算出每一个证券组合的预期收益和标准差；通过证券组合分析，人们可以在一个可能的收益和风险范围内，对若干已确认可以投资的证券，通过调整各种证券的购买比例来建立不同的证券组合。

马柯维茨认为在可行集提供的证券组合的所有可能方案中，投资者通过有效集定理可以找到有效集。有效集定理可以表述为一个理性的投资者所挑选的证券投资组合一定是以下两类组合之一：一是在各种风险水平条件下，提供最大预期收益率的组合；二是在各种预期收益水平下，承担最小风险的组合。

在马柯维茨模型的运用过程中，当组合所涉及的证券数目较多时，在求解度量风险程度的方差时会要求大量复杂的计算，从而限制了它在实务操作中的应用。因此，后来有人对它进行了简化，提出了指数模型——包括单指数模型和多指数模型。

由于大部分证券的价格变动与整个市场指数变动之间显示出一定的正相关关系，因而单指数模型认为，证券的收益率 r_j 与市场指数的收益率 r_m 之间存在一定的线性关系；在单指数模型中，一个重要的假设前提是除市场整体风险外的其他风险都是不相关的，而实际上这是不确切的，因为许多因素所能影响的都不止一种证券。对此，有人又提出了“多指数模型”对单数模型加以修正，其核心思想为：对原单指数模型的剩余差部分进行分析，从中剔出那些能影响多种证券的风险因素，使最终获得的剩余差尽量达到互不相关。一般说来，选用的除市场指数外的其他指数的种类越多，组合中各证券的剩余差之间的相关性便越小，模型也就越为精确。

资本资产定价理论模型（capital asset pricing model，CAPM）是在马柯维茨理论的基础上，着重描述了证券组合的预期收益和预期风险之间的关系，对证券均衡价格的确定做出了系统性的解释。这一理论模型不仅适用于金融投资，也可指导实业资本投资，因此成为现代金融投资理论的核心。

证券市场线说明了所有证券和投资组合在不同的β值时有着相应的合适预期报酬的均衡关系。

套期定价理论不需要那样严格的假定条件就能分析多因素影响的证券均衡价格问题，因此，这种理论更具一般性。APT 理论建立在一物一价法则的基础上，在一个竞争充分的市场上，相同的产品一定会以相同的价格出售。这种法则同样适用于更加复杂的资本市场。一切相同的证券都应提供相同的收益率。如果同样的证券价格不同，那么套期者就会买进价格低的证券，卖出价格高的证券，迫使价格过高的证券下跌，套期者将不断进行这种活动，直到同样的证券提供同样的收益率为止。如果说资产定价模型着重解决的是个别证券的市场均衡问题，那么，罗斯的套期定价模型则要回答在更一般和更复杂的市场条件下证券价格的形成过程。

罗斯套期定价模型的假设条件为：①市场上存在无穷多种证券；②影响证券收益率的市场因素F的数量是有限的，证券组合高度多样化；③市场抛空交易不受限制；④投资者为风险厌恶型，预期收益率不一定均匀。

国际证券投资理论认为：通过投资于不同国家的证券，建立国际证券组合，能够在相同的风险水平下获得比单纯的国内证券组合更高的收益率；国际证券组合投资理论遵循的依然是“分散投资、降低风险”的原则。由于各国的经济发展状况、金融法规政策、社会文化环境等多种因素方面都存在着差异性，各国证券市场指数之间是不可能完全相关的，即其波动是不同步的。

国际直接投资的理论分析，是在战后西方经济学界关于跨国公司和国际直接投资的各种理论中集中阐述的。西方经济学的古典的（传统的）国际贸易理论是以生产要素在国际不能直接流动为假设前提的；并且假定市场上存在着完全的竞争而不存在垄断和寡头垄断，交易双方随时可以获得有关国际贸易的完全信息；因而，国际经济交往的基本形式是商品的国际贸易，即生产要素借助于商品国际贸易而发生间接的流动。这种基本假设并不符合社会化大生产条件下的国际经济交往的现实，更不能解释战后出现的国际经济一体化和跨国公司的产生、发展以及国际直接投资的迅猛增长。虽然不少经济学家正视当代社会经济发展的现实而对国际贸易理论做了大量的理论工作使之更具现实意义，但其努力的基本目的是要使传统的国际贸易理论更具有灵活性和对现实的适应性，而不是从修改其基本的假设前提出发去建立一套新的理论体系以说明跨国公司和国际直接投资的产生和发展；与此同时，则有一批经济学家另起炉灶，从批判传统的国际贸易理论着手，系统地研究跨国公司对外扩张、进行国际投资的决定因素，使国际直接投资理论成为独立的理论体系。这一理论体系中又包含了各种从不同角度进行探讨的理论模型。本章简要介绍了西方有关跨国公司和国际直接投资的主要的、有代表性的理论流派。

国际直接投资作为国际上的一个经济、金融现象，从其出现起至今，对各国经济的发展，对世界经济的全球化和一体化已经和正在产生着重要的影响。

纳克斯是把国际直接投资作为国际资本流动来研究的，他使用的完全是国际资本流动的分析范畴，而他所分析的产业资本跨国移动，实际上就是我们后来所称的国际直接投资。

20世纪60年代初产生了从厂商寡占行为角度来解释国际直接投资发生机理的新理论。由于这种新理论强调了直接投资过程中的经营控制问题，将直接投资与间接投资明确区分开来，直接投资理论才开始作为国际经济学研究领域中一支独立的理论分支发展起来。国际直接投资理论研究也从过去主要侧重国际资本流动的宏观角度转到了投资厂商行为及市场结构运行的微观角度，正如金德尔伯格所言，“直接投资与其说属于国际资本流动理论不如说属于产业组织理论”。新理论采用更接近现实的不完全竞争假定，即市场的不完全性、寡占者相互依赖关系及厂商垄断优势，并以此为基础，发展出了对直接投资的各种不同的解释

所谓垄断优势是指大企业特有的优势，例如专有技术、管理经验、融资渠道和销售能力等。“垄断优势论”的“优势”是指进入东道国的外国企业，相对于当地企业所具有的在“生产经营、专利技术、营销手段、售后服务”等多方面的优势。

企业具备垄断优势，可以生产价格较低、品质优良的产品，而且市场需求较大。企业可以通过利用这些优势出口，而不一定要在海外组织生产经营。确实，很多大企业，即使没有在国外生产经营，也是本国的主要出口者。

许可证即东道国企业在得到跨国公司的批准后可以使用其企业优势要素。当然，对这种优势要素的使用是有条件的。作为一种知识产权，它还包括专利技术，如销售技术、商品品牌、管理服务和其他企业资产。一般来说，企业拥有这些方面的优势可以利用出售或许可证转让方式来取得这些优势的收益。影响企业在对外直接投资和出售许可证之间做出选择的因素主要有市场规模、投资风险、新的技术和专利、许可证使用过程中可能带来取代自己的竞争威胁、东道国的政策、企业的管理战略、产业市场的结构因素等。

科斯定理旨在解释企业组织的形成原因和规模扩张的界限，其中心思想为：市场上的生产者们既可以通过契约的途径，以完全非中央化的方式从事生产活动，也可以以企业的方式组织原先通过市场交易方式所进行的生产活动，其抉择标准在于组织企业性生产的内部管理成本与通过市场达成契约的交易成本的比较。企业规模的限度在于利用企业方式组织管理的成本等于通过市场交易的成本。建立在交易成本学说基础之上的内部化理论对现代工商企业的起源和成长提供了解释，英国里丁大学的经济学家邓宁、卡森等人将其运用于国际直接投资领域，将内部化理论看成解释跨国企业的形成和跨国企业对外直接投资发生机理的核心原理。内部化理论认为，跨国企业保持对专有知识资产等中间产品的控制，据此形成对外直接投资是由知识资产等中间产品的市场机制失效所造成的。

知识资产等中间产品市场机制失效是指知识资产等中间产品价格，特别是产权知识传播价格不能被有效确定，知识资产的模仿者可以以比产权知识的创造者较低的成本获得和运用该知识。内部化组织可减少交易成本的原理，对跨国企业的形成发展过程也提供了一种解释。巴克利和卡森特别强调中间产品问题。所谓中间产品，不仅包括上游部门提供的半成品、原材料等投入要素，而且包括技术、专利、诀窍、管理技能及市场区位等知识产品。

产品周期理论对企业在不同的时期如何利用不同的垄断优势对生产过程起作用

提供了一种特殊的分析与综合，归纳了技术、生产成本和营销因素的不同作用。弗农的修正虽可以说明一些新的问题，但产品周期理论强调的是一种特殊形态的对外直接投资，即在国外进行创新产品的生产。

彭罗斯提出对外直接投资活动是厂商经营规模扩张的一种表现，而这种扩张倾向是任何一种企业都具有的。但这种对外扩张很大程度上取决于厂商内部资源，如厂商内部管理经验、管理能力、技术诀窍、知识产权等。

增长最大化，是指厂商经理偏好扩大规模（以销售量或资产额衡量）而不是偏好增加净利润。在增长最大化状态时，厂商最优投资量超出利润最大化状态下边际利润等于边际成本的点。厂商增长理论可以作为解释厂商对外直接投资动机及跨国企业形成的理论依据。厂商增长理论提出，对外直接投资是厂商追求增长最大化的自然结果。

国际直接投资的宏观理论，不是根据厂商行为，而是根据不同国家的生产要素或生产环境差别，来对国际直接投资起因做出解释的。

阿利伯提出了用不同国家的资本化率差异来解释国际投资活动的理论，即资本化率理论。资本化率是指使收益流量资本化的程度。

小岛清主张，投资国应从趋于比较劣势的边际产业开始进行投资，这可以使东道国因缺少资本、技术、经营管理技能等而无法显现出来的潜在比较优势显现出来，从而扩大两国间的比较成本差距，为进行具有更大贸易利益的贸易创造条件。可见，无论是国际贸易还是对外直接投资，它们都以比较成本原则作为判断标准。

邓宁认为一国企业从事国际直接投资，主要由三个基本因素（优势要素）所决定，即所有权优势、内部化优势和区位优势，这就是他的“所有权、内部化和区位”理论模式。所有权优势主要指一国企业能够拥有或获得对外投资的资产及其所有权，这是其他国家企业无法拥有或得到的。它既包括有形资产，如对原材料产地的垄断，拥有某种经营和生产技能的劳动力等；也包括无形资产，如某种特殊的生产专利或技术，组织、经营管理经验（技巧）、商标商誉和在金融市场上的筹资地位等。所有权优势是进行直接投资的必要条件而非充分条件。内部化优势主要指跨国公司进行对外直接投资时，将特定优势（其资产及各种所有权）加以内部使用而带来的优势。区位优势主要指东道国不可或不易流动的要素禀赋优势以及东道国政府的鼓励或限制政策，区位优势会导致企业产品投入的要素价格产生差异。

➤➤➤关键术语

国际间接投资　传统的国际资本流动理论　现代国际间接投资理论　马柯维茨的证券组合理论　证券分析　证券组合分析　证券组合选择　有效集定理　指数模型　单指数模型　多指数模型　威廉·夏普的资本资产定价理论　资本市场线　β值　证券市场线　资产套价理论套期定价模型　国际证券投资理论　国际直接投资理论　素禀赋理论　基于产业组织分析的“微观导向理论”　基于国际贸易分析基础上的“宏观导向理论”　垄断优势论　内部化理论　科斯定理　知识资产等中间产品市场机制失效　产品周期理论　厂商增长理论　增长最大化　防御性对外直接投资理论

追随领导者　对市场的依赖　发展中求生存　知识寻求者　追随客户　国际直接投资的宏观理论　资本化率理论　小岛清比较优势理论　邓宁的理论模式　所有权优势　内部化优势　区位优势

▶▶▶复习思考题

1. 马克思关于资本输出的论述有哪些?
2. 列宁关于资本输出的论述有哪些?
3. 传统的国际资本流动理论有哪些内容?
4. 马柯维茨将证券投资的决策过程分为哪三个相互分离的阶段?
5. 如何评价马柯维茨的证券组合理论?
6. 请简述威廉·夏普的资本资产定价理论。
7. 如何评价资本资产定价模型?
8. 国际直接投资理论的研究状况如何?
9. 请简述早期的国际资本流动理论。
10. 国际直接投资的微观理论有哪些?
11. 直接投资相对于出口的利益是什么?
12. 直接投资相对于许可证销售的利益是什么?
13. 科斯将市场成本分为哪四类?
14. 巴克利和卡森认为内部化意愿取决于哪些因素?
15. 内部化而产生的利益和成本各有哪些?
16. 弗农根据不同时期的技术特征把产品周期分哪四个阶段?试描述新产品随其产品生命周期在发达国家、较发达国家和发展中国家间进行转移的过程。
17. 弗农在研究中对自己最初的观点做了哪些修正?
18. 邓宁把市场的不完全分为哪几类?
19. 区位因素主要包括哪些因素?

第三章
国际投资风险及其管理

所谓风险，就是一种不确定的状况。在经济活动中，人们常常讲投资设厂或兴办公司要冒风险，这里的风险意味着投资设厂或兴办公司有盈利的可能也有亏损的可能。国际投资风险是指在国际投资活动中，因各种因素的影响，投资者的期望目标与投资实际情况之间发生差异，从而给投资者的投资结果带来的不确定性。国际投资由于涉及生产要素的跨国流动，其风险往往大于国内投资，原因在于国际政治、经济和技术环境复杂多变，国际市场竞争激烈，这些因素都会影响投资的安全性、收益性和流动性。

国际投资者必须认真应对国际投资环境中出现的种种不确定性，尤其是要考虑国际投资中的政治风险、汇率风险和经营风险等。国际投资风险管理的目的是分析国际投资环境，以便尽可能地减少国际投资环境中的各种潜在风险给投资带来的不确定性，保证投资预期收益的实现。因此，从某种意义上来说，国际投资活动又是一个分析国际投资环境、预测风险和规避风险的活动。本章主要介绍国际投资环境的有关基本内容、国际投资中的政治风险、汇率风险和经营风险等。

第一节　国际投资环境分析

进行国际投资前首先要对国际投资环境进行分析，也就是要考察投资目标国是否具有良好的投资环境。投资环境也叫投资气候（investment climate），它反映了受资方对外来投资的态度。与国内投资相比较，对国际投资的环境分析显得更为复杂和重要，因为在一个陌生的国度里，投资者所面临的不确定性和风险要大得多。因此在进行国际投资前，往往要求规范化的投资环境分析，以此作为项目可行性研究的重要内容。本节将介绍国际投资环境的基本内容、评价方法等。

一、国际投资环境概述

国际投资环境是指投资目标国对国际投资产生有利或不利影响的各种自然因素、经济因素、政治因素、法律因素、社会文化因素等相互依存、相互制约因素所构成的综合体。我们通常按构成因素的归类把国际投资环境划分为五大部分：自然环境、经济环境、政治环境、法律环境和社会文化环境。自然环境指自然或历史上长期形成的与投资有关的自然、地理条件；经济环境指一国经济发展状况（国民收入水平、国内生产总值年增长幅度等）、经济发展前景以及影响投资的各种基础设施的状况等；政治环境指投资目标国的政治状况及政策等；法律环境指目标国家有关投资特别是关于外国投资的法律、法规等情况；社会文化环境指对投资有重要影响的社会和文化等方面的状况。

（一）国际投资环境的分类

第一，从国际投资环境包含因素的多寡方面，国际投资环境可以分为狭义的投资环境和广义的投资环境。狭义的投资环境是指投资的经济环境，即一国经济发展水平、经济发展速度、经济发展战略、经济体制、金融市场的完善程度、产业结构、外汇管制和货币稳定状况等。广义的投资环境除经济环境外，还包括自然、政治、法律和社会文化等对投资可能发生影响的所有外部因素，即前面所定义的国际投资概念。

第二，从影响国际投资行为的外部条件形成和波及范围的角度，国际投资环境可以划分为国际环境和国内环境。前者指与投资目标国所处的国际大环境状况相联系的超国别性因素总和，包括投资目标国与其他国家相互关系的各种国际性因素，如所处经济区域、国际政治地位、与其他国家的关系等；后者指投资目标国本身的国别性因素总和，如经济发展状况、政治稳定性、人口素质、市场完备性等。

第三，从影响投资的外部条件本身的性质角度，国际投资环境有投资硬环境和软环境之分。所谓硬环境是指能够影响投资的有关物质条件，如自然资源、能源供应、交通和通信、气候条件以及生活服务设施等。所谓软环境是指能够影响国际投资的各种非物质形态因素，如投资目标国的经济政策（包括外资政策等）、法律规章体系、办事效率、人员素质（包括职业经理市场健全与否、职工技术熟练程度）以及社会文化传统等。

第四，从各种影响国际投资环境因素本身的稳定性来区分，国际投资环境可归为三类，即自然因素、人为自然因素和人为因素，如表 3-1 所示。

表 3-1　国际投资环境因素稳定性分类

A. 自然因素	B. 人为自然因素	C. 人为因素
a_1自然资源 a_2人力资源 a_3地理条件 ……	b_1实际增长率 b_2经济结构 b_3劳动生产率 ……	c_1开放进程 c_2投资刺激 c_3政策连续性 ……
相对稳定	中期可变	短期可变

其中，人们通常认为 B 类因素对国际投资的影响较为关键。如果投资目标国的 B 类因素缺乏优势，就只能以牺牲 A 类和 C 类因素为代价来弥补。

（二）国际投资环境概念的特点

（1）国际投资环境是一个系统性的概念。

国际投资环境是一个由各种因素共同作用形成的有机整体①，各个因素相互作用、相互联系、互为条件，构成一个完整的投资环境系统。其中任何一种因素的变化，都可使涉及投资活动的其他因素发生连锁反应，进而导致整个投资环境的变化，影响到投资者对投资环境的评价。在这些因素中，有的对投资的流量、流向或效益起决定或主导作用，有的起次要或补充作用，但它们都或多或少地对投资的结果起着一定作用。因此，对国际投资环境进行分析时应该尽量做到全面、综合，应该尽量对投资目标国的有关因素进行综合分析，统筹考虑。

（2）国际投资环境是一个相对性的概念。

同样的国际投资环境要素，对于不同的行业部门或项目的影响具有差异性。如自然资源丰富、劳动力成本低对于某些加工行业来说是有利条件，而对于某些服务性行业来说则并无多少吸引力。

（3）国际投资环境是一个动态性的概念。

首先，影响国际投资的各种因素都处在不断变化之中，因此国际投资环境也在不断地变化。由于影响国际投资的各种因素的变化，如经济的发展、政局的变更、政策的变化、自然界本身的变化以及技术的更新等，都会使国际投资环境改善或恶化。其次，投资者对投资环境的评价标准也在发展变化。如以往的国际投资者大多着重于追求廉价的自然资源和劳动力资源，而现在已开始向要求良好的市场环境、人员素质和管理等方面转变。因此，只有认识到这一点，投资者在进行国际投资活动时，才会密切关注各种因素的变化，并根据投资环境的动态性特点，合理选择投资的规模和方式，决定投资的流向；政策制定者也才会不断地调整政策和措施，使投资环境持续地保持吸引力。

二、国际投资环境的具体内容

学术界比较通行的看法是把国际投资环境因素分为自然环境、经济环境、政治环境、法律环境、社会文化环境五个方面。下面我们根据这五个方面来介绍国际投资环境的具体内容。

（一）自然环境

自然环境一般是指非人为的因素构成的外部物质环境，是企业进行跨国投资时需要首先考虑的问题。自然环境包括气候、自然资源、地理条件和人口状况等几个方面。

（1）气候。

气候主要包括气温、日照、降水、季风等。气候因素可能会从不同侧面对许多行业的投资产生相应的影响。气候的差异和变化不仅会影响到企业的生产、运输条件，而且影响到消费市场的潜力。举例来讲，如在气候严寒或酷暑的地方投资，投资者就必须支付额外的人员津贴、空气调节设施费用等，这无疑将提高企业的成本。

---

① 以系统论的观点看，国际投资环境是一个有机的整体，各种因素相互作用、相互配合、相互制约，其中部分因素的变化会引起整个国际投资环境的改变。

而且，不同气候环境下消费者的消费结构、偏好也有所不同，如寒冷地区的居民对高度数白酒的需求量较大，而热带居民则更喜爱啤酒等饮料；在印度尼西亚等热带国家，七个一包的口香糖不如三个或五个一包的好销，其直接原因就是当地气候炎热，七个一包的口香糖一时吃不掉就会融化，给消费者带来浪费和不便。

（2）自然资源。

自然资源包括矿产资源、水资源、森林资源、旅游资源等因素。丰富的自然资源是最早的跨国投资导向动力之一。如矿产开发公司选择矿藏丰富的地区投资，旅游业则往往在景色优美的风景区开设宾馆饭店、娱乐设施等。自然资源是构成一国经济特质的重要因素，会对直接投资产生直接或间接的影响。尤其是对以开发利用自然资源为动机的投资活动，自然资源的影响力更大。

（3）地理条件。

地理条件包括投资目标国所处的位置、投资目标国面积大小、地形地貌等。投资目标国距离投资国的远近，生产基地、原料基地和销售市场的分布状况，无疑都将直接影响到企业的运输成本和时间，从而影响到整个投资决策。

（4）人口状况。

人口状况包括人口数量、人口质量、人口结构、出生率、死亡率、平均寿命、人口增长率、人口密度和人口迁移等。与人口相关的问题包括食物短缺、城市拥挤、污染等。人口因素对国际投资的影响是非常重大的。人口状况不仅决定某一产品的需求规模，人口结构亦决定需求的种类，例如年轻人占比例大的国家（或地区）对音乐、电影、食品、服饰等各种产品的需求就与老年人占比例大的国家有明显的差异。而且人口因素也决定了劳动力的供给情况。

（二）经济环境

经济环境因素在国际投资活动的众多因素中是最直接、最基本的因素，也是国际投资决策中首先考虑的因素。经济环境因素主要包括经济发展阶段、收入水平、基础结构、经济政策、贸易状况、国际收支状况、经济制度及市场体系和市场状况等方面。

（1）经济发展阶段。

对于经济发展阶段的划分，一般是将世界各国划分为发达国家和发展中国家。较细一点，又可把发展中国家划分为新兴工业化国家、发展中国家和最不发达国家，把发达国家划分为工业化国家和高度工业化国家。处于不同经济发展阶段的国家和地区，对投资需求有很大的差异（见表3-2）。在生产方面，发达国家着重投资大而节省劳动力的生产设备，即资本密集型或技术密集型。发展中国家的生产设备偏重于多用劳动力而节约资金，即劳动密集型，以适应劳动力对资本的合理比率。在消费方面，发达国家强调产品款式、性能及特色，品质重于价格。发展中国家则强调功能及实用性，价格重于品质。在销售方面，经济发达国家运用大量广告等促销活动，而发展中国家的产品推广活动受到文化水平低和传播媒介少的限制。

表 3-2　不同经济发展阶段国家在投资方面的差异

类别	参与国际投资的规模与方式	生产方面	消费方面	销售方面
发达国家	①对外投资>引进外资 ②技术转让比重大 ③采取区域战略、全球战略	着重于资本密集型或技术密集型项目投资	强调款式、性能及特色，品质重于价格	大量运用广告等促销活动
发展中国家	①对外投资<引进外资 ②投资于经济发展水平相近的国家和地区	着重于劳动密集型项目投资	强调功能及实用性，价格重于品质	产品推广活动受到文化水平低和传播媒介少的限制

（2）收入水平。

收入水平包括国民生产总值、国民收入、个人收入、个人可支配收入等指标。收入水平的高低会对投资规模、投资收益及投资的市场需求产生很大的影响，是投资者在进行国际投资时一个不可忽视的因素。从市场角度来分析，国民生产总值反映总体市场规模，尤其是就工业品而言，代表性较高。对消费品而言，反映指标有国民收入、个人收入、个人可支配收入，其中个人可支配收入是最佳的反映指标，直接影响实际购买力的大小。同时，在分析收入水平时，要注意国民收入的分配结构对市场消费结构的影响。此外，对收入水平的分析还要考虑投资目标国的经济发展趋势以及通货膨胀对未来实际购买力的影响。

一般地讲，收入水平高则资本周转率必然高，那么吸收投资的能力便越强，投资收益越高。

（3）基础设施。

狭义的经济基础设施指公路、铁路、码头、机场等建筑设施，车、船、飞机、管道等运输设备，通信设备及公用事业和能源供应。广义的基础设施则除此之外还包括金融保险机构、生活文化设施和其他服务设施。

一国或地区的基础设施往往对国际投资有制约作用，因为经济基础设施的完善程度会影响国际投资的效益。发达完善的基础设施，将给投资者带来极大的便利，可以使投资者达到降低投资成本、提高经济效益的目的，这会增强投资目标国对外资的吸引力。

（4）经济政策。

一国经济政策往往和国际经济有不可分割的密切关系，对国际投资亦有莫大的影响。对国际投资影响较大的几种政策如下：

①外资政策。主要考察对外国资本投资方面有关投资方式、外商股权比例、投资领域、经营管理模式、资本抽回有无限制性规定、有无国有化危险等方面。一国的投资政策直接影响到国际投资的可能性、收益率、持续性等多个方面，因而投资者在进行国际投资时，首先应考察投资目标国的外资政策。

②贸易政策。贸易政策可归为自由贸易政策和保护贸易政策两类。各个国家为了使本国产品能在国际市场上畅销，多致力于鼓励出口。其具体做法是由政府机构提供贷款、给予补贴、减免税收，并积极寻求及调查海外市场。国际贸易保护主义

在全球范围的兴起，给国际贸易造成了巨大的障碍，但同时也给国际投资带来了动力和机会。由此可见，研究贸易政策在国际投资中是十分必要的。

③工业化政策。为发展国家经济，增加国民就业机会，提高国民所得，因而积极谋求保护及扶持本国的工业，采取限制输入、提高关税、降低国内税及其他保护手段，是大多数国家工业化政策的主要内容。由于这种工业化政策的实施，向其输出商品会遭遇较多阻碍，为确保海外市场，不得不改用技术援助、合作及资本投资方式。工业化政策对国际投资的重要性是不可忽视的。除了现有的政策规定外，还应研究其工业化政策的变动趋势以制定投资策略。

④地区开发政策。各国包括发达工业化国家如美、英、德、法、日等，在其所统辖的领土之内也有不少地域较为落后。在开发本国低度开发地区时，政府会在政策上给出许多优惠，如长期资金融通、劳动力流动、免费职业教育及折旧和税收优惠。海外投资者大可利用该国政策的优厚待遇进行投资。

⑤外汇管理政策。国际投资收益大都以投资目标国货币形式体现，因而投资目标国的外汇管理政策对投资的真实收益有决定性的影响。这些政策包括货币是否可自由兑换、外汇汇出有无限制等。

经济政策所含内容很多，构成一个富有弹性的环境因素系统。对国际投资者来讲，分析研究各项经济政策是一个不可轻视的极为重要的环节。

（5）贸易及国际收支状况。

不同于贸易政策，贸易状况主要考察一国的进出口总额、进出口产品结构、进出口产品的地区分布及其对外贸易依存度等，了解一国的对外贸易状况，对投资者来讲是十分必要的。一般来讲，投资目标国总是比较欢迎进口替代型投资和能支持扩大出口，改善优化出口商品结构的投资，并乐于给予优惠。对这一点，在进行国际投资决策时，投资者应进行充分考虑。

国际收支状况反映投资目标国在经常项目、资本项目和官方储备项目上与世界其他国家的往来情况，在一定程度上反映了该国在国际竞争中所处的地位，并对该国的汇率、利率、就业、经济政策等产生影响。国际收支状况对投资者来讲相当重要。国际投资者可以通过国际收支预测某一国家的潜在经济条件的变化。如果投资目标国国际收支出现较大逆差，这个国家近期就有可能限制产品进口，而鼓励外国资本流入。还有，如果投资目标国的国际收支出现逆差，则其汇率有可能下降，从而增大了国际投资的汇率风险；反之，则有利于国际投资流入。就其对投资目标国吸引外资政策的影响而言，一般国家都比较欢迎进口替代型和扩大出口型的投资，反之，则往往给予一定的限制。

（6）经济制度及市场体系。

国际投资运行需要一个合理的经济制度和健全的市场体系作为保障。因为经济制度和市场体系是否完善合理，决定着国际投资者获得经营资源的难易程度和经营利益的多少。如果商品、资金、劳动力和信息市场不完备，国际投资就难以正常运行。

（7）市场竞争状况。

对市场竞争状况的分析主要包括投资目标国现有哪些本地及外国的同行竞争者、

竞争者的实力、是否存在公平的市场竞争环境等。如果缺乏有力的竞争者，捷足先登往往能获得高额的垄断利润；但有的公司出于全球战略的考虑，也乐于采取“盯住战略”，到对手的市场上开展竞争。

（三）政治环境

政治因素直接关系到国际投资的安全性，是每个国际投资者都十分关心的问题。政治环境因素一般包括政治制度、政权稳定性、当政者、政策连续性，政府状况、治安及国际关系。

（1）政治制度。

这方面主要考察一国的基本力量，即各政治与经济利益集团的比例、制度的弹性、政权更替方式、政府形态等。

（2）政权稳定性。

政权的稳定性主要由执政党和在野党的力量对比决定，政府是否有能力维持安定的政局与良好的治安等。

（3）当政者。

当政者方面包括：①执政者的原则；②执政者的哲学意识、经验及判断力、管理能力等。

（4）政策连续性。

政策连续性受政权更替和当政者态度的影响，政权更替往往会引起政策的改变，从而影响既定投资目标的实现。甚至有时虽然政权能够保持延续，但迫于某些压力也会破坏政策的连续性。

（5）政府状况。

政府状况方面包括：①政府机构的结构；②政府官员的能力、学识、态度；③办事效率和灵活性。政府工作效率，特别是投资目标国政府对跨国企业建立的审批手续、机关为企业服务的质量、政府官员的廉洁程度等，这些都将影响跨国企业的经营成本。

（6）治安。

社会治安状况如何，是否存在恐怖和暴力组织，亦是投资者关心的问题。

（7）国际关系。

以上六项是一国的内在因素，而国际关系则是外在因素。国际关系，除了要研究投资目标国与投资者母国的政治、经济、外交、军事交往情况外，还需要研究投资目标国与周边国家的关系，在全球的政治与经济地位、参与各类国际组织状况等，综合分析各方面因素可能对企业产生的有利的或不利的影响。具体包括：①投资目标国在全球政治与经济生活中的地位及作用；②投资目标国与邻国的关系；③投资目标国与投资国的关系；④投资目标国与其他国家的关系；⑤投资目标国在国际组织中的态度及地位等。

跨国投资者在进行国际投资决策时，必须对各种因素加以综合分析，以减少国际投资中的不确定性。

（四）法律环境

开展国际直接投资，法律环境是至关重要的。法律环境指投资目标国的法律体系的构成、健全性、稳定性及对外国投资的各种法律规定，是进行国际投资的基本条件。它为跨国企业的财产、知识产权、收益及工作人员的人身安全提供必要的保障。法律环境主要包括国内法规体系状况、参与国际法规体系状况、执法状况等方面。对法律环境的评析，主要可从以下两个方面入手：

1. 国内法规体系完善状况

跨国企业作为投资目标国境内的法人，必须遵守投资目标国所有的公司法、税法、劳工法、专利与商标法以及针对外国企业的外国投资法等，并同时得到这些法律的保护，否则便会阻碍国际投资的进行。概括起来，与国际直接投资有关的法律主要包括：

（1）外国投资法。

世界各国基本上都制定有外国投资法。总的来看，发达国家由于经济发展水平较高，因而外资立法中普遍对外国投资采取较为自由放任的开放政策，限制和鼓励措施都少。而发展中国家由于经济落后，缺乏资金和技术，因而对外资在某些领域优惠较多。但由于民族经济较为薄弱，需要保护，因而对外资在某些方面又有严格的限制。

各国外资立法不尽相同，但其基本内容仍有不少共同之处。概括起来主要有以下几个基本方面：

①对外国投资的审批。国外投资企业要在目标国兴办投资项目，必须首先取得该国有关主管机关的审查和批准，各国投资法通常一开始就明确规定对外国投资的审批制度，列明有权审批的政府机构、审查标准及审批程度。

②投资范围、出资比例及投资期限。多数国家都在外资法中分别列出鼓励、限制及禁止外资投入的行业。如印度尼西亚的外资法规定：凡对国家至关重要的行业如港口、公用发电、输电、通信、海运、航空运输、公用铁路、原子能开发、宣传部门等，不允许外资全面控制。至于与国防有关的领域，如武器、弹药及军用器材生产，则完全禁止外资进入。外国企业对矿业领域的开发，必须采取承包合同或法律规定的其他形式，同政府进行合作。至于哪些部门属于向外国投资者开放的领域及其优先顺序，则由政府在制订长期计划时确定。

对外国投资者的出资比例，因其直接关系到企业的经营管理权及投资者的利益，因而发展中国家一般都有明确的规定。对外国投资的期限，发展中国家亦大多有所规定。如智利的外资法要求外国投资合同从开始营业或投产之日起，一般期限为10年。特殊情况下，经外资委员会全体成员一致同意后，可批准超过25年的投资合同。

③企业的法律形式。各国法律对不同形式企业的设立都有不同的规定及法定程序。

④资本构成。各国外资法一般都规定可构成投资的资本。通常除资金外，还包括机器、设备、原材料、土地、厂房、运输工具等有形资产及专利权、商标权、专有技术、劳务等无形资产。

⑤资金汇出。大多数国家基于自身利益及货币政策的需要，特别是基于国际收

支平衡的需要，在承认资金自由汇出原则的情况下，同时又实行一定的管制。

（2）公司法。

外国投资者在投资目标国投资建立或收购的企业，作为投资目标国的法人，必须遵守投资目标国公司法的规定。

（3）税法。

税收问题是外国投资者最敏感的问题，企业所得税的高低，是投资目标国对外国投资者税收及税收优惠政策的核心，由各国税法规定。发达国家税率普遍较高，而发展中国家为吸引外资，税率偏低。此外许多国家还设有低税和免税区，区内实行低税甚至无税。

（4）专利和商标法。

外国投资者受投资目标国专利法和商标法的保护，另外许多国家还参加了有关世界性公约。

目前世界上的专利保护条约中，最重要的是《巴黎工业资产保护条例》（The Paris Convention for the Protection of Industrial Property）和《专利合作条约》（The Patent Cooperation Treaty，PCT）。前者要求每个成员国必须保护其他国家的专利和其他无形资产，这意味着外国申请人与本国申请人处于同等地位。后者由世界知识产权组织发起，其作用是使专利申请的过程和形式简单化。例如美国公司只要在美国专利商标局填写申请表，就可以得到它所希望得到的那些国家的保护，这省略了在其他国家申请的手续、时间和费用。

现今世界上的重要国际商标协定有《巴黎条约》（Paris Convention）、《工业资产保护条约》（General Inter-American Convention for the Protection of Industrial Property）、《马德里协定》（Madrid Conference）。所有这些法律都为企业对外投资和经营提供了寻求商标保护的机会。《马德里协定》还规定企业只需在一个国家注册，就可自动得到其他国家的保护。

（5）劳工法。

跨国企业的海外投资与经营经常受到所在国劳工法的影响。劳工法通常包括以下内容：①谈判。各国谈判的参与者不同。在美国，谈判的双方是工会与企业主；在日本，谈判的双方是工人和管理人员；在英国，谈判的双方是雇主和工会；在德国，谈判的双方是工会和雇主的行业协会。德国政府还以劳工法庭的形式参与谈判。劳工法庭由管理人员、工人和政府人员组成，对雇主与雇员的纠纷进行裁决。②工人参与管理。一些国家的劳工法为工人提供参与企业管理的权力。在德国，钢铁和矿业董事会必须由相同数目的管理人员和工人组成。在法国，雇佣50人以上的企业应实行"强制利益分享计划"，工人分享的利润根据工人对企业贡献的价值大小确定，并且根据法国劳工法，雇主和工人组成企业工作委员会，选择利润分配方式。

2. 投资目标国参与国际法规体系状况

投资者往往需要考虑以下两方面：第一，投资目标国与投资者母国之间是否存在双边经济互惠条约、双边投资保障协定等；第二，投资目标国签署的国际组织条约、协议情况，如世界银行（World Bank）、世界贸易组织（WTO）等，这些体现了投资目标国对国际法规、国际惯例的承认程度。一般来说，投资目标国接受国际惯例的程度越大，外资享受公平待遇就越有保障。

3. 投资目标国执法状况

在现有法规基础上，还要考察投资目标国在执行法规过程中是否公平有效。如遇到经济争端时，执法部门是否偏袒本国企业，或者能够按照国际公认的争端解决机制给予解决。只有在能够确实保证自己在投资目标国的合法权益的情况下，国际投资者才有信心进行跨国投资。

（五）社会文化环境

社会文化环境是指一个国家的语言文字、风俗习惯、教育水平、民族特征、宗教信仰、道德意识、家族制度等人文因素的总和。世界各国都有其特异的文化、社会背景及教育水平，而且国与国之间差别甚大，一国之间也会因地而异。这种差异必然影响投资目标国消费者的生活方式、消费倾向、购买态度、购物种类等，而爱好的样式与色彩、流通路径、易接受的宣传方法及文句乃至生产、研究、发展、人事、财务、计划、组织、用人、指导、控制等机能也无一不是一国特异文化的产物。因此，国际投资必然受到社会文化环境的潜在制约，且受文化因素影响的敏感性较之国内投资更大。由于社会文化背景的差异，跨国企业必须考虑产品设计、包装、推销手段等在异国被接受的程度，以及信息传递方式、人员使用状况等多方面问题。投资者对一国的社会文化方面进行分析时，常包括下列项目：

1. 语言

国际投资活动是一种涉外经济行为，它有赖于沟通，而语言则是沟通的工具。语言包括有声语言和无声语言。有声语言指正式的语言或方言。在国际沟通中，以英语为官方语言的国家约有 30 个，在商业函电、合同中使用英语作为书面语言的更多些。但在国际投资中，语言沟通常常会出现偏差。许多国家在一国内使用多种语言，如加拿大官方语言是英语和法语；在瑞士，人们使用法语、德语、意大利语和列托罗马语四种语言；芬兰讲芬兰语和瑞典语；印度则把印地语作为国语，英语作为官方语；新加坡把马来语作为国语，马来语、英语、华语、泰米尔语皆为官方用语。

无声语言（no verbal language）是人类交往的另一种表达方式。包括：①身体语言（body language），如通过面部表情、手势、身体姿势等表示一定的意思；②空间语言（space language），如通过办公室的大小、地毯的质量表示经理的级别；③财富语言（language of things），以财富表示身份。由于不同的文化背景，在国际交流中，无声语言很容易被误解。

在语言差异较大的国度投资，就不得不研究以下问题：第一，与投资目标国各方面的沟通，包括与投资目标国政府机构、供应厂商、本地雇员及客户之间的谈判、合同签订、组织管理等活动中需要大量的翻译工作，这将增加企业的费用。第二，在广告撰写、品牌名称、包装设计等方面，研究转换为本地语言时的含义，避免误解。

2. 教育水平

教育水平受经济发展水平影响，世界各国的教育水平参差不齐。教育水平决定劳动力素质、技术先进程度等许多方面。没有受过教育的人和受教育水平高的人相比，不仅在读写方面差距巨大，价值观也会产生明显差异。教育水平对国际投资的影响，主要体现在：首先，教育水平决定了当地的劳动力素质，企业需要分析可以运用的本地技术人员、管理人员、科研力量等因素。其次，教育水平还影响产品的消费结构和层次：教育水平较高的国家和地区对文化用品的需求较大，同时对商品的品质要求高，体现出一定的审美、文化素养。再次，教育水平还要求企业采取合适的推销方式。如在一个文盲率较高的国家，在报纸、杂志上刊登文字广告的效果将不明显；相反，教育水平高的人谋求改善生活的欲望及能力皆高，对新机器的理解和使用容易，对各种宣传媒体容易了解，易产生宣传效果。根据爱德华·德民森的统计，1909—1929 年，经济扩大的要因是劳动力和资本增加，但 1929—1957 年，促进国民生产增加的要因中劳动力和资本的比重已降至 1/3 以下，占比率最高的则是“一般教育”和“技术革新”。

3. 宗教

宗教是文化伦理的精神基础，在世界各国具有广泛的影响力，在不同程度上决定了人们的消费习惯。世界几大宗教都有其主要流行地区。佛教广泛流行于亚洲国家。印度和尼泊尔信奉印度教。伊斯兰教盛行于中东和北非。基督教（包括天主教、东正教和新教）则主要流行于白种人为主的国家：北欧国家（芬兰、瑞典、丹麦、挪威）大多数人信奉新教；南欧（意大利、葡萄牙、西班牙及比利时和法国）和拉美国家居民主要信奉天主教；而英国、美国、加拿大、德国、澳大利亚、新西兰则属混合基督教；东正教则主要分布于希腊、塞浦路斯、罗马尼亚、保加利亚和俄罗斯等地。

宗教对于人的生活态度、价值观、购买动机、消费偏好等皆有重大影响。传统上，基督教主张努力工作、节俭、储蓄；佛教和印度教强调精神价值，贬低物质欲望；伊斯兰教禁止食猪肉、饮酒，并抵制变革，反对妇女抛头露面。伊斯兰教有更多制度和道德规范规定如同法律一样有约束力。而同一宗教中的不同派别也有差别，如基督教中东正教主张主教以外的其他教士均可婚娶，天主教则不然；佛教中有小乘（南传佛教）和大乘（北传佛教）之分，前者主要主张自利，后者强调自利和利他并重。

宗教往往会对国际投资产生各种直接或间接的影响，海外经营可能会遇到宗教日，如伊斯兰教的斋节就历时一个月，斋节期间禁止大吃大喝，从而抑制了某些商品的销售；还有在基督教的圣诞节时，各种商品的销售量极大，市场活跃。另外，宗教往往是一个地区文化冲突的根源，如中东阿以之争和印度的印度教和伊斯兰教之争。

4. 行为方式

不同国家的人们具有不同的行为方式，国际投资需要研究的有：第一，时间观念。在企业交往中，时间有四种表现形式：一是准时，二是复函时间，三是函复截止日，四是在办公室外的等待时间。各国对时间的态度有所不同。在美国，准时被看成一种美德，不准时意味着丧失信用；迟复意味着没有兴趣；没有截止日的信件表示急件；等待的最高时限是 30 分钟。但在拉美国家，准时不被看成美德，信件很少注有截止日，办公室外的等待没有时间限制。在日本，无截止日并不意味着快件，迟复并非不感兴趣，反而意味着正周密地计划和安排。第二，交易习惯。如美国人喜欢在谈判中开门见山，而日本人则习惯于转弯抹角。第三，消费心理。有的国家人民喜欢用本国产品，如在日本，外国商品很难进入。有的国家人民崇尚洋货，如在一些发展中国家。

5. 家庭

家庭是社会的基本单位，是市场推销者的主要对象。“谁是家庭的购买决定者”是市场研究人员最感兴趣的问题。各国的家庭形态有一定差异，家庭每个成员的消费行为也影响到家庭的购买动机、商品选择。

此外，社会心理、传统习惯及国民感情亦是国际投资者应考虑的社会文化因素。

三、国际投资环境的关键项目

在以上众多的投资环境因素中，国际投资决策者们根据实践经验总结，特别强调以下几个对投资有关键影响的项目：

（一）币值稳定程度

如果投资目标国（或称东道国、投资目的国）的币值比较稳定，投资决策者的决策失误的可能性会较小，投资贬值的危险也较小；如果币值贬值幅度过大，则会造成货币实际价值与名义价值的差距扩大，使投资者的投资贬值，给投资者带来损失。通常将投资目标国的外汇汇价划分为四个等级，作为衡量币值稳定的标准。一是官价与黑市价之差不超过10%；二是官价与黑市价之差在10%~40%；三是官价与黑市价之差在40%~100%；四是官价与黑市价之差超过100%。差距越大，市值越不稳定。

（二）年通货膨胀率

通货膨胀率的高低，从另一角度衡量了市值的稳定程度。投资接受国的通货膨胀率越高，货币贬值的程度越大。一般将通货膨胀率划分为七个档次：一是通货膨胀率低于1%；二是控制在1%~3%；三是控制在3%~7%；四是控制在7%~10%；五是控制在10%~15%；六是控制在15%~35%；七是超过35%。

（三）资本外调

资本外调是指资本（包括利润和利息收入）能否自由出入国境，是灵活调拨资本的重要内容，也是投资者考察资本流动性的一个重要指标。实行外汇管制的国家对外国投资者的资本转移均有不同程度的规定。一般将资本外调的限制程度分为六个等级：一是无限制；二是有时限制；三是对资本外调有限制；四是对资本与利润收入外调有限制；五是严格限制；六是完全不准外调。

（四）允许外国所有权比例

这个主要是指投资目标国允许外国投资者在该国境内设立的股份公司中掌握的股份的比例，它决定投资者掌握企业所有权和经营权的程度。一般将这个比例划分为七个等级：一是允许所有权占100%，并表示欢迎；二是允许所有权占100%，但不欢迎；三是允许占多数所有权，即可超过50%；四是允许最多占50%；五是只允许占少数；六是只允许占30%以下；七是完全不允许占有。

（五）外国企业与本国企业之间的差别待遇与控制

外国投资者在评价外国企业与本地企业之间的差别待遇时，通常将这种差别程度分为七级：一是外国与本地企业一视同仁；二是对外国企业略有限制但无控制；三是对外国企业不限制，但有若干控制；四是对外国企业有限制并有控制；五是对外国企业有控制，且有严格限制；六是对外国企业严格限制与控制；七是根本不允许外国人投资。

（六）政治稳定程度

外国投资者为了投资的安全性，特别重视投资接受国的政治稳定程度。一般将政治稳定程度划分为七个等级进行评价：一是长期稳定；二是稳定，不过要依赖某一重要人物；三是稳定，但要依赖邻国的政策；四是内部有纠纷，但政府有控制局势的能力；五是来自国内外的强大压力从而对政策产生影响；六是有政变或发生根本性变化的可能；七是不稳定，极有可能发生政变。

（七）当地资本的供应能力

资金融通是否方便，直接关系到投资者能否加速资本周转，能否提高资本使用效率。一般分为六个等级来描述资本的供应能力：一是有发达的资本市场和公开的证券交易；二是有部分本地资本市场和证券投资市场；三是有有限的资本市场；四是缺乏长期资本，有短期资本；五是对资本有严格限制；六是资本纷纷外逃。

（八）关税保护的程度

关税保护是指一个国家为了保护国内工农业生产，对外国商品进口征收的关税。一般对本国需要保护生产的商品，要规定较高的进口税率。有时为了确保国内生产的需要，对本国工业生产所必需的某些国产原料要征收出口税，以限制出口。给予关税保护的态度，是指投资接受国是否给予外国投资者享受该国关税保护的态度。一般分四个等级来描述保护态度的强硬程度：一是全力保护；二是有相当保护；三是有些保护；四是非常少或无保护。

四、国际投资环境评价的方法

（一）投资环境等级评分法

对国际直接投资的具体项目进行分析，就是对项目投资环境的评价。具体评价投资环境的方法很多，大都是将影响国际投资的环境因素分解为若干具体指标，然后综合评价。

投资环境等级评分法（又称等级尺度法或多因素分析法）是美国经济学家罗伯特·斯托伯提出的。等级评分法的基本做法是，根据国际投资环境的八项关键项目所起的作用和影响程度的不同而确定其不同的等级分数，再按每一个因素中的有利或不利的程度给予不同的评分，最后把各因素的等级得分进行加总作为对其投资环境的总体评价。总分越高表示其投资环境越好，越低则表示其投资环境越差。

从表3-3可以看出，斯托伯提出的这种投资环境等级评分法所选取的因素都是对投资环境有直接影响的、投资决策者最关注的因素，同时又都具有较为具体的内容，评价时所需的资料容易取得并方便比较。在对具体环境的评价上，采用了简单累加计分的方法，使定性分析具有了一定的数量化内容，同时又不需要高深的数理知识，简便易行，一般的投资者都可以采用。在各项因素的分值确定方面，采取了区别对待的原则，在一定程度上体现出了不同因素对投资环境作用的差异，反映了投资者对投资环境的一般看法。

表 3-3 投资环境等级评分法计分表

投资环境因素	等级评分	投资环境因素	等级评分
一、抽回资本	0~12	五、政治稳定性	0~12
无限制	12	长期稳定	12
只有时间上的限制	8	稳定但因人而治	10
对资本有限制	6	内部分裂但政府掌权	8
对资本和红利都有限制	4	国内外有强大的反对力量	4
限制多多	2	有政变和动荡的可能	2
禁止资本抽回	0	不稳定，政变、动荡极可能	0
二、外商股权	0~12	六、关税保护的程度	2~8
准许并欢迎全部外资股权	12	给予充分保护	8
准许全部外资股权但不欢迎	10	给予相当保护但以新工业为主	6
准许外资占大部分股权	8	给予少数保护但以新工业为主	4
外资最多不得超过股权半数	6	很少或不予保护	2
只准外资占小部分股权	4		
外资不得超过股权的 3 成	2		
不准外资控制任何股权	0		
三、对外商的管制程度	0~12	七、当地资金的可供程度	0~10
外商与本国企业一视同仁	12	完善的资本市场，有公开的证券交易所	10
对外商略有限制但无管制	10		
对外商有少许管制	8	有少量当地资本，有投机性证券交易所	8
对外商有限制并有管制	6		
对外商有限制并严加管制	4	当地资本少，外来资本不多	6
对外商严格限制并严加管制	2	短期资本极其有限	4
禁止外商投资	0	资本管制很严	2
		大量资本外流	0
四、货币稳定性	4~20	八、近五年的通货膨胀率	2~14
完全自由兑换	20	小于 1%	14
黑市与官价差距小于 1 成	18	1%~3%	12
黑市与官价差距在 1~4 成之间	14	3%~7%	10
黑市与官价差距在 4 成~1 倍	8	7%~10%	8
黑市与官价差距在 1 倍以上	4	10%~15%	6
		15%~30%	4
		30%以上	2
		总计	8~100

在分析的八项内容中，首先是币值稳定程度和每年通货膨胀率，占全部等级评分法总数的34%，说明投资者十分重视投资目标国的币值稳定程度。严重通货膨胀指两位数值以上的通货膨胀，严重的通货膨胀会使投资者冒通货膨胀的风险，可能出现投资贬值，恶性通货膨胀会使投资者望而却步。其次是资本外调、政治稳定、允许外国投资者的所有权比例和外国企业与本地企业之间的差别待遇，这四项各占等级评定总分的12%。这四项关系到资本能否自由出境、跨国公司和投资目标国企业之间的竞争条件以及对企业所有权与经营权能否控制，对投资者来说，实际上是投资的安全程度和对企业所有权与经营权的控制程度，因此这四项共占等级评定总分数的48%。最后是关税保护的程度和当地资本市场的完善程度，这两项分别占等级评定总分数的8%和10%，所占比重较轻。

等级评分法由于具有定量分析和对作用程度不同的因素的逐项分析等优点，深为投资决策者和学术研究界所欢迎，是运用较普遍的一种投资环境评价方法。但也有专家认为，投资环境等级评分法所考虑的因素不够全面，特别是忽视了某些投资硬环境的因素，如投资目标国基础设施的完善程度、基础行业的发展状况等，因而也是不够完美的。

（二）投资环境冷热比较分析法

这种方法是由美国学者伊西阿·利特法克和彼得·拜廷在1968年提出的。伊西阿·利特法克和彼得·拜廷在对20世纪60年代后半期美国、加拿大等国工商界人士进行调查的基础上，提出通过七种因素对各国投资环境进行综合、统一尺度的比较分析，从而产生了投资环境冷热比较分析法（也称为冷热国对比分析或冷热法）。

投资环境冷热比较分析法是以“冷”“热”因素来表述环境优劣的一种评价方法，即把各个因素和资料加以分析，得出“冷”“热”差别的评价。投资环境冷热比较法把一国投资环境的好、坏归结为七大因素：

1. 政治稳定性

有一个由全民各阶层代表所组成的，为广大人民群众所拥护的政府。该政府能够鼓励和促进企业发展，创造出良好的适宜企业长期经营的环境。一国的政治稳定性高时，这一因素为“热”因素。

2. 市场机会

有广大的顾客，对外国投资生产的产品或提供的劳务尚未满足的需求，并且具有切实的购买力。当市场机会大时，为“热”因素。

3. 经济发展和成就

一国经济发展程度、效率和稳定是企业投资环境的另一因素。一国经济发展快和成就大时，为“热”因素。

4. 文化一元化

一国国内各阶层的人民，他们之间的相互关系、处世哲学、人生的观念和目标等，都要受到其传统文化的影响。文化一元化程度高时，为“热”因素。

5. 法令障碍

一国的法令繁复，并有意或无意地限制和束缚现有企业的经营，影响今后企业的投资环境。若法令障碍大，为“冷”因素。

6. 实质障碍

一国的自然条件，如地形、地理位置、气候、降雨量、风力等，往往会对企业的有效经营产生阻碍。如实质障碍高，则为“冷”因素。

7. 地理及文化差距

两国距离遥远，文化迥异，社会观念、风俗习惯和语言上的差别妨碍思想交流。如文化及地理的差距大，就是一个“冷”因素。

在上述多种因素的制约下，一国投资环境越好，即“热国”越热，外国投资者在该国的投资参与就越多；而一国投资环境越差（“冷国”），则在该国的外国投资就越少。

伊西阿·利特法克和彼得·拜廷从美国投资者的立场出发，用美国投资者的观点对加拿大、英国等十个国家的投资环境进行了冷热比较分析，建立直观形式的冷热比较表如表 3-4 所示。

表 3-4 十国投资环境的冷热比较

国别		政治稳定性	市场机会	经济发展与成就	文化一元化	法令障碍	实质障碍	地理及文化差距
加拿大	热	大	大	大		小		小
	中				中		中	
	冷							
英国	热	大			大	小	小	小
	中		中	中				
	冷							
德国	热	大	大	大	大		小	
	中					中		中
	冷							
日本	热	大	大	大	大			
	中						中	
	冷					大		大
希腊	热					小		
	中		中	中	中			
	冷	小					大	大
西班牙	热							
	中		中	中	中	中		
	冷	小					大	大
巴西	热							
	中		中		中			
	冷	小		小		大	大	大

表3-4(续)

国别		政治稳定性	市场机会	经济发展与成就	文化一元化	法令障碍	实质障碍	地理及文化差距
南非	热							
	中		中	中		中		
	冷	小			小		大	大
印度	热							
	中	中	中		中			
	冷			小		大	大	大
埃及	热							
	中				中			
	冷	小	小	小		大	大	大

在表3-4所列的七大因素中，前四种的程度大，就称为“热”环境，而后三种因素则相反，其程度大则称为“冷”环境，当然，不大也不小就称为“中”环境。这样看来，一国投资环境七因素中，前四种越大，而后三种越小，其投资环境就越好，也就是“越热”的投资目标国；而一国投资环境七因素中，前四种越小，后三种越大，其投资环境就越坏，即“越冷”的投资目标国。表3-4所列的加拿大、英国……埃及的顺序就反映了这十个国家的投资环境在美国投资者心目中由“热”至“冷”的顺序。

（三）投资环境动态分析法

对国际直接投资的决策者来说，投资环境不仅因国别而异，即使在同一个国家也会因不同时期而发生变化。所以在评价投资环境时，对这个综合体不仅要看过去和现在，而且还要估价今后可能产生的变化。这对跨国公司对外直接投资来说也是十分重要的，因为这种投资至少5年、10年或15年，甚至有的无期限。这就需要从动态的、发展变化的角度去考察、分析和评价投资目标国的投资环境。美国道氏化学公司从这一角度出发制定了一套投资环境动态分析方法，其基本内容如表3-5所示。

表3-5　美国道氏化学公司投资环境评估分析法

一、企业业务条件	二、引起变化的主要压力	三、挑选关键因素	四、提出方案
估价以下因素： 1. 实际经济增长率 2. 能否获得当地资产 3. 价格控制 4. 基础设施 5. 利润汇出规定 6. 再投资自由 7. 劳动力技术水平 8. 劳动力稳定性 9. 投资刺激 10. 对外国人的态度 ……	估价以下因素： 1. 国际收支结构及趋势 2. 被外界冲击时是否易受损害 3. 经济增长所受干预 4. 舆论观点的变化趋势 5. 领导层的稳定性 6. 与邻国的关系 7. 恐怖主义骚乱 8. 经济和社会进步的平衡 9. 人口构成和人口趋势 10. 对外国人和外资的态度 ……	对前两项进行评价后，从中挑出8~10个在某个国家的某个项目能获得成功的关键因素（这些关键因素成为不断核查的指数或继续进行国家评价的基础）	提出4套国家/项目预测方案 1. 未来7年中关键因素造成的“最可能”方案 2. 如果情况比预期的好，会好多少 3. 如果情况比预期的糟，会如何糟 4. 会使公司“遭难”的方案

道氏化学公司认为国外投资所面临的风险有两类：一是“正常企业风险”，或称“竞争风险”。例如，自己的竞争对手也许会生产出一种性能更好或价格更低的产品。这类风险存在于任何基本稳定的企业环境中，它们是商品经济运行的必然结果。二是“环境风险”，即某些可以影响企业环境本身发生变化的政治、经济及社会因素。这类因素往往会改变企业经营所必然遵循的规则和采取的方式。对投资者来说，这些变化的影响往往是不确定的，它可能是有利的，也可能是不利的。

据此，道氏化学公司把影响投资环境的诸因素按其形成的原因及作用范围的不同分为两部分：①企业从事生产经营的业务条件；②有可能引起这些条件变化的主要压力。这两部分又分别包括40项因素。在对这两部分因素做出评价后，提出投资项目的预测方案的比较，从中可以选择出具有良好投资环境的投资场所，在此投资经营将会获得较高的投资利润。

表3-5中第1栏是现有情况，第2栏用于估价社会、政治、经济事件使得今后投资环境可能产生的变化（有利、不利或中性）。该公司分析以7年为期，因为该公司预期项目决策后的第7年是盈利高峰年。这种动态分析最终要评估出未来7年中的环境变化（第3栏），并由此制订出4套预测方案（第4栏），供决策者参考。

（四）加权等级评分法

这种方法是美国一家商业服务公司编制经营风险指数时采用的。它提出15项经营环境因素并依据其重要程度各自赋予一定的权数（从1.0~3.0），每项因素根据状况好坏评分为0~4分，满分为100分（如表3-6所示）。其风险划分标准为：①70~100分，为稳定的环境；②55~69分，为有少量风险的国家；③40~54分，为存在较高风险的国家；④0~39分，为不可接受的经营环境。

表3-6　加权等级评分权数

因素	评分	因素	评分
1. 政治的连续性	3.0	9. 合同的履行	1.5
2. 对外国投资者及其盈利的态度	1.5	10. 劳动力成本/生产率	2.0
3. 国有化	1.5	11. 专门服务和承包商	0.5
4. 通货膨胀	1.5	12. 通信和交通	1.0
5. 国际收支	1.5	13. 当地的管理与合伙人	1.0
6. 官僚作风	1.0	14. 短期信贷	2.0
7. 经济增长	2.5	15. 长期信贷和风险资本	2.0
8. 货币的可兑换性	2.5		

可以看出，这种方法较为侧重于投资环境中的风险测算，而且具有较为明确的定量指标。

（五）投资障碍分析法

投资障碍分析是依据潜在的阻碍国际投资运行因素的多寡与程度来评价投资环境优劣的一种方法。投资者依据投资环境的内容结构，分别列出阻碍投资的主要因素，并在潜在的目标投资国之间进行比较，阻碍较少的国家被认为拥有较好的投资环境。投资障碍分析包含了以下十个方面的障碍因素：

第一，政治障碍：①政治制度与投资国不同；②政局动荡不稳。

第二，经济障碍：①经济停滞或增长缓慢；②外汇短缺；③劳动力成本高；④通货膨胀和货币贬值；⑤基础设施差；⑥原材料等基础行业薄弱。

第三，资金融通障碍：①资本数量有限；②没有完善的资本市场；③融通的限制较多。

第四，技术人员和熟练工人短缺。

第五，国有化政策和没收政策。

第六，对外国投资者实行歧视性政策：①禁止外资进入某些行业；②对当地的股权比例要求过高；③要求有当地人参与企业管理；④要求雇佣当地人员，限制外籍人员的数量。

第七，政府对企业过多地干预：①国有企业参与竞争；②实行物价管制；③要求使用本地原材料。

第八，普遍实行进口限制：①限制工业制成品进口；②限制生产资料进口。

第九，实行外汇管理和限制汇回：①一般外汇管制；②限制资本和利润汇回；③限制提成费汇回。

第十，法律及行政体制不健全：①外国投资法规不健全；②国内法律、法规不健全；③没有行之有效的仲裁制度；④行政管理效率低；⑤贪污受贿行为严重。

（六）要素评分分类法

要素评分分类法将投资环境因素归纳为 8 大因子，以计算投资环境准数 I。I 值越高，投资环境越好（见表 3-7）。其计算公式如下：

$$I=AE/CF\ (B+D+G+H)\ +X$$

式中，$A \sim H$ 表示各项因子，X 表示其他机会性因子。

表 3-7　投资环境要素评分分类

序号	项目因子	内涵	评分	因子
1	投资环境激励系数	（1）政治、经济稳定 （2）资本汇出自由 （3）投资法规完善 （4）立法完备 （5）优惠政策 （6）对外资感兴趣 （7）币值稳定	0~10	A
2	城市规划完善度因子	（1）有整体经济发展战略 （2）利用外资中长期规划 （3）总体布局配套性	0~1	B
3	利税因子	（1）税收标准 （2）合理收费 （3）金融市场	2~0.5	C

表3-7(续)

序号	项目因子	内涵	评分	因子
4	劳动生产率因子	(1) 劳动力素质 (2) 文化素养 (3) 熟练技术人员 (4) 技术工人数量	2~0.5	*D*
5	地区基础因子	(1) 基础设施 (2) 工业用地 (3) 制造业基础 (4) 科技水平 (5) 外汇资金充裕度 (6) 自然条件 (7) 第三产业水平	1~10	*E*
6	效率因子	(1) 政府管理科学化程度 (2) 有无完善的涉外服务体系、咨询体系、管理手续 (3) 信息资料提供系统 (4) 配套服务系统	2~0.5	*F*
7	市场因子	(1) 市场规模 (2) 产品对市场占有率 (3) 进出口限制 (4) 人、财、物供需市场开发度	0~2	*G*
8	管理权因子	(1) 开放城市自主范围 (2) “三资”企业外资股权限制 (3) “三资”企业经营自主权程度	0~2	*H*

（七）“闵氏多因素评估法”和“关键因素评估法”

香港中文大学教授闵建蜀在斯托伯“等级评分法”的基础上提出了这两种有密切联系而又有一定区别的投资环境考察方法。

“闵氏多因素评估法”将影响投资环境的因素分为11类，每一类因素又由一组子因素组成（见表3-8）。

表3-8　闵氏多因素评估法因素与子因素组成

影响因素	子因素
一、政治环境	政治稳定性；国有化可能性；当地政府的外资政策
二、经济环境	经济增长；物价水平
三、财务环境	资本与利润外调；对外汇价；集资与借款的可能性
四、市场环境	市场规模；分销网点；营销的辅助机构；地理位置
五、基础设施	国际通信设备；交通与运输；外部经济
六、技术条件	科技水平；劳动力；专业人才的供应

表3-8(续)

影响因素	子因素
七、辅助工业	辅助工业的发展水平；辅助工业的配套情况等
八、法律制度	商法、劳动法、专利法等各项法律是否健全；法律是否得到很好的执行
九、行政机构效率	机构的设置；办事程序；工作人员的素质等
十、文化环境	当地社会是否接纳外资公司及对其信任与合作程度；外资公司是否适应当地社会风俗习惯等
十一、竞争环境	当地竞争对手的强弱；同类产品进口额在当地市场所占份额

根据闵氏多因素评估法，先对各类因素的子因素做出综合评价，再对各因素做出优、良、中、可、差的判断，然后按下列公式计算投资环境的总分：

$$\text{投资环境总分} = \sum_{i=1}^{n} w_i(5a_i + 4b_i + 3c_i + 2d_i + e_i)$$

式中，w_i表示第 i 类因素的权重，a_i、b_i、c_i、d_i、e_i是第 i 类因素被评为优、良、中、可、差的百分比。投资环境总分的取值范围在 11~55 分，愈接近 55，说明投资环境愈佳；愈接近 11，则说明投资环境愈差。

“闵氏多因素评分法”是对某国投资环境做一般性的评估所采用的方法，它较少从具体投资项目的投资动机出发考察投资环境。“关键因素评估法”与此不同。它从具体投资动机出发，从影响投资环境的一般因素中找出影响具体项目投资动机实现的关键因素，然后依据这些因素，对某国投资环境做出评价，仍采用上述计算总分的公式来比较投资环境优劣。

（八）抽样评估法

抽样评估法是指对已经在投资目标国的外商投资企业进行抽样调查，了解它们对投资目标国投资环境的一般看法。其方法是，首先选定或随机抽取不同类型的外企，列出投资环境评估要素，然后由这些外企的高级管理人员进行口头或笔头评估。评估通常采取回答调查表的形式。

投资目标国的政府常采取这种方式来了解本国投资环境对外国投资者的吸引力如何，以便调整吸收外资的政策、法律和法规，改善本国的投资环境。国际投资者也常把抽样评估结果作为了解一国投资环境的背景资料。组织抽样评估的单位通常是投资目标国的政府或国际咨询公司。有些发达国家的大学、研究机构专门建立有世界主要投资地区的案例资料库，例如美国哈佛商学院的跨国公司案例中心，经常为潜在的跨国投资者提供咨询服务。

抽样评估法的最大优点是能使调查人得到第一手信息资料，它的结论对潜在的投资者的投资来说具有直接的参考价值。但是，缺点是评估项目的因素往往不可能列举很多，因而可能不够全面。此外，评估结果常常带有评估人的主观色彩。

第二节　国际投资政治风险管理

任何一项国际投资都必须在投资目标国的特定投资环境中即在政治、法律、经济、社会和文化环境中进行分析。尽管各项目对特定环境因素的敏感程度不同，但所有项目都受一组环境因素的影响。为了确保国际投资决策的科学性，投资者应建立一个包括该项目投资环境的所有重要因素在内的检查表。而事实上，检查表上所有条目都直接或间接取决于投资目标国的政治制度行为。因此，国际投资环境的变化主要来自投资目标国政府行为的变化和政局的稳定性。可见，对一国未来投资环境的评估无异于对项目的政治风险的评估。

政治风险是指在国际经济往来中，由于未能预期政治事件的变化而给国际投资活动带来的不确定性。未能预期的投资目标国政治事件的变化，将导致其投资环境的变动，进而影响某个具体国际投资的现金流量、利润及其他目标的实现，具体包括四个方面的内容：①政治事件，即政治的不稳定性；②环境，即投资目标国投资环境变动以反映政治事件；③不确定性，即政治事件的变化是不可预测的；④对国际投资的影响，即对某一国际投资现金流量或其他目标的潜在影响。

政治风险与政治不稳定虽有联系，但又是不相同的现象。不稳定性是环境的一个特点，这里的风险是指政治不稳定性将影响国际投资环境的测度。因此，不影响企业运行条件的政治波动并不是企业对外直接投资的政治风险。政治风险的概念通常容易与国别风险等相混淆。一般而言，政治风险是相对于跨国公司的对外直接投资而言的，而国别风险则是相对于跨国银行的对外贷款而言的。国别风险的概念更广，它包括所有政治风险。我们一般把政治风险与市场风险区别开来，因为市场风险是指由竞争、需求、供给、价格和成本等基本要素的变化而带来的不确定性。除此以外的不确定性（不包括可以投保的意外风险），均视为政治风险。当今的政府作用越来越广泛，使得传统概念的市场风险由更多的政治力量造成，而不是经济力量。由于政治风险和市场风险的概念互相依存，对外进行国际投资的公司或企业，应当评估项目的所有风险，并对政治风险和市场风险做主观划分。

一、政治风险的种类

根据不同的目的和不同的划分标准，政治风险可以有不同的分类。这里列举几个：

（一）国有化风险

国有化风险是指投资目标国可能对外国资本实行国有化、征用或没收政策而给外国投资者的投资带来的不确定性。国有化（nationalization）是投资目标国政府接管某个行业中的所有私有企业，如伊朗政府在 1974 年国有化了大部分企业和行业；1981 年法国政府国有化了一些行业和私人银行；委内瑞拉政府于 1974 年国有化了铁矿和石油行业；沙特政府国有化了阿美石油公司。征用（expropriation）是投资目标国政府对某个行业中的个别外国企业实行接管。没收（confiscation）是在没有任何补偿条件下投资目标国政府占有外国企业的全部资产。这种风险主要发生在政治不稳定和政策易变的国家和地区。

（二）战争风险

战争风险是指投资目标国国内由于政府领导层变动、社会各阶层利益冲突、民族纠纷、宗教矛盾等情况，使投资目标国境内发生战争而给外国投资者的投资带来的不确定性。在一些发展中国家，政府领导层的变动、国内各派的尖锐斗争、各阶层集团不同的利益要求、不同民族间的矛盾纠纷、复杂的宗教派别冲突等，都有可能引起局势动荡，甚至造成动乱和内战，从而严重影响国际投资者的经济利益，也会给外国投资者的投资带来不确定性。

（三）政策变动风险

政策变动风险是指由于投资目标国有意或无意地变更政策而可能给外国投资者的投资带来的不确定性。投资者进行对外投资活动必须遵循投资目标国的各项经济政策。投资目标国的土地、税收、市场、产业规划等方面具体政策的变化将影响投资者的决策。如土地政策中土地的购买、拥有使用权时间的长短、土地税等内容均会影响投资者的利益。税收政策中计税基数、税率和征税方法关系到投资者的收益。投资目标国市场的开放程度以及在投资区域和行业等方面实行的限制或鼓励政策也是投资者所关注的问题。

（四）转移风险

转移风险是指在跨国经济往来中所获得的经济收益，由于可能受到投资目标国政府的外汇管制政策或歧视性行为而无法汇回投资国而给外国投资者的投资带来的不确定性。如外国投资者在进行投资活动中所得的经营收入，包括正常营业收入、出售专利和商标收入、股权转让收入等，一般应转移回投资国，但这与投资目标国引进外资的目的有一定的矛盾。于是，有的投资目标国对跨国企业的收入在政策上规定一个在本国再投资的比例。这个比例的变化则被看成是对外投资的一种风险。

二、政治风险的评估

政治风险评估是投资者对投资目标国的各种政治状况进行调查、分析、预测，得出对该国投资可能面临的政治风险的总体评价，从而为国际投资活动提供决策依据。由于政治风险评估涉及一些较为复杂的过程和专业化知识，因此，此项工作需要企业的高级管理人员、职业政治家和熟悉投资目标国的专家等共同参与。政治风险的评估手段主要有以下四种：

（一）国别评估报告

国别评估报告是投资者对特定投资目标国的政治、社会、经济状况进行综合性评估的文件，它往往用于大型海外建设项目的投资或贷款之前，其性质与可行性研究报告相仿，但侧重于防止国家政治风险的发生。例如，全球著名的美国摩根保证信托公司的国别评估报告主要评估投资目标国以下四方面的内容：

（1）政治评估。

这主要是对投资目标国政府的经济运营能力和应变能力进行估价。经济运营能力，包括政府官员的政策设计能力、经济官员对政府决策人的影响能力、政府首脑的决策能力。环境变化的应变能力，包括政府对油价变化、世界经济周期变化等国际经济环境变动时，迅速调整国际收支的能力。

（2）经济评估。

这主要是对投资目标国生产要素和发展意图进行分析。在自然资源方面，包括已有的自然资源状态、开发的可能性以及开发程度。在人力资源方面，包括劳动者的教育及训练情况、企业家的素质。在发展战略方面，包括过去和当前的长期经济发展战略与该国自然资源、人力资源的满足程度。在国内资金来源方面，包括国内资金在开发投资中的比重、国内促进储蓄增长的政策性措施。在外贸出口方面，包括出口商品种类和数量及出口市场多样化程度。

（3）对外金融评估。

这主要是对投资目标国国际金融状况进行评价。在国际收支状况上，包括国际收支现状、预测及未来的趋向。在外债状况上，包括外债增长率、债务结构及未来发生的债务负担。在外汇储备上，包括外汇储蓄水平、按进口规模和出口规模推算的合理水平。在借款的可能性上，包括从国际金融组织筹措的用于国际收支调整的贷款数额。

（4）政局稳定性评估。

这主要是对对象国和全球政治状况进行考察。在国内政局方面，包括政府领导班子能否顺利交接、各项政策的持续性。在国际政局方面，包括区域的、全球的政治局势的稳定性。

（二）评分定级法

评分定级法是用一组固定的评分标准对投资目标国的各个风险因素加以衡量，从而确定风险分数的方法。由于这种方法简便易行，而且可以在不同国家间进行风险的比较，因而在国际上得到了广泛的应用。一般来说，评分定级法的整个评分定级过程分为以下四个阶段：

第一阶段：确定考察风险因素，如负债率、战争次数、人均收入等。

第二阶段：确定风险评分标准。分数越高，风险越大。例如，负债率 10%以下为 1~2 分，10%~15%为 3 分，15%~25%为 4 分，25%~50%为 5 分，50%~80%为 6 分，等等。

第三阶段：将所有项目的分数加总，确定该国的风险等级。风险等级越高，说明风险越小。

第四阶段：进行国家间的风险比较，确定投资的方向。

（三）预先警报系统

预先警报系统是 1975 年联邦德国经济研究所制定的一系列重要的国家经济指标。通过这种指标系统可以观测国家风险状态，以期在国家风险出现之前发出警报，提醒投资者注意。这个系统主要由以下指标组成：偿债比率、本金偿还比率、负债比率、负债对出口比率、负债对外汇储备比率、流动比率、偿息额对国民生产总值比率、经常项目收支逆差对出口额比率、物价上涨率、货币供给增长率、财政赤字对国内生产总值比率、国际货币基金借款对本国在该组织中的份额的比率、年固定资产形成额对国内生产总值比率、国际银团对该国贷款的加息率。通常在进行政治风险评估时要有选择地运用其中一部分指标，其中较为常用的有：

（1）偿债比率。

该比率表示一国偿付外债的能力。一般认为该比率在10%以下，表明该国拥有较强的偿还能力。当该比率高于25%时，则意味着可能面临债务困难，存在着不能归还到期债务的可能。这一指标的计量公式是：

偿债比率=（外债当年还本付息额/当年出口商品与劳务额）×100%

（2）负债比率。

该比率表示一国的经济规模和外债的关系。一般认为该比率低于15%较好；当高于30%时，则容易发生债务危机。这一指标的计量公式是：

负债比率=（本国全部公私外债余额/当年国民生产总值）×100%

（3）负债对出口比率。

该比率用以衡量一国短期内偿还全部外债的能力。在当前发展中国家短期债务所占比重日益增加的情况下，该比率越低，说明该国越不易发生债务危机。一般认为，该比率的危险界限为100%左右。这一指标的计量公式为：

负债对出口比率=（本国全部公私外债余额/当年出口商品与劳务额）×100%

（4）流动比率。

该比率表明一国外汇储备相当于进口额的月数。一般认为相当于5个月进口额的外汇储备是比较充足的，低于1个月进口额的外汇储备则是危险的。这一指标的计量公式为：

流动比率=外汇储备余额/月平均进口的外汇支出额

（四）风险指数法

进行国际投资活动的企业可以借鉴一些进行国际风险评估的专门机构提供的风险指数进行政治风险的评估。国际上主要的风险指数有：

（1）国家风险国际指南（ICRG）。

它由美国纽约国际报告集团编制，每月发布一次。国家风险国际指南分为政治、金融和经济三部分，其中政治因素分析占50%，即100分；后两项分别各占25%，即各为50分。指标模型为：

$$CPFER = 0.5 \times (PF + FF + EF)$$

式中，CPFER表示政治、金融、经济综合指数，以0~100分表示，分数越高表示风险越低。PF表示全部政治指数，包括领导权、法律、社会秩序及官僚化程度等13个指标；FF表示全部金融指标，包括停止偿付、融资条件、外汇管制的损害程度及政府毁约等5个指标；EF表示全部经济指标，包括物价上涨、偿付外债比率及国家清偿能力等6个指标。

CPFER是针对每一个具体国家而言的，它考察各个国家不同时期综合风险指数及其变化情况，便于国际投资者掌握投资目标国家风险的状态和变化趋势，比较不同国家的投资风险，决定投资的方向。

(2) 富兰德指数。

富兰德指数是20世纪60年代末期，美国的F. T. 汉厄教授设计的考察国家政治风险大小的一种评价指数。该指数以0~100表示，指数越高，表示风险越低，信誉地位越巩固。该指数是三个定性定量环境评级体系的综合指标。其中定量评级体系侧重于评估一国的外债偿付能力，包括对外汇收入、外债数量、外汇储备状况及政府融资能力四方面的评分。定性评级体系主要考察该国的经济管理能力、外债结构、外汇管制状况、政府贪污渎职程度以及政府应付外债困难的措施这五个方面的评分。环境评价体系包括三个指标系列，即政府风险指数、商业环境指数、社会政治环境指数。上述三个评级体系在富兰德指数中所占比重分别为50%、25%和25%。与富兰德指数相配合，美国商业情报研究所还定期发表富兰德报告，公布各国的基本统计数字和分析人员的评价。富兰德指数及报告基本包括了主要债务国和贸易国的风险环境的分析，是进行国际投资的重要参考依据。

(3) 欧洲货币国家风险等级表。

该表是由国际金融界权威刊物《欧洲货币》编制并在每年秋季公布的侧重于反映一国在国际金融市场上的形象与地位的指数。它主要考察的内容以及各项内容所占的比重分别为：第一，进入国际金融市场的能力，占20%。它包括在外国债券市场、国际债券市场、浮息债券市场、国际信贷市场以及票据市场上筹措资本的能力。第二，进行贸易融资的能力，占10%。它主要是指通过无追索权的大型贴现而融资的能力。第三，偿付债券和贷款本息的记录，占15%。第四，债务重新安排的顺利程度，占5%。第五，政治风险状态，占20%。第六，金融二级市场上的交易能力及转让条件，占30%。

(4) 日本公司债研究所国家等级表。

这是日本公司债研究所每年以图表形式公布的国家风险分析报告，为日本投资者了解各国投资风险状况服务。国家等级表采取评分制，以0~10分表示，10分表示该国国家政治风险最低。国家等级表按14个项目对一个国家的经济状态进行逐项评分。这14个项目是：内乱、暴乱及革命的危险性，政权的稳定性，政策的持续性，产业结构的成熟性，对经济活动的干预，财政政策的有效性，金融政策的有效性，经济发展的潜力，战争的危险性，国际信誉地位，国际收支结构，对外支付能力，对外资的政策，汇率政策。根据综合评分确定该国风险等级序列，该序列A、B、C、D、E按风险程度从低到高排列。

三、政治风险的防范

既然国际投资活动面临着政治风险，那么在对政治风险进行评估之后，如何有效地采取措施防范和规避政治风险，最大限度地降低损失，对国际投资者来说更为重要。政治风险的防范可以分为投资前期的政治风险防范和投资中的政治风险防范。

(一) 投资前期的政治风险防范

(1) 办理海外投资保险。

在许多工业化国家，如美国、英国、日本、德国、法国等，都设有专门的官方机构对私人的海外投资提供政治风险的保险。如美国海外私人投资公司（OPIC）、英国的出口信贷保证部（ECGD）、德国的海分梅斯信用保险公司和德国信托与监察公司、日本通商产业省的海外投资保险部、加拿大的输出开发公司和荷兰的信用保险公司等。海外投资保险承保的政治风险包括国有化风险、战争风险和转移风险三类。一般做法是：投资者向保险机构提出保险申请，保险机构经调查认可后接受申请并与之签订保险单。投资者有义务不断报告其投资的变更状况、损失发生状况，且每年定期支付费用。当风险发生并给投资者造成经济损失后，保险机构按合同支付保险赔偿金。

（2）与投资目标国政府进行谈判。

投资者在投资前要与投资目标国政府谈判，并达成协议，以尽量减少政治风险发生的可能性。这类协议要明确：第一，子公司可以自由地将股息、红利、专利权费、管理费用和贷款本金利息汇回母公司；第二，划拨价格的定价方法，以免日后双方在划拨价格问题上产生争议；第三，公司缴纳所得税和财产税参照的法律和法规。第四，发生争议时采用的仲裁法和仲裁地点。

（二）投资中的政治风险防范

（1）生产和经营战略。

这种战略是投资者通过生产和经营方面的安排，使得投资目标国政府实施征用、国有化或没收政策后，无法维持原公司的正常运转，从而避免被征用的政治风险。第一，在生产战略上，要控制住两点：一是控制原材料及零配件的供应。进口原材料和零配件虽然运输成本较高，交货时间较长，但它可以保证投入品的来源和质量，免受投资目标国政府的控制，还可以有效地降低政治风险，因为投资目标国即便征用该企业，也无法获得生产所必需的原材料和零配件，无法维持企业正常运转，征用后无法收到原有效果。二是控制专利及技术诀窍。投资者将专利、技术诀窍控制在手中，一旦公司被征用，投资目标国没有专利和技术诀窍，就无法维持原有的正常经营。第二，在营销战略上，通过控制产品的出口市场以及产品出口运输及分销机构，使得投资目标国政府接管该企业后，失去了产品进入国际市场的渠道，生产的产品无法出口，这样做可以有效地减少被征用的风险。如秘鲁在征用马可纳公司后，发现自己反而失去了进入国际铁矿市场的渠道，结果不得不与马可纳公司重新谈判。

（2）融资战略。

这种战略是投资者通过对公司融资渠道的有效管理，达到降低政治风险的目的。其中一种方式是积极争取在投资目标国金融市场上融资。尽管在投资目标国金融市场上融资成本较高，并有可能受到投资目标国政府紧缩银根从而使筹资成本提高的影响，但这样做可有效地防范政治风险。因为投资目标国政府对该公司实行歧视性政策或经营上的限制，会影响其金融机构的利益，因而在采取征用措施时，投资目标国不得不慎之又慎。

第三节　国际投资汇率风险管理

自20世纪70年代浮动汇率制取代固定汇率制以来，汇率受各种因素的影响而涨跌不定，给国际投资等带来了巨大的风险，直接影响到投资者预期收益的实现。因此，研究汇率变动趋势，搞好汇率预测，根据汇率风险的特征进行风险管理，成为国际投资过程中不可缺少的重要环节。

一、汇率风险

汇率风险又称外汇风险（foreign exchange risk），是指一个经济实体或个人在国际经济交易中，以外币计价的资产（债权、权益）与负债（债务、义务）因未预期到的汇率变动而引起的价值不确定性（价值上涨或下跌的可能）。国际投资中的汇率风险是指由于货币汇率的变动给国际投资者的预期投资收益带来的价值不确定性，即获益（gain）或受损（loss）的不确定性。外汇风险的英文为exchange exposure（承受外汇风险的外汇金额部分或敞口）①，它涉及的面很广。投资者在跨国投资中遇到的汇率风险主要为三种：交易上的汇率风险、折算上的汇率风险和经济上的汇率风险。

（一）交易风险（transaction risk）

交易风险是指以外币表示的交易折算成本币时价值的不确定性。交易风险涉及两类项目：一是已经列入资产负债表中的应收和应付账款项目，如进出口贸易应收应付款、投资或外汇借贷款等；二是资产负债表外的会引起未来的应收和应付账款的项目，如远期购售合同、应付租赁费用、尚未履行的客户订单或借款协议等。

例如，某德国公司销售一批货物给美国进口商，30天后美国进口商付货款16 000美元。签订合约时，即期汇率为1欧元=1.60美元。德国公司期望30天后可按目前汇率1欧元=1.60美元收取10 000欧元（16 000÷1.60）。但30天后，若汇率上扬至1欧元=1.80美元，则德国公司收到的货款仅为8 888.89欧元（16 000÷1.80），比期望收入减少1 111.11欧元（10 000−8 888.89）。然而，若30天后，汇率下调到1欧元=1.40美元，则德国公司收到11 428.57欧元（16 000÷1.40）的销售收入，比预期收入增加1 428.57欧元（11 428.57−10 000）。可见，交易风险是不确定的，既可能发生汇兑损失，也可能发生汇兑收益。

在国际投资中，投资者将一笔资金投至某种外币资产，如果投资期间该外币汇率下跌，投资者的本币实际本息收入就会减少，甚至亏损；如果投资期间该外币汇率上升，投资者的本币实际本息收入就会意外地增加。

（二）折算风险（translation risk）

折算风险也称会计风险（accounting risk），它是指由于汇率变化而引起资产负

① 原信. 外汇风险［M］. 北京：中国金融出版社，1987：78.

债表中某些项目金额变动的风险。一般情况下，出于财务报告的目的，拥有以外币计量的会计科目的企业在编制正式会计报表时，都需要将外币科目的金额折算成以本币计量的金额。汇率变化会使分支公司和母公司的资产价值在进行会计结算时发生损益。在国际投资活动中，跨国公司在每一个会计年度期末，需要将各分支公司的财务报表合并成汇总报表。在将分支公司以投资目标国货币计价的会计科目折算成母国货币的过程中，由于汇率变动而可能给跨国企业带来不确定性。折算风险带来的收益和损失，只是一种会计概念，并不表示该跨国公司实际的或已经发生的收益和损失。折算风险反映在会计报表的资产、负债和权益等各个科目上。

例如，中国某跨国公司在美国的一家子公司的账面资产价值为100万美元，按当时汇率1美元=8.7元反映在中国母公司汇总会计报表中，该子公司资产价值为870万元。一年后，若美元贬值，汇率由原先的1美元=8.7元变成1美元=8.5元，此时中国母公司会计账簿上该美国子公司的资产价值降为850万元，发生了20万元的折算损失；反之，若一年后，美元升值，汇率由原先的1美元=8.7元变成1美元=8.9元，此时中国母公司会计账簿上该美国子公司的资产价值升为890万元，发生了20万元的折算收益。无论出现以上哪种情况，都会对企业的账目平衡和利润等产生影响，特别是当一国税收部门根据企业的会计账款征税时，还会影响其纳税数额。

目前，世界各国跨国公司在进行财务报表汇总时，普遍采用以下两种方法衡量会计风险，有时还将这两种方法混合起来使用。

1. 现行汇率法（the current rate method）

采用现行汇率时，股东权益账户如普通股票，都按历史汇率（交易发生时的汇率）换算成相应的本币数额，而其所有的资产负债表项目余额价按现行汇率（编制报表时的汇率）换算。以现行汇率进行换算，汇率对报表的影响能立即反映出来，转换风险的损益也能立即看出来。这里，由于现行汇率与历史汇率常常不一致，即历史汇率是不变的，现行汇率相对于历史汇率来说是变化了的汇率，汇率的变化使得资产与负债存量的价值发生了变化。以历史汇率进行换算，短期内对资产与负债存量无影响，但这种影响会滞后发生，因此给正确评价企业经营带来了不便。所以，目前西方跨国公司中运用现行汇率法的居多。

2. 货币与非货币法（the monetary and non-monetary method）

货币与非货币法是将资产负债表中的项目分为货币性资产与负债和非货币性资产与负债两类。货币性资产（指现金、应收款项、短期有价证券等）与负债（指应付款项和长期负债等）都按现行汇率换算，而非货币性资产与负债（指长期投资、存货和固定资产等）都按历史汇率换算。损益表中的与非货币性资产负债有关的项目，如固定资产折旧和销售成本也按历史汇率换算，与非货币性资产负债项目的换算比率保持一致，损益表中其他项目按会计期间的平均汇率换算。在这种方式下，只有货币性的资产与负债项目才是受险部分（exposure），非货币性资产与负债项目以及与其有关的项目则被排除在受险部分之外。这种折算方式多为日本、美国的跨国公司所采用。

除了以上两种衡量会计风险的方法外，还有一种目前已较少使用的方法，即流动与非流动法，此处也简要介绍一下。

3. 流动与非流动法（the current and non-current method）

流动与非流动法将资产负债表中的项目划为流动性资产与负债和非流动性资产与负债两类。所有流动性资产与负债都按现行汇率（编制报表时的汇率）折算，而所有非流动性资产与负债则都按历史汇率折算。流动性资产项目有现金、应收款项、短期有价证券和存货；流动性负债项目有应付款项、短期借款。非流动性资产项目有厂房、设备等固定资产；非流动性负债有长期债务（长期借款、长期债券）、股本和保留收益等。

（三）经济风险（economic risk）

经济风险是指由于意料之外的汇率变动，引起跨国企业在未来一定时间内收益发生变化的一种潜在风险。收益变化的大小，主要取决于汇率变动对该企业产品成本、价格乃至生产数量的影响程度。潜在的经济风险直接关系到海外企业经营的成果或银行在海外的投资效益，因此对一个跨国企业来说，经济风险较之其他外汇风险更为重要。但是，经济风险是一种概率分析，它取决于在一定时间内预测未来现金流量的能力，是跨国企业从整体进行预测、规划和进行经济分析的一个具体过程。分析经济风险主要取决于预测能力，预测的准确程度将直接影响生产、销售和融资等方面的战略决策。

对于跨国公司的投资来说，经济风险将引起跨国公司的投资环境发生变化，导致公司现金流可能发生变更而产生损益。这种现象存在于跨国投资的各个方面，因为汇率变动意味着各自同种商品之间的比价和一国不同商品之间的比价都要发生变化。这种价格体系的变化，会改变国内及国际市场上的生产条件和需求结构，从而影响跨国公司的经营活动。

例如，某子公司所在地货币对母国货币贬值，则这种贬值对母公司业务现金流的影响可以从以下两个方面分析：

（1）销售收入的变化。

贬值后，子公司的销售收入取决于贬值后销售量的变化、定价策略以及贬值前的竞争激烈程度。①假定贬值前子公司的产品内销于投资目标国市场且没有进口替代品与之竞争，则贬值后，子公司的产品在投资目标国市场的售价不会改变，以投资目标国货币计价的销售收入保持不变但折算成母公司货币计价的销售收入下降，使母公司的业务现金流减少，其减少的幅度等于货币贬值的幅度。②假定贬值前子公司的产品内销于投资目标国市场且该市场还存在激烈的进口替代品的竞争，则贬值后，其进口替代品价格上涨，削弱了进口替代品的竞争实力。因此，子公司产品价格相对下降，其在国内市场上的销售额上升，销售收入的增长幅度还取决于国内市场对该产品的需求弹性。但销售收入的增长可以部分抵消由于货币贬值而使母公司业务现金流减少的影响。③假定贬值前子公司产品全部出口，则贬值后，该产品在国际市场上价格相对下降，销售量增加，但销售收入的增长幅度还取决于国际市场上对该产品的需求弹性和国际市场上该产品竞争的激烈程度。

（2）生产成本的变化。

子公司所在地货币贬值，则子公司生产产品的成本变动可通过三种情况分析：①子公司在投资目标国境内购入的投入品成本可能会因为投资目标国货币贬值而上升，但上升的幅度不会超过货币贬值幅度，因而对母公司的业务现金流的影响不大。②由于投资目标国货币贬值，使得子公司进口投入品成本上升，其上升幅度等于货币贬值的幅度。若进口投入品比例较高且替代性较差，会引起生产成本的大幅上升，对母公司的业务现金流影响较大。③随着生产成本的上升，子公司的行政管理费用和对流动资金的需求也有所增加，使母公司的业务现金流轻微下降。

二、汇率预测

汇率预测是根据汇率变动的一般规律，通过分析和研究大量的信息资料，对未来某一时期将出现的实际汇率做出科学的说明或判断。准确地预测汇率对于汇率风险的防范具有十分重要的作用。当今世界许多国家都实行了浮动汇率制，汇率变动不居，给国际投资活动带来了诸多不确定性，因此准确、及时地对相关国家的汇率变动进行预测，是汇率风险管理的第一步。

（一）汇率预测的必要性

汇率风险产生于汇率的波动，通过汇率预测可知汇率变动的趋势及其风险的大小、范围等，以便有的放矢地采取防范风险的措施。因此，尽可能准确地进行汇率预测对于汇率风险的防范是十分重要的。汇率预测对汇率风险管理有如下三个方面的作用：

（1）汇率预测是决定是否采取避险措施的需要。

通过汇率预测，可以从汇率变动的概率预先估计出各种可能的汇率变动将产生的外汇损失和收益。若预测的汇率变动对企业的跨国经营业务等将带来较大的损失或产生消极影响时，企业应该即时、果断地采取避险措施，以防患于未然。如果预测的汇率变动趋于稳定或对企业将产生明显的有利影响时，企业就可适当地采取促进措施，或甚至不采取任何措施。这样，通过汇率预测，可避免汇率风险管理决策的盲目性。

（2）汇率预测是选择最优避险措施的需要。

避免汇率风险的措施很多，有的只需花费很少的费用，有的则需付出较大的代价。企业应力求选择成本最低而能同时兼顾较大收益的避险方法。要做出这样的选择当然离不开对汇率的预测。例如，外汇期权交易避免汇率风险很灵活，但它的费用也较高，如果预测的汇率变动将造成的风险损失大于利用外汇期权交易、避免风险成本的一两倍以上，而且由于种种条件的限制，又无其他成本更低的方法可供选择的情况下，也仍然要利用外汇期权交易保值。相反，如果预测汇率风险损失将小于外汇期权方法所需的费用，就无须采用外汇期权，而采用其他成本相对较低的措施来防范风险。

（3）汇率预测是采用灵活经营策略的需要。

对于从事国际投资的企业来说，其财务、销售、价格等方面策略的制定和调整有赖于对汇率的预测。当预测汇率变动对企业将产生不利影响时，企业可及早变通或调整其经营策略，为汇率变动做好准备。例如，预测某种外币汇率趋升，可能使企业以该外币计价结算的原材料、半成品价格上涨而增大产品成本，这样，可改变企业的原材料、半成品的供应渠道，使之由相对成本较高的国家转到成本较低的国家。又如，预测某种货币汇率变动，会使企业产品的价格在某些国家或地区市场更具竞争力，那么就可加强在这些市场的销售工作等。显然，企业上述经营策略的调整都离不开对汇率的预测，因为不对汇率进行预测，就无法确定货币汇率的走势从而有针对性地采取灵活的经营方式，避免汇率风险。

（二）汇率预测的内容

对于汇率的变动，主要从三项内容来进行预测：①汇率变动的方向。货币内在价值的提高或降低引起汇率的变动，这将决定跨国公司是得到收益还是遭受损失。②汇率变动的幅度。这决定着跨国公司得到收益或是遭受损失的程度大小。③汇率变动的时间。这决定着跨国公司得到收益或是遭受损失的时间。

（三）汇率预测的分类

对汇率的预测是根据投资者的经济活动的不同需求进行的，一般可分为长期预测、中期预测和短期预测三种。

长期预测是指对 1 年以上汇率变动趋势的预测，它常运用于长期投资和借贷等方面。准确的汇率长期预测有利于提高投资收益，降低筹资成本。例如，20 世纪 70 年代以 4%的低利率借入瑞士法郎，到了 20 世纪 80 年代，该笔借款的实际支付利率则高达 15%以上。若事先能对瑞士法郎汇率的变化趋势做出长期预测，就能尽量避免借用这样的高成本资金。汇率长期变动趋势一般与货币发行国的经济与金融实力、经济发展趋势、通货膨胀率高低、投资收益率、财政收支以及国际资本的流向等密切相关，在进行汇率的长期预测时，必须全面考虑这些因素的影响。

中期预测是指对期限在 1 个季度以上 1 年以内汇率变动的预测。中期预测主要服务于短期投资和借贷、商品和劳务的进出口等经济交易。例如，进行为期 6 个月的短期投资，为了避免投资期间汇率变动可能导致的损失，就必须对投资货币汇率进行半年以上的中期预测。又如，以远期付款为条件的商品进口，在选用计价结算货币时，也必须对汇率做出 3 个月以上的中期预测，从而做出正确的货币选择，以确保安全。汇率的中期预测主要是根据货币发行国中期内的经济状况、宏观经济政策取向、政局稳定性、政府对外汇市场的干预程度、偶然（突发）事件以及市场行情和动向做出的。

短期预测是指对汇率进行 3 个月以内的预测。短期预测的目的主要是为货币保值或从事外汇投机，以获取预期的投机收益。一般而言，凡引起人们合理心理预期的因素都会对短期内的汇率产生较大影响，因此，在进行短期汇率预测时，必须结合有关因素考虑，以做出正确的判断。

三、汇率的决定与变动

要搞好汇率的预测工作，必须明确汇率的决定与变动。这里我们来看一看汇率的决定与变动。

（一）汇率的决定

不同货币制度下汇率的决定基础是不同的。

1. 金本位制度[①]下的汇率决定

金本位制度下，汇率决定的基础是铸币平价，是外汇市场上由于外汇供求变化而引起的实际汇率波动的中心，其上下波动的幅度受制于黄金输送点（gold points）。

这是因为金本位条件下黄金可以自由跨国输出或输入，当市场汇率与法定铸币平价之间的偏差达到一定程度时，就会导致有关国家不用外汇而改用输出黄金的办法来办理国际结算。决定黄金输送点的量的界限，是用于替代外汇直接用于国际支付的黄金的铸币平价加上（或减去）该笔黄金的运送费用如包装费、运费、保险费和运送期的利息等。假定英、美之间运送 1 英镑黄金的费用为 0.02 美元，那么当 1 英镑兑美元的汇价高于 4.886 5 美元的黄金输入点时，美国的进口商或债权人就愿以黄金来支付；当 1 英镑兑美元汇价低于 4.846 5 时，美国的出口商或债权人则愿从英方输入黄金。黄金输送点的存在起到了金本位制条件下国际收支自动调节机制的作用，它可以保持汇率波动稳定。

2. 纸币信用本位条件下的汇率决定[②]

在实行纸币流通制度的初期阶段，各个国家一般都规定过纸币的金平价，即纸币名义上或法律上所代表的含金量。在纸币实际代表的金量与国家规定的含金量一致的情况下，金平价无疑是决定不同货币汇率的价值基础。然而随着纸币流通制度的演进，纸币的发行开始与黄金的准备及兑换相分离，黄金非货币化的纸币信用本位制条件下，货币作为价值的符号，它们实际代表的价值量对比，成为其汇率决定的基础。当然，不同国家货币的价值量对比，主要是由其购买力相对地表现出来的。通过比较不同国家纸币的购买力或物价水平，可以较为合理地决定两国货币的汇率。

（二）影响汇率变动的因素

汇率变动受到许多因素的影响，既有经济因素，又有政治因素，还有心理因素等，而各个因素之间又是相互联系和相互制约的。随着世界政治与经济形势的发展，各个因素在不同的国家、不同的历史时期所起的作用是不一样的。

1. 实际经济因素的影响（real economic factors）

影响汇率的实际经济因素主要有经济增长（economic growth）、国际收支（bop）、资本流动（capital mobility）和外汇储备（foreign exchange reserve）。

（1）经济增长。

实际经济增长率对一国汇率的影响是复杂的。一方面，实际经济的增长反映了一国经济实力的增强，于是该国货币在外汇市场上的信心大增，货币汇率有可能下

---

① 金本位制是以黄金为本位货币的货币制度，该制度下各国都规定金币的法定含金量，不同货币之间的比价是由它们各自含金量的对比来决定的。例如在 1925—1931 年，1 英镑所含纯金量为 7.322 4 克，1 美元所含纯金量则为 1.504 656 克，两者之比为 4.866 5，即 1 英镑等于 4.866 5 美元。这种以两种金属铸币含金量之比得到的汇率又称为铸币平价（mint parity），它是金本价（gold parity）的一种表现形式。

② 纸币信用本位条件下的汇率决定与调整，要受制于众多的因素。究其性质和特点，可以从长期和短期角度考察。不同国家货币实际代表的价值量对比，是决定汇率的一个基本的长期因素。

降（直接标价法），即该国货币值有可能上升；另一方面，经济增长加速，国内需求水平提高，将增加一国的进口。如果出口保持不变，则该国贸易收支项目的盈余减少甚至出现逆差，这样该国货币币值有下降的压力。经济增长对一国汇率影响的净结果取决于上述两方面影响的大小。

（2）国际收支。

国际收支（balance of payments）是指一定时期内一国居民与外国居民之间的全部经济交易（economic transaction）的收入和支出。国际收支状况对一国汇率有长期的影响，尤其是经常收支项目。一国国际收支发生顺差，则外国对该国货币的需求以及外国本身的货币供应量会相对增加，于是该国货币汇率会下降即其币值会上升；否则，该国货币汇率就会上升即其币值会下降。在固定汇率时期，国际收支是决定汇率的特别重要的因素。在当时条件下，国际收支逆差往往是货币贬值的先导。20世纪70年代后，随着浮动汇率制取代固定汇率制，一些名义经济因素如利率和通货膨胀率变得更加重要了。

（3）资本流动。

资本流动对汇率的影响有两个渠道：一是改变外汇的相对供求状况，二是改变人们对汇率的预期。就前者来看，如果一国有大量资本外流，意味着在本国外汇市场上外币的供应量相对减少，这样外币币值相对于本币而言会上升，即本币汇率上浮，否则，本币汇率下降。就后者来看，当一国出现资本外流时，市场就预期该国货币会贬值，于是就抛售该国货币购入外币，结果汇率上浮，开始时的预期变为现实。这种预期就是"自我实现"的预期（self-realized expection）。无疑，预期会加强一种汇率的变动趋势。

（4）外汇储备。

较多的国际储备表明政府干预外汇市场、稳定货币汇率的能力较强。因此，储备增加能加强外汇市场投资者对本国货币的信心，因而有助于本国货币汇率的上扬；否则，储备减少则会诱导本国货币汇率的下调。外汇储备对稳定汇率有一定的作用。当然，外汇干预只能在短期内对汇率产生有限的影响，它无法从根本上改变决定汇率的基本因素。

2. 名义经济因素（nominal economic factors）

名义经济因素主要有通货膨胀率、利率和货币供应量。

（1）通货膨胀率。

通货膨胀率之所以能影响汇率的变动，是因为购买力平价的存在。当今，汇率的基础是各国纸币以购买力形式出现的价值。一国货币的实际购买力，是影响汇率变动的一个重要因素，它也影响一国商品、劳务在世界市场上的竞争力。由于存在通货膨胀，出口商品以外币表示的价格必然上涨，该商品在国际市场上的竞争能力就会削弱。与其他国家相比，如果其物价上涨率超过其他国家，这时该国政府不调整汇率就难以维持正常的出口，因而通货膨胀最终必然导致货币对外贬值，引起汇率的波动。

值得注意的是，通货膨胀影响汇率往往不是直接表现出来的，除影响出口和进口外，还会影响国内外实际利率（real interest rate）的差异，进而影响国际收支的资本项目。通货膨胀率过高，必然引起资本外流，还会影响到人们对物价和汇率的预期，这些表现又都会对汇率变动产生影响。自 20 世纪 70 年代初期开始，由于各国财政与货币政策的不同，通货膨胀率有很大差异，因而汇率波动剧烈。但一国货币内部贬值（通货膨胀）转移到货币外部贬值要有一个过程，这种转移过程可能需要半年，也可能需要几年。从长期看，汇率终将根据货币实际购买力而自行调整到合理的水平。

（2）利率。

利率作为使用资金的代价或放弃使用资金的收益，也会影响汇率水平。当利率相对较高时，使用本国货币资金成本上升，外汇市场对本国货币的供应相对减少；同时，相对较高的利率吸引外资流入，使外汇市场上外国货币的供应相对增加，对本国货币的需求上升。这样，相对较高的利率推动着本国货币汇率的上扬。同时，利率的高低也直接影响到各种金融资产的价格、成本和利润的高低。一国利率相对于另一国为高，或上升的幅度更大，就会使该国的金融资产增值，从而阻止本国资本外流，刺激国外资本购买该国的金融资产，进而引起对本币需求量的增加，促使本币汇率上升；否则会下降。当然，引起资本内流或外流的利率是指实质利率而不是名义利率（nominal interest rate）。西方国家计算实质利率通常是通过长期政府债券利率减去通货膨胀率差额。从短期看，利率在汇率变动中的作用是明显的。例如，1981 年年初，美国联邦储备银行将贴现率提高到 13%，商业银行的优惠利率从 1981 年 4 月份起逐渐上升，7 月 8 日达到了 20.5%的最高点。由于美元利率高，西欧大量游资流入美国，促使美元上涨。所以，1981 年美元汇率特别坚挺。

（3）货币供应量。

货币供应量对汇率的影响主要是通过利率、通货膨胀率和实际经济的增长进行的。货币供应量的增加意味着银根放松，利率下降，物价可能上升，经济会扩张。利率下降和物价上升会促使一国货币币值下降，即汇率上升。但经济的扩张又会促使一国实力增强，从而有助于该国货币信心的增强。货币供应量对一国货币汇率的影响取决于该国的经济结构、商品市场和外汇市场的调整速度等。根据许多经济学家的实证研究，在短期内，货币供应量的突然增加会使一国货币币值迅速下降，然而，在长期内，汇率会回复到均衡水平。

在谈到货币供应量对汇率的影响时，有两点需要说明：一是对世界上一些可自由兑换的货币而言，影响它们的汇率的货币供应量不仅仅是指各货币发行国国内居民持有的货币数量，而且也包括其他国家居民持有该种货币的数量。例如，影响美元的货币供应量就不只是美国居民持有的美元数量，而且还包括其他国家居民持有的美元数额。因此，对美元汇率的影响就不仅是由于美国居民的美元供求数量的变化，而且，更重要的是世界主要外汇市场上美元供求数量的变化。二是一国国内的货币供给量不仅是指本国发行的货币数量，而且也包括本国居民持有的外汇数量，因为本国收入的外汇总是要转化为本币在国内流通的，从而持有的外汇数量的增减也会影响国内货币供应量的增减。

3. 心理因素（psychological factors）

心理因素主要是指预期心理。预期被引入汇率的研究领域是在 20 世纪 70 年代初期。预期对汇率的影响很大，其程度有时远远超过其他经济因素对汇率的影响。

为了尽可能地减少或避免汇率波动带来的损失，或为了从汇率波动中得到好处，人们都在根据各种经济的和非经济的因素或信息对汇率的波动方向、趋势与幅度进行预测，以做出外汇汇率将要上升或下跌的判断，进而根据这种预期做出抛出还是购进外汇和以外币表示的金融资产的决策。比如当人们预期英国的通货膨胀将比别的国家高，实际利率将比别国低，对外收支的经常项目将有逆差，以及其他因素对该国经济将发生不利的影响，那么该国的货币就会在市场上被抛售，它的汇率就会下跌；否则，汇率就会上升。

（1）预期有稳定（stabilizing）和非稳定（distabilizing）之分。

稳定型的预期是指人们预期一种货币币值会下降，就购进这种货币，从而缓和货币币值下降的程度；反之，则抛出货币，从而降低该货币的升值幅度。显然，按这种预期心理进行的外汇买卖行为有助于汇率的稳定。非稳定型的预期行为同稳定型预期行为正好相反。按这种预期心理行事的交易者会在币值低时进一步抛出，在币值高时进一步购进，进而加剧了汇率的不稳定。

（2）影响人们预期心理的主要因素有信息（information）、新闻（news）和传闻（tumours）。

信息是指同外汇买卖和汇率变动有关的资料、数据和消息。新闻既有经济新闻也有政治新闻。传闻是未经证实的消息。有时，信息、新闻和传闻难以区分。特别是后两者之间更难以分清孰是孰非。在外汇市场上，交易员在对待传闻时有一句行话，这就是“于传闻时买进，于证实时卖出”（buy on rumours，sell on fact），或者“于传闻时卖出，于证实时买进”（sell on rumours，buy on fact）。

4. 其他因素

其他因素主要是指中央银行的干预，其他金融工具如股票、债券、外汇期权等的价格变动，石油价格的变动、黄金价格的变动和政治因素等。

第一，中央银行影响和干预外汇市场的手段主要有：①调整本国的货币政策，以期通过利率变动来影响汇率，如实行扩张性货币政策，导致货币供应量增加，利率下调，大量资本外流，外汇市场对本国货币的需求下降，导致本国货币汇率上升。②直接干预外汇市场，即直接在外汇市场上买进或卖出外汇；③对资本流动实行外汇管制。中央银行对外汇市场的干预早已有之。过去，欧洲货币体系就规定汇率波动的上下限，各中央银行有责任干预外汇市场，维持成员国之间货币汇率的稳定。自实行浮动汇率制以来，各中央银行曾多次单独或联合干预外汇市场。1985 年 9 月 22 日，西方五国财长和中央银行行长达成联合干预的协定。会后，五国中央银行一起向外汇市场抛售美元，致使美元汇率狂泄。这是最典型的中央银行干预行动。

第二，实行扩张性财政政策将直接导致需求膨胀，进口增加，外汇市场对外国货币的需求增加，导致本国货币汇率上升；否则会下降。

第三，一国股票价格的上升通常会带动该国货币币值上升，因为股价上涨表示该国经济前景看好，值得投资；否则，货币币值会下降。

第四，债券价格的上升通常发生在利率看跌的情况下。就短期看，利率下跌会使一国货币币值下降，但从长期来看，低利率和价格高的债券会刺激经济的发展，在某种程度上，货币币值又会有所回升。

第五，外币期货价格的变化也是影响汇率的要素之一。当期货价格下跌时，现汇价也会下跌；否则，现汇价上升。

第六，石油价格的变化对产油国和对依赖石油进口的国家的影响是不一样的，油价上升使产油国货币坚挺，石油进口国疲软；否则相反。

第七，黄金价格对美元汇率影响很大。通常，金价上升美元下跌，美元上升金价下跌。两者大致呈相反方向，但变化不一定同步。

此外，政治因素（政局的变化、战争等突发的重大事件）也会突然地、短时间地作用于汇率，使其发生变化。

四、预测汇率的方法

除了通过上述汇率的决定与变动因素预测汇率走势外，预测汇率的方法还有很多，总起来可以划分为两大类：一类是定性预测法，另一类是定量预测法。定性预测是对汇率升降的趋势性预测，它突出地分析影响汇率的各种因素，并依据各种因素发生作用的强度和方向来估计汇率的走势，所以这是一种方向性预测，后面将述及的德尔菲专家咨询法和相关树预测法就体现了定性预测的特征。定量预测是对汇率升降的大小量上的预测，它以定性分析为基础，通过大量的统计资料，得出各种经济变量对汇率变动量的影响实况，以数学公式或图表的形式表达，以对未来汇率变动做出较为准确的定量判断，如图表预测法和计量经济法就属于定量预测的范畴。下面对这几种汇率预测方法做一个简要介绍。

（一）德尔菲专家咨询法（Delphin method）

这是美国著名咨询机构兰德公司于20世纪50年代初发明的。它具有以下特点：一是参与者之间相互匿名，对各种反应进行统计处理，反复进行意见测验。二是提意见的专家要来自不同的专业，各专家之间没有密切联系，不考虑个人的权威、资历、口才、劝说、压力等因素。德尔菲专家咨询法实施的步骤是：①确定可以明确回答的问题，问题条目可由风险识别的组织者或参与者单方面决定，也可由双方共同商定。②将问题以通信方式寄给参与者，或在会议上发给与会者，但要保证参与者不能面对面。③咨询可分两轮或多轮进行，每一轮反复都带有对每一条目的统计反馈，它包括中位值或一些离散度的测量数值，必要时要提供全部回答的概率分布。④随着每次反复所获得信息量的减少，由组织者决定在某一轮停止反复。这种方法强调集中众人智慧，可使预测更为准确。一般来讲，专家组越多，预测所需的时间越长，风险识别的可信度就越高。

德尔菲专家咨询法对汇率的预测也是以专家的知识、经验、直觉和判断力为基础的。这种方法的具体程序是：首先，汇率预测的组织者将汇率预测的对象以及汇率预测的要求以征询问卷的形式分发给各专家，让参与预测工作的专家们独立地做出自己的判断；然后，组织者对专家们的意见进行综合整理，在下轮征询时反馈给专家，以便专家做出新的判断。这样的征询反复进行多次，直至专家们的意见基本一致而得到最终的结论为止。这种汇率预测方法将独立的判断与连续的反馈和修正相结合，它比较适用于中期汇率的预测。

（二）相关树预测法（correlation tree method）

这种方法不同于德尔菲法，它是一种系统分析方法，它以系统整体为基础，把所要研究的问题，按照树状的图式，分解成相互依存的多等级结构，用以研究各子系统与预测对象的因果关系，以及预测对象发生变动的逻辑可能性，如图 3-1 所示。

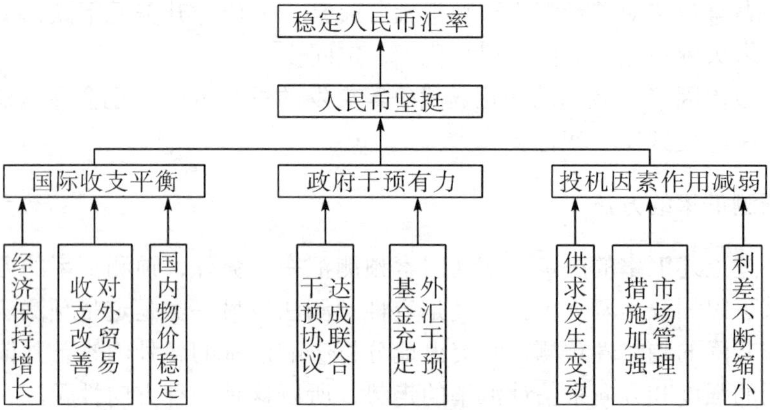

图 3-1 相关树图示

图 3-1 表明，树状图的顶端“稳定人民币汇率”是所要预测的对象，也是最终目的，下面每一分枝或子系统，如国际收支平衡、政府干预有力等，都是欲实现最终目的的前提，它们与最终目的有着密切的因果关系，因此，可以从各个关联的子系统或目标实现的情况加以推断，从而预测最终目标“稳定人民币汇率”实现的可能性。

（三）图表预测法或技术分析法（technical analysis）

这种方法是以图表为主要分析工具，将历史的汇率变动数据按时间顺序排列，测算出其平均值，并据此推测未来汇率的变动。

图 3-2 是假想的某年至某年外币对本币汇率变动举例。

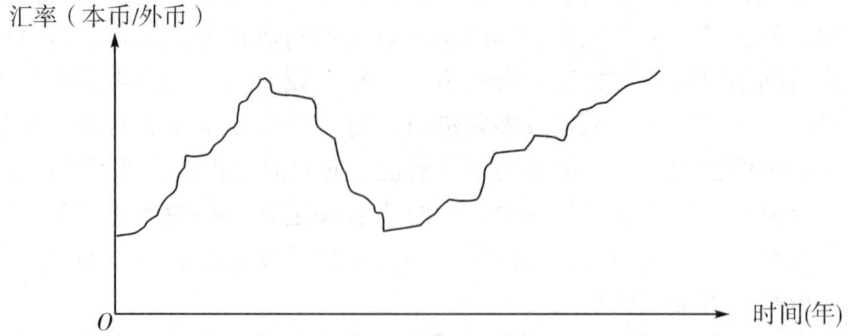

图 3-2 某外币对本币的汇率变动

虽然图3-2中描述的只是过去的汇率变动情况，但它给出了有关货币未来汇率变动的许多信号，甚至已显示出未来汇率变动的可能轨迹。这是因为价格是按趋势变动的，汇率的变动有其历史的延续性，人们可通过分析和研究历史的汇率来推测未来汇率的变动趋势，从而做出较为准确的预测。

由于图表预测法制图方法简单，图像直观，并且将按时间序列分析的趋势性与主观分析的灵活性结合在一起，在短期预测和较稳定的中期预测中准确度比较高，因此得到普遍运用。

（四）计量经济法（metronomics method）

它是通过运用计量经济模型对经济运行系统中的一些基本因素（如国民生产总值、货币供应量、利率、通货膨胀以及贸易收支等）进行分析，来说明外汇市场中的汇率变动，并做出预测。

汇率预测的计量模型主要有三种，即随机变动模型、价格自由浮动模型和价格黏滞（价格不能及时移动）模型。其中，随机变动模型最简单，而价格自由浮动模型和价格黏滞模型则要复杂些。价格自由浮动模型是由芝加哥学派提出的货币模型，价格黏滞模型则是由凯恩斯学派建立的货币模型。

在汇率预测中引入计量经济模型是近十几年才发展起来的。这种方法较新，尽管仍需加以改进和完善，但已引起越来越多人的兴趣，因此，这种方法的发展前景必将是广阔的。不过，目前在进行汇率预测中运用得较多的还是前三种方法，即德尔菲专家咨询法、相关树预测法和图表预测法。

五、汇率风险的防范

防范汇率风险的目的是减少由于汇率变动而给跨国企业国际经营带来的不确定影响。汇率风险的防范可以通过一定的方法来实现。

（一）交易风险和折算风险的防范

交易风险和折算风险的防范对策和规避技术主要有：

1. 采用货币保值措施

由于汇率风险产生于货币价值的变动，因此可主动采取各种货币保值措施来避免汇率风险，以达到防范汇率风险的目的。最常用的货币保值措施有五类，即选择计价货币、利用外汇交易抵补保值、其他货币保值措施、利用互换交易避免风险、其他避免交易风险的措施。

（1）选择计价货币。

在对汇率进行预测的基础上，合理选择计价货币即合理选择软、硬币，这是一个根本性的措施。所谓硬币（hard currency），是指汇率坚挺且有升值趋势的货币；所谓软币（soft currency），是指汇率疲软且有贬值趋势的货币。选择计价货币的基本原则是“收硬付软”，即争取出口合同以硬货币计值，进口合同以软货币计值；向外借款选择将来还本付息时趋软的货币，向外投资时选择将来收取本息时趋硬的货币。当然，货币的选择不是一厢情愿的事情，必须结合贸易条件、商品价格、市场行情或结合对外筹资的不同方式，借、用、还各环节综合考虑，统筹决策。此外，货币软硬的区分也只是在一定时期内相对而言的，因此，还涉及对汇率趋势的正确判断，同时也要考虑利率的趋势，把两者结合起来。对于固定利率和浮动利率的选择，主要是看利率的水平与趋势。就借入方而言，在借入货币利率趋升时，以借入固定利率为宜；若借入货币利率趋降时，则以选择浮动利率为好。

（2）利用外汇交易抵补保值。

抵补保值（hedging）是指在外汇市场买卖与外汇受险头寸方向相反的外汇，即在拥有一定时期后应收或应付的一定数额的外汇即外汇受险头寸（exchange exposure）时，立刻在外汇市场签订外汇交易合同，卖出或买进该外汇以冲抵。避险企业既可通过传统的外汇交易，如即期外汇交易和远期外汇交易进行抵补保值，也可通过新兴的外汇交易，如外汇期货交易和外汇期权交易进行抵补保值。

①利用即期外汇交易（spot transaction）保值。即期外汇交易是指成交后必须在两个营业日①内交割的外汇交易。交割是指购买外汇者支付现金，出售外汇者交付外汇的行为。在跨国经营业务中，国际投资者如果两天内有外汇应收款项或应付款项，就可与银行签订即期买卖外汇的合同，实现外汇资金的反向流动，即如果两天内将收进一笔外汇，并预期该外汇汇率下跌时，卖出与应收款项同等数额的即期外汇；相反，如果两天内将支付一笔外汇，并预期该外汇汇率上升时，则买进与应付款项同等数额的即期外汇，从而消除风险。或者，为投资者持有的外汇头寸（exchange position）不平衡时（即这种外币表示的债权或资产与债务或负债不相等），也可与银行签订即期合同，买卖外汇，轧平头寸，消除风险。当投资者买入外汇额大于卖出额时称为多头（long position），可卖出同等数额的即期外汇；相反，当投资者卖出外汇额大于买入额时称为空头（short position），可买入同等数额的即期外汇，从而平衡头寸，避免风险。例如，中国的一个投资者某日共购入外汇 20 万美元，卖出 19 万美元，两者的差额为 1 万美元，为多头头寸，即受险头寸。为了避免汇率风险，可卖出 1 万美元即期外汇，使持有的美元头寸平衡，从而使风险得到转移。

②利用远期外汇交易（forward transaction）保值。远期外汇交易就是指根据协议，交易双方按约定的汇率币别、汇价、外汇数量，在未来某个特定日期进行交割的外汇交易形式。远期外汇交易广泛运用于国际投资、国际信贷、进出口贸易中计价结算货币的保值。比如跨国企业在国际购销业务活动中，从签约到清算债权债务，通常要间隔 30~90 天，大型设备的支付期将会更长。企业可以利用远期外汇市场套期保值，针对每一笔以外币计价的应收和应付账款，根据收（付）的时间和金额，卖出（买入）相同币种、相同交割期、相同金额的一笔远期外汇，从而将汇率变动造成的损失以套期交易成本的方式固定下来。

例如，日本某进口商向法国某制造商购买一批价值为 10 000 欧元的设备，合同约定货款在 30 天后支付，交易发生日的汇率为 1 欧元 = 130.04 日元。日本进口商预

① 即期外汇交易在一般情况下是买卖双方约定于交易后的第二个营业日，相互交付对方所购买的货币。交割日定于第二个营业日的主要目的是因为全球外汇市场的 24 小时运作与时差问题。加拿大规定的即期交易日为交易后的第一个营业日。

计30天后欧元升值、日元贬值，为避免增加货款的付出，日本进口商签订一份30天期、按既定远期汇率购买欧元的远期合同。按远期汇率1欧元=130.98日元，则日本进口商将在30天后向期货商支付1 309 800日元以购买10 000欧元支付给法国制造商。日本进口商利用远期市场的直接成本为9 400日元（1 309 800-1 300 400）。

若日本进口商对汇率变动预期正确，30天后欧元升值、日元贬值，即期汇率变为1欧元=145.23日元，如果日本进口商不进行远期期货套期保值，将不得不在30天后支付1 452 300日元购买10 000欧元，增加的支出为151 900日元（1 452 300-1 300 400），而利用远期市场则节约了142 500日元（151 900-9 400）。可见，在汇率发生不利变动的情况下，利用外汇远期市场，虽然增加了操作成本，但它使承担的成本固定下来，消除了承担更高成本的风险。

③利用掉期交易（swap transaction）保值。掉期交易是指在即期（远期）市场上买进或卖出一种货币的同时，在远期（不同远期）市场上卖出或买进同一数量的相同货币。掉期交易的特点是：买卖同时进行；买卖某种货币的数额相同；交易的时间不同。凡是满足以上条件的，都可以被看成掉期交易。在实际经济生活中，掉期交易又分为两种——期对远期的掉期和远期对远期的掉期。即期对远期的掉期是指投资者在买进或卖出即期外汇的同时，卖出或买进同种货币的远期外汇，以避免外汇风险。比如中国银行持有暂时富余的美元资金，但未来又有美元支付的需要，就可以用即期的方式把多余的美元卖给其他银行。同时又以远期交易的方式将其买回，这样可以避免美元汇率波动的风险，又不耽误支付的需要。远期对远期的掉期是指投资者在买进或卖出远期外汇的同时，卖出或买进另一种期限的远期外汇，以避免外汇风险。比如中国银行在欧洲的分行3个月后将有一笔人民币投资于欧盟的法国，投资期限也是3个月。为了保值，在买进3个月期欧元的同时，卖出6个月欧元期汇。由于两个合同中的期汇汇率固定，汇率变动的风险可以消除。

④利用外汇期货交易（currency futures transaction）保值。期货交易是买卖双方在交易所交易统一的标准化合同，合同中有外汇或其他金融资产，买卖双方可做多头或空头。外汇期货交易是相对于外汇现货交易而言的，是指在交易所内（期货市场）达成并交易的、标准化的在未来买入或卖出某种货币的法律协议。在外汇期货交易中，买卖双方交易的不是现实的外汇，而只是一纸统一的“标准合同”，即外汇期货合同。外汇期货合同载明某指定数量的货币须在规定的未来某月某日交割，实际上，外汇期货交易成交后并没有移交外汇的所有权，因此，外汇期货合同还可以转买转卖。外汇期货的原理与商品期货一样，是通过期货的买卖冲抵汇率变动对现货交易可能造成的损失，即在现货市场上买进或卖出一种货币的同时，又在期货市场上卖出或买进同等数额的同一货币的期货，当货币汇率发生变化时，期货和现货汇率一般同方向变动，由于交易的方向相反（卖出现货，买进期货或买进现货，卖出期货），盈亏相互冲抵，因而起到了避免风险的作用。例如，美国某公司有多余的资金可供短期投资，于是购买了为期半年的加拿大元定期存单。为了避免半年内加拿大元下跌的风险，该公司通过外汇期货保值，即在现汇市场上买进加元投资于加拿大元定期存单的同时，在期货市场上卖出相同数额的加元，即签订合同在半

年后按现在商定的汇率提供一笔相同数额的加元。如果到期加元贬值，那么，该公司手中持有的加元会遭受损失，但在交割期货时可以获利，从而抵补这笔损失。如果加元没有贬值反而升值，那么，该公司在交割期货时会亏损，但手中持有的加元却获利可抵补损失。这样，不论加元怎么变动，该公司都可免遭损失而获得预期投资收益。

外汇期货交易有卖出外汇期货交易和买入外汇期货交易。当预期货币将于未来贬值时，在未来有债权（收入）者需收入时，为避免因货币贬值而造成未来应收款的价值减少，会卖出外汇期货合约。相反，若预期货币将于未来升值时，在未来有债务（款项）者需支付时，为避免因预付款升值，而使其面临汇兑上的损失，投资者可以先行买入该种货币的期货合约，以规避汇兑风险。

目前，在全球所有的外汇期货市场①中，以设在美国芝加哥商品交易所（Chicago merchantle exchange）的国际货币市场（international monetary market，IMM）的规模为最大。在国际货币市场上交易的货币主要是美元、英镑、欧元、日元、瑞士法郎和加拿大元。以上各种货币的期货价格均以美元报出，交易的最小单位为一份标准合同，大额交易则由多份合同组成，并且在合同金额、合同交割日、每日交易最低波动价和最高限价方面都有统一的规定，每一种货币合同所含数额都不同，比如，每份英镑期货合同为 2.5 万英镑，等等；外汇期货合同每年只有 4 个交割日，即每年 3、6、9、12 月份的第 3 个星期三。不过，在外汇期货交易中，买卖双方既可以在合同到期日履行合同，实际移交外汇；也可以在到期日前买入或卖出一个相反的合同来抵消原合同，而无须对方同意。事实上，98%的外汇期货合同在到期前多次转手冲抵，实际交割的为数极少。此外，外汇期货交易者还必须通过外汇期货交易所会员经纪人向期货交易所的清算机构——清算所缴存固定数额的保证金，以保障交易者的正当权益，在交易另一方由于汇率出现不利的波动情况而不愿或不能履约时用来抵偿汇率变动带来的损失。清算所还可随时根据行市涨落情况要求交易者补充保证金存款，因此，交易双方无须担心对方的资信和履约能力。外汇期货交易有三个基本特征：第一，期货合同只代表双方对有关货币汇价变动方向的一种预测，因此当交易一方买入或卖出一份期货合同时，他无须实际付出或收入合同面值所表明的外汇，而只需支付手续费。因为在合同到期前，绝大部分外汇期货合同是以对冲了结的。第二，一份期货合同实际上是一份每天都需要结算清楚的有约束力的协定，而不是像许多人所理解的那样，只是“未来某个确定日子买入或卖出一项有关资产的有约束力的协定”。因此期货交易中每天都会发生现金的流动。第三，期货交易的经纪人要求买卖双方都需要在缔约时付出一定数量的现金作为保证金（margins）并存入经纪人在清算事务所的账户上，以防止期货合同的任何一方违约。

由以上外汇期货交易的特点可看出，尽管它与远期外汇交易都是利用事先约定的汇率买卖未来收付的外汇这种方式抵补保值，但外汇期货交易更具有优势，表现

① 纽约期货交易所（NYFE）1980 年起开办了五种货币的 20 年期国库券的利率期货交易；1982 年伦敦国际期货交易所（LIFFE）成立，并开办了各类期货交易。

在：其一，外汇期货交易具有较大的灵活性。外汇期货交易中空头或多头的地位调整容易，随时可用一相反合同对冲原合同，这样不仅平衡了头寸，而且还终止了交割义务。然而远期外汇交易不存在二级市场，一般很难找到相反的交易对冲原交易，因此，其实际交割率高达90%以上。其二，外汇期货交易安全保密系数大。通常利用外汇期货交易抵补保值时，要缴足一定的保证金，委托交易所经纪人进行，信用风险由清算所承担，清算所则成为每一交易方的对手，即对于卖方而言，它是买方；对于买方而言，它是卖方。这样，交易者既不知道交易对方是谁，也不必担心对方是否信用可靠。外汇期货交易在转移汇率风险的同时，也能满足交易者在安全、保密等方面的要求。远期外汇交易最终都得由交易双方直接商议成交。这样，一方面，每一笔交易都知道对方是谁；另一方面，由于没有清算机构，交易者在交易前必须调查对方的资信，在避免汇率风险的同时，不得不承担信用风险。其三，外汇期货交易过程简化紧凑，成交迅速。由于外汇期货合同是标准化的合同，对交易的货币、合同金额和交割日期等都有统一的规定，交易时只需确定买卖合同数量及合同货币的价格，因此，这能大大缩短和简化交易过程。在远期外汇交易中，合同金额、交割日期以及价格等都由交易双方议定，所有交易都通过由电话和电传形成的无形市场进行，其市场结构较松散，从而延长了利用远期外汇交易抵补保值的过程。外汇期货交易在抵补保值方面能更好地满足投资者的需求，所以它自20世纪70年代中期问世以来发展迅速，目前，已成为人们抵补保值、防范汇率风险的重要手段之一。

⑤利用外汇期权[①]（foreign currency option）交易保值。外汇期权是指期权合同的买方向卖方支付一笔“期权费”后，即可在期权合同的存续期内任一时间（美式期权）或到期日当日（expiry date，欧式期权）以协议价格（strike price）买卖某种货币的权利。外汇期权交易分为期货交易所的外币期货期权交易和外币现货期权交易。在外汇期权交易中，期权买方或期权合同持有人（holder）在购买了外汇期权后，就具有了在一定期限内以协定汇率（striking price，即期权合同规定的在未来某时间买卖外币的汇率）向期权卖方或期权合同签发人（writer，一般为银行）买进或不买进、卖出或不卖出一定数额外币的选择权利。在期权合同有效期内或到期日，如果市场汇率发生变动，比较而言，协定汇率有利时，期权持有人可执行期权；相反，协定汇率不利时，期权持有人则可放弃执行期权而任其作废，买方损失的只是购买期权的费用或成本，即权利金（premium，一般按买入或卖出货币金额的百分比计算），它是外汇期权卖方向买方收取的交易费用。对于期权卖方来说，索取权利金是为了补偿今后汇率波动造成的损失；对于期权买方来说，权利金既是期权买方的成本，又代表了买方进入期权交易市场所承受的最大风险。因此，外汇期权的这种只享有权利而不负担义务（即不是到期非执行期权不可）的特点决定了其在防范汇率风险方面比其他外汇交易更为灵活，风险更小，当然，其成本也高些。

外汇期权包括的选择权利可分为两类，即买权（call option）和卖权（put option）。买权是在期权合同有效期内，按照协定汇率购买一定数额的某种外币的选择

① 费城证券交易所在1982年首创了外汇期权市场，是世界上最大的外汇期权市场。

权，它是期权交易者预期该外币汇率将上涨而购买的期权，所以又称看涨期权；卖权则是在期权合同有效期内，按协定汇率出售一定数额的某种外币的选择权，它是期权交易者预期该外币汇率将下跌而购买的期权，所以又称看跌期权。在国际投资过程中，当从事国际经济交易的企业或公司作为对外投资者或出口商，要在未来某一时间收进外币兑换成本币并预期外汇汇率将下降时，可购买看跌期权；而作为进口商或对外负有债务，要在未来将手中的本币兑换成外币进行支付并预期外汇汇率将上升时，则购买看涨期权，以此来避免由于汇率变动造成的损失。例如，美国某公司以远期付款为条件，从德国进口机器设备，3 个月后需向德国出口商支付 25 万欧元。为了避免 3 个月后实际支付时欧元汇率上涨而多付出美元的损失，该公司可购入 4 份欧元看涨期权（假定每份期权金额为 6.25 万欧元，4 份合计 25 万欧元），期权价格（权利金）为每欧元 0.01 美元，4 份欧元看涨期权共支付 2 500 美元，协定汇率为 1 美元=1.65 欧元。3 个月到期支付时，如果欧元市场汇率上涨为 1 美元=1.60 欧元，显然，对于该美国公司而言，协定汇率较市场汇率有利，于是执行期权合同，仍以 1 美元=1.65 欧元的协定汇率购买欧元，付出 15.151 5 万美元，比不购买期权保值而按市场即期汇率购买欧元，要少支付 4 735 美元［(25 万÷1.6)-(25 万÷1.65)］，减去权利金 2 500 美元，实际盈利 2 235 美元。如果欧元汇率没有上涨，反而下跌至 1 美元=1.70 欧元，这时市场汇率显然比协定汇率有利，那么，美国公司可放弃执行期权合同，而按市场汇率购入欧元，比执行期权合同少支付 4 457 美元［(25 万÷1.65)-(25 万÷1.7)］，减去权利金 2 500 美元，仍盈利 1 957 美元。如果欧元汇率没变，仍维持在 1 美元=1.65 欧元，该公司既可以执行期权合同，也可以不执行，因为执行与否对公司没有影响，但要损失权利金 2 500 美元。

由上可见，外汇期权交易在避免汇率风险方面具有独特的灵活性、主动性及风险有限性（无论汇率如何变化，期权合同持有人的损失即所承担的风险，只限于权利金的数额），这样就使得其能在避免汇率风险的同时保留从汇率变动中获利的机会。而其他外汇交易在避免风险的同时，往往也消除了从汇率变动中获利的可能。如利用远期外汇交易抵补保值，一旦交易双方签订远期合同，就必须在未来某一日期按预定汇率履行合同交割义务，即使市场汇率发生了有利的变化，任何一方也都不得单方面中止执行合同。外汇期货交易抵补保值时，也有类似不足，不过，只是外汇期货到期日前如无反向合同冲销，到期才需实际履行合同交割义务。因此，外汇期权交易弥补了其他外汇交易在抵补保值方面的不足，并且已成为重要的避免汇率风险手段之一而得到广泛的运用。

（3）其他货币保值措施。

除了上述外汇交易外，还可通过货币市场借款、订立货币保值条款和为汇率波动购买保险等对货币保值，从而达到避免汇率风险的目的。

①利用货币市场保值。这包括利用货币市场借款保值和利用货币市场套期保值。

第一，利用货币市场借款保值。有远期外汇收入的出口商或投资者可通过货币市场借入一笔与其远期外汇收入相同币种、相同金额和相同期限的款项，按即期汇率将借入的外币兑换成本币，补充流动资金或重新备货，等到期收进外汇后，再偿还外汇借款，以避免外汇汇率下跌风险，其保值成本为净利息支出。例如，日本一商人向美国出口一批商品，价值 100 万美元，约定 3 个月后对方以美元付款。该日本出口商为了防止 3 个月后美元汇率下跌而可能造成的损失，在签订出口合同的同时从货币市场借入 100 万美元，为期 3 个月，并立即将这笔美元兑换成日元备用。3 个月后该日本出口商收回美元货款时，即使美元汇率下跌，也不会蒙受任何损失，因为此时已无需将收回的美元兑换成日元，直接以美元偿还借款就可以了。这种借款保值法实质上是将未来的外汇收入转移到现在，避免未来收进外汇时与本币的兑换，从而转移了汇率风险。

第二，利用货币市场套期保值。外国投资者在货币市场上，针对每一笔外币计价的应收和应付账款，根据收（付）的时间和金额，通过借贷款创造出相同币种、相同期限、相同金额的应付和应收账款。

例如，某美国企业从德国进口一批价值为 10 000 000 欧元的商品，6 个月后以欧元付款。已知美元对欧元的即期汇率为 1 美元＝1. 30 欧元，若美元的年利率为 1. 1%，欧元年利率为 1. 5%，为避免欧元汇率上升给美国企业造成的损失，美国企业为在 6 个月后得到 10 000 000 欧元付给德国出口商，需在欧盟货币市场上存入 9 523 809. 52 欧元［10 000 000÷(1+1. 5%÷2)］，即需在美国市场上借入 7 326 007. 32 美元（9 523 809. 52÷1. 3），才可兑换到 9 523 809. 52 欧元存入到欧盟货币市场。6 个月之后，该企业可从欧盟货币市场上取出 10 000 000 欧元支付给德国出口商，同时在美国货币市场上偿还贷款本息和 7 367 032. 96 美元［7 326 007. 32×(1+1. 1%÷2)］。这样，无论 6 个月后汇率如何变动，美国企业在货币市场采取套期保值措施，都会将支付成本固定下来，从而避免了汇率变动所带来的风险。

②利用货币保值条款保值。货币保值条款（proriso clause）亦称货币指数化，它是指有关双方在签订贸易合同或贷款合同时，规定一种（或几种）币值比较稳定的货币作为保值货币，并确定计价结算货币与保值货币之间的汇率以及汇率的变动幅度。如果结算时，计价结算货币对保值货币的汇率变动超过规定的幅度，就按照变动的汇率折算合同总值，进行结算。否则按原定汇率折算合同总值进行结算。例如，某公司对英国出口部分商品，以英镑计价结算，在合同中订立以美元作为保值货币的保值条款，英镑对美元汇率变动幅度为 3%。到结算时，如果英镑对美元汇率上下浮动超过 3%，就按照其实际变化了的汇率折算合同总值结算。如果英镑对美元汇率上下浮动未达 3%，则按合同中订立的汇率折算合同总值结算。当然，这种保值方式仍有一定的风险（汇率波动未达 3%时），但如果汇率预测准确，还是可以避免较大风险的。

常用的保值条款有以下三种：一是黄金保值条款。黄金保值条款是指采用黄金市场价格来保值。具体做法是：在双方签订合同时，按当时的黄金市价将需支付的货币金额折合为若干盎司的黄金。到实际支付日，如果黄金市场的价格上涨，则支付的货币金额要相应增加，反之则减少。二是硬货币保值。双方在合同中规定以硬货币计价，用软货币支付，记录两种货币当时的汇率。在执行合同的过程中，如果支付货币的汇率下降，则合同中的金额要等比例地进行调整，按照支付日的支付货币的汇率计算。这样，实收的计价货币金额和签订合同时相同，支付货币下浮的损失可以得到补偿。三是用一篮子货币保值。在浮动汇率制度下，各种货币的汇率每时每刻都在变化，但是各种货币汇率变化的幅度和方向并不一致。用一篮子货币保值就是在合同中规定用多种货币来保值。具体做法是：在签订合同时，双方协商确定支付货币与一篮子保值货币之间的汇率，并规定各种保值货币与支付货币之间汇率变化的调整幅度。如果到期支付时汇率的变动超过规定的幅度，则要按合同中已经规定的汇率调整，从而达到保值的目的。

③为汇率波动投保保值。汇率波动保险是保险机构为防止公司或企业在进出口交易中因汇率波动遭受损失而提供的一个险种。需要避险的投保者，首先要向保险公司出具完整的进出口单据证明，然后与保险公司签订保险合同，并缴纳一定的保险费，保险费率由保险公司根据承保汇率可能波动的幅度制定。投保者投保后因汇率变动而产生的损失，由保险公司赔偿。但保险公司对汇率损失的赔偿是有限的，汇率损失赔偿根据不同货币的风险程度，限于汇率波动幅度的2%～3%，超过规定幅度的损失部分不予赔偿。例如，法国某公司以远期付款为条件向美国出口一批以美元计价的商品，价值100万美元，90天后付款。法国公司向法国外资保险公司投保，保险公司承保的汇率波动幅度为20%，保险费率为投保金额的3%，按成交时1美元=0.9欧元计算，保险费为2.7万欧元。3个月后美元跌至1美元=0.8欧元，降幅为11%。由于事先向保险公司投了保，法国公司损失的10万欧元［即100万×0.9-（100万×0.8）］得到补偿，该公司付出2.7万欧元的保险费，实际避免损失7.3万欧元。相反，如果3个月后美元对欧元升值11%，那么该公司的实际收益增加7.3万欧元。

汇率波动保险比其他险种风险大，因此目前提供此项货币保值服务的只有为数不多国家的国营保险公司，如日本、法国等国的国营保险公司。

2. 利用互换交易避免风险

互换（swap）是指两个企业之间签订协议，规定双方以一定金额的某种货币与对方换取同等金额的另一种货币，经过约定的期限后，双方再换回各自原来的货币。目前常用来避免汇率交易风险的互换形式主要有平行贷款（parallel loan）、货币互换（currency swap）、信贷互换（credit swap）。

（1）平行贷款。

平行贷款是指两个不同母国的跨国公司之间，分别向对方的子公司提供当地货币贷款。双方贷款按约定的期限用当地货币偿还，并按预先达成的贷款利率分别向对方支付利息。由于借入和归还的是同一货币，这种贷款无须通过外汇市场进行货币兑换，因而不存在外汇风险。平行贷款常涉及不同国家的两家跨国公司，同时分别又有子公司设在对方所在国，母公司通过平行贷款的方式向设在对方国的子公司提供资金。例如，一家日本的跨国公司在法国设有子公司，母公司有剩余的日元资金或能方便地筹措到日元资金，但它需要欧元对其在法国的子公司投资；与此同时，一家法国的跨国公司却需要日元对其设在日本的子公司投资，但该公司只有欧元或只能借到欧元。借助于平行贷款，日本跨国公司母公司把日元贷放给法国设在日本的子公司，法国跨国公司母公司则将等值的欧元贷放给日本设在法国的子公司。到期时，双方再分别归还所借之款项。这样，通过这种向对方的子公司直接融资的方式，双方都实现了对各自子公司间接融资的目的，既满足了双方对不同币种资金的需求，又避免了两家公司对子公司直接投资所产生的交易风险，还可降低双方各自子公司自己筹资的成本。又例如，一家美国跨国公司 A 在英国设有子公司，而一家英国跨国公司 B 在美国设有子公司。美国 A 公司在英国的子公司需要英镑，英国 B 公司在美国的子公司需要美元。在此情况下，可运用平行贷款，即美国 A 公司将美元贷给在美国的英国子公司，而英国 B 公司将等值的英镑贷给在英国的美国子公司，如图 3-3 所示。这种做法既满足了各自子公司对货币的需求，同时又避免了母公司直接投资所可能带来的汇率风险。

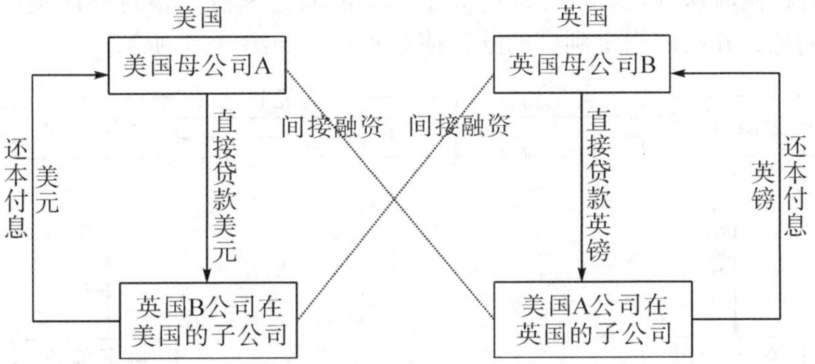

图 3-3　一个假设的平行贷款的例子

（2）货币互换。

货币互换比较常见的形式为固定利率的两种货币互换，它是货币互换交易双方通过中介人（一般为投资银行）签订货币互换协议，调换各自拥有的一笔等值但币种不同的资金，按期以对方的货币还本付息。在约定的到期日，双方再换回各自原来的货币。两种互换货币之间存在的利率差，则按利率平价原理，由资金利率较低的一方向资金利率较高的一方定期补贴。

货币互换交易的基本程序是：①确定和交换本金，按不同的货币定期支付利息。②互换利息。互换交易双方按货币互换协议规定的各自固定利率，以未清偿本金为基金支付利息。③再次互换本金。互换交易双方在到期日换汇交易开始时确定及互换的本金。例如，德国一家大跨国公司欲向其在美国的子公司提供一笔优惠利率的美元贷款，为避免贷款期间美元对欧元汇率变动的风险，德国公司通过银行中介，与另一需要做欧元债券投资的美国公司进行欧元与美元的互换。其具体步骤如下：

首先，德国母公司按即期汇率以欧元换取美国公司的美元资金，然后转贷给其在美国的子公司。另外那家美国公司则以换得的欧元购买固定利率的欧元债券，如图 3-4 所示。

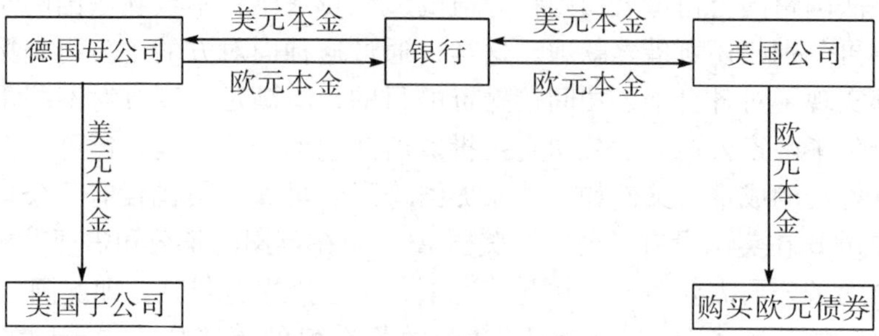

图 3-4　期初本金互换过程

然后，互换交易期间，德国母公司向银行支付从其美国子公司收取的固定利率的美元利息，同时从银行收取相应的固定利率的欧元利息。银行则向美国公司支付美元固定利息，并收取固定利率的欧元债券利息，如图 3-5 所示。

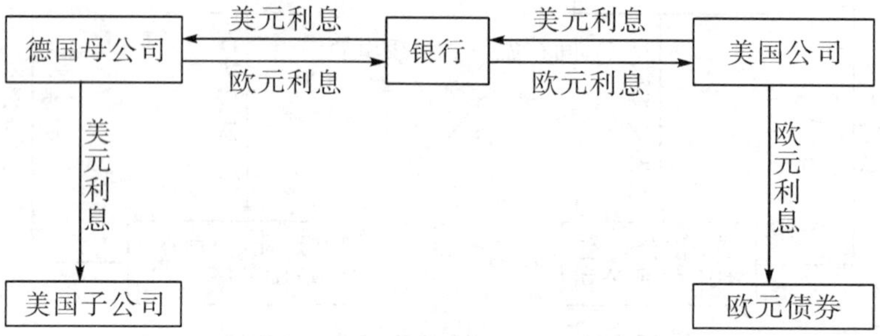

图 3-5　期中利息互换过程

最后，在到期日，德国母公司将其美国子公司偿还的美元本金通过银行换回欧元本金，银行向美国公司偿还美元本金，收回欧元本金，如图 3-6 所示。

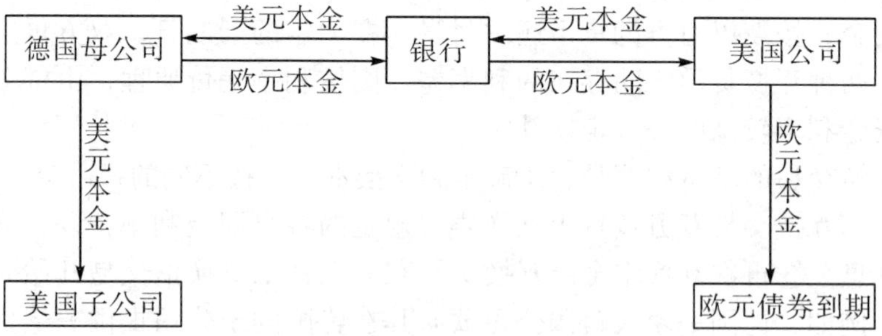

图 3-6　期末本金互换过程

这样，通过货币互换交易，不仅母公司避免了汇率风险，而且子公司由于借款与还本付息均用子公司所在国货币，不仅转移了汇率风险，而且也降低了筹资成本。实际上，一笔货币互换交易涉及即期和远期两次货币交换。由于远期交换是按货币互换协议约定汇率进行的，因此，货币互换能有效地避免汇率变动风险，实现低成本、高收益的资金融通和短期资产负债管理战略。

除了以上固定利率的货币互换外，还可通过交叉货币利率互换（cross-currency interest rate swap）来防范汇率风险。交叉货币利率互换是指固定利率和浮动利率的货币互换，即同时涉及汇率和利率问题。例如，固定利率瑞士法郎对浮动利率美元的互换。这种互换业务的技术比较复杂，但其原理与固定利率的货币互换基本相同。由于篇幅有限，这里不再详述。

（3）信贷互换。

信贷互换是指分属不同国家的跨国公司和跨国银行之间互换一定数额的货币，经过约定时间后，各自再换回自己原来的货币。例如，一家中国跨国公司母公司欲对其在德国的子公司提供资金但暂时缺乏欧元，于是与德国跨国银行签订协议，由中国公司将一笔人民币存放于这家德国跨国银行北京分行的账户上，德国跨国银行总行则发放一笔与人民币存款等值的欧元贷款给中国在德国的子公司。到期时，中国在德国的子公司将相同数量的欧元归还给德国跨国银行总行，同时中国跨国母公司也提走存在德国跨国银行北京分行账户上的人民币存款。这样，中国跨国公司母公司通过在北京的德国跨国银行的分支行存入一笔人民币，而对本国子公司进行了间接融资。由于中国跨国公司母公司存、取款都使用同一货币——人民币，中国子公司借、还贷款也为同一货币——欧元，因此，在信贷互换期间，无论人民币对欧元汇率怎样变动，中国跨国公司和德国跨国银行都能免遭汇率变动的风险。信贷互换过程如图 3-7 所示。

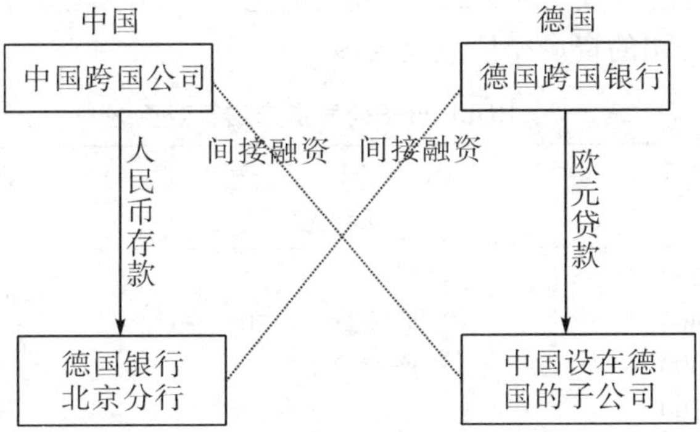

图 3-7　一个假设的信贷互换过程

过去，信贷互换业务广泛流行于商业银行之间，其目的主要是满足银行短期外汇需求。第二次世界大战结束后，信贷互换业务规模进一步扩大，跨国公司也普遍采用了这种技术。

3. 其他避免交易风险的措施

除了以上几大类避免汇率风险的措施外，还有一些其他的措施也可用来防范汇率风险，如超前或滞后收付外汇、建立再开票公司等。

（1）超前或滞后（leads & lags）收付外汇。

超前或滞后收付外汇是指对未来一定时期内必须支付或收回的外汇款项提前或推迟进行结算，以转移汇率风险。

在对汇率变动进行正确预测的基础上，采取提前或推迟支付手段，以规避外汇风险。具体来说，对债务人而言，如果计价结算货币汇率趋升，就需设法在规定时间之前提早付汇；如果计价结算货币汇率趋跌，就应尽可能在规定时间已经到来时推迟付汇。对于债权人而言，如果计价结算货币汇率趋升，就需设法在规定时间已到时推迟收汇；如果计价结算货币汇率趋跌，就应设法在规定时间之前提早收汇。超前或滞后常被从事国际投资的大跨国公司用于避免汇率风险。例如，中国某公司有一笔以日元计价的应付款项，如果预期日元汇率趋升，中国公司就需设法提前付汇。否则，当日元汇率上升后，中国公司就必须以比日元升值前更多的人民币兑换日元进行支付。相反，如果预期日元汇率趋跌，中国公司则需设法推迟付汇。这样，当日元汇率下跌后，中国公司就可以比日元下跌前更少的人民币兑换日元进行支付。又如，一美国公司有一笔以欧元计价的应收款项，如果预期欧元汇率趋升，美国公司就应尽量推迟收汇，以获得欧元兑换更多本币的好处。相反，如果预期欧元汇率趋跌，则应尽可能提前付汇，以免遭因欧元汇率下跌而不能兑换回如数本币的损失。

提前或推迟支付一般多用于跨国公司内部，即母公司与子公司、子公司与子公司之间，因为采取提前或推迟支付手段来规避风险等于将外汇风险转嫁给交易对方，必受到对方的抵制，目的不易达到。以下举一案例说明跨国公司内部提前支付手段的应用。

例如，HOPE 是一家美国跨国公司，其中国的一家子公司从其德国的子公司借入 200 万欧元以支付进口货款。结算条件：90 天到期，期初汇率为1 欧元=10.119 9 元（1 元=0.098 8 欧元），1 美元=8.277 2 元（1 元=0.120 8 美元）。美国母公司、中国子公司和德国子公司的资产净值见表 3-9。

表 3-9　HOPE 母子公司资产结算变更之一　　单位：万

HOPE 中国子公司 /元		HOPE 德国子公司 /欧元		HOPE 美国母公司 /美元	
现金	100	应收账款	200	现金	20
存货资产	400	资产净值	200	存货资产	80
应付账款	400			资产净值	100
资产净值	100				

若人民币在结算到期前下跌 10%，即：1 元=0.089 7 欧元，1 元=0.108 7 美元，则美国母公司、中国子公司和德国子公司的资产净值如表 3-10 所示，中国子公司和 HOPE 美国母公司资产净值均有所下降。

表 3-10　HOPE 母子公司资产结算变更之二　　单位：万

HOPE 中国子公司 /元		HOPE 德国子公司 /欧元		HOPE 美国母公司 /美元	
现金	100	应收账款	200	现金	18.2
存货资产	400	资产净值	200	存货资产	72.7
应付账款	440			资产净值	90.9
资产净值	60				

若中国子公司对德国子公司的结算提前到人民币下跌之前进行，汇率变动的影响将被基本消除，如表 3-11 所示。

表 3-11　HOPE 母子公司资产估算变更之三　单位：万

HOPE 中国子公司/元	HOPE 德国子公司/欧元	HOPE 美国母公司/美元
现金　100 资产净值　100	现金　200 资产净值　200	现金　98.2 资产净值　98.2

在以超前或滞后收付外汇方法避免交易风险时，应慎重考虑其成本和代价。提前支付货款和推迟收回货款，实际上等于向对方提供了一笔相当于提前支付期限和滞后收款期限那样长时间的贷款，从而丧失了资金使用的其他机会成本。因此，在利用这种方法防范交易风险时，应该预估风险损失和机会成本孰高孰低，将两者反复权衡，以做出正确的决策。需要指出的是，超前或滞后收付外汇的方法能否有效地避免交易风险，关键在于对汇率的预测是否准确。

（2）建立再开票公司（reinvoicing company）。

再开票公司亦即避税港公司（tax haven company），是跨国公司设立的一个独立的贸易中介公司，其职能是专门处理公司内部各子公司之间的贸易业务，向子公司提供资金融通的便利，管理公司内部的交易风险。当跨国公司系统内部发生贸易往来时，如甲子公司向乙子公司销售产品，是先卖给再开票中心，而不直接卖给乙子公司，尽管所销产品直接运往购货的乙子公司。然后，由再开票公司将产品转卖给乙子公司。卖方甲子公司以其所在地货币计价结算开票；再开票公司则向买方乙子公司以买方乙子公司所在地货币计价结算开票。这样，不论卖方甲子公司还是买方乙子公司都是以本币进行交易的，从而避免了交易风险（再开票程序见图 3-8），全部风险都转移和集中到了再开票公司。

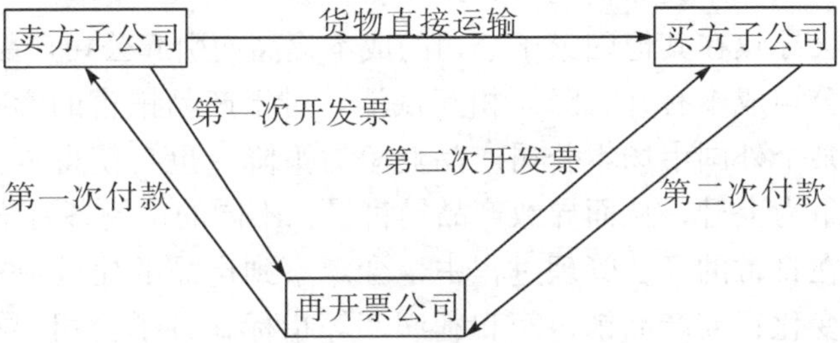

图 3-8　再开票程序

再开票公司集中管理全公司内部所有的外汇交易风险，各种外币有付有收，从而大部分交易风险得以被冲销，剩下的汇率风险，由再开票公司选择最佳抵补保值方式进行管理，而且集中管理。经营的外汇交易量越大，越有利于降低风险管理成本。由于再开票公司将各子公司之间的应收、应付账款等经济往来活动集中起来，通过对公司内部资金清算进行多边冲销，可以减少资金流量，加速资金周转，节约有关费用。同时，再开票公司还可以对本公司系统内产生的超前或滞后收付外汇实行更有效的管理。

（二）经济风险的防范

经济风险管理的目的就是主动采取预防措施，以使不可预见的未来汇率波动对企业的不利影响或损失降至最低限度。企业通过采取主动的经营战略，可以把握市场变动的脉络，及时发现问题，变劣势为优势。经济风险的管理主要是通过多样化策略（diversification strategy）实施的。多样化策略亦称国际化策略，是指企业通过对其产品生产、经营、筹资等方面国际范围的分散经营，在汇率发生变动时，及时调整经营方式和市场方向，以消除汇率变动产生的不利影响，甚至获得盈利。杰克魁（L. L. Jacque）指出，防范经济风险的最佳管理模式，是通过调整销售收入和投入品的币种组合，使得未来销售收入的变化与投入品成本变化两者可以相互抵消。防范经济风险的对策有：

1. 多样化经营策略

多样化经营策略包括分散经营（diversifying operation）和融资多样化（diversifying financing）两个方面。在这种战略指导下，跨国公司将经营业务深入到各个不同国家和不相关的各个行业中，通过多样化经营降低汇率变动所带来的经济损失，使整个公司业务现金流的波动较小。因为汇率变动会使母公司下的部分子公司在生产和销售上的不利影响部分地抵消其他子公司在生产和销售上的有利影响，从而降低对整个公司经营活动的影响。这种战略的理论依据是，一种货币升值所带来的收益可以部分地弥补另一种货币贬值所带来的损失。

（1）分散经营。

分散经营是指跨国公司将其产品原材料来源、生产、销售等分散于全球范围经营。这样，当汇率发生不利变动时，可减少企业经济风险的损失，加上企业还可及时调整其经营策略，更能化险为夷，实现预期利润或收益。例如，对原材料的需求不仅仅只依赖一两个国家或市场，而是建立多个原材料供应渠道，同时也建立多个销售市场。这样，当汇率突然变动时，即使会使设立于某个国家的子公司的原材料价格上涨，也不会导致在其他国家子公司的成本提高而引起公司产品价格全面上涨，甚至不同国家子公司成本有升有降而相互抵消。对于产品销售的影响也是如此，汇率的变动会使得某个外国市场本公司产品竞争力下降，也会使得本公司产品在另一些外国市场的竞争力上升，从而导致产品销售量在不同的市场各有增减而互相抵消。当然，跨国公司在日常的经营管理过程中，会观察到产品的比较成本在不同国家的子公司间将发生变化；或产品销售额和利润率等指标在各子公司间将出现变动，这些都可能与即将来临的汇率变动有关。公司一旦发现这些蛛丝马迹，即可通过分散经营策略进行适当的调整，如改变原材料的供应渠道，使其由相对成本较高的国家转到成本较低的国家；扩大那些设在生产成本较低国家的子公司的生产，增加其产出；在那些本公司产品具有较强竞争力的市场上加强销售工作，改变产品销售价格，增加产品销售量，以抵消由于汇率变动造成本公司产品在另外某些市场竞争力减弱而产品销售量缩减的不利影响，将汇率变动可能造成的损失尽可能地降至最低限度。

（2）融资多样化。

从事国际投资的跨国公司，通过融资多样化，可以大大降低资金的成本，减少汇率变动可能造成的损失。融资多样化表现在两个方面：融资渠道多样化和融资方式多样化。融资渠道多样化是指争取多种资金来源，既利用商业银行的信贷，也利用国际性或区域性金融机构的贷款，还通过发行证券直接聚集个人资金。融资方式多样化是指利用不同的筹资手段获取所需资金，不仅通过发行证券筹资，也可借助于银行贷款解决资金短缺问题；不仅可以筹集固定利率资金，也可筹集浮动利率资金；不仅可发行欧洲美元债券，也可发行日元等其他多种货币债券来满足对资金的需求。采用融资多样化的策略，使得公司有能力随时根据各国利率及汇率的变动，变换融资渠道，改变融资方式，减少成本增大的负债，筹措成本较低的资金，并将其投放于收益较高的项目或市场，甚至还可以通过成功的投机业务获得丰厚的利润。当然，要达到此目的，其前提条件是企业熟谙国际金融市场的各项交易及业务，能与国际上大商业银行及其他机构保持和发展良好的关系，并能及时获取各种信息资料。

2. 营销管理战略

在这种战略指导下，跨国公司的做法是：当子公司所在国货币贬值时，母公司指令子公司可通过扩大销售额或提高产品定价来增加销售收入，部分抵消由于子公司所在国货币贬值而使母公司业务现金流减少的损失。

在国际市场上，子公司所在地货币贬值，会使子公司产品在国际市场上的价格相对下降，使子公司在定价策略上有了较大的灵活性，在出口市场上有了较强的竞争实力。例如，出口市场上某种产品的需求缺乏弹性，则子公司可以提高出口产品的价格（以子公司所在地货币计价），直到与贬值幅度相等，销售收入的增长（以子公司所在地货币计价）可以弥补母公司业务现金流的减少。反之，若该产品在出口市场上需求富有弹性，则可维持原有定价，扩大出口市场的占有额，增加销售收入。

在投资目标国市场上，如果贬值前不存在强有力的进口品与之竞争，则最佳策略是维持产品价格不变，使损失降至最低。若存在强有力的进口产品与之竞争，则子公司所在地货币贬值，对进口产品不利，子公司可以根据投资目标国市场对产品需求弹性的大小，决定其是提高产品价格还是维持产品价格不变，扩大销售额，来增加子公司的销售收入。

3. 生产管理战略

在这种战略指导下，当子公司所在地货币贬值时，母公司应安排子公司用国内投入品替代成本上涨的进口投入品，从而维持其生产成本的原有水平。例如，20 世纪 70 年代初，随着美元的大幅度贬值，美国福特汽车公司增加国内投资生产引擎（发动机）等投入品，减少从英国和德国的引擎（发动机）进口。当子公司所在地货币升值时，子公司产品在国际出口市场上的价格相对上升，引起销售额下降，导致销售收入减少。母公司应安排子公司增加具有高附加值的新产品的生产，促进产品的升级换代及提高制造差别产品的能力，维持子公司产品在国际市场上的份额，从而抵消因货币升值而使出口收入下降的损失；或通过增加进口投入品的比例或转向生产成本更低的国家或地区进行投资，以降低生产成本，获得较高收入。

第四节 国际投资经营风险管理

一、经营风险

经营风险是指企业在进行跨国经营时，由于市场条件和生产技术条件等的变化而给企业带来的不确定性。经营风险一般由下列风险组成：

（一）价格风险

价格风险是指由于国际市场上行情变动引起价格波动而给企业带来的不确定性。因为引起价格波动的因素很多，所以价格风险可以说是经常性和普遍性的。

（二）销售风险

销售风险是指由于产品销售发生困难而给企业带来的不确定性。销售风险产生的原因主要有：市场预测失误，预测量与实际需求量差距过大；生产的产品品种、式样、质量不适应消费者需要；产品价格不合理或竞争对手低价倾销；广告宣传不好，影响购销双方的信息沟通；销售渠道不适应或不畅通，从而影响产品销售。

（三）财务风险

财务风险是指整个企业经营中遇到入不敷出、现金周转不灵、债台高筑而不能按期偿还的风险。

（四）人事风险

人事风险是指企业在员工招聘、经理任命过程中存在的风险。它产生的原因有：任人唯亲，排挤贤良；提拔过头，难以胜任；环境变化，原有工作人员不能胜任。

（五）技术风险

技术风险是指开发新技术的高昂费用、新技术与企业原有技术的相容性、新技术的实用性不明确而可能给企业带来的一定的风险。

二、经营风险的识别

对风险的识别是管理风险的前提。风险识别的内容是：第一，有哪些风险应当考虑；第二，引起这些风险的主要因素是什么，以及这些风险造成的后果程度如何。风险识别的方法主要有三种，这三种方法同样适用于政治风险和汇率风险的识别。

（一）德尔菲法（见前文介绍）

（二）头脑风暴法

头脑风暴法又称智暴法，是一种刺激创造性、产生新思想的方法。这种方法由美国的奥斯本于 1939 年提出，首先被用于设计广告的新花样，随后逐渐推广运用到其他领域。这种方法可以在一个小组内进行，也可以由多个人完成，然后将他们的意见汇集起来。

头脑风暴法用于国际投资风险识别时，一般要提出这样一些关键性问题：进行国际投资活动会遇到哪些风险？这些风险的危害程度如何？组织者为避免重复，提高效率，应当首先将已取得的分析结果做个会议说明，使与会者不必在重复性问题上再花时间，从而促使他们打开思路去寻找新的风险形态并探究其危害。头脑风暴法在实施中要遵循如下规则：

第一，禁止对他人所发表的意见提出任何非难，避免言词上的武断或上纲上线。

第二，尽可能要求提出新思路，新思路数量越多，出现有价值设想的概率就越大。

第三，要重视那些不寻常的、有远见的、貌似不太切合实际的思想，思路要越宽越好。

第四，将大家的思路或思想进行组合和分类。

智暴专家小组一般应由技术人员组成：风险分析或预测专家，国际投资领域中的技术或财务专家，了解或把握国际投资运动规律知识的高级专家，具有高级逻辑思维能力的专家。组织者对头脑风暴法的结果要进行详细的分析，既不能轻视，也不可盲目接受。

（三）幕景识别法

由于影响国际投资经营风险的因素很多，实践中需要有一种能够识别关键因素及其影响的方法。幕景分析法就是为了适应这种需要而产生出来的以识别风险关键因素及影响程度为特点的方法。一个幕景就是对一项国际投资活动未来某种状态的描绘或者按年代的梗概进行的描绘。这种描绘可以在计算机上进行计算和显示，也可用图表、曲线等进行描述。

幕景分析法的重点是：当某种因素变化时，整个情况会是怎样的，会有什么风险，对投资者的资产价值会带来何种程度的损失。

幕景分析的结果是以浅显易懂的方式表示出来的。一种方式是对未来某种状态的描述，另一种方式是描述一个发展过程，即未来若干年某种情况的变化链。

幕景分析要经过一个筛选、检测和评判的过程。即先要用某种程序将具有潜在风险的对象进行分类选择，再对某种风险情况及其后果进行观测、记录和分析，最后要根据症状或其后果与可能起因的关系进行评价和判断，找出可疑的风险因素并进行仔细的检查。

幕景分析法有其局限性。因为所有的幕景分析都是围绕着分析者目前的考虑、价值观和信息水平进行的，很可能产生偏差。因此在进行风险识别时，需与其他方法结合使用。

三、经营风险的规避

（一）风险规避

风险规避是指事先预料风险产生的可能性及其危险程度，判断导致其产生的条件和因素，在国际投资活动中尽可能地避免它或改变投资的流向。风险规避是控制风险最彻底的方法，采取有效的风险规避措施可以完全消除某一特定风险，而其他控制风险手段仅在于通过降低风险概率和损失程度，来削减风险的潜在影响力。但由于风险规避牵涉到放弃某种投资机会，从而会相应失去与该投资相联系的利益，因而风险规避手段的实际运用要受到一定的限制。常见的规避风险的方式有四种：

一是改变生产流程或产品。如开发某项新产品，将花费的成本很高且成功的把握性较小，则可通过放弃新产品的研制或购买该产品技术专利来规避风险。

二是改变生产经营地点。如将企业由一国转移到另一国，或由一国内某一地区转移到另一地区，以规避地理位置缺陷的风险。

三是放弃对风险较大项目的投资。

四是闭关自守。坚持生产经营自成体系，不受任何国家政治、经济因素的干扰。

（二）风险抑制

风险抑制是指采取各种措施减少风险实现的概率及经济损失的程度。风险抑制不同于风险规避。风险抑制是国际投资者在分析风险的基础上，力图维持原有决策，减少风险所造成的损失而采取的积极措施；而风险规避虽可以完全消除风险，但企业要终止原定的投资活动，放弃了可能获得的收益。

风险抑制的措施很多。例如，在进行投资决策时，要做好灵敏度分析；开发新产品系列前，要做好充分的市场调查和预测；通过设备预防检修制度，减少设备事故所造成的生产中断；搞好安全教育，执行操作规程和提供各种安全设施，减少安全事故。

（三）风险自留

风险自留是指投资者对一些无法避免和转移的风险采取现实的态度，在不影响投资根本利益的前提下自行承担下来。风险自留是一种积极的风险控制手段。它会使投资者为承担风险损失而事先做好种种准备工作，修正自己的行为方式，努力将风险损失降到最低限度。在国际经济活动中，所有的国家和企业事实上都承受着不同程度的风险，有意识地加以控制，可以增强自身的安全性。投资者自身承受风险能力取决于它的经济实力。经济实力雄厚的大企业，可以承担几十万或上百万美元的意外损失，而经济实力薄弱的小企业，则难以自己承担较大的风险损失。

风险自留的措施是：企业采用自我保险的方式将风险接受下来。采取这种措施，企业要定期提取一笔资金作为专项基金，以供将来发生意外灾害或事故时抵偿损失之用。

（四）风险转移

风险转移是指风险的承担者通过若干经济和技术手段将风险转移给他人承担。风险转移可分为保险转移或非保险转移两种。保险转移是指投资者向保险公司投保，以缴纳保险费为代价，将风险转移给保险公司承担。在承保风险发生后，其损失由保险公司按合同进行补偿。非保险转移则是投资者不是向保险公司投保而是利用其他途径将风险转移给别人，如签订合同、写保证书等。例如，某承包者如果担心承包工程中基建项目所需的劳动力和原材料成本可能提高，他可以通过招标分包商承包基建项目，以转移这部分风险。又如，在风险较大的国家投资时，投资者应要求当地信誉较高的银行、公司或政府为之担保，一旦发生损失，可以从担保者那里获得一定的补偿。

▶▶▶核心知识点小结

所谓风险，是指一种不确定的状况。国际投资风险是指在国际投资活动中，因各种因素的影响，投资者的期望目标与投资实际情况之间发生差异，从而给投资者的投资结果带来的不确定性。从某种意义上来说，国际投资活动又是一个分析国际投资环境、预测风险和规避风险的活动。

投资环境反映了受资方对外来投资的态度。国际投资环境是指投资目标国对国际投资产生有利或不利影响的各种自然因素、经济因素、政治因素、法律因素、社会文化因素等相互依存、相互制约所构成的综合体。我们通常按构成因素的归类把国际投资环境划分为自然环境、经济环境、政治环境、法律环境和社会文化环境五大部分。

自然环境一般是指由于非人为的因素构成的外部物质环境，是企业进行跨国投资时需要首先考虑的问题。自然环境包括气候、自然资源、地理条件和人口状况等几个方面；经济环境因素主要包括经济发展阶段、收入水平、基础结构、经济政策、贸易及国际收支状况、经济制度及市场体系和市场竞争状况等方面；政治环境因素一般包括政治制度、政权稳定性、当政者、政策连续性、政府状况、治安和国际关系；法律环境指投资目标国的法律体系的构成、健全性、稳定性及对外国投资的各种法律规定，是进行国际投资的基本条件。它为跨国企业的财产、知识产权、收益及工作人员的人身安全提供必要的保障。法律环境主要包括国内法规体系状况、参与国际法规体系状况、执法状况等方面；社会文化环境是指一个国家的语言文字、风俗习惯、教育水平、民族特征、宗教信仰、道德意识、家族制度等人文因素的总和。

政治风险是指在国际经济往来中，由于未能预期政治事件的变化而给国际投资活动可能带来的不确定性。投资目标国未能预期政治事件的变化，将导致其投资环境的变动，进而影响某个具体国际投资的现金流量、利润及其他目标的实现，具体包括四个方面的内容：①政治事件，即政治的不稳定性；②环境，即投资目标国投资环境变动以反映政治事件；③不确定性，即政治事件的变化是不可测的；④对国际投资的影响，即对某一国际投资现金流量或其他目标的潜在影响。

国有化风险是指投资目标国可能对外国资本实行国有化、征用或没收政策而给外国投资者的投资带来的不确定性；战争风险是指投资目标国国内由于政府领导层变动、社会各阶层利益冲突、民族纠纷、宗教矛盾等情况，使投资目标国境内发生战争而给外国投资者的投资带来的不确定性；政策变动风险是指由于投资目标国有意或无意变更政策而可能给外国投资者的投资带来的不确定性；转移风险是指在跨国经济往来中所获得的经济收益，由于可能受到投资目标国政府的外汇管制政策或歧视性行为而无法汇回投资国而可能给外国投资者的投资带来的不确定性。

政治风险评估是投资者对投资目标国的各种政治状况进行调查、分析、预测，得出对该国投资可能面临的政治风险的总体评价，从而为国际投资活动提供决策依据。国别评估报告是投资者对特定投资目标国的政治、社会、经济状况进行综合性评估的文件，它往往用于大型海外建设项目的投资或贷款之前，其性质与可行性研究报告相仿，但侧重于防止国家政治风险的发生。评分定级法是用一组固定的评分标准对投资目标国的各个风险因素加以衡量，从而确定风险分数的方法。

预先警报系统制定了一系列重要的国家经济指标。通过这种指标系统可以观测国家风险状态，以期在国家风险出现之前预先警报，提醒投资者注意。这个系统主要由以下指标组成：偿债比率、本金偿还比率、负债比率、负债对出口比率、负债对外汇储备比率、流动比率、偿息额对国民生产总值比率、经常项目收支逆差对出口额比率、物价上涨率、货币供给增长率、财政赤字对国内生产总值比率、国际货币基金借款对本国在该组织份额的比率、年固定资产形成额对国内生产总值比率，国际银团对该国贷款的加息率。

进行国际投资活动的企业可以借鉴一些进行国际风险评估的专门机构提供的风险指数进行政治风险的评估，国际上主要的风险指数有：国家风险国际指南、富兰德指数、欧洲货币国家风险等级表、日本公司债研究所国家等级表。

自20世纪70年代浮动汇率制取代固定汇率制以来，汇率受各种因素的影响而涨跌不定，给国际投资等带来了巨大的风险，直接影响到投资者预期收益的实现。

汇率风险又称外汇风险，是指一个经济实体或个人在国际经济交易中，以外币计价的资产（债权、权益）与负债（债务、义务）因未预期到的汇率变动而引起的价值不确定性（价值上涨或下跌的可能）。国际投资中的汇率风险是指由于货币汇率的变动给国际投资者的预期投资收益带来的价值不确定性，即获益或受损的不确定性。交易风险是指以外币表示的交易折算成本币价值时的不确定性；折算风险也称会计风险，是指由于汇率变化引起资产负债表中某些项目金额变动的风险；经济风险是指由于意料之外的汇率变动，引起跨国企业在未来一定时间内收益发生变化的一种潜在性风险。

汇率预测是根据汇率变动的一般规律，通过分析和研究大量的信息资料，对未来某一时期将出现的实际汇率做出科学的说明或判断。不同货币制度下汇率的决定基础是不同的。汇率变动受到许多因素的影响，既有经济因素，又有政治因素还有心理因素等，而各个因素之间又是相互联系和相互制约的。汇率风险防范的目的是减少由于汇率变动而给跨国企业国际经营带来的不确定影响。

经济风险管理的目的就是主动采取预防措施，以使不可预见的未来汇率波动对企业的不利影响或损失降至最低程度。经济风险的管理主要是通过多样化策略实施的。多样化经营策略包括分散经营和融资多样化。

经营风险是指企业在进行跨国经营时，由于市场条件和生产技术等条件的变化而给企业带来的不确定性。风险规避是指事先预料风险产生的可能性及其危险程度，判断导致其产生的条件和因素，在国际投资活动中尽可能地避免它或改变投资的流向。风险抑制是指采取各种措施减少风险实现的概率及经济损失的程度。风险自留是指投资者对一些无法避免和转移的风险采取现实的态度，在不影响投资根本利益的前提下自行承担下来。风险转移是指风险的承担者通过若干经济和技术手段将风险转移给他人承担。

▶▶▶关键术语

风险　国际投资风险　投资环境　自然环境　经济环境　政治环境　法律环境　社会文化环境　投资环境等级评分法　投资环境冷热比较分析法　投资环境动态分析法　加权等级评分法　投资障碍分析法　要素评分分类法　“闵氏多因素评估法”和“关键因素评估法”　抽样评估法　国有化风险　战争风险　政策变动风险　转移风险　政治风险的评估　国别评估报告　评分定级法　预先警报系统　偿债比率　负债比率　负债对出口比率　流动比率　风险指数法　国家风险国际指南　富兰德指数　欧洲货币国家风险等级表　日本公司债研究所国家等级表　汇率风险　交易风险　折算风险　现行汇率法　货币与非货币法　流动与非流动法　经济风险　铸币平价　金平价　实际经济因素　国际收支　名义经济因素　心理因素　稳定型的预期　德尔菲专家咨询法　相关树预测法　图表预测法或技术分析法　计量经济法　硬币　软币　抵补保值　即期外汇交易　远期外汇交易　掉期交易　期货交易　外汇期货交易　卖出外汇期货交易　买入外汇期货交易　外币期权　买权　卖权　利用货币市场保值　利用货币市场借款保值　利用货币市场套期保值　利用货币市场套期保值　货币保值条款　互换　平行贷款　货币互换　信贷互换　超前或滞后收付外汇　再开票公司　多样化经营策略　分散经营　融资多样化　营销管理战略　生产管理战略　经营风险　经营风险的识别　头脑风暴法　幕景识别法　经营风险　风险抑制　风险自留　风险转移

▶▶▶复习思考题

1. 国际投资环境的分类有哪些？
2. 国际投资环境概念的特点有哪些？
3. 国际投资环境的关键项目有哪些？
4. 国际投资环境评价的方法有哪些？
5. 政治风险的种类有哪些？如何防范政治风险？
6. 汇率预测的必要性是什么？
7. 汇率预测的内容和分类各是什么？
8. 简述不同货币制度下汇率的决定基础。
9. 影响汇率变动的因素有哪些？
10. 如何防范汇率风险？
11. 交易风险和折算风险的防范对策和规避技术主要有哪些？
12. 经营风险由哪些风险组成？
13. 常见的规避经营风险的方式有哪些？

第四章
国际投资决策

决策，是人们为实现预期目标而采用一定的理论、方法和手段，对若干可行方案进行研究论证，从中选出最满意的方案的过程。正确的投资决策是投资活动成功的关键和前提，它是任何投资都具有的共性问题，国际投资也不例外。从国内投资走向跨国投资，再发展成为具有全球特征的国际投资，其目的是实现全球范围内资源的最优配置和利润最大化。因此其经营决策者所面临的是与国内投资有很大差异的新情况和新问题，经营决策者必须在全球范围内根据各国各地区复杂的投资环境，对投资场所、投资方向、投资方式和投资动机等一系列投资活动进行统筹安排，并在对对外投资过程中出现的众多复杂多变的因素进行分析、论证的基础上，仔细考虑权衡后，才能选择出最佳投资方案，以实现风险最小、利润最大的目标。一旦国际投资决策已经完成，就很难做出可以接受的改变，甚至不可能做出这种改变。所以，国际投资决策比国内投资决策更复杂，因而也需要更慎重，它是国际投资学不可缺少的重要内容。本章将阐述国际投资决策概述、国际直接投资决策方法和国际间接投资决策方法。

第一节　国际投资决策概述

一、国际投资决策的概念与特征

（一）国际投资决策的概念

国际投资决策是指为实现全球范围内资源的最优配置和利润最大化的目标，凭借一定的科学手段和方法，在两个或两个以上可行的国际投资方案中选择一个最佳或最满意的方案，并组织实施的全部行为过程。国际投资决策包括国际直接投资决策和国际间接投资决策。国际直接投资决策包括投资场所、投资项目、投资方式的选择以及投资方案的评价与实施的全部过程。国际间接投资决策包括投资时机、投资对象和投资方法与方式的选择等。

（二）国际投资决策的特征

投资决策是企业经营管理中的一个重要环节，也是投资活动成功的关键和前提。正确的决策是在对投资环境、投资方式、投资活动进行统筹安排以及投资目的与要达到的目的的各种过程所包含的众多复杂因素的分析、论证基础上产生的。这是任何投资都具有的共性问题。国际投资企业面临的是与国内投资有很大差异的新情况和新问题。例如，对国外市场的了解，面对的这一市场机制，该国的经济结构、技术和生产状况、经营习惯以及所使用的货币等就与国内不同。关于这种差别，我们在上一章阐述国际直接投资环境分析时已经介绍过。因此，国际投资决策具有与其他一般决策所不同的特征，具体表现在以下三个方面：

（1）国际投资决策具有多层次性。

对国际直接投资决策而言，它既包括了对目标市场的投资机会选择，还包括了对投资项目及投资方案的选择与实施；对间接投资而言，它既包括了对投资场所、投资对象的选择，还包括了对投资时机和投资方式、方法的选择。如对于一个具体的跨国投资经营企业尤其是大型的跨国公司而言，一个具体的投资目标会在全球范围的不同国家或地区都存在着可能的投资机会，而每一种投资机会中又包含有多种投资方案可供选择。因此在选择了某一国家或地区作为目标市场后，还要选择到哪些部门投资和以什么具体方式投资以及投资规模多大为宜等。在这些基础上再比较各种投资方案的优劣，进行投资方案的决策。

（2）国际投资决策具有高风险性。

国际投资决策受国际环境的影响很大。由于各国的国情千差万别，它们之间的关系也错综复杂，尤其是投资环境中的不确定因素和风险因素直接作用于投资决策，对国际投资决策效果有极大的影响，因而使国际投资决策面临很高的风险。例如，国际投资中的战争和汇率变化等不确定性因素，都会影响国际投资决策的成功与否。

（3）国际投资决策受多种相关因素的影响。

影响国际投资决策的因素很多，既有宏观的因素，如各国的财政政策、通货膨胀率、税收、行业状况和区域经济政策等；又有微观的因素，如企业自身的竞争优势与不足；还有时间因素。因为在一个动态增长的经济中，对任何一项投资来说，其整个寿命时期内的成本与收益都是动态变化的，而宏观与微观及时间因素又是相互影响、相互渗透的，具有相关性，每个因素的变化会引起其他因素的变化，从而对国际投资的决策产生影响。如一国的财政政策会改变企业的竞争优势与不足，而财政政策和企业的竞争优势又会随着时间的推移而改变。所以进行国际投资决策时，既要考虑各国的政治、经济环境和企业自身的状况，又要考虑资本的时间价值和长期效益，还要注意各种相关因素的变化对国际投资决策的影响。

二、国际投资决策的基本要求和程序

（一）国际投资决策的基本要求

任何一项科学的决策，都要建立在掌握决策对象内在规律的基础上。国际投资活动如其他经济活动一样，也有一定的规律性，因此国际投资决策的基本要求是掌握国际投资活动的规律性，即国际投资与世界经济之间存在的必然的本质的内在联系。国际投资活动的规律有宏观与微观两方面的意义。从宏观角度看，国际投资活动中有适度规律、安全规律、需求规律，体现一定的民族或国家利益；从微观角度看，企业的跨国投资既要与国际市场的需求相适应和平衡，又要与企业的自身状况相适应和平衡。若一国的对外投资规模已过度，则该国的投资者应考虑缩小海外投资规模，因为这时该国的宏观政策极有可能不利于海外投资，当然也要结合其投资的产业在国际市场上的竞争性等来综合考虑。由此可见，从宏观和微观上把握国际投资规律，是做好国际投资决策的基本要求和前提。

（二）国际投资决策的基本程序

科学的决策不仅要使用科学的分析方法和现代工具，而且要遵循科学的程序。国际投资决策程序就是指将国际投资的决策过程分成若干个阶段，明确各阶段的任务，按照一定的顺序和客观规律有计划有步骤地进行。一个完整的国际投资决策过程通常包括确定国际投资决策目标，进行信息调查与资料收集，寻找可行的投资方案，对各投资方案进行综合评价、分析、比较并确定最佳方案五个基本阶段。

（1）确定国际投资决策目标。

确定国际投资决策目标是整个决策过程的出发点，是科学决策的重要一步。所谓决策目标，是指在一定条件下决策者期望达到的理想状态。例如，在竞争条件下，跨国公司期望直接投资后的市场占有率等。如果确定的目标只有一个，则称为单目标决策；如果确定的目标有多个，则称为多目标决策。

（2）进行信息调查与资料收集。

国际投资决策过程不能缺少信息调查与资料收集这一环节。确定了国际投资决策目标后，投资者首先应根据投资目标调查了解有潜在投资机会可作为目标市场的国家或地区的投资环境，收集这些国家或地区的有关经济信息、政策和法律法规等资料，以便为下一环节做好准备。

（3）寻求可行的投资方案。

寻求可行的投资方案，就是针对已确定的决策目标和所掌握的资料信息，制订出多套可行方案，以供选择。这些投资方案都必须使现有的资源在全球范围内得到最合理、最充分的使用，同时，每一种投资方案又都有一些重要的区别。

（4）对各投资方案进行综合评价、分析、比较。

由于各备选的可行的投资方案都有一些重要区别，因此各投资方案在实施过程中产生的成本费用及社会、经济、政治效益都是不同的，由此对各投资方案的政治、经济效益进行综合评价、计算和分析就显得非常必要。只有通过综合评价、计算、分析，才能排出各投资方案的优劣次序，供决策者选择。

（5）确定最佳投资方案。

最佳投资方案的确定，即决策者的行动。在综合评价、计算、分析的基础上，决策人员应根据自己的国际投资经验，结合目标市场的政治、经济形势变化和各种相关因素的影响和限制，进行定性分析，权衡各备选方案的利弊得失，最后确定最佳方案。

三、国际投资决策的基本方法

随着科学技术的不断发展和世界经济结构的急剧变化以及全球经济一体化趋势的加强，国际投资决策的方法越来越多，以适应全球各种不同类型投资决策的需要。

但总的来说，可以分为硬决策方法和软决策方法两大类。

（一）国际投资的硬决策方法

硬决策方法也称为定量决策法，是利用数学原理和数学工具并借助于计算机，找出国际投资的决策目标和各影响因素之间的数量关系，建立各类决策模型或绘制各种决策图表，计算各种投资方案下的效益期望值，以实现决策方案优选的目的。使用硬决策法可使国际投资决策更为数量化和系统化。硬决策法常用于国际投资项目的评估、国际投资效果的分析及金融资产的定价和风险控制决策上。

（二）国际投资的软决策方法

软决策方法也称为专家决策法或定性决策法。它主要是充分发挥专家、决策人员的知识、智慧和经验作用，运用心理学、社会学、行为科学及其他有关学科的成果，对决策方案的内容进行综合分析和评价。由于国际市场和世界经济环境中存在着诸多不确定性，投资者在进行国际投资决策时，必须要考虑各种非量化因素，对影响国际投资目标的各种因素，除了进行定量的计算分析外，还必须要在总体上进行分析、评价、判断和预测。软决策方法就能满足这一要求，因为软决策方法能充分反映决策者的思维和经验，充分考虑外界各种影响因素对决策目标的影响。

将硬决策方法和软决策方法相结合，并始终贯穿于国际投资决策的全过程，才能使国际投资决策建立在科学精确的基础上。

四、国际投资决策的基本准则

国际投资决策准则是指对国际投资方案的结果评价和择优选择的标准。国际投资决策的准则因决策的类型不同而有所区别。

（一）确定型决策准则

确定型决策是决策者在对未来发生的情况有充分和确定把握的条件下进行的决策，它的特点是自然状态的单一性或确定性。其决策模型的结构是确定的，而各种条件和参数也是已知的，各种不同投资方案的损益值亦可以被准确地计算出来。因此确定型决策的准则是根据不同的决策内容、不同的决策目标采用不同的计算方法，比较已经计算出的各种方案的损益值，选择收益最大或损失最小的方案作为最优方案，即优选决策法。但是，在国际投资决策中，基本上不存在确定型决策。

（二）风险型决策准则

风险型决策，也称随机型决策，即对决策目标的客观条件做一个基本而随机的估计，而这种随机估计是建立在客观条件的多样化和不确定性的基础上的。由于是风险型决策，系统各种状态的发生概率是通过统计资料来求得的，或是凭决策者的经验统计出来的，所以无论决策者选择哪种投资方案，都有一定的风险。因此，风险型决策方案的选择，不能直接采用最优原则，而应从总体上或最大可能性角度进行评选。风险型决策常用的准则有期望值准则、最大可能准则、机会均等准则和决策树分析准则等。一般最常用的是决策树分析准则。

（三）不确定型决策准则

不确定型决策是指决策者在对未来要发生的情况完全没有把握的条件下进行的

决策。其特点是客观条件的多样性及不确定性。由于是不确定型决策，系统状态中哪一种会发生，哪一种不会发生，事先不能肯定，同时各种状态发生的概率也不清楚，所以不确定型决策在很大程度上取决于决策者的意志、胆略和偏好是风险型、保守型还是中间型。对于相同的可供选择的备选方案，不同的决策者会选用不同的决策准则，确定不同的决策方案。不确定型决策主要有以下几种准则：

一是悲观决策准则，它是最保守的评选准则，其基本思想是“小中取大”，即在各方案中，选择在最不利状态下的最好方案作为决策方案。

二是乐观决策准则，它的基本思想是“大中取小”，即在各方案中，选择最有利状态下的最好方案作为决策方案。

三是最小最大化后悔准则，它的基本思想是在选择决策方案时，在一个给定的状态下，使失去最好选择时的后悔程度达到最小。

四是折中准则，它的基本思想是既不要过于保守，也不要过于乐观。其具体做法是根据历史资料的分析和经验判断，确定一个折中系数 α，其取值范围为 $0<\alpha<1$，然后以 α 和 $1-\alpha$ 为权数，在极端保守和极端乐观之间取得平衡。

综上所述，相同的若干个方案，根据不同的决策准则，会有不同的决策方案。而决策准则的选择则完全是决策者主观确定的，体现出决策者的经验、智慧、胆略和偏好等，是任何决策分析方法和计算机都代替不了的。

第二节　国际直接投资决策

一、目标市场的选择

国际直接投资决策首先要解决的问题是选择目标市场，这是国际投资决策系统中的一个十分重要的环节。因为对于国际直接投资的主体——跨国公司尤其是大型跨国公司而言，一个具体的投资目标会在全球范围内的不同国家或地区都存在着可能的投资机会。国家数目众多，各国各地区条件又不一致，企业资源有限，只能在某些国家加以利用，因而应筛选出对企业长期发展和盈利有最大贡献潜力的国家。跨国公司的决策者面对这种多国投资机会，究竟选择哪个国家作为其直接投资的目标市场，关系到国际直接投资的成功与否，对其今后在海外的发展具有不可逆转的重大影响。

由于各国的政治、经济体制、风俗习惯、市场情况和法制实施情况以及经济发展水平等千差万别，这使得决策者对目标市场的选择变得复杂而艰难，而且目标市场一旦选定就影响全局，所以必须慎重对待。如美国施乐复印机选择中国为其投资的目标市场，结果到中国投资生产后，才发现中国的纸质不符合他们的要求，必须另外投资建造纸厂，否则施乐复印机将无法正常工作。另一家外资软饮料厂开工后，进口的高速灌瓶机开始运转时才发现：中国的玻璃瓶瓶体因工艺问题经常在自动装瓶过程中破裂。这些问题都是这些跨国公司以前不曾碰到的，事先也难以预计。因此，对目标市场的抉择，除了对潜在目标市场进行投资环境的分析、比较外，还要根据投资目标、产业类型、经济发展水平和投资者自身的竞争优势等来加以选择。

（一）目标市场的筛选过程和方法

在提高决策质量、减少决策失误的同时降低决策费用，是国际投资决策要遵循的原则。寻求“最佳决策”和“最小决策费用”之间平衡的一个方法是系统筛选法，该方法的关键是先确定目标市场的主要取舍标准，由易到难、由粗到细，把不合适的目标市场尽早在分析过程中剔除，找出几个重点国家，然后对少数几个重点国家做深度的分析。这一筛选过程大致思路可用图 4-1 表示。

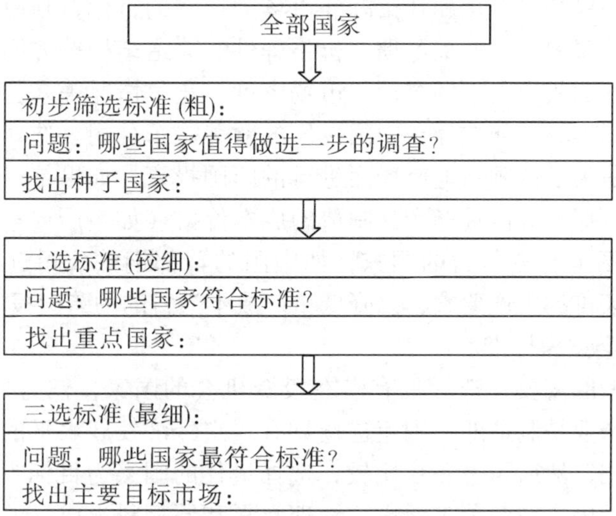

图 4-1　目标市场筛选过程

系统筛选法的特点是由粗到细，逐步淘汰。初步筛选标准可用各国政府机关和有关机构收集、公布的现成数据来筛选，成本最低；二选和三选标准，就要采集许多第一手资料数据。这些资料数据往往要在很专门的资料部门甚至需实地调查才能得到，采集起来困难很多，费用也高，而且这些数据还要经过科学提炼和与实际情况结合起来分析，才能筛选出来。但此时经过初步筛选，分析对象就少了许多。因此系统筛选法的优点是：不会无谓地浪费可贵的分析的人力财力，也不会因为管理决策人员的“先入之见”而忽略了可能更有潜力的其他国家，或盲目地进入显然不适合投资的目标市场。

（二）目标市场筛选的取舍标准

目标市场选择合适与否的关键是取舍标准制订得好不好。由于国际投资环境的复杂性，什么是恰当的取舍标准并不总是很明显的。如进口关税最高的也许是最佳的出口市场，目标国的巨额外贸逆差往往是在该国建立出口基地的有利因素。因此，采用系统筛选法比较各个可能的目标市场，确定以什么决策变量作为取舍标准时，决策者首先必须要对实际情况进行深入的分析，然后在此基础上选择合适的筛选标准。选择目标市场的主要取舍标准有以下几种：

（1）以投资目标为标准。

目标国的任一特定条件究竟是有利于还是不利于企业跨国投资，取决于跨国投资的目标。如以高额贸易赤字来说，如果跨国投资的目标是以该国为生产基地，产品不是销在当地，而是销往母国或其他国家，则贸易赤字带来的财政困难、外汇储备不足，从而导致政府的行政干预，采取种种手段限制进口，就变成了跨国投资的有利条件。因为该国货币贬值，意味着在该国的生产成本下降，从而有利于选择其作为投资生产基地；贸易赤字的存在，意味着该国政府将以各种政策大力扶持出口行业，增加外汇收入，从而跨国投资生产的出口就会受到相应的有关税利方面的优待。因此决策者可根据自己的投资目标，选择具有潜在投资机会的国家，作为其投资的目标市场。如果是以占领和开拓海外市场为投资的目标，则应把筛选的重点放在对市场活力、消费偏好、购买习惯、价格弹性、渠道结构等方面的调查上，并进一步通过比较当地购买力、市场容量、市场密度、竞争情况等来选择市场所在国或邻近的国家为目标市场。如选择在中国设厂的欧美汽车公司、选择在泰国设厂的上海无线电厂，都是为了占领当地市场而进行的跨国投资。如果是以降低生产成本为对外投资的目标，那就应该选择产品制造的成本价格（如生产要素价格、劳动力价格等）在国际市场上有竞争力的国家，如中国的首都钢铁公司选择去秘鲁开采铁矿，就是为获得廉价的生产要素，以降低生产成本为目的的跨国投资。

（2）以产业类型为标准。

根据产业类型的需要，选择具有潜在投资机会的国家，作为投资的目标市场。如果对外投资的产业是制造业，则应选择具有一定经济发展水平的国家为潜在投资机会的投资目标国，然后再进一步比较，选择最佳的国家为目标市场。因为具有一定经济发展水平的国家，其劳工素质、管理水平和原材料半成品的取得和投入等要素市场和经营环境都有利于制造业在当地投资的竞争和高效率，从而在国际市场上也有竞争优势。如果以金融服务业为对外投资的产业，则应选择资本市场发达、金融开放自由的国家作为潜在的投资目标国。

（3）以经济发展水平为标准。

以经济发展水平为标准来选择具有潜在投资机会的投资目标国，一般可从市场潜力、工业结构、就业水平等方面来考察。其中，市场研究是极其重要的一个方面。

（4）以综合情况最优为标准。

根据能源供应状况、交通运输条件、通信系统发达程度、自然资源和人力资源的可得性等方面来选择潜在投资机会东道国，进行上述考察的目的是确定最有利的具有潜在投资机会的投资目标国范围。

（5）以自身的竞争优势为标准。

以自身的竞争优势来筛选具有潜在投资机会的投资目标国，投资者就需要具体分析自己的竞争优势，以选择出最有利于发挥自己竞争优势的国家来作为目标市场。这主要从投资的成本优势或收益优势或技术优势等方面来分析。在分析时，不仅仅要与潜在投资目标国的当地企业比较，还要与其他国家在投资目标国投资经营的企业进行比较。

（三）目标市场的决策

理想的目标市场是吸引力大、经济环境好的国家。衡量吸引力大小的标准就是筛选目标市场的取舍标准，经营环境状况则可根据环境评估结论来确定。在分析制订了有关国家吸引力状况和环境状况后，就可以对潜在投资目标国的吸引力与风险状况进行比较排序，从中选出最理想的目标市场（见图4-2）。

		高	中	低		
竞争优势	强				低	风险
	中					
	弱					
	强				高	
	中					
	弱					

图4-2　选择目标市场

跨国公司实力不同，产品类型不同，进入海外市场投资的目标不同，在目标市场选择中对风险和需求的要求也不一样。有的是为了市场的高需求、低成本，情愿冒高风险，有的则为了避免风险而倾向于低需求、高成本的国家。富兰克林·茹特早年曾对美国18家企业做过调查，发现1/3的企业进行海外投资是为了保护那些会因进口限制或竞争而失去的市场，这类企业的海外扩张活动很注意避免冒高风险；另外2/3的企业则是为了利用市场机会和自身竞争优势，它们对风险看得较轻，只要市场吸引力大，则愿承担风险，并打算通过自身优势提高管理效率来降低风险。

二、目标市场的进入方式

跨国公司在选定了目标市场后，就要考虑如何进入海外投资目标国，从而面临着目标市场进入方式的抉择。

（一）进入目标市场的基本方式

国外有关文献在进入方式的定义上并不完全统一。有的认为进入方式是指使企业的产品、资本、技术、技能、管理诀窍和其他经营资源能够进入他国市场的系统筹划和安排，有的则是指对外直接投资的具体方式——创建新企业和收购或兼并原有企业。因此，我们可把前者称为广义的进入方式，后者称为狭义的进入方式。本节介绍广义的进入方式的选择。

从经济学的角度看，企业只能用两种方式进入外国市场：其一，可以将本国或别国生产的产品出口到目标国家；其二，可以将技术、资本、技能、管理诀窍等资源转移到外国，在外国将资源直接卖给用户，或者与当地资源（特别是劳动力）结合，生产制成品在当地市场销售。最终产品为劳务的企业不能在本国生产劳务到外国出售，因而只能采用第二种方式进入外国市场。

从经营管理角度看，这两种进入方式可分解成几种独特的进入模式。

（二）出口进入模式

出口是跨国经营企业对国外市场的介入程度最小的一种进入方式，即将企业的产品销往外国市场。企业的最终产品或中间产品是先在目标国家境外制造完毕，然后再输入目标国家境内销售。因此，出口是指有形产品的国外销售。

出口可分为间接出口和直接出口。间接出口指跨国经营企业使用本国的中间商从事真正的出口活动；而直接出口则指跨国经营企业不使用本国的中间商，但可能使用目标国家的中间商。使用外国中间商又有两种情况：通过直接代理商或经销商出口，即依靠目标国家的中间商来销售出口商的产品；直接由分公司或子公司出口，即依靠企业在目标国家设立的销售机构销售出口产品。因此，直接分公司或子公司出口形式要求设立在目标国家的营销机构进行股权投资。

（三）契约进入模式

这种模式也有的文献称之为许可证交易。契约进入模式是跨国经营企业与目标国家的法律实体之间长期的非股权经济往来，即拥有版权、商标、专利、技术诀窍的企业向国外其他企业出售（转让）这些资产的使用权，获得提成费或其他补偿。许可证合同有时限定领取许可证的外国企业只在某一市场使用这些特有资产，以保证发放许可证的企业的竞争优势或其经营战略的安排。许可证的有效期一般在3~10年或更长。其费用可按总销售收入的一定比例（一般是3%~8%）逐年提取，也有一次性总付的。另外，许可证费用还经常作为参与许可证购买企业股权的形式。

除上述许可证交易外，还有特许专营（亦称“管理合同”）的形式。特许专营虽然与许可证合同相似，但在动机、服务及期限方面有所区别。许可方不但授权被许可方使用其企业名称、商标及技术，而且在组织、营销及总的经营管理方面协助被许可方，以保证被许可企业的质量控制和特有知识的有效使用。

有的文献将交钥匙工程（turnkey project）和合作生产也列为契约进入模式。交钥匙工程又称为“交钥匙合同”，指由跨国企业承包一揽子综合项目，如承建生产设施、提供人员培训等，项目一旦完成便能正常运转而转交交易对方。合作生产又称契约制造，一般指跨国经营企业以技术、专利、管理或销售服务等协助国外企业进行生产，获得用这些服务所制造的产品或部分利润作为报酬。

（四）投资进入模式

投资进入模式指跨国经营企业通过对外直接投资在国外建立生产性子公司的国外市场进入方式，即跨国经营企业在目标国家的制造厂或其他形式的生产实体拥有所有权。就生产阶段而言，这些从属企业范围广泛，在一极，加工装配厂完全从母公司进口中间产品进行组装（这种方式可视为出口进入模式的延伸）；在另一极，工厂完全由自己生产整件产品，就所有权与管理控制权而言（这是该种进入模式的特征之一），外国附属生产企业可以分为由母公司完全掌握所有权和控制权的独资企业和母公司与通常代表一家当地企业的当地合伙人（一家或多家）分享所有权和控制权的合资企业。按母公司对国外子公司所拥有的股权份额的多少，子公司可以划分为4种类型：全股子公司（母公司拥有子公司95%以上的股权）；多数股合营企业（母公司拥有子公司50%~94%的股权）；相等股合营企业（母公司拥有子公司50%的股权，另外的50%股权为东道国企业所有）；少数股合营企业（母公司拥有子公司49%以下的股权）。国际化企业可以用设立新企业或收买当地企业的方式成立独资企业。

（五）目标市场进入方式比较

由于各种目标市场进入方式有各自不同的特点，从而形成对跨国经营企业海外投资发展的不同利弊。

1. 出口进入模式的利弊

（1）跨国公司通过独立的外国中间商出口产品是企业进入国际市场的最简单且风险最小的方式。

在这种情况下，产品生产可以集中于某一地区，从而实现规模经济效益，而且需要投入的资本也相对较少。这样做具有最大的灵活性，即能以最小的代价来改变出口的地理方向或转换为其他的进入方式。因此，所承担的风险最小。新兴的跨国公司往往首先利用出口来试探外国市场的情况，为进一步的介入做准备。

跨国经营企业还可通过设立在目标国市场的国外销售分公司或子公司出口。与通过外国中间商出口的形式相比，这有助于加强对产品的控制、加强产品的信息反馈，并在一定程度上弥补了缺乏售后服务的缺陷。

（2）就以出口进入模式本身来说，它是跨国经营企业对外国市场进入程度最低的一种方式，因而其对跨国业务的开展的局限性也最大。

这一方式的主要缺陷是：①受到贸易和非贸易壁垒的阻碍。外国的立法机构和政府机构为了保护本国市场而对进口予以限制或干预，构成了跨国公司出口增长的很大障碍。②信息反馈不及时。这主要是指当地的代理商、中间商通常对数家外国企业的产品行销负责，而削弱了对单个出口企业产品的注意力，不利于扩大产品在目标市场的销路；同时，信息反馈不及时也影响产品在当地市场的适应性；产品的改良和完善得不到保证。③不能实现跨国企业的全球战略目标。如前所述，跨国公司对外直接投资的动机是多元化的，如获取自然资源、获得高新技术、利用当地较便宜的劳动力等，而这些目标不可能通过出口来达到。

总体来说，出口进入模式限制了跨国经营企业在目标国的活动，具有全球经营战略的跨国公司不可能采用这一模式。

2. 契约进入模式的利弊

一般来说，规模较小且又有独特经营优势的企业，比较倾向于契约式进入模式。因为这些企业缺乏国际经营人才和经营资源，尤其是缺乏资金，无法进行对外直接投资，转而采取契约式进入来发挥其技术优势或适用优势，进行其跨国经营业务的拓展。当然，契约式进入模式也具有其独特的优点，不少能够在目标国进行直接投资活动的大型跨国公司也常常利用这一模式。契约式进入模式的优点有：

（1）能低成本、低风险地进入目标市场。

从跨国企业经营风险角度看，契约式进入比直接投资进入的风险小。它可以避免大笔初始投资支出，而且由于各国对许可证交易一般没有什么严格限制，又易受到东道国政府的支持。因此，新兴的跨国公司在向外国市场扩张的过程中，常采用许可证交易作为从出口到对外直接投资的一种过渡性的进入方式。许多资金不足或缺乏国外投资经验的企业往往选择许可证交易来进入国外市场，以避免直接投资的风险。

（2）促进企业的出口。

在许可证交易中，受证方常常获准直接采用发证方的商标或同时采用双方的商标，这样可以提高发证方在当地市场上的知名度，有助于发证方的各种产品向当地市场出口。有时，许可证交易还规定发证方提供必要的零部件和机器设备。

（3）在保护专利和商标的前提下充分发挥其效用。

在许多国外市场中，防止专利和商标被盗用的最好方法，莫过于运用这种专利和商标。如果不能以直接投资方式运用时，也可以采用许可证交易方式来运用。这样，不仅可以有效地保护专利和商标的所有权，还可以增加收益。

（4）克服东道国对进口和外国直接投资的限制。

在20世纪80年代以前，有些国家如日本、印度等国不仅严格限制外国直接投资，同时也通过贸易和非贸易壁垒来限制外国产品进口，只对许可证交易不加以严格限制，这时许可证交易就成为进入该国市场的主要途径了。一般来说，各国对许可证交易都没有什么严格的限制。

（5）分摊研究与开发的成本。

由于许可证交易具有投资少、受益快的特点，发证方企业可以利用这种方式来增加收益，分摊研究与开发的成本。这样也有利于为进一步研究与开发筹措资金，使企业保持技术优势。

（6）有利于在市场规模较小的限制下进行跨国经营。

一方面，某些合作伙伴由于缺乏资金而希望用产品抵偿引进技术的费用；另一方面，有些东道国市场规模较小而不能达到建厂的规模经济要求，这时也可利用当地原有类似产品的生产企业进行契约式进入，用特有的技术、技能及经营管理服务进行合作，扩大跨国经营企业的活动范围。

但是，契约式进入模式也由于其本身的特点而产生了在拓展跨国经营方面的一些缺陷：

（1）控制程度低。

发证方在许可证交易的有效期间总是努力保持他们对这项交易的某种程度的控制，因此在合同中往往规定了发证方的某些监督权力。发证方向受证方提供必要的零部件和机器设备也给发证方带来一定程度的控制。但总的来说，许可证交易的控制程度远远小于直接投资。而且，当受证方产品的质量不好时，就会影响发证方产品和技术的信誉。例如，受证方为了在合同有效期限内获得最大的利润，常常重视产量而对产品的质量和售后服务则不是很重视，结果影响了发证方的信誉。

（2）培养潜在的竞争对手。

当受证方经过多年经营，已在当地市场建立起良好的信誉时，极易成为发证方的竞争对手。这时，如果发证方想要在那里进行直接投资以谋求更大的收益，常常被迫与受证方竞争。因此许可证交易有可能构成发证方进一步拓展的障碍。进行许可证交易的跨国公司只有重视对新技术和新产品的更高层次的开发，才能保持其技术领先地位。

（3）许可证交易本身在使用上的限制。

并不是所有进行跨国经营活动的企业都具有从事许可证交易的特有技术优势，

也不是任何能带来跨国经营利益的场合都需要使用契约式进入，所以，契约式进入模式在运用中也会受到跨国经营的主动方和目标市场双方条件的限制。

另外，转让技术和商标等无形资产的作价收费问题，一直是转让方和被转让方的争论焦点，有时就会成为其使用的阻碍。而且不是任何可能带来海外投资利益的场合都需要使用这一方式。

3. 对外直接投资进入模式的利弊

直接投资进入模式与前两种模式不同的最大特点是进行股权参与，因而也得到了对目标市场和进入活动本身的更大控制权，从而在较大程度上弥补了前两种模式的缺陷和不足。比如，缩短了生产与销售在时间和空间上的距离，减少了货物运输成本，能及时获得市场信息的反馈，能更好地提供售后服务，能保护商标、专利、专有技术等的秘密和有限制地使用，能跨越目标国所设置的关税和非关税壁垒，能获得很多东道国国家政府的鼓励性优惠，等等。在前面分析国际直接投资动机时，我们已经较多地介绍了直接投资的优势和给跨国公司带来的诸多利益，这里不再赘述。

直接投资进入模式在增强控制力的同时，也必然使跨国公司动用较多资本，并由于在目标国卷入的深度和广度较前两种方式更强而具有较大的风险及较少的灵活度。这也就是在进行国际直接投资决策时必须更谨慎、更科学地分析的原因所在。

三、进入方式的选择

上述三种国际市场进入方式的比较，是就其本身的特点来展开的。企业在进行跨国经营决策时，如果该企业具备三种方式都能满足的产品、技术及资本等各种条件，就面临一个在三种方式中进行选择的问题。

（一）从影响企业进入决策的内外部因素选择

跨国公司在进行国外市场进入方式的选择决策时，必须结合企业本身与进入国外市场有关的各内部因素和企业以外的各有关外部因素进行分析，外部因素又可以分为外国（投资目标国）的因素和本国的因素。表 4-1 以直观的形式列举了各种外部因素和内部因素对进入方式选择的影响。表 4-1 中（◎）表示该因素与该种方式有一定程度的适合关系。

表 4-1　各种外部因素和内部因素对进入方式选择的影响

因素分类	决策因素	进入方式				
		间接出口和代理商/经销商出口	许可贸易	子(分)公司出口	股权投资/生产	服务合同
外部因素（目标投资国）	销售潜力小	◎	◎			
	销售潜力大			◎	◎	
	多数竞争	◎		◎		
	寡头垄断竞争				◎	
	营销基础条件差			◎		
	营销基础条件好	◎				
	生产成本低				◎	

表4-1(续)

因素分类	决策因素	进入方式				
		间接出口和代理商/经销商出口	许可贸易	子(分)公司出口	股权投资/生产	服务合同
外部因素(目标投资国)	生产成本高	◎		◎		
	限制进口政策		◎		◎	◎
	自由进口政策	◎		◎		
	限制投资政策	◎	◎	◎		◎
	自由投资政策				◎	
	地理距离小	◎		◎		
	地理距离大		◎		◎	◎
	经济活跃				◎	
	经济停滞	◎	◎			◎
	外汇管制严	◎	◎			◎
	外汇管制松				◎	
	利率下降				◎	
	利率上升	◎		◎		
	文化差异小			◎	◎	
	文化差异大	◎	◎			◎
	政治风险小			◎	◎	
	政治风险大	◎	◎			◎
外部因素(本国)	市场大				◎	
	市场小	◎		◎		
	多数竞争	◎		◎		
	寡头垄断竞争				◎	
	生产成本低	◎		◎		
	生产成本高		◎		◎	◎
	出口促销力量强	◎		◎		
	限制海外投资	◎	◎			◎
内部因素	差异产品	◎		◎		
	标准产品				◎	
	服务密集产品			◎	◎	
	服务产品		◎		◎	◎
	技术密集产品		◎			
	需要稍微更改的产品	◎				
	需做大的更改的产品		◎	◎	◎	
	资源有限	◎	◎			
	资源丰富			◎	◎	
	参与较少	◎	◎			◎
	参与较多			◎	◎	

（二）从进入方式特征来选择

决策者还可以从各种进入方式的基本特征来分析考察，进而选择其中最好、最合适的目标市场进入方式。

进入方式的基本特征可以从控制程度、风险性和灵活性三方面来考察，控制程度或介入程度与风险呈同方向变化，而与灵活性呈反方向变化。若将它们与进入方式中的各种具体形式联系起来，可用表 4-2 来表示。

表 4-2 各种进入方式的特征比较

项目内容	出口进入方式			契约进入方式			直接投资进入方式		
	间接出口	直接出口	海外分支机构	对外授权	授权专营	合同制造	当地装配	当地生产	
								合资	独资
介入程度和控制程度	最低 →								最高
风险性	最低 →								最高
灵活性	最低 →								最高

随着跨国公司投资能力的加强，一般说来大多数决策者都希望能够选择控制能力更强的进入方式，尽管同时会丧失更多的灵活性和承担更大的风险。这是因为投资本身意味着风险，而风险又往往与利润呈同方向变化。

（三）选择目标市场进入方式的硬决策法

在目标市场进入方式选择中，借助于某些模型，辅之以定量分析，可使决策更为精确。

1. 成本模型

根据西方经济学关于企业经营的原则是成本最小化或利润最大化的原理，跨国公司可以在选择进入方式时运用成本模型。成本模型是由以色列学者希尔施（Seev Hirsch）提出的，用于出口、契约和直接投资三种进入方式的比较选择。

希尔施首先把跨国公司的国际经营成本分为两类：基本成本和特别成本。基本成本是跨国公司的边际成本，也就是说它会随着产量的变化而变化，也是跨国公司无论是在母国还是在投资目标国进行生产经营都要变化的成本。基本成本包括：其一，跨国公司在母国的基本生产成本 C；其二，投资目标国的基本生产成本 C'。

特别成本是指跨国公司分别采取三种进入方式进入外国市场时所发生的三种成本，包括：

其一，出口销售成本 M'，包括邮电运输、保险、关税等费用支出以及由于母国与投资目标国社会文化等差异导致的投资目标国市场信息成本（进口销售成本 M 所包括的内容同 M'）。

其二，转移成本 AC'，也称为环境差异成本，是跨国公司在投资目标国设厂生产的额外支出。第一次进行海外投资时，要支付全部的转移成本，再增加投资时，要支付的转移成本相应减少。

其三，对外转让无形资产的耗散费用 D，这是指跨国公司通过对外授权转让其特定的知识资产优势（专利、专有技术、管理技能、营销技能等）时，企业为这些特定优势的耗散和承担的风险（技术泄露、专利滥用等）所付出的代价。跨国公司为了保护它的技术所有权和防止受证方利用知识资产交易得到的技术来同跨国公司竞争而做的努力（规定许可知识资产协议有关条件）所导致的成本也可以看成是 D 的一部分。

假定跨国公司的销售收入不变，既无论是在外国市场销售产品，还是在本国市场销售产品，都可以获得同样的收入，则利润、成本与销售收入的关系都为：

利润=销售收入-基本成本-特别成本

在跨国公司进行进入方式选择时，涉及三种成本：①出口成本——$C+M'$；②许可知识资产协议交易成本（许可证交易成本）——$C'+D$；③对外直接投资成本——$C'+AC'$。

希尔施的基本命题是：

第一，当投资进入所付出的成本高于出口进入方式，且出口费用成本又小于契约进入的机会成本与耗散费用时，就选择出口进入方式。即：

$$\begin{cases} C+M'<C'+AC' \\ C+M'<C'+D \end{cases}$$

第二，当投资进入的费用成本均小于出口和契约方式进入的费用成本时，选择投资进入方式，即：

$$\begin{cases} C'+AC'<C+M' \\ C'+AC'<C'+D \end{cases}$$

第三，当契约进入的费用成本均小于投资进入和出口进入的费用成本时，选择契约进入方式，即：

$$\begin{cases} C'+D<C'+AC' \\ C'+D<C+M' \end{cases}$$

第四，如果进入目标投资国是为了将产品返销母国，则前述的出口费用 M 变成了母国的进口费用 M'。这时跨国公司也面临着三种方式的选择，即：

$$\begin{cases} C<C'+AC'+M' \\ C<C'+D+M' \end{cases}$$

则应选择在母国生产；

$$\begin{cases} C'+AC'+M'<C \\ C'+AC'+M'<C'+D+M' \end{cases}$$

则宜选择投资进入方式，再将产品返销母国；

$$\begin{cases} C'+D+M'<C'+AC'+M' \\ C'+D+M'<C \end{cases}$$

则宜选择契约进入方式并进口其产品。

2. 净现值（NPV）模型

净现值模型所考察的是不同的目标市场进入方式的现金流量的净现值。由于货币具有时间价值，跨国公司应该按照收入和成本（包括基本成本和特别成本）之间的差额来计算每种进入方式的现值，从而选择在整个经营时间内具有最大净现值的进入方式。净现值模型能较深入准确地分析各种进入方式的动态现金流量及其时间分布状况，便于在进入方式选择中进行科学的动态的决策。

出口、契约进入和对外直接投资三种进入方式的净现值计算公式分别为：

$$\text{出口 } NPV_E = \sum_{i=1}^{n} \frac{R_i - C_i - M_i}{(1+r)^i}$$

$$\text{对外直接投资 } NPV_F = \sum_{i=1}^{n} \frac{R_i - C'_i - AC'_i}{(1+r)^i}$$

$$\text{契约进入 } NPV_L = \sum_{i=1}^{n} \frac{R_i - C'_i - D_i}{(1+r)^i}$$

上述式中，r 代表折现率；i 代表时期（年）；E 代表出口；F 代表直接投资；L 代表对外授权。

根据上述公式分别计算出各种进入方式的净现值后，即可进行最佳方式选择：

若 NPV_E>Max（NPV_F，NPV_L），即出口净现值大于直接投资或对外授权的净现值的最大者时，宜选择出口；

第二，若 NPV_F>Max（NPV_E，NPV_L），即直接投资净现值大于出口或对外授权的净现值的最大者时，宜选择直接投资；

第三，若 NPV_L>Max（NPV_E，NPV_F），即对外授权净现值大于出口或直接投资的净现值的最大者时，宜选择对外授权。

四、国际直接投资进入方式的选择

国际直接投资进入方式有两种基本形式，即收购或兼并投资目标国现有企业和设置或创建新企业。这两种形式的共同之处在于跨国经营企业以股权参与的方式获得对目标企业的控制权或参与其经营管理。收购或兼并外国企业是指跨国经营企业通过一定的程序和渠道，并依照投资目标国的法律取得投资目标国某现有企业的部分或全部资产所有权的行为。这里的资产主要包括实物资产和无形资产。这种收购的结果是跨国性的企业接管或兼并。创建国外企业是指由某一外国的投资者依据投资目标国的法律，在投资目标国境内依照东道国的法律设立部分或全部股权归外国投资者所有的企业。从两种形式的定义来看，创建新企业会直接导致生产能力、产出和就业的增长，而简单意义上的收购则仅仅意味着企业所有者的更改。

跨国经营企业在进行对外直接投资时，必然要在收购和创建这两种形式之间进行比较和选择。其决策的基本依据在于这两种形式本身所具有的内在特点。

（一）收购（兼并）方式及其优缺点

跨国经营企业采取收购（兼并）的方式进行投资进入，其具体的动机可能是下列一种或几种的混合：生产、经营产品的多样化，地区多元化，原材料供应的保证，资产多元化或者获取特定资产（技术、管理、销售渠道、熟练劳动力等）。

1. 收购（兼并）的种类

（1）按收购（兼并）者与被收购（兼并）者双方所处的行业关系来分，可分为三种。

第一种是横向兼并，指兼并与被兼并企业处于同一行业，产品系列及市场相同或相近。第二种是纵向兼并，指被兼并企业的产品处在兼并公司的上游或下游，是前后工序或是生产和销售的关系，比如是供货商或产品的客户。第三种是混合兼并，指兼并与被兼并企业分别处于不同的产业部门、不同的市场，且这些产业部门之间没有特别的生产技术联系。

（2）按收购（兼并）双方是否自愿互利，可分为两种。

第一种是善意收购，也称为协议收购或直接收购，指收购企业直接向目标企业提出拥有资产所有权的要求，双方通过一定的程序进行磋商，共同商定条件，根据双方商定的协议完成所有权转移的做法。除了收购企业根据自己的目标采取主动行为外，被收购企业也可能出于某些具体原因而主动提出转让所有权的请求，如本身经营不佳或遇到其他困难等。第二种是恶意收购，也称为故意收购或间接收购，指收购企业并不向目标企业提出收购要约，而是通过在股票市场上购买目标公司已发行和流通的具有表决权的普通股，从而取得目标企业控制权的行为。恶意收购不是建立在双方共同意愿的基础上的，因而往往引起双方激烈对抗，从而使收购转变为竞价收购。

（3）如果从收购行为的结果来看，跨国收购可分为两种。

一是部分收购，又称为参与股份，即收购企业只取得被收购企业的部分所有权。这种收购的结果一般不会对被收购企业产生重大的实质性影响。二是全部收购，即收购方企业取得被收购企业的全部资产所有权。这种收购的结果是被收购企业不复存在，或成为收购方企业资产组成中的一个部分。

（4）按收购（兼并）所采取的基本方法，可分为现金收购和股票收购。在实际收购中，跨国收购可以采取现金收购和股票替换这两种方法来完成对被收购企业的接管或兼并。

①现金收购，指所有不涉及发行新股票的收购（兼并），即使是收购方以发行某种形式票据所进行的购买也属于现金收购。在后一种现金收购中，被收购企业的股东在收购发生时获得收购方的某种形式的票据，但其中不含任何股东权益因素，属于某种形式的推迟了的现金支付。因而，这种票据安排也可以认为是被收购企业的股东向收购方提供了资金融通。现金收购的性质很单纯，购买方支付了议定金后，即取得被收购企业的所有权；而被收购企业的股东一旦得到应收现金即失去企业的所有权。

②股票收购，指收购方增加发行收购方企业的股票，以新发行的股票替换被收购企业的原有股票。通过这种途径完成的收购往往被称为企业兼并。股票收购的特点是被收购企业的股东并不会失去其所有权，而是转移到了收购企业，并随之成为收购企业的新股东。

由股票收购而形成的企业兼并不同于一般的企业合并。企业合并是指两个独立公司的股东同意通过股票替换组成一个扩大的公司实体，亦即通过发行一种全新的股票而组成一家新公司。由此可见，股票收购是以收购企业扩大、被收购企业消失为结果的，而企业合并则是以双方企业同时消失其实体，又共同拥有新的实体为结果的。

2. 收购的基本方式

在跨国收购的行为中，采取主动行动的一方称为收购公司，而被动的一方称为目标公司。前者希望以适当的手段和程序部分或全部取得目标公司的所有权，收购公司目标的实现意味着收购行动的完成。一般而言，所有方式的企业收购都可概括为直接收购与间接收购。两者的基本区别在于收购公司与目标公司是否直接接触，是否在双方共同意愿和互利的基础上完成所有权的重新组合或转移。

（1）直接收购是指收购公司直接向目标公司提出拥有所有权的要求，双方通过一定的程序进行磋商，共同商定条件，根据双方商定的协议完成所有权转移的做法。

如果收购公司提出的是部分的所有权要求，目标公司就可能允许收购公司取得增加发行的新股票。若收购公司提出的是全部所有权要求，那么，可由双方共同磋商，在共同利益的基础上确定所有权转让的条件和形式，双方签订协议，按照协议条款和规定解决所有权转移问题。直接收购也称为协议收购（negotiated acquisition）或友好接管（friendly takeover）。在直接收购中，除了收购公司根据自己的目标采取主动的行为外，被收购公司也可能出于某些具体原因而主动提出转让所有权的请求，如本身经营不佳或遇到其他困难等。

（2）间接收购是指收购公司并不向目标公司直接提出收购的要求，而是通过在市场上收购目标公司已发行和流通的具有表决权的普通股票，从而取得目标公司控制权的行为。

间接收购有两种基本做法：一种做法是收购公司利用目标公司普通股票市场价格下跌之机，大量购进该公司的普通股票，从而达到取得该公司控制权的目的；另一种做法是收购公司在证券市场上以高于目标公司当前股价水平的价格，大量收购该公司的普通股票，以达到获得目标公司控制权的目的。间接收购一般不是建立在共同意愿基础之上的，因而极有可能引起公司之间的激烈对抗，从而使收购转变为竞价收购。这种意愿相悖的收购一般也被称为敌意收购。在这类收购中，收购公司并不只满足于部分所有权的取得，而是要在取得了超过目标公司董事会股权的前提下强行完成对整个目标公司的收购。敌意收购可能是收购公司最初采用的一种收购手段，也可能是收购公司向目标公司提出收购建议被拒绝后采用的收购手段。无论出于何种原因，由于敌意收购本身的特点，其成功率是较低的。

所谓杠杆收购（leveraged buyout），是指一家或几家公司在银行贷款或在金融市场借贷的支持下进行的企业收购。一般做法是：由收购公司设立一家直接收购公司，再以该公司的名义向银行借贷，或以该公司的名义发行债券向公开市场借贷，以借贷的资本完成企业收购。由于这种收购只需以较少的资本完成，故而被称为杠杆收购。杠杆收购于20世纪60年代出现在美国，此后得到了较快的发展，20世纪80年代则风靡美、欧等地。

收购完成之后，收购公司一般会把收购公司的资产分拆并变卖其中一部分，或利用其流动资金偿还因收购所借的贷款和所发行的债券，从而使收购后的公司达到新的平衡。

3. 跨国收购（兼并）方式的优点

与另一种对外直接投资方式——创建新的国外企业相比较，收购（兼并）方式的优点有：

（1）资产获得迅速，能够迅速、方便、灵活地进入国外市场。

由于收购（兼并）方式是直接获取东道国原有企业的资产，可以大大缩短项目的建设周期和投资周期，这使跨国公司得以迅速获取资产，开拓海外目标市场起步快，对目标市场的进入机动灵活。

采用收购（兼并）方式可以直接获取东道国原有企业的资产，大大缩短项目的建设周期或投资周期。特别是对制造业而言，收购（兼并）方式省掉了建厂时间，使跨国经营企业在目标市场迅速获得了现成的管理人员、技术人员和生产设备，迅速建立了国外的产销据点，在开拓海外目标市场方面起步快，能机动灵活地进入目标市场。如德国和英国的跨国公司在巴西进行的14例企业收购中，有12例是当年收购当年就重新投产的。而新建的生产项目一般都需要2年以上的建设周期才能正式投产。

（2）廉价获得资产。

目标公司价值被低估往往发生于现实经济生活中，这就使跨国经营企业通过收购而廉价获得了资产。收购公司之所以能够通过收购（兼并）方式廉价获得资产，首先是由于收购公司往往比目标公司更清楚目标公司的潜在价值；其次是由于目标公司在经营中陷入困境而使收购公司得以压低收购价格；最后是由于收购公司利用东道国股市下跌时购入目标公司股票。

（3）利用适应当地市场的原有管理制度和管理人员，从而可以避免对当地情况缺乏了解而造成的种种麻烦。

特别是当跨国公司发展迅速而发生管理人员缺乏时，或者收购方企业的母国投资环境与目标国投资环境有较大差异时，收购是跨国经营企业决策者优先考虑的。

（4）获得被收购企业的市场份额，减少竞争。

收购方企业可以直接占有被收购企业原有的销售市场，利用被收购企业的销售渠道。

（5）获得企业发展所需的技术、专利和商标等无形资产。

通过收购取得的被收购公司的先进技术和专利有助于迅速提高收购公司的技术水平，提高研究和开发能力。通过收购取得被收购企业的著名商标，有助于收购者迅速打开市场，扩大企业的销售量。

（6）获得被收购企业的资产和市场份额，提高竞争力。

跨国收购（兼并）不仅可直接获得被收购企业的原有资产，包括其先进技术和商标等，而且还可以直接占有被收购企业原有的销售市场，利用被收购企业的销售渠道，从而有助于提高收购企业的国际竞争力。

4. 跨国收购（兼并）方式的缺陷和不足

（1）价值评估困难。

对目标公司价值的评估是跨国收购最关键而又最复杂的环节。由于各国的会计准则不同，目标市场信息收集困难，加上目标公司无形资产的估价难以准确，因而给目标公司价值的准确估价带来障碍。

（2）原有契约和传统关系的束缚。

收购企业完成收购后，就会遇到来自原有企业的客户、信贷者和职工等已有的契约上、传统关系上的束缚，以及原有的经营理念的束缚，构成其继续经营管理的障碍。

（3）在企业规模和地点上的制约。

收购（兼并）方式往往会受到被收购企业的规模、地点等原有条件的限制，有时并不能完全符合跨国公司全球化战略布局的需要。

（4）失败率高。

实际统计数据表明：跨国收购（兼并）方式的经营失败率远远高于新创企业的经营失败率。这除了上述几个方面的原因外，主要与收购及被收购企业之间经营管理体制的双向兼容力不足和观念转变不及时有关。

（二）创建方式及其优缺点

跨国经营企业以投资进入方式拓展国际业务，除采取收购的方式外，还经常采取在目标市场创建国外企业的方式。

（1）创建方式的基本形式。

创建国外企业从形式的角度可分为独资企业和合资企业，从企业性质的角度可分为国外分公司、国外子公司和国外避税地公司等形式。

（2）创建方式的优缺点。

创建新企业的特征是跨国经营企业独立地或部分地直接进行项目的策划，建设并组织实施其经营管理运行。因此，创建方式的突出优点是决策者能在较大程度上把握其风险性，并能在较大程度上掌握项目策划各个方面的主动性。而其突出的缺点是需要大量筹建工作，因而投入大，建设周期长，速度慢，灵活性差，从整个投资风险上看要更大些。从一定意义上说，创建方式和收购方式是可以相互替代的，但又是相互对立的。所以，上述收购方式的缺陷就是创建方式的优点。同样，收购方式的优点也往往就是创建方式的缺点。

（三）收购（兼并）方式与创建方式的选择

由于创建和收购（兼并）这两种方式各有其优缺点，因此，跨国公司等国际投资主体在投资进入决策时，一般以项目目标和两种方式的特点进行比较，来做出基本选择。例如，某跨国公司以进入速度快为项目目标，就会倾向于选择采取收购目标市场现有企业的进入方式。当法国密特朗政府提出要将国内部分大企业收归国有时，被列为政府第一批国有化目标的法国化学业跨国公司 Rnane-paulene，为求将其经营重心移往国外，迅速地在美国收购了美孚（Mobil）石油公司的农业化学部门。

由于上述收购和创建方式的各自优缺点会影响或决定跨国公司等国际投资主体在两种投资进入方式间的选择，而选择的结果又会影响到公司整体的经营决策和战略布局，所以，在决策时，不仅要考虑这两种方式本身的特点，还必须考虑各个国际投资主体的内在因素和外部环境因素。

1. 跨国公司等国际投资主体的内在因素对选择的影响

（1）技术等企业专有资源的状况。

一般来说，拥有最新技术、知名商标等重要企业专有资源的跨国公司，从节省交易费用、防止垄断优势丧失的角度，更多地愿意选择创建方式。另外，许可证交易可以加强跨国经营企业对目标市场的了解和掌握，往往成为其收购方式进入的先驱。

（2）跨国投资经营的经验积累。

跨国投资经营的经验积累较少的企业，往往会选择风险和不确定性相对较小的收购（兼并）方式。

（3）经营战略与竞争战略。

采取混合多元化经营战略的国际投资主体，为了使其经营地域多样化和产品多样化，往往采取收购（兼并）方式，以便迅速进入目标市场，占领市场份额。而且，也正是由于收购（兼并）有迅速进入目标市场的特点，使得在国际竞争中采取跟进战略的跨国公司，也多选择收购（兼并）方式。因为在寡头竞争的条件下，一个寡头垄断者用投资方式进入新的国际市场后，其他的寡头垄断者为取得战略平衡，会纷纷跟随进入这一市场，而收购则成为其最迅速的进入途径。

（4）企业的成长性。

在一般情况下，成长比较迅速而增长率较高的跨国公司比历史悠久而增长率较低的跨国公司更倾向于采取收购方式。其主要原因有二：第一，由于企业的经营经验和经营信息是随经营时间的推移而增加的，对于规模相当的跨国公司来说，增长快的企业在信息和经验上要弱于增长慢的企业，因而更多地采取收购（兼并）方式进行跨国扩张；第二，收购（兼并）现有企业可克服人力资源短缺的限制，有利于增长快的跨国公司迅速发展。一般而言，新兴的成长迅速的跨国公司比历史悠久、成长缓慢的跨国公司更倾向于采用收购（兼并）方式。

2. 外部环境因素对选择的影响

外部环境因素也是制约跨国投资主体选择投资进入方式的不可忽视的方面，其主要因素有：

（1）投资目标国政府对收购（兼并）行为的管制。

在投资目标国创建新企业，能为该国增加资产存量、增加生产力，为其经营发展带来新的增长点，也便于该国增加就业人数；而收购（兼并）投资目标国现有企业，只是实现了资产产权的转移，并不增加该国的资产总量，因而不完全具备创建方式的作用。这样，投资目标国政府一般都比较欢迎外国企业以创建新企业的方式到本国进行投资，特别是发达国家往往都对收购本国企业进行程度不一的限制，发展中国家则基本上倾向于在欢迎外资新建企业的同时，也兼顾外来收购所带来的资本和先进管理、技术的流入等利益。发达国家在对外资收购行为进行管制时，经常的依据是反托拉斯、反垄断方面的法规。

（2）投资目标国的经济发展水平和工业化程度。

一般来说，国际投资主体在工业化程度高的国家或地区较多地采取收购方式进入目标市场，而在工业化程度较低的国家和地区则倾向于采取创建方式。这一方面是由于经济发达、工业化程度高的国家和地区的现有企业的管理体系、技术水平比较符合国际投资主体的发展要求，有利于收购后的迅速进入；另一方面也是由于工业化程度高的国家目标企业的选择余地较大，较多的潜在收购目标有利于国际投资主体收购方压价收购。

（3）目标市场和母国市场的增长率。

增长较快的目标市场上收购现有企业的行为较创建新企业要多，因为收购进入的快捷有利于国际投资主体抢占市场；同样，母国市场的快速增长也使该国的管理人员和技术人员缺乏，该国的国际投资主体更偏向采取收购方式进入其他国家市场，以便节省较多的管理和技术人员。具体见表 4-3。

表 4-3　对外直接投资进入方式选择的影响因素

因素分类	影响因素	进入方式	
		收购（兼并）方式	创建方式
内在因素的影响	1. 企业专有资源	较少	强而丰富
	2. 跨国经营经验的积累	较少	较多
	3. 经营与竞争战略	混合多元化和跟进等竞争战略	
	4. 企业的成长性	成长快	成长慢
外部因素的影响	1. 投资目标国对收购（兼并）的管制	管制放松	管制较严
	2. 投资目标国的经济发展水平和工业化程度	经济发展水平和工业化程度高	
	3. 目标市场和母国市场的增长性	增长快	增长慢

五、国际直接投资的项目可行性研究

以上分析是国际直接投资决策的基础和基本框架，具体项目的决策是对这些方面进行更为复杂、更为细致的具体分析。特别是对以创建方式进入国际市场的跨国经营企业来说，创建新的国外企业的风险很大，其建设周期长、投资额大、项目的不确定性更大，等等，都要求比其他进入方式更加认真对待。

国际直接投资的项目可行性研究是整个国际直接投资决策全过程的一个重要步骤和环节，其任务是从经济和技术方面对投资项目的可行性进行具体且深入、全面的论证，研究投资项目在技术上的可行性和经济上的合理性，并提出供最后决策者选择的可行的投资方案。所以，也可以把投资项目可行性研究视为投资决策的集中体现。

国际直接投资的项目可行性研究与国内投资的项目可行性研究在内容和方法上大致相同。当然，投资项目可行性研究本身就是一项带专门性的学问和技术。这里只简要介绍国际直接投资项目可行性研究的基本程序和基本内容。

（一）可行性研究的开展阶段

从可行性研究体现投资决策基本过程的角度来看，可行性研究本身又可分为以下几个开展阶段：

1. 机会研究

机会研究是可行性研究的最初阶段性研究。其目的是分析和选择可能的投资方向。它通过对项目的背景、发展趋势等方面的研究，寻找有利的投资机会和论证项目的设想，迅速而经济地给出投资可能性的明显论据。

机会研究要考虑的问题有：项目所在地区的社会经济特点；基础设施状况；原材料来源；产品未来的需求量；该产品进口替代的能力，出口的可能性；在发展水平、资源和经济背景方面相类似的其他国家成功的先例；与其他工业的联系；产品多种经营的可能性；能否获得规模经济；一般的投资趋势；工业政策；成本和效益的粗略估计等。这种粗略的研究主要依靠经验数据和规划数据，也可参考类似项目的情况进行估算。机会研究的数据精确度一般只要达到±30%左右即可。

机会研究的研究步骤大概为：第一，国别研究，即对若干潜在的投资目标国的投资环境进行研究，比较并设法选定一个具体目标国家。第二，地区研究，即在选定的投资目标国中进行若干潜在的目标地区的比较，设法选定一个具体的目标地区。第三，部门研究，即设法选定某一特定工业部门或行业的目标机会。第四，项目报告，即对特定的目标项目做进一步研究，收集其基本资料和数据，在归纳总结的基础上，以简明的形式汇总为投资报告，提交决策者了解并做初步判断。

2. 初步可行性研究

初步可行性研究是经决策者初步判断并提出进一步分析的要求后，对项目方案所做的初步的技术和经济的分析。有时根据决策者的愿望和要求也可省去这一步骤而直接进入下一个步骤。

初步可行性研究的主要目的是：①在初步分析的基础上判断项目投资机会是否确如机会研究的结论那样是有希望的，能否据此做出投资决定；②判断项目的投资是否有生命力，据此做出是否进一步进行详尽的可行性研究的决定；③对需要进行详尽的可行性研究的关键性问题提出进行专题研究的设想。

初步可行性研究作为机会研究和详尽的可行性研究的中间性阶段，其资料和数据的精确度一般要求达到±20%左右。

3. 可行性研究

可行性研究是对项目机会进行深入而详尽的技术、经济论证，确定方案的可行性，并选择最佳方案。可行性研究的资料、数据及计算结果要求比以前的研究要高，其精确度一般要求达到±10%。而且，这一阶段还要求根据不同的营销策略、不同的生产规模、不同的工艺条件及技术设备等，设计可供选择的多种方案，并对这些不同方案进行技术、财务乃至国民经济评价，根据评价结果确定最优方案。

4. 编写可行性研究报告

此阶段要将研究的基本内容及结论和建议用规范化的形式诉诸文字，成为最终文件以提交投资决策者作为最后决定的基本依据。

可行性研究报告的基本框架为：①项目概况；②市场和生产能力；③原材料供应及各项生产条件；④总投资估算及资金来源；⑤组织机构及项目地址、人员配置；⑥项目建设进度计划；⑦财务和经济评价；⑧结论和建议。

可行性研究报告并不是投资决策的结果，而是做出投资决定的基本依据；而且，投资决策并不一定需要与可行性研究报告的结论或建议一致，可行性研究报告可以根据决策者的投资决定做出修改。

（二）国际直接投资项目可行性研究的主要内容

1. 市场研究

市场研究主要包括市场的构成情况、当前的有效需求、商品的价格和企业可能进入该市场的程度。

首先要对项目存续期内的具体产品需求量做出估计。需求量的大小要受到不同因素的影响，如市场的构成、其他来源的相同产品或替代品的竞争、需求的收入弹性和价格弹性、销售渠道和消费增长水平等。同时，还要分析市场价格和变动趋势，当地市场和国际市场的现行价格、未来价格的走势等。一般来说，对价格做出历史的研究有利于掌握价格发展的趋势。在对市场状况进行分析之后，还需要研究和拟定一个合适的市场战略，其主要内容有产品计价、推销措施和经销系统等。

2. 生产研究

生产方面的研究主要包括生产资源、厂址选择、生产技术等方面的内容。

生产资源研究主要分析原材料的需求和来源。必须确定基本生产原材料的来源及可得的经常性，如果原材料来源属当地供应，则应确定其位置和范围；如果需要进口，除了要确定来源之外，还要考虑可能出现的进口限制，以及可能存在的不确定性。生产资源研究还要考虑和分析基本投入的成本问题。在分析和落实上述各项因素的基础上制订出资源供应计划。

厂址的选择要从多方面考虑。简要地说，有市场的距离（原材料和成品）、运输条件、土地费用、基本设施和社会经济环境等方面。

生产技术方面的研究应该说明具体项目所需的技术，对可供选择的各种技术进行评价，并按照项目各组成部分的最佳组合来选择最合适的技术。同时，技术研究还必须考虑所需技术的性质和来源。技术的来源在很大程度上取决于所用技术的性质和复杂程度。技术选择应当联系项目的生产能力、生产资源的组合与供应成本来考虑，要分析现有技术的适用性和竞争能力。如果需要从其他企业获得技术，则应确定获得技术的方式和费用。

与技术选择相关联的是设备的选择。应当说明使用某种生产技术达到一定生产能力所必需的机械设备的最佳组合。项目的机械和设备清单应包括生产、加工和控制所需的一切可移动和不可移动的机器设备，以及与机器形成一个整体装置而无另外用途的有关设施。

3. 财务和经济研究

这方面的研究主要说明总投资费用和生产总成本以及投资项目在财务和经济上的生存能力。

财务和经济研究首先要确定总的投资费用和项目筹资来源。除了在某些情况下资金的限制构成了考虑项目可能性和项目规模的重大限制因素外，一个项目只有在基本的技术经济特点确定之后，才能恰当地估计较详细的资金需要量。因此，在可行性研究中，只有在决定了生产能力和厂址坐落，并对开拓好的场地、建筑物和土建工程以及技术与设备等做出估计之后，才能恰当地确定整个项目的资本支出；资金来源和最佳筹资组合的确定也是财务、经济研究的重要内容。工业项目的一般筹资模式是以自有资本和长期贷款为初期资本投资，通过银行获得中、短期贷款来满足周转资金的需要；财务研究还要分析和评价项目的盈利水平。这类分析一般借助于基本财务分析手段和主要经济指标来进行。

第三节 国际间接投资决策

国际间接投资决策也叫国际证券投资决策。国际证券投资是国际投资主体进行海外投资的另一种经济活动形式，其决策主要取决于国际投资主体的资金实力、管理理念和投资偏好，同时还要受到有关国家相关法律法规的制约和政治、经济因素的影响。正确的投资决策是国际间接投资成功的一个良好开端。

一、国际间接投资决策的特点及决定因素

（一）国际间接投资决策的特点

如果拿国际间接投资决策与国际直接投资决策相比，国际间接投资决策具有以下一些特点：

1. 国际间接投资决策具有可调整性

对国际直接投资决策而言，一旦决策进入实施阶段，一般不能做出调整和改变。而国际证券投资决策就不同，因为对于国际证券投资的投资者来说，他们持有的金融资产具有很大的灵活性，随时可以在发达的证券二级市场和三级市场上买卖，因此，投资者一旦发现自己在投资对象或投资时机上有决策错误，他有机会通过二、三级市场的买卖对决策做出调整和改变。此外，国际证券投资决策的可调整性还表现在，当一国出现政治和经济危机时，决策者也可迅速调整决策，退出投资，而国际直接投资决策则没有这样灵活调整的可能。

2. 国际间接投资决策的费用较低

国际间接投资决策与国际直接投资决策的费用相比，它的决策的费用相对低廉。这是因为，首先，国际证券投资决策所需的数据资料容易获得。证券投资对象的财务报表等数据是公开的，国际证券市场的各种证券交易情况也是公开的。其次，国际证券在发行时，一般都要经过国际公认的资信评级机构确认发行人的资信等级，

经过发行人所在国政府的担保。所以，决策者不需要像国际直接投资决策那样，为了解和熟悉投资对象——目标市场，或为了采集各国的第一手数据而花费各种各样昂贵的费用，包括实地调查、专家咨询等。

3. 国际间接投资决策具有很强的时效性

国际证券市场是瞬息万变的，最有利的投资机会往往稍纵即逝。如果决策者的决策滞后于证券市场的变化，即决策不够敏捷，那么就会失去争取最高投资收益的机会；此外，某一决策也许在某些时段上是最佳决策，但过了这一时段，也许就成了错误的决策。所以说，国际证券投资具有很强的时效性，投资者要达到争取最高收益的目的，决策必须保持敏捷的反应能力，抓住最有利的投资时机。

（二）国际证券投资决策的决定因素

国际证券投资的流量和流向受多种因素的影响，因此国际证券投资决策也受到多种因素的影响，除政治因素外，还取决于利率、汇率和风险性等。

1. 利率是决定国际证券投资决策的主要因素

利率是决定国际证券投资决策的主要因素，资本的流动决定于各国利率的差别，在正常情况下，资本必然从利率低的国家流向利率高的国家，最终导致各国利率水平逐步接近。在各种利率中，长期利率和实际利率对国际证券投资决策的影响最大。

2. 汇率的变动对国际证券投资决策的影响较大

在当代，各国货币汇率变动不居，汇率的变动会直接影响资本的流入与流出。如果一国的国际收支大量顺差，该国的经济实力就会相应增强，对外债权就会相对增加。由于外汇供过于求，汇率上升，外国为偿付该国的债务，必然会增加对该国的货币需求。反之，如果一国的国际收支长期持续逆差，该国的经济实力就会相对下降，对外债务相对增加，使外汇供应不足，汇率下降，为偿付对外债务，必然会增加对外汇的需求，这就促使外国资本流入。

汇率稳定与否也影响国际证券投资决策。如果某国的货币汇率较高而又长期稳定，投资者就会做出将汇率低、风险大的国家的资本移入该国的决策。

3. 风险性也是影响国际证券投资决策的一个重要因素

如果风险小的资产和风险大的资产都能提供同样的收益率，投资者当然会做出持有风险较小的资产的决策。20 世纪 80 年代以来，发达国家对发展中国家证券投资增长速度明显下降的一个重要原因，就是发展中国家债务负担过重，投资风险增大。

二、国际证券投资场所的选择

证券投资的国际化与证券发行交易的国际化是相辅相成的。国际证券投资主体既可以通过本国证券市场，也可以通过外国证券市场买卖外国公司的证券。因此，国际证券投资首先要决策的是选择哪一个地方的证券市场作为其投资场所。

（一）影响国际证券投资场所选择的因素

1. 市场开放度

市场开放度是影响国际投资者决策的首要因素，国际投资者总是选择开放度大的场所。经济环境和社会历史条件不同，各国对证券市场的开放度也因国情不同而不同。并非所有的国家和地区的证券市场都允许外国投资者进入。目前世界各国和地区的证券市场中，允许外国投资者进入的国家和地区有：美国、澳大利亚、比利时、加拿大、法国、德国、荷兰、中国香港、意大利、日本、新加坡、南非、瑞典、瑞士、中国、英国等，其余大部分国家和地区的证券市场禁止外国投资者进入。

2. 市场管理体制

市场管理体制也就是对国际证券市场管理所建立的一整套组织机构、法律规章及其运转和执行机制的有机系统。这一系统因为其广泛的制约性和非随意性，从而对证券交易有着重大而深远的影响，最终影响了投资者对市场的选择。投资者往往选择管理约束机制强，管理有一定成效的证券市场。证券市场的管理体制从其运转机制来分，大致可分为四种类型：

（1）干预型管理体制。

这种管理体制下立法比较严密、管理相对集中、侧重完善管理、有专门的管理机构，其各级管理机构制订了各种措施来保护投资者的利益。实行这种管理体制的主要代表为美国。

（2）自律型管理体制。

这种管理体制下立法比较松弛，管理以自律为主，着重形式管理，且无专门的管理机构。这种体制主要以英国为代表。在英国，证券市场的实际管理主要由证券交易所来承担，此外还有英国证券交易所协会、股权转让和合并专业小组及证券业理事会共同对证券市场进行协调管理。由于英国证券交易所历史悠久，经验丰富，且制定有较为严格的规章制度，所以在证券市场管理上也卓有成效。

（3）统管型管理体制。

这种管理体制下由财政部统一管理金融市场的活动，主要以日本为代表。在日本，由大藏省证券局负责制定证券市场管理的系统政策，对市场参加者进行监督和指导，特别是负责有关证券法令的执行和监督，因此大藏大臣对证券市场的管理负有十分重要的责任。

（4）分散型管理体制。

该体制下既强调立法，又注意自我管理，分发行公司、证券发行、交易所和投资四个方面来管理，这种体制以德国和意大利为典型。

3. 市场规模大小

市场规模大小也是影响投资者选择国际证券市场的重要因素。投资者往往喜欢选择规模大的国际证券投资市场。这是因为若市场规模小则上市公司数目稀少，成交量也不大，对投资者尤其是美国等发达国家的机构投资者（共同基金、养老基金等）来说，不能提供真正的投资机会。相反，由于市场规模小，这些市场的投机性很高，对外国投资者来说，风险也就加大了。目前，除美国和英国外，绝大多数开放性国际证券市场发育还不够完善，规模非常有限。

4. 资本的流动性和货币的可兑换性

资本流动管制松、资本流动性好、货币可自由兑换的国际证券市场是国际投资者在进行国际投资时的首选地点。一些国家的政府为了增强本国证券市场对外国投资者的吸引力，纷纷放松了对资本流动的管制。如美国于1974年取消了20世纪60年代初实行的对资本外流的限制措施，如取消征收“利息平衡税”等；英国也于1979年取消了外汇管制，本国居民可自由地借入外国资本，或将本国资金贷给外国人；同年，日本政府取消了对非居民购买日元债券的限制性规定，并于1980年取消了外汇管制，随后又放松了对非居民的借款人进入国内发行市场和欧洲债券市场的限制；1981年，联邦德国也取消了对非居民购买国内债券和货币市场票据的限制，并于1985年取消了对非居民征收的“利息预扣税”，次年又取消并放宽了外国机构发行德国马克债券的规定；法国于1984年取消了对非居民征收的“债券利息预扣税”，次年取消了不得发行“欧洲法国法郎”债券的限制，1986年废除了外汇管制措施。

5. 汇率风险

对投资者来说，之所以选择在外国证券市场买卖外国公司的证券，是因为可能会带来高于在本国证券市场投资的收益率，但这种收益率很可能会被汇率风险抵消。例如，某美国投资者购买日本证券市场的松下电器公司的股票，当其把赚取的日元股息同本金兑换成美元时，可能因美元升值而使其投资于日本股市的高收益率消失殆尽。虽然在外国的投资者可以利用货币市场套期和远期外汇市场套期来降低汇率风险，但是在有效的外汇市场条件下，根据利率平价说，两国货币的利率差应反映其同期的远期汇率贴水率（升水率）。所以，套期的成本同样会降低投资者在外国证券市场买卖外国公司证券所得的高收益。因此投资者究竟选择本国的证券市场还是外国的某一证券市场投资，还要受到两个证券市场所在国货币汇率变动的影响。

6. 政治风险

与从事对外直接投资的跨国公司相比，买卖外国证券的投资者规避政治风险的能力比较薄弱。这不仅仅反映为证券投资者缺乏对政治风险评估和预测的能力，而且反映为证券投资者就投资争端与外国政府讨价还价的力度，此外，资本输出国提供了对外投资保证保险制度，也仅服务于对外直接投资。所以国际证券投资者就更要选择政治风险较小的国际证券市场。

7. 市场方便性

市场方便性是指投资者可迅速获得证券信息，买卖、流通、交易、清算都快而简便。它也是投资者选择国际证券市场的重要因素。拥有先进的证券交易监视系统，并配备有电子报价系统，实现证券报价系统自动化，能及时地将证券成交价格和成交数量进行整理后传递到证券交易大厅、各证券公司、新闻报道机构和信息服务公司的证券交易市场，是投资者的首选目标。对投资者而言，在新闻报纸、电视等传媒报道其证券行情越多的证券交易场所投资会越方便，也越能抓住有利的投资时机和对象。

（二）主要国际证券市场

了解世界主要证券市场，国际投资主体可根据自己的偏好，选择最适合自己的投资场所。

1. 纽约证券市场

美国的纽约证券市场从1790年创建第一家美国证券交易所——费城证券交易所算起，迄今已有220多年的历史。纽约证券交易所是目前世界上的最大的证券交易所，拥有600多家证券公司经纪人，经营着2 000多家大企业公司，其中包括总部设在22个国家的外国公司。2020年11月18日，纽约交易所上市公司股票数量为2 505只，美国证券交易所有274只，总计2 779只股票。纽约证券交易所是上市公司总市值第一，IPO数量及市值第一，交易量第二的交易所，有大约2 800家公司在此上市[①]。

纽约证券交易所于1972年由原来长期实行的会员制改为公司制。董事会由21人组成，除董事长专任外，10名董事代表证券商，10名董事代表公众利益，以维护一般投资者的权益。交易所的活动受美国政府机构、证券交易委员会的监督。在纽约证券交易所中，只有取得会员资格并拥有席位才能进入大厅参加交易活动。现共有1 416个席位，其中外国会员50个。根据其章程规定，新申请入会者只能等候顶替老会员退出的席位。

为了确保证券市场的信誉，纽约证券交易所对股票上市公司的净资产额、利润额、股东人数、股票月平均交易额等都有严格的规定和记载，并拥有先进的证券交易监视系统，以防止任何操纵和作弊行为。如股票上市的公司最近一年的纳税前所得不少于250万美元；公众持股不少于100万股，其中至少要有2 000多名投资者每人拥有100股以上的股票；公司普通股的市值不少于800万美元；有形资产净额不少于16 000万美元等。对采取美国公司形式或非美国公司形式的在美国上市的外国公司股票，还有不同的规定。美国对上市公司的监管，主要是依靠信息，因此还要求股票上市的公司必须财务公开，提供及时、充分而准确的信息。如按月公布营业额，按季公布损益表等。对外国上市公司还要求这些信息是美国公司可以了解和接受的，并且是可以同美国上市公司信息进行比较的。

早在1983年纽约证券交易所就采用了先进的电子设备，设立了14个崭新而宽敞的交易站（柜台），并在每个交易站的上方安装了电视屏幕，显示该站交易的股票名称和不断变动的价格，并在每种股票价格的后面标明了正负符号，说明比前一次成交价格是上涨还是下跌了。另外，全美有700家报纸刊载其股票行情，世界上有55个国家的电视屏幕报道其证券行市，它为美国和世界各地投资者提供了便利。纽约证券交易所在证券交易中有一部分由买卖双方直接成交，有时亦可按买卖中间价成交，对大小投资者一视同仁。

2. 伦敦证券市场

伦敦证券交易所成立于1773年，迄今已有240多年的历史。交易所实行股份制，股东即为交易所成员，现约有股东4 600人。交易所的最高领导机构是理事会，由股东选举产生，每年改选其中的1/3，其中1名系英格兰银行的代表，作为英国政府的代理人，为当然委员，但没有投票权。

---

① 傅盛宁. 中国股市挂牌数量冠全球［N］. 深圳商报，2016-11-21（1）.

伦敦证券交易所成员可分为两大类：①经纪商（broker）。他们只代顾客或所属公司进行证券买卖，收取佣金。经纪商不能直接对公众进行交易，只能代公众与证券商交易。②自营商（jobber）。他们持有相当数量的多种股票，既买进，又卖出，以赚取差价收益。但他们只能以交易主体的身份同场内经纪人交易。

伦敦证券交易所曾经有许多过于严格的限制，如佣金不能低于统一标准，业务不能兼营，对会员的资格审查过于苛刻等，致使其缺乏吸引力，在国际竞争中处于不利地位。在20世纪80年代中期，伦敦证券交易所进行了一次“大爆炸”式的改革，改革的主要内容有四个方面：第一，市场全面开放，包括向外国证券公司开放，允许和吸收非会员作为该交易所的理事。废除证券交易最低手续费率制度，实行证券买卖手续自由化。第二，放宽对会员资格标准的要求，降低对会员资本金比率的规定。第三，实行证券自营商和证券经纪商双重资格和交易范围的规定，使两者之间的证券业务可以交叉。第四，配备电子报价系统，实现证券报价系统自动化。

通过这次改革，大大增强了伦敦证券交易所的国际吸引力和竞争力，提高了该所在国际证券市场上的地位和作用。到1995年年底，在这里上市证券的本国公司2 078家，外国公司528家，上市股票10 206种，交易量为7 186亿英镑。2020年，总市值达37 670亿美元。2003年海外股票交易达3. 25万亿美元，大大超过纽约与纳斯达克海外股票交易量的总和。当年西欧各证券交易所所有IPO的79%在伦敦进行，全世界70%的国际欧元债券在伦敦交易。

3. 东京证券市场

东京证券市场可追溯自明治七年即公元1875年，它依照英国证券制度制定证券交易条例，并正式建立了证券交易机构。1941年合并了9家证券交易所，成为官商合办的证券交易所。1946年在美军占领下一度解散。1949年美国以“三原则”（市场集中交易原则，时间、价格优先原则和现货交易原则）为条件，同意东京证券交易所重新营业。

东京证券交易所现在实行会员制，会员主要有三种：①正会员。他们在交易所既可以接受客户委托进行证券买卖，也可以用自己的资本进行证券买卖。现有会员114名，其中外国会员22名。②经纪会员。又称媒介会员，其业务是专门在正会员之间的证券成交中起媒介作用，现有12名会员。③特别会员。他们专门从事接受非会员证券公司委托的业务，在交易所进行证券买卖，现有144名会员。

会员大会和理事会是东京证券交易所的决策机构，只有正会员有充分的表决权，经纪会员只在某些事项中有表决权。交易所实行自主管理的自律原则，遵守国家规定的证券交易法、商法、国债法等法律，由日本大藏省监督。

在东京证券交易所上市的股票，也有较严格的条件，条件的具体内容与纽约证券交易所上市的股票条件相似。同时还规定了停止上市标准，如资本降到一定的要求之下、成交量未达到规定的要求、连续数年未分配股息等。

东京证券交易所为了迅速传递市场行市信息，便于买卖交易，自1974年起启用电子报价系统，及时将证券成交价及成交量进行整理后传递到证券交易大厅、各证券公司和新闻媒介机构及信息服务公司。

为适应国际经贸的发展，日本非常重视日本证券市场的国际化。自 1987 年起，已有 100 多家外国公司参加东京证券交易所的交易活动。在国际证券市场格局中，纽约、伦敦和东京已形成鼎足而立之势，各国一些大企业公司和国际企业集团纷纷争取将它们的股票在纽约、伦敦、东京上市，这样就能参与连续的证券交易活动，并将在全球范围内扩大其影响，从而也为国际证券投资者提供了更多的投资对象。

4. 欧洲债券市场

欧洲债券市场目前是世界上最大的国际债券市场。欧洲债券市场完全不同于传统的国际债券市场。这是因为，欧洲债券的发行是由国际承购团组织发行并在国际范围内销售的，因此它既不依靠任何国家国内资本市场作为它的资金来源，自然也不受任何国家金融和证券管理法令的管辖，更无须任何国家批准注册。此外，欧洲债券面值的货币可以由集资者和投资者在市场运行的各种可兑换货币中自由选择。

欧洲债券市场不断地推出新的债券形式以适应形势发展，满足集资者和投资者的需要，加上欧洲债券面值货币多样化，可以自由选择，资金来源广泛，在发行手续上又有较大的灵活性和自主性，买卖流通和清算均比较便利，使它能持续不断地蓬勃发展，成为市场容量大、流动性强、安全系数高、受国际货币市场和国际金融动荡影响较小的债券市场。它不论对国际集资者还是对国际投资者都具有较大的吸引力。

三、国际证券投资对象的选择

国际证券投资的成功与否，主要取决于证券市场的价格变化，而证券价格的变化则受到决定国际证券投资流量和流向的投资场所、投资对象等多种宏观与微观的复杂因素的影响。因此投资者在选择了适宜的国际证券市场后，就面临着选择哪一国的哪一种证券进行投资的问题。

（一）证券投资分析的基本内容和方法

能为投资者做出正确投资对象决策提供有价值的科学依据的是证券投资分析。证券投资分析包括技术分析和基本分析。技术分析就是抛开证券内在价值，只根据证券行情和供求关系，分析、判断证券价格变化趋势，从而决定证券投资时机的分析方法。技术分析偏重证券价格分析，并认为证券价格是由供求关系决定的。不过，技术分析并不研究影响证券供求关系的各种因素，它只是就供求情况而论证券价格，因而纯粹是证券行情分析。技术分析以预测市场价格变动趋势为目的，通过一些技术指标量值及图表对市场行为进行研究。对市场行为的研究主要通过以下一些指标来进行：价格、交易量、买卖意愿和时间等。基本分析是指对投资对象的外部环境和内部环境所做的宏观和微观分析。宏观分析主要包括一国的经济发展状况、政府政策、通货膨胀等状况；微观分析主要是指对公司生产经营状况和财务状况的分析。

技术分析与基本分析的目的是共同的：预测价格变动的方向。但这两种分析方法所采用的方法、研究的方向是大不相同的。技术分析专门研究市场行为，而基本分析则集中研究供给与需求的经济力量中，能够造成价格往上、往下变动或停留在原处的相关因素。基本分析一般通过分析研究足以影响一只股票价格的一切相关因素，从而预测该股的价格走向。可以说，技术分析研究市场价格变动的影响，而基本分析研究市场价格变动的动因。

技术分析重视量与数，以统计学作为基础来进行实际操作，比较客观。而基本分析重视消息、新闻，主要从主观上对掌握的各种材料加以判断。基本分析一般会从政治、经济、金融、公司经营状况和企业管理等各种方向去收集资料，再加以综合研判，不但分析整个经济形势、景气变动、产业结构变化，更进一步研究个别企业的业绩、获利能力、管理能力，工作效率、财务结构变化，股息红利分配政策等，从而预测股票的价格。

总之，基本分析主要告诉你投资的方向，而技术分析主要告诉你买卖的时机。

（二）选择证券投资对象的宏观经济分析

国际投资主体在进行证券投资对象的选择时，必须对投资对象所处的政治、经济环境以及它的发行公司的财务状况进行分析，做到有的放矢，才能不使决策失误。为避免重复，这里只介绍宏观经济分析。

选择证券投资对象的宏观经济分析，主要包括对宏观经济形势、财政政策、货币政策、税收政策和通货膨胀率水平、行业状况等方面的分析。

1. 经济形势分析

波动性的经济周期是一国经济运行的规律，而对经济波动反应最为灵敏的是证券市场，证券市场是经济波动的“晴雨表”。因此，了解各投资对象国经济运行状况，深入分析其经济运行趋势，对选择正确的投资对象、降低投资风险是极为重要的。

一般来说，一国的经济运行状况可以分为以下三种：

（1）持续、稳定、高速的 GNP 增长时期。

当一国出现社会总需求与总供给协调增长，经济结构逐步趋于平衡，经济增长来源于需求刺激，并使得闲置的或利用率不高的资源得以更充分地利用时，则这个国家正处在持续、稳定、高速的 GNP 增长时期。伴随着经济的全面增长，首先，该国上市公司的利润会持续上升，股息和红利就会不断增长；其次，该国的人民对经济的良好预期会使其投资的积极性大为高涨；最后，该国居民的收入也会随 GNP 的增长而不断增加，从而对债券的需求就会扩大。这三方面共同作用，必然会推动证券价格上扬。证券投资者若选择这些国家的证券来投资，就会带来获利机会大而风险小的投资效应。

（2）高通货膨胀下的 GNP 增长时期。

当一国的总需求大大超过总供给，出现高的通货膨胀率时，该国的经济正处于严重失衡的高速增长时期。此时该国政府若不采取宏观调控措施，则必然会导致滞胀。处于这一时期的国家，其经济中的矛盾会突出地表现出来，致使该国的企业经营面临困境，该国居民的实际收入水平也将下降，这些都会导致该国发行的证券价格下跌。投资者若选择了该国的证券投资，就应密切注意和进一步分析该国的经济发展趋势，视情况而考虑改变投资对象，重新决策选择，否则就会有较大的风险。

（3）宏观调控下的 GNP 减速增长时期。

当一国处于 GNP 失衡的高速增长时期，该国政府就可能会采用宏观调控措施，以维护经济的稳定增长，这样必然会减缓 GNP 增长速度。如果调控目标得以顺利实现，而 GNP 仍以适当的速度增长，未导致 GNP 的负增长或低增长，说明该国的宏观调控措施十分有效，经济矛盾会逐步改善，为经济的进一步增长创造了条件。这时该国的证券价格也将反映这种好的形势而呈平稳渐升的态势。此时投资者若选择该国的证券作为投资对象，投资收益会增加而风险不大；若投资者早先已改变投资对象，这时仍可考虑重新选择该国的证券投资。

2. 政府宏观经济政策的分析

一国政府采取何种宏观经济政策，对投资者是否选择该国的证券来投资将会产生极大的影响。

（1）财政政策。

在一国处于经济萧条时期，政府一般会采取扩张性财政政策，即增加政府总支出（政府购买、公共开支、转移性支出），购买物品和劳务，减少征税，或者两者结合，这样就会激励厂家增加投入，提高产出水平。于是该国企业的利润增加，股价上升。同时该国居民在经济复苏中增加了个人收入，持有的货币增加，景气的经济趋势更增强了居民的投资信心，该国的股市就会趋于活跃，股价自然也会上扬，投资者就应选择该国的证券投资。相反，若一国政府为了控制通货膨胀，避免经济过热，则会采取紧缩性财政政策，相应的股价便会下跌，投资者就应做出改变投资对象的决策。

（2）货币政策。

货币政策对证券价格的影响和作用是通过货币供应产生的，因为通常一国的货币供应量与股价是呈正比的。一方面，当中央银行采取紧缩性的货币政策时，市场利率就会上升，货币供应量将减少，该国的公司就会面临资金困难、运营成本增大的局面，从而使股息减少，居民收入随之下降，对证券的需求也下降，最终导致股价下降。因此，投资者预期一国将采取紧缩性的货币政策时，就应放弃对该国证券投资的选择。另一方面，当中央银行采取扩张性的货币政策时，银行利率就会下降，部分资金就会流入证券市场，于是证券的价格因需求的扩大而上涨。而同时，利率的下降也会提高证券的评估价值，从而促使证券的价格上升。还有，若从企业角度看，由于可为生产发展提供充足的资金，企业的利润也会增加，从而促使股票价格上升。因此投资者应做出选择采取扩张性货币政策的国家的证券投资的决策。

（3）税收政策。

增加税收可以从两方面促使某国的证券价格呈下跌的趋势。一方面，税收的增加会使人们的收入减少，从而减少人们的消费支出，降低了总需求，对股票的需求也就下降了；另一方面，从企业的角度看，税收直接减少了企业的税后利润，抑制了投资的增加，并降低了产品价格，从而进一步降低了企业的利润总量。这样，企业利润下降，股价势必下跌。减税则有相反的作用。

上述两种方法均属严厉的政策，因两者均有较强的负面效应。因此除非面临严峻的经济形势，否则一国政府一般不会采用。但如果一国政府推行扩张的财政政策的同时，增加税收，给宏观经济造成的扩张效应大于增加税收造成的紧缩效应，则增税对该国的证券市场不会造成太大的负面影响，证券价格仍旧会上升。因此，投资者应深入分析和预测投资对象所在国的情况，慎重选择投资对象。

因此，税收政策对证券价格的效应可表现为：

增税且减少政策支出 ⟶ 紧缩经济 ⟶ 股价下跌；

减税且增加政府支出 ⟶ 扩张经济 ⟶ 股价上涨。

（4）利率政策。

利率是政府的直接宏观调控目标之一。利率政策的实施直接影响证券价格，表现为：第一，利率上升，公司借款成本增加，利润率下降，股价自然下降。对那些主要依靠银行贷款从事生产经营的企业，这种影响更大。第二，利率上升，吸引部分资金从股市转向银行，需求下降，股价下跌。第三，利率上升，企业要求的收益率上升，从而导致股票评估价值下降。利率下降的结果则刚好相反。

利率的升降，也使债券价格发生变化，这是因为债券的债息是参照发行时的利率水平制定的。在持有期，利率水平的变化必然导致债券所要求的收益率与利率水平相适应，而债息是不变的，因此，只有改变债券的价格才能使收益率变化。所以，当利率上升时，要使债券收益率上升，债券价格必然下跌；反之，则上升。

（5）产业政策。

一国政府为了鼓励或抑制某些产业的发展，往往会采取鼓励或限制的行政措施、财政政策和货币政策，从而导致该国某个行业的证券价格变动。

3. 通货膨胀因素分析

通货膨胀对证券市场的影响是很大的，而且并无永恒的规律。不同行业、不同企业的股票、债券在同一通货膨胀状态下，也许会产生完全相反的两种结果。因此在选择证券投资对象时，必须对各国的不同原因、不同程度等的通货膨胀进行详细的分析。

（1）通货膨胀对股价的影响。

这可以从四种情况进行分析：第一，温和的、稳定的通货膨胀的影响。若一国的通货膨胀处于温和的、稳定的状态，则它对股价的影响较小。因为通货膨胀若在一定的可容忍的范围内增长，而此时该国的经济正处于扩张阶段，产量和就业都持续增长，那么股价也将持续上升。第二，严重的通货膨胀的影响。若一国的通货膨胀处于严重的状态，它对股价的影响有两个方面：首先，资金流出金融市场，引起股价下跌；其次，经济扭曲和失业，企业既筹集不到必需的生产资金，又因原材料、劳动力价格等成本飞涨，使经营严重受挫，盈利水平下降，甚至倒闭，股价大幅度下跌。若通货膨胀长期恶性增长，必然使该国的政治、经济环境恶化，股价也一定会受大环境驱使而下跌，短期效应的表现便不复存在。第三，通货膨胀时政府政策的影响。政府往往不会长期容忍通货膨胀的存在，因而必然会动用某些宏观工具来抑制通货膨胀，这些政策就会对经济运行造成影响，这种影响将改变资金流向和企业的利润，从而影响股价。第四，通货膨胀对股价有两方面的影响。某国在通货膨胀时期，并不是该国所有的价格和工资都按同一比率变动，也就是相对价格在发生变动。这种相对价格的变化引致财富和收入的再分配，产量和就业扭曲，从而该国的一些公司可能从中获利，但另一些公司可能受损。与之相应，获利公司的股票会上涨，而受损公司的股票价格将下跌。

（2）通货膨胀对债券的影响。

这可以从三种情况进行分析：第一，通货膨胀提高了对债券的必要收益率的要求，从而引起债券价格下跌。此外，通货膨胀加大了债券投资的风险，也必然导致债券价格下跌。第二，在通货膨胀背景下，人们企图通过投资于债券实现资金的保值，从而使该国的债券需求增加，价格上涨。第三，过度通货膨胀，将使该国的企业经营困难甚至倒闭。同时，该国的投资者会将资金转移到实物资产上以寻求保值，对该国的债券需求随之减少，债券价格就会下降。

➤➤➤内容提要

决策，是人们为实现预期目标，采用一定的理论、方法和手段，对若干可行方案进行的研究论证，从中选出最满意的方案的过程。国际投资决策是指为实现全球范围内资源的最优配置和利润最大化的目标，凭借一定的科学手段和方法，在两个或两个以上可行的国际投资方案中选择一个最佳或最满意的方案，并组织实施的全部行为的过程。国际投资决策包括国际直接投资决策和国际间接投资决策。国际直接投资决策包括投资场所、投资项目、投资方式的选择以及投资方案的评价与实施的全部过程。国际间接投资决策包括投资时机、投资对象和投资方法与方式的选择等。

硬决策方法也称为定量决策法，是利用数学原理和数学工具借助于计算机，找出国际投资的决策目标和各影响因素之间的数量关系，建立各类决策模型或绘制各种决策图表，计算各种投资方案下的效益期望值，以实现决策方案优选的目的。使用硬决策法可使国际投资决策更为数量化和系统化。软决策方法也称为专家决策法或定性决策法。它主要是充分发挥专家、决策人员的知识、智慧和经验作用，运用心理学、社会学、行为科学及其他有关学科的成果，对决策方案的内容进行综合分析和评价。由于国际市场和世界经济环境中存在着诸多不确定性，投资者在进行国际投资决策时，必须要考虑各种非量化因素，对影响国际投资目标的各种因素除了进行定量的计算分析外，还必须要在总体上进行分析、评价、判断和预测。

国际投资决策准则是指对国际投资方案的结果评价和择优选择的标准。确定型决策是决策者在对未来发生的情况有充分和确定把握的条件下进行的决策，它的特点是自然状态的单一性或确定性。风险型决策也称随机型决策，即对决策目标的客观条件做一个基本而随机的估计，而这种随机估计是建立在客观条件的多样化和不确定性的基础上的，由于是风险型决策，系统各种状态的发生概率是通过统计资料来求得的，或是凭决策者的经验统计出来的，所以无论决策者选择哪种投资方案，都有一定的风险。不确定性决策是指决策者在对未来要发生的情况完全没有把握的条件下进行的决策。

国际直接投资决策首先要解决的问题是选择目标市场，这是国际投资决策系统中的一个十分重要的环节。由于各国的政治、经济体制、风俗习惯、市场情况和法制实施情况以及经济发展水平等千差万别，这使决策者对目标市场的选择变得复杂而艰难，而且目标市场一旦选定就会影响全局，所以必须慎重对待。在提高决策质量、减少决策失误的同时降低决策费用是国际投资决策要遵循的原则。理想的目标市场是吸引力大、经济环境好的国家，衡量吸引力大的标准就是筛选目标市场的取舍标准，经营环境状况则可根据环境评估结论来制定。

从经济学的角度看，企业只能用两种方式安排进入外国市场：其一，可以将本国或别国生产的产品出口到目标国家；其二，可以将技术、资本、技能、管理诀窍等资源转移到外国，在外国将资源直接卖给用户，或者与当地资源（特别是劳动力）结合，生产制成品在当地市场销售。最终产品为劳务的企业不能在本国生产劳务到外国出售，因而只能采用第二种方式进入外国市场。出口是跨国经营企业对国外市场的介入程度最小的一种进入方式，即将企业的产品销往外国市场；契约进入模式是跨国经营企业与目标国家的法律实体之间长期的非股权经济往来，即拥有版权、商标、专利、技术诀窍的企业向国外其他企业出售（转让）这些资产的使用权，获得提成费或其他补偿；投资进入模式指跨国经营企业通过对外直接投资在国外建立生产性子公司的国外市场进入方式，即跨国经营企业在目标国家的制造厂或其他形式的生产实体拥有所有权。

由于各种目标市场进入方式有各自不同的特点，从而形成对跨国经营企业海外投资发展的不同利弊。跨国公司通过独立的外国中间商出口产品是企业进入国际市场的最简单且风险最小的方式。它是跨国经营企业对外国市场进入程度最低的一种方式，因而其对跨国业务的开展的局限性也最大，出口进入模式限制了跨国经营企业在目标国的活动，具有全球经营战略的跨国公司不可能满足于这一模式。一般来说，规模较小的企业且又有独特经营优势的企业，比较倾向于契约进入模式；从跨国企业经营风险角度看，契约进入比直接投资进入的风险小；直接投资进入模式与前两种模式相区别的最大特点是进行股权参与，因而也得到了对目标市场和进入活动本身的更大控制权、从而在较大程度上弥补了前两种模式的缺陷和不足。上述三种国际市场进入方式的比较，是就其本身的特点而展开的。企业在进行跨国经营决策时，如果该企业具备三种方式都能满足的产品、技术及资本等各种条件，就面临一个在三种方式中进行选择的问题。

跨国公司在进行国外市场进入方式的选择决策时，必须结合企业本身与进入国外市场有关的各内部因素和企业以外的各有关外部因素进行分析，外部因素又可以分为外国（投资目标国）的因素和本国的因素。决策者还可以从各种进入方式的基本特征来分析考察，进而选择其中最好、最合适的目标市场进入方式。进入方式的基本特征可以从控制程度、风险性和灵活性三方面来考察，控制程度或介入程度与风险呈同方向变化，而与灵活性呈反方向变化。在目标市场进入方式选择中，借助于某些模型辅之以定量分析可使决策更为精确。

国际直接投资进入方式有两种基本形式，即收购或兼并投资目标国现有企业和设置、创建新企业，这两种形式的共同之处在于跨国经营企业以股权参与的方式获得目标企业的控制权或参与其经营管理。

跨国经营企业采取收购或兼并的方式进行投资进入，其具体的动机可能是下列一种或几种的混合：生产、经营产品的多样化、地区多元化、原材料供应的保证、资产多元化或者获取特定资产（技术、管理、销售渠道、熟练劳动等）。

直接收购是指收购公司直接向目标公司提出拥有所有权的要求，双方通过一定的程序进行磋商，共同商定条件，根据双方商定的协议完成所有权转移的做法。间接收购是指收购公司并不向目标公司直接提出收购的要求，而是通过在市场上收购目标公司已发行和流通的具有表决权的普通股票，从而取得目标公司控制权的行为。

杠杆收购是指一家或几家公司在银行贷款或在金融市场借贷的支持下进行的企业收购。

创建国外企业从形式上看，有独资企业和合资企业之分，从企业性质的角度看，可分为国外分公司、国外子公司和国外避税地公司等形式。

由于创建和收购（兼并）这两种方式各有其优缺点，因此，跨国公司等国际投资主体在投资进入决策时，一般以项目目标和两种方式的特点进行比较，来做出基本选择。

国际直接投资的项目可行性研究是整个国际直接投资决策全过程的一个重要步骤和环节，其任务是从经济和技术方面对投资项目的可行性进行具体且深入、全面的论证，研究投资项目在技术上的可行性和经济上的合理性，并提出供最后决策者选择的可行的投资方案。

机会研究是可行性研究的最初阶段性研究。其目的是分析和选择可能的投资方向。它通过对项目的背景、发展趋势等方面的研究，寻找有利的投资机会和论证项目的设想，迅速而经济地给出投资可能性的明显论据。机会研究要考虑的问题有：项目所在地区的社会经济特点；基础设施状况；原材料来源；产品未来的需求量；该产品进口替代的能力，出口的可能性；在发展水平、资源和经济背景方面相类似的其他国家成功的先例；与其他工业的联系；产品多种经营的可能性；能否获得规模经济；一般的投资趋势；工业政策；成本和效益的粗略估计等。初步可行性研究是经决策者初步判断并提出进一步分析的要求后，对项目方案所做的初步的技术和经济的分析。可行性研究是对项目机会进行深入而详尽的技术、经济论证，确定方案的可行性，并选择出最佳方案。最后将研究的基本内容及结论和建议用规范化的形式诉诸文字，成为最终文件以提交投资决策者作为最后决定的基本依据。

市场研究主要包括市场的构成情况、当前的有效需求、商品的价格和企业可能进入该市场的程度。生产方面的研究主要包括生产资源、厂址选择、生产技术等方面的内容。财务和经济方面的研究主要是要说明总投资费用和生产总成本以及投资项目在财务和经济上的生存能力。

国际证券投资是国际投资主体进行海外投资的另一种经济活动形式，其决策主要取决于国际投资主体的资金实力、管理理念和投资偏好，同时还要受到有关国家相关法律法规的制约和政治、经济因素的影响。国际证券投资的流量和流向受多种因素的影响，因此国际证券投资决策也受到多种因素的影响，除政治因素外，还取决于利率、汇率和风险性等。

欧洲债券市场完全不同于传统的国际债券市场。这是因为，欧洲债券的发行是由国际承购团组织发行并在国际范围内销售的，因此它既不依靠任何国家国内资本市场作为它的资金来源，自然也不受任何国家金融和证券管理法令的管辖，更无须任何国家批准注册。此外，欧洲债券面值的货币可以由集资者和投资者在市场运行的各种可兑换货币中自由选择。

国际证券投资的成功与否，主要取决于证券市场的价格变化，而证券价格的变化则受到决定国际证券投资流量和流向的投资场所、投资对象等多种宏观与微观的复杂因素的影响。

能为投资者做出正确投资对象决策提供有价值的科学依据的是证券投资分析。证券投资分析包括技术分析和基本分析。技术分析就是抛开证券内在价值，只根据证券行情和供求关系，分析、判断证券价格变化趋势，从而决定证券投资时机的分析方法。基本分析是指对投资对象的外部环境和内部环境所做的宏观和微观分析。宏观分析主要包括一国的经济发展状况、政府政策、通货膨胀等状况的分析；微观分析主要是指对公司生产经营状况和财务状况的分析。

国际投资主体在进行证券投资对象的选择时，必须对投资对象所处的政治、经济环境以及它的发行公司的财务状况进行分析，做到有的放矢，才能不至于决策失误。选择证券投资对象的宏观经济分析，主要包括对宏观经济形势、财政政策、货币政策、税收政策和通货膨胀率水平、行业状况等方面的分析。

➤➤➤关键术语

国际投资决策　国际投资的硬决策方法　国际投资的软决策法　确定型决策准则　风险型决策准则　不确定型决策准则　悲观决策准则　乐观决策准则　最小最大化后悔准则　折中准则　出口进入模式　契约进入模式　投资进入模式　成本模型　净现值（NPV）模型　直接收购　间接收购　杠杆收购　国际证券投资

➤➤➤复习思考题

1. 国际投资决策的特点是什么？
2. 国际投资决策的基本要求和程序是什么？
3. 简述国际投资决策的基本方法。
4. 如何进行目标市场的选择？
5. 目标市场的筛选过程和方法是什么？
6. 目标市场筛选的取舍标准有哪些？
7. 进入目标市场的基本方式有哪些？
8. 出口进入模式的利弊是什么？
9. 契约进入模式的利弊是什么？

10. 对外直接投资进入模式的利弊是什么？
11. 如何进行进入方式的选择？
12. 选择目标市场进入方式的硬决策法包括哪些？
13. 收购兼并方式及其优缺点是什么？
14. 收购兼并的种类有哪些？
15. 收购的基本方式有哪些？
16. 跨国收购兼并方式的优点和缺陷各有哪些？
17. 创建方式及其优缺点是什么？
18. 如何在收购兼并方式与创建方式之间进行抉择？
19. 请简要介绍国际直接投资项目可行性研究的基本程序和基本内容。
20. 国际间接投资决策的特点及决定因素各是什么？
21. 影响国际证券投资场所选择的因素有哪些？
22. 主要国际证券市场有哪些？
23. 证券投资分析的基本内容和方法有哪些？
24. 宏观经济分析包括哪些内容？

第五章
跨国公司的国际投资

跨国公司是国际直接投资的主体，在国际投资领域占据着举足轻重的地位，对跨国公司的分析与研究是当代西方国际投资学的重要任务。现代意义的跨国公司从形成至今已有上百年的历史。第二次世界大战结束后，跨国公司得到了极大的发展，对世界经济运行产生着巨大的影响。1973 年美国国会税则委员会声称：跨国公司的发展，“同蒸汽机、电力的应用、汽车的推广一样，是近代经济史上一件十分重大的事件”。英国著名国际投资学家、联合国跨国公司项目首席顾问约翰 · 邓宁曾撰文指出：“90 年代，跨国公司将成为知识产权的主要拥有者和新技术的主要跨国传播者，而知识是当代经济增长的主要驱动力量。”① “现有 90%的新增对外直接投资是由已做出了对外直接投资的跨国公司进行的。”②

跨国公司的对外直接投资和全球性经营战略给世界经济的发展带来了深刻影响，传统的以商品贸易为主的国际经济交往格局被打破，国际分工逐步深入渗透到产业内部和企业内部。跨国公司通过从事以高级的公司内部劳动分工为特征的国际生产活动而日益成为将各国经济结合在一起的重要力量，无论是在发达国家还是在发展中国家，跨国公司对其经济增长所发挥的作用都是不容低估的。因而，有人将跨国公司称为“经济增长的发动机”，也是不无道理的。本章将对跨国公司概况、跨国公司的经营管理和跨国公司投资与国际经济等问题进行具体的阐释。

第一节　跨国公司概述

跨国公司萌芽于 16 世纪，真正形成于 19 世纪后半叶。20 世纪 50 年代美国跨国公司的对外扩张和 20 世纪 60 年代西欧、日本跨国公司的崛起，引起了国际舆论界的普遍重视。西方经济学家对跨国公司进行描述的术语比较多，比较常见的两个英文名词是 multinational corporation 和 transnational corporation，前者中文译作“多国公司”，后者译作“跨国公司”。在使用上，学术界比较喜欢用 multinational corporation，而联合国正式文献中均使用 transnational corporation 一词。此外，国外还有其他种种名称，如“国际公司”（international corporation）、“国际企业”（international busi-

① 邓宁. 重估外国直接投资的利益［J］. 储祥银，译. 国际贸易问题，1993（10）：158-162.
② 邓宁. 重估外国直接投资的利益［J］. 储祥银，译. 国际贸易问题，1993（10）：158-162.

ness）、“全球公司”（global corporation）和“宇宙公司”（cosmoscorp）等名称，实际上指的都是同一经济现象。“跨国公司”这一名称是由曾在罗斯福时期担任田纳西流域管理局局长的戴维·依·利连撒尔于1960年在卡里什工程学院所做的报告中首次提出来的。

1972年7月28日，根据联合国经济及社会理事会第1721号决议，联合国秘书长指定了一个专家小组，专门研究跨国公司的作用及其发展对国际关系的影响。该小组采用了“多国公司”一词，并对其给出了一个比较广泛的定义：“多国公司就是在它们的基地所在的国家之外拥有或控制着生产或服务设施的企业，这种企业并不总是合股的或私人的公司，它们也可能是合作社或国有的实体。”该小组又指出，“跨国”一词更好地表达了这些公司从事以本国为基地跨越国界经营这一概念。

在1974年的联合国经济及社会理事会第57次会议讨论专家小组的《多国公司对发展与国际关系的影响》报告时，有些国家的代表在讨论中赞成使用“跨国公司”一词，特别是一位拉丁国家的代表提出，在拉丁美洲一体化的文件中，“多国公司”一词被用来特指在《安第斯条约》国家里的由两个或几个国家共同创办和经营的公司，这些公司不同于以一国为基地而从事国外经营活动的企业，因此，建议将后者称为“跨国公司”，以示两者的区别。为此，10个拉丁美洲国家的代表共同提出了一项决议草案。虽然该项决议草案最后被撤销，但在联合国经济及社会理事会关于设立跨国公司委员会和跨国公司中心时所做出的两项决议中，“多国公司”一词开始被改为“跨国公司”。在此之后的联合国的文件中，一直使用“跨国公司”一词，其基本含义一直未变。

一、跨国公司的界定

跨国公司的经营活动是当前世界经济的一个重要组成部分，但是到目前为止，对跨国公司的界定仍然是一件困难的事情。顾名思义，跨国公司是指跨国生产和经营的公司，但问题在于，从事跨国生产和经营，进行国际直接投资的公司是否都可以因此而定义为跨国公司。对此，专家学者们一直争论不休，问题的焦点在于到底应该用什么样的标准去定义跨国公司。

一些专家学者试图按五个不同的标准去分析、定义跨国公司：①公司的经营活动的范围是否超越了国界；②公司的所有权是否国际化，即为一个以上国籍的人士所掌握；③公司的高级管理层是否由不同国籍的人员组成；④公司国外生产经营与总生产经营的比率；⑤公司组织方式及最高决策层的思想决策行为是否全球化。关于第一个标准，即跨国经营是跨国公司的必要条件，因此每一个公司要想发展成为跨国公司，就必须进行跨国经营活动。关于第二个标准，即公司所有权的国际化问题，随着国际直接投资形式从创建独资企业到举办合资经营企业，公司所有权也就自然而然地国际化了。关于第三个标准，即公司的高级管理层是否国际化的问题，在实践中，这个问题也易解决。因为跨国经营活动的公司在不同国家进行营销、制造和研究开发等活动，必须聘请不同国籍的经理人进行管理。一般而言，在20世纪90年代，大部分从事跨国经营活动的公司都能满足以上三个标准的要求。关于第四个标准，即公司国外生产经营与总生产经营的比率，用这个标准去定义跨国公司相当困难。关于第五个标准，即公司的组织方式及最高决策层的思想、决策行为是否全球化。主张采用这个标准定义跨国公司的学者认为，一个真正的跨国公司，其组织方式必须以全球利益为基础，虽然其总部可以设置于某一地点，但其组织、业务、活动范围等都应该是全球化的。它的最高主管不能只关注某一个地区或某一个国家，而应该关注所有的国家或地区；它的最高主管的行为应像一名国际企业家，而不是某一国家的企业家。它应平等对待世界各地的最佳机会，而不偏爱其母国的机会。这个标准非常完美，然而目前实行起来有很大的困难，因为世界上大部分跨国公司是由国内公司发展起来的，若以这个标准去衡量，世界上很少会有符合这个定义的跨国公司。因此，一些学者认为，可以将符合上述的①②③标准（公司经营活动、公司的所有权、公司的管理均实现了国际化）的公司定义为跨国公司。

这里介绍五类对跨国公司的代表性界定。

（一）根据地理范围界定

根据地理范围界定，就是从跨国公司经营活动的地理跨度特别是国别跨度的角度对跨国公司的具体内涵予以界定。这是一种最简单的语义学上的界定方式，即跨国公司就是跨越国界，在国外生产和经营的企业组织。弗农教授在1968年对跨国公司做了更为具体的说明。以他为主的哈佛商学院的研究小组认为，跨国公司是能够控制设在两个以上的国家的众多子公司且具有一定的经营规模和相同的经营战略的企业，在国外的销售占企业销售总额的百分比至少为20%。弗农在1971年发表的论著《困境中的主权——美国企业的跨国发展》[①] 中就根据类似的限定条件选取了187家美国公司作为跨国企业进行分析。英国里丁大学从事跨国公司研究的著名学者邓宁认为："国际的或者多国的生产企业的概念……简单地说，就是在一个以上的国家拥有或者控制生产设施（例如工厂、矿山、炼油厂、销售机构、办事处等）的一个企业。"[②] 1971年，阿哈罗尼（Yair Aharoni）在美国《经济与商业评论季刊》上发表了《论跨国公司的定义》[③] 一文，认为应从综合的角度来定义跨国公司。即跨国公司是在一个以上的国家拥有或控制可创造收入资产的企业，公司的组织机构具有跨国性，经营具有国际性，拥有一定数量的外国子公司，在国外的销售占企业销售额一定的百分比等。凯夫斯在1982年出版的《多国企业和经济分析》一书中认为，跨国企业是指在至少两个国家以上控制和管理生产的企业[④]。欧洲经济共同体曾认为，跨国公司至少应在两个或两个以上的国家拥有生产设施。联合国秘书处

① RAYMOND VERNON. Sovereignty at Bay — the Multinational Spread of US Enterprises [M]. Penguin Books, 1971：17-27.

② 邓宁. 多国企业 [M] //联合国秘书处经济社会事务部. 世界发展中的多国公司，1971：16.

③ Y AHARONI. On the Definition of a Multinational Corporation [J]. Quarterly Review of Economic and Business，1971 (11)：22-37.

④ RICHARD E CAVES. Multinational Enterprises and Economic Analysis [M]. Cambridge University Press, 1982：1. 这里凯氏指的是"企业"（Enterprises） 而非"公司"（Company）。他认为，这主要是由于企业在决策圈中的高度协调性，而一家公司有可能是跨国的，但也有可能被另一家企业控制。海外工厂构成企业的多国性正是"主要界定点"。从海外销售子公司或技术许可子公司到生产性的子公司的界限有时是不明确的，因此，能控制一家外国企业是"另一个界定点"。

起草的研究报告也认为，广义的跨国公司“适用于凡是在两个或更多的国家里控制有工厂、矿山、销售机构和其他资产的企业”。

从统计标准的角度来看，跨国公司的地理跨度或者国别跨度到底要多大，或者说究竟需要多大的跨国性才能算是跨国公司呢？最激进的学者认为，只要在两个或两个以上的国家从事生产经营活动的企业，就可称为跨国公司。而最保守的观点则以在六个以上国家设有子公司、分公司及其他形式的分支机构的大型跨国企业才能算是跨国公司（如日本经济学家小岛清）。而较为折中的人士认为，最低限度要扩展到四国或五国，才能称其为跨国公司。

从跨国公司经营活动所处地理范围来界定跨国公司的概念，并未涉及跨国公司经营管理的具体内涵和本质特征。因此，这只能是一种较浅层次的流于表象的界定方式。如果要全面地、系统地、科学地透析跨国公司这一概念，我们就必须从其他角度、更深的层次进一步去把握。

（二）根据所有权标准界定

根据所有权标准界定，就是以所有权的法律基础来限定跨国公司的属性，即以跨国公司的股份拥有、管理控制所依据的法律基础作为划分企业是否跨国公司的标准。这实际上包含了两方面的含义：

其一是指跨国公司通过直接投资形成的对国外分支机构拥有实际控制权的股权比重大小。目前国际上对这一股权比重的最低限额并没有统一的标准。美国经济学家罗尔夫在《多国公司展望》一书中指出：“一个国际公司可以表述为有25%或者更多的国外份额的一个公司。国外份额是指国外销售、投资、生产或雇佣人数的比例。”国际货币基金组织出版的《国际收支手册》一书认为，在所投资企业中拥有25%或更多的投票股，可以作为控制所有权的合理标准。美国商务部则将此标准定为10%以上。加拿大和日本把持有50%或更多的投票股份才视为“存在控制”。其他如英、法、德、意等工业国家的法律对此也有类似规定。一般的国际惯例是以10%为标准。

其二是指跨国公司自身股票所有权的多国性，即认为跨国公司的所有权必须被一个以上国籍的法人或自然人所掌握。持这种观点的学者实际上是将“无国籍性”或“国籍模糊性”作为界定跨国公司的一个标准。但也有一些学者并不赞成这种观点。他们认为跨国公司股权的确有某些分散和相互渗透的现象，但股票持有分散只是跨国企业母公司股票在外国交易所挂牌出售的结果。总体来说，出售到国外或者外国持有的股票仅占很小的百分比，而且由两国以上人员分享所有权和控制的跨国公司，如英荷壳牌石油公司、尤尼莱佛公司，为数并不算多。据此，他们认为将“无国籍性”作为跨国公司的一个显著特征是有失偏颇的。

实际上到目前为止，大型跨国公司主要还是由少数发达国家所拥有，管理控制权也操纵在以这些国家为基地的跨国公司总部手中，多次的并购浪潮也没能使跨国公司达到多国籍甚至无国籍的程度。因此跨国公司所有权的“国际化”并不是针对其自身而言的，而主要是指跨国公司对其国外分支机构所有权控制的有效渗透与拓展。

（三）根据经营管理特征界定

根据经营管理特征界定，就是从企业具体的经营理念和经营行为来判定划分跨国公司的标准。首先，企业经营管理的最高决策层必须具备全球性的经营理性，最高主管不能只关注某一国家或地区中该企业的活动，而应关注所有的国家或地区，即作为“国际企业家”来平等对待世界各地为该企业提供的最佳机会，完全以世界性的经营态度来规划企业的生产经营活动。其次，企业的经营管理层必须按一体化和全球战略的要求来统一规划企业的各项经营活动，实现以高级的公司内劳动分工为特征的职能一体化和区域一体化。应该说只有满足上述两个要求的全球性企业才是真正的跨国公司。基于这一点，我们只有把握了跨国公司经营管理上的“全球性”这一特征，才能真正领会跨国公司的具体内涵，我们对跨国公司的概念界定也只有在这一层次上才是最有意义的。

西方经济学家凯夫斯在《多国企业和经济分析》一书中认为，跨国公司是跨越国界的多单位或多工厂企业。跨国公司实行水平一体化经营、垂直一体化经营和产品多样化经营，总公司与国外子公司及国外子公司之间是一个有机的整体，因而在组织形式和经营管理上，跨国公司有不同于国内企业的特点。

（四）根据经营活动涉及的行业界定

有的经济学家认为，跨国公司的经营活动应涉及各产业部门，单纯从事国际贸易而在国外无资产的公司不属于跨国公司。日本经济学家小岛清认为跨国公司的“经营不限于出口、销售或海外部件装配，它还要延伸到制造业、矿业和农业等部门的具有充分规模的生产活动中”①；加拿大政府在《加拿大的外国直接投资》报告中主张：“多国企业的定义是：由一个单独的企业进行的国外直接投资的具体体现，它横跨几种不同行业（至少为 4 种），并将其全球性活动分配到不同的国家，以实现公司的全面目标。”

（五）根据诸因素综合分析界定

上述四种界定方式分别从不同的角度、不同的层次去把握跨国公司的具体含义，界定划分跨国公司的标准。如果我们只取其中之一二，是有悖于全面、系统、科学的原则的，但这其中的任何一种界定方式毕竟给我们提供了从不同视角全面、系统地审视跨国公司的机会。据此，有人认为，真正意义上的跨国公司至少应具有以下三方面的特征：①生产经营活动跨越国界；②在多个国家拥有从事生产经营活动的子公司，并对子公司有效控制；③具有全球性的经营动机和战略，并将其所有经营活动都置于该战略的指导之下。

为了将跨国公司的特征都涵盖于跨国公司的概念中，我们需要采取诸因素综合分析的界定方式。一些西方经济学者正是沿着这一思路对跨国公司进行界定的。美国经济学家弗农在《困境中的主权——美国企业的跨国发展》一书中指出：“一个多国企业就是一个控制着一大群在不同国家的公司的母公司。各个自成一群的公司，对人力和财力资源实行统筹使用，并根据一个战略要领行事。规模也是重要的，一

---

① 傅梦孜. 世界直接投资：发展、理论与现实［M］. 北京：时事出版社，1999：183.

个群的销售额在1亿美元以下，是很少被注意的。每个群公司在它们本国以外活动的性质也有关系，单纯的出口商，即使在国外设有很好的附属机构的出口商，也不易引起更多的注意。至于单纯出让技术专利权的公司则同样很少被提到。最后，这些企业一般有相当广泛的地区分布，一个母公司仅仅与本国基地以外的一个国家或两个国家有股权关系，也往往不被列入各国多国企业名单之内。”美国经济学家梅森·劳基在《国务院有关多国公司的会议记录》中指出：“多国公司的第一个标准就是它在许多国家从事经营。第二个标准是它在那些国家从事研究、开发和制造，因此对其经营所在国的国民生产总值有所贡献。第三个标准是股票所有权必须是多国性的。”美国经济学家格林·沃尔德主编的《现代经济学词典》则认为，跨国公司“具有以下两个特征：①至少在一个外国拥有制造基地或其他形式的直接投资；②具有全球性观点。所谓全球性观点，是指它的管理部门在做出有关销售、生产和研究等方面的基本决策时，能考虑它在世界各地的需要。”美国经济学家富兰克林·阿·茹特在《进入国际市场的战略》一书中指出：“跨国公司是这样一个企业：①通过在几个国家建立自己的销售和生产子公司及其他模式来进入全球的市场；②对它的子公司进行实际的控制；③努力设计并执行市场、生产、财务以及其他跨国家和地区边界的全方位的企业战略。”

日本经济学家小岛清认为“跨国公司”应首先被狭义地定义为“在世界上合适的地方形成子公司和销售网络的巨大的、垄断性的企业”[①]，是通过施行全球战略追求利润最大化的企业。显然，这个定义基本上是不适合中小型的跨国企业的，它指的主要是巨型跨国企业（giant multinational enterprises）。其标准是：①它是一个大型企业，其规模为《财富》杂志排名前200家的公司；②至少在6个国家从事经营活动；③其经营不限于出口、销售或海外部件装配，它还延伸到制造业、矿业和农业等部门的具有充分规模的生产活动中；④其在国外的生产达到企业销售额相当高的百分比，如20%~25%。这种巨型企业之所以能发展和生存，在于它在全球规模基础上能够实现利润的最大化。这种企业的典型例子，如石油企业埃克森和壳牌石油公司，制造业企业如通用电气公司和国际商用机器公司等。

联合国跨国公司中心在1983年发表的第三次调查报告《世界发展中的跨国公司》里，对跨国公司的定义也采取了综合分析的界定方式，认为跨国公司应是指这样一种企业：①包括设在两个或两个以上国家的实体，不管这些实体的法律形式和领域如何；②在一个决策体系中进行经营，能通过一个或几个决策中心采取一致对策和共同战略；③各实体通过股权或其他形式形成联系，使其中的一个或几个实体有可能对别的实体施加重大影响，特别是同其他实体分享知识资源和分担责任。应该说这个定义既抓住了跨国公司的外部表征，又反映了跨国公司的深刻内涵。它特别强调了跨国公司内部一体化的经营策略，因而也更体现出了它的深度。如果再进一步将上述几点归为一句话，跨国公司就是指具有全球性经营动机和一体化的经营战略，在多个国家拥有从事生产经营活动的实体，并将它们置于统一的全球性经营计划之下的大型企业。

① 傅梦孜. 世界直接投资：发展、理论与现实［M］. 北京：时事出版社，1999：183.

以上五种界定方式，无论是从不同的侧面着眼，还是结合诸因素综合分析，都只是对跨国公司现有的状况、性质、特征的不同理解，这些概念所涵盖的广度和所透析的深度都是极为有限的。因为跨国公司毕竟是一个不断演进的动态范畴，我们只有在深刻领会了跨国公司产生、发展的过程和以发展的眼光洞悉了跨国公司未来发展趋势的基础上才能真正对跨国公司的概念有更深层次的理解。如果结合国际直接投资的定义，联合国关于跨国公司的定义应具有相对权威性和事实上的广泛适用性。联合国关于跨国公司的定义认为：跨国公司是指具有一定规模的企业或经济实体，至少在一个以上国家拥有或控制生产经营活动，或拥有一定的控股权；母公司与子公司决策权相对集中，相对平等地享受技术专利、市场和资源要素；它所追求的目标是高于在本国经营的利润，或是着眼于国外市场的潜力从而取得长期的利益。

二、跨国公司的产生与发展

跨国经贸活动具有悠久的历史。两千多年前中国古代的“丝绸之路”就将中国的丝绸、瓷器等商品源源不断地输往欧亚各国，换回的是毛毯、黄金、钻石、象牙、珠宝、香料乃至玻璃器皿；古希腊、古罗马人在地中海沿岸各国所从事的海上贸易也是源远流长的；阿拉伯帝国的兴起在一定程度上也是建立在阿拉伯商人所进行的广泛的商贸活动的基础之上的。当时这些在欧亚非三大洲之间所进行的跨国经贸活动虽没有直接导致跨国公司的产生，但它们在促进世界各国、各民族之间文化交融的基础上，为现代跨国公司的出现奠定了久远的历史文化基调。

到了 16 世纪，随着地理大发现，欧洲主要的资本主义国家为实现促进资本主义大发展所必需的资本积累，在全球范围内开展了三个多世纪野蛮残酷的殖民掠夺，而这种殖民掠夺除了直接的巧取豪夺之外，很大一部分是通过殖民贸易进行的。正如英国东印度公司总裁、晚期重商主义代表托马斯·孟所言，发展对外贸易（主要是不平等的殖民贸易——本书作者），实现贸易出超，是积聚财富的最主要最行之有效的方式。在这一时期，跨国经营活动虽然在全球范围内获得了广泛的开展，但其涉及的领域仅限于商品交换为主的贸易领域，无论是重商主义理论还是随后的亚当·斯密、李嘉图的国际分工理论都为这种跨国贸易行为提供了有力的理论支持，但应该说从事这些跨国贸易的跨国经营企业与现代意义上的跨国公司是有着本质区别的。真正现代意义的跨国公司是随着国际直接投资引致跨国生产制造活动的产生才出现的，因此，真正意义上的跨国公司的雏形是直到 19 世纪后半期才形成的。

（一）第一次世界大战以前跨国公司的雏形

18~19 世纪，殖民时代的海外经营活动已开始从商品贸易向生产经营转变。但这一时期，英国、法国和美国的资本输出都是以间接投资为主的，尤其是购买铁路证券及政府公债，有限的直接投资也主要是投向落后国家的铁路修建和矿业开采，制造业投资虽数量极少，却很有特点。这直接导致了早期跨国公司的出现。

当时制造业投资是由市场导向的。自它产生之时起就和经济发展水平有着密切的联系，因此不同于其他类型直接投资的是，它主要投资于比较发达的国家和地区，而且从投资主体上看，早期制造业投资和其他直接投资以英国为主体的情况不同，它是以美国为主体的。1914 年以前，美国制造业海外子公司有 122 家，而英国只有 60 家，美国当时还主要是接受外国投资的债务国，但它的制造业对外直接投资占直接投资总额的比重却比英、法等国要高。这说明制造业直接投资和投资国资本是否富余并没有直接联系。一般来说，刺激早期跨国公司出现的因素主要有以下三方面：

1. 保护技术垄断优势

美国最先从事跨国经营的制造业直接投资，是那些产品首先在国内发明，或虽在欧洲发明但在美国经过重大革新的部门。正是这些掌握技术垄断优势的公司，首先到海外进行投资以占领市场，并防止别的厂商伪造。美国第一家以追求全球市场为特色的跨国公司是胜家缝纫机公司，也是第一家在全世界同时生产和大量销售同一种产品的公司。它于 1851 年取得缝纫机发明专利权，1867 年在英国格拉斯哥建立缝纫机装配厂，并于 1880 年在伦敦和汉堡设立销售机构向欧洲推销格拉斯哥工厂生产的产品，从而垄断了欧洲市场。此外如电话、重型机器设备、汽车、电灯、照相机等也都是首先在美国发明，逐渐形成新兴工业，经历了和胜家缝纫机公司类似的发展过程。例如，西方联合电报、贝尔电话、爱迪生电灯、伊斯特曼·柯达、国际收割机、奥的斯兄弟电梯公司等。

2. 避开贸易壁垒

避开贸易壁垒，到海外销售市场建立制造业跨国公司，以便就地生产和供应，是刺激早期跨国公司出现的另一个重要原因。1902 年英国油脂肥皂业巨头莱佛兄弟“肥皂帝国”奠基人威廉·莱佛，感到其产品对荷、比出口所交关税太高，不如到那里建厂合算，后来就和荷兰的人造牛油公司集团合并，成为著名跨国公司尤尼莱佛公司。同样，1887 年普鲁士宰相俾斯麦为了保护农业，推出对进口食物征收高额关税的政策，刺激荷兰人造牛油公司在德国建立了多家分厂。又如，法国铁路公司规定空气刹车必须由当地厂商供应，于是刺激了美国威斯汀豪斯空气刹车公司到法国设厂。

3. 利用各国对外国制造企业到本国设厂的刺激或鼓励

例如，当时加拿大采取高关税的目的，就是为了鼓励外国制造企业到加拿大投资设厂，以加速国内经济的发展，这就推动了美国企业向加拿大的渗透。如 1876 年杜邦公司到加拿大兼并了两家动力机械厂，1883 年爱迪生公司也到加拿大建厂，享受了国民待遇。

到第一次世界大战爆发前，在美国以及欧洲的英、法、德等国已出现了以对外直接投资为特征的早期跨国公司。虽然这一阶段对外直接投资的主要方向是开发资源和交通运输业，制造业投资相对较少，如美国制造业部门投资额为 4.78 亿美元，只占对外直接投资总额的 18%，但这些部门的跨国公司已初步具备了以全球市场为目标的特征，可以认为是真正具有现代意义的跨国公司的雏形。

（二）两次世界大战之间跨国公司的发展

这一时期，发达国家的对外投资数额增长不快，基本处于徘徊的状况。1913—1938 年，主要西方国家对外投资总额增长了 70 亿美元，增长幅度为 16%。但是，跨国公司的成长过程还是有其特色的：

1. 美国跨国公司发展较快

据统计，全世界对外直接投资由1914年的143亿美元增至1938年的213.5亿美元。其中英国由65亿美元增至105亿美元，虽仍居第一位，但比重已经由45.5%降至39.6%；美国由26.5亿美元增至73亿美元，而比重由18.5%增至27.7%。可见在此期间，美国对外直接投资增加较快，1927年它仅稍逊于英国而居世界第二位。美国187家制造业大公司在海外的分支机构由1913年的116家增加到1919年的180家、1929年的467家和1939年的715家（其中欧洲占335家，加拿大占169家，拉丁美洲占114家）。美国还大举向英国势力范围渗透，1922年在加拿大的外国投资中美资已超过英资，在拉美的外国投资中，美资所占比重也接近英国。第一次世界大战结束以后，美国资本还趁机打入德国，控制德国的汽车、石油、有色金属等部门，尤其是通用汽车公司和福特汽车公司向欧洲及其他地区的扩张更为迅速，石油公司也追随汽车工业乘机扩展了跨国销售网络。

2. 在部门结构上，制造业跨国公司发展最为迅速

以美国为例，第一次世界大战前夕，它在国外的制造业直接投资占对外直接投资总额的18%，其金额只相当于它在国外生产初级产品行业（矿业、石油业和农业）直接投资额的33%。到1940年，美国在国外制造业的直接投资额已达19.3亿美元，居单项行业首位，在全部对外直接投资金额中的比重已上升至27.5%。据统计，美、英及其他主要欧洲国家的制造业跨国公司在两次世界大战期间共建立了1 400多家国外子公司，是各行业中建立子公司数量最多的。

3. 跨国公司之间已展开了激烈的竞争

如化学工业方面的帝国化学公司康采恩在国际市场上和德国的法本公司展开了激烈的争夺；英伊石油公司、英荷壳牌两家大石油公司在1939年控制了中东石油生产的76%，成为美孚石油公司的最大竞争对手。

以上情况说明，在跨国公司发展的第二阶段，以进行国际直接投资为显著特征的现代跨国公司已经成形并具备了一定的规模。

（三）“冷战”时期跨国公司的拓展

第二次世界大战使美国的国力和经济实力得到了令人瞠目结舌的增长。美国许多私人企业趁着英、法、德、日等国十分疲弱的机会和美国军事、经济援助涌向世界的强劲之风，纷纷向海外投资设立子公司和制造工厂。这一时期，可以说是美国跨国公司称雄于世界的阶段。当然，战后美国国内资本竞争激烈，平均利润率下降，也是促使美国企业大量对外投资的一个原因。1960年发达国家对外直接投资总额中，美国占了71.7%，处于绝对霸主的地位。

第二次世界大战结束后，美国将战争期间发展起来的新兴科技应用于民用部门，在国内发展了一系列新兴工业部门，如电子、飞机制造、计算机、汽车、化学、机械、石油化工等。由于这些新兴制造业拥有垄断优势、规模大、效率高，因而向海外扩展的势头很大，而采矿、农业等初级产业的投资则相对减少。1960年美国投放于制造业直接投资的比重已达到32.5%。此外，跨国公司在服务业领域的拓展速度也很快。

进入20世纪60年代后，欧洲各国和日本在美国的大力扶持下，从战争的废墟上崛起，经济开始起飞。一些新兴大企业开始进军国际市场，特别是在美国较好投资环境和高科技领域的吸引下，对美国的直接投资发展很快，从而出现了发达国家“双向投资”的现象。在这一时期，欧洲国家和日本的跨国公司虽得到了扩展，但无论是数量上还是规模上，与美国跨国公司仍然相去甚远。

从跨国公司发展的广度和深度来说，这一阶段是当代大型跨国公司发展的关键阶段。

（四）20世纪60年代末—20世纪90年代初跨国公司的调整与改革

进入20世纪70年代后，随着欧洲、日本跨国公司的兴起，不仅跨国公司的整体规模和数量得到了前所未有的大发展，跨国公司世界的总体格局也发生了重大变化，跨国公司自身的经营战略和组织结构也向着全球化的目标演进。这一时期的主要特点可归纳为以下几点：

1. 跨国公司数量、规模上的大发展

20多年来，跨国公司的数量稳步增长，以14个发达国家为母国的跨国公司增加了3倍多，从1969年的7 000多家增至1990年的近24 000家。国际组织估计20世纪90年代初，世界跨国公司的母公司约有37 000家，它们在国外控制的子公司约有170 000家。这一数字，仅包括在国外企业拥有50%以上股权的公司，并未包括各种非股权联系的资产控制公司和那些通过缔结战略联盟联系在一起的公司。如果把这些有股权联系的公司都计算在内，世界范围的跨国公司总数有可能超过50 000家。与此同时，跨国公司的规模也急剧扩展，出现了一些巨型的跨国公司，使它们日益成为一个高度集中的世界。根据有关母国的数据，约1%的跨国公司母公司拥有其母国对外直接投资总存量的一半左右（见表5-1）。

表5-1　国外子公司资产所有权的集中化

国家	年份	母公司数/家	母公司比重/%	国外子公司资产/%
奥地利	1990年	41	6	65
		95	14	84
		312	46	98
德国	1990年	10	0.1	32
		20	0.3	42
		50	0.7	69
意大利	1989年	3	—	51
		5	—	76
		10	—	84
瑞典	1991年	18	0.5	51
		51	1.5	75

表5-1(续)

国家	年份	母公司数/家	母公司比重/%	国外子公司资产/%
美国	1990 年	22	1	45
		44	2	57
		109	5	75
		218	10	86
		437	20	94
		546	25	96
		1 091	50	99

资料来源：联合国贸易与发展会议跨国公司项目根据各国和其他官方渠道提供的未发表的数据计算。

最大的 100 家跨国公司 1990 年时在全球共拥有 3.2 万亿美元的总资产，其中 1.2 万亿美元的资产投放在本国以外（见表 5-2）。

表 5-2　国外资产和销售最大的 100 家跨国公司的跨国化和集中化（1990 年）

单位:%

项目	最大 100 家总资产	国外资产所占比重	最大 100 家总销售	国外销售所占比重	国外资产占总资产比重	国外销售占总销售比重
最大 10 家	25.8	33.5	23.2	29.4	49.1	61.2
最大 25 家	50.0	54.4	46.0	49.2	41.1	51.7
最大 50 家	70.9	76.3	68.7	70.9	41.0	49.9
最大 100 家	100.0	100.0	100.0	100.0	37.8	48.4

资料来源：联合国贸易与发展会议跨国公司项目. 1993 年世界投资报告［R］. 北京：对外贸易教育出版社，1994.

对 100 家最大跨国公司中 53 家公司所提供的数据进行分析，100 家公司的对外直接投资约占世界投资总存量的 1/3。这里要特别指出的是，跨国公司规模的扩大与 20 世纪 80 年代初开始的数次全球性并购浪潮有着直接的关系，很多公司已日益将收购（兼并）作为向新产业、新市场迈进的最便捷的一种方式。

2.“大三角”国家跨国公司“三足鼎立”之势形成

20 世纪 70 年代后期日本和欧共体成员国跨国公司的大发展打破了第二次世界大战以后美国跨国公司一统天下的单极化格局，形成了现阶段日本、美国和欧共体成员国“大三角”国家三足鼎立之势。1960 年，发达国家对外直接投资最大五个国家的顺序是：美国、英国、荷兰、法国和加拿大；到 1981 年，该国别顺序已改为：美国、英国、联邦德国、日本和瑞士；到 1991 年，这一顺序则变为：日本、美国、德国、法国和英国。日本和德国跨国公司的异军突起对现存格局的形成起了决定性作用。

根据 1990 年的统计，世界最大的 100 家非金融跨国公司中，有 3/4 来自“大三角”国家中的美国、日本、德国、法国和英国，其中美国有 27 家，占国外资产的 1/3，英、法、德三国共有 33 家，日本有 12 家。

3. 从产业部门分析，跨国公司向服务业拓展的速度最快

美国对国外服务行业（主要是运输、商业、银行、保险、旅游等）的直接投资比重，由 1970 年的 12%上升到 1980 年的 28. 2%和 1985 年的 28. 3%，其他国家也有类似趋势。根据德国、日本、美国跨国公司产业部门的分布情况（见表 5-3），属于服务业的子公司占其总数的 60%左右，而制造业只占 36%，初级产业所占比重就更小。这一格局表明，服务业在世界经济和对外直接投资中的重要性日益增加。

表 5-3 主要投资国分部门的国外子公司

国别	初级产业	制造业	服务业	总数
联邦德国				
①1984 年				
数量（个）	558	4 936	9 163	14 657
百分比（%）	4	33	63	100
②1990 年				
数量（个）	422	5 729	13 201	19 352
百分比（%）	2	30	68	100
日本				
①1980 年				
数量（个）	194	1 587	1 786	3 567
百分比（%）	5	45	50	100
②1990 年				
数量（个）	194	3 408	4 384	7 986
百分比（%）	2	43	55	100
美国				
①1982 年				
数量（个）	995	7 005	10 339	18 339
百分比（%）	6	38	56	100
②1989 年				
数量（个）	785	7 552	10 562	18 899
百分比（%）	4	40	56	100

资料来源：联合国贸易与发展会议跨国公司项目根据 1992 年德意志银行、1983 年和 1992 年日本通产省与 1985 年和 1992 年美国商业部的资料计算。

4. 跨国公司国际投资行为日益多样化

为了适应日益复杂的国际市场和激烈的国际竞争环境，顺利贯彻公司的一体化战略和全球战略，跨国公司的国际投资行为日趋多样化，除了常见的股权安排形式（主要是独资经营和合资经营方式）外，合作生产、技术转让、分包、许可证生产、特许专营等非股权安排形式也得到了广泛运用，甚至还出现了跨国公司间的战略联盟（主要从事研究开发合作）。跨国公司国际投资行为多样化实际上是跨国公司经营战略转变和组织结构演化的必然要求，也是跨国公司在世界经济中日益趋于主导地位的重要体现。

（五）20 世纪 90 年代以来跨国公司发展的最新趋势

进入 20 世纪 90 年代以来，跨国公司获得了前所未有的大发展，这不仅表现在发达国家跨国公司上，也同时表现在发展中国家跨国公司上。信息技术的进步和金融自由化趋势为跨国公司推行复合一体化战略和全球战略提供了更为便利的条件。在这几年中，跨国公司整体的国际化程度得到了很大的提高，跨国公司已成为推动经济全球化的中坚力量。尽管 1997 年亚洲金融危机引发了全球性的经济衰退，但有关调查的统计数据显示，大多数跨国公司的投资信心并未发生动摇，甚至对东南亚地区的投资信心也丝毫未减。这场危机的发生反而使跨国公司看到了全球化趋势背后所隐含的巨大风险，许多跨国公司纷纷采取措施加强实力和提高国际竞争力，以增强抵御风险的能力。近年来大规模跨国并购的风潮迭起就是这一情况的深刻写照。总体来看，20 世纪 90 年代以来跨国公司的发展趋势主要表现在以下几方面：

1. 集中化趋势更加明显

这一时期，在国际直接投资领域唱主角的仍是发达国家，美国、德国、英国、日本和法国这五大对外直接投资国的对外直接投资约占世界对外直接投资的 2/3，而它们对外直接投资的绝大部分又主要是由为数不多的数家大型跨国公司做出的，这使得跨国公司体系的集中趋势更加明显。另外，规模不断扩大的跨国并购也加剧了这一趋势。目前大本营设在发达国家的世界最大的 100 家跨国公司的国外资产约为 1.4 万亿美元，在国际直接投资总存量中的份额约为 1/3，若按国外销售和国外雇员计算，这一集中化趋势也同样非常明显。

2. 国际化程度更高

这是跨国公司推行全球战略的必然结果。自 1990 年以来，Royal Dutch Shell（英国/荷兰壳牌公司）每年都名列于按国外资产排名的 100 家最大跨国公司的榜首。但根据国外资产、国外销售和国外雇员计算的综合国际化指标排列，100 家最大跨国公司的位次发生了一些变化，Royal Dutch Shell 公司退居第 27 位，而加拿大 Thomson 公司则跃居第一。目前，世界最大 100 家跨国公司综合跨国程度已达 42%。

发展中国家跨国公司的国际化程度发展也很快，其产品价值占发展中国家总存量的 10%，国外销售约占总销售的 30%。它们的综合国际化程度约为 21%，这一指标与世界最大 100 家跨国公司相比尚有一定的差距。这表明作为日益重要的国际投资者，它们的历史还太短，但其发展计划说明它们的国际化程度正在不断提高。

3. 兼并（收购）日益成为跨国公司对外直接投资的主要手段

面对竞争压力、自由化浪潮和新投资领域的开放，越来越多的跨国公司将兼并（收购）作为自己参与全球化竞争的核心战略，以保护、巩固和增强自己的国际竞争力。1988—1995 年，世界跨国兼并（收购）总额包括证券投资进行的兼并（收购）增加了一倍，达到 2 290 亿美元；1988—1995 年，多数控股兼并（收购）总额（不包括证券投资进行的兼并收购和少数控股国际直接投资）增长了 84%，达到 1 350 亿美元。在所有地区中，西欧的跨国兼并（收购）水平最高，大多发生在欧盟内部；但在所有国家中，美国的跨国兼并（收购）水平最高；另外，日本跨国公司也正在逐步改变以传统的新建投资为主的做法。

从行业分布来看，大型跨国兼并（收购）大多发生在能源、电讯、医药和金融服务行业。

跨国兼并（收购）不再是大型企业独有的投资手段，中小企业在跨国兼并（收购）中也日益发挥着重要作用，特别是在电子、商业服务、保健、经销、建筑和工程等领域，中小企业发挥的作用更大。

跨国兼并（收购）的资金规模有不断扩大的趋势，如近年来发生的德国奔驰收购美国克莱斯勒、英国石油公司收购美国阿莫科集团以及德国医药化工界的巨子HOECHST与法国罗纳—普朗集团的合并都达到了前所未有的资金规模。

4. 发展中国家的跨国公司取得了长足的进步

进入20世纪90年代以来，随着发展中国家经济实力的不断增强，尤其是东亚、东南亚以及拉丁美洲一批新兴工业化国家的崛起，发展中国家跨国公司也取得了长足的进步，它们日益成为世界经济领域中不容忽视的重要的竞争力量。尽管1997年发生的亚洲金融危机对发展中国家的跨国公司主要是韩国及东南亚国家的跨国公司产生了极为不利的影响，在高速发展中所积聚的许多内在矛盾都在此次危机中突出地暴露出来，但这都是发展过程中必不可少的挫折。只有在不断的磨砺中，发展中国家的跨国公司才能真正成长起来。纵观发达国家跨国公司的发展历程，也莫不如此。可以预见，经受了此次危机的洗礼，发展中国家跨国公司将更加成熟，它们将成为发展中国家参与全球化竞争的排头兵。

总之，跨国公司是一个巨大的、多样化的和不断扩展的世界性经济组织。它通过全球一体化的公司战略和错综复杂的跨国组织结构对世界经济的发展产生着日益深远的影响。

三、跨国公司的发展阶段

跨国公司的形成，即企业的国际化发展是一个长期努力的过程。西方经济学家根据不同的标准，提出不同的跨国公司发展阶段论。西方学者罗宾逊提出6阶段论，即国内企业阶段、出口企业阶段、国际化经营企业阶段、多国企业阶段、跨国企业阶段和超国界企业阶段；日本麦金泽公司提出5阶段论，即出口阶段、直接销售阶段、直接生产阶段、当地独立经营阶段和全球一体化阶段；泊尔穆特提出了4阶段论，即国内指向阶段、当地化阶段、区域指向阶段和世界指向阶段；安索夫提出3阶段论，即出口阶段、国外生产阶段和跨国经营阶段。这里主要阐述安索夫的3阶段论。

1. 出口阶段

对外贸易与对外直接投资都是一国企业参与国际经济合作的重要手段，但后者比前者的层次更高。就规模较小的或成立不久的公司而言，一般只能通过对外贸易的方式参与国际经济合作，即处在出口阶段。处在出口阶段的公司，可以通过国内外进出口商或直接收到国外客户订单的方式，出口其生产的产品。如果公司产品的销售情况乐观，则可能成立一个隶属于本公司的小型出口办事处，或与某一家专门的进出口商建立稳定的业务联系。如果公司对外销售额不断扩大，则原有的小型出口办事处或委托进出口商的形式就难以满足业务拓展的需要，而需要建立自己的国外销售部，进行直接销售，或在若干国家和地区建立销售分支机构，以处理有关事宜。

随着国外销售机构的建立健全、国际市场调研工作的加强，公司产品出口额不断增加，出口额在总公司销售额中所占的比重不断加大，在国际市场上的影响力也不断加强。

2. 国外生产阶段

如前所述，产品出口是一国较低层次的参与国际经济合作的形式，难以达到占领国外市场的目标。对外贸易要受到诸多因素的限制，如进口国政府的贸易保护主义政策、运输费用、产品供应的及时性和生产比较成本的变化等。基于此，公司只有在进口国当地生产，才能真正达到占领和拓展市场的目标，亦即公司必须进入国外生产阶段。

西方的学者认为，一国公司在国外生产阶段通常采用的方式是许可证、与当地生产者签订长期合同、对东道国进行直接投资。一国公司在国外生产阶段一般宜首先采用许可证的方式在东道国进行生产，亦即公司将其使用的专利、专有技术、商标等转让给一家当地公司，收取一定的费用。从理论上讲，这种方式的特点是不需要投资，风险也小。实践证明，这种方式对出让方利少弊多，当受让方经营不善时，出让方难以收到预期的效益；当出让方看到受让方经营状况良好时，难免又会眼热。这两种状况都会诱使出让方以对外直接投资的方式占领进口国的市场。

对出让方而言，与许可证方式相比，以直接投资的方式在国外生产产品，就地销售或向其他国家和地区出口，所面临的风险要大得多，东道国的投资环境如何，是影响其投资效益的重要因素。然而，一国公司的第一次对外直接投资又具有十分重要的意义，是其朝着国际化发展的关键性一步。

一国公司在国外生产阶段的后期，同时从几个国家和地区的生产基地打入国际市场，加强对分散在世界各地的分支机构的管理，充分发挥整体优势，显得尤为重要。公司的发展迫切需要在本国建立一个能适应新要求的管理指挥中心，亦即进入下一个阶段。

3. 跨国经营阶段

大多数经济学家认为，一国公司进入跨国经营阶段的主要标志是其在世界范围内计划、组织和控制本公司的国际性生产。在这一阶段，公司是从全球范围来考虑其发展战略的，视野更为广阔，采用更为独特的运行机制。这时，跨国公司的管理体制、经营策略等都要发生相应的变化。

这里所述的跨国公司的发展阶段只是一般性的概括，并非每家公司都要沿着这一轨道来发展。某些公司可能发展较慢，从而较长时间停留在某一阶段；而另一些公司则可能发展得较快，其国际化过程也可能超越某一阶段，跳跃式地成长壮大起来。

四、跨国公司的基本特征

由于跨国公司是世界经济体系中集投资、贸易、金融、技术及其他服务于一身的特殊经营实体，它在经营管理上便与国内一般工商企业的经营管理有许多不同之处。并且，不同的社会制度、不同的历史发展阶段中的不同类型的跨国公司也具有不同的运行机制，具有不同的特征，但又有一些共同之处。一般认为，现代跨国公司一般具有如下特征：

（一）具有全球战略目标

从整个世界市场出发、具有全球战略目标是跨国公司区别于其他企业的重要特征之一。跨国公司以整个国际市场为追逐目标，在世界范围内有效配置生产力，充分利用各国和各地区的优势，以实现总公司利润的最大化。根据全球战略目标，跨国公司总公司在制定每一项重大决策时，总是从全局出发，而不考虑某一子公司一时一地的得失。总公司在评价子公司的业绩时，主要考虑其对总公司的贡献程度，而不一定是其自身盈利。计划是实现全球战略目标的主要途径，内部一体化是实现全球战略目标所必备的基本条件。

20 世纪 80 年代以来，随着国际经营环境的复杂化和国际市场竞争的激烈化，跨国公司都积极主动地使其战略规划面向全世界。例如，欧洲和美国的公司由于忽视了日本企业在许多工业行业中的较高的增长率，以至于当日本的这些企业及公司以显著的规模打破传统市场的时候，美国及欧洲的这些公司对此竞争挑战几乎手脚无措。又如，那些未能在价格档次上建立全球保护措施的汽车公司，在遭到日本汽车公司的打击后迅速面临成本过高的劣势，最终失去大量的买主。

（二）十分重视对外直接投资

跨国公司的经营规模庞大，经营范围十分广泛，但发展对外直接投资仍是其参与国际竞争的主要形式。对外直接投资是跨国公司走向世界、实行国际化生产经营的重要物质基础，跨国公司通过对外直接投资，在世界范围内实行公司内部的专业化生产分工，并在本公司内各个子公司之间进行国际贸易、资金融通和技术转让从而分享国际分工的利益，这样，有助于跨国公司充分利用既定的“比较利益”和创造新的“比较利益”。一些西方学者甚至认为，“比较利益”和“国际分工”的主体已由主权国家转移到跨国公司。

（三）生产经营规模庞大

从理论上讲，跨国公司是指从事跨国生产和经营活动的企业，但事实上，国际投资学所研究的跨国公司一般特指大型制造业的跨国公司，这类跨国公司的数量较少，但在国际直接投资领域占据主导地位。跨国公司拥有先进技术、雄厚资金、多样化产品、良好的商业信誉、覆盖面广的广告、遍布全世界的分支机构和复合型管理人才等优势，在国际竞争中处于有利地位，其生产能力达到惊人的程度，销售额巨大。联合国发表的《1993 年世界投资报告》表明，1992 年跨国公司对外国投资总额已达 2 万亿美元，跨国公司的销售额高达 5.5 万亿美元，而全世界出口额不过 4 万亿美元。这些大型跨国公司的年销售额至少在 10 亿美元以上，有的甚至超过 1 000 亿美元。这些庞然大物对国际政治与经济事务和东道国的内部事务往往会产生较大的影响，一些西方经济学家将跨国公司形象地称为“私人王国”或“私人政府”，是有一定道理的。

(四) 内部实行一体化

跨国公司为了实现全球战略目标，需要实行内部一体化的管理模式，亦即跨国公司在世界各地的子公司的重大决策都在总公司的统一控制下，根据集中与分散相结合的原则，实行统筹安排。根据业务性质、产品结构、地区分布、风险程度等因素确定集中与分散的程度。跨国公司的内部一体化主要包括：

第一，生产一体化，即分布于世界各地的各个子公司充分享受总公司或其他子公司的生产设备、原材料、技术和人员等。其中，技术和人员的灵活流动，可以充分发挥人才优势；生产设备和原材料的统一采购，易于形成一定的垄断。

第二，营销一体化，即总公司与子公司共享销售网络、销售渠道、储运设施、广告宣传和销售人员等。

第三，新技术和新产品一体化，即总公司与子公司根据各自的特点，统一安排新技术的研究与开发，进行新产品的研制和推广，关键性高新技术的研究与开发集中于总公司。

第四，财务一体化，即总公司与各子公司之间及时融通资金，以降低财务费用，减少税收支出。

跨国公司之所以能够实行内部一体化经营，编织起全球性生产、贸易、金融、投资、信息等网络，完全依赖于科技革命带来的现代化通信和交通条件。如日本一些大型综合商社能在两分钟内了解到非洲某地的商业情报。正是依靠电子计算机技术、航天技术、新材料科学等科技革命的广泛发展，跨国公司才能够在内部实行一体化经营。反过来，跨国公司又成了现代科技知识如生产、销售、管理等新知识的传播者，成了现代化的通信设备和交通工具的提供者，促进了世界各国文化的沟通和传播。

(五) 国外分支机构众多

为了实现其全球战略目标，跨国公司在世界各地建立了众多的子公司和分支机构，营造了一个集生产、贸易、金融和信息于一体的庞大网络，该网络内部协同运作，与外部进行物质、能量、信息等交流，并高效率地运转。如日本一些大型综合商社能在数分钟之内了解到某种商品的国际市场最新情报。

(六) 经营方式多元化

跨国公司的经营业务大大拓宽，经营面很广，如建筑、军火、化纤、石油、汽车零件、食品、旅馆、地产、医院、出版发行等各种行业，其经营内容五花八门，经营过程错综复杂，已经由单一产品生产经营向综合性多种经营方向发展。他们不仅经营商品服务贸易，而且是技术的主要发明者和传播者以及各种信息的提供者甚至是各国文化和观念的沟通者。从目前来看，除了极少数跨国公司外，跨国公司几乎都实现了经营多元化，形象地说就是“从方便面到导弹”几乎无所不包。

(七) 具有某方面的竞争优势

跨国公司一般属于寡头垄断企业，拥有相应的某方面的竞争优势。一般跨国经营取决于三组基本优势因素：所有权优势、内部化优势和区位优势。所有权优势指一国企业拥有或能够获得别国企业所没有或无法获得的资产及所有权，如生产技术、融资条件、经营管理能力等无形资产和资金、劳动力、资源等有形资产。内部化优势指企业为了避免市场失败而将其所有权资产使用内部化，在跨国公司中指通过对外直接投资，建立公司内部的资源配置和转移机制，取得内部化的经济效益。区位优势是指国内外生产区位的相对禀赋对国外投资的吸引与推动力量。跨国公司根据自己某方面的竞争优势，选择诸如对外直接投资、出口贸易、技术授权等适宜的跨国经营方式。大多数跨国公司依靠新技术、专有技术、产品差别化和大量的广告宣传等非价格竞争手段来维持其垄断优势地位；很多跨国公司都拥有经久不衰的产品和商标；极少数巨型跨国公司依靠绝对垄断地位的优势来进行跨国经营。

第二节　跨国公司经营战略与组织结构演变

跨国公司从内部构成上来说是一个复杂化、系统化、综合化的有机整体。如果我们把跨国公司这个“黑盒子”打开，可以将跨国公司创造价值的过程分解为一系列互不相同但又互相关联的经济活动或增值活动，其总和就构成了价值链。跨国公司的多种职能可以用价值链的构成来描述。

“价值链”是指企业组织和管理与其生产和销售的产品与劳务相关的各种价值增值行为的链接总和，每一价值增值行为构成了价值链上的一个链节。从图 5-1 可看出，价值链可以分成两部分：下部为企业的基本增值活动，即一般意义上的“生产经营环节”，如来料储运、生产加工、成品储运、市场营销和售后服务，这些活动都与商品实体的加工流转直接相关。上部列出的是企业的辅助性增值活动，包括组织建设、人事资源管理、科学技术开发和采购管理。对于不同企业，价值链上各链环的重要性是不同的。企业的竞争优势往往就体现在某几个链环上，企业确定并开拓那些与经营关系重大的活动及联系的能力经常被视为成功的因素之一。另外，

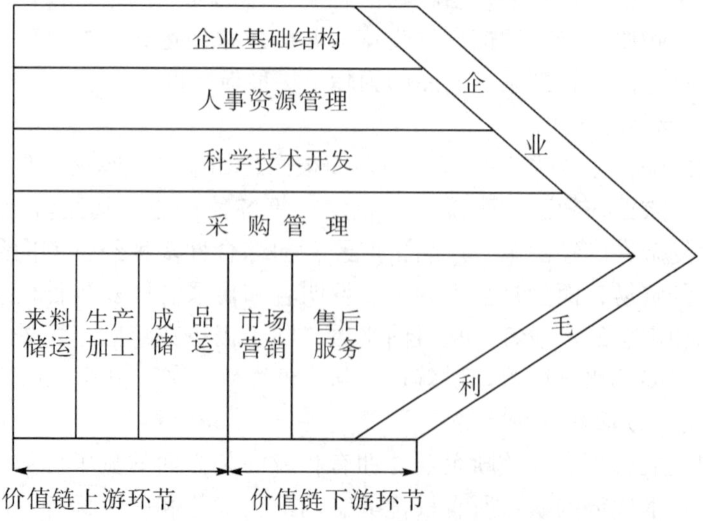

图 5-1　价值链的构成

构成价值链的活动可以通过不同的形式联系起来，并且可以有不同的紧密程度。一个公司的经营战略和组织结构在很大程度上决定了联系的形式和紧密程度。因此，我们将通过深入剖析跨国公司经营战略和组织结构的演变来解析跨国公司价值增值活动所构建的国际化生产体系。

一、跨国公司经营战略的演变

“战略”一词原指军事中指导战争全局的计划和策略，它可以用来比喻决定全局的策略。任何一个公司的发展都不是盲目的，都有其整体的规划和目标。跨国公司在世界范围内从事生产和经营活动，制订出正确的战略，对公司发挥整体优势并取得经营上的成功具有决定性的作用。跨国公司经营战略是指对其不同价值增值活动的国际区位选择和对企业所控制的各类实体所进行的一体化程度选择。以下我们分别从职能和地域这两个不同的维度对跨国公司的战略演变进行分析。

（一）职能一体化战略演变

职能一体化战略是指跨国公司对其价值链上的各项价值增值活动，即各项职能所做的一体化战略安排。这里的一体化是指跨国公司整体价值链的综合协调性，它是战略演变的目标。职能一体化战略演变主要经历了以下三个阶段：

1. 独立子公司战略

独立子公司战略是指在东道国经济环境中建立能够相对独立运作的子公司的策略。设立独立的子公司是跨国公司战略的一个普遍形式，母公司与子公司之间的联系主要通过所有权来控制，其他联系还包括转移技术和提供长期资本。只要子公司是盈利的，母公司就不必对它可行使过多的控制。虽然子公司可能大量发展与当地供应商和分包商的联系，但独立的子公司对它运作的价值链的大部分自负其责。它也可能雇佣当地工人和管理者，通过当地金融中介进行借贷，并从事和其他国家的国际贸易。大的跨国公司可以控制许多独立支持的子公司，每个子公司服务于一个独立的东道国。

独立子公司可以被看成母公司的缩影（见图 5-2）。

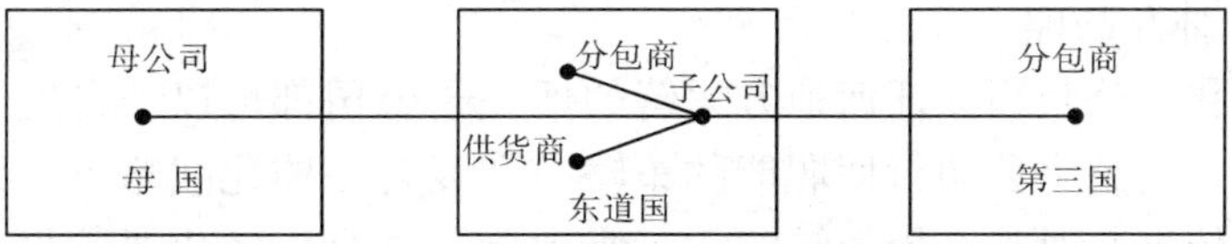

图 5-2 独立子公司战略

独立子公司可能出现在制造业，尤其是在东道国可以提供资源投入以及原料和零件的进口很困难或很昂贵的地区。但这种独立运作的子公司在服务业中最为普遍。因为许多劳务是不可交易的，子公司必须像一个独立的单位那样运作，仿效它们母公司的生产组织。

2. 简单一体化战略

简单一体化战略就是指跨国公司主要通过寻求外源来参与国际化生产的策略。在一体化战略下，跨国公司的一些活动在东道国进行，另外一些活动被放在别处，主要是与母国进行的工作联系起来（见图 5-3）。

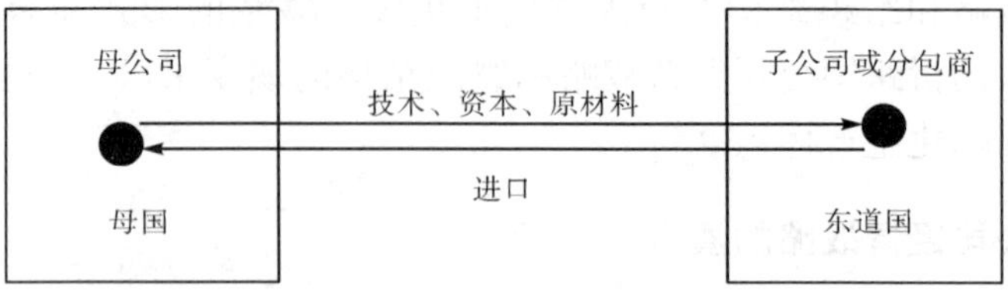

图 5-3　简单一体化（寻求外源）战略

制造业和服装业提供了许多外源化国际生产的实例，美国蒙哥马利·沃德和英国的玛莎百货等大的零售连锁公司，主要依靠发展中国家的外源化生产。在服务业，一些跨国公司也利用国外子公司或分包商加工数据或开发软件，随着电信和计算机技术的发展，这些服务变得可以交换了。

外源化国际生产表明价值增值活动向非母国、非初始国或非最后销售国转移。外源化的主要动机是利用东道国与跨国公司价值链有关部分的区位优势。母公司通过对子公司的所有权或通过与当地公司的非股权安排使跨国公司能集中于价值链的某些部分。组织外源化国际生产要求公司职能实现一体化。

外源化在很大程度上是由成本驱动的。比如耐克公司（美国）把运动鞋和服装的生产分包给了 40 个不同的地区，它们主要在南亚和东南亚地区，其中设计和市场营销由母公司负责，而更新的设计则通过卫星转由中国台湾地区的一个拥有计算机辅助设计和计算机辅助生产设施的分包商进行。原构想经过修改后，最后的方案通过传真发给所有地区的分包商，还有一些耐克公司的职员会亲临现场监控质量，并负责产品在世界范围内的销售。因为单个分包商要依靠母公司提供设计、标准和市场，所以它们无法独立存在。近年来，耐克已在中国、印度尼西亚和泰国拓展分包商，因为这些地方能节约较多的劳动力成本。许多韩国分包商尽管已大大提高了生产效率，却因成本上扬而无法维持耐克的业务。耐克在许多价格敏感市场引进了新的产品和操作，因此它有机会也有必要持续地寻找更低成本的供应者。然而，在电子行业的一些产品上，技术方面的竞争性已开始超过了对成本方面的考虑。

3. 复合一体化战略

复合一体化战略是指在任何地方运营的任一子公司都可以独自地与其他子公司或母公司一起，为整个公司行使职能的策略。在复合一体化战略下，跨国公司每一步经营的价值依据其对整个价值链的贡献来评判。复合一体化要求将各种职能行为（不仅仅是生产，还包括研究和开发、金融、会计等）安排到各自能更好地实现公司全盘策略的地方。在复合一体化战略下，虽然不是价值链的每一因素都要被同一程度的一体化，但在不同的过程和不同的地区之间有相当程度的职能一体化（见图 5-4）。

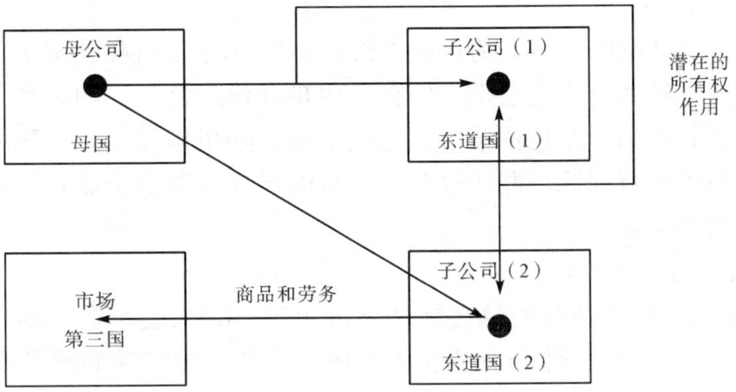

图 5-4 复合一体化战略

复合一体化战略的前提是公司具有将生产或供应转移到任何一个更能获利的地点的能力。下面列举一些公司某项职能一体化的例子。

（1）研究和开发方面的实例。

跨国公司已开始把一小部分的研究开发活动安排在它们的母国之外，其中原因之一是利用可在国外获得的技能优势。比如，大的日本汽车制造商在美国进行一些研究和开发，并且已开始在美国设计全球销售的模型。福特公司的管理模式进一步发展了这种一体化，把由欧洲福特牵头的研究、开发和设计队伍集合起来，并通过计算机联网把欧洲和北美的许多点连接起来。

（2）采购方面的实例。

ITT（美国）是八个国家黄页名录的生产者，它将黄纸（主要投入品）的全球采购功能集中在比利时的一家子公司里，这就使公司可以利用价格波动来规划它在全球的纸张采购及库存。

（3）制造方面的实例。

汽车业跨国公司在零件的生产和最终产品的组装方面已实现了复合一体化。丰田在四个东南亚联盟国家中有零件和配件的生产网络；福特和通用汽车在欧洲建立了跨国的生产网络，该网络是建立在原先独立子公司基础之上的。

（4）会计方面的实例。

由于各国制度不同，会计也需要按国家标准行事，然而信息技术已使会计活动极大地一体化了。比如，瑞士航空公司把它的收益会计工作转移到在印度孟买的一家子公司。这个子公司运用瑞航的技术，按每天经营的附单，对航空公司全世界的收益和应收款进行追踪。

（5）金融方面的实例。

在许多跨国公司，清偿管理和金融功能的其他方面被置于最能符合公司整体需要的地方。利用信息技术的创新，金融功能的一体化可以发生在母国或国外子公司。例如，倍耐力公司通过其在瑞士的子公司协调并保证它的全球金融承诺。这一子公司对整个跨国公司的金融活动负责。又如，西门子（德国）美国子公司每天把金融信息传送到总公司，在那里进行着制度化的金融管理。

（6）培训方面的实例。

作为复合一体化战略之一，跨国公司经常试图在母公司和外国子公司及子公司之间转移技能。福特和马自达已把它们在墨西哥合作经营工厂的生产工人送到在欧洲的福特公司进行培训。摩托罗拉也正选送中国大陆机构雇员到中国香港特区、新加坡和美国的机构进行训练，并通过几乎所有的半导体制造企业轮流培训中国大陆子公司的高级管理人员。

（7）公司计划方面的实例。

ABB 公司通过 13 人执行委员会制订公司计划。13 人委员会包括一位总执行委员和 12 位委员，每人对一部分业务、一个地区或公司的某项职能负责。ABB 的模式结构，加上每个单位同时向业务总部和国家总部报告，使信息得以迅速地双向交流，使公司计划的主要方面得以在东道国地区总部和生产总部进行。

（8）法律方面的实例。

通用电气已根据其主要业务一体化的需要实现了法律行为一体化。法律行为被置于母国和主要地区的主营业务部门总部。在伦敦的法律部门负责公司范围包括国际兼并活动在内的协调工作。

跨国公司的一体化战略可以发生在价值链的任何一个环节上（以上所选取的例子只是其中的部分环节），不同的跨国公司根据自身的特点与优势对环节（职能）及其一体化程度的选择会有所不同。但越来越多的跨国公司趋向于复合一体化战略的运用已是一个不争的事实。促使跨国公司采取复合一体化战略的动因主要有三个：

第一，计算机和通信技术的进步。计算机和通信方面的进步能提高处理和交流信息的能力，并且降低成本。特别是计算机价格的大幅下降，使各种信息能够方便地在跨国公司内分享和供整个价值链使用。这就为新型生产技术、管理、研究开发活动的传播铺平了道路。计算机和通信技术对整个价值链的协调至关重要。正像多部门和多类型策略产生了更多的协调和更大的管理结构的需要一样，复合一体化策略增强了跨国公司管理其跨国网络的需要。计算机和通信技术还使不同所有权公司间的价值链变得更为整体化。例如，一个公司的运输部门可能与另一个公司的购买部门通过电子网络联系起来，从而加快它们之间的商品流动。运用通信技术，跨国公司可以把主要要素组合起来追求某一战略目标。

第二，需求的促进。一些跨国公司要实现服务于世界市场的一体化，而不断增长的消费者需求和一些消费者偏好跨国界的融合又促成了这一趋势。结果，越来越多设计相似或完全相同的产品在许多市场同时销售，如服装、电器、音像制品等。需求类型的融合部分是由于第二次大战后许多发达经济国家收入水平趋同，这导致了消费模式的进一步趋近；部分是由于计算机通信技术的传播以及旅游、教育和文化交流的发展，这提高了各国消费类型的跨国可见性；还有部分是由于跨国公司的营销努力。

第三，激烈的国际竞争。国际竞争的加剧是推动复合一体化的强大压力。在过去的 70 多年里，关税壁垒作用的减弱和生产力发展的推动加剧了跨国竞争，并把许多新的竞争者推上了世界舞台。发达国家的跨国公司将它们的对外直接投资集中于其他发达国家，这就形成了一个包括大量行业间交叉投资的跨国公司网络。这一趋势驱使跨国公司寻求赢得国际竞争优势的新方式。为了降低成本，跨国公司加强了在国外建厂和密切注意整个价值链上各种因素节约方面的努力。其中例子之一就是集中采购。计算机通信技术的进步使集中采购成为可能。研究表明，集中采购的跨国公司通过提高质量和缩短产品开发计划，可取得长期的成本节约。为了实现及时存货管理和质量控制目标，日本跨国公司在把供应商和分包商与生产和装配紧密联系起来方面走在前面。现在，跨国公司正加强与供应商的联系，以形成技术创新的双向流动。正是这种压力，加上信息技术提供的机会，促进了复合一体化战略的成长。

（二）地域一体化战略演变

地域一体化战略是指跨国公司对其所控制的各类实体在地域范围和地理联系上所做的一体化战略安排。这里的一体化同样是战略演变的目标，它更多的是指跨国公司国际化生产在地理范围上的扩展和跨国公司内部各实体间在地理联系上的紧密。地域一体化战略的演变经历了以下三个阶段：

1. 多国战略

在多国战略下，一个子公司主要服务于一国的东道国市场，而跨国公司母公司则在不同的市场控制几个子公司。贸易壁垒的存在常常促使跨国公司采取多国战略，以进入特定东道国市场。在一些产业中，因为难以获得规模经济效应和为满足特定国家需求偏好与习惯要求，也会采用多国战略。许多服务业跨国公司采取多国国内战略，是因为它们所销售的一般都是非贸易性劳务。此外，中小型企业常常倾向于靠近母国的市场服务，这又促使它们与母公司连成一体。

2. 区域战略

许多跨国公司拥有根据区域划分而形成的生产网络。区域战略是适应区域化国际生产要求而提出的，区域化国际生产体系包括在某一地区各东道国设置的子公司和作为供应商与分包商的非本系统公司。产品最终组装可以安排在该地区的任何国家，其主要市场也在同一地区。在欧洲（包括中欧、东欧与西欧）、北美（包括墨西哥）和东亚，跨国公司都有自己的地区网络，国际直接投资存量和“大三角”国家对发展中国家的投资也反映了这种特征，从而说明了国际直接投资的区域集约化趋势。美国跨国公司是许多拉美和加勒比国家的主要投资者，日本跨国公司在亚洲日益占有主导地位，而欧盟跨国公司在中欧、东欧和非洲占有最大比重。

政策变化是刺激跨国公司采取区域战略的主要原因，在欧洲和北美尤其如此。关税壁垒作用的减弱，外国投资政策的自由化，许多产业部门尤其是服务行业管理的放松和国有企业的私有化都促进了外国直接投资。包括欧盟和北美自由贸易区在内的贸易、投资区域一体化协议的签订与加强，使跨国公司采取区域战略的兴趣大大增加。东亚区域经济合作的进程也在不断加快，所有这些也促使跨国公司实施区域战略。

3. 全球战略

人们一直认为跨国公司具有全球战略。根据彼得·迪肯的定义，全球化是更高级和更复杂的国际化，全球化意味着跨国经济行为在更广泛的地理范围内拓展。全球化还包括跨国公司为利用经济增长和需求趋同而与其他公司进行有效竞争以打进所有世界大市场的方法。跨国公司常常可以用它集中于区域或次区域基础上的网络来为全球市场服务。突出的例子是日本汽车工业中最大的跨国公司：本田、尼桑和丰田在“大三角”主要地区都设有汽车生产和销售网络。每一地区网络都通过所有权和技术与母公司联系在一起，并从其他地区的子公司和非本公司的公司获得原材料和零件，所有的地区网络都向其他地区销售产品，不同地区所生产的产品极为相似，然而，附加价值总额归原地区网络经营所有。这样，这些跨国公司通过其价值链的区域组织来达到自己的全球战略目标。

随着时间的推移，不断增加的竞争压力可能会促使跨国公司在全球范围内更广泛地拓展自己的业务。但是，就目前来说，还很少有公司跨地区进行一体化生产。在存在跨地区贸易壁垒的条件下，区域经济安排可能会限制全球战略的发展。

总之，从母公司与其国外子公司间简单的职能与地理联系到更广泛、更复杂形式的一体化，由于跨国公司力图保持自己现有的竞争优势和开发新的竞争优势，这一过程仍将继续下去。但这一发展并不循着相似或精确绘制的道路前进，这里所描述的职能和地域一体化种类仅根据进行过程中的主要情况来划分。这些过程非常复杂，任何一种分类法都难以全面概括。而且跨国公司的战略发展和组织结构的变化又是紧密联系在一起的。这将在下面进行讨论。

二、跨国公司组织结构及其演变

组织结构非常重要，在企业经营管理中，组织结构的好坏直接关系到企业经营的成败。

（一）跨国公司组织结构

跨国公司的组织结构可以从内部管理体制和外部法定形式两个方面来考虑。

1. 内部管理体制

跨国公司的内部管理体制，依其规模的大小、产品的性质和经营策略等因素而制定。其主要形式有以下三种：

（1）独立子公司结构。

在这种结构下，母公司只控制子公司的股权，要求子公司按期向母公司上缴股本的红利，或审批子公司的利润再投资方案，对子公司的其他经营活动，则让其独立自主地决策。这种结构适合于公司规模较小、子公司数目少、母公司的管理人员自身缺乏国外经营经验的跨国公司。

（2）国际分部结构。

在这种结构下，母公司的管理部门专门设有一个国际分部，负责管理国外各子公司的生产、营销和财务等活动，并使各子公司的业务互相配合、协调。例如，划分各子公司销售市场的范围，以免形成内耗竞争；统一筹集和调拨资金，以降低整体的筹资成本；调整各子公司之间商品和劳务的内部调拨价，以减少整个公司系统的税收负担等。但是国际分部一般不处理公司的国内业务。国内业务由母公司的其他管理部门处理。

由于国内业务与国际业务在管理上是分开的，这样往往会产生内部不够协调的现象，重大问题便需由母公司的总经理直接决定。这种结构通常适合于产品销售以国内为主而国外为辅、产品的品种较少和子公司的地理分布还不广泛的跨国公司。

（3）全球性组织结构。

当跨国公司的规模较大，产品和业务比较复杂，子公司分布广泛，国外业务的重要性已经超过国内业务时，通常采取全球性组织结构。全球性组织结构又可分为以下四种：

①全球性职能结构。在这种结构形式下，母公司按职能分工设副总经理，负责协调该职能的国内外活动。如：生产副总经理直接控制国内外的产品生产安排、质量控制以及产品的研究与开发活动；销售副总经理负责产品的国内外营销活动，直接控制公司的营销分支机构，并协调各分支机构的营销活动范围；财务副总经理负责国内外各分支机构的资金筹集、资金调拨及利润分配等。这种组织形式适合于产品系列较少、销售市场比较稳定的公司。其优点是各职能本身的全球协调严密，对外可形成整体竞争优势。其缺点是不同职能之间的配合不够严密，各分支机构内对来自母公司的多头控制难以统一协调。

②全球性地区结构。在这种结构形式下，母公司按地区设置副总经理，负责管理该地区的生产、营销和财务等各项业务活动，每个地区以及每个子公司都形成一个利润中心。这种组织形式适合于产品系列较少，但子公司分布广泛，地区专门知识和地区内协调比较重要的公司，如石油行业的跨国公司。这种形式的优点是：同一地区的不同职能之间能较紧密地配合，子公司在经营上有较多的自主权和灵活性。其缺点是：如果产品系列较多而且技术性能较高时，跨地区之间转移新产品或新技术比较困难，容易产生地区本位主义的倾向。

③全球性产品结构。在这种结构形式下，母公司按产品的类别设立副总经理，负责该类产品的全球生产、营销和财务等；每类产品形成一个利润中心。同时在地区设立协调组，进行同一地区内各类产品业务活动方面的协调。这种形式适合于产品复杂且技术性能高，但生产和营销需在全球范围内统一安排的跨国公司。这种形式的优点是同类产品的国内外业务活动易于实现全球性的统一安排和适应市场特点。其缺点是不同类别的产品之间缺乏联系或联系松散，产品知识易产生分散的倾向。

④混合式结构或矩阵式结构。这是同时兼有前述结构方式中两种以上的特点的组织形式。混合式结构通常是对某些技术性能高的重要产品系列实行由该产品副总经理分管的全球性产品结构，对其他产品则由按地区设置的副总经理负全部责任。两种形式同时采用，但互相不发生交叉关系。

矩阵式结构是指既按产品系列设置各类产品的副总经理，又按地区设置地区副总经理，对子公司的活动实行条块结合的双重领导。其优点是母公司的总经理可以根据具体情况通过不同的渠道加强领导，提高适应外部竞争压力的能力。其缺点是当某产品副总经理与某地区副总经理的意见相左甚至冲突时，子公司的经理会感到无所适从，这时往往需要母公司的总经理亲自协调，因此，需要召开的协调性会议也较多。此外，还有网络式结构（后面将详细介绍）。

以上列举的只是跨国公司内部组织结构的一些基本形式。在实践中，采取相同基本组织形式的许多公司之间，还会有许多具体的差别。即使同一家公司，在其发展的不同阶段和在不同的客观条件下，所采取的内部组织结构形式也会发生变化。公司选择内部组织结构所遵循的基本原则是：既要有利于母公司对子公司业务的必要的有效控制，又要有利于子公司在经营上发挥积极性和灵活性。

（二）外部法定形式

跨国公司在国外设立的分支机构必须由东道国政府依法批准并登记注册。一般来说，这些分支机构在东道国基本上以两种法定形式出现，即分公司（branch）和子公司（subsidiary）。

1. 分公司

分公司是由母公司根据东道国的法律，经东道国政府批准，领取营业执照设立的非独立的分支机构。在法律上，分公司是母公司不可分割的一部分，代表母公司在东道国处理有关业务。分公司的资产是母公司资产的一部分，其债务也是母公司的债务，母公司对其债权与债务都负全部责任。

一般来说，在国外设立分公司形式的分支机构要求母公司承担较大的风险，只有在某些特定的情况下才能给母公司带来额外的好处。因此，采用这种形式的分支机构并不多。

2. 子公司

子公司是母公司根据东道国的法律设立的具有独立法人资格的分支机构。在形式上，子公司是东道国的一个法人，但在实际上，由于母公司拥有子公司的全部股权或部分股权，能够控制董事会等权力机构，因而也能实际控制其经营活动。母公司对子公司所承担的法律责任，仅以其投入子公司的股本为限，故承担的风险较小，这是子公司形式要比分公司形式优越的主要特点。

子公司的股权还可以与东道国或其他外国投资者分享，即可建立合资企业。由于其在所有权方面具有一些灵活性，便于跨国公司与东道国之间的合作，这种形式也会受到东道国的欢迎。子公司形式的这些优点，使它本身成为跨国公司国外分支机构最主要的形式。

此外，一些国外业务较多、分支机构分布较广泛的跨国公司，还会在国外设立专门对其分支机构进行控股的公司，这被称为“国外控股公司”（foreign holding company），以便于资金调拨和合法避税。这类机构一般都设在无税或低税的国家或地区，故又有“避税港公司”之称。

避税港（tax haven）通常具备下列条件：

（1）对在当地取得的收入不征税或只征很低的税，对从国外取得的收入根本不征税；

（2）具有稳定的货币，而且可以自由兑换外汇；

（3）资本及股息等的汇出以及资产的转移完全自由，或者很少受限制；

（4）盈利或未分配利润的累积数额的多少也不受限制；

（5）具有发达的银行业和其他金融机构，交通及通信等设施便利；

（6）政局稳定，经济法规健全，政府鼓励外国公司在当地设立机构。

这些条件同时也吸引了许多跨国银行在这里设立分支机构，开展离岸金融业务。因此，大多数避税港同时也是离岸金融中心（offshore financial center）。例如百慕大、巴哈马、开曼、巴林等。

（二）跨国公司组织结构的演变

跨国公司组织结构不是固定不变的，而是随着企业各种内部因素和外部因素而进行局部的，有时甚至是很大的调整。总体来看，跨国公司组织结构的演变主要经历了以下三种形式：

1. 出口部

早期的跨国公司在国外的生产经营活动规模比较小，又以商品输出为主，通常采取在总公司下设立一个出口部的组织形式，以全面负责国外业务管理。当时国外业务在整个企业的经营活动中占的比重还不大，因此，母公司对子公司很少进行直接控制。母公司与子公司之间的联系比较松散，主要限于审批子公司的投资计划；子公司的责任仅是每年按控股额向母公司支付股东红利，母公司实际只起控股公司的作用，子公司的独立性很强。

2. 国际业务部

随着跨国公司业务范围的扩大，国外子公司数目增多，公司内部单位之间的利益矛盾日渐显露。此时，母公司需加强对子公司的控制，出口部的组织形式已不能适应现状的要求，继而许多公司采取了在总部下面设立国际业务部的组织形式（见图 5-5）。

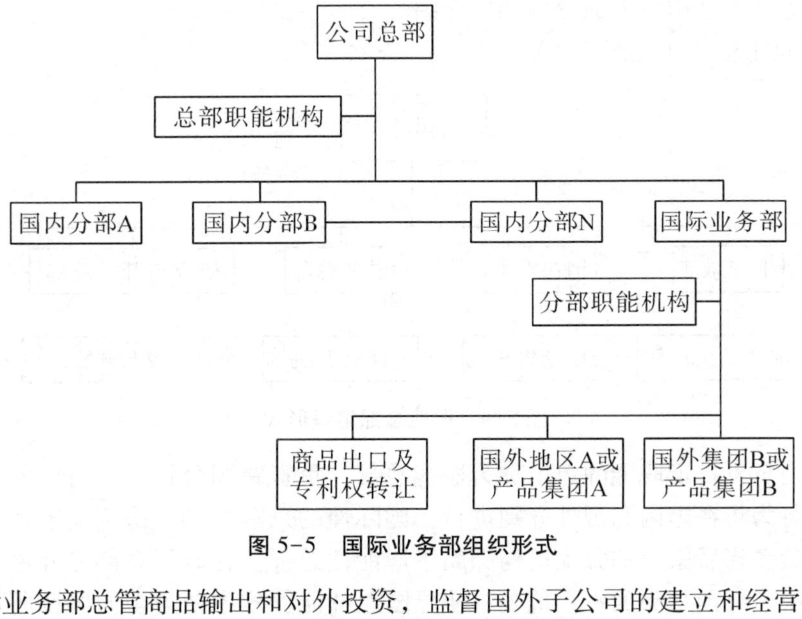

图 5-5　国际业务部组织形式

国际业务部总管商品输出和对外投资，监督国外子公司的建立和经营活动。国际业务部的作用表现在以下几方面：①为跨国公司筹划国外业务的政策和战略设计；②为子公司从国际市场取得低息贷款；③为子公司提供情报，提供更好的合作、配合和协调；④可通过转移定价政策减轻或逃避纳税负担；⑤在子公司之间划分国外市场，以免自相残杀。

第二次世界大战爆发以前，美国通用汽车公司、国民现金记录器公司都采用过国际业务部这种组织形式。到20世纪60年代初期，这种组织形式已被美国的跨国公司广泛采用。然而，国际业务部的组织形式，由于它所处的地位又决定了它的局限性。这体现在：①国际业务部主要是起协调子公司拓展市场活动的作用，它无力掌握国外广大地区的市场特点和各种情况。②如由国际业务部来制定业务决策，由于情况不熟，往往使子公司的灵活反应能力受到影响。子公司与国际业务部的情报往返，也容易造成时间上的延误，使公司遭受损失。③国内与国外的业务部门也会产生矛盾。因为如果跨国公司在国外制造和销售的产品与国内相同，国际业务部通常没有自己专设的产品开发、工程研究和设计人员，于是不得不依赖国内各产品部，这使跨国公司内部、国内和国外的业务部门往往在生产计划、产品设计和销售渠道等方面相互抵触。因此，随着国外业务的扩大，子公司增多，国际业务部已难以应付复杂局面。

3. 跨国公司全球性组织结构

20世纪60年代中期以后，越来越多的跨国公司采用全球性组织来代替国际业务部。全球性组织结构从公司的整体利益出发，克服了国际业务部将国内和国外业务隔离的弊端并大大加强了总部集中决策的作用。

全球性组织结构意味着跨国公司要建立更加复杂的内部结构，跨国公司可以分别按职能、产品、地区设立总部，也可以将职能、产品、地区三者作为不同的维度建立矩阵结构。在矩阵结构的基础上，跨国公司通过与外界的非股权安排结成战略联盟，建立网络结构。下面分别加以介绍。

（1）职能总部（见图5-6）。

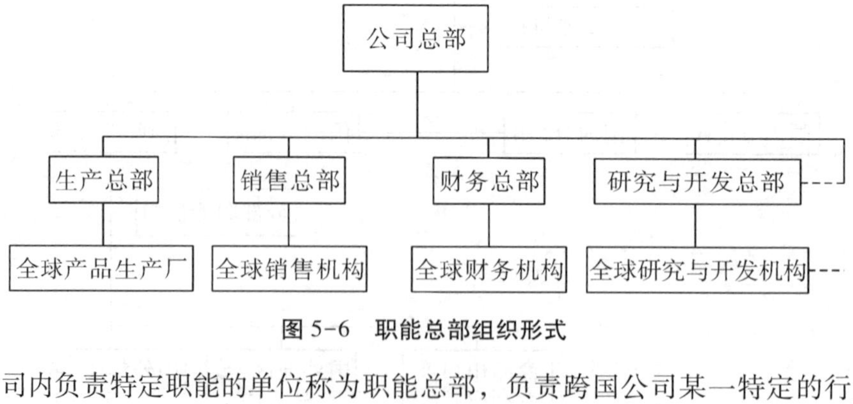

图5-6 职能总部组织形式

公司内负责特定职能的单位称为职能总部，负责跨国公司某一特定的行为。否则，这类行为将在国内和国外分别进行。国际性的采购机构、协调销售和营销的子公司或者负责售后服务的分支机构都属于职能性总部。在母国总部之外再建立职能总部，缩小了母国总部的责任范围，使母国总部能够集中精力全面协调所有分散职能。反过来，每个特定职能总部都承担着执行那种职能并且直接向母国总部报告的责任。

一般来说，职能总部的形式比较适合于企业规模较小、产品系列不很复杂的跨国公司。有的跨国公司虽然规模较大，但由于产品单一，产品的销售不受地区限制，因而也采取这种组织形式。职能总部形式的优点是母国总部对各职能部门的控制比较有力，并能充分发挥专业分工的特点。其不足之处是职能总部之间缺乏横向联系和协调，容易助长本位主义。

（2）产品线总部（见图5-7）。

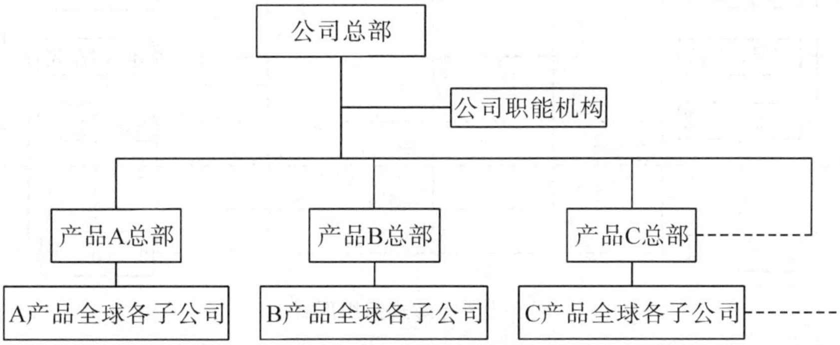

图5-7　产品线总部组织形式

跨国公司按产品种类或产品线设立总部，只要是同一类产品，都归有关的产品线总部领导。这种组织形式适合于产品系列复杂、市场分布广泛、技术要求较高的跨国公司。产品线总部组织形式的优点是把国内和国外的业务活动统一起来，同时使销售和利润的增长与投资的增长更接近同步。其不足之处是产品线总部之间缺乏联系，容易使产品知识分散化。

（3）地区总部（见图5-8）。

跨国公司按地区设立总部，负责协调和支持一个地区所有分支机构的所有活动。在这种组织形式下，由母国总部及所属职能部门进行全球性经营决策，地区总部只负责该地区的经营责任，控制和协调该地区内的所有职能活动。

这种组织形式较适合于产品种类少，技术不太复杂，市场销售条件、技术基础、制造方法较为接近的跨国公司，如石油、饮料等行业的公司。这种组织形式的优点是为熟悉和掌握每一地区的知识提供了方便；其不足之处是地区之间缺乏横向联系，从而使子公司之间跨地区传授知识和技术受到一定的影响。

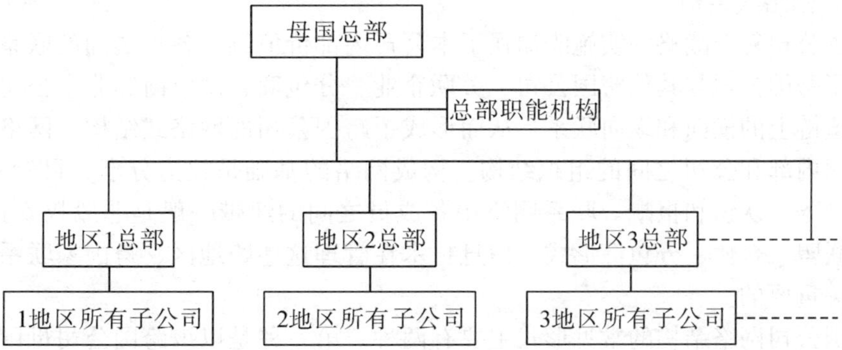

图5-8　地区总部组织形式

（4）矩阵式结构（见图 5-9）。

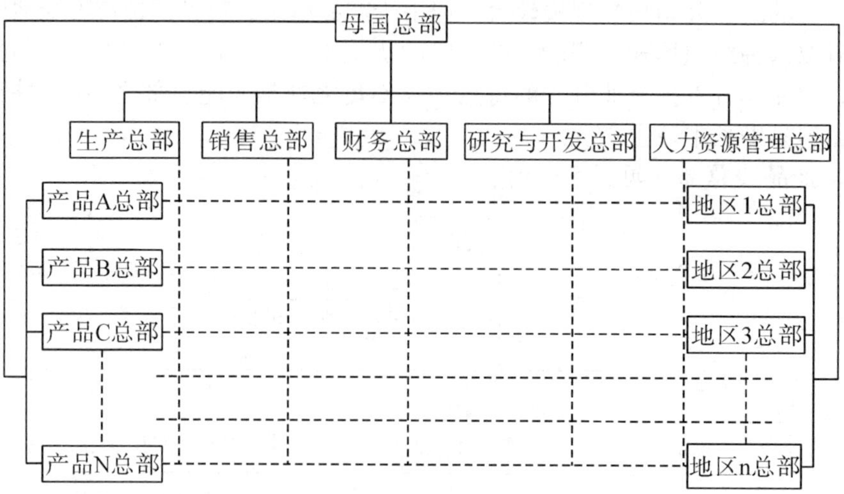

图 5-9 矩阵式组织形式

职能总部、产品线总部、地区总部三种组织形式虽然加强了总部的集中控制能力，把国内和国外业务统一起来，但是这些形式是一个部门（总部）负责一方面业务的专门负责制，不能解决和协调各职能、各地区和各产品部门之间的相互联系，特别是单渠道信息传递不利于竞争。为了解决这一问题，不少巨型跨国公司将职能、产品线、地区三者结合起来设立了矩阵式的组织结构。

如图 5-9 所示，在矩阵式组织结构中，有三个维度：职能维（由各种职能总部构成）、产品维（由各种产品线总部构成）和地区维（由各种地区总部构成）。设在国外的某家子公司要向某一产品线总部、地区总部和至少一个职能总部报告其经营活动情况，各总部在汇总了各自的信息资料后再报告给母国公司总部，这样母国公司总部可以掌握多重情报，从不同方面了解子公司的活动情况，以便加强对子公司的领导和控制，并增强对市场的应变能力。

美国道氏化学公司是第一家采用矩阵式组织结构的公司，日本佳能公司也随即采用了这种形式。这种组织结构形式比较适合于规模庞大、产品多样化、市场分散、经营活动和公司发展前景面向全球的公司。

（5）网络式结构。

跨国公司复合战略的实施既加强了本公司内部价值链上各点之间的联系，同时也推动了跨国公司与其他跨国公司、关联企业、分包商、供应商等非本公司成员之间在价值链上的横向和纵向联系，从而形成了跨国公司的网络式结构。网络式结构包括公司内部和公司之间的组织结构。构成网络的基础是权力分享、目标、技能、责任、义务、认识和报酬。联系网络中各成员之间的纽带一般是非股权安排形式，如战略联盟、合伙、分包等形式。信息技术在管理这些跨地区、跨国家联系中的作用是至关重要的。

跨国公司网络结构的常见形式主要有两种。第一种是以该跨国公司母国总部为核心建立的网络结构。在这样的结构形式中，决策可以集中做出。以日本为例，以国内总部为基础的网络涉及母公司、关联企业、分包商、供应商、金融机构、批发和零售公司等。子公司或非关联企业生产的零部件必须符合核心公司制定的标准，核心企业协调所有活动，以保证高度的一致性。这就是丰田和日本其他汽车生产商在亚洲组织其生产网络的方法。核心企业负责向网络内其他企业传递先进技术和革新方法，与此同时，也鼓励非核心企业改进经营并为网络整体贡献新工艺和新产品。第二种是分散的网络结构。在这种结构形式下，每个合作公司享有某种程度的自治和独立，信息在这些合作公司之间互相流动。在分散网络中，一项革新只要符合现有标准就可以被迅速采纳。分散网络系统具有相当的灵活性，能吸收先进技术并推进管理人员的创新和进步。日本电气公司已经向分散网络结构方向迈进，并宣布将以一种分散方式使公司在全球范围内一体化，而不是通过在日本的全球公司总部控制网络中的所有企业。

第三节 跨国公司投资与世界经济

伴随着跨国公司经营战略向复合一体化和全球战略的转变，以及组织结构向网络形式的演化，跨国公司的国际一体化生产正日益渗透到世界经济的各个领域，从而给世界经济的发展带来越来越多的影响。所谓跨国公司国际一体化生产，是指企业通过在统一控制下将不同的经济活动与两个或多个国家结合起来实现的拓展过程。这种企业层次上的一体化包括三种形式：同一价值链上的连续活动（垂直一体化）、不同价值链上的平行活动（水平一体化）、多种价值链上的多种活动（多样化）。跨国公司这种一体化国际生产体系是通过具体的国际投资行为构建起来的。

一、跨国公司的国际直接投资行为

就跨国公司国际直接投资行为的具体形式而言，跨国公司的国际直接投资行为分为股权安排下的国际直接投资行为和非股权安排下的国际直接投资行为。

（一）股权安排下的国际直接投资行为

股权安排下的国际直接投资行为包括：①独资经营；②合资经营。这两种主要形式的资产取得途径既可以是新建投资，也可以是兼并（收购）。

（二）非股权安排下的国际直接投资行为

非股权安排下的国际直接投资行为包括：①合作经营；②许可证安排；③特许专营；④交钥匙工程；⑤跨国公司战略联盟等。

在传统意义上，跨国公司一直都通过所有权关系的扩张（股权安排）来形成一体化所必需的各种联系。然而，随着世界经济的发展，国际竞争环境日益复杂化，各种非股权联系特别是跨国公司战略联盟正日益受到青睐，并被逐步用于独立企业的经济活动一体化。总体来说，跨国公司的国际投资行为正在日趋多样化。也正是这种多样化才导致了跨国公司对世界经济影响的多面性。这正是下面所要讨论的问题。

二、跨国公司投资对世界经济的影响

跨国公司是国际投资的主体，也是国际直接投资的主要承担者。跨国公司通过国际投资对世界经济产生了深远的影响，主要表现在以下几个方面：

（一）跨国公司的国际投资加速了生产与资本的国际化，促进了生产力的发展

跨国公司是生产与资本国际化的结果，但跨国公司的发展又反过来促进了生产与资本的进一步国际化。跨国公司从降低自身生产经营成本、提高生产经营效率和提高盈利水平的目的出发，在全球范围内进行生产经营的合理布局，在客观上有利于生产经营要素的合理利用和优化配置，加速了生产与资本的国际化，有利于社会生产力水平的提高。

随着跨国公司的发展，国际分工进一步深化，甚至可以说是已经发展到一个新的阶段，即以产品多样化为特征的、以企业间分工和零部件及生产工艺专业化为特色的企业内部分工。生产国际化不仅表现在把整个世界作为生产经营决策的考虑范围，生产和销售面向国际市场，从而使得资源配置在一定程度上更加优化[①]，同时还表现在通过将某产品的生产过程分散到不同的国家和地区子公司去完成，组成跨国界的生产线，合理安排子公司的生产、销售活动，以取得规模经济效应，提高劳动生产率，节约社会劳动，促进生产力水平的提高。

从世界经济总体看，跨国公司的国际投资行为确实在一定程度上促进了世界某些地区生产力的发展。例如，第二次世界大战结束后初期西欧的经济恢复。当时西欧的不少新兴工业，如电子计算机、汽车、石油化工、合成纤维、人造橡胶，都是由美国的跨国公司最先投资建立起来的。加拿大、澳大利亚这些资源丰富、人口稀少国家的经济开发，也与发达国家跨国公司的国际投资行为有关。进入 20 世纪 70 年代以后，亚洲、拉美地区新兴工业化国家的制造业、交通运输业的发展，也得益于外资和跨国公司的积极投资。

（二）跨国公司的国际投资促进了科技进步，促进了国际技术交流

各个跨国公司的竞争优势在很大程度上取决于它所拥有的先进科学技术。拥有比较先进的科学技术包括生产技术和经营管理技能，是跨国公司能够在国际竞争中持续生存的重要条件。科学技术的特点就是不断创新、发展日新月异。一个跨国公司要在国际竞争中保持和扩大自己的市场份额，就需要不断进行大规模的研究与开发，将先进技术用于新产品，提高原有产品的质量。大型跨国公司往往把占销售额相当大比例的资金投入研究与开发，唯恐落后。随着研究与开发成本的不断上升，为了降低成本、分散风险并取得协同经济效益，许多跨国公司已改变了过去那种单独依靠自己的研究开发网络的做法，而越来越倾向于通过非股权安排下的战略技术合伙（战略联盟的一种）来建立公司间共同的研究开发网络，以实现技术知识共享。据估计，1980—1989 年，这种战略性技术合伙已超过了 4 000 个，成为全球注

---

① 国际专业化生产是跨国公司深化国际分工的最典型的表现，它使跨国公司设在各国的分支机构不仅在一体化生产中各自发挥其独特的作用，而且彼此间有着很强的依赖性，从而使这些机构所在的国家也不同程度地受到相同的影响。

目的“风景线”。例如，美国国际商业机器公司和法国汤姆逊半导体公司联合开发微处理芯片，和东芝（日本）合作开发静态随机记忆芯片，和西门子（德国）一起研究动态随机记忆芯片，与东芝和西门子一起开发新的256兆位存储芯片。跨国公司通过战略联盟的形式来进行联合研究开发，固然是从自身的经济利益着眼，但由此产生的协同效应却大大推动了科学技术的进步。

跨国公司是先进技术的传播者。现代先进技术绝大部分为大的跨国公司所掌握，它们的分公司、子公司遍及世界各地，有利于技术成果和科技人员的国际流动。跨国公司首先把新技术用于本国的企业，同时或经过一段时间后，通过公司内部渠道，在本公司系统内部，根据公司的控股情况和经营策略，实现技术的转移。此外，跨国公司对外转让技术既可以通过许可证贸易、特许经营等非股权安排形式，又可以通过将专利、专有技术等工业产权折价入股的股权安排形式。无论采取哪一种方式，一般说来都有助于促进国际技术交流，加速技术扩散，从而促进世界生产力发展。

当然，我们也必须清醒地看到，跨国公司并非总是科技的热心传播者，它们往往对新技术采取种种利己措施，尽可能延长技术领先时间，维持技术的垄断，在技术贸易中设置种种限制性条款，限制专利权购买者对技术的充分利用，甚至列入有损购买者权益、限制设备采购的来源等条款。这对技术的传播产生了阻碍作用。技术进步的好处，也很少以降低产品或劳务价格的形式转移给消费者，而是以提高利润的形式被跨国公司享用。

（三）跨国公司的国际投资促进了国际贸易的发展

国际分工的发展是国际贸易发展的基础。虽然跨国公司在东道国的分支机构的当地销售可以对国际贸易起到部分的替代或补充作用，但是由于国际分工的进一步深化，国际贸易的增长仍然较快。第二次世界大战结束后，在跨国公司发展的同时，国际贸易的总量也迅速增加。1950年世界出口贸易额为607亿美元，1980年增加为20 014亿美元，1988年增长到29 474亿美元，国际贸易的增长速度超过了世界生产的增长速度。在整个国际贸易中，约有3/5与跨国公司有密切关系，其中约1/3是各跨国公司系统内部母公司与子公司之间或各子公司相互之间的贸易。

究其原因①，主要是在跨国公司一体化国际生产体系中，需要由母公司为其供应机器设备、某些原材料或零部件，另外一些零部件也分别要在不同国家的子公司加工，然后再运到一国子公司所在地组装成最终产品，供应到东道国市场及东道国以外的其他国家市场，有的甚至返销到母国市场；同时，还包括服务于全球生产经营活动的人员流动，这样的往返运输、多次多种贸易，大大扩大了国际贸易流量。制造业跨国公司是单纯的生产组织者和销售商，而且往往设有专门从事国际贸易的

① 具体来说，首先是跨国公司各子公司的发展，需要母公司或其他子公司经常向国外子公司提供各类机器设备、大量的商品和劳务出口，促进了母公司或相应子公司出口贸易额的增加和发展。其次，由于跨国公司生产的国际化，某项产品的完成一般在许多国家或地区分工制造零部件，在某地集中装配，然后再销往世界各地的市场。这样，跨国公司的产品、半成品和零部件在国际或区域间流转运输，最终进入国际流通领域。这种跨国公司之间及其内部多层次的商品流转大大增加了国际贸易额。最后，跨国公司的对外直接投资能推动国际贸易地区结构和商品结构的变化。跨国公司为了占领东道国市场，增强国际竞争能力，可以调整经营方针、资金的投向和金额，就地生产和销售，扩大公司内部贸易，从而增加世界贸易额。

机构，负责推销产品、售后服务、出售技术，并从事与本公司产品无关的其他进出口业务。现在跨国公司在国际贸易中已占据了极为重要的地位，其发展的势头已超过了专门从事贸易的一般进出口公司。

但是，外国跨国公司控制了东道国很大一部分进出口贸易，这不能不使东道国政府和外国跨国企业产生紧张关系。因为外国子公司的出口、进口方向、价格高低、商品结构听命于母公司的统一计划，东道国无权干预，不受东道国货币金融政策的影响，国际收支也可能不利于东道国。跨国公司利用其在东道国国际贸易上举足轻重的地位，利用其灵通的信息情报进行“全球扫描”，做出贸易安排，从而影响甚至干预东道国的政策。

跨国公司进行的国际贸易有很大一部分是通过公司系统内部（即母公司与子公司之间、子公司与子公司之间）贸易来进行的，复杂的制造业跨国公司更是如此。内部贸易，从通常传统的表述来看，既非“国际”，又非“贸易”，其流量、流向、价格等并不完全取决于市场力量，而是总公司有计划安排的结果。内部贸易的发展，对跨国公司来说，当然是趋利避害、提高利润的手段，但对东道国（尤其是发展中东道国）和母国、国际贸易协调组织来说，要了解它、管理它却是更复杂更困难了。

（四）跨国公司的国际投资促进了国际资金的运动

跨国公司的国际投资加强了国际资本即生产资本、借贷资本和商品资本的国际流动。跨国公司为了向海外子公司提供资金（提供股权资本或信贷资本、流动资本的内部调拨），从海外子公司提取利润，母公司和子公司之间大量商品和劳务交易，技术使用费和管理费的偿付、借贷、结算等，经常引起大量资金转移。据统计，跨国公司所掌握的流动资金总量已经超过各国中央银行掌握的外汇储备的总和。这些流动资金常常从此地转向彼地，或者由某种货币转换为另一种货币。

母公司通常根据它的全球利益统一安排调度。它所采取的手法，如利用转移价格抽逃利润，提前和滞后各种支付，在国际金融市场上买卖股票、债券、外汇，利用东道国外汇管理法令上的漏洞逃避管制，利用子公司所在国利率上的差异，将低息借来的资金调到高利率地区贷出，都会加剧其所在国和有关国家的货币资本市场的不稳定，增加有关国家货币汇率的不稳定性，加强国际金融市场的波动，引起跨国公司和有关国家的关系紧张。

目前，由于电子通信技术的发展、金融交易技术的创新，世界金融市场形成了昼夜不停地持续联系，大量流动资金在其中进行频繁交易，在很大程度上脱离产品和劳务的生产与交换而独立活动。无论是跨国公司发行股票、债券，还是跨国公司的兼并（收购），都离不开它们的作用。

（五）跨国公司的国际投资推进了世界经济一体化

在过去的数十年中，世界经济发展的一个主要特征是世界经济的一体化趋势，即各国经济联系的日益紧密。跨国公司以公司内劳动分工为特征的一体化国际生产对世界经济的这种一体化进程起到了巨大的推动作用。

世界经济一体化是指取消不同国家之间商品（劳务）以及生产要素流动的障碍并相应建立不同程度、不同地理范围的国际联系。依据一体化程度的不同，可将其分为两种形式：浅度一体化和深度一体化。浅度一体化主要通过商品和劳务贸易以及国际资本流动表现出来；而深度一体化则延伸到商品和劳务的生产，并使有形和无形贸易增长。

跨国公司的一体化国际生产将加深国际经济一体化的程度，从而加强各国经济之间的联系。在浅层次的简单一体化中，不同国家独立厂商之间的国际分工导致了国际贸易的产生（见图 5-10）。

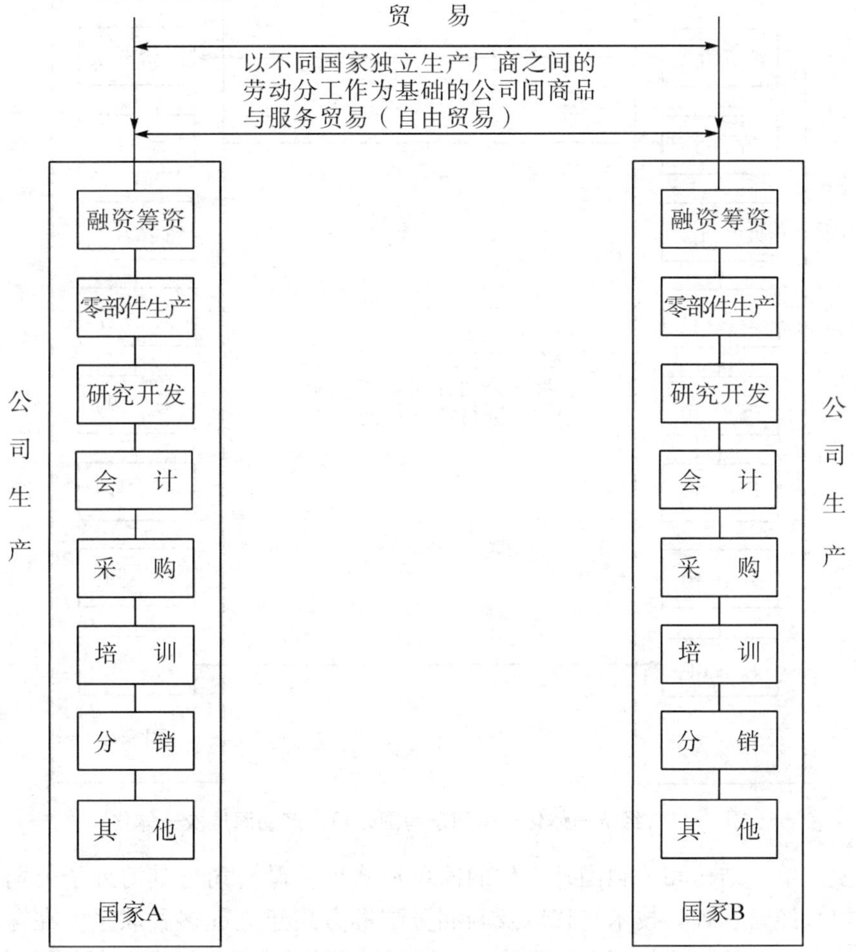

图 5-10 经济一体化——源于贸易的浅层次一体化

这种浅度一体化只涉及有限几种性质相对简单的关系，其相互之间的关系只发生在国际市场上，在那里，买卖双方均对市场价格做出反应。而市场通常都处于一种多边法规框架（《关贸总协定》即现在的世界贸易组织）的控制下，有时还会受控于一些区域性安排（欧盟）。

跨国公司以股权和非股权安排方式所进行的跨国生产加深了国与国之间的一体

化程度，从而推动着浅度一体化向深度一体化演进。因为它涉及围绕国际直接投资一揽子内含要素所建立起来的多种关系（见图 5-11）。

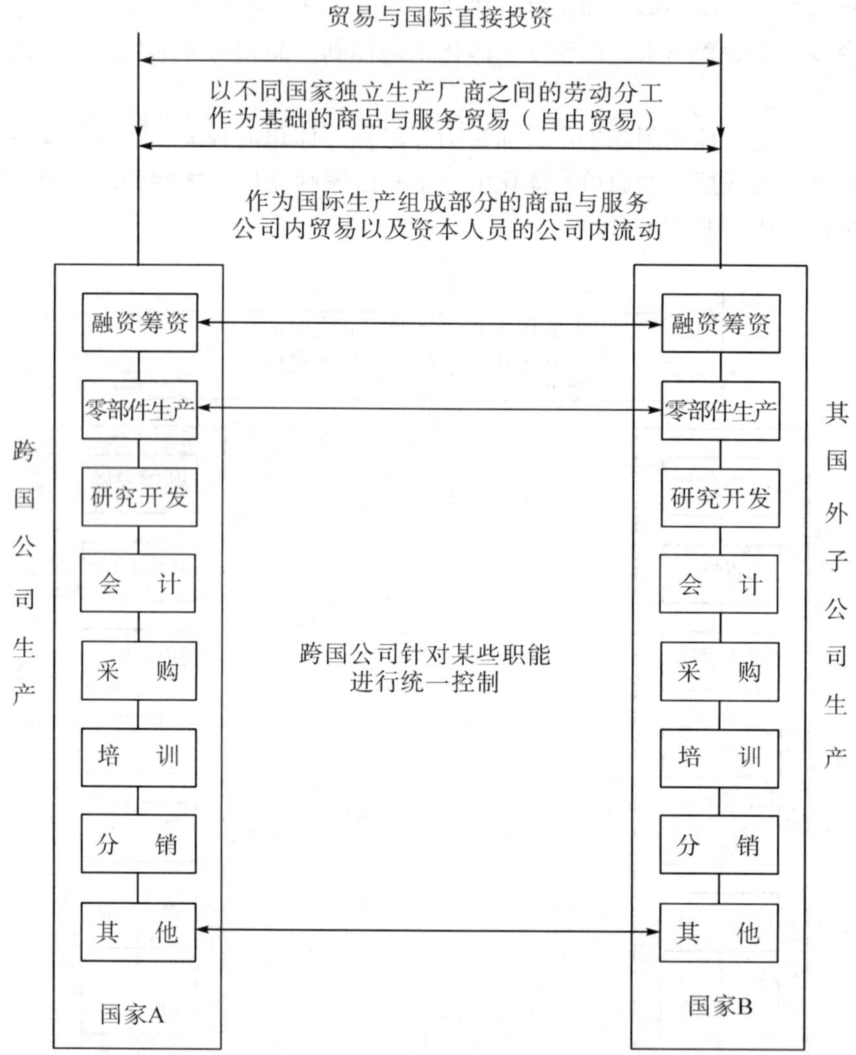

图 5-11　经济一体化——源于跨国公司生产的深层次一体化

即使在单一结构和单独国外定位的简单形式下，母公司与其海外子公司也会通过所有权、经营管理、技术转移以及利润分配等方式建立起多种联系。在深度一体化中，跨国公司的一体化国际生产将上述联系沿着价值链延伸到了更加广阔的区域，结果在跨国公司的母公司与子公司之间、子公司与子公司之间建立了一种密集的生产关系网络（见图 5-12）。

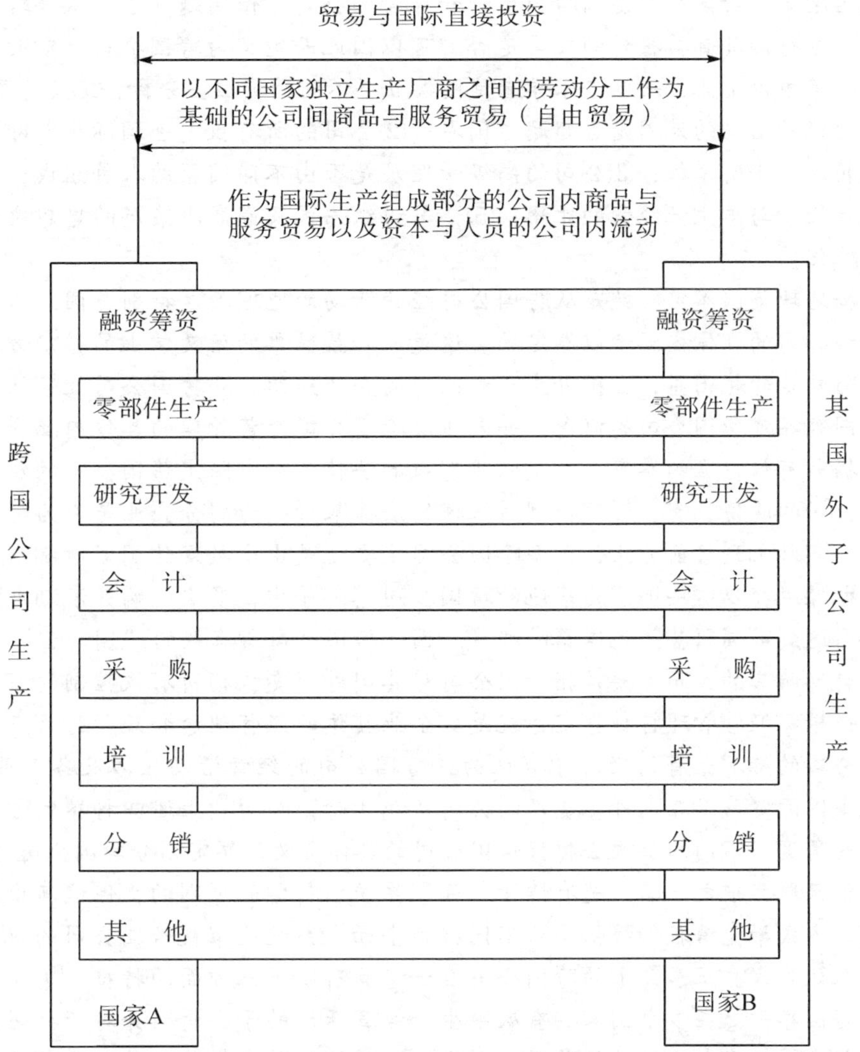

图 5-12　经济一体化——源于跨国公司职能一体化国际生产的深层次一体化

当越来越多的国际生产被逐步纳入建立在这种生产关系网络基础之上的国际一体化生产体系时，越来越多的世界经济活动也正在经历着一种根本性的结构变化——走向更深层次的经济活动一体化。

▶▶▶核心知识点小结

跨国公司的对外直接投资和全球性经营战略给世界经济的发展带来了深刻影响，传统的以商品贸易为主的国际经济交往格局被打破，国际分工逐步深入渗透到产业内部和企业内部。跨国公司通过从事以高级的公司内部劳动分工为特征的国际生产活动而日益成为将各国经济结合在一起的重要力量，无论在发达国家还是在发展中国家，跨国公司对其经济增长所发挥的作用都是不容低估的。

顾名思义，跨国公司是指跨国生产和经营的公司，但问题在于，从事跨国生产和经营，进行国际直接投资的公司是否都可以因此而定义为跨国公司。对此，专家学者们一直争论不休，一些专家学者试图按五个不同的标准去分析、定义跨国公司：①公司的经营活动的范围是否超越了国界；②公司的所有权是否国际化，即为一个以上国籍的人士所掌握；③公司的高级管理层是否由不同国籍的人员组成；④公司国外生产经营与总生产经营的比率；⑤公司组织方式及最高决策层的思想决策行为是否全球化。

根据地理范围界定，就是从跨国公司经营活动的地理跨度特别是国别跨度的角度对跨国公司的具体内涵予以界定的。这是一种最简单的语义学上的界定方式，即跨国公司就是跨越国界，在国外生产和经营的企业组织。从跨国公司经营活动所处地理范围来界定跨国公司的概念，并未涉及跨国公司经营管理的具体内涵和本质特征；根据所有权标准的界定，就是以所有权的法律基础来限定跨国公司的属性，即以跨国公司的股份拥有、管理控制所依据的法律基础作为划分企业是否为跨国公司的标准。实际上到目前为止，大型跨国公司主要还是由少数发达国家所拥有，管理控制权也操纵在以这些国家为基地的跨国公司总部手中，多次的购并浪潮也没能使跨国公司达到多国籍甚至无国籍的程度。因此跨国公司所有权的“国际化”并不是针对其自身而言的，而主要是指跨国公司对其国外分支机构所有权控制的有效渗透与拓展；根据经营管理特征界定，就是从企业具体的经营理念和经营行为来判定划分跨国公司的标准；有的经济学家认为，跨国公司的经营活动应涉及各产业部门，单纯从事国际贸易而在国外无资产的公司不属于跨国公司。上述四种界定方式分别从不同的角度、不同的层次去把握跨国公司的具体含义，界定划分跨国公司的标准。如果我们只取其中之一二，是有悖于全面、系统、科学的原则的，但这其中的任何一种界定方式毕竟给我们提供了从不同视角全面、系统地审视跨国公司的机会。据此，有人认为，真正意义上的跨国公司至少应具有以下三方面的特征：①生产经营活动跨越国界；②在多个国家拥有从事生产经营活动的子公司，并对子公司能达到有效控制；③具有全球性的经营动机和战略，并将其所有经营活动都置于该战略的指导之下。

以上五种界定方式，无论是从不同的侧面着眼，还是结合诸因素综合分析，都只是对跨国公司现有的状况、性质、特征的不同理解，这些概念所涵盖的广度和所透析的深度都是极为有限的。因为跨国公司毕竟是一个不断演进的动态范畴，我们只有在深刻领会了跨国公司产生、发展的过程和以发展的眼光洞悉了跨国公司未来发展趋势的基础上才能真正对跨国公司的概念有更深层次的理解。如果结合国际直接投资的定义，联合国关于跨国公司的定义应具有相对权威性和事实上的广泛适用性。联合国关于跨国公司的定义认为：跨国公司是指具有一定规模的企业或经济实体，至少在一个以上国家拥有或控制生产经营活动，或拥有一定的控股权；母公司与子公司决策权相对集中，相对平等地享受技术专利、市场和资源要素；它所追求的目标是高于在本国经营的利润，或是着眼于国外市场的潜力从而取得长期的利益。

跨国经贸活动具有悠久的历史。两千多年前中国古代的“丝绸之路”就将中国的丝绸、瓷器等商品源源不断地输往欧亚各国，换回的是毛毯、黄金、钻石、象牙、珠宝、香料乃至玻璃器皿；古希腊、古罗马人在地中海沿岸各国所从事的海上贸易也是源远流长的；阿拉伯帝国的兴起在一定程度上也是建立在阿拉伯商人所进行的广泛商贸活动的基础之上的。当时这些在欧亚非三大洲之间所进行的跨国经贸活动虽没有直接导致跨国公司的产生，但它们在促进世界各国、各民族之间文化交融的基础上，为现代跨国公司的出现奠定了久远的历史文化基调。

18~19世纪，殖民时代的海外经营活动已开始从商品贸易向生产经营转变。但这一时期，英国、法国和美国的资本输出都是以间接投资为主的，尤其是购买铁路证券及政府公债，有限的直接投资也主要是投向落后国家的铁路修建和矿业开采，制造业投资虽数量极少，却很有特点。这直接导致了早期跨国公司的出现。

两次世界大战之间，美国跨国公司发展较快；在部门结构上，制造业跨国公司发展最为迅速；跨国公司之间已展开了激烈的竞争。

冷战时期，是当代大型跨国公司发展的关键阶段。

20世纪60年代末至20世纪90年代初是跨国公司在数量、规模上的大发展时期，也是“大三角”国家跨国公司“三足鼎立”之势的形成时期，这一时期，跨国公司向服务业拓展的速度最快且跨国公司国际投资行为日益多样化。

20世纪90年代以来，跨国公司的集中化趋势更加明显、国际化程度更高、兼并（收购）日益成为跨国公司对外直接投资的主要手段、发展中国家的跨国公司取得长足的进步。

跨国公司的形成，即企业的国际化发展是一个长期努力的过程。西方经济学家根据不同的标准，提出不同的跨国公司发展阶段论。跨国公司的发展阶段只是一般性的概括，并非每家公司都要沿着这一轨道来发展。某些公司可能发展较慢，较长时间停留在某一阶段；而另一些公司则可能发展得较快，其国际化过程也可能超越某一阶段，跳跃式地成长壮大起来。

由于跨国公司是世界经济体系中集投资、贸易、金融、技术及其他服务于一身的特殊经营实体，它在经营管理上便与国内一般工商企业的经营管理有许多不同之处。并且，不同的社会制度、不同的历史发展阶段中的不同类型的跨国公司也具有不同的运行机制，具有不同的特征，但又有一些共同之处。

跨国公司从内部构成上来说是一个复杂化、系统化、综合化的有机整体。如果我们把跨国公司这个“黑盒子”打开，可以将跨国公司创造价值的过程分解为一系列互不相同但又互相关联的经济活动或增值活动，其总和就构成了价值链。跨国公司的多种职能可以用价值链的构成来描述。价值链是指企业组织和管理与其生产和销售的产品与劳务相关的各种价值增值行为的链节总和，每一价值增值行为构成了价值链上的一个链节。

战略一词原指军事中指导战争全局的计划和策略，它可以用来比喻决定全局的策略。任何一个公司的发展都不是盲目的，都有其整体的规划和目标。跨国公司在世界范围内从事生产和经营活动，制订出正确的战略，对公司发挥整体优势并取得经营上的成功具有决定性的作用。跨国公司经营战略是指对其不同价值增值活动的国际区位选择和对企业所控制的各类实体所进行的一体化程度选择。

职能一体化战略是指跨国公司对其价值链上的各项价值增值活动，即各项职能所做的一体化战略安排。这里的一体化是指跨国公司整体价值链的综合协调性，它是战略演变的目标。独立子公司战略是指在东道国经济环境中建立能够相对独立运作的子公司的策略。设立独立的子公司是跨国公司战略的一个普遍形式，在设立独立的子公司中，母公司与子公司之间的联系主要通过所有权来控制，其他联系还包括转移技术和提供长期资本。简单一体化战略就是指跨国公司主要通过寻求外源来参与国际化生产的策略。在一体化战略下，跨国公司的一些活动在东道国进行，另外一些活动被放在别处，主要是与母国所进行的工作联系起来。复合一体化战略是指在任何地方营运的任一子公司都可以独自地与其他子公司或母公司一起，为整个公司行使职能的策略。在复合一体化战略下，跨国公司每一步经营的价值依据其对整个价值链的贡献来评判。复合一体化要求将各种职能行为（不仅仅是生产，还包括研究和开发、金融、会计等）安排到各自能更好地实现公司全盘策略的地方。在复合一体化下，虽然不是价值链的每一因素都要被同一程度的一体化，但在不同的过程和不同的地区之间有相当程度的职能一体化。

地域一体化战略是指跨国公司对其所控制的各类实体在地域范围和地理联系上所做的一体化战略安排。地域一体化战略的演变经历了多国战略、区域战略、全球战略三个阶段。从母公司与其国外子公司间简单的职能与地理联系到更广泛、更复杂形式的一体化，由于跨国公司力图保持自己现有的竞争优势和开发新的竞争优势，这一过程仍将继续下去。

组织结构非常重要，在企业经营管理中，组织结构的好坏直接关系到企业经营的成败。跨国公司的组织结构可以从内部管理体制和外部法定形式两方面来考虑。矩阵形结构是指既按产品系列设置各类产品的副总经理，又按地区设置地区副总经理，对于公司的活动实行条块结合的双重领导。公司选择内部组织结构所遵循的基本原则是：既要有利于母公司对于公司业务的必要的有效控制，又要有利于子公司在经营上发挥积极性和灵活性。

跨国公司在国外设立的分支机构必须由东道国政府依法批准并登记注册。这些分支机构在东道国基本上以两种法定形式出现，即分公司和子公司。分公司是由母公司根据东道国的法律，经东道国政府批准，领取营业执照设立的非独立的分支机构；子公司是母公司根据东道国的法律设立的具有独立法人资格的分支机构。

跨国公司组织结构不是固定不变的，而是随着企业各种内部因素和外部因素进行局部的，有时甚至是很大的调整。总体来看，跨国公司组织结构的演变主要经历了出口部、国际业务部、跨国公司全球性组织结构三个阶段。全球性组织结构意味着跨国公司要建立更加复杂化出内部结构，跨国公司可以分别按职能、产品、地区设立总部，也可以将职能、产品、地区三者作为不同的维度建立矩阵结构。在矩阵结构基础上，跨国公司通过与外界的非股权安排结成战略联盟，建立网络结构。

伴随着跨国公司经营战略向复合一体化和全球战略的转变，以及组织结构向网络形式的演化，跨国公司的国际一体化生产正日益渗透到世界经济的各个领域，从而给世界经济的发展带来越来越多的影响。所谓跨国公司国际一体化生产，是指企业通过在统一控制下将不同的经济活动与两个或多个国家结合起来实现的扩展过程。这种企业层次上的一体化包括三种形式：同一价值链上的连续活动（垂直一体化）、不同价值链上的平行活动（水平一体化）、多种价值链上的多种活动（多样化）。跨国公司这种一体化国际生产体系是通过具体的国际投资行为建构起来的。

就跨国公司国际直接投资行为的具体形式而言，跨国公司的国际直接投资行为分为股权安排下的国际直接投资行为和非股权安排下的国际直接投资行为。

跨国公司是国际投资的主体，也是国际直接投资的主要承担者。跨国公司通过国际投资对世界经济产生了深远的影响，主要表现在以下几方面：

第一，跨国公司的国际投资加速了生产与资本国际化，促进了生产力的发展；第二，跨国公司的国际投资促进了科技进步，加强了国际技术交流；第三，跨国公司的国际投资促进了国际贸易的发展；第四，跨国公司的国际投资促进了国际资金的运动；第五，跨国公司的国际投资推进了世界经济一体化。

▶▶▶关键术语

多国公司　跨国公司　“价值链”　战略　跨国公司经营战略　职能一体化战略　独立子公司战略　简单一体化战略　地域一体化战略演变　独立子公司结构　国际分部结构　国际分部结构　全球性职能结构　全球性地区结构　全球性产品结构　混合式结构或矩阵结构　分公司　子公司　避税港　出口部　国际业务部　跨国公司全球性组织结构　职能总部　产品线总部　地区总部　矩阵结构　网络结构　股权安排下的国际直接投资行为　非股权安排下的国际直接投资行为

▶▶▶复习思考题

1. 如何更好地界定跨国公司？简要介绍五类对跨国公司的代表性界定。
2. 简要介绍跨国公司的产生与发展。
3. 跨国公司的发展分为哪几个阶段？
4. 跨国公司的有哪些基本特征？
5. 促使跨国公司采取复合一体化战略的动因主要有哪些？
6. 简要介绍跨国公司组织结构及其演变。
7. 跨国公司投资对世界经济的影响是什么？
8. 跨国公司资金运营的主要内容有哪些？

第六章
跨国金融机构与其他投资主体的国际投资

在世界经济联系日益密切的今天，各国的金融业也在从国内向国外扩张。早在20世纪初，西方各主要国家便通过其在殖民地的银行网络实现了货币资本的输出职能。近一个世纪以来，随着各国金融行业的发展，新的金融机构不断产生，并加入跨国经营的体系中，成为重要的国际投资主体。当代的跨国金融机构包括各种在国际范围内进行业务经营及机构设置的营利性金融组织。其中，占主导地位的是跨国商业银行，即人们通常所说的跨国银行（transnational bank）；此外，还包括各类非银行金融机构，如跨国投资银行、跨国共同基金、跨国套利基金、跨国养老基金、跨国保险公司等。从广义上说，跨国金融机构也是跨国公司的一类，只是其经营对象即货币及金融商品具有特殊性。跨国金融机构在国际投资中的作用主要体现在三个方面：通过在海外设立分支机构进行国际直接投资；通过对国际证券买卖进行国际间接投资；通过为跨国公司提供融资、信息等服务发挥其对国际直接投资的中介作用。本章将阐述跨国银行、跨国投资银行以及其他投资主体的国际投资。

第一节　跨国银行的国际投资

在国际投资活动中，跨国银行起着十分重要的作用。虽然国际直接投资是由从事工商业活动的跨国公司进行的，但这些公司用于投资的资金来源有很大一部分要依靠跨国银行融通，这些公司的资金运用也在很大程度上要依靠跨国银行的协助。从这个意义上说，国际直接投资能够顺利地进行，是与跨国银行分不开的。跨国银行本身也从事少量的直接投资。在国际证券投资活动中，跨国银行更是主要参加者之一。国际证券的发行，通常要通过跨国银行负责承销。跨国银行本身既发行国际证券，又从事国际证券投资。此外，跨国银行的信贷活动、外汇交易等活动，也与前两种国际投资有着密切的关系。

一、跨国银行的产生和发展

（一）跨国银行的定义

银行是经营货币信贷业务的企业，换句话说，银行也是一种企业，只不过它是以货币这种特殊商品作为经营对象的特殊企业。因此，我们也可以说，跨国银行也是跨国公司的一种，即经营货币信贷业务的跨国公司。好些专门论述跨国公司的文献中，也包括有关跨国银行的章节①。不过为了把经营工商业务的跨国企业和经营货币信贷业务的跨国企业相区别，我们有时只是把前者称为跨国公司，而把后者称为跨国银行②。

在确定了跨国公司的定义以后，我们也就不难顺理成章地为跨国银行下一个类似的定义，即“跨国银行就是在它们的总部所在的国家之外拥有或控制服务设施的银行”。或者说，“跨国银行就是以一国为基地，同时又在国外拥有或控制着分支机构的银行”。

银行从事国际业务的历史由来已久。早在资本主义发展的初期，一些银行为了适应国际贸易的需要，就已开展了为本国客户的进出口贸易进行货币兑换和账款往来结算等业务活动。这些活动通常是依靠与有关的外国银行建立相互代理业务关系（correspondent relationship）来进行的。委托行和受托的代表行之间是一种业务上的平等往来关系，而不是与所有权或控制权相联系的隶属关系。因此，仅仅与外国银行建立了相互代理关系。而本身在国外并未拥有或控制着分支机构的银行，不论其国外代理行（foreign correspondent bank）有多少，都不能称为跨国银行。这正如仅仅与外国公司有进出口贸易往来关系，而本身在国外未拥有或控制着分支机构的公司，不能称为跨国公司一样。

对跨国银行的定义也存在过争论。如美国学者布里默（Brimmer）认为，只有在母国之外有 3 个或 3 个以上分支机构的银行才能算是跨国银行。韦伦斯（Wellons）认为，在 5 个国家以上设立分行或子银行的才算跨国银行。在我国，有的学者认为：“所谓跨国银行，系指业务范围跨国化，同时在一些不同的国家和地区经营银行业务的超级商业银行。”③ 也有的学者将跨国银行定义为“以跨国经营货币信贷业务为主的资本主义企业”④。随着对跨国公司所下的广义定义为越来越多的人所接受，对跨国银行所下的定义的分歧也随之得到解决。

（二）第二次世界大战爆发前跨国银行的历史回顾

虽然早在 14 世纪后期，总部设在意大利佛罗伦萨的梅第奇银行（Medici Bank）曾经在西欧 8 大城市设立分支机构，并从事过票据贴现，向著名的商人或制造厂家进行短期和中期放款，但是其主要业务是向当时的贵族或神职人员进行抵押贷款，为封建领主筹措军费，因而还不是现代意义上的跨国银行。

典型的跨国银行是随着资本主义的发展而发展起来的。已知最早在国外设立分

① 参见：联合国跨国公司中心. 三论世界发展中的跨国公司［M］. 北京：商务印书馆，1992；滕维藻，陈荫枋. 跨国公司概论［M］. 北京：人民出版社，1991.

② 跨国银行不同于多国银行，也不同于国际银行辛迪加。第一，跨国银行不同于多国银行。多国银行指由不同国籍的投资者共同出资、共同经营管理的国际性银行。如在 1964 年，由英国、加拿大、澳大利亚和南非等国的银行共同出资，联合建立了密德兰国际银行，便是第二次世界大战结束以后的第一家多国银行。但是，如果多国银行在不同的国度里经营业务，它就属于跨国银行的范畴。第二，跨国银行也不同于国际银行辛迪加。国际银行辛迪加是国际上的多家银行实体出于分散风险、降低成本等目的，就某一大规模贷款项目组成的松散的临时性的联合组织。而跨国银行是统一的独立的具有完全法人资格的银行实体。

③ 陈彪如. 国际金融概论［M］. 上海：华东师范大学出版社，1987：310.

④ 世界经济百科全书［M］. 北京：中国大百科全书出版社，1987：423.

支机构的这类银行是1817年英国在其殖民地加拿大建立的蒙特利尔银行（Bank of Montreal）和在澳大利亚悉尼设立的新南威尔士银行（Bank of New South Wales）。这时的跨国银行主要是宗主国在殖民地设立分支机构，所以又有“殖民银行”之称。这些银行大都属英、法两国所有。如英国，到1910年，仅总行设在伦敦的殖民银行就有32家，在国外拥有2 100多个分支机构，现在仍然存在的密德兰银行（Midland）、香港上海汇丰银行（HongKong & Shanghai Banking Co.）、标准渣打银行（Standard Chartered Bank）就是实例。与此同时，法国的银行也在世界五大洲建立了分支机构网，例如，巴黎国民贴现银行（Banque Nationale D'escompte de Paris）在印度的孟买、加尔各答和澳大利亚的墨尔本设立了分行，东方汇理银行（Banque de I'Indochine）在我国的上海、广州、天津、昆明等地设有分行。除了在殖民地设立的大量分支机构外，有的还把分支机构设在其他宗主国家，如当时世界上最大的银行——里昂信贷银行（Credit Lyonnais）在莫斯科等地设有分行；兴业银行（Sociele Ge'ner'ale）在伦敦和纽约设有分行。

随着资本主义的进一步发展，一些后起的资本主义国家的银行也先后加入了跨国银行的行列。如美国的花旗银行公司（Citi Corp.）、大陆伊利诺依银行（Continental Illinoi）、摩根银行（J. P. Morgan），以及德国的德意志银行（Deutsche Bank）和日本的东京银行（Bank of Tokyo）等，都是在这一时期发展起来的。

早期的跨国银行业务比较简单，主要从事进出口贸易的融资、结算等。各分支机构的活动完全听从总行的决定，自身没有什么自主权。

（三）第二次世界大战结束后跨国银行的发展变化

第二次世界大战结束后，随着国际政治与经济形势的变化，跨国银行的发展也显示出一定的阶段性。

第二次世界大战结束后初期，德国、日本、意大利由于处于战败国的地位，其原有的跨国银行在国外的分支机构也大部分随之消失；英国、法国、荷兰等国的跨国银行，由于分支机构大多设在原来的殖民地和附属国，在民族解放运动的冲击下，有的被新兴独立国家国有化，有的被迫退出或改组，这种趋势一直持续到20世纪60年代后期才相对稳定下来。唯一有实力向国外大发展的只有美国的跨国银行，但由于美国政府对银行业长期以来一直实行较严格的管制，其发展速度也比较缓慢。直到20世纪60年代，各国跨国银行才有了显著的发展。20世纪60年代是第二次世界大战结束后跨国银行发展的重要转折时期。进入20世纪80年代中期，跨国银行的发展速度相对放慢，在20世纪90年代，跨国银行进入了调整重组阶段。

1. 从20世纪60年代到20世纪80年代跨国银行的发展

从20世纪60年代到20世纪80年代初，跨国银行获得了迅速的发展。这个时期跨国银行迅速发展的主要原因有：

（1）生产国际化的迅速发展，引起了国际资本流动和国际贸易的迅速增加，对跨国银行的国际融资提出了巨大的需求。

第二次世界大战结束后初期，许多国家的经济尚处在恢复阶段，国际资金融通主要是采取官方援助（“美援”）的方式。经过20年左右的经济调整和发展后，私人国外投资进入了迅速发展时期，对商业银行贷款的需求成倍增长。以美国为例，1960 年私人对外投资存量为 318 亿美元，1970 年为 755 亿美元，1980 年则猛增至 2 135 亿美元，1986 年达到 2 599 亿美元。1973 年和 1979 年两次“石油危机”所造成的石油美元的回流，又为跨国银行扩大信贷业务提供了充足的资金。同时，这一时期的国际贸易也增加很快。20 世纪 60 年代全世界国际贸易的平均年增长速度为 10%，20 世纪 70 年代更高达 20%。这些都需要银行建立广泛的国际网络为之服务。

（2）欧洲货币市场的形成，为跨国银行开辟了新的活动领域。

欧洲货币市场，又被称为离岸金融市场或境外金融市场，是指非居民在面值货币发行国以外的国家从事该货币存贷等业务的市场，在内涵上它包括形成于亚洲的欧洲货币市场。20 世纪 50 年代末，苏联和东欧国家由于担心美国冻结其财产而将美元从美国境内调出，存入伦敦的金融机构，渐渐地便在伦敦形成了最初的欧洲美元市场。

欧洲货币市场是不受某国政府管制的真正国际信贷市场。欧洲货币市场具有手续方便、免交准备金和保险金、费用低、存贷利差小、低税甚至免税等优势。这就吸引着世界各国的货币资金投资于该市场，在世界范围内陆续形成一些离岸金融中心，如伦敦、纽约、中国香港、新加坡、法兰克福、巴林、巴哈马、巴巴多斯等。跨国银行均是离岸金融市场业务经营的主体，客户一般以跨国银行为金融中介来进行资金借贷、债券发行、外汇买卖等交易。欧洲货币市场的发展与跨国银行业务的发展互为因果，相互促进。

在欧洲货币市场上，除了最早形成的欧洲美元以外，其他主要国家和地区的通货，如英镑、欧元、瑞士法郎和日元，也都相继成为其国境外自由存贷的对象。由于货币可以自由兑换和选择，利率可以随经营成本和供求关系自由变动，业务可以随需要和可能自由开展，因而对各国的商业银行都具有很大的吸引力。经营欧洲货币放款和承销欧洲债券，成为跨国银行一项重要的业务活动。

（3）国际金融中心的发展，为跨国银行提供了众多的活动据点。

第二次世界大战爆发前的国际金融中心全都集中在欧美发达国家，如伦敦、纽约、苏黎世等。第二次世界大战结束后，一些新的国际金融中心①逐步形成。到 20 世纪 70 年代中期，可列为金融中心的地点已有 70 余处，其中半数以上在发展中国家和地区。例如，新加坡、中国香港、巴林、巴哈马、百慕大、开曼等。其中有不少是离岸金融中心，在这里不仅金融管制很宽甚至不加管制，有的还是著名的避税港，因而成为许多跨国银行开展离岸金融业务或者设立“转账”机构的据点。据统计，1974 年年底，美国有 125 家银行在国外设有分支机构，其中就有 74 家在离岸

---

① 不断创建和发展的新的国际金融中心促进了跨国银行营业网的扩大。第二次世界大战结束后，除了原有的发达国家的老牌金融中心如伦敦、纽约、巴黎、苏黎世等以外，在一些新兴发展中国家（或地区）出现了许多新的国际金融中心。例如，1971—1976 年，世界最大 50 家银行的国外分支机构增加了 60% 以上，其中以在发展中国家（地区）扩展的速度最快。这些新兴金融中心的形成原因多种多样，如新加坡是由经营亚洲美元兴起的，香港则以其高度自由化的经济政策吸引了大量外国银行，加勒比海地区的巴哈马等地是作为著名的“避税港”及欧洲美元转账中心而发展起来的。

金融中心设立了所谓“空壳分行”（Shell Branch），专门从事欧洲美元的“转账业务”①。前面提到的开曼是一个群岛，它由三个岛组成，其中最大的一个岛——大开曼岛 1996 年的人口仅 3.3 万人，但该年在那里注册的银行就多达 550 家。全球最大的 50 家跨国银行中，有 47 家在那里设立了分行。

（4）世界经济的发展造就了一批具有竞争优势的跨国银行主体。

进入 20 世纪 60 年代以后，西欧及日本的经济实力得到了恢复与增强，其国内银行开始具备了跨国经营的实力，开始与美国银行在国际金融领域展开竞争。进入 20 世纪 70 年代以后，部分发展中国家的经济也有所发展，如一些石油输出国和新兴工业化国家，这些国家在经济发展的同时也产生了一些较大的银行，它们也积极地参与国际银行业务。这些跨国银行具备了所有权优势、内部化优势等竞争优势，从而得以在与东道国银行的竞争中保持不败。如其拥有先进的金融业务处理技术和金融产品创新技术；拥有雄厚的资金实力，具有良好的国际声望，遍布全球的信息网络；可以利用系统内部渠道划拨资金、调剂外汇等以降低成本。

（5）发达的计算机和通信技术在金融业的广泛应用。

20 世纪 60 年代，第三次科学技术浪潮席卷全球，电子化成为金融业的又一特征。借助于电子计算机、电话和传真等通信设备，跨国银行与其总部、客户及其他银行之间的业务往来迅速、完全而正确。建立在先进的电信技术基础上的金融通信网络便于银行间的信息传递和业务的自动化处理。例如，总部设在布鲁塞尔的全球同业银行金融电讯协会（SWIFT），其环球计算机网络连接着几十个国家的 2 000 多家会员银行，日处理银行业务 150 万笔。类似的金融通信网络纵横交错，四通八达，将全球金融业连成一体，提供着 24 小时连续不断的服务。

（6）各国政府政策的支持。

银行进行跨国经营，参与海外金融市场，一方面可以赚取利息和节约费用，其利润汇回为母国注入相当数额的资金，从而促进国内经济的发展；另一方面，也可以支持本国公司、企业的对外发展，提高本国公司、企业的国际竞争力，并相应扩大本国产品的对外出口，增加一个国家的对外影响力。因此许多国家的政府都相继制定了一些优惠政策和倾斜措施来鼓励本国银行对外扩张。在政策表现上就是内外有别，许多国家对银行业的政策体现了对其国内业务的限制和对其海外活动的鼓励。

政府往往对银行的国内业务采取各种管制。首先表现在对本币的存款准备金要求，这增加了银行本币业务的经营成本，从而加强了银行经营欧洲货币业务的倾向性；其次表现在资本管制上，如美国政府在 20 世纪 60 年代中期制定了对外直接投资方案、利息平衡税和银行自愿对外信贷限制方案三项资本管制措施，使得美国银行的大批客户转向国外市场，从而也促使银行走向国外；最后表现在利率管制方面，如 1963 年②美国政府颁布的《Q 条例》规定银行对储蓄和定期存款支付利息的最高

① 滕维藻，陈荫枋. 跨国公司概论［M］. 北京：人民出版社，1991：220.

② 其实，在国家金融当局对国内银行业严格管制，而相对放松对本国银行跨国经营的监管方面，美国颇具代表性。历史上美国不允许银行在其所在州之外设立分行。但 20 世纪初，美国在通过《1913 年联邦储备法》时，就允许国民银行在美国之外建立分行，从而使得美国的银行为自身发展需要而纷纷投资于海外金融市场。

限额，而此条例不适用于境外银行，因此间接鼓励了美国商业银行向外拓展。20 世纪 70 年代瑞士和联邦德国政府对非居民本币存款的利率管制、日本政府对国内存款利率的管制推动了欧洲货币市场的发展，从而刺激了银行的跨国经营进程。

相反，各国政府对银行海外活动则往往给予鼓励。如美国 1919 年的《爱治法案》准许联储给符合条件的公司颁发执照以经营国际银行业务；20 世纪 70 年代，联储鼓励国内银行在境外建立“空壳分行”开展国际银行业务；1981 年的《国际银行设施》（IBFs）规定允许美国银行从国内总行指导境外业务活动，从而实现了“境内跨国经营”。又如日本通过 1982 年的《日本银行法》所确认的外国银行在日本的国民待遇，使日本银行在海外获得了同等待遇从而迅速发展。至 1987 年年底，日本在美国拥有 49 家分行、32 家代理行和 27 家附属行，共持有在美国的外国银行总资产的将近一半。可见，20 世纪 70 年代以来，许多国家先后放宽了银行在国外开设分支机构、对外国客户贷款和经营业务范围的限制，推动了本国银行向国外拓展。同时，一些国家对外资银行的进入也采取了积极的态度，从而为跨国银行的发展提供了便利。

除上述原因外，还有多种因素影响和促进着银行跨国经营的发展。但从根本上说，可观的利润才是各国银行竞相走出国门，开展跨国经营的直接推动力。

从第二次世界大战结束后主要国家跨国银行的实力对比情况的变化来看，基本情况是：战后很长一段时期内，美国跨国银行一直占主要地位，但其优势逐步相对下降；进入 20 世纪 80 年代后，美国跨国银行的优势地位下降速度更快，而日本跨国银行的优势在进入 20 世纪 80 年代后迅速加强。这可以从全世界最大的 50 家银行资产额的变化中看出。

例如，在全世界最大的 50 家银行中，1969 年美国占 15 家，资产额 1 676 亿美元，占 50 家资产总额 4 167 亿美元的 40. 2%；1979 年美国占 7 家，资产额 4 305 亿美元，占 50 家资产总额 27 637 亿美元的 15. 6%；1987 年美国只占 4 家，资产额 4 651 亿美元，占 50 家资产总额 68 298 亿美元的 6. 8%。然而日本的银行在 1969 年占 10 家，资产额 679 亿美元，占 50 家资产总额的 16. 3%；1979 年占 13 家，资产额 7 214 亿美元，占 50 家资产总额的 26. 1%；1987 年占 21 家，资产额 34 237 亿美元，占 50 家资产总额的 50. 1%（见表 6-1）。

表 6-1 世界最大 50 家银行中美、日的情况比较（1967—1987 年部分年份）

国家	美国			日本		
年份	1969 年	1979 年	1987 年	1969 年	1979 年	1987 年
入选世界 50 大银行的银行数/家	15	7	4	10	13	21
入选银行的资产总额/亿美元	1 676	4 305	4 651	679	7 214	34 237
入选银行的资产额占 50 家银行总资产的比重/%	40. 2	15. 6	6. 8	16. 3	26. 1	50. 1

资料来源：任映国. 国际投资学［M］. 北京：中国金融出版社，1996：139.

尤其引人注目的是，美国跨国银行的三巨头——花旗银行、大通曼哈顿银行（Chase Manhattan）和美洲银行（Bank of America），在第二次世界大战结束后，其资产额一直在全世界跨国银行中名列前茅。但从1986年起，其地位已被日本的第一劝业银行、住友银行和富士银行所取代。此后，美国跨国银行的地位每况愈下，到1992年，其最大的银行——花旗银行的资产额也只排在第23位。

此外，在20世纪70年代和20世纪80年代，欧洲国家的跨国银行的经济实力也有了稳定的发展。1969年全世界300家最大银行的资产总额中，英国、法国、联邦德国、意大利和瑞士5国的银行所占的比重为29.6%，低于美国；1985年，全世界500家最大的银行资产总额中，这5个国家的银行所占的比重达到30.9%，高出美国所占比重的1倍多。

美国跨国银行这一时期在国际竞争中的地位下降，是与美国经济在世界经济中的优势逐步削弱这一基本原因分不开的，但与其银行自身经营活动的重大失误也有密切关系，其中最重要的是过度的所谓3L贷款造成的严重损失。3L贷款是对发展中国家（less-developed countries）贷款、国内房地产（lands and buildings）贷款和杠杆收购（leverage buyout）贷款的简称。

对发展中国家的大量商业性贷款发生在20世纪70年代，主要是贷给了墨西哥、阿根廷、巴西和智利等拉美国家。这些贷款的迅速扩张曾一度给美国跨国银行带来了丰厚的利润。例如，1972—1977年，美国最大的10家跨国银行的国外利润每年平均增长22.8%，而美国国内银行利润每年平均只增长4.4%，但后来由于国际经济形势的变化，其中包括美国为转嫁经济危机而限制来自发展中国家的进口，实行高利率、高汇率和高财政赤字的“三高”政策等，使债务国的贸易条件恶化、偿债能力降低，同时又使其还本付息的负担加重，最终导致这些债务国在20世纪80年代初先后宣布无力偿还债务，形成了旷日持久的国际债务危机。在1982年，各国跨国银行拥有对发展中国家的3 475亿美元的债权中，美国跨国银行就拥有1 255亿美元，占36.1%。作为主要债权人的美国跨国银行，虽然采取了重新安排偿债期限、贷款转换为债券或股权等挽救措施，并由美国政府先后出台了“贝克计划”“布雷迪计划”等协助进行干预，但美国跨国银行也不得不承受减免部分债权的损失。

对房地产的“过度贷款”主要发生在20世纪80年代中期美国出现房地产市场过热时，一些商业银行急功近利，放松了对风险的控制，不仅大量发放房地产贷款或以房地产为抵押的贷款，甚至还直接从事房地产投资。1980年，美国商业银行对房地产的贷款存量仅为2 691亿美元，到1990年已增加到7 964亿美元，增加了近两倍。房地产贷款占银行全部贷款的比重由1980年的26%上升到1990年的39%，超过了对工商业的贷款（1990年美国商业银行对工商业的贷款存量为5 127亿美元，占全部贷款的25%）。但到1989年美国经济出现局部衰退，房地产市场随之急转直下，贷款难以收回。该年年末，对房地产业贷款最多的100家大银行的逾期贷款（指到期后90天尚未归还的贷款）就达120亿美元。此后数年越积越多。1991年1月，名列美国大银行第35位的新英格兰银行宣告破产，在很大程度上就是巨额房地产贷款的坏账所致。

杠杆收购贷款是指银行向那些从事企业并购活动，但自有资本很少，主要依靠借款作为收购资金（使用高比率的财务杠杆）的公司提供的贷款。贷款以从事收购的公司用将要获得的目标企业的资产或未来的现金流量作为担保。杠杆收购方式因后来被人们称为"垃圾债券之父"的迈克尔·米尔肯（Michael Milken）设计的"高收益债券"（信用虽被评为BB级以下，但承诺支付高利息）在1983年推出而在美国风行一时，1989年达到高峰。该年全国杠杆收购的总额达668亿美元。但经济衰退到来之后，其信用迅速崩溃。1990年，全国无法收回的杠杆收购贷款约300亿美元。

3L贷款过度膨胀造成的严重损失在20世纪80年代先后发生，沉重地打击了美国跨国银行的实力。

日本跨国银行的国际地位在20世纪80年代迅速上升，是战后日本经济迅速恢复和发展，整个经济实力增强的重要标志之一。但其中也包含有日本经济发展过程中的泡沫成分。日本跨国银行以低经营成本、高财务杠杆进行资产扩张，也是日本经济泡沫的表现之一。有关资料显示，在20世纪80年代末，美国跨国银行的资本与风险资产的比率约为6%，而日本帝国银行的这一比率仅约为3%。高速扩张掩盖了日本银行在管理方面的某些严重问题，这些问题在20世纪90年代才逐步暴露出来。

2. 20世纪90年代跨国银行的调整重组

20世纪90年代是跨国银行的调整时期，这一时期跨国银行活动的特点如下：①采取多种措施积极处理不良资产，并努力增加自有资本，以期达到监管当局对资本与风险的资产比率的新要求；②改变过去偏重资产规模和机构网点扩张的倾向，把经营的安全性和实际效益放到更重的地位，许多银行不仅调整了资产规模，重视提高资产质量，而且有些银行还撤销了一些效益欠佳的海外分支机构；③通过"强强联合""优势互补"的合并与收购，增强在国内外的竞争能力，这一时期的银行并购活动不仅次数频繁、规模巨大，而且出现跨行业（商业银行与证券公司合并）、跨国界（美国的银行并购日本的银行、德国的银行并购美国的银行等）的大型并购活动的新现象。

在这些调整活动中，曾在20世纪80年代受到重创的美国跨国银行表现得最为活跃，因而也取得了较明显的成效，使其国际地位在一定程度上得到改善。例如，花旗银行通过采取及时处置不良资产、增加呆账损失准备金和保留收益、大力开拓信用卡等零售业务等多种措施，经营业绩和资本充足率显著提高，被《欧洲货币》（Euromoney）杂志评为1995年度世界最佳银行。1998年8月，又与经营保险及证券业务的旅行者集团合并，成为当时按资本市值计算的世界最大的金融集团。又如，1991年7月与安全太平洋银行合并，后来又于1998年4月与国民银行合并的美洲银行，通过两次合并使其资本实力迅速在世界上名列前茅。在20世纪90年代，美国的银行先后于1991年、1995年和1998年掀起了三次合并浪潮，合并的规模一浪高过一浪。在由《欧洲货币》杂志按1998年年底股东权益即股本多少排名的世界最大200家银行的前10名中，美国的跨国银行共有5家，其中美洲银行居第一位，花旗银行集团居第二位。

与此同时，受本国“泡沫经济”的严重影响和内部管理上存在不少深层次问题的日本银行，在20世纪90年代初就开始逐渐陷入困境，而且调整行动迟缓，直到20世纪90年代末仍未摆脱困境。美国《商业周刊》1997年2月4日的一篇文章报道，在从1990年日本泡沫经济开始破灭算起的5年多的时间内，仅股票和房地产价格暴跌就使日本的银行形成了至少3 500亿美元的坏账。在1995年8月由国际上著名的金融评估机构之一的穆迪公司公布的对日本50家银行的资信调查中，没有一家被评为A级，获得B级的仅有一家，其余的均在B级以下。从20世纪90年代中期起，日本银行业的丑闻也频频曝光。1995年8月日本大藏省对大部分贷款都成为银行呆账的7家住宅金融专业公司进行了调查，发现这些公司管理混乱，有的还与黑社会人物有密切联系，存在随意向这些人物提供贷款等严重问题。而这些公司的“母体银行”，就是日本的一些大银行，如第一劝业、富士、三菱、住友和樱花等银行。1995年11月2日，美国政府下令对因长期从事美国国债非法交易而损失约11亿美元并伪造账目的日本人银行以停止在美国的一切业务的处罚。1997年5月，东京地方检察厅对第一劝业银行总部进行了突击搜查，以获取其向“特殊股东”提供大量非法资金的证据。1998年3月11日，日本中央银行——日本银行营业局证券课课长吉泽保幸因涉嫌接受数家银行贿赂和泄露金融情报而被东京地方检察厅特别搜查部逮捕，日本中央银行总裁松下康雄引咎辞职。这些问题表明，日本的银行要在国际社会重建资信还有很长的路要走。1998年秋，一些日本银行开始大规模从海外市场撤退。在前述《欧洲货币》杂志按1998年年底股本大小排列的前10名银行中，日本银行已全部名落孙山。就连在1996年3月由日本银行两巨头——东京银行和三菱银行合并而成的东京三菱银行，虽然在1998年年底的资产规模仍可排名世界第二位，其股本却只能排到第12位。

20世纪90年代以来跨国银行业的调整和重组有着特定的时代背景。首先，欧美各国相继进入经济衰退，日本泡沫经济破裂，使西方银行业陷入经营效益滑坡的困境，银行业的盈利下降。如1990年英国仅七大银行的坏账准备金就高达51亿英镑，同年美国银行亏损为76亿美元；1991年美国商业银行的坏账达贷款总额的5.6%，127家银行宣告破产；1994年日本11家主要银行的合并税前盈利降低90%以上，众多银行的信用等级下降。其次，金融自由化加剧了跨国银行的竞争和风险。20世纪70年代以来，国际金融业的发展呈现出日益自由化的趋向，西方主要国家以及一些新兴工业国家逐步取消了利率管制；有些国家开始放宽业务领域的限制（加拿大政府于1987年6月取消了银行、证券业务分离制）；越来越多的国家开放了本国的金融市场等。金融自由化一方面加剧了跨国银行之间及其与其他金融机构之间的竞争，另一方面加剧了跨国银行经营中的风险。近年来，国际金融市场一直动荡不安，不时出现区域性金融危机（墨西哥金融危机、东南亚金融风暴等）。在上述形势下，各跨国银行力图通过调整与重组，以实现增强实力及抗风险能力、取得业务互补的竞争优势、降低经营成本等目标。事实上，这些举措已经显现出初步成果。例如，据国际清算银行（BIS）1995—1996年度报告计算的1995年度全球银行资产回报率，美国由 1994 年度的 1.81%上升为 1.87%，英国由 1.22%上升到 1.27%。只有日本由于国内泡沫经济破裂带来的不良债务等问题积重难返，银行业复苏乏力，当年 21 家大银行的平均资产回报率为-0.75%；其跨国银行的发展也出现停滞，如 1997 年其在瑞士营业的 28 家银行中有 5 家倒闭（5 家银行为 La New Japan Bank、OKASAN、Yasuda Trust、Takugin、Nippon Credit Bank）。

二、跨国银行的组织形式

跨国银行的组织形式包括跨国银行母银行与其海外分支机构的组织结构关系及这些分支结构的具体形式。母银行与分支机构的组织结构关系有三种类型：分支行制、持股公司制和国际财团银行制。这些海外分支机构的具体形式，又可分为代表处、代办处、分行、附属行或联属行等多种形式。对跨国银行组织形式的选择受到各种因素的影响。

（一）跨国银行母银行与其海外分支机构的组织结构关系

1. 分支行制

跨国银行的分支行制是指母银行在海外设立和控制各种类型的分支机构，通过这些分支机构来开展跨国经营活动的组织结构形式。这些分支机构根据不同的级别构成一个金字塔式的网络结构（见图 6-1）。

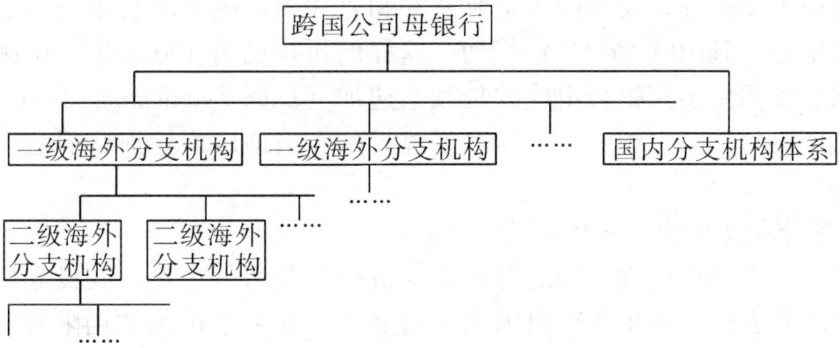

图 6-1　分支行制跨国银行的组织结构

2. 控股公司制

控股公司制又称集团银行制，是指银行通过银行持股公司（bank holding company）建立海外分支机构网络。这种组织方式以美国最为典型。美国跨国银行的海外分支机构可以由银行或其持股公司直接设立，而更多的是通过其附属机构——爱治法公司（Edge Act Corporation）设立的。爱治法公司是美国跨国银行根据 1919 年修订的联邦储备法设立的最为重要的、经营国际银行业务的海外分支机构形式（虽然其地理位置可能在美国国内）。爱治法公司存在两种类型：银行爱治法公司及投资爱治法公司。前者是美国跨国银行经营国际业务及设立海外分行的主要机构，后者则主要通过对国外金融机构投资为母银行建立附属行等（见图 6-2）。

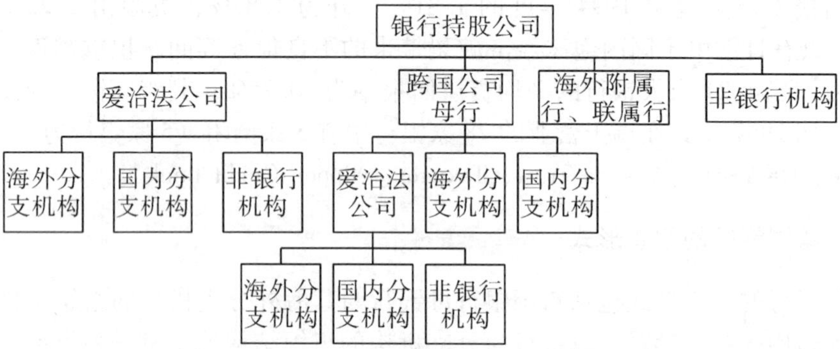

图 6-2 控股公司制跨国银行的组织结构

3. 国际财团银行制（Consortium Bank）

国际财团银行制又称“银行家的银行”（Bankers'Bank），它是由不同国家或地区的银行共同出资组成的、在特定地区开展特定业务活动的银行，是一个在东道国注册和纳税的独立的法人实体。在国际财团银行制中，任何一家跨国银行所持有的股权均不超过 50%①。因此，母银行对这种分支机构的控制权有限，但它可以接受母银行委托给它的客户。国际联合银行的主要业务包括：为超过某一跨国银行母银行愿意承担的数额较大或期限较长的贷款做出联合贷款安排，承销跨国公司的证券，开展欧洲货币市场业务，安排国际企业合并和兼并等。国际联合银行一般都设在主要国际金融中心。到 20 世纪 80 年代初，这样的机构已有 100 多家。国际财团银行制与为某项贷款而由多家银行组成的贷款辛迪加（Loan Syndicate）不同，辛迪加是不具备法人资格的临时组织，而国际财团银行是在当地政府注册取得法人地位的长期经营机构。

（二）海外分支机构的具体形式

跨国银行可以通过设立不同的海外分支机构参与海外市场，其设立原因或出于利润目标的统筹安排，或出于东道国法律的要求，或由于市场的局限等。不同类型的分支机构，其申请条件、设立程序、设立成本、业务范围等各方面都不相同。常见的跨国银行分支机构的组织形式有以下几种：

1. 代表处（representative office）

代表处也称代表办事处，它是总行设在东道国的规模较小的办事机构，在分支网络中处于最低层次。代表处一般不直接经营银行业务，它既不能接受存款，也不能向客户提供放款。这些具体业务，只能提交母银行处理，或由母银行委托代理行办理。总行设立代表处的目的主要是收集和提供有关东道国市场环境的各种信息，沟通联络总行与东道国客户间的关系，为贷款等具体业务牵线搭桥，或是监督分行或附属机构的经营状况。因此，代表处的工作人员很少，有的仅有 1~2 人。设立代表处，成本较小，手续简便，受管制较少。有的国家规定外国银行在本国只能设代表办事处，以此来保护本国银行业。跨国银行进军某个完全陌生的金融市场，或者

---

① 英格兰银行统计标准应是出资者至少有一家是海外银行，而且没有一家银行持有 50%以上的股份。参见：杨大楷. 国际投资学［M］. 上海：上海财经大学出版社，1998：124.

自身资金力量有限时，常常选择代表处为市场进入的组织形式。但是由于这种机构所能开展的业务也极为有限，它通常是建立活动更广泛的组织形式的先导。

2. 经理处（agency）

经理处可以从母银行调入资金或在东道国向银行同业拆入资金向东道国的客户发放贷款，但不能接受东道国国内的存款或出售存款单。在有些国家，对其贷款的范围也有限制。例如，美国的有些州规定，外资银行的经理处可以发放工商业贷款，但一般禁止发放消费信贷。因此，其客户主要是其他银行或工商企业，特别是母国跨国公司在东道国的分支机构。贷款的主要内容是从事母国与东道国之间的贸易融资（如处理信用证、汇票）、代客买卖外汇等。经理处与经理行的区别在于前者是母银行的隶属分部，而后者仅与母银行存在业务委托关系。

3. 分行（branch）

海外分行是跨国银行根据东道国法律规定设立并经营的境外机构，是母银行的一个组成部分，并不具备独立的法人资格。其资产和负债要合并到母银行的资产负债表上，母银行则需为其承担无限责任。分行与经理处的主要区别是除可以发放贷款外，还可以接受东道国国内客户的存款①，以及从事证券、信托业务等，即可以提供较全面的银行业务，因而可以与东道国的银行或其他外资银行开展较广泛的竞争。分行的贷款能力所受的限制是以母银行资本为基础来计算的。它在东道国吸收的存款用于发放贷款时，可不受东道国规定的存款准备金要求的限制；与代表处相比较，分行是目前最广泛采用的组织形式。分行中有一类特殊形式被称为“空壳分行”，在金融和经济条件有利的地区注册成立，该机构内只设置账户，不真正从事银行业务的经营，而只是通过账面转移等手段达到避税、减税的目的。跨国银行常在巴哈马、巴林、开曼、巴拿马等避税地设立“空壳分行”，以提高其在全球范围内的利润额。

代表处、经理处和分行都不是与母银行分离的法律实体，本身没有独立的法人地位。母银行对它们的负债承担着全部责任，或者说它们的债权人对其母银行的全部资产都具有索赔权。

4. 子银行（subsidiary）

子银行是跨国银行拥有全部股权或大部分股权并在东道国取得法人地位的分支机构。因此，它通常能从事东道国国内银行得到允许的全部业务活动。在某些情况下，其业务发展甚至超过东道国的国内银行。例如，在20世纪80年代金融创新以前，美国不允许本国的商业银行在国内从事经纪业务和证券承销业务，而外资银行的子银行不受这一规定的限制。跨国银行对其子银行可以保持高度的控制权，但只承担有限的责任，即对子银行的债务清偿责任只以其投入子银行的股本为限。

但就既定的经营规模而言，对子银行要求的资本总额比对分行的要求高，因为子银行的贷款限额是其自有资本的函数，而不是母银行资本的函数。

---

① 分行代表总行从事正常的银行业务，如企业资金管理、往来账户结算、进出口信贷等。分行接受东道国与母国双方的法律监管，其业务经营范围通常受到东道国金融当局的一定限制，譬如许多国家禁止外国银行的分行接受当地居民的存款。参见：杨大楷. 国际投资学［M］. 成都：西南财经大学出版社，2000：233.

5. 附属行（subsidiary）与联属行（affiliate）

这两种形式都是作为独立法人在当地注册的经营实体，是由跨国银行与东道国有关机构共同出资设立或对当地银行兼并（收购）而成立的，跨国银行因持股关系而承担有限责任。这两种形式的区别在于：附属行的大部分股权为跨国银行所有，而联属行①的大部分股权由东道国机构掌握，两者一般以50%为界限进行区分。它们往往可以经营许多分行所不允许经营的业务，在较大限度内进入东道国市场。附属行与联属行附属机构有它独立的资产负债表，自主经营，独立核算；在人事分配、业务安排等权力上远远大于分行，业务范围也更广泛。附属机构只受东道国法律的约束，母国对其控制相对较少，因此这种类型的分支机构在数量上远远少于分行。

（三）跨国银行选择组织形式的影响因素

影响跨国银行选择组织形式的因素很多，具体如下：

就跨国银行母银行与其分支机构的组织结构的设立的形式选择而言，起决定作用的是其国内银行业的发展状态。例如大多数国家的跨国银行采取分支行制，是由于其在国内的发展形式即分支行制，因而自然地在银行跨国化过程中向海外延伸。而美国的国内银行业是从单一银行制度逐步发展为持股公司制，其跨国银行采取持股公司制也就不足为奇了。此外，国际财团银行制的产生则是出于分散巨额业务风险的特殊目的。

就跨国银行海外分支机构的具体形式选择而言，采取何种形式主要考虑其业务量的多少、经营成本和效益的高低、经营控制权和经营的灵活性、本身资本实力的大小以及东道国的法律规定等。现实生活中，东道国及母国的政策和法规限制会影响跨国银行的选择。例如，有的国家（主要是发展中东道国）禁止外国银行在本国设立分行乃至附属行、联属行，跨国银行便只能采取代表处等低级形式。又如，有的母国对不同类型海外分支机构采用不同的税收递延或抵免条款，从而也影响着跨国银行海外分支机构的类型选择。

另外，跨国银行即使在国外建立了广泛的分支机构，也不排斥在某些地方继续利用传统上开展国际银行业务所建立的国外代理行关系。但是代理行与委托行之间只是一种契约上的平等协作关系，而不是隶属关系，其所能代理的业务是比较简单的、有限的。对于一些开拓性的业务，特别是与代理行本身利益有竞争关系的业务，是不可能委托代理行去完成的。

三、跨国银行的国外业务

跨国银行的国外业务首先是在国内业务的基础上发展起来的，因此，一般银行的国内业务活动，也包括在跨国银行的业务范围之内。但是跨国银行还有广泛的国外业务活动，这些业务活动并不是国内业务活动在地理上的简单延伸。由于国外分支机构往往处于与母国极不相同的经营环境中，不同的东道国的经营环境可能也千

① 联属银行是某一跨国银行只拥有半数以下股权的分支机构，另一部分股权由东道国或其他外国银行持有。因此，跨国银行对其联属银行的控制权有限。但这种方式使跨国银行在东道国开发较密切的商务关系和银行业务联系要比通过单独建立新的银行机构开展业务容易得多。

差万别，所以从总体上看，跨国银行的业务活动一般都比国内的银行业务活动纷繁复杂得多，有些规模巨大的跨国银行，其业务范围甚至“无所不包”，从事所有的各种金融业务。尽管如此，我们仍可将跨国银行的海外业务划分为三大类，即：跨国信用拓展业务（transnational credit extension activities）、跨国筹资业务（transnational funding activities）和跨国的其他银行业务（transnational other banking activities）。

（一）跨国信用拓展业务

跨国信用拓展业务是跨国银行的资产业务，包括跨国放款和投资。它是跨国银行实现其盈利目标的关键环节，是最重要的业务活动，其重要性与工商企业的生产与营销活动相类似。具体业务形式有：

1. 直接贷款（direct lending）

跨国银行的直接贷款的典型是欧洲货币贷款，即银行分支机构所在国以外的货币贷款，其中以欧洲美元居多。

贷款对象主要是跨国公司和外国政府。这种贷款的特点是其用途不受限制，借款人可将所借款项用于任何目的。但其收取的利息也较政府贷款、国际金融机构贷款和出口信贷等的利息高，且利率浮动，一般是随着国际金融市场的变动，每 3 个月、半年或 1 年进行 1 次调整。利率水平以伦敦银行同业拆放利率（LIBOR）作为基准利率，加上一定的差价（spread）计算。1 年以内的短期贷款在欧洲货币贷款中所占的比重很小，这类贷款一般用于跨国公司或其他外国企业的流动资金周转调剂和外国政府弥补国际收支的暂时不平衡。欧洲货币贷款的大部分是中长期的。其期限一般短者 2~3 年，长者 10~15 年。每笔贷款的金额少者几千万美元，多者数亿美元乃至 10 亿美元以上。由于贷款的期限较长而又金额巨大，故大多采取由多家银行共同组成的银团贷款方式进行，只有少数期限相对较短（5 年以下）且金额相对较小（1 亿美元以下）的中期贷款，才采取独家银行贷款的方式。跨国银行在银团贷款中，可依具体情况不同，分别担任牵头银行（lead bank）、经理银行（mananging bank）或参与银行（participating bank）。牵头银行在银团贷款中承担最多的贷款份额，它和由多家经理银行共同组成的经理集团一起承诺提供全部贷款，其中的一部分可销售给参与银行。银团贷款与单一银行贷款相比，对银行的好处是：它能够限制单个银行的贷款风险暴露，风险分散给多家银行承担，可以避免一家银行冒“孤注一掷”的危险；可以使不具备自行开辟业务条件的银行也能参与贷款；可以使新的贷款银行同借款者建立业务联系。

2. 银行同业放款（inter-bank loan）

这种业务主要由设在国际金融中心的分支机构进行，贷款的对象是其他银行。同业拆放的期限以 1 天到 6 个月的居多，超过 6 个月的较少，这是一种交易频繁、金额巨大、毛利微薄的业务。每笔交易至少 10 万美元以上，典型的为 100 万美元以上，故称批发业务。伦敦银行同业拆放利率分为贷款利率（offered rate）和存款利率（bid rate）两种，二者之差为贷款银行的营业收入，差距在 0.25%~0.5%。同业放款为尚未找到现成借款者的银行有效地处理暂时闲置的资金提供了方便。

3. 东道国市场的当地放款（local lending）

这种放款主要是以当地货币进行，并且通常是批发业务。在一些资金长期短缺，国内利率远高于国际金融市场利率的发展中国家，跨国银行利用从国际金融市场或本银行系统其他机构取得的低成本资金，通过在这些东道国设立的分支机构贷放出去，是一项盈利颇为丰厚的业务。当然，如果利用外来的资金兑换成当地货币再贷放出去，必须同时考虑东道国货币可能贬值等因素带来的汇率风险。

4. 国际贸易融资（international trade financing）

这是传统的国际银行业务。短期贸易融资包括：允许出口商透支（英国和美国银行采用）、办理特种账户（法国和德国银行采用）、借用打包放款（亚洲一些发展中国家银行采用）等；对进口商提供承兑信用、透支和商品抵押放款等。由跨国银行出资或资助建立具有独立法人资格的财务公司或专门组织，为出口商承购应收账款（factoring），也是跨国银行为国际贸易提供短期信贷的一种形式。

中长期贸易融资又称为出口信贷。第二次世界大战结束后，随着大型机械设备和成套设备在国际贸易中的比重增加，出口信贷得到了广泛发展。跨国银行提供的出口信贷利率一般低于相同条件下直接贷款的利率，利差由出口国政府补贴，风险由出口国政府的信贷保险机构担保。其出口信贷的主要形式有：①向出口商提供的卖方信贷（supplier's credit）；②向进口商或进口商的银行提供的买方信贷（buyer's credit）；③购买出口商经进口商承兑的、一般期限半年以上到五六年的无追索权的远期汇票，即所谓“买单信贷”（forfaiting，又译为“包买票据”，或音译为“福费廷”）；④卖方信贷或买方信贷与政府贷款相结合的混合信贷（mixed credit）。

跨国银行提供的国际贸易融资主要由设在在岸银行业务市场（onshore banking market）的分支机构进行，但是设在离岸银行业务市场（offshore banking market）的分支机构，也可以通过向设在那里的来自发展中国家的银行机构存入硬通货，再由后者把这些资金贷给本国进口商的方式，来间接开展贸易融资业务。

5. 项目融资（project financing）

这种融资主要适用于大型的、资本密集的开发建设项目，如能源、交通、农林业和制造业等的大型工程项目。项目融资的特点是：贷款人主要依项目经营所产生的收益（现金流量）来偿还贷款，而不是只注重项目主办人的资信。国际项目融资无论是从融资的方式还是从融资的来源来讲，都是一种多元融资。从资金提供的方式来看，除项目主办单位和外国合伙人投入的股本外，还利用多种形式的贷款、发行债券等方式；就资金的供应者来看，可能包括世界银行和国际开发协会贷款、外国政府贷款，供应商提供的信贷和债券购买人提供的资金等。跨国银行参与项目融资主要是以商业贷款和出口信贷方式提供资金。参与项目融资的商业贷款，除贷款必须用于指定的建设项目外，其余的条件与前述的直接贷款并无区别。例如，贷款可用于向任何国家或供应商购买资本货物、其他商品或劳务。

6. 国际证券投资（international portfolio investment）

跨国银行的国际证券投资活动包括以下两种：

第一，购买跨国公司或外国公司在国际金融市场上市的股票，占有少数股权，对公司的经营管理活动没有控制权，只取得股息或股价变动的差价收益的投资（如果对发行股票的公司有经营管理上的控制权，则属于国际直接投资的范畴，不在本讨论之列）。这类投资，在跨国银行国际证券投资中所占的比重不大。

第二，购买外国公司、外国金融机构、外国政府和国际组织发行的国际债券，包括由外国债务人在投资人所在国发行的、以投资国货币标价的外国债券（foreign bonds）和债务人在欧洲金融市场发行的、以销售国以外的货币标价的欧洲债券（euro-bonds）。国际债券投资是跨国银行最主要的投资业务。特别是进入20世纪80年代以来，国际金融市场的证券化趋势显著加强，在跨国银行的资产业务中，以贷款形式持有的资产比重明显减少，而以债券等形式持有的资产比重则迅速增加。例如，在1981年总数为1 415亿美元的欧洲货币信用中，银团贷款为965亿美元，国际债券与票据为450亿美元；1985年，这两种方式的信用分别为216亿美元和1 628亿美元；1988年，这两种方式的信用分别为1 200亿美元和2 400亿美元。近年来，一些发达国家的债权银行为摆脱在国际债务危机中的困境，还采取了将尚未收回的贷款转换为债券，然后按一定折扣价格在二级市场出售的方法，来挽回一部分可能出现的呆账损失。这进一步增加了银行证券资产的比重。

（二）跨国筹资业务

跨国筹资业务包括国外分支机构自有资本的筹集和负债业务，其主要目标是开辟比较稳定的、低成本的资金来源。总行（母银行）的股本投资、欧洲货币存款、东道国的当地存款、银行同业借款、本银行系统内部借款和在金融市场发行债券，构成了跨国银行国外分支机构的主要筹资来源。

1. 总行投资（head office investment）

这是跨国银行国外分支机构得以建立的基础。国外分支机构要开展业务活动，首先必须要有一定数额的自有资本，以购置营业场所、各种设备和办公用品等，并在公众中建立信誉，补偿可能发生的意外损失，保证经营活动的正常进行。这些自有资本，首先是由总行提供的。这也是通常所说的银行国外直接投资。

银行由于本身的特点，其自有资本与总资产的比率通常比工商企业小得多。例如，据美国参议院银行货币住宅委员会的调查资料，1974年美国30家最大跨国银行在国外的拥有多数股权的子银行，其股本投资共为9.06亿美元，仅占其总资产199.1亿美元的4.6%。至于代表处、经理处和分行等机构，由于是总行的派出机构，不具有独立的法人资格，其自有资本与资产的比例通常合并在总行的资产负债表中一并计算，实际比率会更低。银行降低资本与资产的比例，可以更多地获得利用“财务杠杆”的一些好处，但也降低了本身对风险的应变能力，从而对客户存款的安全性造成威胁。因此，一些东道国政府和有关的国际监管机构，对跨国银行及其分支机构的资本资产比例的最低要求做了一些规定。

当然，在跨国银行只拥有部分股权的分支机构中，另一部分股权资本是由其他合资者如跨国公司、东道国以及其他外国银行提供的。

2. 欧洲货币存款（Eurocurrency deposits）

客户存款是跨国银行最廉价的筹资来源之一。银行通过吸收客户存款方式所筹集到的可运用资金越多，利润率也就越高。跨国银行所吸收的客户存款，大量的是欧洲货币存款，如欧洲美元、欧洲欧元、欧洲瑞士法郎、欧洲日元等。其主要存款者是跨国公司、外国政府和政府机构、外国中央银行和外国金融机构等。存款方式有以下三种：

一是固定利率的定期存款（time deposits，TDs），存款期一般较短，大多数为1周至6个月，少数为1年，不能转让，存款额以100万美元或100万美元以上为一个单位。

二是欧洲可转让存单（Euro negotiable of deposits，Euro CDs），利率固定，但存单可随市场利率的起伏折价或溢价转让，有活跃的二级市场。发行办法采取随时供应和份额发行两种形式。采取前一种形式的称为随时可购存单（tap CDs），面额在2.5万~500万美元。采取后一种形式的称为“份额存单”（tranch CDs），面额以万美元为单位，每次发行额一般在1 500万~2 500万美元。

三是浮动利率存单（floating rate CDs，FRCDs），利率与市场利率相联系，可以变动。例如，伦敦的美元浮动利率存单以1万美元为单位计值，通常按6个月期的伦敦银行同业拆放利率，再加上0.25%计算。

3. 当地货币存款（local currency deposits）

在东道国吸收当地存款，是用于当地放款的最安全、最经济的筹资来源。因为这可以节省从东道国以外调入资金的汇兑费用，并可避免汇率变动造成的损失。但是，由于缺乏足够的当地业务来保障建立广泛的机构网络，或者受到东道国的法律限制，所以当地存款就成了跨国银行努力拓展的资金来源。跨国银行经常通过与东道国的中央银行或商业银行的货币互换安排（swap arrangements）来获得当地货币供当地放款之用。

4. 银行同业借款（inter-bank borrowings）

这是跨国银行重要的、有效的筹资来源。特别是那些在国外没有广泛存款基础的银行，利用同业拆入可以解其发放贷款所需资金不足的燃眉之急。但是，这类资金存在着变化无常、极不稳定的缺点，有时可能对方一个电话或简短的书面通知就被提走，故有“通知放款”（call money）之称。市场利率的微小变动都会对同业资金往来的流向发生影响。

跨国银行的大部分银行同业借款由位于主要国际金融中心的国外分支机构来筹集。但在通信手段极为发达的今天，总行也可以借助现代化的通信设施来直接从国际金融中心的其他银行拆入资金，而不必非在那里设有分支机构不可。当然，更重要的是在国际金融中心设置分支机构还可以获得其他多方面的好处。

5. 发行票据和债券

大量利用发行浮动利率票据（floating rate notes，FRNs）来筹集资金，是进入20世纪80年代以来跨国银行负债业务发生变化的一个显著特征。例如，该种票据1980年的发行总额共有23亿美元，到1986年已猛增到468.8亿美元。浮动利率票据比存单优越之处在于：它可以用来筹集期限较长的资金，偿还期限可达5~15年，有的甚至能达到20年，便于与长期贷款相匹配；在某些情况下，还可以与银行的债券一起，按一定的折算比例，计算为银行的“二级资本”，部分地弥补“一级资本”（自有资本）的不足。

发行国际债券尤其是欧洲债券，在跨国银行筹资来源中的重要性也在显著增加。在国际金融创新的浪潮中，欧洲债券的新品种也层出不穷。除了传统的以固定利率计算的普通债券（straight bonds）外，主要还有浮动利率债券（floating rate bonds）、零息债券（zero coupon bonds）、分期付款债券（partly-paid bonds）、自选到期日债券（puttable bonds）、附认股证债券（bonds with warrants）、可转股债券（convertible bonds）和双重货币债券（dual-currency bonds）等。

跨国银行的负债业务由传统的依赖吸收存款逐步转向在长期资金市场增加票据和债券的发行，是国际金融市场证券化趋势的另一个重要方面。

（三）跨国的其他金融业务

跨国的其他金融业务是指跨国银行从事的除上述信贷扩展和筹资以外的各种业务。这些业务的目的或者是向客户提供有关服务而收取费用，或者是防范自身的经营风险。其中有许多业务不反映或者基本上不反映在银行资产负债表的变动上，故有表外业务（off balance sheet activities）之称。在国际金融创新浪潮和激烈的竞争中，表外业务不仅内容丰富，而且其重要性也显著增加了。表外业务不受有关当局对银行的资本资产比率监管的限制，也是其迅速发展的重要原因。银行业务表外化，是国际金融创新的主要趋势之一。

跨国银行的其他银行业务活动主要有：

（1）传统的国际银行业务主要指国际结算业务。

这一业务包括：①以航汇、电汇和国外汇票方式进行的国际汇票结算（international remittance）；②代债权人向国外债务人收取款项的国际托收结算（international collection）；③在国际贸易中，应买方要求开出证件，代表买方向卖方承担付款责任的信用证结算。

（2）外汇业务（foreign exchange business）。

规模较大的跨国银行通常从事四种基本的外汇业务：①为公众办理外币汇票的零售型业务；②为跨国公司或其他较大的有国际业务往来的外国公司进行多种货币之间的兑换，或为其资产、负债进行套期保值；③为其他银行代理外汇业务；④为本身的外汇风险暴露（foreign exchange exposure）套期保值并维持其头寸而在银行同业市场进行的外汇交易。

当然，利用外汇交易进行投机谋利的也不乏其例，但这要冒较大的风险，应当慎之又慎。

（3）担保或类似的或有债务（guarantees and similar contingent liabilities）。

银行为交易活动的双方（如进口商与出口商）中的某一方的现行债务做担保，并承担现行风险，其中大多属于传统的表外业务，如为客户的债务出具担保函，发放跟单信用证和承兑票据等。也有一些是近年来创新的，如备用信用证（stand by letter of credit），它可以用来担保金融债务或银行客户的履约。

（4）承诺（commitment）。

这主要是由银行为未来的交易做出承诺。因此，它通常只会在未来的某个时候使银行面临信贷风险，这是与承担现行风险的“担保”不同之处。但近年来，承诺在许多方面也具有类似担保的特点和形式。承诺的具体业务有：信贷限额（credit lines）、资产出售和回购协议（asset sale and repurchase agreements）以及票据发行便利（note issuance facilities，NIFs）等。其中，票据发行便利是近年来广泛使用的金融创新工具，它是一项中期的具有法律约束力的承诺。根据这种承诺，借款人可以用自己的名义发行短期票据，而包销银行承诺购买借款人未能出售的任何票据或承担提供备用信贷的责任。包销承诺通常不列入资产负债表，但可收取服务费。到1985年，已安排的票据发行便利总额达750多亿美元。

（5）各种远期、期货、期权和互换交易。

这些业务具体包括：远期外汇交易、远期利率协议、货币期货、利率期货、货币买卖期权、利率买卖期权、股票指数期货、股票指数买卖期权、货币互换和利率互换等。其中，远期利率协议是近年来发展最快的一种新的金融工具。它是一种合约，在合约中，双方协定某种利率，在将来特定的时候（指清算日），按特定的期限支付某一名义存款的利息。它与利率期货有某些相似之处。其主要不同点在于：它不是通过交易所而是在场外交易，方便、灵活、不需要保证金，但协议签订以后，不能再卖出，只能与另一笔远期利率调换。

（6）信托、咨询和管理业务（fiduciary，consultancy and management）。

这些业务如：为客户进行信托资金和投资组合管理（trust funds，port-folio management）；为客户提供国际商品市场和国际金融市场信息，以及代为了解和评介交易对方的财务资信；为企业的跨国兼并提供咨询；代客户安全保管证券；为跨国公司提供国际现金管理服务（international money management service）等。跨国公司国际现金管理的目的在于恰当地保持流动余额，有效地控制应收应付账款，把多余的现金进行适当的投资。跨国银行利用自己广泛的机构网络和熟练的金融技巧，为公司的现金跨国流动和集中提供便利，为公司的短期剩余资金寻找投资机会提供咨询和帮助。

在银团贷款中充当代理人、牵头银行和经理银行，以收取代理费和管理费；在国际债券的发行中充当包销人以赚取佣金等，也属于跨国银行表外业务中的收费服务活动之列。

（7）国际租赁（international lease）。

跨国银行参与国际租赁业务的主要方式是自设或与企业联合设立租赁公司，提供融资租赁、杠杆租赁和售后租回（sale and lease-back）等业务。银行从事租赁业务的好处是可以部分地减少资产风险。

以上只是对跨国银行主要业务活动的综述。具体到每家跨国银行来说，其业务范围不尽相同。有些规模巨大的跨国银行试图从事所有上述业务，成为“全能银行”；而另外一些银行则认为，专门从事经过选择的某些业务更为有利。

四、跨国银行在国际投资中的作用

作为金融类跨国企业，跨国银行在国际投资中的作用首先体现为设立海外分支机构而进行的国际直接投资。当前国际直接投资的行业趋势之一是服务业所占比重的快速上升，其中便包括金融服务业。跨国银行在国外设立分支机构时，购租场地、添置设备、雇用人员等投入都可视为其国际直接投资。其次，通过对跨国公司的股权参与，跨国银行还间接地介入了国际直接投资活动。如日本的第一劝业银行便持有包括食品、纤维、石油化工、钢铁、电机等多家大型跨国公司的股份。这种控股关系一般都存在于跨国银行的总行与跨国公司的总公司之间，海外分支机构间的股权结合尚不多见。这种银行资本与工业资本在国际上的融合生长，体现了金融资本的国际化。最后，作为金融服务性部门，跨国银行在国际直接投资中发挥着中介枢纽的作用，这是跨国银行最为基本、最为重要的作用。这种作用主要体现在跨国银行对跨国公司等国际直接投资者的各种支持和服务方面。以下对此做一些简单阐述。

（一）跨国银行是国际直接投资者跨国融资的中介

跨国公司在进行国际直接投资时，往往会产生巨大的资金需求；同时，国际上又存在众多的间接投资者或短期信贷提供者，产生了巨大的资金供应。但资金需求与资金供应往往存在数额、期限、币种等方面的差异，这就需要跨国银行发挥信用中介作用予以调整。跨国银行可以通过汇集小额、短期的资金向资金需求者提供大额、长期的信贷，并且通过商业票据的承兑、贴现等为其创造出流动性。随着经济的发展，这种传统的信贷业务出现了证券化的趋势。如跨国银行在负债业务方面，凭借自身的声誉和资信优势，通过发行自己的债务凭证——银行债券等，能够以较低的成本聚集起大量资金；在资产业务方面，通过把对借款人的债权转化为股权或债券，增强了流动性，从而能够更好地发挥中介功能。

值得一提的是，随着跨国银行开始介入投资银行的传统业务——直接证券的发行和包销，其中介作用已扩展到直接融资领域。

（二）跨国银行是投资者跨国界支付的中介

由于跨国银行拥有分布广泛的海外分支机构和代理行网络，因而能为投资者在世界范围内办理转账结算和现金收付业务，充当其国际支付的中介。国内银行在执行国际支付中介时往往通过与外国银行之间的代理行关系间接地进入对方的国内支付系统。而跨国银行则更多地通过海外分支机构直接进入东道国支付清算系统，然后通过母银行与分支机构及分支机构相互间的支付清算形成一个国际支付清算网络，如美国的银行间同业支付清算系统（CHIPS）；或由多家跨国银行及其分支机构直接组成完全用于国际资金调拨的支付清算系统，如全球同业银行金融电讯协会（SWIFT）、伦敦外汇清算（ECHO）等。SWIFT（society for world wide interbank financial telecommunication）向客户提供的是一种可任意选择的双边差额结算服务相联系的电信服务，到 1996 年 5 月，27 家金融机构使用这种差额结算系统，一天可处理 1 000 个指令。ECHO 是一个多边差额结算系统，支持全球 24 小时的差额结算。

（三）跨国银行是为跨国投资者提供信息、顾问服务的中介

由于跨国银行拥有覆盖全球范围的机构网络和广泛的客户及同业关系，因而掌握有大量的信息，承担着信息中介的作用。例如上述的融资中介行为，实际上就是在掌握众多的资金供求信息的基础上进行的。此外，由于跨国银行汇集了许多财务

管理、投资分析方面的专家人才，因而可以向投资者提供多方面的咨询、顾问方面的服务，帮助公司把握风险，更为有效地拓展海外业务。这些服务在对跨国公司产生效益的同时，也为跨国银行扩大了利润来源。在如今来自传统贷款业务的收益不断降低的情况下，银行的收费性服务能够在无风险的基础上创造较高的收益。据美国纽约第一曼哈顿咨询集团的一项调查报告，美国银行对大公司贷款的资本收益率仅为5%~7%，而收费服务的资本收益率可达40%~80%。

第二节　非银行跨国金融机构的国际投资

一、跨国投资银行

跨国投资银行是国际资本市场上的重要参与者，它既为筹资者提供服务，也为投资者提供服务。跨国投资银行在国际投资活动中起着至关重要的润滑剂作用，跨国投资银行的活动大大提高了国际投资活动的效率，也极大地促进了国际投资活动的开展。

（一）跨国投资银行的产生与发展

1. 投资银行及其产生

投资银行是以证券承销、经纪为业务主体，并可同时从事兼并与收购策划、咨询顾问、基金管理等金融服务业务的金融机构。它在各国的名称各异，如在美国叫作投资银行（Investment Bank），在英国称为商人银行（Merchant Bank），而日本从事投资银行业务的是证券公司（Securities Firm），在法国称为实业银行，在澳大利亚称为货币市场公司，在我国的香港地区称为有限制牌照银行，在印度尼西亚称为投资金融公司等。虽然各国对投资银行的叫法并不一致，但其业务都源于政府或大企业、大公司筹集资金的需要和为投资者谋求投资机会的客观要求。

投资银行的起源，可追溯到3 000多年前的美索不达米亚地区。当时一些富有的商人不仅为贵族、教会提供贷款，而且还为他们管理财产、制定策略，这非常类似于今天投资银行的基金管理、咨询服务等职能。现代意义上的投资银行是18世纪后在欧洲产生的，主要由众多的销售政府债券和贴现企业票据的商号演变而来。当时，以生产资料私有制为基础的资本主义生产关系已经确立，推进了以股份制为特征的企业制度的形成和发展。而政府为行使其政治统治和对外扩张等职能也常常面临入不敷出的境地，需要发行债券予以弥补。这就在客观上产生了由专门机构来从事证券发行、推销的要求。而证券交易所的诞生和发展更为投资银行业注入了催化剂。1773年在英国伦敦建立了伦敦证券交易所，1792年在美国成立了纽约证券交易所，1878年在日本成立了东京证券交易所。投资银行以证券承销、经纪为业务核心，逐步确立了在证券市场上的突出地位。此后，随着世界经济活动的日益丰富多彩，投资银行不断发展起企业兼并重组、金融工程、基金管理、风险资本等新型业务（如图6-3所示）。

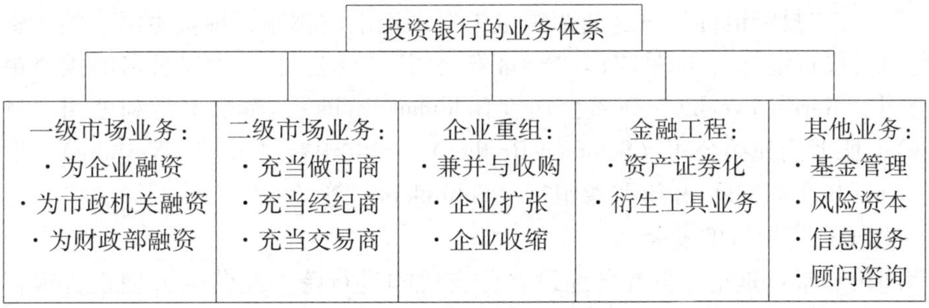

图 6-3　现代投资银行的业务体系

投资银行之所以被称为“银行”，除了本身是金融体系的重要组成部分外，还在于历史上与商业银行业务融合给人们造成的认识习惯。在 1929 年之前的一段时期，世界经济的良好发展促成了世界证券市场的迅猛发展，在经济利益驱动下，投资银行大力开拓业务，发了大财。当时投资银行与商业银行并没有分离，商业银行凭借其雄厚的资金实力也频频涉足证券市场，与投资银行展开了激烈竞争。商业银行因为把大量的资金运用于证券投资，当周期性经济波动带来周期性货币需求变化时，商业银行因无法收回资金以满足支付需要而产生了信用危机，最终导致全球性的经济衰退。

1929—1933 年的世界性经济大危机之后，有关国家政府总结认为，这次危机的重要原因之一在于作为国民经济核心的商业银行卷入了风险较大的证券市场，而一旦其在股市崩溃引起的亏损影响下破产（1930—1933 年，美国有 7 763 家银行倒闭），便会不可避免地影响整个经济。因此，英、美等国政府颁布法令将商业银行与投资银行业务截然分开，如美国的《格拉斯 · 斯蒂格尔法》（Glass Steagall Act）、日本的《证券交易法》等①；但也有德国、瑞士等欧洲银行并没有实施这种分离，而继续实行“全能银行制度”（Universal Banking System）。

20 世纪 70 年代以来，由于金融业竞争的加剧，分业经营制度下的商业银行面临不利的局面。在金融自由化、放松管制的强烈要求下，分业经营模式日益向混业经营模式靠拢，英、美等银行业务和证券业务的分界线逐渐被打破。不过，尽管投资银行与商业银行之间业务交叉与融合已发展到相当程度，但分别从其本源等实质性方面探析，两者之间还是存在一定差异的（见表 6-2）。

表 6-2　投资银行与商业银行的区别比较

项目内容	投资银行	商业银行
1. 本源业务	· 证券承销	· 存贷款
2. 融资功能	· 直接融资，且侧重于长期融资	· 间接融资，且侧重于短期融资
3. 根本利润来源	· 佣金	· 存贷款利差
4. 业务概貌	· 无法用资产负债表反映	· 分为表内业务与表外业务
5. 经营方针	· 在控制风险的前提下更注重开拓性	· 坚持稳健原则，注重“三性”②的结合
6. 保险制度	· 投资银行保险制度	· 存款保险制度

① 从这以后，商业银行以存放款为主要业务，投资银行以证券承销与证券经纪为主要业务，二者相互分离，真正意义上的商业银行和投资银行从此出现，证券推销商不再办理存贷款业务。但由于习惯，在投资银行的称谓中，仍保留了“银行”二字。

② “三性”指收益性、安全性、流动性。

实际上，“投资银行”只是金融领域中在理论上的称呼，现实生活中的投资银行并不称为“投资银行”，而是叫作“××证券公司”“××公司”。世界著名的投资银行有美林公司（Merrill Lynch）、高盛公司（Goldman Sachs）、摩根士丹利公司（Morgan Stanley）、所罗门兄弟公司（Solomon Brother）、华宝银行（S. G. Warburg）、罗斯柴尔德银行（Rothschild）和施罗德银行（Schroders）等。

2. 跨国投资银行的发展

跨国投资银行是指在世界各地设立分支机构进行跨国经营的大型投资银行，是投资银行业在国际范围内的延伸。它不仅是国际证券市场的经营主体，而且其活动范围与影响已超出证券业，与跨国商业银行并列成为当代国际金融市场上的重要组成部分。

跨国投资银行的发展大致可分为三个主要阶段：

（1）萌芽阶段。

在1960年之前，出现了投资银行开展跨国业务的萌芽。如英国巴林银行曾帮助许多铁路债券在伦敦上市。但这并不算形成了现代意义上的跨国投资银行。因为当时投资银行的国际业务主要通过其在国外的代理行进行，很少有投资银行在海外设立分支机构；其业务种类也较为单一，主要是进行外国债券的推销，并没有形成今天投资银行丰富多彩的业务体系；其开展业务的地区也还存在局限性，主要是在欧洲。

（2）起步发展阶段。

20世纪60—70年代是跨国投资银行的起步发展阶段。在这一阶段，世界大型投资银行纷纷设立海外分支机构，纽约、伦敦、巴黎、东京、日内瓦等金融中心汇集了许多跨国投资银行的分支机构；其国际业务出现了综合化、一体化的趋势，并致力于开发欧洲债券业务和欧洲股票业务，如第一次典型的欧洲债券发行是1963年7月由英国的商人银行华宝银行（S. G. Warburg Bank）设计并主承销的。

（3）迅猛发展阶段。

进入20世纪80年代以后，跨国投资银行进入前所未有的迅猛发展阶段。许多跨国投资银行已基本在世界上所有的国际或区域金融中心设立了分支机构，建立并完善了其全球业务网络；其国际业务体系日益完善，不仅包括国际证券的承销、分销、代理买卖和自营买卖等传统业务，而且还包括全球范围内开展兼并（收购）、资产管理、财务咨询和风险控制等活动；其国际业务规模也急剧扩张，在各重要的国际金融市场上，许多跨国投资银行的证券交易量已超过本地金融机构；此外，其国际业务管理机制不断完善，许多大型跨国投资银行建立了负责协调管理全球业务的专门机构，如美国摩根士丹利（Morgan Stanley）公司的“财务、管理和运行部”、高盛（Goldman Sachs）公司的“全球协调与管理委员会”等。

3. 近年来跨国投资银行业的格局特征

随着跨国投资银行业的欣欣向荣，其行业内的竞争也日趋激烈。考察其整个发展过程，20世纪60年代英国商人银行独领风骚，在当时国际债券发行中担任主要角色；20世纪70年代后以华尔街为代表的美国投资银行业日益崛起，并夺取了全球市场上的霸主地位；20 世纪 80 年代中期日本投资银行业一度称雄，四大证券公司——野村证券（Nomura）、大和证券（Daiwa）、日兴证券（Nikko）、山一证券（Yamaachi）在 1988 年时共拥有分支机构 607 家。但随着 20 世纪 90 年代以来其国内泡沫经济破裂带来的金融动荡，日本投资银行的全球扩张陷于停滞（山一证券于 1997 年 11 月宣布破产）。当前国际上跨国投资银行业的格局特征是：美国依然保持着领先优势，而欧洲以伦敦为基地向其发起了强有力的挑战。

美国的投资银行体系由规模、分工各异的 6 类公司组成：超大型投资银行（Bulge Bracket Firms）、大型投资银行（Major Bracket Firms）、次大型投资银行（Sub-major Bracket Firms）、地区性投资银行（Regional Firms）、专业投资银行（Specialized Firms）、商人银行（Merchant Bank）。其中有能力在海外广设分支机构、成为重要的跨国投资银行的则只有几个超大型投资银行——美林集团（Merrill Lych）、摩根士丹利（Morgan Stanley）、所罗门兄弟（Salomon Brothers）、高盛（Gold Sachs）和 CS 第一波士顿（CS First Boston，美国第一波士顿集团与瑞士苏黎世信贷银行合资组建）。美国的跨国投资银行在全球市场的优势地位主要体现在：第一，美国的跨国投资银行在各类业务市场上占有较大份额，积累了丰富的业务经验。例如其占有世界债券承销市场的 70%以上的份额。尤其在一些金额巨大的证券发行和收购（兼并）业务方面，美国投资银行更是常令欧洲同行们望尘莫及。第二，美国的跨国投资银行长期以来已与一些客户建立起了牢固的业务关系。例如曾在墨西哥金融危机中有力地支持了墨西哥政府的美国摩根银行，在当地建立了良好的信誉，深得墨西哥政府的信任。第三，美国的跨国银行具有人才优势和新产品开发的巨大潜力。美国的华尔街汇集了各著名商学院最优秀的人才，尤其是一些开发金融衍生工具的专家，被人们称为“火箭科学家”（Rocket Scientists）、“金融工程师”（Financial Engineer）。因此，美国跨国投资银行在金融创新方面尚无对手。

近年来，欧洲的投资银行界以伦敦为基地向美国公司发起了挑战。伦敦的投资银行业具有悠久的历史，但是一直受到资金实力等方面的限制。近年情况大为改观，许多欧洲大银行把其投资银行业务向伦敦汇集。如 1995 年荷兰、瑞士、德国的大银行纷纷收购伦敦的一些老牌商人银行，或考虑把原有的投资银行部迁往伦敦。有了这些大型商业银行的雄厚资本实力作为后盾，伦敦的投资银行具备了处在分业经营模式下的美国同行们所没有的优势。1995 年 9 月，德意志银行的投资银行部门取代了摩根士丹利公司从世界银行手中获取了有关巴基斯坦电讯项目的 12.5 亿美元筹资业务；而瑞士银行击败高盛公司夺取了中国台湾台塑集团 6 亿美元可转换债券的承销业务。可见，欧洲的跨国投资银行已对美国产生了实质性的威胁。可以预见，未来世界投资银行业的发展将继续在纽约和伦敦的竞争中不断发展前进。

4. 跨国投资银行发展的原因

跨国投资银行的发展，既有投资银行自身的主观动因，又有国际经济发展所提供的客观条件。就主观动因而言，不外是为了突破国内市场相对狭小的限制，在全球范围内追逐利润最大化目标，尤其是在亚洲新兴工业化地区等迅速发展的发展中国家市场可以获取超额的利润；同时，通过在世界不同地区进行业务投资组合，达到分散风险的目的。就客观条件而言，大致存在如下有利条件：

第一，从20世纪70年代末起，各国相继在不同程度上拆除了金融壁垒，为跨国投资银行全面开拓国际市场提供了可能。如在1979—1980年，英国及瑞典相继放弃了外汇管制；1980年，日本修订了《外汇管制法》，并批准外国投资银行进入本国市场设立分支机构；1981年德国取消了对非居民购买本国债券时征收的利息预提税等；尤其是1986年英国推出放松金融管制的“大爆炸”（big bang）举措，极大地推动了国际金融市场的自由化。

第二，世界经济的一体化进程促进了跨国投资银行的发展。全球国际贸易和国际投资的发展，为跨国投资银行提供了众多的业务机会。如国际直接投资的主要承担者——跨国公司在进行跨国经营时，必然需要跨国投资银行为其提供国际融资、财务分析、信息咨询等系列服务。

第三，国际证券业的发展也为跨国投资银行的扩张创造了契机。进入20世纪80年代以来，国际融资“非中介化”（disintermediation）的趋势不断增强，越来越多的筹资者通过发行证券的手段进行直接融资。如1980年，国际信贷在整个国际融资总额中所占比例为85%，而1994年下降到了仅占38%；相反，国际证券融资所占比例不断上升，从1985年的15%上升到了1994年的62%。此外，国际证券市场也日益融为一体，例如1980—1989年，外国投资者对美、日、德的股票投资额分别增长了9倍、8.6倍和23倍；同期，三国的对外股票投资额则分别增长了47倍、20倍和5倍。而各国证券交易市场业已由各个清算机构的国际合作联为一体（见表6-3）。

表6-3　国际金融市场的结构变化（1980—1994年部分年份）　　单位:%

年份	1980年	1985年	1989年	1990年	1994年
国际信贷市场所占的比重	85	44	39	74	38
国际证券市场所占的比重	15	56	61	26	62

资料来源：经济研究参考，1995（159）.

（二）国际投资银行的主要功能

1. 促进直接融资

投资银行与商业银行都是促进资金融通的机构。其共同点在于它们都是资金供给者和资金需求者之间的中介：一方面使资金供给者能够充分利用多余资金以获取收益；另一方面又帮助资金需求者获得所需资金以求发展。投资银行作为中介机构，帮助企业从资本市场筹集发展资金，尤其是期限较长和数额较大的资金。有些投资银行本身还直接投资于工业企业，这有力地推动了经济发展和企业尤其是大型企业的崛起，并促进了企业家精神的培养。由于投资银行与企业有着千丝万缕的联系，往往通过在证券发行中担任财务顾问，参与企业经营管理，或者通过并购等手段达到控制其持股公司的目的。投资银行通过这些活动对企业的参与程度越来越大，对企业的影响也越来越大。在市场经济体系中，必须有人愿意承担风险，愿意朝着不确定方向努力，以期使企业不断发展壮大。投资银行在此过程中起着润滑剂的作用，正是这些特点促进了企业和企业家的发展。

在发挥金融中介作用的过程中，投资银行的运作方式与商业银行有很大的不同。投资银行作为资金供需双方的中介，可以向投资者推荐拟发行股票或债券的筹资者，也可以为投资者寻找合适的投资机会。但在一般情况下，投资银行并不介入投资者和筹资者之间的权利和义务之中，投资者与筹资者直接拥有相应的权利和承担相应的义务。例如投资者通过认购企业股票投资于企业，这时投资者就直接与企业发生了财产权利与义务关系，但投资银行并不介入其中。因此，这种融资方式被称为“直接融资方式”。而商业银行却不同，商业银行同时具有资金需求者和资金供给者的双重身份，对于存款人来说它是资金的需求方，存款人是资金的供给者；而对于贷款人而言，银行是资金供给方，贷款人是资金的需求者。在这种情况下，资金存款人与贷款人之间并不直接发生权利与义务关系，而是通过商业银行间接发生关系，双方不存在合同直接约束。因此，这种融资方式被称为“间接融资方式”。

2. 引导证券市场发展

在证券一级市场上，投资银行是证券发行者和证券投资者的中介人，一方面为资金供给者选择合适的投资机会，另一方面也为资金需求者找到资金来源，促进了资本形成，加快了资本运动，提高了资金运作效率。在证券二级市场上，投资银行既是主要中介人，也是主要参与者。投资银行在提高二级市场资金流动性和活跃二级市场交易等方面，发挥着不可替代的作用。投资银行在推动企业兼并（收购）和资产重组方面，更是运筹帷幄，得心应手，为企业提供多种金融中介服务，促进了存量资源的再配置，不仅提高了资本运营效率，而且对规范上市公司行为和加强竞争起到了积极作用。在资产管理方面，投资银行通过发起设立和管理投资基金，为投资人提供专业化的理财服务，既分散了投资风险，也起到了保证证券市场理性发展的作用。因此，从一定意义上讲，投资银行充当着证券市场的灵魂和引导者的角色，没有投资银行就不可能有高效率、低成本和规范化的证券市场。

第一，投资银行承担一级市场证券发行工作。证券发行是一项非常复杂的工作，必须准备各种资料，进行大量宣传，提供各种技术，办理复杂手续。证券发行者仅仅依靠自身力量直接向投资者发售证券，不仅成本很高，效果往往也很差，因此证券发行工作必须依靠投资银行才能顺利完成。

第二，投资银行以经纪商和自营商身份参与二级市场，发挥了重大作用。在证券承销完毕后，投资银行还在一定时期内作为做市商，维持证券市场价格稳定，以确保各方利益不受损失。在二级市场中，如果证券交易在证券持有者和购买者之间直接进行，必然造成交易活动混乱、效率低下和缺乏安全性，因此需要投资银行以经纪商身份接受顾客委托，进行证券买卖，提高交易效率，维持市场秩序。另外，投资银行以自营商身份活跃于二级市场，通过搜集市场信息，进行信息预测，吞吐大量证券，发挥了价格发现的职能。投资银行在证券交易中还方便了客户买卖，活跃了市场交易，保障了证券价格的连续性和稳定性。

第三，投资银行不断进行金融工具创新，开拓新的金融服务领域。通过远期、期货、期权、互换等金融衍生工具，投资银行不仅有效地控制了自身风险，保障了自身收益的稳定，客观上还使证券市场得以在衍生工具辅助下更加活跃。投资银行在企业并购市场、场外交易市场上十分活跃，促进了企业产权的合理流动，提高了市场运作效率。

第四，投资银行不仅仅是一个证券中介组织，而且还是一个重要的信息机构。通过搜集资料、调查研究、提供咨询、介入交易，投资银行极好地促进了各种有关信息在证券市场中的传递，使信息更迅捷、更客观地反映在交易活动之中，保障了证券市场信息的公开、公平和公正。

第五，投资银行开展各种中介服务，通过代理发放债息、股息、红利和代理偿还本金等业务，便利了投资者获取投资利益，一定程度上成为投资者与证券发行者沟通的渠道，降低了有关成本，提高了证券市场整体的运营效率。

3. 提高公司经营业绩

投资银行还能够通过其各项业务，帮助提高公司经营业绩：

第一，投资银行帮助企业改制上市，完成了企业的公司制度改造，实现了投资主体的多元化。对国有企业来说，意义更是重大。国有企业通过改制上市，不仅使产权得到明晰，同时引入了其他法人和社会公众投资者等非国有资本的参加，从而真正形成了上市公司的法人财产权，为实现企业自主经营创造了条件。同时，国有企业通过上市，初步建立起企业法人治理结构，有助于转变企业经营机制。

第二，上市公司的信息披露制度和股票价格的变动有利于加强对企业经营管理者的监督。这一方面有利于保护公众投资者的利益，另一方面也是对上市公司管理层的有效外部监督，促使上市公司尽最大努力搞好经营。

第三，投资银行还通过帮助企业设计一套较为完善的内部激励制度，如股票期权制度等，充分调动企业管理层的积极性，从而促进了企业业绩的提高。

第四，投资银行还为企业股权转让出谋划策，推动公司控制权的转移，有利于企业管理层不断改进经营管理，提高企业竞争力。

第五，投资银行在帮助企业改善经营管理、调整产品结构、进行技术改造和市场开拓以及资本运营等方面提供专业的顾问建议，从而提高企业的内在价值，完成其价值创造过程，使该企业股票在二级市场有一个好的表现，最终保护投资人的利益。

4. 推动产业结构升级

投资银行为企业提供各种金融中介服务，促进了生产的社会化和国家产业结构的优化与升级。投资银行可以多种方式促进产业资本与金融资本融合。在资本市场上，投资银行通过收购和兼并，不仅提高了产业集中程度，而且促进了工商企业和金融企业相互持股，使金融资本与产业资本相互渗透。

以美国为例，19 世纪末以来先后出现过 5 次企业并购浪潮：第一次并购浪潮出现于 1898—1902 年，其特征以横向合并为主，出现了一批包括美国钢铁公司、美孚石油公司等在内的垄断企业；第二次并购浪潮出现在 1920—1933 年，以纵向合并为特点，美国汽车制造业、石油业、冶金工业以及食品加工业完成了产业集中过程；1948—1964 年美国发生了第三次并购浪潮，这次并购以混合并购为主，出现了一批竞争力强、兼营多种业务的企业集团；第四次并购浪潮发生在 1974—1985 年，并购规模之大令人吃惊；前些年美国掀起了第五次并购浪潮，1995 年 5 月金融业巨头特拉辛达公司对美国三大汽车公司之一的克莱斯勒公司、1995 年 7~8 月间迪士尼公司对美国广播公司、西屋电器公司投资 54 亿美元对哥伦比亚广播公司的兼并活动给华尔街带来了巨大震动，表明美国产业集中已向更深、更广领域发展。

在企业并购过程中，投资银行发挥了重要作用。企业并购是一个技术性很强的工作，选择合适的对象、时间、价格以及合理的财务安排等都需要投资银行提供专业知识和技术。第二次世界大战结束以来，大量企业并购通过二级市场进行，手续更加烦琐，要求更加严格，操作更为困难。如果没有投资银行作为顾问和代理人，企业并购几乎不可能进行。

另外，许多尚处于新生阶段和经营风险很大的新兴产业难以从商业银行获取贷款，往往只能通过投资银行设立创业基金来筹集资金以求得发展。因此，从一定意义上讲，投资银行促进了资本集中和产业结构的调整与升级。

5. 促进国民经济增长

经验证明，投资银行作为现代证券市场中的一个重要金融中介机构，在优化资源配置和促进国民经济增长方面起着非常重要的作用。

一是投资银行通过资金媒介作用，使能获取较高收益的企业通过发行股票和债券等方式来获得资金，引导社会资金向效益好的部门流动，从而使国家整体经济效益和福利得到提高，促进了资源的合理配置。

二是投资银行便利于政府债券发行，使政府可以获得足够资金用于提供公共产品，加强基础设施建设，从而为经济的长远发展奠定基础。同时，政府还可以通过买卖政府债券等方式，调节货币供应量和进行宏观调控，借以保障宏观经济稳定运行。

三是投资银行帮助企业发行股票和债券，不仅使企业获得发展和壮大所需的资金，并且将企业经营管理活动置于广大股东和债权人的监督之下，有利于建立科学的激励机制、约束机制和现代企业制度，从而促进企业效益提高并促进经济发展。

四是投资银行的兼并与收购业务促进了经营管理不善的企业被兼并或收购，经营状况良好的企业得以迅速发展壮大，实现规模经济效益。

五是投资银行为各类投资者创造了财富增长的机会，促进了全社会的收入增加，因此反过来推动了全社会的消费和投资，从而推动着国民经济快速增长。

6. 促进国际投资

投资银行能够促进国际投资，这可以从国际直接投资和国际间接投资两方面进行考察。在国际直接投资方面，跨国投资银行除了像跨国商业银行一样要在国外设立分支机构而进行直接投资外，其作用也突出地表现在对跨国公司跨国直接投资活动的支持和帮助上，如策划跨国收购与兼并，对跨国投资行为提供信息、咨询服务等。在国际间接投资方面，跨国投资银行发挥着营造国际证券一级市场并积极参与二级市场的作用，如国际债券的发行承销和分销、金融衍生工具的创造和交易、国际证券自营买卖及基金管理等。具体有以下几方面：

第一，支持跨国兼并与收购（merger & acquisition）。跨国投资银行可以为跨国公司物色收购目标并加以分析，帮助建立一个可行的资金财务计划，必要时可以通过发行债券等手段提供融资帮助，从而为完成兼并或收购活动提供服务。这能大大加快全球资产存量调整的步伐。

第二，对跨国投资的信息、咨询等服务。由于跨国投资银行拥有全球分支机构网络，掌握着一个巨大的信息资源库，同时，它还具有人才、技术方面的优势，因而可以为企业的跨国投资活动提供各种服务，如投资组合设计、现金管理、风险管理和财产估价等。

第三，国际证券的发行承销。如前所述，证券承销是投资银行最本源、最基础的业务，国际证券业务是其向国际范围的扩张和延伸。跨国投资银行不仅替各国企业和各国政府进行证券承销，同时，还替国际金融组织如世界银行、亚洲开发银行等承销证券。这些活动不仅营造了国际间接投资的一级市场，同时又推动了一级市场的发展。

第四，金融衍生工具的创造和交易。跨国投资银行是创造和交易金融衍生工具的重要机构。日新月异的金融衍生工具不仅为投资者提供了有效规避利率、汇率等金融风险的机会，而且推动了国际投资对象的创新和改革。

第五，国际证券的自营买卖及基金管理。跨国投资银行自身进行国际证券的自营买卖，以期获得价差收入，这是其参与国际间接投资的行为。同时，许多国际投资银行还管理着各种基金，代理基金进行国际证券二级市场的交易。这些活动推进了全球二级市场的深化和发展。

（三）跨国投资银行的主要业务

1. 证券发行

证券发行是指企业或政府为了筹集资金而向投资人出售有价证券的行为。从资金筹集者的角度看，是证券发行；从中介机构投资银行的角度看，是证券承销。证券一级市场上的证券发行是投资银行最重要也最主要的业务。现以企业股票发行为例，来说明投资银行从事证券发行业务的主要业务内容。

（1）制定并实施企业改制重组方案。

原来不是股份制的企业，在发行股票上市之前，必须进行资产重组，一方面使自身的各项财务指标符合上市要求，增强对投资者的吸引力；另一方面，真正转换经营机制，提高经营管理水平。因此，制定并实施企业改制重组方案是投资银行参与证券发行的第一步工作。

改制重组方案的制定必须考虑公司管理层、行政主管部门及主要股东的基本意见，使得重组方案的思路及重组方案中要重点解决的主要问题，足以说明或符合上述意见。重组方案的制定，应尽量做到：发行主体明确，主营业务突出，资本债务结构得到优化；财务结构与同类上市企业比较，具有一定的优越性；使每股税后利润较大，从而有利于企业筹集到尽可能多的资金；有利于企业发行上市后的增资扩股或开展其他融资渠道；减少关联交易；避免同业竞争。

（2）发行上市前辅导。

企业股票发行上市前，投资银行对拟上市公司进行必要的辅导是一种国际惯例，其目的在于让企业的管理决策层理解公司法等有关法律法规主要条文的含义，同时从企业内部机制包括组织机构、管理结构、财务制度、劳动人事制度和管理制度等诸多方面，按照上市公司的要求进行规范。此外，对企业进行辅导的过程，也是投资银行贯彻实施其发行上市方案的重要方式和手段，在一定程度上，辅导的效果直接体现在方案能否顺利实施之中。辅导教材以《公司法》和《证券法》等法规文件为主，并结合企业实际情况进行，主要解决企业的实际问题。

（3）制定发行上市策略，选择发行上市时机。

制定发行上市策略，选择发行上市时机，主要是帮助企业确定可以发行上市的交易所，评判在各交易所上市的优缺点，针对企业发行上市的具体情况进行分析，选择最佳发行上市地点。在选择交易所时，主要是看发行上市的有关法律法规是否过于严格，发行上市条件是否宽松，筹资成本是否可以接受。发行上市时机的选择尤为重要，因为这直接决定发行成本的高低，甚至决定整个发行上市的成败。

（4）投资价值分析。

投资银行在股票发行业务中，最重要的是将股票销售给投资者，因此，必须对企业所发行股票的价值进行深入分析，以便为投资者做出全面、准确、可信的介绍。企业股票投资价值分析，主要包括三个方面的内容：一是宏观分析，它又包括宏观经济形势分析、宏观经济政策分析和政治环境分析三个方面的内容。宏观经济形势分析包括对 GDP 增长率、经济周期、通货膨胀（通货紧缩）等的分析；宏观经济政策分析包括对财政政策和货币政策的分析；政治因素分析包括对证券市场有一定影响力的国际和国内政治活动、政治事件及政治风波的分析。二是产业分析，即对企业所在产业的分析。一般来说，在同一个产业内部单个企业的发展，与整个产业的发展具有一致性。在某种意义上，投资于某个企业，就等于投资于某个产业，因此，必须深入分析产业的生命周期、科技进步、产业政策、产业布局等因素。三是发行上市企业分析。对上市企业的分析可以分为质因分析和量因分析两个方面：前者是分析企业发展的基本因素，如公司的发展态势、经营绩效、产品的销售及竞争能力等；后者则是通过对企业的财务状况的计算与对比，分析企业的各种能力及其增长潜力，以确定投资的重点。

（5）评估并确定股票发行价格。

股票发行价格的确定是股票发行的关键环节。根据发行价与票面金额的不同，股票发行可以分为平价发行、溢价发行和折价发行。平价发行（at par）指股票发行价格等于股票的面值，溢价发行（above par）指股票发行价格超过股票的面值，折价发行（below par）指股票发行价格低于股票的面值。影响股票发行价格的因素一般包括：①净资产。由于股票代表着对净资产的所有权，因此，这是确定股票价格时最基本的依据。②盈利水平。企业税后利润水平直接反映了一个公司的经营能力和上市时的价值，税后利润越高，发行价格也越高。③发展潜力。公司经营的增长率（特别是盈利的增长率）和盈利预测直接决定着股东对企业未来的预期，因此，会直接影响股票价格。④发行数量。从供求角度来考虑，如果发行量较大，价格应定得稍低一些；如果发行量较小，价格可定得稍高一些。⑤行业特点。发行企业所处行业的发展前景会影响到公众对本企业发展前景的预期，同行业已经上市企业的股票价格水平，在经过一定调整后，也可以客观地反映本企业与其他企业相比的优劣程度。⑥股市状态。二级市场的股票价格水平直接关系到一级市场的发行价格。在制定发行价格时，要考虑到二级市场股票价格水平在发行期内的变动情况。若股市处于“熊市”，定价太高则无人问津，使股票销售有困难，因此要定得低一些；若股市处于“牛市”，价格太低会使发行企业受损，因此可定得高一些。同时，发行价格的确定要给二级市场的运作留有余地，以免股票上市后二级市场的定位会发生困难，影响企业的声誉。

（6）确定承销方式。

投资银行借助自己在证券市场上的信誉和营销渠道，在规定的发行有效期限内将证券销售出去的过程，即称为承销。进行承销是投资银行证券发行业务的核心。根据投资银行在承销过程中承担的责任和风险的不同，承销又可分为代销和包销两种。

代销是指证券发行人委托承担承销业务的投资银行代为向投资者销售证券。投资银行按照规定的发行条件，在约定的期限内尽力推销，到销售截止日期，证券如果没有全部售出，那么未售出部分退还给发行人，投资银行不承担任何发行风险。在代销过程中，投资银行与发行人之间是代理委托关系，投资银行不承担销售风险，因此代销佣金很低。代销发行比较适合于那些信誉好、知名度高的大中型企业。它们的证券容易被社会公众接受，用代销方式可以降低发行成本。

包销是指发行人与投资银行签订合同，由投资银行买下全部或销售剩余部分的证券，承担全部销售风险。对发行人来说，包销不必承担证券销售不出去的风险，而且可以迅速筹集资金，因而适用于那些资金需求量大、社会知名度低而且缺乏证券发行经验的企业。与代销相比，包销的成本也相应较高。

包销在实际操作中有全额包销和余额包销之分。

全额包销是指发行人与投资银行签订承购合同，由投资银行按一定价格买下全部证券，并按合同规定的时间将价款一次性付给发行企业，然后投资银行以略高的价格向社会公众出售。在全额包销过程中，投资银行与证券发行人并非代理委托关系，而是买卖关系，即投资银行将证券低价买进然后高价卖出，赚取中间的差额。对发行人来说，采用全额包销方式既能保证如期得到所需要的资金，又无须承担发行过程中价格变动的风险，因此，全额包销是西方成熟证券市场中最常见、使用最广泛的方式。

余额包销是指发行人委托投资银行在约定期限内发行证券，到销售截止日期，未售出的余额由投资银行按协议价格认购。余额包销实际上是先代理发行，后全额包销，是代销和全额包销的结合。

对于一次发行量特别大的证券发行，一家投资银行往往不愿意或者没有能力单独承担发行风险，这时就会组织一个承销集团，由多家机构共同担任承销人，以减少每一家机构单独承担的风险。随着证券市场扩容速度的加快，证券市场供求失衡有所增加，证券承销风险也就随之加大，因此，组织承销集团承销证券的形式越来越普遍。

2. 证券交易

证券交易业务是投资银行的传统业务之一，并已经成为跨国投资银行业利润的重要来源。如果说证券承销业务是投资银行的一项核心业务，那么证券交易业务则是投资银行能够顺利开展承销业务的基础。

投资银行证券交易业务包括自营和经纪两个方面。

（1）自营业务。

自营业务是指投资银行以投资者的身份在证券市场上为自己买卖证券，投资目的是在买卖中获取价差，实现投资利润。同时，投资银行在从事自营业务的时候，还能够起市场制造者的作用，即"做市"。

做市分为两种。一种是在证券发行以后，维持证券价格、保证发行成功的一种制度。在证券承销商将证券销售给投资公众以后，特别是在发行完以后的最初几天，承销者通常要"制造市场"，这种行为的目的是要让原始认购者相信在二级市场上，这一新的、尚不为人所熟悉的证券前景乐观。投资银行有义务对价格进行引导，特别是承销者的证券在交易中遇到重大障碍时，投资银行有稳定价格的义务。所谓稳定价格，是指以防止或者延缓证券在公开市场上价格下降为目的而购买证券，从而使其在证券出售时拥有便利条件的行为。由于这种所谓稳定价格的权利被滥用，且投资银行一旦停止买卖某种证券，可能造成证券价格下跌，为此证券监管机构要求证券承销商做出此行动时必须向其汇报，并规定：投资银行开始收购的价格不得高于稳定价格，以后购买价只能降低，不能升高；从开始承销前10天至承销结束，参与承销的人不得买卖。

另一种是在证券交易过程中，提高证券流动性的一种制度。这时的做市商是指在证券市场上，由具备一定实力和信誉的投资银行作为特许交易商，不断地向公众投资者报出某些特定证券的买卖价格（双向报价），并在该价位上接受公众投资者的买卖要求，以其自有资金和证券与投资者进行证券交易。做市商通过这种不断买卖来维持市场的流动性，满足公众投资者的投资需求。做市商通过买卖报价的适当差额来补偿所提供服务的成本费用，并实现一定的利润。

做市商制度一般为柜台交易市场所采用，其中以美国纳斯达克（NASDAQ）市场最为著名和完善。全美证券商协会规定，证券商只有在该协会登记注册后才能成为NASDAQ市场的做市商；在NASDAQ市场上市的每只证券至少要有两家做市商做市（目前平均每只证券有10家做市商，一些交易活跃的股票有40家或更多的做市商）。在开市期间，做市商必须就其负责做市的证券一直保持双向买卖报价，即向投资者报告其愿意买进和卖出的证券数量和买卖价位。NASDAQ市场的电子报价系统自动对每只证券全部做市商的报价进行收集、记录和排序，并随时将每只证券的最优买卖报价通过其显示系统报告给投资者。如果投资者愿意以做市商报出的价格买卖证券，做市商必须按其报价以自有证券和自有资金与投资者进行交易。

做市商制度的优点是能够保证证券市场的流动性，即投资者随时都可以按照做市商的报价买入、卖出证券，不会因为买卖双方不均衡（只有买方或只有卖方）而无法交易。但是，由于做市商的利润来自其买卖报价之间的价差，在缺乏价格竞争的情况下，做市商可能会故意加大买卖价差，使投资者遭受损失。为此，全美证券商协会规定，做市商的买卖价差不能超过全美证券商协会定期决定和发布的最大买卖价差，并从 1997 年起引入投资者报价机制，以提高证券市场的公正性。

（2）经纪业务。

经纪业务是指投资银行接受客户委托指令买卖有价证券，从而获取佣金（手续费）的一种业务。投资银行在从事经纪业务时被称为经纪商（broker）。其主要作用是：①证券交易的中介人，为证券买卖双方搭桥挂钩，促进证券交易；②买卖双方的参谋，为买卖双方提供信息和建议，以合理的价格进行交易；③买卖双方的保证人，经纪商对买卖双方有所了解，交易成交后，能够保证双方资金和证券的顺利清算交割；④组成金融市场信息网，每个经纪商通过在证券市场上的接触，自然地组成一个信息网络，促进证券市场的信息传播。

投资银行在从事经纪业务时，客户委托的方式主要有：

①限价委托（limit order）。客户向经纪商发出买卖某种股票的指令时，不仅提出买卖的数量，而且对买卖的价格进行限定。即在买入股票时，限定一个最高价，只允许经纪人按其规定的最高价或低于最高价的价格成交；在卖出股票时，限定一个最低价，只允许经纪人按其规定的最低价或高于最低价的价格成交。限价委托的一个最大特点是，股票的买卖可以按照投资人希望的价格或者更好的价格成交，有利于投资人实现预期投资计划，谋求最大利益。

②市价委托（market order）。市价委托只指定交易数量而不给出具体的交易价格，但要求按该委托进入交易大厅或交易撮合系统时以市场上最好的价格进行交易。市价委托的好处在于它能保证即时成交，相对于其他类别的委托报价方式而言，它消除了因价格限制不能成交所产生的价格风险。

③定价即时交易委托（immediate or cancel）。客户根据市场上现行的价格水平，要求经纪人按照给定的委托价格立即到市场上进行交易。如委托进入市场时，市场上的价格正好是委托价格或比委托价格更好的价格，则可马上成交，否则其委托自动取消。这种委托价格方式与限价委托方式的主要区别是，它要求即时交易而不等待。

④定价全额即时委托（fill or kill）。客户根据市场上现行的价格水平，要求经纪人按照给定的委托价格和交易数量立即到市场上进行交易。如委托进入市场时，市场上的价格正好是委托价格或比委托价格更好的价格，同时又能全额满足，则可马上成交，否则其委托自动取消。与定价即时交易委托方式相比，定价全额即时委托要求必须是全额交易。

⑤止损委托（stop order）。这种委托要求经纪人在市场价格达到一定水平时，立即以市场价或以限价按客户指定的数量买进或卖出，目的在于保护客户已获得的利润。在实际操作中，限价委托和止损委托经常结合使用。

⑥开市和收市委托（market at open and close）。开市和收市委托要求经纪人在开市或收市时按市价或限价委托方式买卖股票。与前五种委托报价方式相比，开市和收市委托的主要区别在于限定成交时间，而对具体的报价方式没有严格要求。

3. 基金管理

基金管理，是投资银行充分利用它在市场中的特殊地位，发挥它丰富的理财经验和专业知识的一个重要领域，也是投资银行的一项重要收入来源。

（1）投资基金的概念与种类。

投资基金，是按照共同投资、共享收益、共担风险的基本原则和股份公司的某些原则，运用现代信托关系的机制，以基金方式将各个投资者彼此分散的资金集中起来，交由投资专家运作和管理，主要投资于证券等金融产品或其他产业部门，以实现预定的投资目的的投资组织制度。

投资基金按组织形态的不同，可以分为公司型基金和契约型基金两种。公司型基金是按照公司法（或商法）规定所设立的、具有独立法人资格并以盈利为目的的投资基金公司。而契约型基金则是按照一定的信托契约原则、通过发行受益凭证而形成的投资基金组织，它与公司型基金的主要区别是，契约型基金在组织上不是一个独立的法人机构，没有自身的办事机构系统，而是委托基金经理机构来负责经营管理。

投资基金按投资计划所列之证券可否变更，可分为固定型基金、半固定型基金和融通型基金。固定型基金的投资完全按其投资计划进行，计划投资的证券资产编定后，除非发行公司合并或撤销，不得随意变更。这种基金有利于投资者了解投资情况，但管理与运用缺乏弹性。融通型基金则可根据市场情况，自由决定投资证券的对象。半固定型基金介于固定型基金与融通型基金之间，即证券资产编定后，可在一定条件下和一定的范围内变更。

投资基金按受益凭证能否赎回或追加，可以分为开放型基金和封闭型基金。开放型基金的基金凭证数量是可以变动的，从而基金资本可因发行新的基金凭证或投资者赎回本金而变动，而封闭式基金的基金凭证预定数量一旦发行完毕，在规定的时间内，基金资本规模就不再扩大或缩小。

（2）投资基金的设立。

投资基金的设立一般包括以下四个步骤：

第一步，确定投资基金的性质。设立投资基金，首先要确定投资基金属于哪一种基本类型，即确定基金是公司型还是契约型，是封闭型还是开放型。契约型基金由一家基金经理公司设立，公司型基金本身就是一家股份有限公司。基金采用封闭型还是开放型，不同主体之间利益是不一样的。封闭型基金对于基金管理公司较为有利，因为它所经营管理的基金资产比较稳定，投资时选择的余地就要大一些。对投资者而言，封闭型基金可能会出现基金单位溢价的好处，但同时要承担基金单位折价的风险。开放型基金对基金管理公司不太有利，它所经营的基金资产不稳定，要随时准备资金满足投资者抽回投资的要求。对投资者而言，开放型基金流动性较强，而且不会出现受益凭证折价的风险。

第二步，制订基金文件，选择基金信托人或保管人。基金文件是构成基金组建计划的主要文件，如契约型基金的基金章程和信托契约，公司型基金的公司章程和所有重大协议。确定了基金的类型，制定了相应的文件，然后就选择基金信托人或基金保管公司。该信托人或保管公司同意基金文件后，与基金经理人签订“信托契约”或“保管协议”，经过主管机关审查通过后，二者共同发起设立基金。

第三步，发表基金公开说明书，准备发行受益凭证。基金受益凭证是无面额的有价证券，表明受益人依基金单位数比例分享本基金权益的资格以及享有其他有关权利，如本金受偿权、收益分配权、受益人大会表决权等。公开说明书也称募股章程，是基金的说明性文件，通过印制单行本或在报刊上登载从而向社会公告，以使投资者明确了解基金的性质、内容、投资政策等情况。

第四步，投资基金的发行与认购。投资基金受益凭证的发行与债券、股票的发行大致相似，可按发行对象与发行范围的不同分为私募发行和公募发行；按发行环节的不同，分为直接发行（不通过承销商而自己直接发行）与间接发行（通过承销商发行）。

（3）投资基金的经营。

投资银行在经营一笔投资基金时，主要内容包括：

①投资目标。投资目标不同，具体的投资对象、策略都各不相同。一般来说，在信托契约和基金章程中，对于投资目标都有比较详细的说明。投资基金的投资目标，大体上可以分为成长目标和收益目标两大类，以成长为投资目标的基金称为成长型基金，而以收益为投资目标的基金称为收益型基金。成长型基金重视资金的长期成长，投资对象主要是信誉好、长期有盈余的公司，或者有长期成长前景的公司。收益型基金的投资目标是获取最大的当期收入，一般投向利息较高的货币市场或债券及分配股利较多的股票，损失资本金的风险较低，但资本成长的潜力也很大。

②投资政策。投资政策是按照投资目标，对各类有价证券进行投资的选择方针。基金投资政策一般包括以下几个方面的内容：一是保持何种证券组合，如只包括普通股票，或只包括优先股票和债券，或平衡持有各种证券。二是证券分散化程度，即该基金所持证券的发行公司数以及基金的证券总值中不同发行公司和部门的分配比例，分散化程度越高，则基金所承受的风险越低。三是基金充分投资的程度，这主要反映基金资产的流动性。如果基金注重较高的收益或资本利得，往往把资产全部投资于股票或债券上，冒一定的流动性风险，而有的基金则将其资产在短期票据、债券和股票之间转移。四是偏重于经常收入的稳定性，还是偏重于证券买卖利差以及资本增值。如果偏重于前者，则采取防守性投资；如果偏重于后者，则采取进攻性投资。

③投资范围与投资限制。基金作为一种信托投资方式，具有特定的投资范围。根据各国和地区的基金管理办法，基金主要投资于证券市场的各类有价证券，包括上市公司的股票、股权凭证、新股认购权证、政府公债、政府担保公债、公司债、可转换公司债、金融债等。同时，基金还以一部分现金投资于金融机构或向短期票券商购入一部分商业票据，以保持资产的流动性。除了法定的基金投资范围以外，信托契约和基金章程往往对基金投资范围有详细的约定。此外，各种专业基金，如房地产基金、韩国基金等，从名称上已经规定了基金的投资范围。

对于基金投资的限制，各个国家和地区有不同规定，主要目的是为了保证基金投资者的利益以及限制基金在证券市场和公司决策中的影响力。一般而言，各国和地区对基金投资有下列限制：一是不得放款或以基金资产提供担保；二是不得从事证券信用交易；三是不得投资于其他基金的受益凭证；四是不得投资于与经理公司有利益关系的公司所发行的证券；五是除受益人请求赎回外，不得以基金资产购买本基金的受益凭证；六是投资于某一公司股票的总金额不得超过净资产值的10%，亦不得超过该公司发行在外股票总数的10%。

（4）投资基金的收益与利润分配。

①投资基金的收益。不同种类的投资基金，其收益的来源和方式各不相同，主要有：一是利息收入，这部分收入主要来自货币市场工具、商业票据、各种债券及部分银行存款所支付的利息；二是股利收入，主要是指购买优先股与普通股后，上市公司分发的股息、红利；三是资本利得，即基金购买的证券在销售后，所获得的本金增值部分；四是资本增值，即基金所投资的证券市值不断上升，超过购买时的成本，从而引起的基金净资产值的增加。

②投资基金的费用。投资基金的费用是在基金的运行过程中，进行投资的管理和操作而引起的。它包括四个部分：一是经理费，即基金经理公司和投资顾问为管理、操作基金而收取的手续费。经理费一般以基金资产值的一定比率，逐日累计，每月计提，按年收取。二是保管费，即保管公司因保管、处分基金资产而收取的手续费。三是操作费，即日常管理、交易中所需的费用，包括证券交易手续费、法律费、监督费、印刷费及其他杂项费用，所占比例较小。四是承销及分配费用，即基金受益凭证的销售和投资利润分配所涉及的费用。

③投资利润的分配。基金的投资收益扣除费用后，就是投资利润，分配给投资者。在美国，有关法律规定，基金至少要把95%的投资利润分配给投资者，而很多基金则是把全部利润都分配给投资者。投资利润分配的方式多种多样。货币市场基金的收入全部是利息，通常每月分配一次，债券类基金收入主要是利息和资本利得，通常每月或每季分配一次，股票类的基金收入包括利息、股利和资本利得，每年分配一次。相应地，投资者领取利润的方式也有多种，可以领取资本利得、股利和利息再投资，或领取股利、利息，资本利得再投资，也可以把三部分全用于再投资。投资者领取投资利润的方式，通常在填写基金认购书时即要声明，此后如欲更改，要提出书面申请。

4. 理财顾问

最近几十年中，投资银行除了传统业务外，业务范围迅速扩展。这些新兴业务往往更依赖于投资银行自身拥有的智力和信息来提供支持，因而逐步形成了一项与其他业务联系密切，且日趋走向独立的新型创收业务——充当客户的理财顾问。理财顾问的对象主要有两大类：一类是资金筹集者，包括国内外工商企业和各级政府部门；另一类是投资者，包括中小投资者和机构投资者。为筹资者提供的顾问服务，通常称为财务顾问；而为投资者提供的顾问服务，通常称为投资顾问或者投资咨询。

投资银行利用自身优势为证券筹资者和证券投资者提供市场信息、解答金融难题、提出项目方案以及出具公证意见等活动，帮助客户进行投融资决策，并从中取得一定的报酬。由于资本市场的发展和金融工具的复杂化，客户对于专业化理财意见的需求日益增加，加之投资银行在人才、信息和技术等方面具有极大优势，因而顾问和咨询业务逐渐成为投资银行的重要创收业务。

财务顾问的业务范围包括为客户进行资产重组顾问、财务风险管理顾问和项目融资顾问等。投资顾问业务包括为客户进行宏观经济分析、行业分析、公司分析和市场分析，帮助投资项目策划和提供投资方案，与客户开立共同账户合作投资，接受全权委托代客理财等。随着投资银行所联系的客户群体不断增长，为客户提供投资咨询业务成为投资银行的必备功能之一。通常国际上的大型投资银行均设立庞大的研究部门专门从事研究及咨询业务，例如日本野村证券设有独立的野村证券综合研究所，该研究所在全球财经界颇负盛名。研究涉及的内容包括宏观经济及其相关政策、重点行业及其上市公司、证券市场基本趋势及短期波动、金融工具创新等。另外，由于大型投资银行在全球范围内从事证券投资及资产管理业务，因此这些投资银行非常重视对世界经济及各主要国家的经济增长、国际收支及其财政金融政策的研究，并且把这种宏观经济研究作为公司在全球范围内分配资金和制定资产组合投资战略的基础。

投资咨询工作的具体组织视不同客户以及开展业务的需要而定。越来越多的研究部门已与销售和交易部门及其他部门的创收活动融为一体。由于研究的目的是为了向投资银行其他领域的创收活动提供支持，因此，研究起初被看成投资银行的辅助活动。由于投资咨询业务的开展，研究对一些投资银行而言已变为一项重要的收益活动。这些投资银行向经纪交易商或大型机构客户出售研究成果，比如投资公司、共同基金、保险基金等，或根据某些机构客户的特定需要，提供专项研究咨询。

理财顾问业务有两种表现方式：一种是独立收费方式，即投资银行接受客户委托为客户提供种类独立的顾问服务，顾问费用由双方商定，也可由投资银行根据该项目所耗费的时间和人工确定。另一种是非独立收费方式，投资银行提供的顾问服务包括在其他业务当中，如证券承销、企业并购和风险管理等，在这种情况下，顾问报酬也就列入其他业务当中计算。值得注意的是，上述两种划分方式的区别仅在于顾问项目是否单独计费，而顾问业务的标的则往往不是完全独立的，它总是或多或少地与其他业务相关联。过去，人们往往认为理财顾问业务不是投资银行主要的、稳定的收入来源，提供顾问服务的主要功能在于加强与客户的关系。固然，投资银行提供高质量顾问服务是发展公共关系的极好方式，但目前发展趋势是顾问业务逐步采取单独收费，而且顾问业务收入在投资银行整体收入中所占比重正呈上升趋势。

5. 企业并购服务

第二次世界大战结束以后，企业兼并（收购）日益成为投资银行的核心业务之一。企业兼并（merger）是指两家或更多的独立的企业合并组成一家企业，通常由一家优势企业吸收一家或更多的企业。企业兼并的方法包括用现金或有价证券购买其他企业资产、股票或股份以及股权置换等。兼并形式有：一是横向兼并，双方企业处于同一市场，且产品相同；二是纵向兼并，被兼并企业成为兼并企业的原材料供应者或产品销售（消费）者；三是扩大市场式兼并，被兼并企业为不同市场，但生产相同产品；四是互补性兼并，虽然双方业务无关、行业不同，但存在某种互补性。企业收购（acquisition）是指一家企业在证券市场上用现金、股票或债券购买另一家企业的股票或资产，以获得对该企业的控制权，但该企业的法人地位并不消失。

投资银行参与企业并购，主要是为并购双方（或多方）中的一方提供咨询服务，促成并购，并保护自己所代表的一方的利益。投资银行在并购中的具体活动主要包括帮助分析并购目的、寻找并购对象（包括评估对象的价值）、确定并购方式和拟定并购方案，并且在需要的时候帮助处理其他的一些问题，如反收购、帮助融资等。兼并与收购有很多相似的地方，而且相对来看，收购比兼并更为复杂，投资银行参与收购也要更多更深一些。因此，下面主要以收购为例来说明投资银行在并购过程中所提供的主要服务。

（1）分析并购目的。

分析企业并购的目的，是投资银行参与并购业务的第一步。只有真实、全面地了解了企业并购的目的，才有可能充分发挥自己的专长，为企业提供适用的建议。企业并购的目的，从最根本上来说，是追求利润的最大化。但具体来看，企业并购的目的大致可以分为四大类：一是追求协同效应。所谓协同效应，是指并购后企业的总体效益大于并购前两个独立企业效益的算术和，即 1+1>2。期待产生协同效应，是多数商业并购的基本目的。协同效应又可以分为经营协同效应、财务协同效应和税收协同效应三种。经营协同效应，是指并购后新企业的生产经营能力大于原来两个企业之和，这是合并后企业价值增加的长期主要来源。经营协同效应主要来自企业并购后取得了规模经济效益，以及被收购公司经营管理水平的提高。财务协同效应，是指并购后，公司资产负债结构得到调整，从而提高公司的融资能力。税收上的协同效应，是指并购后的公司，利用税法中的有利规定，如关于亏损处理等，达到合理避税或者获得税收优惠的目的。二是提高市场控制能力。前面提到的横向并购、纵向并购、扩大市场式并购都可以从不同角度提高企业对市场的控制能力。横向并购通过实现规模经济和提高行业集中程度，减少了竞争者的数量；纵向并购通过控制某个部分或行业的供产销全过程，从而获得一体化效益；而扩大市场式并购，或者扩大了经营范围，或者扩大了市场占领区域，都直接提高了市场控制能力。三是避免投资新建的弊端。并购可以省掉投资新建所需要的时间与技术，能够迅速获得现成的人员与设备，获得现成的供销渠道，同时也降低了经营风险。四是尽快进入新市场。通过并购方式，能够直接运用现有企业已经建立起来的市场、信誉、品牌、技术、设备等，从而能够克服进入壁垒，顺利进入新市场。

（2）选择目标公司。

投资银行准确了解了客户的收购目的以后，下一步就是选择合适的目标公司。目标公司选择是否得当，是整个收购活动成败的关键。选择目标公司时，主要需要注意三个方面的问题：一是目标公司应该符合收购目的的要求。如果收购的目的是为了追求协同效应和提高市场控制能力，那么目标公司应该与客户具有互补性；如果收购的目的是为了避免投资新建的弊端和尽快进入新市场，那么目标公司应该与公司的发展目标相吻合。二是要考虑到收购公司自身的财务能力。收购从本质上来看，是一种扩张行为，它要以自己的资本实力和融资能力为基础，财务能力的大小决定了目标公司规模的大小。三是要准确评估目标公司的价值。对目标公司的资产价值的估价，是公司收购或谈判协商报价时的重要依据。

（3）选择收购方式。

按收购手段来划分，收购方式可以分为现金收购、股份收购和债转股收购三类。现金收购是收购公司以现金购买目标公司的股份所实现的收购，其优点在于支付方式清楚、迅速，但对于收购方而言，资金压力往往太大，而对于目标公司而言，股东现时收益较高，需要承担相当大的税负。股份收购是收购公司通过将自己的股份置换成目标公司的股份所实现的收购。债转股收购是收购公司通过将所持有的目标公司的债权转换成目标公司的股份所实现的收购。

按收购后控制目标公司的股份比例，收购方式可以分为参股收购、控股收购和完全收购三类。参股收购是收购公司通过持有目标公司部分股份所实现的收购；控股收购是收购公司通过持有目标公司股份达到控股程度所实现的收购；完全收购是收购公司通过持有目标公司全部股份所实现的收购。对这三类方式的选择，主要取决于收购公司自己的财务能力和目标公司的规模。

按收购是否公开，收购方式可分为公开收购和非公开收购两类。公开收购亦称标购，指收购公司通过向目标公司的全体股东发出公开收购股份的要约并收购其股份所实现的收购；非公开收购是收购公司通过直接与目标公司及其股东谈判、收购其股份所实现的收购。

（4）安排收购融资。

收购公司如果有足够的富余的自有资本金，就可以直接收购，但是，这一方面限制了收购的规模，另一方面也不能充分发挥自有资本金的杠杆效应。因此，通过各种融资渠道筹集更多的资金用于收购，是收购公司的需要，也是投资银行能够大有作为的重要方面之一。前面提到的股份收购方式，实际上就是通过发行股票、筹集资金进行收购的一种方式。除此之外，收购公司还可以通过发行公司债券、向银行举借贷款和争取政府财政资金等方式筹集资金用于收购。

（5）恶意收购与反收购。

收购可以分为善意收购和恶意收购两类。善意收购是经目标公司董事会同意而采取的收购行动。对公开收购，目标公司甚至还会劝告本公司股东接受公开出价收购要约。收购后，目标公司管理层通常会被保留下来。恶意收购，是不受目标公司管理层和董事会欢迎，在遭其抵抗后依然强行实施的收购；或不与目标公司协商，在其全然不知的情况下突然进行公开收购的行为。

反收购，是目标公司管理层为使收购公司对本公司的收购难度增大或不成功而采取的行动。反收购的目的主要有两个：一个是通过反收购迫使收购方修改收购条件，提高收购价格，或引入竞争性出价，使公司股东在收购中尽可能多地获利；另一个是通过反收购行为，挫败收购方的收购企图，保持公司的独立性，保留现有管理层。前者侧重于维护股东利益，后者则主要保护现有管理层的利益。反收购的具体手段包括：一是调整战术。如目标公司在面临收购威胁时，通过增加股利分配、重新评估资产、公布秘密研究成果等手段来抬高公司股价，增大收购难度。二是法律手段。目标公司以收购方违反法令的名义提出诉讼，如指控收购方收购手续不齐全、公开的内容不充分、违反反托拉斯法等。三是劝说股东。如劝说股东使其相信收购方低估了目标公司的真实价值、向股东宣传公司未来发展计划等。

一般来说，投资银行为了维护自己的声誉，是不会参加恶意收购的。而反收购则是投资银行经常参与的一种活动——这不仅是客户的需要，而且也是发挥投资银行特有优势和挣取手续费的一种业务。

6. 项目融资服务

（1）项目融资的概念。

项目融资是一种无追索权或有有限追索权的融资或贷款，它一般具备以下一些基本特征：①至少有项目发起方、项目公司和贷款方三方参与；②项目发起方以股东身份组建项目公司，该项目公司为独立法人，从法律上与股东分离；③贷款银行为项目公司提供贷款；贷款银行主要依靠项目本身的资产和未来的现金流量作为贷款偿还保证，而原则上对项目公司之外的资产没有追索权或仅有有限追索权。也就是说，如果项目公司将来无力偿还贷款，则贷款银行只能获得项目本身的收入与资产，但对项目发起方的资产基本上没有请求的权利。

项目融资的上述特点，使这种融资方式一般只应用于大型基础设施项目，具有期限长、金额大的特点。由于项目融资的复杂性，在项目融资所涉及的各方中，融资顾问扮演着一个极为重要的角色，在某种程度上可以说是决定项目融资能否成功的关键。担任融资顾问的条件包括能够准确地了解项目投资者的目标和具体要求，熟悉项目所在国的政治与经济结构、投资环境、法律和税务，对项目本身以及项目所属工业部门的技术发展趋势、成本结构及投资费用有清楚的认识和分析，掌握当前金融市场的变化动向和各种新的融资手段，与主要银行和金融机构建有良好的关系，具有丰富的谈判经验和技巧等方面。投资银行由于其所具有的专门人才和经验，是项目融资顾问的首选机构。投资银行参与项目融资，受项目发起方的聘请，承担着分析是否使用项目融资方式筹集资金、进行可行性研究和风险分析、设计项目融资结构以及准备并参与融资谈判等工作。

（2）项目融资利弊分析。

帮助客户认清项目融资的特点、了解项目融资的利弊，是投资银行的重要职责之一，也是投资银行融资顾问工作的起点。

项目融资对于资金的需求者即项目主办方来说，具有如下几方面的好处：①获得资金。项目融资的金额一般都高达十几亿美元、几十亿美元甚至上百亿美元，发展中国家政府一般拿不出这么多资金，同时，发展中国家的企业或项目实体国际信用等级一般不高，不易从国际金融市场直接借入。而项目融资可以把项目同项目发起方分离开来，银行可以根据项目的收益状况判断和决定是否予以贷款，从而使项目的建立获得所需的资金。②资产负债表外的会计处理。项目融资中，银行贷款通常没有追索权，或者即使有有限的追索权，也是通过合同安排加在项目公司身上的，这都不会影响项目主办方本身的资产负债表，主办方的债权和债务不会因为项目融资而改变，因此，也不会影响它的债务与权益的比例及各种财务比率指标，不会像直接从银行借入贷款那样恶化资产负债表。③分散风险。由于项目融资中偿还贷款的来源主要是项目本身的收入，因此主办方的风险相对来说，要比以自己的特定资产或不特定资产为担保从银行直接借入资金低得多。同时，贷款方也可以通过组建贷款银团、要求项目所在国政府提供担保或承诺、向跨国保险公司投保等方式分散风险，从而保证所涉及各机构的风险能够得到有效分散。④不受项目主办方资产规模限制。对大型项目来说，单凭主办方自己的财务能力是不可能完成的。项目融资方式使项目的规模不受主办方资产规模的限制，从而保证了项目能够得以实施。

项目融资最为明显的弊端：一是成本高。由于在项目融资中，贷款银行承担了较大的风险，因此希望得到的收益也高，相应的贷款利率也比普通贷款高。同时，项目融资要求繁多的担保与抵押，每一道担保或抵押都要收取较高的手续费，从而提高了项目融资的直接费用。另外，评估费、财务顾问费、法律顾问费、审计费以及名目众多的管理费等，都会极大地增加项目融资的间接费用，从而使其成本很高。二是耗时长。项目各方要在项目融资过程中经过分担风险的谈判才能签署合同和协议，而这种谈判往往因各方利益不一致而陷于僵局。另外，复杂的项目融资结构也使有关各方不能很快达成协议，从而使一个项目可能拖上好几年的时间。这不仅提高了直接成本，还错过了市场和其他机会，由此造成的间接成本往往更大。

（3）审查可行性研究。

详细的可行性研究一般由项目主办人另外聘请专门机构进行。但是，由于投资银行作为项目融资顾问，需要拟定向潜在融资各方寄发的可行性研究报告，并须签署自己的意见，因此，投资银行需要对项目可行性研究进行比较深入的审查。审查的主要内容一般包括如下五个方面：一是技术可行性研究审查。主要审查设计是否合理、工程技术的处理是否得当。二是财务可行性研究审查。这是投资银行审查的重点，除了必须对项目主办人提供的可行性研究报告中的数字、资料进行检查，在确定其真实性、准确性、完整性和假设的科学性以外，还必须运用自己的专业知识，进行更为深入的技术性分析，全面准确地了解项目的收益能力和融资成本承受能力。三是经济可行性研究审查。主要是审查这方面的研究是否充分考虑到项目对宏观经济的影响，这是获得东道国政府、其他国家政府和国际金融组织的各种行政支持、法律支持和资金支持的重要依据。四是组织可行性研究审查。项目融资可行性研究中必须包括组织可行性研究的内容，这是因为一个国家的组织机构、人事制度、工资待遇、管理体制等都对项目计划的制订和执行有着决定性的影响。五是社会可行性研究审查。社会可行性研究主要应考查一国政治体制、经济结构、宗教信仰、传统习俗等方面的因素，这往往是国外投资者也非常关心的问题，而且对项目本身的成功与否也有着很大的影响。

（4）项目融资模式设计。

项目融资金额巨大、期限长，因此，需要投资银行对融资模式、融资计划进行详细设计，在保证资金足额、按时到位的同时，尽可能地降低融资成本。这就要求投资银行在设计方案时，尽可能充分利用各种可能的资金来源。项目融资的资金来源主要有国际金融机构、各国政府出口信贷机构、项目所在国政府、国际商业银行、机构投资者、租赁公司、原材料供应商、项目产品或服务的购买者、承包商、项目发起方，等等。

严格地讲，任何两个项目融资的模式都不可能完全一样，不同项目的工业性质和投资结构及投资者对项目的信用支持和融资战略都各不相同，这就决定了项目融资的模式也必然各不相同。一般来说，主要有三种融资模式：一是产品支付融资模式。在这种融资模式中，借款方在项目投产后，不以项目产品的销售收入偿还债务，而是直接以项目产品来还本付息。在贷款得到偿还前，贷款方拥有项目部分或全部产品的所有权。这种方式，限制了借款人的责任，从而实现了转移风险的目的，同时还可以避免产品价格大幅度波动所带来的较大风险。二是融资租赁模式。租赁公司以自己的信用向银行取得贷款，购买厂房及设备，然后出租给项目公司。项目公司在项目运营期间，以运营收入向租赁公司支付租金，租赁公司以其收到的租金通过担保信托向贷款银行还本付息。融资租赁可以通过厂房和设备的折旧为项目发起方带来资本让税，从而降低了项目总成本。同时，在为法律尚不健全的国家担保购置资产的项目进行融资时采用租赁的方式，是由于租赁资产的所有权没有发生转移，仍在贷款人的掌握之中，因此，债权人对租赁资产比较放心，使贷款风险较低，从而能够降低融资成本。三是 BOT 融资模式。BOT 是 build（建设）、operate（经营）和 transfer（转让）三个英文单词的第一个字母的缩写，代表着一个完整的项目融资模式。它是由项目所在国政府或所属机构为项目的建设和经营提供一种特许权协议，作为项目融资的基础，由本国公司或者外国公司作为项目的投资者和经营者安排融资，承担风险，开发建设项目并在有限的时间内经营项目获取商业利润，最后根据协议将该项目转让给相应的政府机构。BOT 模式是一种新型的项目融资模式，已显示出无限的发展潜力，但涉及方面多，结构复杂，而且前期成本非常高。

投资银行在选定融资模式后，还要根据项目具体情况，拟订融资计划。融资计划包括：融资总额；建设期、生产期提供资金的时间表；担保安排；各种资金来源安排计划；各种可用资金的币种、提款期、宽限期、还款期、利率、各种费用等。

（5）准备并参与融资谈判。

投资银行在拟订好融资计划后，就需要准备项目介绍资料和有关文件，然后与投资银行认为可能对参与项目融资有兴趣的各方进行联系。在联系的过程中，准备各种文件，为达成最终协议的谈判打下基础。

与项目融资有关的文件，种类非常之多，一般包括基本文件和融资文件两类。基本文件包括政府的项目特许制经营协议和其他许可证；承建商和分包商的担保及预付款保函；项目投保合同；原材料供应协议；能源供应协议；产品购买协议；项目经营协议。融资文件包括贷款协议、担保文件和支持性文件。准备好文件之后，就开始与有关各方进行谈判。这时，投资银行作为融资顾问，主要是利用自己的专业知识，发现谈判双方矛盾的焦点，提出解决方案，力促谈判早日达成协议。

（四）国际投资银行的风险监管

1. 投资银行风险增加

进入20世纪90年代，随着金融市场国际化和网络化的进程加快，国际金融市场危机四起，更加动荡不安。从世界老牌商人银行英国巴林银行倒闭，到日本山一证券公司和香港百富勤投资集团破产，从墨西哥金融风波到东南亚金融危机，凡此种种，令人惊心动魄。

1997年由泰国金融危机引发的多米诺骨牌效应，引发东南亚出现大范围的金融动荡，造成了非常严重的损失，这其中投资银行难辞其咎。泰国在推进金融自由化的过程中，其投资银行获得了长足发展，并在泰国金融运行中占据了十分重要的地位。泰国1991年投资银行总资产占泰国金融机构总资产的比例达到1/4，这些非银行金融机构从事贷款、证券上市、承销和交易、投资顾问等业务，但不能吸收存款，资产主要分布在房地产、消费贷款（大部分是汽车贷款）、个人证券投资贷款和证券投资这四个风险很高、受市场波动影响较大的领域。据统计，1993—1996年，泰国投资银行在这四个领域的投资占其总资产的比例高达50%以上，而同期商业银行在这些领域的投资仅占17.5%。因为投资银行不能吸收存款，其资金来源主要是以较高的利率向国外金融机构和国内商业银行借款，或者向居民发行短期票据进行融资，在国内利率较高的背景下，投资银行更多地转向借取外债。由于资产和负债在币种和期限上极不平衡，产生了巨大的汇率和流动性风险，在泡沫经济中，其资产又面临着极大的市场风险；由于投资银行与国外金融机构和国内商业银行建立起了紧密联系，随着外资的突然撤出、泡沫经济的突然破灭、本币的急剧大幅贬值，不断积累的汇率风险、流动性风险和市场风险一起突然爆发，金融危机通过这些投资银行急速地向国内商业银行进而向整个金融体系扩散。因此，金融市场化进程中对投资银行监管不力，是泰国爆发金融危机的重要原因。

1997年3月7日，野村证券公司对外宣布，该公司高级职员未经批准，私自挪用公款进行股票买卖，并将非法所得作为保护费提供给黑社会组织“总会屋”；3月14日，野村证券社长宣布辞职；5月，小型券商小川证券公司申请自动停业；5月30日，野村证券前社长被拘捕；7月和8月间，四大券商中的其他三家山一、大和和日兴均传出涉嫌“总会屋”贿赂消息，日本投资银行业信誉受到极大冲击；11月初，三洋证券公司申请破产；11月24日，日本四大证券公司之一——山一证券宣布破产，成为日本历史上规模最大的一起破产案件。山一证券的倒闭不仅宣告了多年来日本四大券商垄断天下时代的结束，也表明日本投资银行业跌至谷底，而且金融大改革后外国投资银行大举进入形成巨大的竞争压力，面对国内股票市场进入20世纪90年代以来一蹶不振的困境，日本的证券公司已走到了一个十字路口。

1998年，美国一个著名的对冲基金——长期资本管理基金（LTCM）由于在俄罗斯投资失误，出现40亿美元的巨额亏损，陷入破产边缘，迫使美国联邦储备委员会介入拯救行动，由15家金融机构集体提供37.5亿美元的一揽子援助，使该对冲基金暂时渡过了财政危机。这再一次警示人们，能够带来巨额利润的投资银行业，也潜伏着巨大的风险。

由于国际金融市场的连带效应很强，一旦有大型基金倒闭，很可能引发银行收缩对对冲基金的信贷，令其他对冲基金如多米诺骨牌般倒下。对冲基金倒下，基金经理只需清盘了事，但是，由高杠杆比率借贷来的巨债，却可能引起金融体系的大崩溃。因此，必须采取一切可能的措施，防范和控制投资银行业的风险，维持金融体系的稳定。

2. 防范和控制风险的措施

金融风险日益增加已是铁的事实，任何国家一旦放松金融监管就会产生意想不到的严重后果。从世界各国防范金融风险的实际经验看，主要有以下措施：

（1）对投资银行的审核制度。

目前主要分为注册制和特许制两种形式。以美国为代表的注册制，主要是通过市场机制和证券交易席位限额，限制券商数量，对证券从业人员资历与最低资本额度都做了详细规定。以日本为代表的特许规定，要求凡是经营证券业务的金融机构，必须先向大藏省提出申请，经审核，根据不同的证券业务种类授予不同的特许，这就形成了各证券公司业务侧重点不同的特点。英国《1986 年金融服务法》规定，设立证券公司必须满足该法案规定的条件，经过证券投资委员会直接批准方可经营投资业务。证券投资委员会有权制定各种规章制度，并按照规定对批准从事证券投资业务者加以管理，有权限制证券投资企业的业务种类。对违反禁令和限制条件的投资企业，向金融服务法庭起诉，要求其对受损投资者予以经济赔偿。

（2）对投资银行经营行为的监管。

一是实行经营报告制度。投资银行要将所有经营活动按统一格式和内容，分为年报、季报和月报上交证券交易委员会以备查核。二是建立纯资本比例制度，规定纯资本（由现金和随时可变现的自有资本构成）与负债比例最低不得低于 1：15，以此要求投资银行在经营中保持足够的现金资产，将其经营风险控制在一定范围内。三是经营收费标准限制。为防止收费过高，人为提高社会筹资成本，降低市场运营效率，一般规定经纪业务的佣金不得超过委托交易额的一定比例；包销、代销证券等收费最高不得超过该项交易额的一定比例。四是违法活动的处罚制度。对投资银行在经营报告中有虚报、漏报、隐瞒经营情况，违反经营收费标准，违反纯资本比例制度，从事违反“反垄断条款”“反假冒”“反内部沟通条款”的非法投机活动进行处罚。包括：下令取消证券商的资格，拒绝、停止或撤销证券商的注册等。我国台湾地区规定，主管机关发现证券商的董事、监察人、经理人及其他直接有关人员有违法行为，足以影响证券业务正常执行的，应随时命令投资银行解除其职务，并随即申报主管机关。五是投资银行必须取得经营证券业务许可。投资银行违规交易，除依照法律给予处罚外，主管机关视情节轻重，给予警告、停业 6 个月以内或撤销证券营业特许等处罚。

（3）对投资银行的财务监管。

为保证投资银行能合理履行其职责，不因财力不足致使投资者受损，各国对投资银行的财务责任都有规定。主要方式有：一是提存备付金。各国各地区要求提存备付金数额不一。我国台湾地区规定，自营商按开业时的实收资本额提存 2%，专业经纪商按实收资本额的15%提存，可以用公债抵充。二是规定最低资本额。美国规定证券自营商要拥有专为自营买卖准备的25万美元以上的资本金。三是规定最低流动比率。法国规定为100%，且代客户保管的资产金额必须以流动资产方式保存。四是保险。美国最为严格，由法律直接规定。英国规定如有保险，则可降低流动比率要求。五是设立赔偿基金。1970年美国颁布了《证券投资保护法》，并据此建立了“证券投资者保护公司”，规定在证券交易委员会注册的经纪人或交易商都必须成为该公司的会员，每个会员定期向该公司缴纳一定份额资金以建立一项基金。在经纪人倒闭时，其客户可得到10万美元以下的赔偿。

（4）证券承销业务的风险监管。

证券承销分为代销、余额包销和全额包销三种方式，对后两种包销方式，承销商会承担销售不出去或者销售价格下降等方面的风险。考虑到这些风险，投资银行会降低它们的报价以抵御由价格不确定带来的经济损失，但这会导致其在承销竞争投标中的竞争地位下降。为了规避风险，一般采取以下措施：一是允许投资银行运用金融期货工具，采用某种风险控制工具。如利用利率或股票指数期货以降低投资银行在承销过程中的价格风险，即通过在债券或股票实际发行前卖出相应期货的方式为它们购入的证券套期保值。在债券承销中也可以采用类似方法对承销债券做相应的套期保值。但是由于在西方证券市场中债券期货大多是国库券品种，所以当投资银行为公司承销债券时，就必须使用一种交叉技术，即采用国库券期货对其他短期金融工具进行套期保值。二是运用期权工具。由于采用公开竞价方式报价，投资银行报出一个价格，但并不能肯定能承担证券销售工作，金融期货只能使投资银行降低价格风险，却没有考虑到承销过程中竞价的结果。这时允许投资银行购买一份看跌期权以满足在此情况下的风险管理需要。如果承销资格在公开竞价后没有争取到，那么投资银行就不执行看跌期权合同，其损失也仅限于购买这份看跌期权的价格。如果争取到了承销资格，这份看跌期权可以防范价格风险，因为一旦承销证券价格下跌，看跌期权合同允许投资银行以较高价格卖出该证券。如果该证券价格上升，投资银行可不执行该期权合同。这时，虽然付出了一笔期权费，但在承销市场上能够获得收益。

（5）做市商业务的风险监管。

做市商在一定程度上承担了维护二级市场价格稳定和增加二级市场流动性的功能。在某一时点或时段上，做市商因为要不断买进卖出，其头寸就会发生变化，为这些净增加和净减少的头寸承担价格风险。一般来说，系统性风险可以根据做市商所做股票的贝塔系数来确定应该进行风险抵补的头寸金额，然后买卖相应数量股指期货或期权予以对冲。非系统性风险可以依靠多种证券形成的投资组合使各个证券的非系统性风险互相抵消。如某做市商被迫隔夜持有大量敞口头寸，通过出售一指数期货合同，就可以为其持有的敞口头寸非预期的价格下跌予以保值。一旦价格真的下跌，可以通过期货市场的收益抵补现货头寸的损失。有时做市商卖空某一证券，在该证券被买进之前，可以通过买入指数期货合约来预防证券价格上涨。

（6）证券经纪业务的风险监管。

它主要包括以下内容：①财务要求。一是证券经纪商注册资本必须在一定限额以上；二是证券经纪商资本负债比率不得超过一定标准，净运营资本必须在一定标准以上，保证具有足够流动性；三是证券经纪商在注册登记后，应向证监会指定银行存入一定数额营业保证金；四是证券经纪商应从其营业收入中提取一定比例，建立违约损失准备，以用于弥补代理证券交易违约发生的损失。②业务限制。首先，证券自营业务与证券经纪业务应严格分开，以避免业务之间相互影响，避免客户与证券商之间的利益冲突和内幕交易。其次，应将投资者账户的证券与自有证券分开保管，将投资资金账户的资金专项存入中央银行指定的银行，不得挪用于证券经纪商的其他业务，严禁将风险转嫁到投资者身上。③定期报告制度。证券经纪商应定期向证监会和证券交易所报送规定的财务报告，由月报、季报、年报及其他定期报告组成，其中年报应经证监会认可的检查机构审计，并出具经审计的证券经纪商的所有账目和记录等资料。④建立赔偿基金。主要用途在于补偿因经纪人过失而给投资者造成的损失。资金来源一部分由交易所从每个会计年度的净收入中按比例提取，另一部分则由各经纪商按规定数额一次性支付。

（7）完善信息网络。

为提高网络系统运行效率，减少信息网络负面影响，一些国家开始完善各种信息系统和网络系统相关法规，涉及证券业数据库管理、证券业网络管理、证券业发行系统、交易系统、清算系统和证券业资讯系统管理等内容，着力营造一个公开、公平、公正、高效和灵活的市场环境。

3. 证券监管的国际合作

近四十多年来，随着投资银行业务的国际化、投资银行机构的巨型化、投资银行产品的创新化、投资银行活动的日益网络化和金融风险因素的不断增加，国际投资银行的发展给政府监管部门带来了巨大挑战。当今世界，金融风险正严重威胁着国际金融体系的正常运作和国际经济的健康发展，加强金融监管单靠某个国家或某几个国家的努力已经力不从心，必须加强各国金融监管部门之间的合作。

1997 年年底，英国证券及投资协会主席、金融服务管理局主席霍华德·戴维斯专门撰文，阐述了英国设立综合性金融监管机构的必要性，并呼吁加强全球金融监管合作。戴维斯指出，由于各国金融市场联系越来越紧密，国际金融中心证券交易的相互影响越来越大，因此，国际金融机构将风险管理统一集中起来就显得非常迫切了。他说，只要各个金融中心能及时准确地反映某一金融机构的交易情况，那么它的整体风险状况就能清晰真实地显现出来。既然金融机构统一管理其国际化经营活动所产生的风险已成为一种趋势，那么施行统一集中的监管也应该是理所当然的事。在国际金融体系中，只有各个监管部门通力合作，才能对银行、证券公司、保险公司等金融机构的安全性做出全面综合的评价。

有关证券监管的国际合作，早在 20 世纪 60 年代初就已经有所尝试。1961 年 10 月，国际证券交易所联合会（FIBV）成立，其宗旨是发展、支持和推广有组织和规范的证券市场，以满足所有使用市场人士的利益和国际资本市场的需求。截至 1995 年年底，有正式会员 37 名，副会员 11 名。1997 年的年会在中国香港召开，有来自全世界 48 个交易所的 150 名代表参加了会议。

1983 年又成立了国际证监会组织（International Organization Of Securities Commissions，IOSCO），这是一个常设机构，新总部设在西班牙马德里市。IOSCO 的前身是 1974 年成立的证监会美洲协会，截至 2013 年 2 月，IOSCO 共有 203 个会员，包括 116 个正式会员，12 个联系会员和 75 个附属会员。其宗旨是通过交流信息，促进全球证券市场的健康发展，各成员组织协同规定共同的准则，建立国际证券业的有效监管机制，以保证证券市场公正有效。其组织结构包括：主席委员会、4 个地区常设委员会（亚太、欧洲、美洲和非洲/中东地区委员会）、执行委员会（下设技术市场委员会和新兴市场委员会）、秘书长和咨询委员会。其中执行委员会是其日常管理机构，有 19 名成员，任期 2 年。咨询委员会由全部 37 个附属会员组成，多为各重要的证券交易所、金融机构或金融公司。我国的上海证券交易所、深圳证券交易所于 1996 年 9 月加入其咨询委员会。

经国务院批准，中国证券监督管理委员会在 IOSCO 1995 年巴黎年会上加入该组织，成为其正式会员。按地区划分，中国证监会属于亚太地区委员会正式成员。按市场发展状况划分，中国证监会是新兴市场委员会的正式成员。中国台北证券暨期货管理委员会（原名证券管理委员会）于 1986 年成为 IOSCO 的正式成员，其英文名称原为“TAIPEI-CHINA”。在中国证监会及有关部门的要求下，其英文名称被改为“CHINESE TAIPEI”。

除了国际证券交易所联合会和证监会国际组织以外，还有多种国际机构甚至一些高级别的国际政治组织都不同程度地关注投资银行与证券市场监管的国际合作问题。1985 年 9 月成立的西方七国首脑会议，宗旨之一就是协调工业大国之间的货币政策，以国际汇率为核心，稳定国际汇率，防止通过汇率波动转移国际货币财富和造成国际金融市场大动荡，从而产生金融危机及影响国际经济贸易的正常发展。在过去举行的西方七国多次首脑会议中，都呼吁各国金融监管当局加强对国际金融业务实施严格监管，特别提出要用统一的标准和技术手段来判断国际金融机构资本充足率，金融监管合作问题受到了国际社会的高度重视。在证券业监管方面，各国证券监管机构在其国际组织的指导下，制定了一系列国际性准则，同时银行业和证券业监管机构也已开始建立合作关系，最典型的就是英格兰银行和美国证券交易委员会签署了合作备忘录。1999 年 2 月，证监会国际组织与巴塞尔委员会联合发布了《对金融集团的监管》和《对银行、证券公司交易以及衍生金融工具公开披露的建议》。鉴于美国长期资本管理公司对国际金融秩序造成的严重冲击，巴塞尔委员会将相当大的注意力投入到对高杠杆融资金融机构的监管上。国际货币基金组织始终把监督国际金融风险，防范全球金融危机作为一项重要的工作内容。在 1996 年召开的基金组织年会上，提出了十几项监督内容作为国际金融合作的指导性文件，要求各成员国建立稳健的财政货币政策，公开报告金融信息，强化对金融业的监管。1998 年 9 月，联合国贸发会议在发表的《1998 年贸易与发展报告》中建议设立金融保障机制。在这种背景下，一些地区性金融合作组织开始建立，以协调政策、互相支持和强化金融监管。

欧洲共同体各国进行金融合作是最早并且是比较成熟的，欧洲货币联盟经过多年运作，于1999年已如期实现了欧元体制。20世纪80年代欧共体颁布的有关证券发行与交易的一系列指令，为欧洲投资银行业务一体化发展创造了有利条件。1995年12月31日起，欧洲联盟开始执行新颁布的两个指令，即《投资服务指令》(The Investment Services Directive，ISD）和《资本充足率指令》(The Capital Adequacy Directive，CAD)。《投资服务指令》是指导欧洲单一市场投资银行业的框架指令，因此有“欧洲护照”之称，欧盟所有成员国自此开始相互承认投资银行资格认定。《资本充足率指令》补充了《投资服务指令》，规定投资银行必须达到最低自有资本。国际证券市场协会（The International Securities Market Association，ISMA）作为国际证券市场自律组织负责监督有关欧洲单一市场指令的执行。

近年来，亚洲地区金融合作已初步形成，六个国家（或地区）的金融合作会议于1997年在东京召开首次会议。基于亚洲经济发展，金融业务量已占全球1/3，外汇储备占全球40%，国际资本流量加大，加之亚洲各国（地区）金融管理机制尚不成熟以及泰国、韩国和日本等国发生金融动荡情况，加强亚洲地区金融合作已成为国际社会关注的焦点。

在北美地区，金融合作由美国唱主角，并以美元为地区核心货币。1995年墨西哥金融危机曾使美国坐立不安。墨西哥一度是美国自由经济的示范区，严重金融危机发生之后，美国动用了200多亿美元进行紧急救援，强迫国际货币基金组织也拿出200多亿美元，才平息了危机。目前北美地区尚没有成立地区金融合作组织。

二、其他非银行金融机构

20世纪80年代以来，在各国证券市场上发生的一个主要现象，即个人投资者不断将自己的证券投资事务委托给各类金融机构，从而使得机构投资者的份额和地位日益上升。如日本在20世纪50年代上市公司持股比率为个人70%、机构30%；20世纪80年代，个人持股比率已下降到30%，机构则上升到70%。美国的机构投资者所占市场比重在1965年为16%，1992年已高达48%。这些机构包括各种共同基金、对冲基金、养老金、保险公司等（见表6-4）。同时，随着国际证券市场的发展，这些机构的证券投资也日益向海外发展，成为国际间接投资的重要主体。

表6-4　主要工业国①机构投资者资产表　　单位：10亿美元

机构种类	1980年	1988年	1990年	1991年	1992年	1993年
养老金	903.8	2 710.1	3 226.7	4 143.1	4 451.0	5 173.2
人寿保险公司	859.7	2 525.2	3 167.8	3 579.5	3 887.2	4 210.1
非人寿保险公司	293.9	792.5	957.8	1 047.4	—	1 391.5
共同基金②	396.8	1 438.3	1 678.9	1 985.9	2 258.0	2 502.7
总计	2 454.2	7 466.1	9 031.2	10 755.9	—	13 277.5

资料来源：国际货币基金组织. 国际资本市场［M］. 北京：中国金融出版社，1995.

① 主要工业国这里包括加拿大、德国、日本、英国和美国。
② 第一档为1983年的数字。

（一）共同基金

共同基金（Mutual Fond）是指通过信托、契约或公司的形式，公开发行基金证券如“受益凭证”“基金单位”“基金股份”等形式将众多的、零散的资金募集起来，形成一定规模的信托资产，由专业人员进行投资操作，并按出资比例分担损益的投资机构。它在美国被称为“共同基金”“互惠基金”，在英国被称为“单位信托基金”（Unit Trust），在日本则被称为“证券投资信托基金”。共同基金的种类众多，但根据其投资战略不同，大致可分为两大类：一类是投资于长期资产如股票、债券乃至实业资产的基金；另一类是主要投资于短期金融资产如可转让大额存单、商业票据、短期国库券的基金。

20 世纪 80 年代以来，共同基金的发展十分迅速，被引进到许多发达国家和发展中国家，这标志着它已步入全球发展阶段。根据国际金融市场一体化与区域化并存的特征，全球共同基金市场可大致分为北美市场、欧洲市场和以亚太为核心的新兴地区市场三大部分。

1. 北美共同基金市场

它主要包括美国和加拿大的共同基金，其中美国占据约 80%的市场规模。在美国，1981—1986 年共同基金资产以年均增长 50%的速度扩充。到 1993 年，美国共同基金资产已达 2 万亿美元①，而 1996 年年底，其资产规模又进一步达到 3.5 万亿美元②。共同基金已成为美国第二大中介机构，仅次于商业银行。在 1993 年，美国共同基金对股票、债券的净购买分别为 1 288 亿美元、561 亿美元③。

2. 欧洲共同基金市场

欧洲是仅次于北美的第二大共同基金市场，其中最重要的国家包括法国、德国、卢森堡和英国。欧洲共同基金的跨国一体化程度较高，这得益于 1985 年 11 月 18 日欧洲理事会通过的有关投资基金组织发行的资金单位自由交易的两个指令，其内容主要包括：协调成员国间有关法律规定的大致框架，创造平等的竞争条件；投资基金组织的申请范围、准入条件和结构及其投资政策；应提供给投资者的信息；监管机构的权利、义务以及设立成员国共同组成的联席委员会等。

3. 新兴地区共同基金市场

20 世纪 80 年代后期以来，以新兴市场国家为主要投资对象的共同基金不断发展，其主要形式为国家基金。国家基金有许多种类，包括投资于任何新兴市场的全球基金、集中投资于特定地区的基金或专门投资于一国的基金。到 1993 年年底，许多主要的金融中心列名的有将近 500 个国家基金，其证券投资总值也不断上升（见表 6-5）。

① 国际货币基金组织. 国际资本市场［M］. 北京：中国金融出版社，1995：162.
② 谢荣兴. 同舟共济，为百万规模而努力［N］. 中国证券报，1997-11-07.
③ 徐洪才. 世界基金市场与我国对外筹资选择［J］. 国际金融研究，1996（5）：3.

表 6-5 投资于新兴市场地区的封闭型基金的发行 单位：10 亿美元

洲际分布	1989 年	1990 年	1991 年	1992 年	1993 年
亚洲①	1.417	1.895	0.213	0.870	1.373
欧洲②	0.181	0.976	—	0.122	0.032
非洲③	—	—	—	—	0.066
拉丁美洲④	0.408	0.575	0.727	0.293	0.010
全球基金	0.076	0.036	0.253	0.137	2.609
总计	2.082	3.482	1.193	1.421	4.152

资料来源：国际货币基金组织. 国际资本市场［M］. 北京：中国金融出版社，1994.

（二）对冲基金

对冲基金（hedge fund）是对少数投资者发行的私人投资基金，其投资对象涵盖证券、货币、期货、期权、利率、汇率等几乎所有金融产品。它往往通过财务杠杆，在高于平均市场风险的条件下谋求超额的收益率。

对冲基金起源于 20 世纪 50 年代的美国，最初主要是通过对冲技巧回避市场风险并获得较高的收益率。发展到今天，全球已有 4 000~5 000 个对冲基金，管理着 3 000 亿美元的资产，成为国际证券市场上重要的机构投资者（见表 6-6）。

表 6-6 全球十大离岸注册对冲基金（1997 年 9 月 30 日） 单位：亿美元

基金名称	基金经理公司	资产总值
Jaguar Fund A	Julian Robertson Tiger Management Corp.	67.06
Quantum Fund	索罗斯基金管理公司	58.83
Quantum Industrial Fund	索罗斯基金管理公司	28.49
Quota Fund	索罗斯基金管理公司	23.79
Quantum Emerging Growth	索罗斯基金管理公司	20.27
Quasar International	索罗斯基金管理公司	15.44
Everest Capital	Everest Capital Ltd.	10.30
Fairfield Sentry	Fairfield-Int Managers Inc.	9.16
Explorer Fund	Santander New World Investment	7.19
Indo East Buro Fixed	Indusuez Emerging Market AM	6.49

资料来源：中国证券报，1997-12-01.

① 包括投资于特选国家或地区（中国、印度、印度尼西亚、韩国、马来西亚、巴基斯坦、菲律宾、新加坡、中国台湾、泰国、越南）和投资于多国的基金。

② 包括投资于特选国家或地区（保加利亚、捷克、斯洛伐克、匈牙利、以色列、波兰、土耳其）和投资于多国的基金。

③ 包括投资于埃及、毛里求斯的基金。

④ 包括投资于特选国家或地区（阿根廷、巴西、智利、墨西哥、委内瑞拉）和投资于多国的基金。

对冲基金具有如下几方面特征：

（1）对冲基金比其他机构投资者受到较少的管制。

由于对冲基金都是不到100人组成的私人公司①，而且往往在境外注册，从而能够逃避管制。例如其不必向股东报告财务状况和交易行为。这使得对冲基金经理在报告运作上拥有很高的自由度，可以灵活地安排其投资品种组合、期限组合、地区结构组合及资金结构组合等，而共同基金在这些方面往往受到较严格的限制。对冲基金运作中的主要约束因素在于自身的风险管理行为。

（2）对冲基金的投资者多为高收入者，对风险具有较高的承受力。

美国的对冲基金一般要求其股东拥有100万美元以上的净财产，或前一年收入在25万美元以上。绝大多数对冲基金都有最低入股额要求，一般在35万~1 000万美元。因此，对冲基金可以较为大胆地承担较高的市场风险以博取更高的回报率。事实上，近十年来对冲基金的经营业绩在大多数情况下都要高于其他机构投资者。表6-7反映了1987—1993年美国对冲基金与其他机构投资者的收益率差别。

表6-7　对冲基金与其他投资机构收益率的比较　　单位：%

机构	1987年	1988年	1989年	1990年	1991年	1992年	1993年
对冲基金	14.5	22.9	24.9	10.9	25.4	15.8	23.2
共同基金	5.2	16.5	31.6	-3.1	30.4	7.7	10.1
标准普尔500	1.0	15.8	28.5	-3.8	36.1	6.8	14.3

资料来源：联邦纽约证券.

而且，世界各主要对冲基金在1997年再度取得了高额的收益率（见表6-8）。只是在1998年，由于在东亚、俄罗斯等地区的投机失败，许多对冲基金遭受了巨大损失。如量子基金、老虎基金、奥马加基金等都出现了巨额亏损，而美国长期资本管理公司（一家大型对冲基金公司）险遭破产之灾。

表6-8　1997年业绩最为突出的一些对冲基金

（截至1997年10月31日）

基金名称	基金管理公司	资产总值（百万美元）	1997年以来的收益（%）
Spectrum-lancer Voyage	Magnum Fund Management	13.4	107.89
Oprenheimer Emerging Market	Oppenheimer & Co. Inc.	451.6	79.00
Magnum Opportunity	Magnum Fund Management Ltd.	2.8	57.62
Acm us Gr Strait	—	76.0	43.26
Acm us Gr Strait Ⅱ	Allance Cap. Global Derivalies	1.4	41.43
Everest Cap Frontier Ⅱ	Allance Cap. Global Derivalies	62.0	40.28
Everest Cap Frontier	Everest Capital Ltd.	490.0	40.01
Regent Pacific Hedge	励晶太平洋	69.0	40.00

资料来源：中国证券报，1997-12-01.

① 按美国《1940年公司法》的规定，不足100人的私人基金不必遵守SEC关于信息披露和注册的要求。

（3）对冲基金往往大规模地使用财务杠杆，从而大大增强了其市场影响力。

据统计，对冲基金资本的杠杆率在5~20倍，它采用的手段主要是通过抵押借款在回购市场上投资于政府债券。正是因为对冲基金的高杠杆运作，使得它能够在短时间内聚集巨额资金操纵市场，甚至能够与某些国家的官方对抗。从这种意义上说，对冲基金的投资行为具有一定的投机性，因而常常造成国际金融市场的动荡。有人认为1992—1993年欧洲货币风暴、1995年墨西哥金融危机、1997年东南亚金融危机都与对冲基金的操纵有关。对冲基金的高财务杠杆比率可能会带来的另一个问题是信贷风险。对冲基金的贷款者多为大银行或大证券公司，因此一旦基金受到巨额损失而无法清偿债务，就会影响整个国民经济。

（4）对冲基金的收益分配机制更具有激励性，从而汇集了投资界许多尖端人才。

一般的共同基金中，经理人的收入主要来自根据交易规模固定比例收取的管理费用。但对冲基金在固定比例管理费的基础上，常常要把基金净投资收益的一定比例作为激励费支付给经理人员。这种分红有时可高达数亿美元。对冲基金行业中汇集了众多的金融尖端人才，甚至包括诺贝尔经济学奖的某些得主。

（三）养老金和保险公司

养老金和保险公司传统上一直是工业化国家金融市场的重要投资者（参见主要工业国机构投资者资产，即表6-4），它们控制着相当规模的证券投资。如1996年，美国参加养老金的人数已达5 400多万人，资产总额达4.5万亿美元[①]；英国的养老金资产在1993年年底也已达4 910亿英镑[②]；而日本生命保险公司在1993年的资产达1.48万亿美元[③]。

随着养老金和保险公司的投资组合向国际化发展，它们已成为重要的国际间接投资参与者。20世纪80年代以来，其持有的外国证券比重有所上升。这一点在养老金方面表现得较为明显，而保险公司的行为则尚不明朗（有些国家保险公司的外国证券持有比重甚至有所下降）。比较典型的例子是加拿大，1993年时其保险公司的外国资产比重只是养老金的1/6。此外，从总体上看，养老金和保险公司的国际投资多样化程度要远远低于共同基金（见表6-9）。

表6-9 机构投资者所持有的外国证券占其资产的百分比

（1980—1993年部分年份） 单位：%

机构	国家	1980年	1988年	1990年	1991年	1992年	1993年
养老金	加拿大	4.1	5.3	5.8	8.5	10.2	10.3
	德国	—	3.8	4.5	4.5	4.3	4.5
	日本	0.5	6.3	7.2	8.4	8.4	9.0
	英国	10.1	16.5	18.0	20.8	22.0	19.7
	美国	0.7	2.7	4.2	4.1	4.6	5.7

① 王经训. 美国养老基金分类和投资［J］. 上海投资，1996（1）：4.

② 沈建忠. 英国养老金不动产投资透视［J］. 上海投资，1996（4）：16.

③ 国际货币基金组织. 国际资本市场［M］. 北京：中国金融出版社，1995.

表6-9(续)

机构	国家	1980 年	1988 年	1990 年	1991 年	1992 年	1993 年
人寿保险公司	加拿大	3.3	1.9	1.6	1.9	2.3	1.8
	德国	0.6	0.6	1.0	1.0	—	—
	日本	2.7	14.2	13.5	12.5	11.4	9.0
	英国	5.5	9.5	10.8	12.4	12.7	11.6
	美国	4.1	3.6	3.6	3.6	3.7	—
共同基金	加拿大	19.9	19.5	17.5	16.2	16.7	17.1
	德国	—	—	56.3	53.5	47.6	45.2
	日本①	—	9.1	7.9	13.0	9.9	—
	英国	—	—	37.1	39.2	37.9	36.0
	美国	—	—	—	6.6	—	10.1

资料来源：国际货币基金组织. 国际资本市场［M］. 北京：中国金融出版社，1995.

可以看出，尽管上述几种机构投资者已呈现出国际投资多样化的基本趋势，但其投资组合中外国证券的比重仍然较小。按照现代组合投资理论的一个著名经验标准即投资者的最佳多样化的投资组合应使国家权重与该国家市场资本占世界市场资本的比重相对应，以此衡量，机构投资者的国际投资多样化程度大大低于标准②。其原因大致有以下几点：

第一，由于对外国经济和金融市场不了解，许多工业国的最终投资个人明显表现出“本地资产倾向”。有些基金经理把持有外国资产比例较小的原因之一归结为委托人过于保守。产生这种倾向的因素包括交易成本、外汇风险、预计收益不确定、不熟悉外国市场和税制等。

第二，对养老金和保险公司而言，其稳健原则及不平衡的风险—收益分担机制使得经理人员也倾向于避险偏好。出于社会保障的基本功能，养老金和保险公司更加倾向于低风险，例如一个养老计划往往要求在计划期间保持固定的收益率，经理人的酬金也相对具有固定性。如果经理人比委托人承担更多的市场下跌风险而不能相应享受到市场上升的潜在收益，那么他们宁愿把投资组合放在较为安全的国内资产上。

第三，在机构投资者持有的外国资产方面存在外部强加的具体额度限制。例如加拿大政府对养老金的外国投资限额为 20%；日本规定私人养老金要遵守 30% 的外国资产限额的规定；美国州保险法允许保险公司投资于外国证券的比例上限为 10%。

① 日本特指投资信托。

② 使用国际金融公司的市场资本衡量，1993 年世界市场组合投资应该有 37% 在美国，21% 在日本，8% 在英国，22% 在其他工业化国家，12% 在新兴市场。

第三节　官方的国际投资

官方国际投资是指政府部门进行的国际投资。各国政府为维持本国利益，往往会使用国库资金进行跨国界的投资活动，这些活动主要包括政府贷款、官方国际储备运营、出口信贷等，它们具有很强的政策导向，其具体内容丰富，执行机构各异，因此不同于通常意义的私人国际投资。早在18世纪，官方资本以战争补贴的雏形出现，为资本输出国谋求了政治上的利益。第二次世界大战结束以后，官方的国际投资有了长足发展。根据国际货币基金组织提供的数据，1995年，发展中国家的国际投资资本已达1 664亿美元，其中官方投资就占16.7%。

一、官方国际投资的特点

（一）官方国际投资带有鲜明的国家色彩

这种政府行为不同于单纯追求盈利的企业行为，更多地体现了国家的全局利益。政府贷款的一个重要目的是加强与他国的联系，提高本国政治地位；官方国际储备运营是为了在保证本国国际储备的流动性、安全性的同时，保证一定的营利性；而出口信贷的主要目的是促进本国大型机器设备的出口。从历史来看，第二次世界大战期间的双边援助以战争借债和宗主国给予殖民地附属国援助的形式出现，第二次世界大战结束后初期美、苏两个超级大国是最主要的资本输出国，以后的国际援助则呈现出多样化的格局。从现实来看，一国外汇资产的投放也反映出该国的国际关系导向，交往密切国家的货币通常在储备资产中占有一席之地；不同国家对于最关键的储备货币——美元的投放也因政治关系不同而各异，如第二次世界大战结束后苏联的美元储备为防止被美国冻结而存放于伦敦，成为欧洲美元（Euro Dollar）的重要来源。

（二）官方国际投资具有低货币盈利的特点

政府行为在总体上追求国家利益的最大化，然而，政府行为所追求的国别利益往往又是无法以货币来计量的。比如出于外交和外贸的原因，政府中长期贷款、出口信贷往往带有优惠性质（政府贷款依照国际惯例需要不少于25%的赠予成分），这时，以货币计量的盈利几乎没有或很低，但有可能给国家带来巨大的利益。同样地，官方国际储备的运营也主要是为了保持国际储备流动性与安全性，因而营利性也处于一种相对次要的位置。

（三）官方国际投资具有期限相对较长的特点

政府贷款、出口信贷都属于中长期贷款，一般均在5年以上。外汇资产的组合投资则在确定了一级储备和二级储备之后才能进行长期投资。这是由于外汇储备资产的功能不同于政府贷款和出口信贷资金，它要保证流动性。

（四）官方国际投资具有直接投资和间接投资的双重性

政府贷款和出口信贷都是带有限制性用途的贷款，资本贷出国政府企图以此带动本国资本、生产性货物的出口。政府贷款国对于所援助的受信国国内的项目和企业往往能产生一定程度的影响，实质上对生产经营活动有所控制，无疑具有生产性国际投资的性质。然而，中长期贷款与跨国界购买债券的行为并无实质上的区别，只是这种“债券”的利率较低而已，因此政府贷款、出口信贷也具有国际间接投资的部分性质，逐渐形成的贷款证券化的趋势也说明了两者在投资上的共通性。至于国际储备运营，虽不同于一般证券投资，但仍具有国际间接投资的特性。

二、官方国际投资分述

以下分别介绍政府贷款、出口信贷和国际储备运营这三种官方国际投资业务。

（一）政府贷款

政府贷款（government loan）是一国政府利用财政或国库资金向另一国政府提供的优惠性贷款。政府贷款代表了官方基础性、公益性的国际投资。

1. 政府贷款的性质与特点

首先，政府贷款是国家财政资本的输出。因为政府贷款的资金纯粹来源于国家财政收入资金，即使有些实行赤字财政政策的国家，只要它对外提供政府贷款，这种贷款依然是国家财政收入的资金。其次，政府贷款具有经济发展援助①的性质。至今，政府贷款的重点对象，主要是发展中国家。一般来说，不管它具有多强的政治色彩，附加有多少的政治或经济等方面的条件，但政府贷款条件较其他贷款总是有些优惠，客观上有利于受援国的经济发展。

政府贷款的性质决定了它具有以下特点：第一，立法性。政府贷款的能力和规模受制于资本输出国的国民经济状况、财政状况和国际收支状况，每笔数额较大的贷款都需要经过国家立法机构通过，完成其必须具备的法定批准程序。第二，政治性。带有双边援助性质的政府贷款是在两国政治、外交、经济关系良好的情况下进行的，通常是为一定的政治目的服务的。第三，优惠性。政府贷款通常是期限长、利率低的优惠性贷款，宽限期通常可达5~10年。贷款期最长甚至可达30年以上。按照国际惯例，优惠性贷款必须含有25%以上的赠予成分（grant element，GE）。赠予成分是贷款中的赠送部分，是根据贷款的利率、偿还期限、宽限期和收益率等数据计算出的衡量贷款优惠程度的综合性指标。赠予成分无须付息和还本，是国际资金的单方面转移。国际通用的计算赠予成分百分比的公式为：

$$GE=100\times\left(1-\frac{r/a}{d}\right)\left[1-\frac{\frac{1}{(1+d)^{aG}}-\frac{1}{(1+d)^{aM}}}{d\ (aM-aG)}\right]$$

上式中：

GE——赠予成分，即按贷款面值赠予因素所占百分比；

r——年利率；

① 政府贷款具有“官方发展援助”的性质（official development assistance，ODA），因而是一种软贷款。“官方发展援助”最初出现于1965年OECD下属的发展援助委员会文件中。1972年该委员会规定了ODA的三个条件：第一，包括中央和地方的政府部门及执行机构向发展中国家或国际金融机构提供的援助；第二，以推动发展中国家的经济和社会发展为主要目的；第三，赠予成分在25%以上。早在20世纪70年代初，联合国曾经议定先进工业国援助总额应达到其国民生产总值的1%。其中ODA要达到0.7%。

a——每年偿付次数；

d——贷款期内贴现率，一般按综合年利率10%计算（是OECD在长期内形成的惯例）①；

G——宽限期；

M——偿还期。

政府贷款的执行机构大致由贷款国的财政部或政府授权的经济部、外交部主管，多数设有官方机构负责对外贷款和援助工作。例如，日本海外经济协作基金（Overseas Economic Coperation Fund，OECD）隶属于日本政府经济企划厅。美国国际开发署（Agency For International Development，AID）是隶属于国务院的半独立机构。这种机构具体执行政府间的双边贷款协议，根据具体的贷款合同对贷款的使用进行审批和管理。因这种机构不具有金融职能，所以贷款的资金操作和支付、计息等通常以借贷两国指定的外汇银行作为代理行，通过代理行进行资金的划拨与清算。

2. 政府贷款的发展

政府贷款并非开始于第二次世界大战结束以后，但是它以国际经济援助的形式出现并得到巨大的发展，则是在第二次世界大战结束以后。战后初期，饱受战争重创的西欧各国和日本，急需恢复国民经济，但这些国家都十分缺乏恢复经济所必需的资金和设备，而战后的美国，无论在工业生产、对外贸易还是黄金储备方面，都在世界上占有绝对优势。于是美国以马歇尔计划形式向西欧提供巨额的经济技术援助，同时也以占领区救济基金、占领区复兴基金方式，向日本提供大量经济援助。美国的目的，除了为其资本输出和商品输出及战争剩余物资寻找出路之外，带有很大程度的政治性。20世纪50年代，主要西方国家经济开始恢复，实力加强，国际经济援助的重点逐步由西欧各国转向发展中国家，而且西欧各国和日本也参与到提供援助国家的行列中来。

第二次世界大战结束以后，亚洲和非洲的发展中国家面临着发展民族经济的重任，而它们资金匮乏，需要获得国际方面的经济援助。西方工业国家为增强其在发展中国家的政治影响，并且在扩大资本输出与商品输出的同时，急欲获得这些国家廉价的初级产品，因此，逐步向这些国家提供了有条件的“国际经济援助”。

1983年，第六届联合国贸易和发展会议决定，发达国家向发展中国家提供的官方援助，应占其国民生产总值的0.7%，并应在1985年或不得迟于本10年的后半期即1990年，将其国民生产总值的0.15%援助给最主要的发展中国家。这对政府贷款的发展起了很大的促进作用。

20世纪90年代初，政府贷款达到了最高峰，但随后出现了下滑趋势。这里的原因是多方面的，可以分为两类：①从政府贷款本身来看，其中一条重要的原因是政府贷款的优惠部分必须由预算支出，在政府财政出现赤字的情况下，削减政府贷款规模就成了必然；同时，少数接受贷款的国家（多为撒哈拉以南的非洲国家）的投

---

① 自1987年7月起实行区别贴现率（DDR），1988年7月起计算DDR的方法改为从固定10%的贴现率减去商业参考利率（CIRR）除以4，然后再加上商业参考利率。其计算公式为：$DDR=\frac{10\%-CIRR}{4}+CIRR$。

不良表现也使提供贷款的国家对政府贷款的有效性产生了怀疑。政府贷款数量的下降尤其是官方援助数量的下降给一些难以吸收到直接投资和难以在国际资本市场上融资的最贫穷的国家带来了一些困难。②从国际形势来看，俄罗斯和东欧国家由援助国转为受援国，中东产油国家的援助减少 3/4 以上，发达国家在援助问题上基本垄断了发言权。

3. 政府贷款的作用

政府贷款对于对提供贷款和接受贷款的国家都具有积极的意义：

（1）对提供贷款的国家而言，政府贷款往往可以作为其实现一定政治目的的信贷工具。

贷款国经常利用贷款或多或少地控制和干涉借款国的内部事务，以利于自己推行经济与政治上的扩张政策。从经济方面来看，政府贷款是提供贷款国促进资本输出和商品输出的有效手段，是稳定贷款国经济、促进其经济发展的重要因素。第一，政府贷款扩大了提供贷款国的商品输出。商品贷款和与项目结合的贷款在支付贷款时通常规定接受借款国购买提供贷款国的商品和劳务，从而扩大提供贷款国商品尤其是机电设备等资本货物的出口。第二，政府贷款带动了贷款国的资本输出。20 世纪 80 年代以来，政府贷款常以混合贷款的形式出现，从而带动了出口信贷的发展。通过受信国政府或其指定的转贷机构，将贷款转贷给受信国企业作为股本，贷款国企业可再投入一定比例资本合资兴建项目；或者直接将优惠贷款转贷给当地注册的合资企业，这些方式无疑也促进了贷款国的对外直接投资，带动了非官方资本的输出。目前，政府贷款日益与出口信贷结合在一起使用，其目的在于利用政府贷款的优惠条件来增强本国商品出口的竞争能力。各国政府在争夺资本商品出口、开拓海外市场方面竞争十分激烈，政府贷款的发展可以有效地促进本国的对外资本输出，带动各类商品、技术和劳务的出口。这对于刺激经济发展有十分重要的作用。

（2）对接受贷款国家而言，政府贷款的显著作用是促进了借款国的经济开发，尤其是推动了发展中国家民族经济的发展。

无论是西欧、日本还是亚洲“四小龙”的起飞，大多离不开政府贷款“输血”。调查证实，受信国有着良好的政策导向，经济援助将促进其经济增长，已成为一项有效的投资①，成为经济中有效的注入量。因为政府贷款是低息的、长期性的、优惠的软贷款，借款成本低，对于借款国的资源开发、基础设施建设、扩大出口创汇规模、促进国民经济的发展具有一定的意义。

总体而言，政府贷款对于国际社会调节利益、协调关系以及促进各国在平等互利的基础上发展互助合作关系有着重要的作用。和平与发展是当代社会的两大主题，在这个历史进程中，政府贷款是一个非常积极的因素。通过政府贷款作为中介，借贷双方发展经济与货币关系，将有利于彼此之间消除矛盾，增进了解，促进繁荣与利益互补，从而有利于国际社会的稳定与发展。

① 参见：Aid Spurs Growth—in a Sound Policy Environment [J]. Finance & Development，December 1997。

4. 政府贷款的主要种类

政府贷款可以按不同标准进行分类：

第一，按是否计算与支付利息划分，政府贷款可分为无息贷款与计息贷款。无息贷款是政府贷款最优惠的贷款，它不必计算和支付利息，但是要收取一定的手续费，其费率一般不超过1%。计息贷款则是必须计算和支付利息的贷款，但其利率较低，年利率一般在1%～3%，此外，还须向贷款国支付手续费，费率一般在1%以下。

第二，按照贷款支付的标准不同，政府贷款可分为现汇贷款、商品贷款和项目贷款。现汇贷款，一般指贷款国政府以可兑换货币现汇支付的贷款。它可以由借款国政府任意使用。但还本计息与支付均以可兑换货币支付。商品贷款，是指贷款国按双方协议折成现汇额的物化的贷款。至于该项贷款是以实物形式偿还，还是以货币形式偿还，则由双方政府具体协商确定。项目贷款，是指贷款国政府按双方协议规定，向借款国政府提供成套设备所必需的实物、技术与劳务而折算成货币金额的贷款。至于项目贷款的偿还形式，也是由借贷双方根据实际需要与可能，协商一致决定的。

第三，按贷款是否与其他贷款结合使用划分，政府贷款可分为纯政府贷款与混合贷款。纯政府贷款是指不与其他贷款结合使用的政府贷款，即它是独立使用的。而混合贷款是政府贷款与出口信贷、银行贷款结合使用的贷款。这种贷款不是纯粹的政府贷款，一般政府贷款占的比例较大，通常为50%～90%。这是国际市场竞争日趋激烈，贸易保护主义盛行的结果。因为政府贷款与出口信贷相结合，既可以降低贷款国出口信贷的利率，又可以增加产品出口，缓解贷款国自身的经济困难，发展对外经济合作关系。

5. 政府贷款的机构、条件及程序

第一，政府贷款的机构。政府贷款机构是指各国贷出或借入政府贷款的法人，一般是指政府的财政部或者政府授权的经济部门，多数设有官方机构负责对外贷款和援助工作。例如，美国的国际开发署，隶属于美国国务院，代表美国政府专门负责对外开放援助和政府贷款的独立机构。又如日本的海外经济协作基金，是专门负责日本政府向发展中国家提供双边援助和双边政府贷款的机构。日本政府主管对外经济援助的部门有外务省、大藏省、通商产业省和经济企划厅。对外经济援助的政策和重要项目，必须在内阁会议上协商确定。

第二，政府贷款的条件。政府贷款的条件主要有五项：①政府贷款的标的，通常是以贷款国货币表示的货币金额，以示政府贷款的规模，有时也可用第三国货币。但实际支付的标的则可采取不同方式，如商品及其计价总值、建设项目及资金规模等。②政府贷款的利息和利率，计息政府贷款的年利率一般在1%～3%。③政府贷款的费用，主要有两种，即承担费和手续费，各国做法不一，但费率都较其他贷款低。无息或低息贷款有时需支付一定比例的手续费（或称管理费），按贷款总额计算，在规定时间内一次性支付。对于计息的政府贷款，有的需缴纳一定百分比的承担费，其费率一般为年率0.125%～0.25%，一般每半年支付一次。多数国家政府贷款不收取费用。④政府贷款的期限，可具体划分为用款期、宽限期和偿还期。政府贷款属于中长期贷款，偿还期平均在20~30年，有的长达50年之久，宽限期则一般规定5~7年，最长可达10年。⑤政府贷款的采购限制。商品贷款或与项目结合的贷款通常规定有限制条件，即借款国的贷款必须购买贷款国的资本货物或某些商品，或用于支付贷款国提供技术或劳务的费用；或者要求贷款国以国际招标方式或在“合格资源国”进行采购等更具竞争性的条件。前一种在贷出国内采购的限制最为严格，盛行于20世纪60年代至70年代，自20世纪80年代开始逐渐放松而采用规定采购方式的条件即后者。表6-10列举了1992年与1993年发达国家政府贷款的财政条件。

表6-10　发达国家政府贷款的财政条件

国　别	赠予成分		偿还期/年		宽限期/年		利率/%	
	1992年	1993年	1992年	1993年	1992年	1993年	1992年	1993年
奥地利	59.7	52.5	26	23	8	7	2.3	2.8
比利时	82.7	83.8	30	30	11	11	—	—
加拿大	84.2	84.5	39	38	11	11	0.4	0.3
芬兰	46.5	44.6	55	16	3	10	4.8	5.3
法国	49.0	51.2	24	24	9	12	3.4	3.3
德国	62.5	64	28	28	10	12	2.0	2.0
意大利	61.8	58.8	21	21	9	7	1.6	1.7
日本	59.9	57.1	29	28	9	9	2.6	2.7
荷兰	50.8	—	20	—	7	—	2.7	—
挪威	27.4	26.7	10	9	3	2	3.8	3.1
葡萄牙	40.8	—	15	—	10	—	4.0	—
西班牙	66.2	65.3	29	27	10	9	1.8	1.7
英国	53.4	53.4	10	10	8	8	0.8	0.8
美国	58.6	—	29	30	6	7	2.7	2.7
平均	59.7	57.6	27	27	9	10	2.4	2.7

注：不包括债务重新安排。

资料来源：经济合作与发展组织．1994年发展与合作报告［R/OL］．http://oecd.org/．

第三，政府贷款的程序。政府贷款较一般贷款优惠，也正是由于其优惠性，它的申请与取得也是各类贷款中较为复杂的。一般的政府贷款程序可简述如下：

（1）提出申请。

即借款国政府向贷款国政府提出申请，申请必须提供有关本国的经济形势、财政金融、外贸、国际收支以及外债等方面的情况资料。

（2）审查评估。

借款国提出申请后，贷款国政府即委托有关机构进行审查，并进行实地考察，了解申请国的经济结构、发展前景、受援项目对申请国经济发展的作用等问题。审查结束后，由主管机构向政府提出报告和具体意见，再由政府进一步提交立法机构审议。

（3）承诺换文。

贷款国立法机构批准后，政府同意贷款项目立项，随即进行贷款国与借款国的双方政府之间的洽谈，并签订意向书，确定贷款项目的具体内容。

（4）签订贷款协议。

贷款国政府批准贷款项目意向书后，即由政府贷款机构与借款国专门机构签订项目正式协议。

（5）支付贷款。

当项目物资或劳务出口商发货交单后，即由政府贷款机构支付贷款，并由它们负责对赠款或贷款的专款专用以及对整个贷款的使用过程、项目实施过程进行监督。

（6）还本付息。

按贷款协议，在一定时期中由借款国政府负责偿还政府贷款本息。

（二）国际储备管理

国际储备是一国货币当局用于国际支付和维持本国货币汇率稳定的资产。国际储备管理包括规模管理和运营管理，分别体现了管理战略和具体管理的问题。最适度国际储备是规模管理的核心，它是基于国家宏观经济各个相关层面分析的结果。国际储备运营是为达到国际储备的最佳利用效果而运用某种方式对国际储备的结构做出的安排。它涉及一国储备资产的构成，而一国储备资产的构成内容会随着历史的发展而不断变化。国际金本位时期，黄金是国际储备的主体，英镑则在 19 世纪作为一种国际货币与黄金并存成为国际储备资产。第二次世界大战结束以后，布雷顿森林体系确立了美元的关键货币（key money）地位，美元与黄金构成了国际储备的主体。20 世纪 70 年代以后，浮动汇率合法化使汇率风险增大，黄金的非货币化进程又日益加速，由此形成外汇储备占主体、外汇储备货币多元化的格局。

1. 国际储备的构成

按照 IMF（国际货币基金组织）的计算口径，国际储备包括：第一，黄金储备，即一国官方所持有的黄金。第二，外汇储备，即一国官方所持有的可兑换的外汇资产。第三，在国际货币基金组织的储备头寸，即一国在 IMF 的储备头寸加上债权头寸。第四，特别提款权（SDR），即 IMF 创设的用于补充原储备资产的一种国际支付手段。国际储备的构成及变化见表 6-11，从中我们可以看出国际储备的规模日益增加，黄金储备一度在国际储备中占据重要地位。随着布雷顿森林体系的结束，黄金虽然在绝对数量上变化不大，但在国际储备中所占比例日益下降，而外汇储备的地位上升，在 20 世纪 90 年代中均占国际储备的 90%以上。SDR 与在 IMF 的储备头寸占国际储备的比重较小且较稳定。

表 6-11 国际储备的构成 单位：百万 SDR

项目	1970 年	1975 年	1980 年	1985 年	1990 年	1995 年	1996 年
总储备	93 244	14 668	354 722	438 143	670 586	981 755	1 120 760
黄金储备	1 059. 74	1 021. 52	955. 56	951. 50	939. 01	908. 79	906. 10
外汇储备	45 135	137 309	292 630	347 897	593 618	893 511	1 032 549

表6-11(续)

项目	1970 年	1975 年	1980 年	1985 年	1990 年	1995 年	1996 年
特别提款权	3 124	8 763. 8	11 808. 5	18 212. 8	20 354. 4	19 773. 2	18 521. 4
在 IMF 的储备头寸	7 696. 6	12 624. 0	16 835. 5	38 730. 8	23 748. 9	36 673. 2	38 005. 3
除黄金外的总储备	56 154	158 698	321 278	494 841	637 721	949 947	1 089 046

资料来源：International Finance Statistics 1997 [R].

2. 国际储备运营的必要性

在当前的国际货币体系下，各国货币当局必须对其国际储备进行运营。这是因为：第一，对占国际储备的主要比重的外汇储备而言，在浮动汇率制下，国际外汇市场很不稳定，各主要外汇储备货币汇率变化很大（见表 6-12）、汇率风险增大，与金本位制相比，储备资产管理上稍有疏忽便有可能导致巨额外汇损失，在对外投资等活动中处于被动地位。第二，各国利率水平差别也不小，不同货币的储备资产收益也不一样。而且各国利率、汇率的变化，又会影响到国际资本的流动。因此，积极预测各国利率及通货膨胀的变化趋势，主动采取措施调整储备货币结构，方能保证储备资产的安全性和营利性。第三，对黄金储备而言，黄金储备虽然占国际储备比重不大，也不像其他储备资产可以供投资、生息，但金价上涨时则可获利，下跌时则有损失，因而也有很大风险。而且金价变化较大，例如在 1980 年“黄金风暴”时，伦敦黄金市场 1980 年 1 月 22 日出现 1 盎司金价达到 870 美元的创纪录高峰，其后逐步下降到 1985 年的 380 美元左右。2005 年 2 月 21 日伦敦收盘价每盎司黄金 427. 00 美元。因此，对黄金进行运营也是必要的。

表 6-12　主要货币对 SDR 的汇率

币种	1970 年	1975 年	1980 年	1985 年	1991 年	1992 年	1993 年	1994 年	1995 年	1996 年
日元	1. 000 0	1. 170 7	1. 275 4	1. 098 4	1. 430 4	1. 375 0	1. 373 6	1. 459 9	1. 486 5	1. 438 0
美元	357. 65	357. 23	258. 91	220. 23	179. 09	171. 53	153. 63	145. 61	152. 86	166. 80
法国法郎	5. 554 2	5. 251 0	5. 759 8	5. 951 0	5. 912 0	7. 211 9	7. 945 4	6. 924 4	6. 479 0	6. 677 7
瑞士法郎	4. 316 0	3. 067 1	2. 249 2	2. 280 9	1. 938 9	2. 002 0	2. 032 2	1. 914 6	1. 710 2	1. 936 1

资料来源：International Finance Statistics 1997 [R].

国际储备运营的原则是储备资产的流动性、安全性和营利性。

第一，储备资产的流动性，即储备资产能随时兑现，灵活调拨。它主要是对外汇储备而言的，包含双重含义：首先，外汇储备本身都是具有高度流动性的，以各种可兑换货币计值的外汇资金，随时可以用于国际支付。其次，外汇储备如果不予以适当运营，必然导致大量外汇利息的损失。但在运用时，不论投向何处，要求这种投资具有高度流动性，在需要时可以随时变现。流动性为国际储备的首要原则。

第二，储备资产的安全性，即储备资产存放可靠。安全性对外汇储备特别重要，各货币当局储备外汇资产时，必须考虑各主要可兑换货币发行国的外汇管制情况和金融机构的信用等级，以决定将其外汇储备存放在哪些国家的哪些银行。安全性原则还贯彻于外汇储备多元化的实施过程中。

第三，营利性，即储备资产在保值的基础上有一定的收益。

资产的安全性与流动性越强，资产的风险就越小；但风险小，盈利率也低。在实际管理中，这三个原则往往相互排斥、相互矛盾，一种管理措施往往有利于某一项原则，同时又有损于另一项原则。当然，也应看到，这三项原则也有一致的一面。就安全性和营利性而言，资金的安全离不开资金的盈利。资金的风险是不可避免的，要保证资金完好无损，资金就必须要有盈利，只有盈利才是弥补资金风险损失的真正来源。由此可见，对国际储备管理来说，在保证流动性和安全性的前提下，要尽可能追求营利性。如果这三项原则互相之间发生矛盾，只能做出一种选择时，储备资产的流动性常常被放在首位。

3. 国际储备的管理

国际储备管理的前提是确定最适度的国际储备规模。最适度国际储备规模与一国的经济实力、对外开放程度、进出口贸易情况、对外借债能力有关。最适度国际储备规模下的国际储备运营是对国际储备的结构安排，尤其是外汇资产在币种资产形态上的安排，以及黄金储备与其他国际储备的结构安排。

第一，外汇储备的运营。外汇储备运营包括外汇资产的币种结构以及同一货币的资产组合。外汇储备资产的币种结构包括币种的选择及在储备资产中的比重。随着美国和其他国家经济的相对变化，世界经济的多元化格局使储备货币呈现多元化趋势，因此储备的币种结构安排日益重要。币种结构安排取决于很多因素，主要有：一国对外投资、贸易和其他金融性资产支付所使用的币种，进出口商品的支付习惯；一国外债的币种结构，包括引进外资的来源、流向、数量和偿付要求；国际货币体系中主要货币的地位以及资本市场的深度；一国的经济政策及外交特点；储备货币的汇率、利率所导致的收益率的变动及其对外汇资产保值和增值的影响。因为储备资产是在保证安全性、流动性的前提下兼顾营利性的，所以币种问题实质上为一个投资问题。

在同一货币储备中，现金和票据又应根据风险—收益考察法（the Risk-Return Approach）确定适当的比例，以把资产合理地分散在多种资产上。当储备存量一定时，在流动性和营利性之间就有一个权衡依据问题，系统地积累资料和分析长、中、短期各种资产及投资方式的风险和收益。外汇资产的流动性和营利性可用图 6-4 表示，X 和 Y 的组合轨迹表示了营利性和流动性的负相关关系。在这条轨道上选择何种组合要参照具体情况而定，如该国生产季节性出口、证券市场的发达程度、证券投资的对象、该国的资信度等。

所以，按流动性的大小通常可将外汇资产分成三部分：第一，一级储备，指现金或准备金，如活期存款、短期国库券、商业票据（CPs）。这类储备流动性最高，但收益率最低。第二，二级储备，指投资收益率高于一级储备而变现能力也较强的资产，如中期债券。第三，三级储备，指长期投资工具，这类资产高风险高收益，但流动性较差。由于外汇储备的主要职能是维持国际收支的平衡，因此，中央银行一般是在确定了一级储备和二级储备之后，才将多余外汇用于长期性投资。许多国家都尽可能选择信誉度高的政府债券和欧洲债券为投资对象，对高风险的公司债券和有国家风险的债券几乎不予考虑，这是储备资产管理不同于一般证券投资管理之处。许多国家的中央银行利用美国商业银行和投资银行买卖美国政府债券，一些发展中国家甚至雇用西方商业银行和投资银行管理它们的部分储备。典型的情况是，委托银行管理的投资数量每6个月分派一次，管理量相当于所委托资产的0.05%~0.01%。

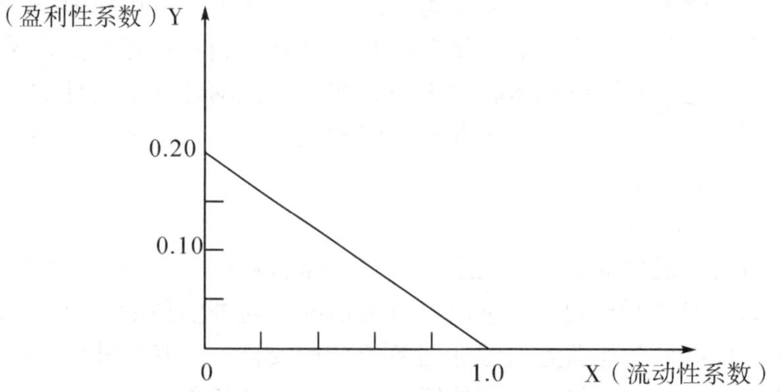

图6-4　同一存量下营利性与流动性组合

第二，黄金储备的运营。黄金储备运营主要是对黄金储备比重的确定，即在黄金储备与其他形式储备之间进行选择。黄金储备有其内在优点：黄金是唯一具有内在价值的储备资产，而且一国的黄金储备完全属于国家主权范围，可以自由支配，不受任何外国或超国家权力的干预。而其他储备资产本质上都是一种对外债权，其用于国际支付时受债务国或负债的金融机构的信用和偿付能力的影响。但同时，黄金不便于作为日常的结算支付手段，因为用黄金结算时要发生输送或拍卖问题，而且黄金不能获取利息并要支付保管费。对黄金的运营主要应考虑黄金的优缺点与金价的变化趋势以及与其他国际储备资产进行转换的难易程度。

（三）出口信贷

出口信贷（export credit）是出口国政府为了鼓励本国商品出口、加强本国商品的国际竞争能力而采取的对本国出口给予利息补贴并提供信贷担保的中长期贷款方式。出口国政府以对本国的出口给予利息贴补并提供信贷担保的方法，鼓励本国银行对本国出口商或外国进口商（或其银行）提供利率较低的贷款，可以解决本国出口商资金周转的困难，也可以满足国外进口商对本国出口商支付货款的需要。出口信贷是集国际贸易、国际投资及间接融资为一体的中长期信贷，官方主体不仅在国际市场上为本国商品开辟捷径，也为官方资金提供了良好的投资渠道。

1. 出口信贷的特点

出口信贷有以下几个特点：

第一，出口信贷是一种专款专用的限制性贷款。这种贷款有指定的用途。它只准购买与出口项目相联系的出口国商品（一般为大型设备）。第二，出口信贷利率一般低于相同条件资金贷放的市场利率，利差由国家补贴。因为大型机械制造业在国民经济中占重要地位，其产品价值高、金额大，加强这些资本货物的出口对国内生产和就业影响甚大。所以为扩大销路，官方资金竞相以低于市场的利率对外国进口商或本国出口商提供贷款支持。第三，作为官方资助的政策性贷款，许多国家设有专门的出口信贷机构，负责经营和管理该项业务；有些国家虽没有出口信贷机构，但设有专门的政府部门，对商业银行的出口信贷予以资助。美国的官方资助的主要机构是进出口银行，其次是海外私人投资公司、商品信贷公司。法国则为法兰西银行和半政府机构法兰西外贸银行（BFCE），BFCE 提供 7 年以上到期日的出口信贷。德国则是通过出口信贷有限公司（AKA）和复兴信贷银行（KFW）两家机构执行。日本政府通过日本输出入银行提供 6 个月以上直接出口信贷，并与私人商业银行合作贷款。第四，出口信贷期限较长，一般为 5~8 年，但最长不超过 10 年。这远远长于一般的对外贸易融资。第五，出口信贷与信贷保险相结合，并由国家担保。出口信贷由于偿还期长、金额大，发放贷款的银行存在较大的风险。为了解除出口国银行发放出口信贷的后顾之忧，出口国一般设有国家信贷保险机构，对银行发放的出口贷款给予担保。在国际政治、经济和货币信用动荡的形势下，政府直接出面成立国家保险机构或指定原私人保险公司代理国家经营，其一切亏损均由国家负担。1919 年英国官方首先成立了出口信贷担保部（Export Credit Guarantee Department，ECGD），直属于英国商务部。此后主要西方国家先后建立了国家信贷保险机构，如 1934 年瑞典政府的出口风险保险部，1949 年联邦德国重建海尔梅斯出口信贷保险公司，1946 年法国成立法国外贸保险公司，美国则由进出口银行承担该项业务。

国际出口信贷市场是资本市场的一个重要组成部分。20 世纪 80 年代初期及中期，由于拉美等国的严重债务危机，包括出口信贷在内的大量债务重议和拖欠使出口信贷市场持续收缩，1988 年度新增贷款为 240 亿美元，仅为 1982 年的 42%。进入 20 世纪 90 年代后，国际出口信贷业务又开始活跃，出口信贷总额逐年增加，这些资金主要流向发展中国家和经济转型国家，以支持这些国家调整产业结构、发展国民经济。随着国际资本市场利率水平的下降、贷款条件的放宽以及出口信贷机构建立起的一套较完善的评估风险和分散风险的办法，出口信贷更灵活地适应了国际资本市场的需要，对企业投融资的吸引力在不断增强。

2. 出口信贷的主要类型

第一，买方信贷（buyer's credit）。买方信贷是由出口方（卖方）所在国的银行在出口信贷担保机构担保下，直接向进口商（买方）或进口商银行提供贷款，用于支付进口所需的款项的一种出口信贷方式。特别是在大型机器装备或成套设备贸易中，通过买方信贷这种便利的融资形式，可以扩大本国商品的出口。买方信贷有两种形式：一是出口商所在地银行贷款给进口商（或买方），通常需要进口商银行担保；二是出口商所在地银行贷款给进口商的银行，再由该银行转贷给进口商。两种形式均要求进口商与出口商首先签订贸易合同，且进口商先缴相当于货价 15%的现汇定金。在此基础上，进口商与出口商所在地银行签订有关协议后用所获款项向出口商支付货款，最后按协议条件还款；或进口商银行与出口商银行签订有关协议，进口商的有关货款就可以通过它的银行进行支付。买方信贷的程序可用图 6-5 表示。

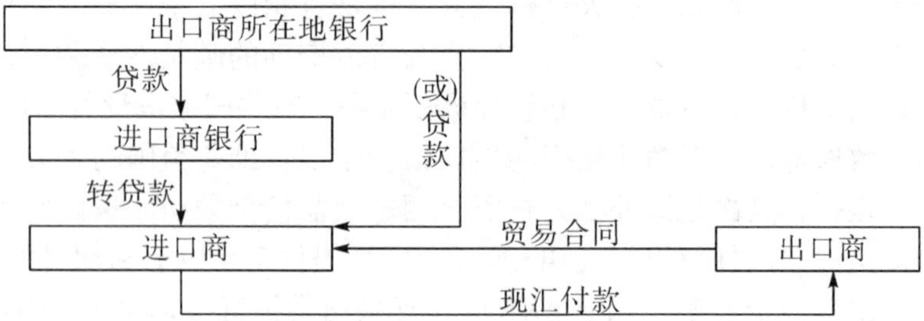

图 6-5　买方信贷的程序

近年来买方信贷得到迅速推广，其主要原因是买方信贷属于银行信用，具有卖方信贷所没有的优点。第一，它便于买主分辨货价和信贷费用，可进行同类商品报价的比较。第二，它便于卖方进行财务管理，无须涉及分期付款事宜，以利于其扩大再生产和开拓市场。第三，它更适用于金额较大、较复杂的出口交易。因为这种信贷方式往往牵涉到提供贷款的金融机构的直接利害关系，使银行对合同审查更为仔细，又具有买方银行担保，故风险大为降低。第二次世界大战结束以后，由于银行业务的加强和上述的种种优点，国际融资中买方信贷所占比例自 20 世纪 60 年代以来大大超过了卖方信贷。

第二，卖方信贷（supplier's credit）。卖方信贷是出口商所在地银行对出口商提供信贷，再由出口商向进口商提供延期付款信贷的一种方式。卖方信贷合同在出口厂商与银行之间签订，通常用于成套设备、船舶等商品的出口，以便于出口厂商加速资金周转。卖方信贷的具体做法是：出口商以赊销方式（对方延期付款方式）向外国进口商出售商品，进出口商签订购销合同后，进口商先付 10%～15%的定金，在分批验收和保证期满后，再分期付给 10%～15%的货款，其余 70%～80%的货款在全部交货后若干年内分期偿还，然后出口商向其所在地银行签订借款协议，最后由进口商连同利息分期偿还出口商货款，出口商依贷款协议偿还从银行取得的贷款。卖方信贷的程序可用图 6-6 表示。

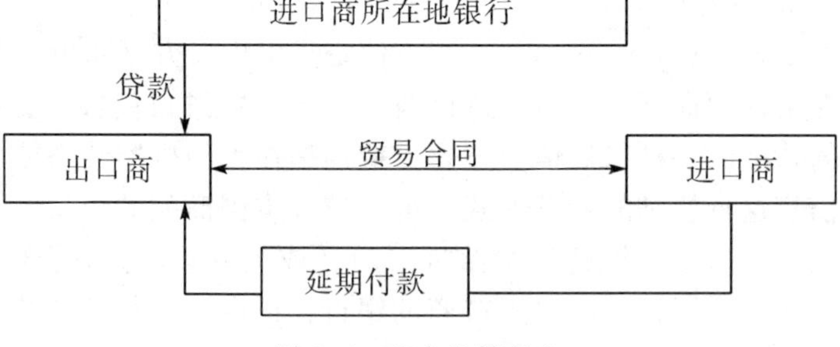

图 6-6　卖方信贷程序

按照卖方信贷的安排，出口商把货物装船后，凭出口单证去向他的信贷银行取得装船后信贷，从而补偿他的周转资金，而银行则可以代替出口商按期向国外买主收取货款（一次或数次付清）。这样，出口商得到由银行垫付的出口货款，进口商则可以延期支付。若发生意外，未能从国外收到款项，银行对出口商保留追索权，即仍由出口商承担银行所垫付的全部金额或国外买主未付清金额。出口商向银行获得卖方信贷时，要承担信贷期间的利息、保险费、手续费等有关费用。这些费用均要附加于商品货价中，因此商品报价要高于现汇支付货价。

第三，福费廷（forfaiting）。福费廷是在延期付款的大型设备贸易中，出口商把经进口商承兑的、期限在半年到五六年的远期汇票，无追索权地售予出口商所在地的银行（或金融公司），以提前取得现款的一种资金融通形式。这是一种类似于票据贴现的融资方式。进口商与出口商如计划使用福费廷融资，则应事先与出口方所在地银行或金融公司约定，以便福费廷方认可并做好此项信贷安排。进出口商双方签订贸易合同，并言明使用福费廷方式时应注意两点：一是确定出口商向进口商索取延期支付货款的远期票据。票据可以是出口商向进口商签发的定期汇票，该汇票经进口商承兑后，退还给出口商以让其贴现，也可由进口商开出本票寄交出口商以便让其贴现。二是确定担保银行。不论使用上述哪种票据，均须取得进口商往来银行的担保，且该担保必须经出口商所在地银行同意。出口商在发运设备后，将全套货运单据通过银行的正常途径寄送给进口商，换取经进口商承兑了的附有银行担保的承兑汇票（或本票）。单据的寄送按合同规定，可以凭信用证条款寄单，也可以是跟单托收。出口商取得经进口商承兑的并经有关银行担保的银行汇票（或本票）后，按照与买进这项票据的银行的约定，依照银行对出口商无追索权的原则办理该项票据的贴现手续取得现款。

第四，信用安排限额。它是指出口方银行与进口方银行签订总的信贷协议，提供总的信贷额度，进口商可以动用其中的贷款额度，以现汇方式支付出口商货款的进口商的中期融资形式。它有两种形式：一是一般用途的信用限额，有时也叫购物采购一揽子信用。在这种形式下，出口商所在地银行向进口商所在地银行提供一定的贷款限额，以满足对方许多彼此无直接关系的进口商购买该出口国消费品的资金需要。二是项目的信用限额。在这种形式下，出口国银行向进口国银行提供一定贷款限额，以满足进口国的厂商购买出口国的基础设备或基础工程建设的资金需要。项目信用限额与一般信用限额的条件程序相似，不过借款主要用于购买工程设备。

第五，存款安排（deposit arrangement）。出口商所在地银行为进口商银行开立账户，一定期限之内存放一定金额的存款，并在期满之前保持约定的最低额度，以供进口商向出口商购买设备之用。这也是提供出口信贷的一种方式。中国银行与英国早在 1978 年就签订过这样的存款安排。

第六，混合信贷（co-financing）。混合贷款是由政府和民间商业银行联合提供的一揽子贷款，是既包括出口信贷又包括政府贷款混合贷放的融资方式。这是国家官方间进行出口信贷竞争的产物。混合贷款也是出口国为扩大本国商品的出口，加强本国商品的出口竞争能力，在出口国银行发放卖方信贷或买方信贷的同时，出口国政府也从国家预算中提出一笔资金作为政府贷款，或给予部分赠款连同卖方信贷或买方信贷一并发放的方式。在 20 世纪 70 年代混合贷款只占全部援助预算和出口信贷的一小部分，20 世纪 80 年代中期后得到较大发展。这种贷款一方面可以降低贷款利率，增加本国商品出口；另一方面因含有赠予成分，贷款项目具有援助性质，以扩大两国的友好合作关系。

混合贷款的基本形式有两种：第一种为政府和信贷机构分别为某一项目提供政府贷款和买方信贷，两者各占一定的比例。这种形式必须同时签署两个不同的贷款协议，分别规定不同的贷款利率、费率和期限等融资条件。第二种形式为混合形式，即一笔出口融资既包含一定比例的政府贷款又包含一定比例的出口信贷，两者混合在一起，根据赠予成分的比例计算出平均利率和平均贷款期限。因此尽管项目的资金来源性质不同，但用款的渠道及方式相同，较为简便易行。第一种形式为法国、意大利等国采用，第二种形式则有英国、瑞典等国采用。第二种混合形式中平均利率和平均期限的计算公式为：

$$V_m=\frac{C_1V_{m1}+C_2V_{m2}}{C_1+C_2}$$

$$R=\frac{C_1i_1V_{m1}+C_2i_2V_{m2}}{(C_1+C_2)\cdot V_m}$$

上式中：

V_m——混合贷款的平均借款期限；

C_1——政府优惠贷款本金额；

C_2——出口信贷的本金额；

V_{m1}——政府贷款的平均借款期限；

V_{m2}——出口信贷的平均借款期限。

V_{m1}和V_{m2}是贷款第一次偿还本金所需月数与最后一次偿还所需月数之和除以24个月。其公式如下：

$$V_{mn}=\frac{F_f+F_l}{24}$$

上式中：

F_f——第一次偿还所需的月数；

F_L——最后一次偿还所需月数。

第七，出口信贷君子协定。为了约束和防止各国官方竞相降低贷款利率，1976年7月西方七国政府代表在巴黎就长期出口信贷条件达成《一致同意》(Consensus)，包括进口商应支付的最低现金额（货价的15%）、最低利率、最长的偿还期等。1978年2月又达成了《官方支持的出口信贷指导原则协议》(Arrangement on Guidelines for Officially Supported Export Credit)，简称OECD国家的"君子协定"，于1978年4月1日起生效。现几经修改，最后一次修订为1994年8月通过的一揽子方案，主要对国家类型划分和出口信贷主要条款的约束性规定进行了修订。

3. 出口信贷保险

为免受出口信贷面临的风险的影响，必须对其施加保险。第二次世界大战爆发以前的出口信贷保险业务主要由私人保险公司承担，但局限于它们的实力和私人保险公司无法承保国家风险的缺点，第二次世界大战结束以后，在出口信贷飞速发展的情况下，出口信贷保险转向以国家担保为主。各国出口信贷保险机构虽不同，如前面所述，英国为出口信贷担保部，美国为美国进出口银行，意大利为出口信贷保险公司等，但出口信贷保险业务的内容大都包括：第一，投保最高限额。在国家担保的情况下，投保的最高额度一般为贷款总额的80%~90%，这较私人保险公司的投保额度高。第二，投保的范围。在国家信贷保险情况下，不仅能承保一般商业险，而且还能承保政治险。而私人保险公司则不能投保政治风险。第三，保费的确定与收取。保费的多少一般取决于买方资信、买方所在国情况、投保金额与贷款的比例、保险期限及偿还日期等因素。收取方式可分为一次征收、分期征收、按贷款金额征收等。

第四节　半官方国际投资

半官方国际投资是指国际组织进行的国际投资。国际组织由各国政府组成，具有一定的官方性质，但为与官方——各国政府相区别，故称其为半官方。作为半官方的国际金融组织、经济合作援助机构是当代重要的国际投资主体。按地理分布划分，这些组织可分为全球性金融及合作组织以及区域性金融及合作援助机构。前者包括国际货币基金组织、世界银行集团、经济合作发展组织等。由于国际货币基金组织的主要任务是向成员国政府提供短期贷款以弥补临时性国际收支不平衡，故不属于本书讨论范围；后者包括各区域性开发银行，如亚洲开发银行、非洲开发银行等。半官方（和前面讲的官方）进行的国际投资活动与一般的国际投资相比，不完全以营利为目的，因为主体的特殊性，往往还有促进落后国家经济发展、改善国与国之间关系、带动本国产品出口等目的。当然，从广义上看，这些其他目的终归也是为了获取一定的利益。

一、半官方机构的产生及其组织机构

（一）半官方机构的产生

两次世界大战和1929—1933年的世界经济危机发生后，国际金本位制度彻底崩溃，形成了英镑区、美元区、法郎区（瑞士、法国）三个相互对立的货币集团。第二次世界大战结束以后，美国经济实力迅速上升，其工业制成品占世界工业制成品总额的一半，对外贸易占世界的1/3以上，黄金储备约占资本主义世界总额的59%。而英国在战前一直保有着世界经济的主导权，战后英镑的地位虽有所下降，但仍是重要的国际货币。IMF和世界银行事实上便是在英、美的斗争中产生的。早在20世纪40年代初，英、美两国政府按各自利益筹划战后的国际金融关系，英国财政部名誉顾问凯恩斯提出了“凯恩斯计划”，美国财政部副部长怀特则草拟了“怀特计划”，两方就计划进行了针锋相对的讨论。最终于1944年7月在美国新罕布什尔州布雷顿森林华盛顿山大旅社召开国际金融会议，即布雷顿森林会议，通过了《联合国货币金融会议最后决议书》和以“怀特计划”为基础的《国际货币基金协定》

《国际复兴开发银行协定》两个附件，确立了以美元为中心的国际货币体系，并由此建立国际货币基金组织和国际复兴开发银行。1956年和1959年，国际金融公司和国际开发协会作为世界银行的补充相继成立，这三个机构合称为世界银行集团（World Bank Group）。多边投资担保机构作为世界银行的一个附属机构，成立于1988年。

区域性金融机构的建立也是战后国民经济、政治形势发展的产物。20世纪60年代以后，许多殖民地国家纷纷独立，迫切需要资金发展技术和国民经济，而发达国家则正处于资本输出时期和技术更新换代期。为了改善融资环境，增加国际投资，建立国家间、政府间的区域性组织已是当务之急。同时，由于多边性的全球性机构成员众多而难以满足不同区域（国家）不同的资金需求，因此区域性金融机构作为全球性金融机构的重要补充，在国际关系演变的过程中逐渐形成。从20世纪50年代末开始，欧洲投资银行（1958年）、泛美开发银行（1959年）、非洲开发银行（1964年）、亚洲开发银行（简称“亚行”）（1966年）等区域性银行相继成立。其发展目标一般以促进所处地区的社会经济发展为基础，针对相关地区制定特殊政策。

（二）半官方机构的组织结构

半官方机构一般采取由成员入股的组织形式，由决策机构和行政管理机构两部分构成。

1. 决策机构

理事会是国际性金融机构的最高权力机构，由每一成员委派理事和副理事各一名组成。各种半官方机构的成员资格不尽相同，世界银行规定成员资格以加入国标货币基金组织为前提，而国际开发协会和国际金融公司的成员资格又以世界银行成员资格为前提。那些区域性组织在各自章程中也各有规定，如亚行的成员资格是“不负责处理自己的国际关系的联合国亚洲及远东经济委员会的联系会员，其加入亚行的申请由负责其国际关系的亚行成员提出……”因此目前亚行的成员包括少数非主权地区。作为最高权力机构，理事会拥有若干特定权力，包括接纳新成员、决定份额、决定成员资格的停止等。理事通常由成员的财政部部长或中央银行行长等高级官员担任，其投票权分配与各国所缴股份有一定关系。

在理事会闭会期间，一般由执行董事会负责日常事务。执行董事会负责对行长提议的信贷进行审议并做出决定；负责在理事会的年会上提出年度决策、行政预算、有关该机构的业务和政策的年报，以及其他需提交审议的事项。世界银行的执行董事有21人，其中5人由持股最多的美、英、德、法、日5国委派，其余16人由其他成员推选。

2. 行政管理机构

半官方机构的行政管理机构由行长（总裁）、副行长（副总裁）以及内部机构组成。行长（总裁）是最高行政负责人，为机构的合法代表，其职权是在执行董事会的指导下处理机构的日常事务；负责工作人员的组织、任命等。行长（总裁）的产生方法各异，如国际货币基金组织和世界银行首脑均由执行董事会选举，亚洲开发银行的行长则由理事会选举。行长（总裁）一般兼任执行董事会主席，但不具备执行董事的投票权。副行长（副总裁）一般由执行董事会或行长（总裁）推荐产生。各种半官方机构的内部机构各有差异，内部机构一般设有地区部门、职能部门和提供特殊服务的部门等，各司其职、相互配合。此外还可在不同地区或国家设立办事处或代表处，如世界银行就设有欧洲、伦敦、日内瓦、纽约、东京等代表处。地区代表处的主要任务是帮助本地区各国（地区）选定和准备使用世界银行贷款的项目。亚洲开发银行则在一些借款较多的国家和地区设立常驻代表处。

二、半官方机构的资金来源和职能

（一）半官方机构的资金来源

虽然各个半官方机构的资金来源不完全一致，但主要渠道有五条：

（1）会员国缴纳的股份。

这部分资金构成了半官方机构的自有资本，如世界银行最初核定资本为 100 亿美元（按 1994 年美元的含金量与成色计算），分为 10 万股，每股 10 万美元，由会员国认缴，以后又多次增资。亚洲开发银行法定资本为 10 亿美元，其中美国和日本各承担 2 亿美元。成员的份额确定一般包括人口、税收、出口额、GDP 等各种因素。可分为实缴股金和待缴股金。股份缴纳时一般可使用黄金、SDR、可兑换货币和成员货币等。

（2）借款。

一般借款渠道为两条：一是从官方机构借款，如从成员财政部和中央银行借款；二是从私人渠道借款，向国际商业银行筹资。由于半官方机构实为政府组成的机构，具有高度的国际资信，故能以较低融资成本方便地取得商业银行的借款资金。

（3）发行债券。

发行债券的方式也主要为两种：一是直接向成员政府机构或中央银行出售债券；二是通过投资银行、商业银行包销出售，这种方式已成为半官方国际机构的主要融资方式，其国际证券的发行也是国际间接投资的重要内容之一。

（4）会员国捐赠。

对于半官方机构而言，该方式无疑为最理想的筹资方式。国际开发协会的资金来源主要是第一类成员（较发达国家或收入较高国家）政府定期提供的捐赠以及世界银行每年从盈余中拨出的款项。

（5）业务经营的盈余。

虽然半官方机构的首要宗旨并非营利，但也讲究投资项目的效益，其贷款的利息、承诺费和手续费在客观上形成机构的收入。事实上，1996 年国际复兴开发银行存在净收益 128. 5 亿美元，国际金融公司的净收益则为 43. 19 亿美元。

（二）半官方机构的职能

半官方机构作为政府间的组织日益发挥着其特有职能：①半官方机构是国际信用中介机构，可促进资本的国际流动，其组织的项目贷款、开发援助等使官方资金转移至发展中国家和迫切需要资金的地区，是多边开发的主要组织者。②可以调整经济结构，实质上是将国际资本包括生产和金融资本在国际范围内重新配置的过程，因此能在国际、国内的范围调整经济。③协调国际经济关系，成为会员国的国际讲台，促进相互间的沟通。

可以看出，半官方机构的属性有：第一，组织形式的企业性。它们大多以股份公司形式组成，具有明显的企业特征。第二，国际性。这表现在成员众多以及资金来源和投放的国际性。第三，政策性。把该类机构定名为“半官方”便源于此。半官方机构的业务具有显著的政策倾向，资金投放的开发性质、经营目标的非营利性都说明了这一点。第四，超国家性。这表现为不受任何国家（地区）管辖的无国籍性以及不对成员方内部政治事务进行干预。

三、半官方国际投资的分类

半官方的国际投资可以从世界银行集团和区域开发银行两个角度进行考察。

（一）世界银行集团

1. 世界银行的国际投资

（1）世界银行简介。

世界银行成立于1945年12月，次年6月开始营业，1947年起成为联合国的专门金融机构。根据世界银行年度报告，世界银行是一个多边发展机构。“世界银行”一词系指两个在法律地位和财务上均独立的实体：国际复兴开发银行（International Bank of Restruction and Development，IBRD）和国际开发协会（IDA）。国际复兴开发银行和国际开发协会具有3个相似的职能：提供贷款、经济咨询和技术援助，对其他来源的投资起催化作用。按照《国际复兴开发银行协定》，国际复兴开发银行的宗旨是：第一，通过对生产事业的投资，协助成员的复兴与建设；恢复被战争破坏的经济，使战时经济平稳过渡到和平时期经济；第二，通过担保或参加私人贷款及其他投资方式，促进私人的对外投资；第三，鼓励国际投资，协助成员提高生产能力，促进成员国际贸易的平衡发展和国际收支状况的改善。国际开发协会的宗旨是：对欠发达国家提供比世界银行条件更宽松、期限较长、负担较轻，并可用部分当地货币偿还的贷款，以促进它们经济的发展和居民生活水平的提高，从而补充国际复兴开发银行的活动，促进世界银行目标的实现。

世界银行的贷款按用途可分为与项目结合的贷款和非与项目结合的贷款，按贷款的来源可分为自行发放贷款和与其他金融机构联合贷款。国际开发协会的贷款是一种软贷款，不同于国际复兴开发银行的硬贷款。

国际复兴开发银行对贷款条件的管理主要有七项：第一，必须是成员方政府或经成员方政府担保的私人企业。第二，一般要有工程项目计划，经该行审查确属经济上应优先考虑者。第三，该项目确实不能以合理条件从其他来源获得资金。第四，专款专用，并受世界银行监督，以保证到期偿还。第五，贷款的使用不能限定在某一特定成员中进行采购，而要通过国际招标，以保证贷款不被挪用，并保证所有的成员和非成员都有参加招标的机会。第六，属于中长期贷款，短者5年，长者可达30年。从1976年7月起，实行浮动利率，一般低于市场利率进行定期调整。从1980年1月起，贷款利率高于借款费用0.5%。此外，对已订立合同但尚未支用部分按年征收0.75%的承诺费。1982年4月起，对所批准的贷款征收手续费。第七，贷款货币呈多元化趋势，但以美元计值，由借款国承担汇率风险。

国际开发协会对贷款条件的管理一般为：第一，按人均收入衡量的受信方的贫困程度；第二，受信方从传统来源借款的信誉有限；第三，受信方的经济成就，包括有效利用资金的能力以及适合的项目；第四，贷款免收利息，但需收年率为0.75%的承诺费。贷款期限可长达50年，头10年不必还本，从第二个10年起每年还本1%，其余30年每年还本3%。贷款可部分或全部用受信方本地货币偿还。

20世纪50年代末到20世纪60年代中期，世界银行的贷款主要集中在特定项目贷款上，要求申请的项目在经济上和技术上都必须是可行的，日后应能由项目盈利来偿还贷款，并且对该地发展而言是优先的。所以，这个时期的世界银行贷款主要投向了电力、运输和工业项目等主导部门。同时创立的国际开发协会实施“外部资金投资”，以提高受信方的储蓄率。从20世纪60年代后半期至20世纪80年代初，减少贫困是世界银行的核心业务，因此世界银行大幅度增加贷款额度，从1968年的9.54亿美元增加到1981年的123亿美元，成为世界上最主要的开发机构。这一时期的世界银行贷款越来越多地投向亚洲、非洲和拉丁美洲贫困国家和欠发达国家，自1966年向日本提供最后一笔贷款后几乎停止了向发达国家贷款。同时，贷款投向由工业部门转向农业部门，并越来越重视对教育、人口和卫生等方面的帮助。而20世纪80年代至今，帮助发展中国家调整经济结构和政策改革，促进建立有机的市场经济体制成为世界银行的业务重心。因此，在贷款方式上世界银行从项目贷款逐渐转向调整贷款，以支持其成员内部政策调整和体制改革，而且贷款的对象开始强调私人部门，支持国际金融公司的业务活动，1988年成立了多边投资担保机构。在表6-13中，可以看到世界银行贷款重点是农业、教育、电力及其他能源、环境等部门。

表6-13　1995—1997年财政年度IBRD和IDA的贷款趋势

部门	1995年			1996年			1997年		
	国际复兴开发银行	国际开发协会	合计	国际复兴开发银行	国际开发协会	合计	国际复兴开发银行	国际开发协会	合计
农业	853.3	1 232.0	2 085.3	1 413.8	1 105.1	2 518.9	2 810.6	735.9	3 546.5
教育	1 280.6	816.2	2 096.8	920.8	784.9	1 705.7	762.3	255.1	1 017.4
电力与其他能源	1 802.5	439.0	2 241.5	2 459.2	347.9	2 807.1	1 613.4	275.8	1 889.2
环境	755.1	68.9	824.0	534.6	348.1	882.7	22.5	224.2	246.7
金融部门	2 935.4	129.3	3 064.7	1 199.2	231.2	1 430.4	993.7	201.1	1 194.8
医疗卫生、人口与营养	451.3	671.2	1 122.5	1 495.2	858.2	2 353.4	245.8	694.1	939.9
工业	175.0	123.2	298.2	217.0	31.7	248.7	145.0	50.5	195.5
矿业与其他采掘业	—	24.8	24.8	570.8	121.2	692.0	300.0	21.4	321.4
多部门	2 295.0	821.5	3 116.5	906.3	759.2	1 665.5	1 373.0	813.6	2 186.6
石油与天然气	461.5	141.6	603.1	30.0	25.6	55.6	114.0	21.6	135.6
公共部门管理	636.2	236.4	872.6	1 036.0	840.2	1 876.2	729.7	190.2	919.9

表6-13(续)

部门	1995 年			1996 年			1997 年		
	国际复兴开发银行	国际开发协会	合计	国际复兴开发银行	国际开发协会	合计	国际复兴开发银行	国际开发协会	合计
社会部门	644.0	290.8	934.8	440.0	554.5	994.5	1 303.7	66.5	1 370.2
电信与信息	325.0	—	325.0	35.0	—	35.0	—	—	—
交通运输	2 099.3	104.1	2 203.4	2 236.9	535.7	2 772.6	3 084.7	607.0	3 691.7
城市发展	1 466.0	261.0	1 727.0	632.0	236.5	868.5	646.1	162.3	808.3
供水与卫生设施	672.3	309.2	981.5	529.1	80.7	609.8	380.4	302.4	682.8
合计	16 852.5	5 669.2	22 521.7	14 655.9	6 860.7	21 516.6	14 524.9	4 621.7	19 146.6

资料来源：世界银行 1997 年度报告。

（2）世界银行的资金来源。

世界银行的资金来源主要有四个：第一，成员缴纳的股金。这是世界银行的主要资金来源，但由于实际缴付额大大小于应缴额（约 80%为待缴股金），虽然待缴股金在世界银行需要时可补缴，但实际执行时也会遇到矛盾。第二，借款。向国际金融市场借款是世界银行资金来源的重要方面。世界银行的资信等级是国际金融市场上最高的，因此它可以以较低的成本筹措资金。1997 年它用债券形式筹措的中长期资金为 151 亿美元。第三，世界银行通过将贷出款项的债权转让给私人投资者（主要是商业银行），收回一部分资金，以扩大银行的资金力量。第四，经营利润。虽然世界银行不纯粹以营利为目的，但由于世界银行筹资成本低，经营管理水平高，所以它每年的利润仍然相当可观。1996 年的利润为 128.5 亿美元。

（3）世界银行的业务活动。

世界银行的主要业务是对成员政府或经成员政府担保的私人企业提供贷款和技术援助。世界银行的贷款方式有两类：一类是按收入级别分配资金，即按人均国民收入水平将成员分为五组，决定贷款额度，它贷款的主要对象是中等收入国家和地区。另一类是按经济部门分配资金。重点是各种基础设施，如公路、电信等。

2. 国际金融公司的国际投资

（1）国际金融公司简介。

国际金融公司（international finance corporation，IFC）成立于 1956 年 7 月 24 日，成立的目的是弥补世界银行贷款仅以成员政府为对象，即使对私人企业贷款亦须政府机构担保的缺陷。国际金融公司的宗旨是：专门对成员私人企业的新建、改建和扩建等项目提供资金，促进不发达国家（地区）私营经济部分的增长及其市场的发展。国际金融公司是世界银行的附属机构，但在法律意义上是一个独立实体。

（2）国际金融公司的资金来源。

国际金融公司的资金来源由三部分构成：第一，成员认缴的股本，成立时资本仅有 1 亿美元，以后又多次增资；第二，世界银行和一些成员对国际金融公司的贷款，这些贷款的条件往往是非常优厚的；第三，国际金融公司自身的利润积累。

（3）国际金融公司的业务活动。

国际金融公司认为，在市场经济条件下，私人部门可以且应当发挥重要的作用。

但市场不可能总是完美的，私人企业经常会遇到种种障碍和风险。国际金融公司业务的一个重要目标就是帮助私人企业提高效益、促进竞争。因此，公司业务遵循三个原则：

第一，催化原则。国际金融公司一般只在以下情况下才决定对某一企业投资：该企业大部分投资由私人资本承担，但若没有国际金融公司的参与就无法得到必需的私人资本。因此，国际金融公司在某一项目中的出资比例一般不超过项目所需总投资的25%，且项目的领导和管理责任必须主要由私人部门承担。国际金融公司每投入1美元所带动的其他私人投资之间的比例叫资金动员率，历史上一般为1∶4左右。但进入20世纪90年代以来，国际金融公司的资金动员率对东亚和拉美已达1∶6。

第二，商业原则。《国际金融公司协定》规定，国际金融公司不接受任何形式的政府担保，因此国际金融公司一旦对某一项目投资便必须与其他私人投资伙伴共同承担投资风险。国际金融公司的宗旨是促进私人部门的发展，同时也应该重视利润。国际金融公司认为，在市场条件下，私人企业运行成功的标志便是盈利。

第三，特殊贡献原则。《国际金融公司协定》规定："公司不应对那些其认为可以在合理条件下获得足够私人资本的企业进行资助。"所以国际金融公司对一般私人投资者的作用是补充，表现为：帮助私人投资者克服国别风险，提供比市场条件优惠的资金，进行技术咨询和帮助。国际金融公司在选择和设计项目时，常超出项目本身而扩展到帮助成员发展一个健全的私人部门。

它的主要活动是对成员的私人企业或私人同政府合资经营的企业提供贷款或协助筹措国内外资金。提供资金方式可以是长期贷款，也可以是认购股份，或二者兼而有之。就投资数量而言，国际金融公司在项目中只能算是较小的投资伙伴，但它发挥的资金动员和催化作用却是不容忽视的。由于国际金融公司在项目中采取对外国投资者和东道国投资者都不偏不倚的态度，故被称为"中立的第三方"。在参股的基础上，国际金融公司还向项目企业提供贷款，这种贷款可分为两种：A种贷款，即国际金融公司自身提供的贷款；B种贷款，即在国际金融公司本身贷款不能满足项目需要时，由国际金融公司出面组织国际商业银行的银团贷款。A、B两种贷款一般期限都较长，可达10~14年，宽限期可有2~4年，且无政府担保，利率一般在伦敦同业拆借率上加上几个百分点。

国际金融公司的投资方式、投资组合和投资条件，视各个项目的具体情况、有关风险和预期收益而定，比较灵活。贷款利率由国际金融公司在批准贷款时，视资金投放风险、预期收益、国际金融市场的利率变化情况和每一项目的具体情况来确定。对未提用的部分贷款每年征收1%的承担费。还款时需以原借入货币偿还。国际金融公司在做出一项投资决策前，对项目涉及的各方面都要进行全面的严格的评估，包括国别和行业风险、产品市场分析、原材料、技术、其他股东、管理状况，等等。

国际金融公司确定的投资标准是：第一，投资项目必须对所在国家（地区）的经济有利；第二，必须有盈利前景；第三，必须是无法以合理条件得到足够私人资本的项目；第四，所在国家（地区）政府不反对拟投资的项目；第五，本国（地区）投资者在项目开始施工时，应立即参与投资。

国际金融公司除上述的投资及资金动员业务外，咨询服务也是一个重要的业务方式，主要包括私有化和企业改组、资本市场发展、技术援助等。

国际金融公司自成立以来，已在100多个发展中国家和地区参与了许多项目（可以参见IFC的foreign direct investment报告），成为向发展中国和地区家私人部门投资最多的一个多边机构。

3. 多边投资担保机构和解决投资争端国际中心

多边投资担保机构（The Multilateral Investment Guarantee Agency，MIGA）成立于1988年，并在1990年开始运行。机构的宗旨是鼓励生产性的外国私人直接投资向发展中国家和地区流动以及资本在发展中国家和地区之间的相互流动，从而促进发展中国家和地区的经济增长，并以此补充世界银行集团其他成员的活动。MIGA的主要业务是承担非商业性风险（noncommercial risk），主要包括货币转移风险（currency transfer restrictions）、征用险（expropriation）、违约险（break of contract）、战争和内乱险（war and civil disturbance）以及其他非商业性风险。此外，MIGA还向其发展中国家和地区成员提供外国投资促进及咨询服务，以帮助成员创造良好的投资环境，吸引外国私人直接投资。

解决投资争端国际中心（International Centre for Settlement of Investment，ICSID）是世界银行集团的另一个投资促进机构，与MIGA是彼此独立的两个机构。ICSID成立于1965年，根据世界银行《关于解决各国和其他国家国民之间投资争端的公约》而成立，其宗旨是为了创立一个为解决东道国家和外国投资者之间的争端提供便利的机构，促进投资国与东道国之间的相互信任，从而鼓励国际私人资本向发展中国家和地区流动。自中心成立以来，其实际受理业务非常少。

4. 国际项目贷款

世界银行集团对成员的项目贷款是一个非常严密的工作，项目周期（project cycle）实质上就是发放项目贷款的过程，程序比较复杂。

（1）项目的选定（identification of project）。

这是项目周期的第一个阶段，主要由申请贷款国选定符合贷款条件的项目，收集必要的数据，从技术上、经济上进行综合分析，编制详细的项目文件。不同的项目需要收集不同的资料，此外尚需提供本国的主要经济资料，如生产情况、市场情况、国民收入等。

（2）项目的准备（preparation of item）。

项目准备的首要工作是进行项目的可行性研究，一般包括技术可行性、财务可行性、经济可行性、组织体制可行性和社会可行性。在此基础上进行全面的成本—效益估价，编制项目报告（project report）。

（3）项目的评估（appraisal of project）。

这是世界银行进行审查的阶段。贷款者派出工作组进行实地考察，对项目投资的必要性、技术适用性、经济合理性和建设可能性等要素进行综合的分析论证，是项目决策科学化、民主化的重要环节。

（4）项目的谈判（negotiation of project）。

这是就项目的金额、期限、偿还方式等进行协商，并提出为保证项目顺利进行，双方所应采用的措施。

（5）项目的执行（implementation of project）。

这是借款方负责项目的执行和经营，贷款方负责项目监督的过程。

（6）项目的总评估（evaluation of project）。

这是在项目贷款发放完毕后一年左右，贷款者如世界银行对其资助项目的总结阶段。由世界银行的业务评估局（OED）对项目完成报告（completion report）进行全面审查，有时还派专人进行实地考察。最后业务评估局提出审核报告（audit report）送交执行董事会主席。

由此可见，世界银行的项目贷款过程虽复杂，但体现出贷款的严密性和科学性，因而能保证项目的良好收益和顺利完成，使贷款风险降至最低。综观其六个阶段，每个阶段都必不可少，选定和准备工作是最初的项目分析，尤为重要。

（二）区域开发银行

区域开发银行是指一个规模性的区域所设立的开发银行。区域开发银行包括亚洲基础设施投资银行、亚洲开发银行。

1. 亚洲基础设施投资银行

亚洲基础设施投资银行（Asian Infrastructure Investment Bank，AIIB），简称亚投行，是一个政府间性质的亚洲区域多边开发机构。AIIB 重点支持基础设施建设，其成立宗旨是促进亚洲区域的建设互联互通化和经济一体化的进程，并且加强中国及其他亚洲国家和地区的合作，它是首个由中国倡议设立的多边金融机构，总部设在北京，法定资本 1 000 亿美元。亚投行的治理结构分理事会、董事会、管理层三层。理事会是最高决策机构，每个成员在亚投行有正副理事各一名；董事会有 12 名董事，其中域内 9 名，域外 3 名；管理层由行长和 5 位副行长组成。

2014 年 10 月 24 日，包括中国、印度、新加坡等在内 21 个首批意向创始成员国的财长和授权代表在北京签约，共同决定成立亚投行。2015 年 12 月 25 日，亚洲基础设施投资银行正式成立。2016 年 1 月 16 日至 18 日，亚投行开业仪式暨理事会和董事会成立大会在北京举行。2019 年 7 月 13 日，亚洲基础设施投资银行（亚投行）理事会批准贝宁、吉布提、卢旺达加入亚投行，至此，亚投行成员总数达到 100 个。2019 年 10 月 24 日，北京亚洲金融大厦竣工，成为亚洲基础设施投资银行总部永久办公场所。

2020 年 6 月 29 日，北京举行的筹建亚洲基础设施投资银行（亚投行）特别财长会提名金立群为亚投行候任行长中方候选人。

2. 亚洲开发银行

亚洲开发银行资金运用的主要形式是贷款。贷款包括两大类：

一类是用普通资金发放的普通贷款（硬贷款），主要贷给收入较高的发展中国家和地区，用于工业、农业、电力、运输、邮电等部门开发工程项目。贷款期限一般为 10~30 年，宽限期 2~7 年。贷款利率低于市场利率。另一类是用特别基金发放的特别贷款（软贷款），主要贷给较贫困的发展中国家和地区，贷款优惠，具有援助性质。贷款期限一般为40年（包括10年的宽限期），不收利息，仅收1%的手续费，但此手续费只限于对某一借款国（地区）预期贷款总额的20%。此外，亚洲开发银行还用特别基金向成员提供技术服务、与各国或国际组织进行合作、协助成员拟订和执行计划、帮助成员进行股票投资以及开展联合融资活动等。

四、半官方国际投资的特点

半官方国际投资一般具有以下特点：

（1）半官方国际投资不以追求利润最大化为目的。

国际组织建立的基本目的是促进国际合作，协调国际关系，加快落后国家的经济发展等。因此它们进行的国际投资是为达到上述目的而做出的，在此基础上再讲求利润。

（2）半官方国际投资主要以贷款方式进行，各个国际金融组织业务活动主要以贷款形式展开。

在提供贷款的同时，国际金融组织通常提供管理、技术、人员培训等其他服务，以利于贷款更好地发挥作用。世界银行在这一方面起了一个很好的表率作用。

（3）半官方国际投资具有很大的优惠性。

与一般的贷款相比，国际组织的贷款往往具有利率低、期限长的特点，特别是在国际开发协会的贷款中带有很大赠予成分。

（4）半官方国际投资的筹资方式多样化。

半官方国际投资的筹资方式主要渠道有五条，除会员国缴纳的资金（股份）、自身业务经营获得的利润和成员捐赠外，国际金融组织往往依靠自己良好的信誉在国际金融市场上以借款、发债券形式筹措成本较低的资金。这样，在其筹措到成本较低的资金以后，即可将其贷与需要资金但因自身信誉较低因而筹资成本较高的国家或地区。

▶▶▶扩展阅读

国际社会对跨国银行的管理和监督

跨国银行同时在不同的国家设立机构和从事经营活动，有的巨型跨国银行的机构网络甚至遍布全球，现代化的通信和计算机技术又为其调拨资金和转移利润等活动提供了极大的便利，特别是同一银行系统内部各机构之间的内部联系，常常有一套复杂而巧妙的运行技巧。在此情况下，单靠其母国在东道国彼此孤立地进行管理和监督是难以奏效的，必须进行国际的协调。

1974年9月，由美国、英国、法国、联邦德国、意大利、日本、荷兰、加拿大、比利时和瑞典（简称“十国集团”，1984年4月，瑞士成为该集团的正式成员，但该集团仍沿用“十国集团”的名称）的中央银行监督官员在国际清算银行的发起下，在瑞士巴塞尔开会，讨论了对跨国银行管理和监督的国际协调问题，标志着对跨国银行进行国际监管的开始。1975年2月，成立了常设监督机构——“银行管理和监督实施委员会”（Committee on Banking Regulations and Supervisory Practices，简称“巴塞尔委员会”）。同年9月，它们形成了第一个文件——《对银行的国外机构的监督》（Supervision of Bank's Foreign Establishments，简称《巴塞尔协定》）。《巴塞尔协定》确定了通过国际合作对跨国银行进行监督和指导的原则；明确了国外分行、多数股权子银行、少数股权子银行的定义；指出监督的主要内容是银行的流动性、清偿能力和外汇头寸三个方面；强调了任何银行的国外机构都不能逃避监督，母国与东道国应共同承担监督的责任，并对监督责任的分工做了初步的划分。

1978年，巴塞尔委员会确定了对跨国银行监督的“综合资产负债表”原则，指出应把跨国银行的总行、国内外分行、子银行等作为一个整体，从全球角度综合考察其资本充足性、流动性、清偿能力、外汇头寸、贷款集中程度及面临的风险，强调母国当局应在监督中起主导作用。

1983年5月，十国集团通过的《修改后的巴塞尔协定：对银行国外机构监督的原则》（The Revised Basle Concordat，Principles for the Supervision of Bank's Foreign Establishments）强调：对银行国外机构的监督应当充分。如果母国当局对其银行的国外机构监督不充分，东道国可以或者禁止这些银行在其境内经营，或者加强自己的监督。对母国和东道国之间对跨国银行在流动性、清偿能力和外汇头寸三个主要方面监督的分工，该协定做了比较具体的规定。如规定：①流动性监督方面。分行的流动性监督由东道国与母国共同负责；子银行的流动性监督由东道国承担，但总行应开具保函，保证对子银行提供备用信贷。②清偿能力监督方面。分行的清偿能力由母国当局负责；子银行的清偿能力监督是东道国和母国的联合责任；合资银行的清偿能力监督由东道国负主要责任。③外汇头寸监督方面。由母国与东道国当局联合负责；设在母国的总行当然要管理其全球系统的外汇头寸；东道国只监督外资银行在其境内的外汇交易和外汇暴露。

1988年7月，巴塞尔委员会公布了《关于统一国际银行资本衡量和资本标准的协议》（International Convergence of Capital Measurement and Capital Standards，简称《巴塞尔资本协议》）。《巴塞尔资本协议》就资本的概念做了统一的明确解释，并就资本/风险资产比率的最低标准做出了统一规定。按照这一协议，从事国际业务的银行资本分为两部分：一部分为核心资本（又称一级资本），由实缴资本和公开储备金构成，这一部分至少应占资本总额的50%；另一部分为附属资本，包括内部储备、资产重估储备、普通储备和普通呆账储备金、带有债务性质的资本工具等。这一部分最多不能超过资本总额的50%。该协议还将银行的资产按不同的风险程度划分成不同的权数，设有0、10%、20%、50%和100%5个权数。无风险资产的权数为0，具有最大风险的资产权数为100%。协议规定，各成员国跨国银行资本对加权风险资产的充足比率为8%（其中核心资本对加权风险资产的比率至少为4%），并要求在1992年年底达到这一标准。在此以前允许有一个过渡期，但在1990年年底以前至少应达到7.25%。这一规定不仅有助于加强跨国银行经营上的安全性，而且有利于成员国的跨国银行在国际金融市场上平等地进行竞争，对于非成员国的跨国银行也具有示范作用。自此以后，不仅协议成员国积极贯彻实施这一标准，而且其他拥有跨国银行的国家实际上也予以采用。到1996年年底，世界1 000家最大银行中，有657家公布了资本充足率的数据，其中仅有10家银行未能达到协议规定的要求。

继《巴塞尔资本协议》以后，巴塞尔委员会还公布了一系列旨在加强银行业务主要风险管理的文件。1997年9月，委员会又发布了《银行业有效监管核心原则》(The Core Principles for Effective Banking Supervision，简称《巴塞尔核心原则》)，其内容共25条，包括从制定银行开业标准、审批开业申请开始，以确保银行的机构设置、结构和业务范围不至于使其承受不适宜的风险或妨碍有效监管，到审慎监管确保银行制定并执行合理的发展方针和业务程序，建立监管信息系统和风险防范系统等，将监管贯穿于银行运行的全过程。这些原则的确立，为对跨国银行实行全方位、多角度的系统监管打下了良好基础。该文件在获得巴塞尔委员会通过之前，还多次邀请了包括中国在内的13个新兴市场国家和地区的代表参与征求意见稿的讨论和修改，同时还以书面形式向绝大部分未参加会议的国家或地区征求了意见，因此比该委员会以往的文件具有更广泛的代表性。

➤➤➤核心知识点小结

当代的跨国金融机构包括各种在国际范围内进行业务经营及机构设置的营利性金融组织。其中，占主导地位的是跨国商业银行，即人们通常所说的跨国银行(transnational bank)；此外，还包括各类非银行金融机构，如跨国投资银行、跨国共同基金、跨国套利基金、跨国养老基金、跨国保险公司等。从广义上说，跨国金融机构也是跨国公司的一类，只是其经营对象，即货币及金融商品具有特殊性。

跨国银行也是跨国公司的一种，即经营货币信贷业务的跨国公司。在确定了跨国公司的定义以后，我们也就不难顺理成章地为跨国银行下一个类似的定义，即“跨国银行就是在它们的总部所在的国家之外拥有或控制服务设施的银行”。或者说，“跨国银行就是以一国为基地，同时又在国外拥有或控制着分支机构的银行”。

典型的跨国银行是随着资本主义的发展而发展起来的。已知最早在国外设立分支机构的这类银行是1817年英国在其殖民地加拿大建立的蒙特利尔银行（Bank of Montreal）和在澳大利亚悉尼设立的新南威尔士银行（Bank of New South Wales）。这时的跨国银行主要是宗主国在殖民地设立分支机构，所以又有“殖民银行”之称。第二次世界大战后，随着国际政治经济形势的变化，跨国银行的发展也显示出一定的阶段性。20世纪60年代是第二次世界大战后跨国银行发展的重要转折时期。进入20世纪80年代中期，跨国银行的发展速度相对放慢，20世纪90年代，跨国银行进入了调整重组阶段。

跨国银行的组织形式包括跨国银行母银行与其海外分支机构的组织结构关系及这些分支结构的具体形式。母银行与分支机构的组织结构关系有三种类型：分支行制、持股公司制和国际财团银行制。这些海外分支机构的具体形式，又可分为代表处、代办处、分行、附属行或联属行等多种形式。

跨国银行的分支行制是指母银行在海外设立和控制各种类型的分支机构，通过这些分支机构来开展跨国经营活动的组织结构形式；控股公司制又称集团银行制，是指银行通过银行持股公司建立海外分支机构网络；国际财团银行制又称“银行家银行”，它是由不同国家或地区的银行共同出资组成的、在特定地区开展特定业务活动的银行，是一个在东道国注册和纳税的独立的法人实体。

跨国银行可以通过设立不同的海外分支机构参与海外市场，其设立原因或出于利润目标的统筹安排，或出于东道国法律的要求，或出于市场的局限等。不同类型的分支机构，其申请条件、设立程序、设立成本、业务范围等各方面都不相同。

代表处是总行设在东道国的规模较小的办事机构，在分支网络中处于最低层次。经理处可以从母银行调入资金或在东道国向银行同业拆入资金向东道国的客户发放贷款，但不能接受东道国国内的存款或出售存款单。在有些国家，对其贷款的范围也有限制。海外分行是跨国银行根据东道国法律规定设立并经营的境外机构，是母银行的一个组成部分，不具备独立的法人资格。其资产和负债要合并到母银行的资产负债表上，母银行则需为其承担无限责任。分行与经理处的主要区别是除可以发放贷款外，还可以接受东道国国内客户的存款，以及从事证券、信托业务等，即可以提供较全面的银行业务，因而可以与东道国的银行或其他外资银行开展较广泛的竞争。子银行是跨国银行拥有全部股权或大部分股权并在东道国取得法人地位的分支机构。附属行与联属行都是作为独立法人在当地注册的经营实体，是由跨国银行与东道国有关机构共同出资设立或对当地银行兼并（收购）而成立的，跨国银行因持股关系而承担有限责任。两种形式的区别在于：附属行的大部分股权为跨国银行所有，而联属行的大部分股权由东道国机构掌握，两者一般以50%为界限进行区分。

跨国银行的业务活动一般都比国内的银行业务活动纷繁复杂得多，有些规模巨大的跨国银行，其业务范围甚至“无所不包”，从事所有的各种金融业务。尽管如此，我们仍可将跨国银行的海外业务划分为三大类，即：跨国信用拓展业务、跨国筹资业务和跨国的其他银行业务。

跨国信用拓展业务是跨国银行的资产业务，包括跨国放款和投资。跨国银行的直接贷款的典型是欧洲货币贷款，即银行分支机构所在国以外的货币贷款，其中以欧洲美元居多。贷款对象主要是跨国公司和外国政府。跨国银行提供的国际贸易融资主要由设在在岸银行业务市场的分支机构进行，但是设在离岸银行业务市场的分支机构，也可以通过向设在那里的来自发展中国家的银行机构存入硬通货，再由后者把这些资金贷给本国进口商的方式，来间接开展贸易融资业务。

跨国筹资业务包括国外分支机构自有资本的筹集和负债业务，其主要目标是开辟比较稳定的、低成本的资金来源。总行（母银行）的股本投资、欧洲货币存款、东道国的当地存款、银行同业借款、本银行系统内部借款和在金融市场发行债券，构成了跨国银行国外分支机构的主要筹资来源。

跨国的其他金融业务是指跨国银行从事的除信贷扩展和筹资以外的各种业务。这些业务的目的或者是向客户提供有关服务而收取费用，或者是防范自身的经营风险。

跨国投资银行是国际资本市场上的重要参与者，它既为筹资者提供服务，也为投资者提供服务。跨国投资银行在国际投资活动中起着至关重要的润滑剂作用，跨国投资银行活动大大提高了国际投资活动的效率，也极大地促进了国际投资活动的开展。

证券发行是指企业或政府为了筹集资金而向投资人出售有价证券的行为。

投资银行证券交易业务包括自营和经纪两个方面。自营业务是指投资银行以投资者的身份在证券市场上为自己买卖证券，投资目的是在买卖中获取价差，实现投资利润。同时，投资银行在从事自营业务的时候，还能够起市场制造者的作用，即“做市”。经纪业务是指投资银行接受客户委托指令买卖有价证券，从而获取佣金（手续费）的一种业务。

基金管理，是投资银行充分利用它在市场中的特殊地位，发挥它丰富的理财经验和专业知识的一个重要领域，也是投资银行的一项重要收入来源。

投资基金，是按照共同投资、共享收益、共担风险的基本原则和股份公司的某些原则，运用现代信托关系的机制，以基金方式将各个投资者彼此分散的资金集中起来，交由投资专家运作和管理，主要投资于证券等金融产品或其他产业部门，以实现预定的投资目的的投资组织制度。投资基金按组织形态的不同，可以分为公司型基金和契约型基金两种。公司型基金是按照公司法（或商法）规定所设立的、具有独立法人资格并以盈利为目的的投资基金公司。而契约型基金则是按照一定的信托契约原则、通过发行受益凭证而形成的投资基金组织，它与公司型基金主要区别是，契约型基金在组织上不是一个独立的法人机构，没有自身的办事机构系统，而是委托基金经理机构来负责经营管理。

投资基金按投资计划所列之证券可否变更，可分为固定型基金、半固定型基金和融通型基金。固定型基金的投资完全按其投资计划进行，计划投资的证券资产编定后，除非发行公司合并或撤销，不得随意变更，这种基金有利于投资者了解投资情况，但管理与运用缺乏弹性。融通型基金则可根据市场情况，自由决定投资证券的对象。半固定型基金介于固定型基金与融通型基金之间，即证券资产编定后，可在一定条件下和一定的范围内变更。

投资基金按受益凭证能否赎回或追加，可以分为开放型基金和封闭型基金。开放型基金的基金凭证数量是可以变动的，从而基金资本可因发行新的基金凭证或投资者赎回本金而变动，而封闭式基金的基金凭证预定数量一经发行完毕，在规定的时间内，基金资本规模就不再增大或缩减。

项目融资是一种无追索权或有有限追索权的融资或贷款，它一般具备以下一些基本特征：①至少有项目发起方、项目公司和贷款方三方参与；②项目发起方以股东身份组建项目公司，该项目公司为独立法人，从法律上与股东分离；③贷款银行为项目公司提供贷款；贷款银行主要依靠项目本身的资产和未来的现金流量作为贷款偿还保证，而原则上对项目公司之外的资产没有追索权或仅有有限追索权。

共同基金是指通过信托、契约或公司的形式，公开发行基金证券，如“受益凭证”“基金单位”“基金股份”等形式将众多的、零散的资金募集起来，形成一定规模的信托资产，由专业人员进行投资操作，并按出资比例分担损益的投资机构。

对冲基金是对少数投资者发行的私人投资基金，其投资对象涵盖证券、货币、期货、期权、利率、汇率等几乎所有金融产品。它往往通过财务杠杆，在高于平均市场风险的条件下牟取超额的收益率。

官方国际投资是指政府部门进行的国际投资。各国政府为维持本国利益，往往会使用国库资金进行跨国界的投资活动，这些活动主要包括政府贷款、官方国际储备营运、出口信贷等，它们具有很强的政策导向，其具体内容丰富，执行机构各异，因此不同于通常意义的私人国际投资。

政府贷款是一国政府利用财政或国库资金向另一国政府提供的优惠性贷款。政府贷款代表了官方基础性、公益性的国际投资。

国际储备是一国货币当局用于国际支付和维持本国货币汇率稳定的资产。国际储备管理包括规模管理和营运管理，分别体现了管理战略和具体管理的问题。最适度国际储备是规模管理的核心，它是基于国家宏观经济各个相关层面分析的结果。国际储备营运是为达到国际储备的最佳利用效果而运用某种方式对国际储备的结构做出安排。它涉及一国储备资产的构成，而一国储备资产的构成内容会随着历史的发展而不断变化。

国际储备管理的前提是确定最适度的国际储备规模。最适度国际储备规模与一国的经济实力、对外开放程度、进出口贸易情况、对外借债能力有关。最适度国际储备规模下的国际储备营运是对国际储备的结构安排，尤其是外汇资产在币种资产形态上的安排，以及黄金储备与其他国际储备的结构安排。

出口信贷是出口国政府为了鼓励本国商品出口、加强本国商品的国际竞争能力而采取的对本国出口给予利息补贴并提供信贷担保的中长期贷款方式。出口国政府以对本国的出口给予利息贴补并提供信贷担保的方法，鼓励本国银行对本国出口商或外国进口商（或其银行）提供利率较低的贷款，可以解决本国出口商资金周转的困难，也可以满足国外进口商对本国出口商支付货款的需要。出口信贷是集国际贸易、国际投资及间接融资为一体的中长期信贷，官方主体不仅在国际市场上为本国商品开辟出捷径，也为官方资金提供了良好的投资渠道。

买方信贷是由出口方（卖方）所在国的银行在出口信贷担保机构担保下，直接向进口商（买方）或进口商银行提供贷款，用于支付进口所需的款项的一种出口信贷方式；卖方信贷是出口商所在地银行对出口商提供的信贷，再由出口商向进口商提供延期付款信贷的一种方式；福费廷是在延期付款的大型设备贸易中，出口商把经进口商承兑的、期限在半年到五六年的远期汇票，无追索权地售予出口商所在地的银行（或金融公司），以提前取得现款的一种资金融通形式。这是一种类似于票据贴现的融资方式；信用安排限额是指出口方银行与进口方银行签订总的信贷协议，提供总的信贷额度，进口商可以动用其中的贷款额度，以现汇方式支付出口商货款的进口商的中期融资形式。

存款安排是指出口商所在地银行为进口商银行开立账户，一定期限之内存放一定金额的存款，并在期满之前要保持约定的最低额度，以供进口商在出口商购买设备之用。

混合贷款是由政府和民间商业银行联合提供的一揽子贷款，是既包括出口信贷又包括政府贷款混合贷放的融资方式。这是国家官方间进行出口信贷竞争的产物。

混合贷款也是出口国为扩大本国商品的出口，加强本国商品的出口竞争能力，在出口国银行发放卖方信贷或买方信贷的同时，出口国政府还从预算中提出一笔资金作为政府贷款，或给予部分赠款连同卖方信贷或买方信贷一并发放的方式。

半官方国际投资是指国际组织进行的国际投资。国际组织由各国政府组成，具有一定的官方性质，但为与官方——各国政府相区别，故称其为半官方。作为半官方的国际金融组织、经济合作援助机构是当代重要的国际投资主体。按地理分布划分，这些组织可分为全球性金融及合作组织以及区域性金融及合作援助机构。前者包括国际货币基金组织、世界银行集团、经济合作发展组织等。由于国际货币基金组织的主要任务是向成员国政府提供短期贷款以弥补临时性国际收支不平衡，故不属于本书讨论范围；后者包括各区域性开发银行，如亚洲开发银行、非洲开发银行等等。半官方（和前面讲的官方）进行的国际投资活动与一般的国际投资相比，不完全以营利为目的，因为主体的特殊性，往往还有促进落后国家经济发展、改善国与国之间关系、带动本国产品出口等目的。当然，从广义上看，这些其他目的终归也是为了获取一定的利益。

半官方的国际投资可以从世界银行集团和区域开发银行两个角度进行考察。世界银行是一个多边发展机构。“世界银行”一词系指两个在法律地位和财务上均独立的实体：国际复兴开发银行（IBRD）和国际开发协会（IDA）。国际复兴开发银行和国际开发协会具有3个相似的职能：提供贷款、经济咨询和技术援助，对其他来源的投资起催化作用。按照《国际复兴开发银行协定》，国际复兴开发银行的宗旨是：第一，通过对生产事业的投资，协助成员国的复兴与建设；恢复被战争破坏的经济，使战时经济平稳过渡到和平时期经济；第二，通过担保或参加私人贷款及其他投资方式，促进私人的对外投资；第三，鼓励国际投资，协助成员国提高生产能力，促进成员国国际贸易的平衡发展和国际收支状况的改善。国际开发协会的宗旨是：对欠发达国家提供比世界银行条件更宽松、期限较长、负担较轻，并可用部分当地货币偿还的贷款，以促进它们经济的发展和居民生活水平的提高，从而补充国际复兴开发银行的活动，促进世界银行目标的实现。世界银行的贷款按用途可分为与项目结合的贷款和非与项目结合的贷款，按贷款的来源可分为自行发放贷款和与其他金融机构的联合贷款。区域开发银行系指一个规模性的区域所设立的开发银行。

▶▶▶关键术语

跨国银行　3L 贷款　杠杆收购贷款　分支行制　控股公司制　国际财团银行制　代表处　经理处　分行　子银行　附属行或联属行　跨国信用扩展业务　直接贷款　银行同业放款　东道国市场的当地放款　国际贸易融资　中长期贸易融资　项目融资　国际证券投资　跨国筹资业务　总行投资　欧洲货币存款　当地货币存款　银行同业借款　发行票据和债券　跨国的其他金融业务　投资银行　跨国投资银行　证券发行　代销　包销　证券交易　自营业务　经纪业务　基金管理　理财顾问　企业并购服务　善意收购　恶意收购　反收购　项目融资服务　共同基金　北美共同基

金市场　欧洲共同基金市场　新兴地区共同基金市场　对冲基金　官方国际投资　政府贷款　国际储备　国际储备管理　国际储备管理　出口信贷　买方信贷　卖方信贷　福费廷　信用安排限额　存款安排　混合信贷　出口信贷保险　半官方国际投资　世界银行集团　国际金融公司　多边投资担保机构　解决投资争端国际中心　国际项目贷款　区域开发银行　亚洲开发银行

▶▶▶复习思考题

1. 简单介绍第二次世界大战前和战后跨国银行的历史和发展。
2. 跨国银行母银行与其海外分支机构的组织结构关系包括哪些？
3. 影响跨国银行组织形式选择的因素有哪些？
4. 跨国银行的国外业务包括哪些？
5. 跨国银行的其他银行业务活动主要有哪些？
6. 跨国银行在国际投资中的作用主要有哪些？
7. 简述跨国投资银行的产生与发展。
8. 跨国投资银行发展的原因是什么？
9. 国际投资银行的主要功能包括哪些？
10. 试简单介绍跨国投资银行的主要业务。
11. 投资银行经营的主要内容包括哪些？
12. 企业兼并的方法和形式各有哪些？
13. 反收购的目的和手段各是什么？
14. 项目融资利弊各是什么？
15. 如何有效防范投资银行的风险？
16. 简述证券监管的国际合作。
17. 对冲基金具有哪些特征？
18. 官方国际投资的特点是什么？
19. 政府贷款的性质与特点各是什么？
20. 政府贷款的作用是什么？
21. 政府贷款的主要种类包括哪些？
22. 政府贷款的机构、条件及程序各是什么？
23. 国际储备的构成是什么？
24. 国际储备营运的必要性是什么？
25. 国际储备管理包括哪些方面？
26. 出口信贷的特点是什么？
27. 简述半官方机构的产生及其组织机构。
28. 半官方机构的资金来源渠道有哪些？
29. 半官方机构的功能有哪些？
30. 世界银行资金来源渠道有哪些？
31. 半官方国际投资的特点是什么？

第七章
国际证券投资

自 20 世纪 90 年代以来，证券在国际上的流动加剧，债券、股票和各种衍生产品等证券在国际资本市场上的地位日益提高，作用日益明显。机构投资者包括共同基金、保险公司、养老基金以及对冲基金都积极地参与国际证券市场投资，使得证券流动呈现全球化的趋势，再加上计算机和通信技术的飞速进步和广泛运用，不仅增强了投资者管理其资产的能力以及更好地进行信用风险和市场风险分析的能力，而且提高了全球证券市场的操作和管理效率。总之，上述情况促使国际证券市场飞速发展，使之成为国际投资活动中的一个重要部分。本章从介绍国际证券投资的产生原因入手阐述有关国际证券投资的基本知识。

第一节　国际证券投资的产生与特点

一、国际证券投资的产生

国际证券投资是随着商品经济的发展和国际化而产生的。商品经济的发展既导致了资本证券化，又导致了资本国际化，从而使国际证券投资迅速产生和发展。

随着商品生产的发展，生产商品的企业规模也相应地扩大。现代化的企业要求集中巨额的资金，这是仅仅依靠一个人或少数几个人很难提供的，需要广泛地从社会上吸收资金。资本证券化把企业或政府所需的巨额资本以虚拟资本的形式分割成为许多社会成员可以买得起的细小部分，并以商品的形式向他们出售，这样就可以迅速地把零散的社会资金集中起来，满足企业扩大经营规模的需要。政府需要的巨额资金，也可以通过同样的方式解决。

商品经济的发展要求生产和经营商品的企业较长期地、较稳定地存在和发展下去。现代化的建筑物和机器设备等，不仅投资额巨大，而且使用时间较长，必要时还需及时更新，这就需要长期占用一部分资金。但许多社会成员的零星资金不可能长期被这些企业占用，或者被政府用于长期目的，他们要求必要时能够变现。证券的二级市场交易方便了证券的买卖与转让，解决了这一矛盾。

证券化的资本当然首先是在国内市场进行交易，但随着商品经济国际化的发展，国际贸易、国际金融和国际投资活动日益增多，原来只是在国内交易的证券也必然会跨越国界。例如，当一家公司由原来只在国内经营发展为跨国经营时，它的股票也会由只在国内交易所挂牌买卖发展为在国外交易所挂牌买卖。据统计，到1995年年底，约有2 100家公司合法地在国外证券交易所挂牌上市。同时，有一部分投资者也要求购买外国证券来增加收益或分散风险。例如，1995年美国养老基金中持有的外国证券达518亿美元之巨。

在国内证券向国际化发展的同时，一部分原来的国际信贷融资也被国际证券融资取代。例如，1980—1989年，国际银行贷款净额从1 600亿美元下降至970亿美元，而国际债券的发行净额却从280亿美元增加到2 500亿美元。20世纪80年代爆发的国际债务危机还促使了一部分未偿还的国际贷款转化为国际证券投资。例如，1985年年初，墨西哥政府在美国摩根信托银行的协助下，以美国财政部的零息债券为担保，发行了一种为期20年的债券，将所欠美国跨国银行36亿美元的未偿付债务转换为25亿美元的新债券，然后由银行以折扣价格在证券市场上出售，以减少银行的呆账损失。这一案例也显示了证券融资的优点。根据英国《银行家》杂志1990年进行的一项统计，在国际资本市场上，证券交易以及证券市场有关的融资手段（包括债券融资）已占到国际金融市场融资总额的85%。

二、国际证券投资的特点

国际证券投资与国际直接投资和国内证券投资相比较，具有不同的特点，以下我们分别介绍。

（一）与国际直接投资相比较

与国际直接投资相比较，国际证券投资除了对筹资者的经营活动没有控制权这一根本特点外，还产生出下列特点：

一是直接投资必须参与企业经营，资本投入后要经过一个较长的周期才能回收，投资活动从开始到终止往往也需要经过较复杂的手续和法律程序。因此，投资过程所需的时间较长。证券投资的期限则可长可短。如购买股票谋求长期收取股息，或购买偿还期很长的债券谋求取得利息和到期收回本金，都属于长期投资。但投资者也可以将所投资的证券在二级市场上随时转让给他人，尤其是证券市场价格波动频繁（剧烈）之时，投资者买入和卖出同一种证券的过程，有时在分秒之间就可完成。

二是直接投资是运用现实资本从事经营活动，盈利或亏损的变化比较缓慢，且投资者可以在不转移资本所有权的情况下通过改善经营管理、提高生产技术水平进行调整，因而具有较大的相对稳定性。证券投资运用的是虚拟资本，投资者虽然可以在事前预测其收益和风险，进行投资选择，但在购买证券之后，对该证券的收益或亏损都无法进行直接调整，只有通过所有权的适时转让，买进或卖出不同的证券来调整投资收益，因而有较大的投机性。在这个领域，投资与投机的界限有时很难划分。

（二）与国内证券投资相比较

与国内证券投资相比较，国际证券投资具有如下特点：

一是可供选择的取得较高投资收益的机会较多。例如，购买某经营有方、利润丰厚的外国公司或跨国公司的股票，可能会比购买国内公司的股票取得更高的收益；购买某外国公司或政府发行的债券，如果该国的实际利率（名义利率-通货膨胀率）较高，或币值与本国货币相比呈上升趋势，也可获得较购买本国债券更高的收益。

二是与可能取得较高的收益相联系，国际证券投资比国内证券投资也面临着较多的风险。其中最突出的风险是投资者本国货币与证券发行国货币之间汇率变动的风险，以及证券发行国政治与经济形势变动引起的国别风险，或称政治风险。

第二节　国际证券投资方式

从前面的论述我们已经知道，证券（securities）在一般意义上是指用以证明持有者有权按其所载取得相应收益的各类权益凭证。国际证券投资，专指在国际证券市场上的国际投资者对有价证券的买卖行为，这种行为使国际投资者在证券持有期内获得与其所承担的风险相对称的收益，其方式主要有国际债券投资、国际股票投资和金融衍生产品投资。

一、国际债券投资

债券①是筹资者（债务人）为了向投资者（债权人）借款而公开发行并保证按期还本付息的一种凭证。国际债券是指各种国际机构、各国政府以及企事业法人遵循一定的程序在国际金融市场上以外国货币为面值发行的债券。世界债券市场上的债券发行人主要包括四大类，即金融机构、公司、各国政府和国际机构（世界银行、亚洲开发银行等）。这里我们介绍一下债券的分类、债券投资风险和债券的评级。

（一）国际债券的分类

（1）进入20世纪90年代以来，国际债券取得了很大的发展，具体而言，我们可按发行人、发行工具和发行币种构成来分别叙述。

①按发行人分类。

通过图7-1，可以看出金融机构借款比重在20世纪90年代逐渐增加。这主要是因为银行向重新扩张的国际信贷融资（尤其是为全球新一轮兼并浪潮融资）以及广泛进行的资产负债重组更加倾向于国际性的负债。其中德国的金融机构尤为活跃，这主要得益于该国银行良好的信用等级和政府对专门贷款机构的支持。而过去主要是在国内市场上从事融资业务并获得政府支持的美国金融机构也开始注重融资的多

① 投资者购买债券同购买股票相比，其法律关系和投资风险都有很大的不同。第一，投资者购买公司的股票，他便成为该公司的产权所有者之一，从法律上讲，有权投票参与公司的经营管理事务。而购买公司债券成为公司的债权人仅有权按期领取利息和收回本金，无权参与借款公司的经营管理事务。购买政府债券更是如此。第二，投资者购买股票以后，再也不能要求发行股票的公司偿还，他的产权只能与公司共存亡。投资者若需抽回所投资本，只能将股票转让给他人。而债券投资可以按期得到偿还，偿还期限有长有短。第三，投资于股票的收益具有很大的不确定性，有时可能获得很高的收益，也有可能遭受很大的损失，是一种高收益、高风险的投资。而投资于债券的收益相对比较稳定，本金也比较安全。即使发行债券的企业由于经营不善等原因而破产清理，其剩余资产也要首先用于偿还债券。至于投资于政府债券，其安全性就更高了。

元化，积极参与国际债券市场。反过来，由于财政收支的整顿，主权国家借款①减少，使得公共部门筹资减少。与此同时，工业化国家的公司现金流量充足，以及偿还 20 世纪 80 年代后期日本金融机构发行的与股权相关的债券，导致企业净融资总额下降。

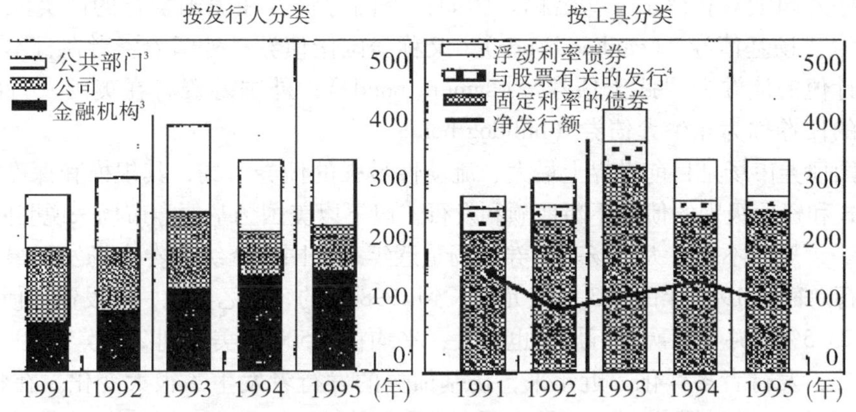

图 7-1　国际债券市场的主要特征（发行单位：10 亿美元）

注：1. 不包括在欧洲中期票据计划下发行的债券。

2. 政府、州机构和国际机构。

3. 商业银行和其他金融机构。

4. 可转换债券和有股票担保的债券。

资料来源：英格兰银行、欧洲清算中心、国际证券市场协会和国际清算银行相关资料。

②按发行工具分类。

通过图 7-1，可看出固定利率债券一直是国际债券市场上的主力。由于近期金融自由化趋势，使得利率水平趋低，固定利率债券比浮动利率债券更受投资者欢迎。与股权相关的债券，是指向投资者允诺按约定条件可换成某些股权或其他证券，包括可转换债券和有股票担保的债券。这个市场在 20 世纪 90 年代日益衰退，主要是因为股票市场表现不佳限制了与股权相关的债券市场的发展。

③按发行币种分类。

美元、日元和欧元成为国际债券市场上的主要发行币种。其中美元作为世界货币在国际债券市场上起主导作用。随着日本金融业的进一步自由化，再加上日本投资者为规避货币风险对以日元计价的证券产生了大量的需求，使日元成为国际债券市场上普遍接受的货币。欧元也是重要的发行货币，主要得益于欧元在欧洲的支配地位、有利的掉期机会、欧洲金融机构活跃的融资业务以及一些新兴国家和经济转轨国家进行币种多元化借款，使其所占国际债券的存量大幅上升。这三种货币占据了国际债券发行市场的绝大部分。

① 以发行主体的性质来划分，债券可以分为公司债券和政府债券两大类。国家借款多以政府债券的形式出现。政府债券，又称公债，指一国中央政府或地方政府发行的债券。由中央政府发行的债券称为国债（national bonds）或国库券（tresuries）；由地方政府发行的债券称为地方债券（local bonds）或市政债券（municipal bonds）。此外，还有由政府担保的债券，这种债券主要由公营的企事业单位发行，也可视为政府债券的一种。

（2）国际债券按其发行范围还可分为外国债券、欧洲债券和全球债券三种，以下就这三种分别叙述。

①外国债券。

外国债券（foreign bonds）是指外国筹资者发行的以发行地货币为计价单位的债券。有些外国债券获得了一些俗称。例如：外国筹资者在美国发行的以美元计值的债券称为“扬基债券”（yankee bonds），又称美国佬债券；外国筹资者在日本发行的以日元计值的债券为“武士债券”（samura bonds）；外国筹资者在英国发行的以英镑计值的债券称为斗牛犬债券（bulldog bonds）。

美国债券市场是目前世界上最大、流动性最强的债券市场，其规模和深度能保证各种形式和资信级别的债券不断地顺利发行。以下以美国扬基债券市场来说明问题。

第一，规模不断扩大。扬基债券市场是近年来美国投资级债券市场发展最快的市场。发行总额从1989年的113亿美元增长到1998年的531亿美元，占投资级债券发行总额的23.5%，并且每次发行规模也较大，平均在7 500万美元到2亿美元之间。

第二，发行者多样化。近年来，扬基债券的发行者发生了很大变化。在整个20世纪80年代，扬基债券一直被最高质量级别（AAA级和AA级）的政府债券、地方债券和国际机构债券垄断。到20世纪90年代，扬基债券市场最大构成部分却是A级和BBB级的公司债券。从地理位置上看，亚洲发行扬基债券总额增长最快，1998年发行额达79亿美元。而在20世纪80年代，亚洲则根本没有发行过扬基债券。这主要是由于美国90年代的利率下降，美国投资者扩大了投资范围，以寻求较高投资收益率，这为外国发行者在美国债券市场筹资提供了良好的机会。

第三，以机构投资者为主。投资者多为美国的金融机构，其中包括人寿保险公司（36.6%）、独立投资咨询机构及互助基金管理机构（34.2%）、政府及公司养老基金（11.3%）、财产及意外保险公司（10.8%）以及银行（5.0%）。

第四，主要通过公募和私募两种方式发行。公募发行的扬基债券需要到证券交易委员会登记注册，且需经美国标准普尔公司和穆迪投资人服务公司评定信用等级。私募债券包括144A条例下的债券发行及传统私募发行，这无须证券交易委员会注册。然而，144A条例下的债券包销发行需经穆迪投资人服务公司和标准普尔公司两家评级（见表7-1）。

表7-1　发行方式比较

公募	144A条例下发行	传统私募
证券交易委员会注册	不需注册	不需注册
债券需经公开信用评级	需公开的信用评级	不需公开信用评级（NAIC即可）
包销	包销	证券代理发行
最小规模	最小规模	无最小规模
AAA~B级各种信用	BBB级或之上级	AAA~BB级各种信用级
债券	债券	债券
流动性强	流动性较强	流动性较差

第五，发行程序。筹资者进行扬基债券公募的发行须分四阶段进行，详见表 7-2。

表 7-2　扬基债券公募发行程序

准备阶段	推销阶段	定价和发售阶段	交割阶段
完成文件准备工作	申报注册文件	取得订单	交割并取得融资
执行发行者预审	生效	定好条件	
取得董事会批准	发布初次发行说明书	组织包销	
获得债券评级	发布内部销售备忘录	二级市场交易开始	
债券研究	发行人促销展览会	售后服务	
判定推销前战略	选定投资者		
为正式推销准备材料	答疑		
	为发行定结构		
	形成议价范围		
	宣布发行条件和价格		

②欧洲债券。

欧洲债券（Eurobonds）是指筹资者在本国以外的资本市场上发行，又不以资本市场所在国的货币为面值，而是以第三国货币计值的债券。例如，一家日本公司在欧洲某国发行以美元计值的债券，便属于这种债券。由于以这种方式发行的债券最初出现在欧洲市场上，故称为欧洲债券。但后来以类似方式在欧洲以外其他国家发行的债券，也都称为欧洲债券。欧洲债券的发行者大多为跨国公司[①]、国际金融机构和某些国家的政府，发行时需由国际银团承销，通常同时在几个国家发行。

欧洲债券市场的兴起，一方面，由于美国在 1963 年实行利息平衡税，要求美国投资者购买非美国公司发行的证券时要纳税，使得外国发行者在美国发行债券的成本提高；另一方面，石油美元和东欧国家美元资产力图避开美国政府的监管，寻求更高投资机会的要求，使得欧洲债券市场迅速兴起。1998 年欧洲债券市场发行的各种货币债券总额达 5 830 亿美元。欧洲债券市场的特点为：

第一，债券币种的选择以美元为主，其他多种货币为辅。由于美元拥有各种各样不同信用级别的发行者和资金雄厚的投资者团体，因而欧洲美元债券市场成为其中最大的组成部分。其他货币，如日元、欧元、英镑也是欧洲货币市场上至关重要的组成部分。

第二，欧洲债券种类趋于多样化。欧洲债券由传统的固定利率债券向多样化的债券转化：浮动利率债券，即与伦敦银行同业拆借利率挂钩，按浮动利率支付的债券；永久性浮动利率债券，即无到期日，但可在发行人规定的时间内赎回；双重货币债券，即可以不同的货币支付本金和利息的债券等。

第三，欧洲债券市场投资的风险逐渐提高。1988 年所发行的债券信用评级高于

① 公司债券是股份公司为了取得追加资本而发行的借款凭证。公司在发行债券时，有的仅凭自身的资信发行，没有以动产或不动产抵押或由其他公司或银行担保，称为无担保债券或信用债券；有的则以公司的某些财产抵押或由其他公司或银行担保，称为有担保债券。

A 级或为 A 级的发行占到 94%，到 1998 年，此比例降至 78%左右，意味着欧洲债券投资者所面临的风险增大，投资者承受风险的能力提高。当然，这同时也有利于一些发展中国家和新兴市场国家欧洲债券的顺利发行。

第四，欧洲债券市场监管相对较松。由于欧洲债券市场发行的货币非发行所在地货币，因而不受当地金融机构的管制。它有两个独立于当地政府的管理机构：一是国际初级市场协会（IMPA），负责管理所有与初级市场有关的债券发行事宜；二是国际二级市场协会（ISMA），负责管理二级市场。该市场相对独立于政府的管制，因为任何法律的实施将会导致投资活动移向别处。

③全球债券。

全球债券是在 20 世纪 80 年代末产生的一种新型的投资工具。由于法律上的和地理范围上的分离，使债券市场分为国际债券市场和国内债券[①]市场，筹资者通常会选择一个具体的市场发行债券，但这种人为的和地理上的分割使得投资者的选择受到限制，于是世界银行在 1989 年首创了这种全球债券，即可在世界各地金融中心同时发行（通常在欧洲、美国、日本等地同时发行），并可在不同国家管辖区内自由流动的债券。世界银行在这种债券的发行上一直占主导地位，其发行货币主要有美元、日元和德国马克（现在为欧元）。有些国家也发行过全球债券。瑞典于 1993 年 2 月发行了 20 亿美元的全球债券，意大利则在 1993 年 9 月发行了 55 亿美元的全球债券，1994 年 1 月又发行了 3 000 亿日元的全球债券。虽然全球债券的发行有在货币发行国进行清算和登记的要求，但由于先进的信息技术，使得各个清算系统间联系相当便捷和密切，使投资者可对价格变动迅速做出反应，保持全球债券市场上高度的流动性。正因为此，全球债券市场发展速度较快，其占国际债券市场的份额在 1989—1991 年为 4%~5%，到 1992—1994 年 5 月已升至 7%~8%，目前又进一步上升到 9%~10%。

（二）债券投资的风险

在现实中，债券投资面临各种不确定性，这种不确定性可能会给投资者带来损失，如利息不能按期或如数得到支付，本金不能按期或如数收回等。这就是债券投资的风险。这些风险可以大体上分为：

1. 信用风险

信用风险是指由于债券发行者的经营状况恶化、财务状况欠佳甚至破产，因而拖欠应支付的利息和偿还本金，或者只能按一定的折扣甚至根本无力支付利息和偿还本金的可能性。企业在市场的激烈竞争中，成败兴衰的变化可能性很大，如遇其经营失利，偿债能力必然下降，违约拖欠、拒付的情况就很有可能发生。因此，投资于公司债券的风险虽然低于投资于普通股票（因企业对股金无偿还义务，即使在破产清理时，对普通股的清偿顺序也是在债券之后），但高于政府债券。政府由于

① 按发行的地理范围来划分，债券可以分为国内债券和国际债券。国内债券（domestic bonds）指国内筹资者在本国市场上发行的债券。这种债券通常也以本国货币计值。但是在金融市场比较开放的国家，国内债券也允许外国人来购买，有的国内债券还在外国证券市场上挂牌交易。例如，美国政府发行的国库券就同时在伦敦证券市场和东京证券市场挂牌交易。因此，国内债券也就成为国际投资者投资对象的一部分。

拥有一定的征税权，特别是中央政府还拥有发钞权，在必要时可以通过增加税收或增发货币来保证债券本息的偿付，因而造成信用风险的可能性较小，但也不能由此得出购买政府债券没有信用风险的结论。国际收支的严重逆差或政府的更迭，导致某些国家政府拖欠外债或拒付的情况，在历史上也发生过。

2. 市场风险

市场风险是指证券市场或整个经济受各种宏观因素和市场机制的影响，造成债券交易活动清淡，债券价格下降，给投资者造成损失的风险。例如，在经济周期处于危机阶段时，债券的交易会普遍比较萧条，即使债券发行者的偿付能力并未降低，其发行的债券也会受影响。

3. 利率风险

利率风险是指固定利率债券由于市场利率变动，因而债券价格下降的风险。在这种情况下，原有的债券持有者便会遭受损失。例如，某公司发行面额为 1 000 美元的债券，债券年利率为 7%，每年利息收入为 70 元。如果债券利率与市场利率相同，均为 7%时，债券的价格与面值相等。但若市场利率上升到 8%，则 5 年到期的债券价格就会下降为 960. 5 美元。因为债券的市场价格与市场利率之间的关系可以用如下公式表示：

$$P=\frac{a}{(1+r)}+\frac{a}{(1+r)^2}+\frac{a}{(1+r)^3}+\cdots+\frac{a}{(1+r)^n}+\frac{M_n}{(1+r)^n}$$

上式中，P 为债券的市场价格；a 为债券每年的利息收入；r 为市场利率（%）；n 为债券到期的年数；M_n 为期满时还本的面额。

4. 通货膨胀风险

通货膨胀风险又称购买力风险。如果某国的货币发行过多而导致货币贬值，即使以该种货币计值的债券的还本付息均未减少，投资者获得的本息以货币购买力来衡量仍会受到损失。当通货膨胀率高于债券利率时，投资者所得到的利息实际上变成了负数，负利率会使投资者得不偿失，严重的通货膨胀甚至会使本金化为乌有。

5. 期限风险

债券的到期时间越长，债券的持有者面临的各种不稳定因素也就越多，遭受意外损失的可能性也就越大。前述的利率风险或通货膨胀风险，即使在变动幅度相同的情况下，长期债券和短期债券相比，所造成的影响也较大。例如，当面值为 1 000 美元、票面利率为 7%的 5 年到期债券遇到市场利率为 8%时，其价格下降为 960. 5 美元；但如果是 3 年到期的，其价格只下降为 974 美元。显然，债券投资风险的大小与其期限的长短成正比。正因为如此，较长期的债券要以较高的利率来对其风险进行补偿。

6. 外汇风险

投资者在国际市场上购买以外币计值的债券，其收回的利息和本金最终仍要折算成本国货币来衡量。如果该种外币与本国货币相比，其汇率贬值，投资者就要承受贬值的损失。因此，购买外币债券必须在考虑其利率的同时考虑其货币汇价的走势，这与同时考虑其通货膨胀率是同样的道理。

(三) 债券的评级 (Bond Rating)

债券评级是指对债券资信等级的评定，它既是为了适应广大投资者衡量投资的风险和收益的需要，也是为了有利于债券市场的管理。由于资信评定要求有准确而且全面的资料，并需以科学的方法和丰富的经验进行分析，所以一般投资者难以胜任，于是专门从事资信评定的机构便应运而生，其中有少数机构在长期的激烈竞争中赢得了公众的广泛信任，在国内外享有较高的声誉。目前这类机构主要有：美国的穆迪投资服务公司和标准普尔公司，加拿大的债券评级服务公司，日本的公社债研究所。证券市场很发达的英国，曾经建立过艾克斯特尔统计服务公司进行债券评级，但由于种种原因，只一年多便以失败告终。这些机构都是独立的民间机构，其评级活动不受政府部门左右，同证券交易所和证券发行机构亦无利害关系，这就有利于其做到客观、公正。

债券评级大都采取三等九级制，也有少数划分了更多的等级。现以美国的穆迪投资服务公司和标准普尔公司的等级划分为例，说明各等级的具体含义。

1. 穆迪公司债券评级

(1) Aaa 级。

Aaa 级债券被鉴定为质量最佳，其投资风险最小，通常称之为“金边”债券。其利息支付受到充分的或者非常稳定的保护，本金安全。虽然各种保障因素可能发生变化，但任何可预见的变化都绝不可能损害其发行者的资本雄厚的财务状况。

(2) Aa 级。

Aa 级债券被鉴定为按各种标准来看都是高质量的。Aa 债券和 Aaa 债券一起构成高级债券。Aa 债券评定级别之所以低于最佳债券，是因为受到保障的程度可能不如 Aaa 级债券那么大，或者受保障的因素的波动可能幅度较大，或者可能有其他因素出现，以至于其长期风险似乎比 Aaa 级债券要大一点。

(3) A 级。

A 级债券具有许多有利于投资的属性，被认为是中上等债券。保障其本息安全的因素是足够的，但将来某个时候容易出现可能造成损害的因素。

(4) Baa 级。

Baa 级债券被认为是中等债券，这类债券虽没有高度的保障，但安全性也不是很差。其利息支付和本金安全目前看来是没有问题的。但是从长期来看，某些保障因素可能缺乏，或者性能上不可靠。这种债券缺乏显著的投资特征，实际上也就是具有投机的特征。

(5) Ba 级。

Ba 级债券被鉴定为具有投机因素，其将来的情况也不能认为具有保证性。其对利息和本金的支付的保障经常可能是中等的，从而在将来情况的好坏变化中得不到较好的保护，财务状况不稳定是这类债券的特征。

(6) B 级。

B 级债券一般缺乏投资的理由，利息和本金支付的保证性或者长期的其他契约条款的维持的保证性都可能很小。

（7）Caa 级。

Caa 级债券信誉不佳，其发行可能违约，或者可能有危及利息和本金安全的现实因素。

（8）Ca 级。

Ca 级债券具有高度的投机性，经常违约或有其他明显的缺点。

（9）C 级。

C 级债券是最低级的，从真正的投资标准来看，其前景无望。

2. 标准普尔公司的债券评级

（1）AAA 级。

AAA 级债券是标准普尔公司确定的最高级别债券，其付息和还本能力非常强。

（2）AA 级。

AA 级债券有很强的付息和还本能力，它与最高级的债券只有微小的差别。

（3）A 级。

A 级债券还本付息能力强，但与更高级的债券相比，容易在环境和经济条件变化时受到不利的影响。

（4）BBB 级。

BBB 级债券被认为具有足够的能力付息还本。虽然它在正常情况下显示出足够的保障参数，但在不利的经济条件下或发生变化的环境中，比更高等级的债券有较大可能削弱其付息还本的能力。

（5）BB，B，CCC，CC 级。

BB 级、B 级、CCC 级或 CC 级的债券，总的来说按照债券的条款，其付息还本的能力基本上是投机性的。BB 表示投机性最低，CC 表示投机性最高。虽然这类债券也可能有一定的质量和保障性，但是这些都不能抵御其面对的较大的不稳定性或者不利条件的主要风险暴露。

（6）C 级。

这一级别用于收益债券，这种债券不支付利息。

（7）D 级。

D 级债券处于违约之中，付息或还本都被拖欠。

从 AA 级到 B 级，还可以用“+”号或“-”号来表示在主要等级中相对地位的微小差异。

需要指出的是，对债券等级的评定是对债务人关于某一特定债券的资信的当前评估。因此，同一债务人发行的不同债券可能会被评为不同的等级。评估是供投资者决策时参考，评级机构对评级结果只负有道义上的责任而不承担法律责任。债券评级并不是推荐购买、出售或持有某种债券，因为评级并不就市场价格对某一特定的投资者是否适宜做出评论。

（四）债券的收益

收益率是用来衡量投资者收益水平的指标。债券的收益率主要有名义收益率、当前收益率、到期收益率、持有期收益率与实际收益率几种。它们在内容与含义方面都有所不同。

1. 名义收益率（nominal yield）

名义收益率是指每年约定支付的债息额与债券面额的比率，一般也称为年债息率。它是假定不存在任何外来因素影响的情况下投资者的收益水平。名义收益率能说明每年支付债息总额的水平，但一般不能说明投资收益水平。如一张面额为1 000元的债券，每年支付债息总额为100元，则名义收益率为10%，即：

名义收益率=年债息额/面额=100/1 000×100%=10%

2. 当前收益率（current yield）

当前收益率是指年债息额与实际购买价格的比率，它是以购买价格计算的债息收益率。它能说明投资者每年取得的债息额水平的高低，或者说在持有期内每年连续可得的债息收益水平，是一个常用的收益指标。如前述的10%债息率债券，若以950元买入，则当前收益率为10.526%，即：

当前收益率=年债息额/买入价=100/950×100%≈10.526%

3. 到期收益率（yield to maturity）

到期收益率是指投资者在债券持有到期的情况下应该得到的收益率。它包括了所有债息收益和可能得到的资本利息。到期收益率所体现的收益有一定的期限性，即从购买之日起至到期日止的一段时间；所体现的收益的内容有这段时间的债息收益，也有同期内的资本盈亏，即债券自身价值的变化，所以说它是综合的年平均收益率。在投资者衡量和选择投资机会时，一般都以到期收益率作为重要的依据之一。到期收益率的计算比较复杂，国外通用的方法是采用一个近似的公式，所得的近似值也足以作为依据。其公式如下：

$$\text{AYTM} \approx \frac{C+(P_m-P_0)/N}{(P_m+P_0)/2}$$

上式中，AYTM为应得到期收益率；C为年债息额；P_m为到期面值；P_0为买入现价；N为剩余年数。

如上例中债券的买入现价为950元，假定还有10年才到期，到期时可得面额偿还1 000元。投资者一直持有到到期日，中途不再转让，可得到资本利得50元，它与债息额共同构成债券的到期收益内容，则该项投资应得的到期收益率为10.78%，即：

$$\text{AYTM} \approx \frac{100+(1\,000-950)/10}{(1\,000+950)/2} \times 100\% \approx 10.78\%$$

4. 持有期收益率（holding period yield）

持有期收益率是指投资者在到期之前转让债券的情况下应得到的年综合平均收益率，它所包含的收益内容与到期收益率相符，可用公式表示为：

$$\text{HPY} \approx \frac{C+(P_1-P_0)/N}{(P_1+P_0)/2}$$

上式中，HPY为持有期收益率；P_1为预期持有至期末时可得的价格；P_0为买入现价；N为持有年限；C为年债息额。

如前例债券不被持有至到期，而是在第五年年末在市场转让。如果经分析后认为将来的转让价格为 960 元，则持有期收益率为 10.46%，即：

$$HPY \approx \frac{100+（960-950）/5}{（960+950）/2} \times 100\% \approx 10.68\%$$

5. 实际收益率（realized yield）

实际收益率是指以购买价格和以一定的利率进行再投资为条件计算的投资者收益率。在计算实际收益率时，把每年所得的债息都按实际可得利率进行再投资，以投资期内实际可得的收益作为收益的内容来计算投资者的收益水平，而不是以应得的收益进行计算，所以称之为实际收益率。其公式为：

$$RY = \sqrt[n]{\frac{P_m}{P_0}} - 1$$

上式中，RY 为实际收益率；P_m为终期价值，即投资至期末时实际可得的货币总额；P_0为始期价值，一般为债券的购买价格；n 为投资年限。

例如，有一种五年到期的债券，年债息额为 100 元，面额为 1 000 元，购买价格为 1 000 元，那么，应得的到期收益率为 10%。现在假定每年得到债息后都以 12%的债息进行投资，那么这项投资的实际收益率是多少？

首先需要计算终期价值：

$$P_m = 100（1.12）^4 + 100（1.12）^3 + 100（1.12）^2 + 100（1.12）^1 + 1\,100 = 1\,635.28（元）$$

然后进行实际收益率的计算：

$$RY = \left(\sqrt[5]{\frac{1\,635.38}{1\,000}} - 1\right) \times 100\% = 10.34\%$$

投资者的实际收益率为 10.34%。在这个例子中是以持有至到期为条件计算的，所以也可称为实际到期收益率。可见实际的到期收益率高于应得的到期收益率。那么为什么会出现这种差异呢？现在我们再假定利息的再投资不能得到 12%的利率，只能得到 10%的利率，那么，终期值为 1 610.51 元，实际收益为 10%。由此可以得出结论：应得到期收益率与实际到期收益率的差异在于债息再投资时的利率水平。如果债息再投资利率高于应得到期收益率，则实际到期收益率高于应得到期收益率；如果债息再投资利率等于应得到期收益率，则实际到期收益率等于应得到期收益率；如果再投资利率低于应得收益率，则实际到期收益率低于应得到期收益率。以上三点是两者的基本关系。由此可见，从长期投资的角度出发，投资者实际收益率的指标更有价值。

以上主要是针对长期付息债券的收益做出的说明。现在来看一下贴现债券的情况。贴现债券的一个特点就是不付债息，投资收益直接体现在买入价和偿还额之间的差额上，所以它的收益水平的计算很简单，只要直接利用上述实际收益率的公式就可以了。例如，一种三年期的贴现债券，面额 1 000 元，发行价格为 750 元，投资者持有至到期的收益率是多少呢？

$$RY = \left(\sqrt[3]{\frac{1\,000}{750}} - 1\right) \times 100\% = 10.06\%$$

计算结果表明，投资者的实际收益率是 10.06%。除贴现债券之外，所有平时不付利息、到期一次性支付的债券都可按此法来计算收益率。

二、国际股票投资

“国际股票”是指世界上各大企业公司按照有关规定在国际证券市场上发行和参与市场交易的股票。在国际证券市场上，股票交易十分活跃。主要的金融中心的股票交易所股价的涨跌，是众多的国际投资者极为关心的大事。然而，在国际证券市场上进行交易的股票，并没有类似“国际债券”那样的专门在国际上发行的股票，即所谓“国际股票”，而是原来的国内股票进入国际市场上交易。具体有两种进入途径：①某一国的公司股票在国内上市的同时，也在另一国或另外几个国家的证券市场上挂牌上市。以这种方式实现股票国际化的，大多是跨国公司。②某一国的公司股票只在国内证券市场上市，但其中一部分被非居民（外国的自然人和法人）购买。从地理上看，这种交易似乎不是国际性的，但股票的发行者和股票的持有者却分属不同的国家和地区。

在国际证券市场上未能出现类似“国际债券”的“国际股票”这种专门的金融工具的原因在于股票本身不同于债券的特点：

一是同一债务人在不同的时期或不同的国家发行的债券，可以用事先确定的不同利率发行；同一家公司发行的普通股，不论在何时何地发行，在分派股息时，都只能根据该公司的经济效益和股息分派政策支付统一的股息率，不能实行差别待遇。如果把在国内发行的股票和国外发行（上市）的股票严格区分，就不能实现这一原则。

二是既然在国外上市的股票只能同国内上市的股票支付相同的股息率，那么股票的价格也只能将本币表示的价格折算成外币。由于股息和股价都是变动的（这和债券的还本付息有很大不同），再加上跨国交易的汇率变动，其收益和风险就更难预料，发行“国际股票”这种专门的金融工具，不仅无助于解决这一问题，反而会引起不必要的复杂程序和相应手续。

进入 20 世纪以来，国际股票市场发展迅速，1993 年国际股票发行增长了 45%，达到 366 亿美元，1995 年则增加到 442 亿美元（见表 7-3）。国际股票发行量的增加，一方面是私有化进程加速的结果，如 1993 年，就有 89 亿美元的股票出售给外国投资者，仅 OECD 国家的中央政府就宣布 20 世纪末有 1 960 亿美元的私有化工作要完成；另一方面是新兴市场国家经济的增长，增加了对国际资产组合投资的吸引力。国际金融公司（IFC）跟踪所有成长中的股票市场（中国、尼日利亚、委内瑞拉除外），发现都比标准普尔 500 种股票指数的表现要好。

表 7-3　国际股票发行　　单位：10 亿美元

年份	1987年	1988年	1989年	1990年	1991年	1992年	1993年	1994年	1995年	1996年	1997年
发行额	20.2	9.0	16.9	14.0	23.8	25.3	36.6	49.2	44.2	43.1	46.2

资料来源：纽约银行、巴林证券、OECD《金融市场趋势》各期相关数据。

由于股份制比较发达的国家在股份公司的组成、股票的上市与交易、股东权益的行使和股息分配方法等方面所遵循的规则大同小异，可以说是已经形成了国际惯例，因此，原来在国内上市的股票，只要符合一定的标准，部分地在国外上市，进入国际市场交易也就不难了。为了参与国际市场的股票投资，我们有必要了解股票投资的共同规则及其客观规律。

（一）股票的定义、种类及其对投资者的作用

股票是股份公司发给股东的所有权凭证，它代表股东对企业的所有权，表示股东持有公司资本的一部分，有权分享公司经营收益，同时也需分担公司经营失败造成损失的风险。在法律上，股份公司对股票持有人（股东）支付多少股息，甚至能否支付股息，都依公司的经营状况而定。股票持有人不能向发行股票的公司要求退还股金，只能将股票向他人转让。这里所说的股票，是典型的股票，即人们通常所说的普通股（common stock）。还有的公司发行一种优先股（preferred stock）。

与普通股相比，优先股的优先地位表现在：①优先取得股息。公司在获得盈利并缴纳所得税和提存公积金后，用于分配的股息首先要保证分给优先股的股东，剩余的部分再分给普通股的股东。不过，优先股的股息一般是固定的。在企业经营效益不够好时，优先股的股息率可能高于普通股；但在企业经营效益好时，优先股的股息率仍然不变，所增加的红利由普通股的股东分得。②当企业经营不善乃至宣布破产清理时，优先股有权先于普通股分得公司的财产。但优先股一般没有选举公司董事、决定公司重大事项的投票权，即优先股不参与公司经营管理。

由于金融上的创新，优先股与普通股的差别也发生了一些变化。如出现了累积优先股（cumulative preferred stock）、可转换优先股（convertible preferred stock）、累积可转换优先股（cumulative convertible preferred stock）和参与优先股（participating preferred stock）等。尽管如此，在金融市场上交易量最大、最活跃的仍然是普通股。

对于不以通过取得企业经营管理上的控制权来赚取利润的投资者来说，投资于股票的主要目的是为了获得较高的收益。投资于股票的收益来自两部分：一是股息。有统计资料表明，普通股的收益率比其他资本证券的收益率高。例如，1926—1976年，美国长期证券的收益率以不变美元计算为2.7%（其间所得到的利息再用于购买长期证券）；而同期普通股的收益率以不变美元计算为9.0%（其间所得到的股利收入再投资于普通股）。在通货膨胀的情况下，由于企业的一部分资产（如实物资产）可以随物价上涨而增值，企业分配给股东的名义收益也会相应增加，而债券就没有这一特点，这是股息一般高于债券利息的原因之一。二是买卖股票的差价收益。普通股的市价波动既频繁又剧烈，投资者如能适时地在价格处于低位时买进，又在价格处于高位时卖出，有时会在短期内获得很高的差价收益。股票投资最具吸引力之处也在于此。

但是证券投资的收益与风险是成正比的。凡是可能取得高收益的证券，其承受的风险也较大。普通股票就是典型的既可能取得高收益又可能遭受大损失的证券。如何增加取得高收益并减少遭受大损失的可能性，就是投资者必须研究的关键问题。

（二）国际股票的发行

一般而言，发行国际股票大体可分为海外直接上市、以存托凭证发行上市和欧

洲股权三种。

1. 海外直接上市

海外直接上市是指直接到国际股票市场上发行股票以筹集资金。海外上市不仅可筹集企业发展所需要资金，同时也有利于扩大企业在国际上的知名度，树立起企业的国际形象。据统计，到 1998 年年底，在日本东京证券交易所上市的外国公司有 97 家，在美国证券交易所上市的外国公司有 253 家，在英国伦敦证券交易所上市的外国公司有 492 家，在德国证券交易所上市的外国公司有 801 家，在加拿大多伦多证券交易所上市的外国公司有 71 家，在澳大利亚证券交易所上市的外国公司有 47 家，在新加坡证券交易所上市的外国公司有 39 家。

企业在进行海外直接上市时，在遵循当地证券管理机构的规章和制度的前提下，必须恰当地选择股票上市的形式，包括股票发行的预定规模、定价方法、时间长短、发行费用和市场情况等，以期达到首次公开发行（IPO）成功的三个基本目标：公司股票达到足够高的价格、发行公司获得尽可能大的声誉以及股票发行范围尽可能广。

在此，以表 7-4 就中国企业在海外上市所选择的方式做一简要的总结。

表 7-4　中国企业海外上市情况表

市场	香港联合交易所（HKSE）	纽约股票交易所（NYSE）	同时在香港和纽约上市	香港上市全球发售
信誉	高	很高	很高	高
流通性	高	很高	很高	高
市场规模	3 000 亿美元	43 000 亿美元	46 000 亿美元	13 000 亿美元
投资者	大部分来自亚洲	全球	全球	全球
信息披露要求	全球按 HKSE 要求	按美国证券交易委员会（SEC）要求	按 HKSE 和 SEC 要求	按 HKSE 要求
会计标准	国际会计标准（IAS）	美国一般会计、公认标准（USGAAP）	IAS 和 USGAAP	IAS
定价方法	固定定价	公开定价	先在纽约市场上公开定价，然后在香港市场上固定定价	先在各国际市场公开定价，然后在香港市场上固定定价
定价结果	对股票发行最大值打很大折扣	接近股票发行最大值	接近股票发行最大值	对股票发行最大值稍微打折扣
举例	广州造船厂、青岛啤酒、北人印刷	华晨公司、中国轮胎	上海石化	马鞍山钢铁
时间	最快	另加 6~10 星期	另加 6~10 星期	另加 2 星期

2. 证券存托凭证

存托凭证（depositary receipt）是由本国银行开出的外国公司证券保管凭证。投资者通过购买存托凭证拥有外国公司的股权。它是国际股票市场全球化的产物。存托凭证的发行可方便投资者进行跨国界投资，避免外汇清算和交割的不便。在美国发行和出售的存托凭证称为美国存托凭证（ADRs）；在美国以外发行和出售的存托凭证称为全球存托凭证（GDRs）。据统计，到 1998 年 9 月，全世界交易的存托凭证金额已达 3 758 亿美元，包括 63 个国家的 2 033 个品种，其中占主导地位的是美国存托凭证。美国资本市场是世界上最活跃的资本市场之一，为了筹集美元资本，大批外国公司通过在美国发行存托凭证方式进入美国市场，美国存托凭证业务迅速增长，业务量增势迅猛。

（1）存托凭证的类型。

由发行者办理，经过美国证券交易委员会（SEC）注册的存托凭证可分为三类：一级存托凭证最为简单，允许现有证券在美国场外市场和美国以外的一些交易所进行交易，注册手续简单，无须提供符合美国一般会计原则（USGAAP）的财务报告和全面的定期报告。二级存托凭证允许在美国的交易所（如纽约证券交易所、美国股票交易所和美国证券交易商协会）上市美国存托凭证，但公司不能发行新证券。三级存托凭证允许现有股东以正式公开的形式出售股份，但必须在 SEC 注册，且需要呈交符合美国一般可接受会计原则的财务报告和定期报告。

（2）发行程序。

在发行者本国市场购买股票，存放于银行。该保管银行（一般为存托银行的分行或附属机构）为在美国的存托银行持有该股票账户。存托银行据此便在美国股票市场上发行存托凭证（ADRs）。美国存托凭证可通过 SEC 注册而公开出售或根据美国《1933 年证券法》中的 144A 规则，私下配售给合格的机构投资者（QIB）。美国存托凭证的交易方式与美国国内证券相同，用美元清算，其他应支付给股东的金额均换算成美元，由存托银行派发。投资者投资于存托凭证，一方面可实现间接投资于外国股票的目的，从而分散投资风险；另一方面又可依照在本国熟悉的交易程序进行交易、清算和支付。这为投资者提供了极大的便利条件。

3. 欧洲股权

欧洲股权（Euro equities）是产生于 20 世纪 80 年代的一种特殊的国际股票形式。它是指在面值货币所属国以外的国家或金融市场上发行并流通的股票。这里的“欧洲”并非地理学意义上的欧洲，而是同欧洲货币、欧洲债券一样，具有国际金融学上的意义。最早的欧洲股权是英国于 1983 年在伦敦证券交易所发行的欧洲美元股权。

欧洲股权的产生与欧洲债券市场的发展密切相关。在 20 世纪 80 年代初，欧洲债券市场上出现了与股权相联系的债券，这种债券可按一定的条件转换为股票。这直接促进了欧洲股权的产生。另外，在 20 世纪 80 年代以英国撒切尔政府为代表的西欧各国奉行自由化、私有化的经济政策，这需要大量的资金和分散的股权，这也促进了欧洲股权的发展。欧洲股权市场随着全球股市的涨落经历了衰退和繁荣阶段。放眼世界经济的总体发展趋势和西欧一体化进程，欧洲股权的发展前景是非常广阔的。

（三）影响股票市价变动的因素

股票市价（有时简称股价）的变动对于投资者至关重要，分析它变动的趋势和幅度也就成了股票投资者注意的焦点。这首先要求投资者了解影响股价变动的主要因素，然后才能根据所获得的准确信息做出判断。

从理论上说，股价的变动是由每股的股息和银行利率的关系决定的，用公式表示为：

$$P_m=\frac{D}{I}$$

上式中，P_m表示股票市价，D表示预期的每股股息额，I表示银行利息率。

这表明凡是影响企业分派股息和影响银行利息率的各种因素都会引起股价的变动，再加上供求关系和投机因素等的影响，要准确地预测股价几乎是不可能的。但是正确的方法和知识、较准确的信息，可以使分析比较接近于实际。

影响股价变动的主要因素有：

1. 公司内部因素

（1）公司的经营状况。

股票可获得股息的多少，首先取决于发行股票的公司盈利有多少，因为企业经营成本的高低、销售额的大小等都通过盈利水平影响到股息。其次，盈利以何种形态存在也影响到可用于股息分配的数额。如果资产负债表所显示的盈利虽然很多，但公司持有的现金、银行存款等速动资产很少，资金被固定资产、原材料或未售出的成品占用，股息分配就会受到限制。

（2）公司的股息政策。

公司要获得发展，就必须将一部分盈利用于积累，而不能将盈利全部作为股息分光，因此，公司提取的公积金等在盈利中占多大的比例，也直接影响可用于股息分配的数额，并进而影响股票的市价。如果公司采取“以丰补歉”的股息分配政策，调整盈利中用于股息分配的比例以保持股息稳定，该公司的股价起落的幅度也就较小。

2. 宏观经济因素

宏观经济既影响公司的股息分配，又影响银行利率的高低，从而对股价产生直接或间接的影响。这些因素主要有：

（1）经济周期的变动。

在市场机制的作用下，经济发展出现周期性的起伏是一种必然现象。经济周期几乎对各种经济活动都具有广泛的影响，而且在国际市场形成以后，其影响还通过这一市场在国际传递。

在经济周期的高涨阶段，消费高涨、投资高涨和出口高涨都会从不同的渠道推动企业的销售量扩大、产品价格上涨、盈利增加，从而使股息提高；与此同时，投资者的资金来源也比较充裕，又会从对股票的需求方面推动股价上升。

在经济周期处于衰退或危机阶段，情况恰恰相反。这时不仅企业的盈利下降，而且由于居民的就业率和工资等收入水平较低，对股票的需求也会减少，卖出股票的人会增多，从而导致股价大幅度下跌。

（2）政府的宏观经济政策。

在现代社会，即使市场经济最发达的国家，政府也运用多种手段对本国的经济进行干预和调控，并调整与其他国家的经济关系。在多数情况下，政府的经济政策是为了减小经济的波动幅度，以求得经济的稳步发展，但有时也为了其他目的。政府的宏观经济政策可分为如下几种：

一是财政支出政策。政府采取扩张性财政政策刺激经济时，各种财政支出会大量增加。例如，扩大军事订货、增加道路和港口等工程建设等，这对增加社会就业和企业的经济效益都有一定的促进作用；扩张性财政政策常常会使财政赤字扩大，通货膨胀加剧。在这种情况下，人们在银行储蓄或购买债券的实际利率下降，为减少通货膨胀带来的损失，许多投资者会转而购买股票。与此同时，股票的名义收益和股价也会上升。在本国货币可以自由兑换成外汇、资本的跨国流动不受限制的情况下，本国的通货膨胀率高会造成资本外逃，流向那些通货膨胀率较低、币值比较坚挺的国家，购买那些国家的股票。

如果政府采取紧缩性的财政政策，如减少政府的订货、压缩公共工程支出等，对股价就会产生与前述作用相反的影响。

二是税收政策。在企业经营状况稳定的情况下，税收的高低与企业的净收益成反比。有些税收（如商品进口税）的提高会增加有关企业的经营成本，有些税收（如所得税）的提高则从企业的收益中直接扣除，从而会降低股息和股价。减税则作用相反。

三是金融政策。在市场经济条件下，政府的金融政策主要通过中央银行的再贴现率、银行存款准备金比率和公开市场业务来实现。如果中央银行通过提高再贴现率、提高银行存款准备金比率或在公开市场出售证券（主要是国库券）来紧缩银根，股票的价格就会下降；如果以相反的方式放松银根，股价就会上升。在资本自由流动的情况下，一国的利率变动会波及另一国证券市场的股价。例如，美国中央银行提高再贴现率，可能会引起加拿大证券市场的股价上升。

有些国家允许投资者在购买股票时只缴纳一定比例的保证金，其差额部分由证券商垫付。这实际上是提供无息贷款来增加购买股票的资金来源。通过中央银行调整所规定的保证金的比例，对股票的需求会产生明显的影响。当保证金的比例提高到100%时，就等于取消了购买股票的信用扩张。

四是产业政策。产业政策最终只是间接地影响整个经济的发展。但更重要的是，政府通过减免税收、低息贷款或价格较高的订货等政策倾斜，将会使一些优先发展的产业直接受益，这些产业的企业的股票价格有可能迅速上升，而某些受到政府限制发展的产业的情况则相反。

3. 其他因素

还有一些因素会对股价产生微妙的影响。例如，国内外政治局势的变动（包括国家政权的更迭、政府首脑易人、战争和其他军事行动、外交关系的变化等）；少数人对股市的操纵或舞弊行为；公众对股市的心理预期；与股息分配时间有关的季节性变动等。不过这些因素对股价的影响或者比较间接，或者比较短暂，一般称为非基本因素。

上述各种因素对股价的影响是错综复杂的，有的作用的方向相反，有的作用的力度不同，这就会形成千差万别的变化和结果。要准确地预测股价变动的走势，除了要掌握一些有关的知识和科学的分析方法外，还要求掌握较全面而准确的信息。

（四）股票行情指数（stock market index）

股票行情指数即股票市价变动指数，简称股价指数。在股票市场上，往往有成百上千只股票在同一个交易所交易，其价格的变动起伏不定、纷繁复杂，但基本上可分为两种情况：①由于各个股票上市公司的经营情况不同，有的股票价格上升，有的股票价格下降，而且升降的幅度也有很大差异，这种变动给投资者带来的风险，称为非系统性风险（unsystem risk），投资者要一一预测这种风险十分困难；②宏观经济情况（如经济周期、宏观经济政策等）的变动，引起许多股票的价格发生趋势相同的变动，这种变动给投资带来的风险称为系统性风险（system risk），对这种变动的预测比前一种要容易一些。为了适应投资者分析股价变动趋势的需要，有些金融服务机构运用其广泛的信息来源和专门知识，编制了股票价格指数，对投资者了解股市行情具有重要的参考价值。在金融创新中，有些交易所还以股价指数为金融工具进行期货交易，以帮助投资者避免投资于单只股票所造成的非系统性风险。

目前国际上著名的股价指数有：

1. 国内股价指数

国内股价指数编制所选用的股票均属于一国范围之内，但参加交易的可以是外国投资者。

一是道琼斯股价平均指数（Dow Jones Averages），简称道琼斯平均指数，由美国《华尔街日报》的出版者道琼斯公司编制。现在采用的股价指数共分为 4 组：①30 家工业公司股价平均指数；②20 家运输公司股价平均指数；③15 家公用事业公司股价平均指数；④前 3 组共 65 种的股价平均指数。

道琼斯股价平均指数所选用的股票全部都是在纽约证券交易所上市的股票。其中道琼斯工业股价平均指数（即 30 家工业公司股价平均指数）被认为是这 4 组中最具有代表性的一组。报刊上经常采用的就是这组平均指数。

现在采用的道琼斯股价平均指数是以 1928 年 10 月 1 日为基期，将选用的各种股票价格用简单算术平均法求得平均指数，作为 100。然后以同样的方法计算出比较期的平均指数，再与基期相比较，计算出的百分数即为比较期的股价平均指数。例如，如果 2015 年 5 月 23 日的股价平均指数为 18 232. 02，即表示该日的股价平均指数为 1928 年 10 月 1 日的 182. 32 倍。对于因公司合并与兼并或对股票进行拆股等原因，而并非股价的实际涨落引起的股价变动，则以数学方法加以折算，以反映价格变动的真正情况。

道琼斯股价平均指数是美国各种股价指数中历史最悠久（1889 年开始编制）、最著名的一种，在国际上的影响也很大。但编制该指数的公司拒绝以此作为股价指数期货交易的工具。

二是标准普尔股价综合指数（Standard & Poor’s Composite Index），由美国最大的证券研究机构标准普尔公司从 1928 年开始编制。现行指数以 1941—1943 年为基期，由 500 种股票价格构成，其中工业股票 400 种、运输业股票 20 种、公用事业股票 40 种、金融业股票 40 种，以每种股票的价格乘已经出售的股票数加权平均计算。

由于选用的股票种数较多，行业也较广泛，加权平均法比算术平均法更科学，其计算出的结果更能反映股市行情的变化。因此，美国联邦储备银行和商务部都采用过这一指数，但并未取代道琼斯股价平均指数在证券行情中的地位。

标准普尔股价综合指数期货在美国芝加哥商品交易所进行交易，合同价格以指数乘以 500 美元计算。

三是纽约证券交易所股价综合指数（New York Stock Exchange Composite Index），由该交易所自己编制和公布，包括在该交易所上市的全部股票，以各种股票的交易额为权数，采用加权平均法计算，以 1965 年 12 月 31 日为基期。当时该交易所上市的股票平均价格为每股 53.33 美元。为了与这一价格相接近，该指数的基期不是 100 而是 50。以后各期的加权平均股价与基期相比较便求得指数。该综合指数也分为工业、运输业、公用事业和金融业 4 组。

纽约证券交易所股票综合指数期货在纽约期货交易所进行交易，每份合同价格也以指数乘以 500 美元计算。

四是英国金融时报股价指数（UK Financial Times Index），由英国金融界著名的金融时报社编制，以 1935 年为基期，并以基期指数为 100。这一指数包括三种：第一种为 30 个有代表性的工业和商业企业股票价格指数；第二种为 100 种股票价格指数；第三种为 500 种股票价格指数。均以加权平均法计算。该指数在伦敦证券交易所公布，在营业时每小时发布一次。通常使用较多的是第一种。但用于指数期货交易的是第二种，即 100 种股票价格的指数，在伦敦国际金融期货交易所进行交易，每份合同价格为指数乘以 25 英镑。

五是日经道琼斯股价平均指数（Nikkei-Dow Jones Osaka and SIMEX），由日本东京证券交易所于 1950 年开始模仿美国道琼斯股价平均指数的计算方法，以在该交易所上市的 225 种股票为依据来编制。1975 年 5 月由日本经济新闻社向美国道琼斯公司买进商标，定为现名。该种指数的期货在东京证券交易所交易，每份合同价格以指数乘以 1 000 日元。

六是东京证券交易所股价指数（Tokyo Stock Exchange，TOPIX），是根据在东京证券交易所上市的日本股票价格以加权平均方法计算编制的指数，基期为 1968 年 1 月 4 日，基期指数为 100。其指数期货在东京证券交易所交易，每份合同价格为指数乘以 10 000 日元。

七是恒生指数（Hang Seng Index），由香港恒生银行选用在香港证券市场上市的 33 种有代表性的股票价格编制，分为 4 类，其中金融业 4 种、公用事业 6 种、房地产 9 种、其他工商及运输业 14 种，以 1964 年 7 月 31 日为基期，基期指数定为 100。该指数的期货交易在香港期货交易所进行，每份合同的价格为指数乘以 50 港元。由于中国大陆股票的注入，恒生指数的结构发生了很大变化，而且指数大幅度上升。由 1993 年年初的 5 400 点上升到 1993 年年底的 11 888 点。后来受东南亚金融危机的影响，恒生指数一度下挫，但不久又迅速回升。2015 年 5 月 23 日为 27 524 点。

八是纳斯达克综合指数（NASDAQ Composite Index），设立于 1971 年 2 月 5 日，基数为 100。它包括所有的在纳斯达克股票市场上市的国内和国外普通股的市值的变动，其广泛性超过任何一种其他股票指数。每种股票的市值均作为该市场总市值的一部分，其价格变动都会影响该指数的升降。市值等于最新的交易价格乘以总股数，这种计算在交易期间不间断地进行。

2. 国际股价指数

国际股价指数是选用许多国家在其交易所上市的股票价格编制而成的，是供国际投资者和从事国际金融的经理人员进行资产配置决策和操作的参考指标，但其影响有限，至今尚没有任何一种指数可作为证券市场的期货交易工具。

目前主要的国际股价指数有以下两种：

一是摩根士丹利资本国际咨询研究所指数（Morgan Stanley Capital International Indexes，MSCI Indexes）。摩根士丹利资本国际咨询研究所从 1970 年开始公布根据 22 个国家约 1 500 种股票的国内市值以加权平均法编制的指数。这些股票的总值约占每个市场资本总额的 60%，称为世界指数。该研究所还编制和公布一些区域性股价指数，如选用约 600 种股票价格编制的欧洲指数，选用约 1 000 种股票价格编制的欧洲、澳大利亚和远东指数等。

二是《金融时报》股价登记世界指数（FT-Actuaries World Index），由英国金融时报社从 1987 年开始编制并公布。该指数选用了约 2 400 种股票的价格，这些股票的市值约占每个市场资本总额的 70%，因而比前一种指数更具有代表性。此外，该报社还提供欧洲股价指数和太平洋地区股价指数，以及欧洲和太平洋股价联合指数等。

（五）主要的股票交易国际市场

1. 纽约证券交易所

纽约证券交易所（New York Stock Exchange）于 1792 年 5 月 17 日由 24 个证券经人在纽约华尔街 68 号外一棵梧桐树下签署了梧桐协议，1817 年 3 月 8 日这个组织起草了一项章程，并把名字更改为“纽约证券交易委员会”，1863 年改为现名。该交易所实行会员制，有 1 366 个正式席位，由董事会进行管理。董事会现设专职主席 1 人，董事 24 人，其中 12 人代表会员，12 人代表公众。交易所的活动受美国政府机构证券交易委员会的监督。在纽约证券交易所中，只有取得会员资格，拥有席位，才能进入大厅进行交易。场内从事交易活动的会员分为下列几类：

（1）佣金经纪商（commission broker）。

这类会员是会员中数目最多的一种，其任务是专门接受非会员客户的委托买卖证券，并向客户收取佣金。1975 年起，取消了原来实行的固定佣金制，允许各经纪人公司在佣金收取标准上自由竞争。近年来的收费标准大体是：交易额在 5 000 美元以下的，佣金占交易额的 2%～10%；5 000～20 000 美元的，佣金占 1.5%～2%；20 000 美元以上的，佣金占 1.5%以下。

（2）场内自营商（floor trader or floor dealer）。

这类会员在交易所内为自身进行证券买卖，从股价波动中赚取差价收益。因其本身既熟悉行情，又无须支付佣金，从而在交易中处于有利地位。证券主管机构对其活动规定有较严格的限制。

（3）专业股票商（specialist）。

这类会员专门经营若干种股票。他们既可以以经纪商身份又可以以自营商身份参加交易。但在同一笔交易中，不能同时兼具两种身份。

（4）场内经纪人（floor broker），又称两美元经纪人（two dollar broker）。

这类会员主要是协助佣金经纪人进行交易以赚取佣金。在佣金经纪人受顾客委托的交易笔数太多而无法全部执行或不愿接受时，便转交给场内经纪人代为执行。

（5）零股交易商（odds-lot dealer）。

纽约证券交易所的股票买卖，一般以100股为交易单位，称为整数交易（round-lot）。凡佣金经纪人接到客户的零股订单时，零股交易商即以自备资金进行零股的买卖。

纽约证券交易所对在该所上市的股票有严格的要求。例如，股票上市的公司最近1年的纳税前所得不少于250万美元；公众持股不少于110万股，其中至少要有2 000名投资者每人拥有100股以上的股票；公司普通股的市值不少于4 000万美元；有形资产净值不少于4 000万美元；股票上市的公司必须财务公开，如按月公布营业额、按季公布损益表等。

纽约证券交易所对已上市的股票还有取消上市资格的一些规定。如由于情况变化，某种股票持有100股以上股票的少于1 200人，公众持股不足600 000股、股票市值低于500万美元等，该种股票的上市资格即被取消。

纽约证券交易所曾是美国最大的股票交易所，也曾是世界最大的交易所，直到1996年它的交易量被纳斯达克超过。2006年6月1日，纽约证券交易所宣布与泛欧股票交易所合并组成NYSE Euronext。2020年年底，纽约证券交易所的市值是18.5万亿美元，获得了“全球最大股市”的名号。

2. 东京证券交易所

东京证券交易所的前身为东京证券株式会社，成立于1878年（明治十一年）。1941年合并了9家证券交易所，成为官商合办的证券交易所。1946年在美军占领下一度解散。1949年美国以实行“三原则”（市场集中交易原则，时间、价格优先原则和现货交易原则）为条件，同意东京证券交易所重新开业。

东京证券交易所现在实行会员制，均由证券公司组成，会员主要有三种：①正式会员。他们在交易所内既可以接受客户委托进行证券买卖，也可以用自己的资本进行证券买卖。现有正式会员114名，其中外国会员22名。②经纪会员，又称媒介会员。其业务是为正式会员之间的证券成交起媒介作用。现有会员12名。③特别会员。他们专门接受非会员证券公司委托的业务，在交易所里进行证券买卖。现有会员144名。

会员大会及理事会是交易所的决策机构。会员大会相当于股份公司中的股东大会，是最高权力机构，决定交易所的重大问题。每个正式会员不论其规模大小，都有相等的表决权。经纪会员则除了参加解散交易所的决议外，只对变更与其利益有重大关系的决议有表决权。理事会为常设机构，商定为执行会员大会决定的基本方针所必需的具体方法，制定各种规章制度。

东京证券交易所的上市股票交易分为一部和二部。新证券上市时，首先在二部交易，待达到一定的交易量标准时，再在一部上市。1980 年在二部上市的股票标准是：①上市股数及资本额。东京的公司股份须在 1 000 万股以上，资本额 5 亿日元以上；东京以外的公司股份须在 2 000 万股以上，资本额 10 亿日元以上。②持有 500~50 000 股的中小股东须在 2 000 人以上。③公司开设年限在 5 年以上。④资本净值在 15 亿日元以上，每股在 100 日元以上。⑤最近 3 年税前纯利润为：第 1 年 2 亿日元以上，第 2 年 3 亿日元以上，第 3 年 4 亿日元以上。⑥最近 3 年每年每股分配的股息在 5 日元以上，上市后预期仍可维持这一水平。

由于 20 世纪 70 年代以来日本在世界经济中的地位迅速上升，东京证券交易所的业务也随之扩大，其国际化的程度也在提高。特别是 20 世纪 80 年代的后半期，由于日元对美元的比价大幅度升值，其年交易额在 1988 年曾达到 21 810 亿美元，一度跃居该年的世界第一位，为纽约证券交易所年交易额 13 560 亿美元的 1. 61 倍。1989 年，有 125 家外国公司的证券在该交易所上市。但进入 20 世纪 90 年代，日本的经济泡沫破灭，东京证券交易所也呈不景气状态，有些外国公司也随之退出。到 1995 年年底，在该交易所上市的外国公司已下降为 77 家。

3. 伦敦证券交易所

伦敦证券交易所成立于 1773 年，但其历史可以追溯到 1698 年，是世界上最早的证券交易所。交易所实行股份制，股东即为交易所成员，共有股东 4 600 名。交易所的最高领导机构是理事会，由股东选举产生，每年改选其中的 1/3 理事。其中 1 名理事系英格兰银行的代表，作为英国政府的代理人，为当然理事，但没有投票权。

伦敦证券交易所成员分为两大类：一类是经纪商。他们只代顾客和所属公司进行股票买卖，收取佣金。经纪商不能直接对公众进行交易，只能代公众与证券商交易。另一类是自营商。他们持有相当数量的多种股票，既买进，又卖出，以赚取差价收益。但只能以交易主体的身份与场内经纪人交易。

英国伦敦证券交易所曾经有许多过于严格的限制。如经纪商与自营商的业务不能兼营；实行固定佣金制和最低佣金规定；限制非交易所成员收购交易所成员的股权；禁止银行、保险公司、投资公司及外国人介入证券交易等。这些过严的限制，使它在国际竞争中处于不利地位。为适应客观形势，交易所于 1986 年 10 月 27 日宣布实行改革，取消了上述限制，被西方报刊称为“大爆炸”（Big Bang）。此后该交易所的面貌大为改观。到 1995 年年底，在这里上市证券的本国公司有 2 078 家，外国公司有 525 家。上市股票 10 206 种，总市值 39 000 亿英镑，全年交易量为 7 186 亿英镑。

上述三家证券交易所分布在美洲、亚洲和欧洲，对全球股票交易起着举足轻重的作用。1985 年 6 月 30 日，纽约证券交易所把原来从上午 10 时到下午 4 时的营业时间改为从早晨 6 时半到下午 4 时。由于伦敦与纽约之间的时差为 5 个小时，改动后的营业时间使两地重叠的交易时间达到 1 小时，这就使以纽约、伦敦、东京三大交易所为中心的国际证券市场可以实现每天 24 小时连续作业。

4. 香港联合证券交易所

香港联合证券交易所有限公司于1980年7月正式注册成立。它由原来在香港的4家证券交易所合并、改组而成。这4家交易所是：1891年成立的香港证券交易所，合并前规模居第二位；1969年成立的远东证券交易所，合并前规模居第一位；1971年成立的金银证券交易所，合并前规模居第三位；1972年成立的九龙证券交易所，合并前规模居第四位。均实行会员制，合并后共有会员1 081名。

在香港联合证券交易所上市的股票，原来主要由金融和房地产、酒店等服务行业的企业发行，制造业所占的比重很小。股市资金中，外资所占比例很大，英国资本的公司发行的股票占重要地位。随着中国大陆经济改革的深化和对外开放的扩大，为香港股市注入了新的血液，使股市结构得到优化。由中国大陆企业控股达35%以上的在香港注册的公司，其股票在香港联交所上市，在当地被称为“红筹股”，到1998年9月，红筹股公司共64家。在中国大陆注册的公司，经中国证监会批准后，申请在香港联交所上市的股票，被称为“H股”，到1999年8月，先后有4批共41家中国大陆的公司在香港上市了H股。许多国家的投资基金和其他机构投资者，也对香港股市表现出了浓厚的兴趣。

5. 纳斯达克股票市场

“纳斯达克”是美国“全国证券协会自动报价系统”（National Association of Securities Dealers Automated Quotations System）英文缩写NASDAQ的音译。该系统建立于1971年，目的在于为全国各地从事股票柜台交易（over the counter）的经纪人及交易商提供全国电脑联网的统一报价。由于在柜台交易的一般是未达到交易所上市标准的中小公司的股票，这一系统的建立为中小公司在全国范围内发行股票筹集资金，以及为中小投资者买卖股票提供了极大的便利，因而交易十分活跃，迅速发展成为在交易所场外进行交易的全国性的股票市场（后被俗称为“二板市场”）。在1992年，纳斯达克市场的股票年交易总额达8 908亿美元，超过该年日本东京股票交易所的年交易额，成为仅次于纽约股票交易所的世界第二大股票市场。

现在的纳斯达克市场体系由两部分组成：全国市场（national market）和小额资本市场（small cap market）。前者的上市标准高于后者。1997年8月修订后的纳斯达克市场上市标准比原先略有提高。在全国市场上市的公司可有两种不同的选择：一种是正在运营中的有盈利的公司，净有形资产达到600万美元，最近1年或前3年中有2年税前收益达到100万美元，公众持股量达到110万股，公众股的市值达到800万美元，持有100股以上的股东达到400名，每股发行价在5美元以上，即可上市；另一种选择适合于尚处在研究或开发阶段的公司：公司成立满2年，即使尚未盈利，只要有形资产净值达到1 800万美元，公众持股量达到110万股，公众股的市值也达到1 800万美元，持有100股以上的股东达到400人，每股发行价在5美元以上，也可以上市。在小资本市场上市的条件是：公司全部资产达到400万美元（或者资本市值达到5 000万美元，或最近一个财政年度或近3年中有2年的年净利润达到75万美元），公众持股量达100万股，公众股的市值达到500万美元，持有100股以上的股东达到300人，每股发行价在4美元以上，公司有1年以上的经营历史，就可以上市。

纳斯达克还在英国伦敦设立了国际有限公司（NASDAQ International Ltd）以便利非美国的公司直接通过“美国存托凭证”（American Depositary Receipts）在纳斯达克市场上市交易。到 1999 年年底，在纳斯达克市场上市的公司达 4 829 家，其中外国公司 429 家。全部上市公司的总市值达 5.2 万亿美元。通过国际电脑网络在该市场进行交易的国家有 50 多个。纳斯达克市场相对宽松和灵活的上市和交易条件，受到为数众多的正在成长中的公司尤其是高科技公司的青睐。著名的美国微软公司、英特尔公司和苹果电脑公司等的股票，最初都是在该市场上市的，并且至今仍留在该市场进行交易。

三、衍生证券投资

衍生证券的产生和发展是世界金融史上一次重大的金融创新。其最早出现的是以农产品为标的的商品期货合约。到 20 世纪 70 年代，以金融资产为标的的金融类衍生产品应运而生，发展迅猛并成为金融市场上活跃的主角。究其原因，是由于当时国际金融领域中固定汇率的崩溃以及各国普遍采取的浮动利率制度，使各国生产经营者面临较大的汇率和利率风险。在此背景之下，金融衍生证券的诞生将这类风险从生产经营活动中的正常利润中剥离出来，并以一定的价格出售给风险偏好者，从而使生产经营成本固定下来，生产者可以专心从事自己所熟悉领域的生产经营。自 1972 年美国芝加哥交易所推出第一份外汇期货合约以来，在 20 多年的时间里，金融类衍生产品无论是品种开发还是数量扩张上都取得了巨大的发展。金融衍生证券成为国际投资者踊跃投入的对象之一，其中衍生证券可分为期货和期权两大类。

（一）期货

期货是买卖双方约定在将来某个日期按双方所商定的条件交货的一种交易方式。其交易的对象是期货合约，即交易双方约定在将来某个日期按双方约定的条件接受或付出一定标准数量和质量的某一具体商品的可转换协议。根据期货合约的本质特征，期货合约又可分为两大类型：商品期货合约和金融期货合约。

1. 商品期货合约

商品期货合约是以有形物质商品为远期交货标的的合约，包括谷物和油料期货合约、家禽和肉类期货合约、食物和纤维期货合约、金属和石油期货合约、木材期货合约等。

2. 金融期货合约

金融期货合约是指以金融工具及其权利为交易内容的合约，主要包括：

（1）外汇期货合约。

20 世纪 70 年代以来，随着美元和黄金的贬值，美国政府宣布美元和黄金脱钩，布雷顿森林体系瓦解，国际货币制度从固定汇率制度走向浮动汇率制度，外汇汇率波动频繁，出现了一种新的金融风险。为规避这种风险，产生了外汇期货合约。1972 年，芝加哥商品交易所率先推出了 8 种货币外汇期货合约。现在主要交易的货币有欧元、日元、加拿大元、英镑和美元。

（2）利率期货合约。

1973年和1978年西方国家的两次通货膨胀，使得西方国家陷入滞胀。为了恢复经济，政府推出利率工具，导致金融市场上利率变动不定。为了规避利率风险，1975年10月芝加哥交易所推出了第一笔利率期货合约。目前，在美国期货市场上交易的利率期货主要有：美国政府长期公债期货合约、短期国库券期货合约、商业票据期货合约、定期存单期货合约、国民抵押协会（GNNA）抵押期货合约等。

（3）股票指数期货合约。

在股票市场上，有一种或多种反映股票市场运作状况的指数，如道琼斯工业平均指数、标准普尔500种股票指数、纽约证交所综合指数等。这些指数随股票市场运作状况而不断地变化，从而会产生一定的差额。股票指数期货合约就是假定这些指数为商品期货合约，股票指数期货合约可以按照不同类型的股票指数进行分类。

（二）期权

1. 期权的特点

期权亦称选择权，是一种允许持有者在规定的时间内，可按双方商定的价格买卖一定数量的某种商品或金融资产的权利。期权交易相比于期货交易，其特点为：

（1）交易对象是一种权利。

它的买卖对象不是实质的证券而是一种权利，投资者与交易商通过签订期权合约，有权在规定的期限里按约定的价格买入或卖出一定数量的证券，并为此种权利支付一定数量的期权费。

（2）买方与卖方存在非对称权利。

期权交易的买方以支付一定数量的期权费为代价，拥有在一定期限内以一定价格购买或出售一定数量商品或金融资产的权利，而不必承担必须卖出或买入的义务。期权的卖方没有要求买方履行买卖的权利。如期权买方提出履约要求，则卖方必须满足买方的要求。

（3）权利时效的自动性。

期权是一种权利合约，存在着时效性，一般为3个月至12个月。如果期权合约的持有人在规定的时间内不行使此项权利，一旦期满，则此种权利便自动消失，而不需办理特别手续。根据期权执行时效的不同，又可分为：欧式期权（European Style），即只允许在到期日行使权利；美式期权（American Style），即允许在期权有效期内的任意一天行使权利。

2. 期权的分类

按照期权市场中购买者市场地位的不同，可分为看涨期权和看跌期权。

（1）看涨期权。

看涨期权又称买入期权，是期权的买方在约定的时间内按协议价格买入一定数量的有价证券的权利。投资者买入看涨期权是因为他预期这种有价证券的价格在近期内会上涨。如果判断准确，可按协议买入并按市价出售，赚取差额；如果判断失误，则放弃该项权利，仅损失期权费。对于看涨期权的买方来说，从理论上说其盈利是无限的，而亏损是有限的，最大亏损为放弃执行期权，损失期权费。对于看涨期权的卖方来说，买方的盈利即为卖方的亏损，买方的亏损即为卖方的盈利。因此，期权卖方的最大盈利为得到的期权费，最大的亏损从理论上来说是无限的。

（2）看跌期权。

看跌期权又称卖出期权，是指期权的买方有权在约定的期限内按协议规定的价格卖出一定数量有价证券。投资者买入看跌期权，因为他预期该有价证券价格在预期内会下跌，如果判断准确，则可以在市场上以较低的价格买入该有价证券再按协议价格出售给期权的卖方赚取差价；如果判断失误，则放弃执行该项权利，他的损失只是期权费。

（三）全球衍生证券市场

全球衍生证券市场的发展，无论是交易所市场还是场外市场均取得了引人注目的成绩。1986—1996年，交易所的交易合同，包括利率期货与期权、货币期货与期权以及股票市场指数期货和期权，年均交易量几乎翻了4倍，1996年年底合约数达到11.6亿张。按总名义本金测算，这些市场的增长幅度甚至更大，1986—1996年交易所的交易合约本金增长率为32%，1996年年底总额为9.9万亿美元。场外市场的规模和增长幅度更为可观，据国际掉期和衍生产品协会（ISDA）报告，货币和利率掉期以及利率期权总量的名义本金从1987年的0.9亿美元上升到1996年的24.2万亿美元，年均增长率达45%。目前，全球衍生证券市场有三大发展趋势：

1. 场外衍生证券市场越来越成为衍生交易的中心

在1987年，场外利率和货币掉期的总名义本金比全球交易所市场多44%，1990年场外市场的飞速发展将这个数字推至51%，1995年又达到65%。1995年，北美、欧洲和亚太主要衍生品交易所的交易量有所下降，场外交易活动却上升了40%。场外市场占优势的原因有：首先是场外市场灵活、个性化的特点符合顾客的需求。其次，场外市场也采取交易所市场的一些有价值的做法。例如，掉期市场的11家大户于1996年10月建立了一家名为芝加哥商品托收和信托公司的掉期担保机构，以便使抵押品的管理程序标准化和自动化，并管理支付的扎差、交易的评估和管理以及在全球范围内向从事场外市场的交易商提供报告。最后，场外市场比交易所市场在监管上有优势。如1997年年初美国立法规定，在交易所外进行的外国货币期权交易不受美国商品期货交易委员会（CFTC）的管理。

2. 衍生市场全球一体化

在场外市场，这种集中规模已经很大。例如，1998年年底，美国的商业银行账面衍生产品名义本金达24万亿美元，其中8家银行占了94%，前25家银行占了98%。美国衍生业务集中于少数几个机构的情况反映了全球衍生市场正在形成。在衍生市场交易所，各地交易所之间以及小交易所之间的交易联系在不断扩大。例如，1996年，芝加哥商品交易所就和法国MATIF、伦敦国际金融期货交易所（LIFFE）以及德国DTB这三个欧洲主要的衍生产品交易所建立了联系。在欧洲内部，交易所联系的扩大表现为交易所的兼并和关闭，各交易所都企图扩张市场份额，因而它们之间的竞争加剧。例如，瑞士交易所（SOFFEX）和德国交易所（DTB）于1996年年底宣布进行战略性联合，为衍生工具交易创造共同的技术平台，并将它们的结算和清算系统合并在一起。在英国，伦敦国际金融期货交易所（LIFFE）收购了伦敦商品交易所，大大增加了交易产品的种类。

3. 商品化

衍生市场日趋商品化是由于市场的参与者熟悉了市场交易的产品，市场也向易于被大家理解和标准化的交易工具集中。数年前，金融和非金融机构持有的衍生头寸造成了巨额损失，如橙县、宝洁公司、MG公司以及巴林银行事件，促使人们对衍生产品的目的和风险进行再认识和评估。结果，人们对于新奇和高负债的衍生产品的需求下降，转向更为了解和熟悉的工具，特别是在货币和利率掉期上。

▶▶▶扩展阅读

20世纪80年代以来国际证券投资的发展背景

1929年的大股灾之后，西方各国政府纷纷加强了对国际资本流动的管理，国际证券投资活动进入了一个低谷时期。在20世纪70年代，商业银行贷款在国际资本市场上占主导地位，而债券投资活动只相当于商业银行贷款的50%；进入20世纪80年代，随着资本国际化发展不断得到加强，客观的经济环境导致了国际证券投资的迅速发展，证券投资活动走向全球化、一体化，这主要表现在以下几个方面：

1. 世界经济的发展

一是西方主要工业国家的经济复苏并保持较快速度增长。以美、日、德、英、法五国为例，其国民生产总值合计由1982年的66 453亿美元上升到1990年的109 249亿美元，年递增达6.4%（见表7-5）。不断增长的经济规模，为主要工业国聚集了大量的财富，同时也为国际投资活动提供了丰富的资金来源。

表7-5 西方五国国民生产总值增长情况

国家	1982年国民生产总值/亿美元	1990年国民生产总值/亿美元	年增长率/%
美国	35 126	46 124	3.5
日本	12 128	30 096	12.0
德国	7 251	14 430	9.0
英国	5 224	7 968	5.4
法国	6 724	10 631	3.9
合计	66 453	10 249	6.4

二是新兴市场的兴起。20世纪90年代以来，发展中国家经济增长速度明显高于工业化国家（见表7-6），这极大地吸引着工业化国家的资本去追逐新兴市场上高额的投资回报率。流入新兴市场证券投资的增长，是由于20世纪90年代多数新兴市场国家的经济基础较20世纪70年代有了很大的改善。在20世纪70年代，许多新兴市场国家遵循的是进口替代战略，用流入的资本弥补巨额财政赤字和冲抵资本外逃的不利影响。而在20世纪90年代，许多新兴市场国家遵循的战略是，开放国际贸易和资本市场，稳定财政，实施大量旨在提高经济总体效率的结构性改革。稳

定的宏观环境吸引着国际证券投资的进入，新兴市场成为国际证券市场的主要参与者（见表7-7），同时从另一侧面也反映出国际证券市场正在走向全球化和一体化。但1995年发生的墨西哥金融危机和1997年7月泰国所引发的东南亚金融危机提醒我们，新兴市场国家自身市场结构存在缺陷，这给国际游资以可乘之机，对各国政府而言，改革的道路任重而道远，但国际证券投资活动的全球化趋势不但没有削弱反而越演越烈。

表7-6　主要新兴市场国家和工业化国家GDP增长比较　　单位:%

国家	中国	泰国	巴西	韩国	埃及	美国	日本	德国	英国	法国
1993	13.5	8.3	4.2	5.8	2.9	2.2	0.1	-1.2	2.1	-1.3
1994	12.6	8.8	5.7	8.6	3.9	3.5	0.5	2.9	3.8	2.8
1995	10.5	8.6	4.2	9.0	4.6	2.0	0.9	1.9	2.5	2.2
1996	9.7	8.3	2.5	7.1	4.2	2.4	3.6	1.4	2.1	1.2

表7-7　新兴市场国际债券发行量、股票发行量　　单位：百万美元

年份	1990	1991	1992	1993	1994	1995	1996	1997一季度
债券发行量	7 789	13 945	24 394	62 672	56 540	57 619	101 926	7 723
股票发行量	1 166	5 574	7 247	11 915	18 038	11 193	16 414	3 203

资料来源：Capital Data Bondware and Loanware

2. 金融环境的变化

一是国际金融再次进入调低利率时代。众所周知，20世纪80年代上半期曾是国际金融的高利率时代，以1981年为例，3月期存款LIBOR（伦敦银行同业拆息）利率，英镑为14.32%，美元为16.8%，法国法郎则高达18.16%。直至1985年，美、日、英、德、法五国财长会议签订了"广场饭店协议"，各国联手逐步降低利率，到1992年，3月期存款的LIBOR利率降低为英镑为7.17%，美元为3.63%，日元为3.18%，利率的大幅度降低，使得工业化国家的投资者降低对投资信用等级的要求，能在全球市场上寻找更高的投资收益率，从而促进国际证券投资活动的兴起。

二是资本管制自由化趋势。进入20世纪80年代以来，国际金融领域的竞争日益激烈，为增强本国金融机构实力，提高经营效益，许多工业化国家放松了对资本的管制。例如，放宽对进入本国证券市场的限制，包括允许外国居民自由购买本国的债券和股票；取消对证券投资者征收的利息税；放宽对证券发行条件（包括发行数额、发行者信用等级、发行包销机构等）的规定，简化发行手续。又如，放宽对银行、其他各类金融机构业务的限制，允许银行从事证券买卖业务，允许外国金融机构进入本国市场和本国银行进入国际资本市场，鼓励扩大各类金融业务，提供各项服务。再如，放宽或解除外汇管制，让外汇资金出入有较大或完全的自由，这样有利于消除海外投资者的心理障碍。同时，新兴市场国家也相当大的开放了本国的资本市场。

3. 新技术革命

新技术革命，尤其是在计算机和通信业方面的发展为国际证券投资活动的发展提供了必要的物质条件。通信技术的改进使计算机技术的应用趋于完善，从而使信息可以更迅速地跨国界、跨市场的传递，实现证券市场全球化，在纽约—东京—香港—伦敦—纽约，形成24小时连续交易，同时便于对分散各地的证券交易进行管理。技术的进步提高了全球证券市场在操作和管理债券和股票发行、流通上的效率，促使证券投资的国际化。

4. 20世纪80年代以来，国际证券投资的发展情况

国际证券投资在上述宏观大背景下得以迅速发展，并越来越成为国际投资活动中的重要环节（见图7-2）。

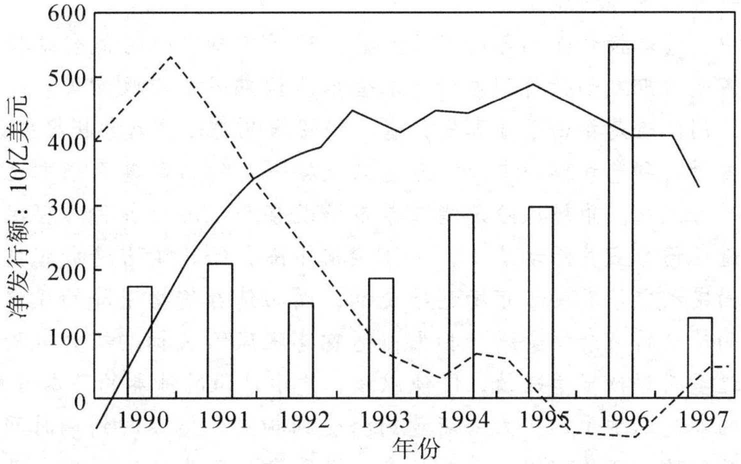

图 7-2　国际证券净发行额

▶▶▶内容提要

当今世界，证券在国际上的流动加剧，债券、股票和各种衍生产品等证券在国际资本市场上的地位日益提高，作用日益明显。机构投资者包括共同基金、保险公司、养老基金以及对冲基金都积极地参与国际证券市场，使得证券流动呈现全球化的趋势，再加上计算机和通信技术的飞速进步和广泛运用，不仅增强了投资者管理其资产的能力和更好地进行信用风险和市场风险分析的能力，而且提高了全球证券市场的操作和管理效率。

国际证券投资是随着商品经济的发展和国际化而产生的。商品经济的发展既导致了资本证券化，又导致了资本国际化，从而使国际证券投资迅速产生和发展。

证券（security）在一般意义上是指用以证明持有者有权按其所载取得相应收益的各类权益凭证。国际证券投资，专指在国际证券市场上的国际投资者对有价证券的买卖行为，这种行为使国际投资者在证券持有期内获得与其所承担的风险相对称的收益，其方式主要有国际债券投资、国际股票投资和金融衍生产品投资。

债券是筹资者（债务人）向投资者（债权人）借款而公开发行并保证按期还本

付息的一种凭证。国际债券是指各种国际机构、各国政府以及企事业法人遵循一定的程序在国际金融市场上以外国货币为面值发行的债券。由于近期金融自由化趋势，使得利率水平趋低，固定利率债券比浮动利率债券更受投资者欢迎。与股权相关的债券，是指向投资者允诺按约定条件可换成某些股权或其他证券，包括可转换债券和有股票担保的债券。

国际债券按其发行范围还可分为外国债券、欧洲债券和全球债券三种。外国债券是指外国筹资者发行的以发行地货币为计价单位的债券。欧洲债券是指筹资者在本国以外的资本市场上发行，又不以资本市场所在国的货币为面值，而是以第三国货币计值的债券。全球债券是指可在世界各地金融中心同时发行（通常在欧洲、美国、日本等地同时发行），并可在不同国家管辖区内自由流动。世界银行在这种债券的发行上一直占主导地位。

在现实中，债券投资面临各种不确定性，这种不确定性可能会给投资者带来损失，如利息不能按期或如数得到支付，本金不能按期或如数收回等。这就是债券投资的风险。信用风险是指由于债券发行者的经营状况恶化、财务状况欠佳甚至破产，因而拖欠应支付的利息和偿还本金，或者只能按一定的折扣甚至根本无力支付利息和偿还本金的可能性。市场风险是指证券市场或整个经济受各种宏观因素和市场机制的影响，造成债券交易活动清淡，债券价格下降，给投资者造成损失的风险；利率风险是指固定利率债券由于市场利率变动，因而债券价格下降的风险。在这种情况下，原有的债券持有者便会遭受损失；通货膨胀风险又称购买力风险。如果某国的货币发行过多而导致货币贬值，即使以该种货币计值的债券的还本付息均未减少，投资者获得的本息以货币购买力来衡量仍会受到损失。债券的到期时间越长，债券的持有者面临的各种不稳定因素也就越多，遭受意外损失的可能性也就越大；投资者在国际市场上购买以外币计值的债券，其收回的利息和本金最终仍要折算成本国货币来衡量。如果该种外币与本国货币相比，其汇率贬值，投资者就要承受贬值的损失。

债券评级是指对债券资信等级的评定，它既是为了适应广大投资者衡量投资的风险和收益的需要，也是为了有利于债券市场的管理。由于资信评定要求有准确而且全面的资料，并需以科学的方法和丰富的经验进行分析，所以一般投资者难以胜任，于是专门从事资信评定的机构便应运而生，其中有少数机构在长期激烈的竞争中赢得了公众的广泛信任，在国内外享有较高的声誉。

收益率是用来衡量投资者收益水平的指标。债券的收益率主要有名义收益率、当前收益率、到期收益率、持有期收益率与实际收益率几种。名义收益率是指每年约定支付的债息额与债券面额的比率，一般也称为年债息率；当前收益率是指年债息额与实际购买价格的比率，它是以购买价格计算的债息收益率，它能说明投资者每年取得的债息额水平的高低，或者说在持有期内每年连续可得的债息收益水平，是一个常用的收益指标；到期收益率是指投资者在债券持有到期的情况下应该得到的收益率；持有期收益率是指投资者在到期之前转让债券的情况下应得到的年综合平均收益率，它所包含的收益内容与到期收益率相符；实际收益率是指以购买价格和以一定的利率进行再投资为条件计算的投资者收益率，在计算实际收益率时，把每年所得的债息都按实际可得利率进行再投资，以投资期内实际可得的收益作为收益的内容来计算投资者的收益水平，而不是以应得的收益进行计算。

“国际股票”是指世界各大企业公司按照有关规定在国际证券市场上发行和参与市场交易的股票。在国际证券市场上，股票交易十分活跃。主要金融中心的股票交易所股价的涨跌，是众多的国际投资者极为关心的大事。

一般而言，发行国际股票大体可分为海外直接上市、以存托凭证发行上市和欧洲股权三种。海外直接上市是指直接到国际股票市场上发行股票以筹集资金；存托凭证是由本国银行开出的外国公司证券保管凭证。投资者通过购买存托凭证拥有外国公司的股权。它是国际股票市场全球化的产物，存托凭证的发行可方便投资者进行跨国界投资，避免外汇清算和交割的不便。

欧洲股权是产生于20世纪80年代欧洲的一种特殊的国际股票形式。它是指在面值货币所属国以外的国家或金融市场上发行并流通的股票。

股票行情指数即股票市价变动指数。在股票市场上，往往有成百上千只股票在同一个交易所进行交易，其价格的变动起伏不定、纷繁复杂，但基本上可分为两种情况：①由于各个股票上市公司的经营情况不同，有的股票价格上升，有的股票价格下降，而且升降的幅度也有很大差异，这种变动给投资者带来的风险，称为非系统风险，投资者要一一预测这种风险十分困难；②宏观经济情况（如经济周期、宏观经济政策等）的变动，引起许多股票的价格都发生趋势相同的变动，这种变动给投资带来的风险称为系统风险，对这种变动的预测比前一种要容易一些。为了适应投资者分析股价变动趋势的需要，有些金融服务机构运用其广泛的信息来源和专门知识，编制了股票价格指数，对投资者了解股市行情具有重要的参考价值。在金融创新中，有些交易所还以股价指数为金融工具进行期货交易，以帮助投资者避免投资于单只股票所造成的非系统风险。

衍生证券的产生和发展是世界金融史上一次重大的金融创新。其最早出现的是以农产品为标的的商品期货合约。到20世纪70年代，以金融资产为标的的金融类衍生产品应运而生，发展迅猛并成为金融市场上活跃的主角。究其原因，是由于当时国际金融领域中固定汇率的崩溃以及各国普遍采取的浮动利率制度，使各国生产经营者面临较大的汇率和利率风险。在此背景之下，金融衍生证券的诞生将这类风险从生产经营活动中的正常利润中剥离出来，并以一定的价格出售给风险的偏好者，从而使生产经营成本固定下来，生产者可以专心从事自己所熟悉领域的生产经营。自1972年美国芝加哥交易所推出第一份外汇期货合约以来，在20多年的时间里，金融类衍生产品无论是从品种开发还是数量扩张上都取得了巨大的发展。金融衍生证券成为国际投资者踊跃投入的对象之一，其中衍生证券可分为期货和期权两大类。

期货是买卖双方约定在将来某个日期按双方所商定的条件交货的一种交易方式。其交易的对象是期货合约，即交易双方约定在将来某个日期按双方约定的条件接受或付出一定标准数量和质量的某一具体商品的可转换协议。根据期货合约的本质特征，期货合约又可分为两大类型：商品期货合约和金融期货合约。

商品期货合约是以有形物质的商品为远期交货的合约；金融期货合约是指以金融工具及其权利为交易内容的合约。

期权亦称选择权，是一种允许持有者在规定的时期内，可按双方商定的价格买卖一定数量的某种商品或金融资产的权利。看涨期权又称买入期权，是期权的买方在约定的时间内按协议价格买入一定数量的有价证券的权利。投资者买入看涨期权是因为他预期这种有价证券的价格在近期内会上涨。如果判断准确，可按协议买入并按市价出售，赚取差额；如果判断失误，则放弃该项权利，仅损失期权费。看跌期权又称卖出期权，是指期权的买方有权在约定的期限内按协议规定的价格卖出一定数量有价证券。投资者买入看跌期权，因为他预期该有价证券价格在预期内会下跌，如果判断准确，则可以在市场上以较低的价格买入该有价证券再按协议价格出售给期权的卖方赚取差价；如果判断失误，则放弃该项权利，他的损失只是期权费。

>>>关键术语

证券　国际证券投资　债券　国际债券　公司债券　政府债　固定利率债券　浮动利率债券　股权相关的债券　可转换债券　有股票担保的债券　国际债券　外国债券　欧洲债券　全球债券　信用风险　市场风险　利率风险　通货膨胀风险　期限风险　外汇风险　债券的评级　穆迪公司债券评级　标准·普尔公司的债券评级　名义收益率　当前收益率　到期收益率　持有期收益率　实际收益率　国际股票　股票　海外直接上市　以存托凭证发行上市　欧洲股权　股票行情指数　衍生证券投资　期货　商品期货合约　金融期货合约　期权　看涨期权　看跌期权

>>>复习思考题

1. 简述国际证券投资是如何产生的。
2. 国际证券投资与国际直接投资和国内证券投资相比较具有哪些特点？
3. 国际债券有哪些分类？
4. 进行国际债券投资可能面临哪些风险？
5. 在国际证券市场上，股票价格的变动受哪些因素的影响？
6. 目前国际上著名的股票指数有哪些？
7. 股票交易的主要国际市场有哪些？
8. 期权交易相比期货交易有哪些特？
9. 全球衍生证券市场有哪三大发展趋势？
10. 20 世纪 80 年代以来国际证券投资的发展背景是什么？

第八章
国际投资法规

法规是法律和规定的统称，法律在法规中处于核心地位。国际投资是在不同国家进行的。各国由于政策、经济、文化和社会制度的差异以及对国际投资采取的态度不同，投资国和东道国的利益、投资者与受资者的利益的差异，势必在当事国、当事人之间产生各种各样的关系。要使国际投资活动的各个环节正常运转，必须合理处理这些关系，这就需要有国际投资法规来推动合作、保障监管，并解决可能出现的争议。可以说，国际投资法规是维护国际投资运作的基础，是国际投资持续发展的保证。国际投资法规大体涉及以下内容：第一类是投资国关于对外投资的法规；第二类是东道国关于引进外资的法规；第三类是关于双边保护的法规；第四类是关于多边保证的法规。

各国的国情不同，法规体系的完备程度也不同，有些国家（特别是发展中国家）的法规尚不健全，如关于国际投资的规范，形式多样，包括法律、条例、规定、办法等。基于此，这里所讲的法规的内涵较广，涵盖了所有关于国际投资的法律、政策和规定等。国际投资法规的作用主要表现在以下三个方面：其一，保护投资者的利益；其二，促进国际投资的发展；其三，管理或限制国际投资的运行方式。

第一节　国际投资法概述

一、国际投资法的主要内容与特点

国际投资法是指调整国际私人直接投资关系的国内法规范与国际法规范的总和。其主要内容包括国际投资的内容、效力，对外国投资的保护、鼓励与限制，关于解决投资争议的程序和规则以及对外投资保险，等等。其中，用法律手段创造较好的投资环境，对外资进行有效的鼓励和保护，同时对外资进行必要的监督和控制，以便使其既能促进国际投资合作和往来，又能将其纳入各国经济发展的轨道，是国际投资法的核心内容。

国际投资法具有以下特点：

第一，调整国际私人投资关系。国际投资既包括官方投资，即外国政府、国际金融机构进行的投资，也包括私人投资，即外国自然人、法人及其他民间组织、企业团体进行的投资。国际投资法的调整对象，仅限于国际私人投资，不包括政府间或国际金融机构间或政府与国际金融机构间的资金融通关系。

第二，调整私人直接投资关系。私人投资具有直接投资与间接投资两种形式。所谓直接投资是指外国投资者在国外经营企业的投资，投资者对企业享有较大的控制权。简而言之，直接投资是指伴有企业经营控制权的资本移动。间接投资，又称证券投资，主要指仅以取得收入为目的而持有证券的投资，并不参与企业经营，并不享有控制权或支配权。国际投资法的调整对象限于私人直接投资。但其中有一个关键问题，即投资者对境外经营的企业或其资产，基于所拥有的一定数量的股份，能够对企业行使一定的支配和控制的权利。但究竟拥有多少股份权，就可认为达到了“有控制权”，各国解释和立法不同。如美国规定，凡一个外国人拥有企业表决权股份达到了25%者，就可认为享有控制权，其投资属于直接投资。另外，以参与企业经营为附加条件的长期贷款，也应视为属于直接投资的范畴（母公司对子公司的贷款等）。

第三，国际投资法包括国内立法和国际法规范。国际投资法所调整的关系，不仅限于外国私人投资者同东道国及其法人、个人间以及同本国政府间的关系（外国投资关系和投资保险关系），还包括为了相互保护外国私人直接投资的两个或多个政府间的关系（双边或多边投资保护条约）。前者为国内法关系，后者为国际法关系。

二、国际投资法的体系

国际投资法是包括国内法规范与国际法规范而综合形成的一个独立的法律体系。国内法规范包括东道国国内法规范和投资国国内法规范，国际法规范包括双边条约和多边条约。

（一）东道国国内法规范

调节国际投资关系的最直接和最广泛的是东道国政府制定的有关法律规范，它主要采取国内立法形式，如外国投资法、外国投资保护法、矿业奖励法、外资企业法；除此之外，还能见于宪法、税法、外汇法及其他特别法律（公司法、专利法、破产法）。另外，有的国家采取政府的政策声明以及政府同外国投资者为开发自然资源所签订的特许协议等形式，也都是有效的法律规范。一般来说，外资立法比政策声明更有稳定性，在短期内较少变化，即使修改，也须经严格的立法程序。各国外资立法，具体规定虽然有所不同，但概括起来，对于外国投资的保护，不外乎对政治风险的担保，依法保护其经营的财产及其他合法利益，以及依法给予各种优惠措施，如实行无差别待遇；允许投资成本、利润及其他合法权益，在一定条件下，依法定手续，自由汇出国外；特定税收的减免；在一定期间内不实行征用、国有化，在实行征用时，给予一定补偿，等等。根据外资立法进行的保护，明确、具体、稳定，具有防患于未然的特点，有利于吸引外国投资。

（二）投资国国内法规范

投资国的国内法规范，主要是投资国针对本国对外投资者在国外可能受到的政治风险提供保证或保险，如美、日、德等国国内所实行的对外投资保险（保证）制度。投资者向本国投资保险机构申请保险后，当政治风险发生、投资者遭受损失时，由国内保险机构补偿其损失。这主要是事后救济手段，以鼓励本国投资者向外投资。

（三）双边条约

双边条约中，最主要的是政府间双边投资保护协定，即投资国同东道国之间缔结的关于鼓励与保护投资的协定。这是把投资保护上升到政府间的共同保证，是现时大多数国家所采用的通行的保护制度。其具体内容包括：关于对外国投资者实行平等公正待遇，资本及利润等的自由汇出，国有化及其补偿的原则，解决投资争议的原则，等等。双边投资保护协定，实际上是国内法中保护制度的进一步加强，使在国内法上的保护制度获得在国际法上保证的效力。

（四）多边条约

多边条约是指多国间签订的关于保护国际投资的公约，它是在国际范围内为保护国际投资而确立的统一的法律制度。它主要规定缔约国对外国私人投资者给予公正的待遇、投资保护的共同准则、国际投资争议的处理等。自20世纪60年代以来，除了联合国大会通过的几项决议中有关外国投资保护的若干原则外，在国际上曾先后提出关于国际投资保护法典及建立国际投资保险机构等种种设想和方案，试图协调各国间的利害关系，在国际投资保护问题上取得共同谅解，确立国际制度，但大多数均尚未实现。

三、国际投资法与其他国际性法律的关系

（一）国际投资法与国际公法的关系

国际投资法与国际公法的关系既密切又有显著的区别。

一方面，国际投资法与国际公法具有密切的联系，其联系如下：国际投资法与国际公法有共同的法律原则。相互尊重领土完整和主权、互不侵犯、互不干涉内政、平等互利、和平共处是国际公法的基本原则，也是国际投资关系应当遵守的基本原则。不仅如此，国际投资法还要借助国际公法上的若干制度与规范，如国际投资保护协定要遵循国际公法关于国际条约的制度和规范。

另一方面，国际投资法与国际公法的关系又有显著的区别，其区别如下：①二者的主体不同。国际公法的主体基本或主要是国家，国际投资法的主体除国家之外还有自然人、法人和国际经济组织。②二者调整的关系不同。国际公法调整的是国家之间不包括民事法律在内的公法关系；而国际投资法调整的是超越一国范围的投资法律关系，其中主要的是国际投资流转关系，此外，还包括管制与管理国际投资活动的关系。

（二）国际投资法与国际私法的关系

国际投资法与国际私法的关系也可以被区分为两个方面。

一方面，它们具有共同点，其共同点在于：①主体相同，都以自然人、法人和国家作为主体；②调整的对象有相同之处，都主要涉及国际民事流转关系；③在规范表现形式上也比较近似，它们在很大程度上表现为国内立法，同时又表现为国际条约与惯例。

另一方面，它们又具有区别，其区别在于：①调整的方法不同。国际投资法运用直接调整方法调整国际投资法律关系，国际私法通过间接调整方法去调整国际民事法律关系。②规范不同。国际私法规范基本上是“冲突规范”，国际投资法是实体规范。

（三）国际投资法与国际贸易法的关系

国际投资法与国际贸易法都是国际经济法的部门法，是国际经济法的组成部分，它们的关系是平等的横向关系。在过去，国际贸易法在国际经济法中占有很大的比重；现在，国际投资法在国际经济法中占的比重越来越大，也越来越重要。国际投资法还包括国际信贷法、国际技术转化法、国际税法、外汇管制法等多个法律。

第二节　国际投资的国内法规

国际投资的国内法律和规定较多，这里我们主要介绍外国投资法、对外投资保证制度和国际间接投资法规。

一、外国投资法

外国投资法属于国际投资法中的东道国法律。投资是促进经济发展的重要因素。在开放经济条件下，外国投资成为促进东道国经济发展的重要因素，在某些国家甚至成为主要因素。同时也应当看到，如果引进外国投资不当，也会对东道国的社会经济产生不利影响。因此，外国投资法中包括了鼓励性、保护性和限制性规定。

（一）外国投资法概述

外国投资法是东道国制定的关于调整外国私人投资及有关机构关系的法律规范的总称。其内容包括：外国投资的范围和形式，外国投资者的权利与义务及其法律地位，对外国投资的鼓励、保护、监督和限制等。其中，不仅包含有关于外国投资关系（权利与义务）的实体法的规定，还包含有关于对外资审查批准的标准和程序等有关经济行政法及关于投资争议仲裁等程序法的规定。各国外资立法的形式不尽相同。大多数国家有比较系统的统一的外资法，但有的国家没有统一的外资法，具体形式多种多样，如颁布某种利用外资形式的特别法令，如匈牙利的《关于与外资合办经济合营企业的法令》；适用于特定地区的外国投资法，如中国的《广东省经济特区条例》；适用于特种行业、特定部门的外国人投资法，如尼日利亚的《工业奖励法》。除上述关于外国投资的基本法外，有关外国投资的法律，分散于其他涉外经济立法、条例、命令、决议、政策声明中，如外汇法、劳动工资法、公司法、外贸法、合同仲裁条例、国有化法令，等等。另外，各国宪法中，还有关于保护外国人财产的规定。每一个国家都是基于本国对外经济政策的基本立场，在维护国家主权和经济利益的前提下，从利用外国投资发展本国经济这一目标出发，制定本国对待外国投资的基本政策和与之相应的外国投资法律。但是，由于各国经济基础、经济结构、经济和技术发展水平不同，社会、政治情况不同，因而在外资政策和立法态度方面，也各异其趣。

（二）外国投资法的基本内容

各国外国投资法的具体规定，会因各国经济和社会、政治情况的不同而不同，而且规定的内容、尺度掌握的宽严也不一样，但各国外国投资法的基本内容仍有不少共同之处，大体包括以下几个基本方面：

1. 外国资本的定义与资本构成

外资立法中的外国资本，一般是指从国外输入的任何形式的资本，如外币现金，机器、设备及其他物资，工业所有权，技术诀窍（know-how）等。资本构成一般除包括现金、设备、机器、土地、厂房、交通运输工具等有形资产外，还包括专利权、商标权、技术资料、专有技术和劳务等无形资产。

发展中国家的合营企业，一般规定外国资本以现金、设备、专利权、商标权、技术资料、专有技术等入股；而东道国一方，则以资金、土地、辅助设备、现有厂房、劳务等入股。各国外资法关于资本构成及外国资本的内容的规定，详简不同。如中国《中外合资经营企业法实施条例》第二十五条规定：“合营者可以用货币出资，也可用建筑物、厂房、机器设备或其他物料、工业产权、专有技术、场地使用权等作价出资。以建筑物、厂房、机器设备或其他物资、工业产权、专有技术作为出资的，其作价由合营各方按照公平合理的原则协商确定，或聘请合营各方同意的第三者评定。”又如《外资企业法实施条例》第二十六条规定：“外国投资者可用自由兑换的外币出资，也可用机器设备、工业产权、专业技术等作价出资。”

2. 投资领域

投资领域是指一国基于本国的经济发展目标而规定的外资的投向，即允许或鼓励外资投向哪些部门，禁止或限制外资投向哪些部门。东道国引进外资的宗旨是促进本国社会经济的发展，但同时又要维护国家安全和保护民族工业，而外国投资者的最终目标是实现利润的最大化，二者难免会不一致。基于此，东道国在对外国投资实行鼓励与保护的同时，还要实行必要的限制。

（1）发达国家的规定。

一般说来，工业发达国家由于经济与技术发展水平较高，为了便于资本相互渗透利用，对外国投资实行开放或有限度的开放政策，因而允许外国投资的范围较宽，限制较少。但对有关军事、国防、通信、宣传部门及一些国家经济关键行业等，也程度不同地给予限制。

①美国在发达国家中是最为开放的国家，除国防、军事等部门绝对禁止外国投资外，其他如通信事业、交通运输、自然资源开发、水力发电事业、原子能开发等部门，或禁止外国人参加，或对持股比例给予限制，或基于互惠条件予以特许。至于其他部门，外资入境一般不加限制，可不加审批自由流入。美国并没有专门制定针对外资的法律，适用于内资的各种法律同样适用于外资。但随着近十几年来外国投资的增长和对美国经济生活日益增强的影响，美国也开始注意加强对外资的管理。此方面最重要的一项立法为 1988 年的《综合贸易及竞争法》第 5 021 节即《爱克森—佛罗里奥修正案》。该法律授权总统可根据国家安全方面的理由，禁止任何外国公人对从事州际商务的美国企业进行吞并、取得或接管。该法案生效后第一个受影

响的为中国航空技术进出口公司。布什总统根据这一修正案要求该公司出让其收购的一家美国飞机零件公司（玛姆科制造公司）的所有权。另外，美国联邦政府和各州政府都制定了一系列特别法令，在某些特定的行业，对外国投资有一定的限制。综合来看，根据有关法律的规定，在航空、沿海和内河运输公司中，外国投资者拥有的股权比例不得超过25%。美国《联邦通信法》规定，禁止为外国人所拥有或控制的公司取得经营通信事业的特许权。所谓“外国人所拥有或控制的公司”，是指董事或主要经理人员为外国人或1/5以上股份为外国人所拥有的公司。该法还规定，在电报和卫星通信公司中，外国投资者的股权不得超过20%。根据美国《原子能法》的规定，为防止对国家安全或公共健康可能产生的危害，不对外国投资者或外国公司所拥有的公司发放原子能利用设施或其他生产设施等活动的许可证。至于外国人是否可以拥有或控制这些设施，该法律并无特别规定，亦即除非发现有危害美国国家安全或公共健康的迹象，否则外国人在这些部门的投资活动和其他活动是允许的，投资比例亦无限制。例如，1973年，经美国原子能委员会批准，美国海湾公司将其原子能设施转让给一家合资企业，其理由是未发现该合资企业拥有或控制这些设施危害美国国家安全或公共健康。根据美国有关法律的规定，公有土地的转让或租赁仅限于美国公民。这一法律条文对外国公司的限制力极小，因为与外国公司活动有关的土地大多是私有土地，一旦公有土地转化为私有土地，是为本国公司所拥有，还是为外国公司所拥有，则不再受该法律条文的限制。根据美国有关法律的规定，地下矿产资源属于美国公有，只允许美国公民有开采权、租赁权。如果某外国投资者所在的国家对美国公民给予互惠权，则该外国投资者也可以获得蕴藏矿产资源土地的租赁权。其他外国投资者只需支付特许权使用费，也可开采自然资源。根据美国有关法律的规定，外国投资者或外国公司在美国建立分支机构或取得对美国国内银行的控制权（即拥有25%以上的股份），需经联邦储备局批准。

②英国法律禁止外国投资进入的领域有军事工业、煤矿开采、粗钢制造业、公共电力发电和输送、铁路运输、船舶制造和维修、飞机制造等。有些没有明确规定外国投资的领域（如公共运输、公共设施等部门）存在着相当高的政府垄断，外国投资者实际上很难进入，只是在英国推行私有化政策后，才允许外国投资者购买部分产权。

③德国对外国投资领域没有明文规定，但出于对国家利益的考虑，政府实际上控制了某些重要行业（如铁路、公共设施、邮电业和广播电视业等）。在这些领域，外国投资者实际上是被排除在外的。

④日本对外国投资的限制在1967年以前一直较为严格，但此后开始实行对内直接投资自由化，对外国投资的限制已逐步放宽，到1976年实行第四次自由化以后，除农林水产、石油以及皮革制造等四种非自由化行业外，其他行业的外国新投资均实行自由化，按其不同行业，分别对外资开放50%的股权（第一类自由化产业）到100%的股权（第二类自由化产业），采取自动许可制度。此外，外资法并未列出限制投资的行业。

（2）发展中国家的规定。

与发达国家相比，发展中国家对外国投资领域的限制更多一些，原因在于发展中国家长期遭受殖民掠夺和控制，本国民族经济比较脆弱，它们对外国投资采用鼓励与限制相结合的方针，鼓励外国资本向有利于国民经济发展，特别是新兴产业部门以及改善国际收支、扩大出口的部门投资；禁止在国防、军事工业、新闻通信业、交通运输业、金融业和一些重要的国民经济部门投资；限制在本国已有一定发展基础，需要重点保护的行业投资。有的国家只做原则性规定，一般指明企业的主要活动范围；但大多数国家强调属于工业化部门的优先范围的行业为引进外资的重点。如新加坡规定，鼓励向出口工业和先驱工业投资，要求外国投资符合于新加坡经济发展目标，如电子电器、飞机工业、造船工业及炼油、钻井设备等；韩国禁止外国投资者投资的领域有国家及公共团体经营的公用事业（包括上下水道、邮电业、铁路运输业等）、危害国民健康和环境安全的事业、赌博业、报纸发行业、无线电广播业、谷物生产业等；而印度尼西亚除规定鼓励外资的领域外，也明文限制外资对电力、通信、运输、原子能开发等行业的控制权，并禁止外资进入国防部门；印度不允许外国投资控制港口、造船、通信、报纸、广播、电视、公用铁路、航空运输、海运、供水、供电、原子能开发等行业，禁止外资在军事工业、大麻种植和加工、天然海绵的培植和利用、锯木和木板加工、原藤处理和藤制品加工等行业投资。

我国外资法对允许、鼓励、限制，禁止投资的主体行业均做了明确的规定。尤其是 1995 年 7 月颁布了《指导外商投资方向的暂行规定》和《外商投资产业指导目录》，对外国投资范围做出了具体规定。《外商投资产业目录》又于 1997 年 12 月修订，1998 年 1 月 1 日起实施，其中鼓励外商投资的项目包括 17 大类 180 项，特别鼓励向基础产业、基础设施、农业、服务业等项目投资，以使基础设施在地域分布上更加合理。

3. 出资比例

各国针对外资可进入的领域，大都对外国投资的出资比例有明确的规定。出资比例是指外国投资者和东道国投资者在设立的企业中各占资本的份额或百分比。出资比例代表着投资者在企业中拥有的股权多少，而股权又关系到投资者对企业的控制权和决策权。各国立法不一，有的无限制，大多数立法都明确规定上限，但也有只规定下限的。

发展中国家和地区，除中国香港、中国澳门地区规定外国投资在任何行业均可拥有 100%的股权外，一些国家和地区为了限制外国投资者在合资企业中的经营管理权、控制权或操纵权，一般都对外国投资者规定了上限，比如外国投资者出资比例不得超过 49%，本国投资者出资比例在 51%以上，以免企业为外国资本所控制。如墨西哥规定：法令和法规无特别规定时，外国资本不得超过企业注册资本的 49%。另一些发展中国家对投资上限不做任何限制，相反，有的国家认为外资比例太小对企业经营意义不大，因而规定了出资比例的下限。比如越南规定的出资比例下限为外资至少占 30%。具体到不同的国家和地区，出资比例的具体规定则不尽相同，不同行业的伸缩性也一样。如新加坡有关外资法规定：在商业部门的外资比例在 49%以下，在其他工业部门（特别是高技术部门）的外资比例可达 100%。韩国有关外资法规定，在劳动密集型项目、免税加工项目和以国内市场为主的项目中，外资投资比例不得超过 50%；在设立在自由进口区的项目、居住在国外的韩国人兴办的项目和高技术项目中，外资投资比例可达 100%。菲律宾规定，大部分行业只允许外资占 30%以下，但对有利于国民经济发展，或者菲律宾人还未加以充分开发，或者符合于菲律宾“投资优先项目计划”，或无形成垄断危险的行业，外资也允许超过 30%；对于开创性行业或出口加工区内的投资，可拥有 100%的股权，即允许外资设立独资企业。印度有关外资法规定，在允许外资投资的领域内，外资股份一般不得超过 40%；在其产品主要是满足国内市场需要的高技术领域内，外资股份可达 74%；在其产品全部出口的企业中，外资股份可达 100%。

《中华人民共和国合资企业法》对合资企业中外资的出资比例只规定了下限，未规定上限，即外国投资者出资比例一般不低于 25%，至于可否超过 50%，无明文规定，可由双方协商。关于控股问题，我国外资法未明确限制，但合资企业的重大问题由董事会决定，董事长由中国合资者担任，这样，既可最大限度地利用外资，又可保证中方对企业的领导权。此外，我国也允许外商、侨商举办独资企业，投资者可占 100%股份。

发达国家虽一般采取开放政策，但对特定企业也有关于股份比例的限制。如美国规定，外国人在电报企业的合营公司或卫星通信公司中所占股权，不得超过 20%；在航空运输企业中外资不得超过 25%。加拿大规定，银行、保险及信托贷款公司，外资比例不得超过总资本的 25%或每一外国投资者不能超过 10%的参与权；无线电广播与电视行业，加拿大内资必须拥有 75%的股权。

与出资比例限制有关的一种限制措施是逐渐当地化。该项措施要求在东道国境内现有或新建的为外国人所有或控制的公司（企业）在一定年限内要逐渐降低外资股份比例，增加本国股份比例，直到成为本国国民控制的公司（企业）。该措施首次在 1970 年的安第斯委员会《关于共同对待外国资本的决议》中条文化。后来其他一些发展中国家和发达国家受其影响，也仿效这种措施。如印度尼西亚有关外资法规定，外国投资者必须与印度尼西亚公司创办合资企业，不能创办独资企业，股权比例规定如下：①在一般合资企业中，创办时外国资本可占 80%，印度尼西亚资本占 20%；开业 15 年之后，外国资本必须下降到 49%以下，印度尼西亚资本必须提高到 51%以上。②在其产品有 65%（纺织品为 85%）以上外销的合资企业中，创办时外国资本可占 95%，印度尼西亚资本占 5%；开业 10 年之内，外国资本的比例必须下降至 80%；开业 15 年之后，外国资本必须下降至 49%以下。③设立在官方保税区内的合资企业，如果其产品 85%以上外销，则外国资本所占比例可达 95%以上，且在合资期内一直保持不变。由此可见，印度尼西亚关于外资出资比例的规定比较严格。

除法定的逐渐当地化外，也有针对具体项目的协议逐渐当地化，如沙特阿拉伯与阿美石油集团双方于 1972 年基本达成协议：开业第一年沙特参股 20%，第二年沙特参股 25%，第三年沙特参股 60%……最终沙特拥有其境内全部石油企业的全部股份。逐渐当地化措施实质上是一种间接国有化或征用措施，是国有化的一种特殊形式。

4. 投资期限

对投资期限，大多数外资立法都有明确规定。从国别来看，许多发展中国家对外资投资的期限都有明确的规定，而西方发达国家一般无此规定。发展中国家规定投资期限的目的是想在一定时期之后将外资企业的全部或部分股权转为本国国民或国家所有，以加强民族经济。如印度尼西亚规定，外资投资期限不得超过30年；如要求继续经营，经政府批准后，可以延长30年，但不能延长第二次。智利规定，外国投资公司从开始营业或投产之日起，一般营业期为10年；但是根据以外资为主的公司的营业性质、规模及其对国家的重要性，需要延长期限的，可延长到20年；在特殊情况下，经外资委员会全体成员一致同意，可批准超过25年的合同。越南规定外商投资期限一般不超过50年，必要时可延长期限也不超过30年。

从务实的操作来看，投资期限往往由投资者根据需要与东道国协商确定。期限不宜过长，否则，设备老化、技术陈旧对东道国不利；也不宜过短，期限过短则投资者甚至来不及收回本金。1986年1月15日，中国国务院对《合资经营企业法实施条例》第一百条的修改规定，合营企业一般项目的合营期限为10~30年。投资大、建设周期长、资金利润率低的项目，由外国合营者提供先进技术和关键技术生产尖端产品的项目，或在国际市场上有竞争能力的产品的项目，其合营期限可以延长至50年。经国务院特别批准的可在50年以上。

5. 对外国投资的审查

对外国投资的审查、甄别（screening），是对外国投资进行管理的形式之一。对外资进行必要的审查，既是维护东道国利益的需要，也是对外国投资者进行保护的必要前提。对东道国来说，对外国投资的审查，关系到引导及监督外国资本为本国经济发展的根本利益服务的问题。对国外投资者来说，关系到投资者本身的法律地位问题。外国投资者向东道国输出其资本，事先取得该国主管机构的审查和批准，其投资计划和项目经营才取得合法地位，并得到关于该投资的法律保护及各种法定的权利和优惠待遇，如税收、外汇优惠及其他保证。根据一些国家的立法规定，对外国投资的审查和批准，可分为程序上的审查和实质上的审查。

（1）程序上的审查。

依各国立法，规定通过有权审查和批准外国投资的特别政府机构（如外国投资委员会、外国投资审查局等）或其授权机关，接受外国投资申请后，对其投资计划、方案、项目、投资者的资信、投资协议、合同、章程、可行性研究报告、工业产权证明文件及其他必要文件以及申请是否具备法定程序进行审查，在法定期限内，予以批准或不予批准。

（2）实质上的审查，指审查投资的经济效益对东道国经济发展目标和国家利益的关系。

审查引进的外国资本和技术是否有损于国家主权，是否有利于国家经济和技术的发展，是否有利于改善国际收支平衡，是否符合国家目前和长远的经济规划，这是外资审查的关键和主要内容。审查标准，各国立法不一，大体上可分为积极标准与消极标准两类。

第一，积极标准，指可予批准的条件。如墨西哥规定，外国投资经审查批准时，应符合下列条件：一是外国投资是国内投资的补充；二是外国投资不应取代经营良好的民族企业；三是外国投资对国际收支平衡起积极作用；四是应促进就业等。

第二，消极标准，指不予批准的条件。如菲律宾规定，外国投资企业有下列情况之一者，不予批准：一是与宪法以及有关所有权比例法规相抵触；二是导致垄断或合并以至于妨碍贸易；三是在菲律宾籍人有足够能力开发的领域投资；四是与优先投资计划抵触等。

各国的国情不同，对外资审查的程度、范围、要求也不尽相同。

西方发达国家技术经济实力雄厚，国内企业竞争力强，因而对外资持开放态度，或不予审查，或审查的范围很小。美国、日本和加拿大三国对外资的审查较有代表性。

长期以来，美国政府对外资的政策是：一般不予审查。进入 20 世纪 80 年代之后，大量外资涌入美国，但美国对外资一般不予审查的态度没有改变，只是对某些重要的直接投资项目，由美国政府与投资国政府进行直接磋商，并进行审查。

日本新《外汇法》规定，对外资流入不采取一般的审批制度，但要求国外投资者进行投资申报。国外投资者在向日本进行直接投资（包括股票或股份的取得、期限超过一年的二亿日元以上的贷款、事业目的变更、私募债的取得以及设立分店等）时，要向大藏大臣和事业主管大臣提出申报，申报窗口为日本银行。申报后 30 天以内不能进行投资。但在一般情况下，从受理申报之日起，经过两周之后即可进行投资。取得证券交易所登记的公司股票不足 10%时视为证券投资，不需要申报。根据自由化方案，日本政府对不同产业、不同性质的国外投资实行不同的审批制度；对于自由化方案允许自由进入的外国投资，采取自动许可制，亦即自动予以认可，不需要进行个别审查。对于其余的国外投资，则需要进行个别审查。目前，非自由化行业仅限于农林水产业、矿业、石油、皮革业 4 种。在证券投资方面，如果某一外国投资者取得某公司股份数额不超过该公司股份总额的 10%，则实行自动许可制度，全体外国投资者取得某一日本企业股份总额累计不超过 15%（指限制性产业）或 25%（指非限制性产业）时，同样实行自动许可制度。不符合上述条件者，要进行个别审查批准。限制性产业主要包括：金融业、运输业、渔业、矿业等。这些行业之外的其他产业均属非限制性产业。日本政府十分重视对国外先进技术的引进、消化和吸收，对技术引进原则上采取自由化政策，实行自动许可制度。只有对那些有可能对日本经济产生重大影响的技术，才进行个别审查。目前，需进行个别审查的技术仅限于飞机制造、火药、原子能、武器制造、宇宙开发、电子计算机、石油化学 7 种制造技术。

加拿大对外资的审查经历了一个由松到严又由严到松的过程。长期以来，加拿大对外资审查较松。加拿大于 1973 年公布的《外资法》制定了强制性的审批制度，凡是引进的外资均应进行审批。1985 年通过的《外资法》则放宽了对外资的审批。新法规定，如果外国投资者不是出于商业经营的目的，而是在其经济活动过程中附带地暂时取得控制权或有表决权股份或权益，则既不需申报，也不需要审查。新法将外资审批制度分为申报和审查两种程序。凡外国投资者直接取得资产在500万加元以下的加拿大企业的控制权或间接取得资产在5 000万加元以下的加拿大企业的控制权，均不在审批的范围之内，只需申报，即能生效。不符合上述条件的外国投资均要由主管机关审查批准之后，才能生效。由此可见，新法规定的外资审批制度是比较宽松的。为了充分发挥外资在国民经济中的作用，新法具体规定审查外资的标准：外国投资对加拿大经济活动（主要指创造就业机会、资源加工、物资利用、提供服务和增加出口等）所起的作用；在外资企业中，加拿大人参股的程度和意义；外国投资对加拿大劳动生产率、工业效率、工艺发展、产品更新和产品类型等方面的作用；外国投资对加拿大工业的竞争作用；外国投资必须符合加拿大联邦政府和各省立法所反映的本国工业、经济和文化政策；外国投资对加拿大在世界市场上竞争力所做的贡献。

发展中国家技术经济实力薄弱，国内企业竞争力弱，因而大都对外资实行较为严格的审查制度。印度、韩国对外资的审查较具代表性。

20世纪60年代以来，印度先后颁布了《外商投资鼓励法》《外国企业管理法》《外国投资法》《合资经营企业法》和《国际投资法》。根据有关法律，印度对外资审批制度包括两个组成部分：外资审核监督制度和外资审批程序。印度外资审核监督制度规定，外国投资者在向印度进行投资之前，必须向全国外资管理委员会提出申请。申请主要包括外国投资者及其拟投资活动的基本情况。外国投资者申请的审核期限为两个月。全国外资管理委员会主要审核外国投资者的投资活动对印度国民经济产生的影响（如对进出口、就业、引进技术等方面的影响）。印度外资审批程序分两个阶段：实质审查和程序审查。实质审查的主要内容是审查外资活动对印度经济发展目标和国家利益产生的影响。程序审查的主要内容是审查外国投资者的有关文件、外资活动的有关文件以及外国投资者的申请是否符合法定程序等。

作为亚洲“四小龙”之一的韩国，在其经济起飞及持续发展的进程中，国外资本的输入起到了极其重要的作用。为了大量引进外资，韩国于1966年公布了《吸引外资法》，此后，又对该法进行了多次修改，对外资的开放程度有了实质性的进展，大大简化了对外资的审批程序。根据1984年修改后的《吸引外资法》的规定，韩国对外资实行自动许可制。对于符合下列条件的外资，不进行审批，只要向财政部提交一份报告，即可进行自由投资：①投资额低于100万美元；②外资所占比例低于50%；③不申请税收减免；④在政府完全开放的部门进行投资。对于不符合上述条件的外资，则要进行个别审批。对外资审查分实质审查与程序审查。实质审查的主要内容有：①外资对促进本国民族经济和社会福利发展方面的作用；②外资对促进骨干工业部门和公用事业等方面的作用；③外资对于改善本国国际收支等方面的作用。在进行程序审查时，由外国投资者向财政部提出申请书，财政部根据外国投资所在的部门，再将申请书转交给有关部门的部长，有关部门的部长在收到申请书之后的20天之内将审查意见转交给财政部，最后由财政部决定是否批准。

6. 外资资本金和利润的汇出

投资资本金与利润能否自由兑换并汇出是外国投资者十分关心的问题。保证外国投资资本金、利润及其他合法收益的自由汇出，是国际投资法律保护的重要内容之一，也是各国投资保证制度中防范政治风险的措施之一。投资者进行对外投资的目的，在于谋取国外利润，如果他在东道国因投资所得合法利润、其他合法权益及其回收的本金，不能兑换成国际通用货币或其本国货币，不能自由汇回国内，这必然影响到投资者的根本利益。所以，在国际投资关系上，原则上应允许投资者自由汇出其本金和利润，以有利于调整投资环境，吸引外国投资。东道国基于保护国家利益或者方便货币政策的实施，特别是为了保证国际收支的平衡，在承认自由汇出的原则下，对投资者本金和利润的汇出又常加以一定的限制，实行外汇管制，以防止外汇资金大量外流。从东道国的角度来说，这也存在一定程度的合理性和合法性。其限制①一般分下列几种情况：一是受国内法规定的年限和汇出限额的限制；二是必须在履行法定义务（纳税）之后；三是必须在履行其他支付之后。一般来说，发展中国家和地区相关限制较严，而发达国家则较宽。

（1）投资资本金的汇出。

投资资本金是投资事业维持和发展的基础，无论是分期摊还、依法转让还是企业清算所得的回收资本金，特别是资本抽出等，一般需在较为严格的条件下才允许汇出。但各国立法也不尽相同。有的国家规定原则上可以自由汇出。如土耳其规定，凡外资资本金因企业实行部分或全部停业清算而在以合理价格出售资产所得收入中占有的份额，以合理价格出售企业部分或全部外资资本金所得收入，以及外国贷款协议条约到期应予偿还的本息，均可自由汇出，不加限制。

有的国家关于投资资本抽回的规定富有弹性，如玻利维亚政府规定，资本金汇出一般每年不得超过20%；在特殊情况下，也不得超过30%。

而大多数国家对抽回投资本金都有期限、限额及其他条件方面的限制。有的分散摊还，有的需经过一定期限后才可抽回本金。如阿根廷《外资法》规定，抽回资本本金必须：①保证公司能继续经营，并按其规定条件提供服务；②每年抽回资本额同保证公司延续其正常经营的原则相符，每年抽回的数额不得超过可抽回资本的20%；③从投资开始之日起头5年内，不得抽回任何资本。

（2）关于利润、股息等的汇出。

对投资者所得的利润、股息等的汇出，在国际投资政策实施中大体上有两种情况：

第一，大部分国家对投资者利润、股息等收益的汇出，未做限制性规定。如菲律宾规定，外国人投资所得的收益和利润的全部，在纳税后，可用原来投资的货币按当时的汇价汇出。

第二，有少数国家在允许自由汇出的原则下，又规定了汇出的限额，通常是利润按投资资本金数额的一定比例准许汇出，比例大小则各国规定不一。如巴西规定，在奢侈品部门的外资，其收益和利润的汇出额，每年不能超过注册资本的8%，对

① 对于外国投资者的投资资本金和利润的汇出限制，主要有以下几种：审批限制，即投资资本金和利润的汇出要经东道国政府的有关部门批准；时间限制，即投资资本金必须在投资实施一定时期后才能汇出；比例限制，即每年只允许汇出投资资本金和利润的一部分。

非奢侈品部门则无限制，但是，若3年中每年平均利润汇出额超过注册资本的12%，需补缴所得税。专利费不得超过年均所得额的5%。

（3）外籍职工工资的汇出。

对外籍职工工资的汇出，有的只做原则性规定，允许自由汇出。如罗马尼亚规定，公司的外国人员有权通过罗方外贸银行将其工资汇出国外，工资可汇出的额度由公司管理机构确定。有的则在法律上明确规定限额。如埃及规定，外籍职工工资的50%可允许汇往国外。

中国《合资法》第十条规定："外国合营者在履行法律和协议（合同）规定的义务后分得的净利润，在合营企业期满或者中止时所分得的资金以及其他资金，可按合营企业合同规定的货币，通过中国银行按外汇管理条件汇往国外。"

7. 外资股份的转让

私人直接投资，尤其是采取合资经营、合作经营、合作生产等形式的投资，经营各方共担风险、共同经营、共负盈亏，这种投资关系始终是建立在平等互利、相互信赖基础上的。因此，从原则上讲，除法律另有规定或契约另有约定者外，一般不允许单方面中止投资契约或任意退股，这有利于维持投资项目的继续经营，共同完成项目。

对于外国投资者或合营者在企业经营有效期间内，能否自由转让其股份的全部或一部分，为了贯彻平等互利及相互信任的原则，各国立法大多数有明文规定，既保证外国投资者有权转让其股份，又附加同意条件，保证新的受让者取代原投资者的位置，继续保持合营关系及投资关系在和谐互信的基础上共同经营。如波兰政府规定，合营企业的股份为记名股票，不经其他股东同意，不得转让给第三者，波兰股东有购买外国股份的优先权。

外资股份的转让，关系到国际投资双方的切身利益，所以政策的透明度体现得较充分，成了国际投资法内容中的重要组成部分。

8. 税收及税收优惠

在国际投资关系中，税收问题是调整投资环境的一个重要因素，体现了一国国际投资政策的特点，它对国际投资的发展具有关键作用，是投资环境的关键点。税率的高低、优惠的多少，关系到利润率的高低，关系到国际投资者获利的多少，税收对外国投资既可能构成障碍，也可以成为刺激和鼓励。

（1）税率问题。

对外国投资者来说，税收及税收优惠政策的核心问题是所得税率问题。发达国家主要是鼓励向外投资，故外国在本国的投资，所得税率一般偏高。如法国为50%，德国为51%，英国为52%，美国联邦税法规定为46%，日本为53%。发展中国家和地区，主要是吸引外国投资，所得税税率一般偏低。如印度尼西亚为20%~45%，泰国为30%，罗马尼亚为30%。在避税地和自由港，如中国香港、巴哈马群岛等地，有的低税，有的则不收税。

（2）税收优惠。

税收问题直接涉及投资者的切身利益，因而是其最为关心的问题之一。税收优惠包括狭义的税收优惠和广义的税收优惠。狭义的税收优惠是指法定的减免税和从低税率征税；广义的税收优惠还包括一切能使纳税人得到的财务上的好处，如亏损的结转、固定资产的加速折旧等。

为鼓励外国投资，往往对特定税收实行减免，主要表现在所得税的减免和进口关税的减免上。关于所得税的减免，各国政策规定各异。新加坡规定，如属于新兴工业和出口工业，从生产之日起算，免征所得税5~10年，此间所得股息亦予免税。凡产品外销的企业，其产值占该厂产品销售总值的20%以上，或出口超过10万新加坡元的，经财政部批准，其收益所得税可从40%减至4%，优惠期为5~10年。为了减少税收负担的不稳定性，对被批准外国投资的所得税率，规定在一定期间内予以冻结。如希腊政府规定，从投资之日起10年内，批准投资当时的所得税率确定不变。同时，一些国家对外资参与的企业中外籍人员的工资收入，允许在一定期间内，全部或部分地减免其应负担的所得税。如巴基斯坦规定允许在两年内对其外籍人员免征一切税收；对进口关税的减免，各国规定也不一样。泰国规定，公司进口机器可免税或减税50%，期限为3~8年，但以当地买不到为条件。菲律宾规定，企业登记7年内进口的资本货物，可免征进口税50%。若属技术先进企业、出口企业、服务性出口企业，可全部免征。

由于历史的原因，加之旧的国际经济秩序所形成的不平等的国际经济格局，使得发展中国家在国际竞争中处于不利地位。许多发展中国家面临的问题是储蓄率低、外汇短缺、技术和管理水平低下、投资环境较差，税收优惠成为吸引外国投资的主要政策。因此，在涉外税收政策上，为了达到吸引外国投资的目的，一些国家特别是发展中国家，原则上采取税负从轻、优惠从宽的态度。以税收优惠吸引外国投资，加速本国经济的发展，是广大发展中国家普遍采用的基本国策。从总体来讲，非洲各国对外国投资实行税收政策最为优惠，亚洲各国次之，拉丁美洲各国再次之。

发展中国家的税收优惠主要包括：

（1）颁布专门的外资税法。

许多发展中国家颁布了专门的外资法，以法律的形式将为外国投资提供的税收优惠固定下来。泰国的《新投资奖励法》、马来西亚的《投资奖励规定》、新加坡的《经济发展奖励法》、阿根廷的《工业振兴法》等，均属此列。各国制定的外资税法和外资法大都规定，外国投资比本国投资在税率、减免税等方面享受优惠待遇。

（2）以税收优惠引导外资投向。

在普遍实行税收优惠的基础上，许多发展中国家对某类特定的外资企业实行更为优惠的税收待遇，以引导外资的投向，实现宏观经济目标。

许多发展中国家的外资税法规定，对于符合国家产业政策的外资企业给予税收优惠。埃及规定，经政府部门批准，对于能促进开发自然资源，增加出口的外资企业，可将免税期延长3年。韩国规定，凡进入石油业、造船业、钢铁业、机器制造业、电子业和飞机制造等行业的外资企业，除在一定的时期内享受减免税待遇外，还可享受加速折旧的待遇。智利规定，对于从事资源开发的外资企业，可在合同中订立特别免税条款，给予更为优惠的税收待遇。伊朗规定，对于投资于农业的外资企业，可全部免除农业所得税。巴西规定，对于从事森林开采业和造林业的外资企业，可免除25%的公司所得税。

引进国外先进技术是各国引进外资的重要直接目标，因此，外资税法大都对能提供先进技术的外资企业给予更为优惠的税收待遇。新加坡规定，对于外资企业提供技术服务所收取的特许权使用费、技术援助费等项所得享受减免税待遇。巴基斯坦规定，对于外资企业提供技术服务的所得免税3年。墨西哥规定，对于外资企业提供技术服务的所得按10%的低税率征税。

为了促进贫穷落后地区的发展，许多发展中国家为设立在这些地区的外资企业提供更为优惠的税收待遇。印度规定，外国投资者在某些特定的落后地区投资时，政府给予相当于投资额15%的补贴，并对其所得的20%免税10年。巴西规定，在东北部地区投资的外资企业，可减免其公司所得税。

基于实现外汇平衡和保护国内市场的考虑，许多发展中国家对出口导向型的外资企业给予更为优惠的税收待遇。新加坡规定，产品出口的一般工业企业享受5年免税期。埃及规定，产品出口的外资企业免税期可延长到8年。

大多数的西方发达国家没有专门适用于外国投资的税收优惠的法律，而是本着平等纳税原则，对外国投资者和本国纳税人实行无差别的税收待遇。当然，对于设立在某些特殊地区（开发区、出口加工区、自由港等）的外资企业，也实行一定程度的税收优惠。

9. 经营管理与劳动雇佣关系

对于东道国，特别是对于发展中国家来说，在引进外国投资，由外国人参与企业经营的情况下，坚持本国对企业经营管理的决定权，是关系到防止外国经济势力控制，维护本国经济自主发展的根本问题，同时也是劳动就业和技术问题。因此，大多数发展中国家的政策均对此给予一定限制。基于国家经济政策和劳动政策的要求，对外国人进入国境，从事特定经济活动的规定和限制，原是国家主权权力的行政权，其合法性在国际法上是无可争议的。只要没有歧视待遇，他国是不能干预的。

发展中国家在利用外资发展民族经济的过程中，为了保持民族经济的独立性，都十分重视企业的经营管理权，防止企业权限为外资所控制，通常规定在允许外国投资者参与经营管理的条件下，坚持本国人有进行管理的决定性权限。在合营企业中，关于经营管理权有两个主要问题：一是董事会的组成及权限，二是董事、经理及其他高级职员的任命及权限范围。外国合营者在企业中的地位，其参与管理权限的大小，主要是依据在合营企业中所占股份比例的大小来决定的。通常董事长或总经理由本国人来担任，外国合营者只能担任副职或技术经理。但具体规定各国不尽相同。如波兰规定，合营企业管委会的领导必须由波兰公民担任。

关于在国际投资中职工雇佣问题，一般有两种情况：一是非技术人员与一般职工的雇佣；二是技术人员与经理人员的雇佣。关于前者在雇佣上的限制，问题不大。因为在大多数情况下，对东道国来说，为了劳动政策及社会经济的理由以及扩大本国劳动就业机会和范围，一般有必要在法律上做出要求，规定应尽可能多地雇佣当地职工。如沙特阿拉伯1969年劳工法规定，合资企业中必须雇佣75%以上的沙特人。巴西规定，本国雇员必须占企业雇员总人数的2/3以上。

相比之下，较为重要的问题是关于在技术上、经营管理上有一定专业能力的熟练人员雇佣上的限制。外国投资者一般的考虑是，若在高级职员中出现无经验及不称职的人员，将造成经营管理上的效率低下，对企业不利，因而强调保证企业经营的效率，尽可能雇佣外国技术和管理人员。但是这并不能满足东道国经济上的需要。因为对东道国特别是发展中国家来说，既要限制雇佣外国人员，以提高本国就业水平，又要通过利用外资引进技术和管理经验，推动本国工业化，提高本国企业的经营管理效率，培育国内的技术力量和管理人才，故对外国专业人员雇佣的限制，必须富有弹性，以弥补本国技术劳动力的不足。基于这种需要，大多数外资立法对雇佣外国职工问题，根据情况的不同，做出了适当的限制规定。一般说来，对高级技术和管理人员、熟练劳动者，规定有不同于非技术专业人员的比例。巴基斯坦规定，技术人员中必须有50%的本国人。印度尼西亚规定，外资企业中只有印度尼西亚国民不能胜任的管理职务和专业职务，才能聘请或雇佣外国人担任；并规定外资企业有义务逐步地用印度尼西亚国民代替外国职工，并应以印度尼西亚国民为对象，在国内或国外进行定期培训。

中国《合资经营企业法实施条例》第五十六条规定："合营企业按照合营合同规定的经营范围和生产规模所制订的生产经营计划，由董事会批准执行，报企业主管部门备案。"第三十四条第二款规定："董事由各方委派，董事长由中方合营者委派，副董事长由外国合营者委派。"

10. 国有化、征用与外国投资保护

对外国投资的国有化问题，向来是国际投资争议中最突出的问题，也是国际投资保护问题的核心。因为国有化问题，既关系到东道国的主权问题，又关系到外国投资者的投资安全与利益乃至投资国对对外投资的保护问题，所以，不仅引起东道国同外国投资者间利益的对立，也引起东道国同投资国政府间权益的矛盾，往往形成国际投资的一大障碍。为了正确解决国有化及其赔偿问题，以利于维护国际投资的安全与利益，调整投资环境，在国际及各国立法上都做出了种种努力，采取了一定的措施。

一是在国际法领域，通过多边条约调整，如联合国大会通过的《建立国际经济新秩序宣言》及《行动纲领》和《国家对自然资源永久主权的决议》等决议规定以及通过两国间的友好、通商、航海条约或双边投资保护协定调整。

二是在国内法领域，一般体现在《宪法》和《外国投资法》两个层次。各国大都规定，政府一般不对已获批准的外国投资实行征用和国有化。在特殊情况下，基于国家安全和民族利益的考虑而要对外国投资实行国有化时，必经通过法律程序，按照适当的标准，给予必要的补偿。如印度尼西亚《外国投资法》规定："除非国家利益确实需要并且合乎法律规定，政府不得全面地取消外资企业的所有权，不得采取国有化和限制该企业经营管理权的措施。"在采取上述措施时，"政府有义务进行赔偿。赔偿金额、种类以及支付的方法，按国际法原则，在当事人之间协商解决"。埃及规定："除非通过合法程序，否则投资项目不得收归国有或加以征用，投资资产也不得被没收、抵押或查封。”泰国规定：政府不得将私人工业设施强制转让给国家。缅甸规定：对一切新企业，保证在双方约定期限内，至少 10 年内，不实行国有化。

三是比较特别的是拉美国家的《安第斯条约》外资法规定，采用逐渐征用方式，收买外资股份。如阿根廷规定，可以在投资协议中包含根据具体情况，将外国资本转移到阿根廷国内公司或外国资本和阿根廷资本混合的安排，以保证本国资本不断增大。

四是除外资法的有关规定外，有的东道国还用政府声明或宪法条文明确对国有化的态度。如印度规定：“除非根据规定对取得资产给予赔偿，对任何财产不得进行强制取得或收用。”

对国际投资中国有化和征用的补偿问题，发达国家一般要求“充分”“及时”“有效”的补偿。发展中国家反对这种标准，坚持合理补偿或适当补偿，补偿问题是国际投资领域争论的焦点。

中国《中外合资经营企业法》和《外资企业法》都明确规定，国家对外商投资企业不实行国有化和征收。在特殊情况下，根据公共利益的需要，可以依法律程序实行国有化或征收，并给予相应的补偿。

11. 投资争议的解决

投资争议的处理，向有争论。解决投资争议的法律依据，有国内法，也有国际法（双边投资保护协定、处理投资争议国际公约）。

关于投资争议解决程序的选择，实质上关系到国家主权管辖问题。发达国家力图通过外交手段，把投资争端提高到国际争端，主张用国际仲裁或国际司法程序来解决，从而排除适用国内法的可能。而发展中国家原则上一致主张国内法解决优先。外资法上的一般规定是，先由当事人双方协商解决，调解不成立，则采用本国仲裁机构或仲裁程序解决。如双方协商同意，也可由第三国进行仲裁。仲裁裁决具有终局效力，对双方当事人均有约束力。如投资协议或契约规定仲裁解决，当事人任何一方，均可向所在国法院起诉，要求诉讼解决。希腊规定，希腊政府同外国投资者因解释及适用本法所发给的批准书引起的争议，依仲裁程序解决，由当事人推选仲裁人及共同推选的第三仲裁人（可以是外国人）共同组成的仲裁庭进行裁决。裁决有终局效力，不能上诉，对政府和投资者双方均有约束力。

二、对外投资保证法律

（一）对外投资保证法律概述

风险性是投资的基本特性。与国内投资相比，对外投资所面临的投资环境更加复杂多样，投资风险更大。基于此，投资国大都制定对外投资者保护性法律制度，最一般的形式是建立海外投资保证制度。投资国的对外投资保证法律是投资国保护本国对外投资的主要国内法依据，在国际投资保证中占有相当重要的地位，它已为许多国家特别是发达国家所采用，并证明行之有效。

对外投资保证产生的直接原因是投资国对外投资者在东道国面临政治风险。政治风险是指东道国政府人为的与政治、经济、社会和法律有关的不能为投资者所控制、制止或避免的非自然灾难或非商业性的风险。诸如东道国基于国家和社会公共利益需要而对外国人投资企业实行征用、征收或国有化；因国际收支极不平衡而实行外汇管制；或者东道国发生战争、内乱等使外国投资企业或投资者私人财产受到重大损失，等等。针对这种特殊的政治风险，投资国为解除对外投资者的后顾之忧，保护其投资及利益的安全，鼓励投资者对外投资，就必须建立以弥补政治风险损失为目的的对外投资保证法律。

对外投资保证始于第二次世界大战后美国实施马歇尔援助欧洲计划中所实行的投资保证方案。在当时，它是美国实施其对外经济政策的工具。随着国际投资的发展，对外投资保证制度逐渐成为一种法律制度。20 世纪 60 年代以后，随着国际资本大量涌入发展中国家，为适应国际投资市场新的发展需要，先后有 19 个工业发达国家模仿美国的对外投资保证做法，制定了自己的对外投资保证或保险法。如日本的《输出保险法》、联邦德国的《在国外投资保险条例》、加拿大的《输出保险法》等。

投资国对外投资保证的基本做法是：由本国政府（批准）设立对外投资保险机构（公司），鼓励向外国投资的本国国民（个人或企业）向其申请投保政治风险的保险。申请书经保险机构审查批准后，再由其与向国外投资的个人或企业订立保险合同，由投保人（即投资者）缴纳保险费。在约定的保险事故发生后，由对外投资保险机构（公司）向投资者补偿所受的损失。与此同时，对外保险机构有权代表受到损失的投资者向其所在国政府取得求偿的代位权。例如，某个国家对外投资保险公司甲承保了该国乙公司的对外投资的政治风险保险。乙公司依合同缴纳了保险费以后，在保险期内，乙公司在丙国的投资被丙国政府实行国有化。在这种情况下，甲根据保险合同向乙支付因丙国实行国有化而对乙造成的损失，并取得向丙国的求偿代位权（即代表乙公司向丙国要求损失补偿费）。

（二）对外投资保证的主要特征

在对外投资保证方面，各国法律规定不同，但主要有以下特征：

（1）对外投资保证的职能。

从表面来看，对外投资保证近似一般民间保险，即对外投资者与国内经营保险的专设机构订立保险契约，约定由投资者承担支付保险费的义务，承保机构承担政治风险下的保险责任。当约定的保险事故发生时，承担机构依契约规定，向被保险的投资者赔偿因事故所受的损失。但进一步考察，这一制度不仅由国家特设机构执行，而且还常常与政府间的协定有密切关系，互为补充。因此，它又称为国家保证或政府保证。其特点是：①只限于对外私人直接投资，即投资者可以直接参与经营管理和支配的国外企业的投资（不包括间接投资）；②保证对象只限于政治风险，不包括一般经营风险；③一般民间保险，只在于进行事后补偿，而政治保险不仅是进行事后补偿，更重要的是防患于未然，尽可能保证事故不发生。这些往往是结合两国间投资保证协定来实现的。

（2）担保风险的范围。

对此各国法律基本相同，都是对外汇风险、征用风险和战争风险三种政治风险进行保险。但各国在立法的解释上则不尽相同。如美国，投资者可就三种风险全部进行综合保险，也可以选择其中一两种分别申请保险。其他各国一般要求对三种风险进行综合保险。保险费率，各国立法也不一样。以综合保险为例，美国为承保金额的1.5%，日本为0.55%，德国为0.5%，英国为1%，法国为0.8%。

（3）损失补偿。

在美国，除了扩大风险的保证外，一般规定，为补偿投资者所受的全部损失额，可直到所承担的账面价值的全部。但实际上，保险合同中通常约定保险人只承担补偿损失的90%，被保险投资者自己承担其余10%的损失。

（4）保险期间。

各国大多规定期限为15年，例外的情况下可延长到20年（如挪威、美国）。

（5）具有申请投资保险资格的投资者。

一般只限于实行保险国的本国国民，但在某些特殊情况下，如在被保险国内的外国企业所进行的对外投资，而该投资明显地有利于保险国者，该外国企业也可申请对外投资保险。

（三）美国的对外投资保证

进入20世纪以来，美国一直是世界上最大的对外投资国，其对外直接投资数量大、历史长，对外投资保证制度建立得也最早、最为完善、最为全面，具有一定的典型性和代表性。了解美国的对外投资保证，对于研究整个西方国家的对外投资保证具有重要帮助。

《对外援助法》是美国对外投资保证的依据，其对外投资保证制度也是根据这个法律建立起来的，而美国的对外投资保证制度是实施马歇尔计划的一个重要步骤和措施。1948年，美国根据《对外援助法》制定了《经济合作法》，实行马歇尔计划，并设立专门的管理机构——经济合作署，负责管理援外事务和海外投资，始创海外投资保证制度。当时的海外投资保证制度的适用范围极其有限，仅适用于美国投资者在西欧各国遇到的外汇风险。1951年通过了《共同安全法》，开始将国外投资的保证转向发展中国家和地区。1952年设立了共同安全署，负责管理海外投资保证业务。1953年将共同安全署更名为"海外事务管理局"，进一步扩大了海外投资的保证范围。1955年设立了国际合作署，主管海外投资保证业务。1961年，根据国会通过的《对外援助法》修正案，美国设立国际开发署，接管投资保证业务。根据再次修改的《对外援助法》，美国于1971年1月19日成立了海外私人投资公司（Overseas Private Investment Corp.，OPIC），直属于国务院领导，承担由国际开发署主管的对外投资保证业务，现在已发展成为主管美国私人海外投资保险业务的专门机构。海外私人投资公司是一个自负盈亏的独立机构，主管美国私人对外投资的保证和保险，其宗旨是动员、促进美国私人资本和技术参加友好国家和地区的经济、社会建设。到目前为止，该公司一直是自给自足的，没有得到美国政府的任何财政补贴。公司由董事会领导，董事长则由美国政府的国际开发署署长兼任，董事均由总统任命。公司的经营范围由国会核准后确定。可以说，自1948年以来，美国《对外援助法》经多次修改，援外机构几经变更，但美国政府对本国对外投资者的保护政策一直没有改变。

1. 保险范围

根据美国有关法律的规定，美国国民可以向海外私人投资公司同时或分别投保以下四类特别政治风险：外汇险、征用险、战乱险、营业中断险。

（1）外汇险。

这是甲类险，亦称禁兑风险或外汇不能自由兑换风险，是指由于东道国政府禁止将美国投资者的收入、资本、利息和其他汇出款项兑换成美元所造成的风险。美国国际投资者在投保该险别期间，其国外收入、资本、利息和其他汇出款项属于当地货币，如果东道国禁止把上述货币兑换成美元，则海外私人投资公司有义务用美元予以兑换。但承保该风险的前提是，在投资者投保时东道国的外汇管理条例中尚无不可兑换的规定。从目前国际投资的实践来看，外汇风险较小。

（2）征用险。

它又称乙类险，是指被保险人的投保资产由于东道国政府采取征用或没收措施而遭受损失的风险。美国《1981 年关于海外私人投资公司的修订法案》规定："'征用'一词，包含（但不限于）东道国政府中途废止、拒绝履行或单方面削弱它自己与有关项目投资人签订的合同，致使该项目受到重大的不利影响，难以继续经营。其条件是东道国政府采取上述中途废止、拒绝履行或侵害、削弱合同的行为，而并非由于投资人的过错或不规范行为所引起。"如果东道国政府的征用行为是由投资者违反东道国法律或其他不正当行为引起的，则海外私人投资公司不负赔偿责任。如在 1971 年，智利政府征用美国国际电话电报公司在智利的企业，美国海外私人投资公司认为，该征用行为是国际电话电报公司干涉智利政府内政引起的，故不负赔偿责任。

海外私人投资公司规定的"财产征用行动"的险别中，不仅包括对企业实行国有化或没收其财产，还包括对其采取各种可称之为"逐步征用"的情况。凡东道国政府采取的行动对外国企业的财产或经营或对投保的投资者的权利或经济利益有极大的损害时，均被认为是财产征用。在财产征用的情况下，该公司给予的补偿根据原来投保的投资总额计算，并且根据自没收日起留存的收益额或损失或应付利息加以调整。除了投保没收或冻结某些基金的险别外，该公司对于投资财产被没收的补偿，必须以投资者不转让财产为前提。这一险别不允许一个法人投资者既保留权益所有权，又得到该公司对财产没收行动的补偿。

（3）战乱险。

它又称丙类险，是指被保险人在东道国的投保财产由于当地发生革命、战争、暴乱和骚乱而造成损失的风险。投资所在国内发生类似战争或暴乱行为而使投资者受到损失时，该公司应给予一定的补偿，范围包括在战争或暴动中采取行动去阻止敌对行动，参加战斗或自卫而造成的损失。作为战争和暴动险别的一个部分，投资者还可以投保内乱险。这一险别适用于相对战争和暴动险别程度略低的骚乱。补偿的基本尺度是投保财产的原有成本，但不得超过修理费或设备更新费；那些虽损坏但仍可运转的设备，则根据财产损失部分的市场价值进行估价。补偿限于外国企业财产中投保人所拥有的那部分权益，而不包括其他权益。一般的劳资纠纷、各种经济矛盾所造成的损失不在保险之列。

（4）营业中断风险。

它是指由于上述三项风险发生，使被保险人某项营业活动暂时中断而造成损失的风险。对于营业中断风险造成的损失，海外私人投资公司予以赔偿。

2. 投保项目必须符合的投保条件

投保对象亦称合格投资，是指作为保险对象的标的物。合格投资可以为有形资产和无形资产，具体包括：现金，包括股权投资、贷款投资和贷款担保；实物投资，包括商品、原材料和设备等；承包合同及在合同基础上进行的权益投资，包括服务、专利权、工艺流程、制造方法、技术援助合同以及能源开发项目中关于产品分配安排等应得的权益。

就可以投保的股权投资、贷款、许可证协议和承包合同来说，第一，股权投资可以是拥有外国公司或合资经营企业的全部或部分股权，以及在分支机构中的投资。第二，贷款期至少是3年。短期商业信贷一般不符合投保条件。贷款可以是有担保也可以是没有担保的美元或其他可兑换货币。贷款担保也可以投保。对有担保的贷款，利率必须合理并且参照东道国相应的贷款法定利率。第三，对于专利、工艺流程、专有技术的许可协议和必须支付提成费或服务费的技术或管理援助协议，该公司提供不可兑换保险。这样的协议必须至少为期5年，保险单上不包括财产征用险或战争险。第四，承包合同可以是长期的供应合同，可包括在该公司具体的建筑工程计划内。长期供应商业信贷如果与供应商提供的项目投资相等，则符合投保条件。

合格投资必须具备的条件是：仅限于在国外的新项目投资，但在一定条件下，对现有企业的增建、扩建和现代化的投资亦可视为新投资，也可申请投资保险；仅限于经美国政府同意的在不发达友好国家和地区的投资，并且该项目是由美国海外私人投资公司认可的；经外国政府批准的投资项目；仅限于同美国签有双边投资保证协定的国家和地区的投资项目。

但该公司认为下列投资项目一般不符合投保条件：第一，项目对东道国的国际收支平衡有不利影响或者项目对东道国或其公民十分不利。第二，项目中销售的产品将与美国剩余物资的出口竞争。第三，项目打破了美国的国际收支平衡而产生一定的资金外流。第四，不宜由美国政府支持，如从事物资或不动产的投机生意，买卖不动产，拥有大片的地产，如果园、农场，生产军用品或武器。第五，当地政府认为项目与其发展规划或外商投资政策格格不入。第六，项目对美国的就业问题普遍产生反作用。

3. 投保者的资格

该公司仅为合格的投资者保险。“合格投资者”的资格是指依法有资格申请投资保险的对外投资者。合格投资者包括：美国公民，即具有美国国籍的自然人；依据美国的法律（或美国某州的法律、美国某块领土的法律）而登记成立的，其主要权益（资产的51%以上）属于美国公司所有的美国公司、合伙企业以及其他社团（包括非营利性社团）；由一个或一个以上的美国公民、上述公司、合伙企业或其他社团全权拥有的具有外国国籍的公司、合伙企业或其他社团，但此类公司的资产至少要有95%为美国公民、公司、合伙企业或其他社团所拥有。在贷款条件下，该类公司、合伙企业或其他社团的合格性，在签发保险单时加以确认。在任何情况下，被保险人在取得保险单时以及提供索赔要求时，都必须是合格的。

4. 适合投保的东道国条件

该公司承保国外投资风险，是以投资项目东道国与美国签订了双边投资条约为条件的，即美国国民进行投资的国家（或地区），必须与美国签订有投资保证协定，美国的海外私人投资公司才能与美国的对外投资者签订保险合同，承担在投资项目遭到风险损失时予以补偿的责任。1980年10月美国政府与中国政府在北京以换文方式签订了《中美投资保险协议》。因此，凡对中国进行直接投资的美国企业，都可以在该公司投保。

5. 承保金额

承保金额是指风险事故发生之后，保险人向被保险人实际支付的补偿金额。海外私人投资公司承保的限额为被保险人最初投资的美元票面价值加上该投资实际应得的利润、利息或其他收益。该公司一般要求投保的投资者自己承担至少10%的损失。因此，该公司只对90%的投资进行保险。对于重大的股权投资，尤其是采掘工业投资，该公司只保50%~70%的财产征用险。在决定保险的百分比时，该公司要考虑项目未投保的那一部分投资和该国的具体风险状况及其发展趋势。

6. 期限和终止

股权投资保险合同的期限从保险日起，最长为20年。规模较大的敏感性项目的财产征用险，期限一般限制在12年以内，但可根据需要延期。贷款保险可以根据贷款期决定，一般至少为3年，公司在投资者不履行义务时，可以终止保险。

7. 保险费

保险费由海外私人投资公司确定，一般根据承保的行业、风险的种类及范围而定。一般费率为（仅指中小企业）：外汇风险按0.3%的年率收费，征用风险按0.6%的年率收费；骚乱风险按0.6%的年率收费。特别保险费的年率可高于或低于上述比率。

8. 投保申请程序

投资者向海外私人投资公司提出投保申请时，应按公司规定的格式，以书面形式提出“政治风险投资保险申请书”及其必要的有关资料。公司在收到申请书后，进行必要的审查，审查的内容包括：投资者是否合格；投资的内容是否合格；该投资项目是否得到东道国政府的批准；投资者是否已实施投资计划，如投资者在实施投资计划后再提出保险申请，公司则拒绝承保。经审查批准后，由投资者与公司双方签订合同，被保险人根据合同规定按期缴纳保险费。当发生承保范围内的风险事故时，由海外私人投资公司根据合同规定向本国对外投资者赔偿损失，海外私人投资公司再向造成该项投资损失的东道国代位求偿。由此可见美国海外投资保证是国内法与国际法的有机结合，这从海外投资的保险人——海外私人投资公司的代位求偿权可见一斑。美国海外私人投资者只有在与美国签订有双边投资保证协定的国家

（或地区）进行投资时，才能在美国国内申请投资保证业务。当美国的对外投资者在国外的投资遭受政治风险之后，向海外私人投资公司索赔，这时依据的是国内保险合同，服从国内法的约束。海外私人投资公司在向本国对外投资者补偿之后，向东道国政府索赔，这时依据的是与东道国政府签订的双边投资保证协定，服从国际法的约束。

9. 投资保险争议的解决

保险、保证和再保险契约的索赔，以及由此产生的争议，按照公司章程，根据当事人双方的协议，以仲裁方式加以解决。

与此同时，美国对本国海外投资者的法律保护还包含在与外国缔结的双边友好通商航海条约之中。

（四）日本的对外投资保证

第二次世界大战结束后，日本为了恢复其经济建设，大力引进外资和技术（特别是美国援助和私人投资），并重新改组垄断资本，经济飞速发展，特别是20世纪60年代之后，日本一跃成为仅次于美国的第二经济大国。与此同时，日本迅速向外扩张，在国际投资领域，日本虽然起步较晚，但发展速度快，已成为世界最大债权国和主要投资国。日本对外投资规模大、增长快的主要原因是其经济实力雄厚（包括资金、设备、技术大量过剩）、技术与管理先进，但与政府的一系列鼓励性和保证性政策和法律也是分不开的。

日本的海外投资保证始于1950年的输出信用保险。日本于1956年颁布了《输出保险法》，制定“海外投资原本保险”，以后又于1957年增加“海外投资利润保险”。起初，日本对外投资者对投资保证的要求并不迫切，投资保证制度利用率不高。到了20世纪60年代末期，日本对发展中国家特别是对东南亚国家的投资剧增，日本政府于1970年把这两种保险统一之后，投资保证制度进一步得到充实，利用率也大幅度增长。

承担对外投资保险责任的是日本通产省，具体保险业务由通产省企业局长期输出保险课承办。日本自然人和法人都可投保，日本通产省偿付保险金后，取得代位求偿权。

日本对外投资保证制度是模仿美国建立起来的，因而两者有许多相似之处，不同之处在于日本采取单边保证，只根据国内法的规定，即可适用保险制度，不以日本同东道国订立双边投资条约为法定前提，即不需东道国做出保证。近年来，日本也与有关国家（或地区）的政府签订双边投资保证协定，但仍不以此作为实施海外投资保证制度的法定条件。其对外投资保证基本上有以下几项内容：

1. 被保险人

被保险人，亦即申请投资保险的合格投资者，仅限于日本人或日本法人。被保险人仅指投资者，而保险契约者可以不是投资者，可以是经保险人认可的任何人。

2. 投资保证的范围

日本政府承保的风险范围也分为三种政治风险：

（1）外汇险。

它是指如果出现下列五种情况，就会使日本对外投资者的原本（资本）及利润在两个月以上不能兑换为外币汇回日本的风险：一是东道国政府实行外汇管制；二是东道国发生战争和内乱，无法实行外汇交易；三是东道国政府对日本投资者各项应得的金额（如因丧失投资本金、股息、红利和债权的利息等）实行管制（如冻结）；四是东道国政府取消对各项应得金额汇回日本的许可；五是东道国政府对各项所得金额予以没收等，均属外汇风险。

（2）征用险。

依日本《输出保险法》的规定，凡日本在外国投资的资产为国外政府（包括地方公共团体）所“夺取”者，均属此类风险，这里的“资产”包括股份、股本、公司债、贷款债权或公债等原本，股份、股本的红利支付请求权或贷款债权，公司债、公债等的利息请求权，或关于不动产的权利，等等。这里的“夺取”是指东道国政府对日本投资者的上述资产实行征用、没收或国有化，剥夺其所有权。

（3）战乱险。

它是指日方在国外投资的企业，因战争、内乱和暴动等遭受损失，或企业经营上特别重要的不动产、原材料、设备等有形资产，或矿业权、工业产权等无形资产的权益，因外国政府的侵害而受到下列损失（指战争风险）：一是企业不能继续经营；二是破产或类似情况；三是银行对该企业停止交易或类似事态。

3. 保证对象的资格

作为保证对象标的的投资活动，日本对外投资保险制度无论是在投资内容、投资项目还是在投资形态等方面，都要求具备法定的合格条件。

（1）投资内容。

一是证券取得。如关于证明现金出资、实物出资、矿业权及工业产权、专有技术出资等权利的股票、公司债券、股份证书、抵押证书、利润证书等表明日方对外投资者出资份额及其权利的一切证券。二是债权取得。包括现金贷款的现金返还请求权。三是海外直接事业，指依法在当地设立法人，从该国取得采矿权、土地所有权等权利，而从日本输出资金、材料所经营的事业。四是分支机构。

（2）投资项目。

一是投资项目必须旨在促进日本对外经济交往的健康发展（不包括以武器制造、赌博、娱乐等为目的的投资）；二是限于新投资或新认购外国法人或企业发行的新股投资项目；三是日本对外投资地区（东道国）的外资政策较完备，投资项目应经东道国政府批准，投资环境良好。日本实行单方投资保证制度，因而对被保险的海外投资地区分布不加特殊限制，但同时又有如下要求：东道国引进外资的保证性政策和法律比较完备；申请保险的投资项目需经东道国政府批准；东道国的经济政治局势比较安定。

（3）投资形态。

一是投向外国法人或社团的股份、股本（指合作组织）等，以参加事业经营为目的者为限；二是对合营公司（外国法人）的当地股东向该合营公司出资使用资金的长期贷款，其清偿期在5年以上者，但以该股东同该合营公司具有同一国籍者为限；三是对日方投资者能实际支配经营的外国法人的长期贷款；四是为进行“国外直接事业”，直接以日本人名义取得不动产或其他权利；五是基于长期契约，对以开发输入资源为目的的外国法人为期 5 年以上的长期贷款。

4. 保险期限和保险费

一般为 5~10 年（不包括海外企业的建设期）；一般投资的保险费年率按保险金额每 100 日元为 55 钱计算。如属于开发资源投资，保险费年率按保险金额每 100 日元为 70 钱计算。

5. 保险金额

保险金额分为两种：契约保险金额、支付保险金额。前者是指在保险契约中规定的保险人对被保险人受损失时应补偿的原本和利润的最高限额，后者是指被保险人在发生损失时，保险人实际支付的金额。

契约保险金额的计算公式为：

契约保险金额=投资原本×0.9 以内值+每年可产生的预计利润额×0.9 以内值（而且，其数值必须在投资原本×0.1 以内值）

实际支付保险金额的计算公式为：

实际支付保险金额=损失额×90%≤契约保险金额

6. 投保申请程序

日本对外投资者在确定对外投资计划后，向通商产业省企业局长期输出保险课提出海外投资保险申请书，并提供外币证券取得许可证、东道国外资引进许可证、对外投资计划详细说明书等文件。通商产业省在收到申请之后，应加以审查。审查的主要内容是投资者是否合格。经审查确认合格，通商产业省发给保险证，一并附上第一年度保险费缴款通知单。保险契约从支付保险费之日起生效。

此外，日本对外投资保证还包括申请投资保险的合格投资者与保险人的法律关系、保险契约的效力等方面的内容。

（五）德国对外投资保证制度

德国海外投资保证制度是指由联邦德国建立的海外投资保证制度。第二次世界大战结束后，联邦德国大量利用美援引进外资和先进技术，国家对经济给予支持和积极干预，经济得到迅速恢复和发展，其对外投资从 20 世纪 50~60 年代开始有所发展，20 世纪 70 年代后逐步加速。

为了鼓励私人对外投资并保证其利益，联邦德国政府采取了种种措施，除制定《预算法》《欠发达国家援助法案》《马歇尔援助担保基金欠发达国家援助法》《复兴金融金库法》及《德国经济合作公司法》等，对联邦德国私人向发展中国家投资予以鼓励、优惠和保证外，还于 1959 年仿照美国创设了对外投资保证制度，由国营的黑姆斯信用保险公司和德国信托与监察公司经营，承担对外投资政治风险的保险。相对于美国的投资保证制度来说，联邦德国的保险范围较宽，在适用上也较富有弹性。

联邦德国投资保证制度原来并不以两国政府间的投资保证协定为法定条件，但事实上联邦德国政府对双边投资条约采取积极态度。向发展中国家投资，一般都订有关于保护及鼓励投资的双边协定，但不是绝对的。如果该东道国的法律秩序或其他措施（特许协议）足以证明其对外国投资能提供充分保证者，即使没有协定，也可适用该保证制度。但为了加强国内保证制度的效力，仍要求订立双边投资条约，所以基本上与美国的对外投资保证相同，其内容也分为投资保证范围、保险对象的投资者的资格、保险人与被保险人、保险费、保险期限和保险事故与赔偿责任等。

联邦德国海外投资保证制度的基本内容有：

（1）保险人。

德国政府是本国海外投资的法定保险人。主管审查与批准对外投资保险业务的机关为经济部、财政部和外交部代表组成的有决议权的委员会及由会计审核院和联邦银行代表组成的咨询委员会。主要审核对外投资项目是否“值得鼓励”、对加强本国与发展中国家是否有积极贡献。在财政部部长的领导下，由黑姆斯信用保险公司、德国信托与监察公司负责具体办理海外投资保险业务。

（2）被保险人。

被保险人是指本国从事对外投资的企业。被保险人要取得政府的保险，必须按照法定的程序，提供有关资料，向政府有关部门提出申请。当保险事故发生时，被保险人除根据保险合同获得补偿外，还要及时向保险人通报有关情况。

（3）投保对象。

保险对象即本国对外投资者在国外的投资及其所产生的利润。所谓在国外的投资是指：资本参加，即对外国企业以资本、商品或劳务的形式进行投资，并对该企业具有控制权；向分支店投资，即向总店在联邦德国的企业的国外分支店提供资本金；贷款，即目的与范围具有资本参加性质的贷款。

（4）投保范围。

投资保险的范围限于外汇险、征用险、战争险和迟延支付险等。外汇险是指本国对外投资者应得的金额，在东道国不能自由兑换成外汇，自由汇回本国而造成的风险。其范围包括由资本参加所产生的到期债权、作为资本参加的贷款所产生的到期债权、应得利润所产生的到期债权。征用险亦即国有化险，是指由于东道国政府采取征用或与征用相类似的措施而造成的损失。战争险是指由于东道国因战争、革命、武装暴动、内乱而造成的损失。因东道国停止支付或延迟支付而造成的损失，也属保险之列。

（5）保险期限。

一般为15年，对于经营期限较长者，可延长至20年。

（6）保险费。

被保险人必须每年在规定的支付期限前缴纳保险费。逾期后三周内未缴纳者，保险人有权解除保险契约。保险期限不同，其保险费率亦不同。如保险期限在5年以内者，年保险费率为0.6%；保险期限在5~10年者，年保险费率为0.5%；保险期限在10~15年者，年保险费率为1.0%；保险期限在15~20年者，年保险费率为1.5%。

（7）保险金额。

在最高保险限度金额内，保险人补偿损失的80%~95%，其余的20%~5%由被保险人自己承担。保险金额的赔偿以联邦德国马克（现为欧元）支付。

三、国际间接投资法规

（一）国际证券投资的法规

国际证券是在国际市场上发行并流通的，以某一种或某几种可兑换货币为面值的、证明持有者有权按其所载取得相应收益的各类权益凭证。跨国的资本流动是随着生产、贸易、技术国际化逐步发展起来的。特别是进入 20 世纪 70 年代下半期以来，各个发达国家逐步取消了对证券市场国际化的限制。一些发展中国家在实现了资本项目下的可自由兑换以后，其国内的证券市场也实现了国际化。国际证券对一国经济的影响是很大的，若无完善的法律法规对其进行管理，很可能引起本国证券市场的动荡，因此，各国都比较注意对国际证券发行与流通的法规监管。

1. 国际证券发行的法规管理

（1）证券发行人的母国对国际证券发行的管制。

证券发行人母国对国际证券的发行一般都有一定管制，发行人发行国际证券一般都必须经本国政府有关部门如中央银行、证券委员会等的审查批准，因为国际证券的发行对母国的国际收支平衡、资本市场稳定等有很大影响。管制对外发行证券的主要措施有数量上的限制、税收上的限制、利率上的限制（对债券的发行而言）等。

（2）证券发行东道国的法律管制。

证券发行的东道国因为国际证券的发行不仅涉及其资金市场资金的流动方向，而且涉及本国和国民的经济利益，所以对国际证券的发行也有所管制。管制主要集中于两个方面：证券发行批准制度和证券发行披露制度。

第一，证券发行批准制度是指在东道国证券市场发行国际证券时，证券发行人必须事先获得有关政府主管部门的批准或将证券发行事宜通知有关政府主管部门，即所谓的批准制和注册制。如荷兰证券法律规定所有外国证券的发行必须通知荷兰中央银行；比利时证券法律规定，所有外国证券的发行必须获得比利时财政部的正式批准。美国和日本证券法律对发行国际证券则采取证券登记注册制度，规定在本国证券市场发行国际证券的证券发行人必须向证券交易委员会登记注册。

第二，在证券发行披露制度方面，东道国一般都规定了公开原则。公开原则是指法律责成证券发行者负有公开说明义务，必须按法定方式，将与证券发行有关的文件内容真实公开地公之于众，发行者所公布的材料内容如有不实之处，由发行者承担全部法律责任。公司在发行证券前必须向证券管理机关领取并填写证券公开说明书。公开说明书为公开有关资料的重要手段。

美国的公开说明书的主要内容为：关于发行日期、注册人、发行证券的种类、数量、特殊危险、证券管理委员会是否认可此证券或对其真实性表示意见；其是否为证券交易法上的上市公司，其上市的交易所、对股东报告的性质，是否包括经鉴证的财务报告、文件的引用，是否进行稳定股价行为；摘要资料，说明危险因素及盈利对固定负担的比率、特定风险因素包括新开业、过去未获利、财务状况、过去无市场的事实、过去5年有关比率的讨论；发行证券所得款项的用途，发行价格、投资人每股权益的冲淡、发行分配计划；有关注册人的资料，包括所经营事业的陈述、财产说明；法律诉讼案件的说明、股票市价、股利及其他服务事项、符合法定的财务报告、特定财务资料等。

各国对于证券发行人的错误陈述、漏报或者提供虚假情报规定其应承担相应法律责任。根据各国法律的规定，下列人员应对招募章程的错误陈述、漏报或虚报承担责任：证券发行人、公司董事、发起人、高级经理和其他发出招募章程的人；会计师、审计师、律师等有关专家；证券发行牵头经理人、证券发行经理人、证券包销人等；控制应负法律责任的有关人员的第三者等。

证券发行以后，公开发行证券的公司应在规定日期内向证券主管机关或证券交易所报送定期报告及发生重大变故的临时报告，以备投资者查询。世界上许多国家都对证券发行后的连续公开有关信息做了详尽的规定。美国对公开性要求较为严格，但对外国发行者的要求比国内发行者宽松，如对于相关交易的情况，《1934年证券交易法》规定美国公司必须公开每一位董事、高级职员或主要股东的一切交易情况，但对于外国公司并不要求公开此类信息，除非被要求在原籍所在国公开此方面信息。

2. 国际证券流通的法规

在对国际证券流通的管理方面，最主要的是关于在流通中公布有关信息的法规。美国证券交易委员会（SEC）关于信息披露方面的制度最为完善，其他国家与其规定非常相似。我们以美国为例来说明东道国对证券流通方面的要求。

（1）在业务方面。

SEC规定外国公司必须将其一般业务发展情况陈述出来，并且包括母公司及其子公司的再分、兼并或合并的性质及结果；在一般业务过程之外买卖任何重大数量的资产；母公司及重要的子公司的破产，破产产业接管或类似的性质和结果。

（2）在法律诉讼上。

外国公司必须公开母公司及其子公司与官方牵涉的重要的未决法律诉讼。如果诉讼涉及损害赔偿要求，只有当其金额超过外国私人发行者及子公司的流动资产总和的10%时，才需要其进行公开。

（3）在控制权方面。

必须公开说明其是否直接或间接为另外一个公司或外国政府控制和拥有，如果有，则必须提供这些额外情况。拥有10%以上任何等级的外国私人发行者的有投票权证券的个人必须进行财务公开。就高级职员和董事而言，对其拥有的每一级证券的累计数量需要进行财务公开，也需摘要说明任何可在将来导致外国发行者的控制权变动的协议。

（4）在税收方面。

外国发行者必须简要描述与美国证券持有人有关的各种税收，包括预扣税；美国的证券持有人除必须受制于发行者本国现有法律规定外，还必须服从发行者本国与美国两国间签订的共同税收条约。

（5）在财务报表的要求方面。

外国发行者必须以母国货币建立财务报表，建立报表所用货币必须在财务报表中显著表示。必须公布已审计过的资产负债表、损益表和现金流量表。

（二）国际投资基金的法规

国际投资基金是随着各国的经济联系日益密切，具体地说是随着国际间接投资资金流动日益频繁、各国证券市场国际化趋势日益加强的潮流而发展起来的。国际投资基金是指从一国募集资金，而将其投资于另外的国家或地区的市场的投资基金。由于目前专门调整投资基金跨国活动的国际或双边条约尚不存在，有关国际投资的国际公约中涉及投资基金的跨国投资活动的内容也是很少的，各国普遍接受的惯例不多，因此，国际投资基金的法规仍集中于各国国内法之中。本部分亦主要分析各国国内有关国际投资基金的各项法规，并以美国和英国为例进行说明。

1. 美国关于国际投资基金的法规

美国管理投资基金的法律主要为《1939 年信托契约法》《投资公司法》等。《1939 年信托契约法》规定禁止契约的受托人与证券购买者之间有利益冲突，因为此种冲突可能干扰受托人为购买者更好地履行职责；受托人必须为一个公司，它的资本和盈余必须达到法定数额；当发行人发生违约，难以如数清偿时，受托人不得要求发行人对其给予优先清偿；受托人必须提供有关财务报表等。《投资公司法》规定禁止投资公司未经大多数股东同意，从实质上改变公司投资政策；证券的管理合同和实质性改变必须征得证券持有人同意；禁止各投资公司之间相互投资和证券渗透；禁止开放型投资公司以低于净资产价值的价格出售基金份额等。

2. 英国关于国际投资基金的法规

英国对基金的管理以自律为主，通过民间管理协会进行。这些管理协会包括证券业协会、投资信托协会、单位信托协会和基金经理协会等。它们的具体管理办法是采取会员制的办法，即所有从事有关基金业的个人或机构，无论是充当基金经理人、经纪商、投资顾问还是自营商，只要开展基金业务，就必须取得相关协会的会员资格。

英国的各个管理协会均依据本行业特点，制定出有关管理规则，虽然这些规则有所不同，但一般说来，它们均包括以下内容：基金投资于一家股票、债券不得超过该公司所发行股票、债券的某一百分比；基金的资产净值中，某一公司所占比重不得超过某一百分比；基金对某一行业的投资不得超过该基金资产净值的某一百分比；限制基金投资于某些行业；有关基金的借款、保值的限制；有关该基金投资于其他基金的限制。有关此类规则大体可分为三类：有关基金借款能力的规则、有关基金投资风险的规则、有关基金券扩大发行的规则。这些规则都有明文规定，分发给投资者或机构的基金招募章程或委托协议中都明确载明基金应遵守哪些规则，以此来保护投资者利益。

3. 近期的发展

自地区和世界性金融危机相继发生以来，国际社会对于国际投资基金的管理日益重视。因为投资基金过去的透明度很低，而且因调动资金量巨大，对世界经济影响很大。如亚洲金融危机首先就由投资基金冲击东南亚国家汇率引发。由于投资基金所用资金往往是从银行借贷而来的，所以对金融体系稳定性有不利影响。如美国长期资本管理公司即因投机而引发巨额亏损，最后不得不由美联储出面救援。从发展趋势来看，国际社会对投资基金的透明度方面会做出相关规定。

(三) 国际期货和期权投资的法规

期货与期权风险都很大，各国都非常重视从组织上、法律上对其进行管理。具体有政府机构的管理、期货期权交易法规和行业的自律管理三个方面。我们以美国为例给予说明。

1. 政府机构的管理

美国对期货期权的管理由商品期货交易委员会（CFTC）负责。委员会成员经参议院批准，由总统任命，行使对全美所有的期货、期权交易的管理权。该委员会由5名委员组成，任期5年，主席由委员会选出。CFTC通过制定有关期货和期权交易的规章制度来进行宏观管理。各个期货交易所制定新的条例或修改现行条例，均需事先经CFTC批准。CFTC还被授权管理所有期货合约、金融期货期权和农产品期权交易的特权。CFTC对于法定的期货市场交易人员及其他市场参与者具有宏观管理权，包括注册登记、业务测试等。CFTC有监管交易所行为准则，审查其业务活动的权力。当发现或有预兆出现某种市场垄断时，或当其他突发事件大幅度影响市场价格时，CFTC有权对期货市场采取紧急措施。

2. 期货期权交易法规

美国的有关期货期权交易的法规主要有《谷物期货法》《商品交易所法》《商品期货交易委员会法》和《期货交易法》。各法规主要包括以下六个方面的内容：

①登记（资格审查）制度。参加期货业务的个人或公司必须经过审批，还必须被监督。违纪者甚至要受到取消登记注册的惩罚。

②公开信息。即要让客户得到充分的信息，从而了解交易全过程及其必备程序，以防止被误导和欺骗。

③妥善保管客户资金。这是针对乱用客户资金的可能性而提出的，从利益而言，这在期货管理中至为重要。具体的办法是：规定经纪商的最低资金限额，客户资金与经纪商资金分别记账；每日结算，清算所成为交易第三方。

④迅速准确地处理客户订单与报告和记录。

⑤市场监督。市场监督的目的在于避免垄断、防止不正当竞争和交易。具体做法是：监视客户持仓规模，监视并确认空头持仓的交割能力和多头持仓的提货和支付能力。

⑥强制执行制度。

3. 行业的自律管理

美国的期货协会是由期货行业成立的、进行自我管理的全国性行业协会。期货协会的职责有：

①保护客户权益。期货协会的职业道德准则规定，交易者不得参与欺诈、操纵价格及采用不正当交易行为。此外，那些负责管理客户委托账户的雇员也必须遵循

有关的规章条例。

②会员资格审查。法定的期货交易人必须为在 CFTC 注册登记的协会会员。申请加入协会的期货专业人员必须接受相应审查。

③监察。监察是指为期货佣金商和经纪商代理人制定审计条例和实施最低资金需要量监管及职业道德规范的监督。具体可分为财务监察和一般监察。

④仲裁。大多数情况下，协会会员的纠纷均应通过协会仲裁解决。对于不按仲裁决定执行的协会会员将给予处罚。

第三节 国际投资的国际法规范

在国际投资保护问题上，由于各国之间（特别是发达国家和发展中国家之间经济地位不同、贫富悬殊）利害对立，无论是投资国对外投资的法律（如对外投资保证制度），还是东道国引进外资的法律（如外资法），均属于国内法规范，难免有其一定的局限性，不能全面保护外国投资者的安全与利益。特别是有些共同问题，如外国人待遇标准、征用、国有化及其补偿、争议的处理等，往往不是一国国内法就能单独圆满解决的。因此，为谋求一个共同的基础，取得共同的谅解，建立一种共同调整的机制——国际投资的国际公约很有必要。国际投资的国际公约包括两个方面：一是双边调整，即两国间的投资条约；二是多边调整，即多国间的投资保证公约。

一、双边投资条约概述

双边投资条约可分两大类：一是友好通商航海条约，二是投资保证协定即双边投资条约。

（一）友好通商航海条约

通商航海在一些国家（特别是海洋大国）的对外经济活动中占据着重要地位。友好通商航海条约（Treaty of Friendship，Commerce and Navigation），是指缔约国在友好的政治关系前提下签订的关于通商航海事宜的条约。友好通商航海条约所调整的对象和规定的内容主要为确认缔约国之间的友好关系，促进国际经济活动的自由化，双方对于对方国民前来从事商业活动应给予应有的保障，赋予其航海上的自由权等。但此类条约由于范围较大，对于外国投资者的法律保护往往缺乏具体的专门规定。虽然第二次世界大战结束以后随着国际资本流动的增加，条约中关于保护外国投资的内容比重也相应有所增加，但条文仍显简略。这类条约主要为早期的一些双边协定。

世界上第一个友好通商航海条约是美国与法国于 1778 年签订的。200 多年来，随着国际政治与经济格局的变化，友好通商航海条约的内容有了较大的发展和变化。第二次世界大战爆发前，友好通商航海条约的主旨是调整缔约国间的友好通商关系，其中虽有关于外国投资的保护条款，但重点是保护商人，而不是保护工业投资者。

在最初签订的友好通商航海条约中，所确立的享受条约规定条款的仅为公民，并不包括企业。1991年之后，美国开始在此类条约中列出专门条款，将海外私人投资经营的企业、公司等规定为受条约独立保护的对象，但其内容主要涉及通商贸易事宜，关于投资保护的条款则处于无足轻重的地位。这是因为当时国际经济交往的主要形式是国际贸易而不是国际投资。第二次世界大战结束之后，美国成为世界上最大的对外投资国，国际投资也已发展成为国际经济交往的重要形式。基于此，保护私人对外投资成为友好通商航海条约的重要内容。

（二）双边投资条约

由于友好通商航海条约涉及的范围过于宽泛，并不是专门性的保护国际投资条约，因而具有其内在的局限性。还应当看到，20世纪60年代之后，许多发展中国家对外资企业实行征用和国有化的事件屡屡发生，需要为私人对外投资提供更为有力的法律保护。基于此，双边投资保护条约应运而生，替代了友好通商航海条约。

1. 双边投资条约的形式

以保护国际投资为目的的国际法体制中，普遍有效的是东道国与投资国之间所订立的双边投资条约。它既可弥补国内立法的不足，并保证国内立法的效力，又比多国间投资法典方案简易可行。双边投资条约是投资国用来保护其国外投资的重要手段，主要分两类：一类是美国式的投资保证协定；另一类是德国式的促进及保护投资条约（Treaties for Promotion and Protection of Investment）。双边投资条约是调整投资国与东道国之间私人投资关系的法律文件，对于促进国际投资的发展具有不可替代的作用。

“投资保证协定”这一模式由美国首创并大力推行，随后一些国家竞相效仿，故得其名。20世纪50年代以前，美国主要是通过友好通商航海条约来调整两国间商务交往关系，它对私人国外投资只限于一般保护，不以保护投资为重点，而是重在调整两国间一般通商关系，特别是两国友好关系，故政治性较强。但自20世纪60年代后，随着美国私人资本大量流入其他国家，在进一步完善国内投资保证制度的同时，美国积极地同其他东道国签订双边投资条约。因此，在20世纪50年代至70年代，美国与东道国除签订综合性的友好通商航海条约外，还签订专题性的投资保证协定，对其私人对外投资实行双重保护。到20世纪70年代之后，美国发展到完全保护其私人对外投资。美国式的投资保证协定的特点是，重在政治风险的保证，特别是着重于关于求偿代位权及处理投资争议程序的规定。美国国内投资保险制度的实行以双边投资保证协定为前提，美国对外投资者只有在同美国订有双边投资保证协定的国家进行投资，美国海外私人投资公司才承担保证责任，故以政治风险的担保及求偿代位权和其他相关权利为条约的主要内容。美国式双边投资条约①具有典型性，实际上是友好通商航海条约的扩展和补充。美国是当代投资国中签订双边投资条约最多的国家，自1960年以来，美国已与100多个国家签订了双边投资保证

① 此类协议的核心在于让缔约国正式确认美国国内的承保机构在有关的政治风险事故发生并依约向投保的海外投资者理赔以后，享有代替海外投资者向东道国政府索赔的代位权和其他相关权利。除此以外，它还规定了双方政府因索赔问题发生纠纷时的处理程序。

协定，我国也于1980年与美国签订了双边投资保证协定。

20世纪60年代以来，联邦德国、瑞士、荷兰等欧洲国家认识到，仅靠友好通商航海条约难以在日益动荡的国际投资环境中有效地保护其私人对外投资，故与东道国签订促进和保护投资的专门性双边协定，内容包括对外国投资的保护、投资保险、代位求偿及争端解决。德国式双边投资条约的特点是，在鼓励与保护外国投资的规定中，除关于处理投资争议、代位求偿权等有程序性的规定外，多属于实体性的规定（如关于待遇标准、政治风险的保证），规定的内容具体详尽，如关于差别待遇的条件、本息汇回国的具体保证措施、国有化补偿的具体标准和计算方法，等等。德国自20世纪60年代以来，已同发展中国家签订了50多个促进与保护投资协定。由于此类协议的具体性、实体性和程序性能够对资本输出国的海外投资提供有效保护，因此获得了迅速发展。目前，法国、意大利、日本、荷兰、瑞士等国普遍采取这种形式的投资协定。迄今已有100多个国家和地区签署了近600份双边性促进和保护投资协定。

2. 双边投资条约的基本内容

双边投资条约因国家不同而内容有别。综合双边投资条约和促进与保护投资协定，各国比较一致的有这样几个方面：

（1）受保护的投资者和投资。

双边投资保护协定通常规定，投资者是指缔约国双方的自然人、法人或不具备法人资格的企业和其他社团。关于法人的国籍，通常根据缔约国国内法加以确定，也有一些国家采取双重标准，即既要依本国法律设立，又要在本国有住所，还有一些国家以成立地作为确定法人国籍的标准。另外，有些国家根据资本控制标准，将由本国公民或法人控制的外国公司视为本国投资者。

受保护的投资既是东道国所批准或所允许的投资，也是缔约双方共同承认的保护客体，这是投资能受到保护的基本前提条件。一般在“投资定义”这一条款中予以规定。双边投资条约都明确规定投资的定义、内容或种类。双边投资保护条约中关于投资的定义范围较宽，通常包括以下几个方面：动产、不动产和任何其他财产权利（如抵押、留置权或质权等）；公司的股份、股票和债券或该公司财产中的收益；对货币的请求权或通过合同具有经济价值的行为请求权；工业产权、工艺流程、专有技术、版权和商誉；根据法律授予的特许权，特别是勘探、开采、开发自然资源的特许权。美国1984年2月修正的供谈判用的《美国提交对方缔约国的双边保护投资条约》，对保护的投资规定得非常明确具体。它规定：投资是指在缔约国一方所属或所控制的领土上，由另一缔约国的国民或公司直接或间接投入的各种形式的资本，诸如股票、债券、各种劳务合同与投资合同、各种资金请求权或具有经济价值并与投资有关的行为请求权；各种知识产权和工业产权；各种特许证和许可证等。《英国与新加坡保护与鼓励投资条约》第一条规定，“投资”一词含义包括：动产、不动产及其产权；公司的股份、证券和债券及公司的其他权益；对货币或根据合同具有货币价值的任何履行权利的请求；知识产权和企业信誉；交易特许包括与自然资源有关的特许。

(2) 投资待遇。

各国在双边投资条约中，一般原则性地规定，给对方缔约国投资者及其投资和与投资有关的活动的保护，给予公平与公正的待遇，禁止实行差别待遇。实际上就是给予国民待遇（给予与东道国国民平等的待遇）或最惠国待遇（给予与第三国国民平等的待遇）。有的国家虽然同时规定这两种待遇，但在实际运用中原则上适用国民待遇，在不允许外国投资者有国民待遇的领域给予最惠国待遇。

国民待遇，是指缔约国一方在某些方面（如民事权利方面）给予缔约国另一方自然人、法人、商船在本国境内享受与本国自然人、法人、商船同等的待遇。国民待遇使得外国人享有与本国人同等的权利，如果这一待遇适用于投资领域，就能使外国投资者与本国人在同等的经济条件下展开竞争。基于国民待遇的这一特点，其成了发达国家的对外投资者到东道国投资时极力想争取的目标。各东道国则由于经济发展水平和发展目标的不同，往往对国民待遇标准持不同的态度。国民待遇的主要解释是从国际法上平等的原则出发，既反对对外国投资者的歧视，也反对所谓的国际标准主义，反对外国投资者在东道国享有优于本国国民的特权地位。在讨论国民待遇时，不能机械理解。国民待遇强调的是外国人与本国人在法律地位上的平等，而并非各个具体权利方面的完全平等。关于外商投资的范围，各东道国均有不同程度的限制。一国引进外资要为本国总体经济发展目标服务，要考虑对本国关键经济部门的保护，要考虑外资对本国企业的影响，不可能无条件地对外国投资者实行国民待遇。对外国投资者的投资领域实行一定程度的限制，是合理的区别对待，不能视为歧视待遇，也符合国际法原则和国际惯例。

最惠国待遇，是指缔约国双方在通商、航海、关税、公民法律地位等方面相互给予的不低于现时或将来给予第三国的优惠、特权或豁免待遇。大部分的投资双边条约都含有最惠国待遇条款，规定缔约国一方的投资至少必须得到与东道国已给予另一国国民与公司的投资同等优惠的待遇，这同样也适用于与投资有关的其他活动。

在双边投资条约中，国民待遇条款往往与最惠国待遇结合使用。投资国政府十分重视两种标准的结合，以便使本国的对外投资者获得更多的优惠。如联邦德国的样板投资协定规定：缔约国一方对在其领土内由缔约国另一方的国民或公司拥有或控制的投资的待遇，不得低于其本国国民或公司的投资或第三国国民或公司的投资所享有的待遇。《德国与印度尼西亚促进与保护投资条约》规定，缔约任何一方国民或公司在他方境内的投资应得到充分的保护和保证；缔约任何一方国民或公司在他方境内的投资，因他方国内发生战争、其他武装冲突、叛乱、紧急状态所受损失的赔偿及其自由汇出，以及因他方实行征用所受的赔偿及其自由汇出，应享受最惠国待遇；除非条约另有规定，缔约任何一方对他方国民或公司在其境内所享有或控制的投资不应给予低于本国国民或公司或第三国国民或公司所有投资的待遇；缔约任何一方考虑到他方给予相同条件的国民待遇，应在本协定所规定的范围内给予同样的国民待遇。美国投资条约的样本规定，除附件之例外规定外，东道国应给予缔约对方的投资以最惠国待遇或国民待遇（以二者待遇的最佳者为标准）；国民待遇和最惠国待遇同样适用于新的投资，而且同时适用于已存在的投资或与投资相关的其他行为；根据协定附则之例外规定所给予的待遇，不应低于在同等条件下给予任何第三国国民或公司的待遇。

（3）政治风险的保证。

政治风险属于非商业风险，双边投资条约中关于政治风险的保证，直接影响到外国投资的安全和利益，是双边投资保护条约的重要内容。

①征用、国有化的规定。关于哪些国家行为属于征用、国有化的范畴，尚没有统一的标准，通常依据国内法及其学说加以定义。有的学者认为征用、国有化，包括阻止外国企业控制、支配其财产或阻止投资者控制或处分其投资的任何形式的政府行为。如果是贷款投资，仅仅是制止支付本金或利息的政府行为，才认为是征用行为①。大多数双边投资保护条款采取列举的方式对征用、国有化的方式加以规定。

关于征用、国有化的规定，双边投资条约一般规定了国有化的条件、方式、国有化赔偿标准与计算、支付方式。

缔约国双方通常在条约中规定，任何一方均有权对其领土内的外国企业或资产实行征用或国有化，但必须符合下列条件：必须是出于国家公共利益的考虑；必须是对外国投资者采取无差别待遇，即国有化措施是非歧视性的，且不违反特别的约定；必须对外国投资者给予公正的补偿；必须依据一定的法律程序进行。如中国与瑞典签订的投资保证协定规定：缔约国任何一方对缔约国另一方在其境内的投资，只有为了公共利益，按照适当的法律程序，并给予补偿，方可实行征用、国有化，或采取效果相同的措施。美国投资条约样本规定，除非为了公共利益目的，采取一视同仁的态度，给予迅速、及时、充分、足够以及切实有效的赔偿，并遵循应有的法律程序和公平待遇，不得采取相当于国有化或征用的措施，直接或间接地对投资加以征用或国有化。

各国一般在双边投资条约中并没有具体规定征用、国有化的方式，大都认为国有化的方式是指东道国没收、征用、征收、接管、限制或与这类效果相似的其他措施。有的国家规定国有化方式包括直接国有化和间接国有化。有的国家规定国有化包括东道国政府阻止外国企业控制、支配其财产或阻止投资者控制和处分其投资的任何形式的行为，如《美国与伊朗双边投资条约》规定，缔约国一方对他方国民或公司享有权益的任何公司的财产、权利所采取的任何非武力或武力取得、处分、限制、约束或收用的措施，均属征用行为。

关于征用、国有化的补偿标准，在双边投资条约中，有截然不同的两种观点：一种是多数发达国家要求的充分、及时、有效补偿，这里的“充分”即“全部”“完全”之意，如日本与埃及、斯里兰卡，美国与埃及的投资协定中都规定了这样的赔偿标准；另一种是多数发展中国家坚持的合理或适当补偿，这里的“合理”“适当”即“部分”之意，如罗马尼亚与德国的投资协定中规定了东道国给予投资者公平合理的赔偿。联合国大会于 1962 年通过的《关于自然资源永久主权的决议》、1974 年通过的《各国经济权利与义务宪章》等充分考虑了发展中国家经济发

① 姚梅镇. 国际投资法［M］. 武汉：武汉大学出版社，1986.

展的重要性与外国投资者的利益，明确规定在征用、国有化事件中，坚持适当补偿的原则。目前，部分补偿已为包括不少发达国家在内的大多数国家、国际法学界所认同。

在征用、国有化赔偿之赔偿金计算与支付上，各国规定不同。有的国家（如罗马尼亚与德国）在条约中规定，要按照国有化法律在国有化时确定的赔偿金额与支付方式进行。有的国家（如美国与埃及）在条约中规定，赔偿金额应相当于征收之日被征收投资的公平市场价值。美国投资条约样本的规定是：赔偿金应相当于被征用的投资在东道国采取或宣传征用行动前夕的公平合理市场价格，其中包括自征用之日起按商业上合理的利率计算利息，赔偿金应毫不拖延地支付，应当能全部兑换成现款，并且能按征用当日的外汇市场汇率自由地转汇出境。

②货币自由汇转的规定。关于货币自由汇转的规定，涉及利润及其他收益的回流权。利润及其他收益的回流权是指缔约国在双边投资条约中保证，缔约一方的投资者有权将其在缔约对方境内因投资所获利润、利息、股息等合法收益，兑换成自由外汇或本国货币汇回本国，缔约对方不得采取歧视性措施加以限制、禁止，或者在该缔约对方国际收支发生严重困难或汇出将恶化其国际收支时，应保证在限制外汇方面给予公平合理的待遇。

双边投资保护条约大都明确规定，原则上保证投资者的投资原本、利润及其他合法收益可以自由转换为外币，自由转移、汇回本国，禁止对外国投资实行歧视性的外汇限制。关于货币自由汇兑和转移的范围，各投资保护协定的规定不尽相同。《荷兰与印度尼西亚投资条约》第三条规定，缔约各方均应承认他方在其境内所取得的下列各项收入，兑换成现金向其住所所在国自由转移的原则：纯利润、利息、红利、专利使用费、资产折旧费、投资活动所产生的任何已得或应得的利益；任何形式投资之全部或部分清算的所得；缔约双方认为属于投资的贷款清算所得。缔约双方必须按本国最优惠的规定批准和实施转移，不得实施不适当的拖延和限制。美国投资条约样本第四条规定，缔约各方均应允许有关投资的一切款项自由地、及时地汇入境内和汇出境外。应该按照当天市场汇兑货币与美元的一般兑换率折成自由汇兑货币实行汇兑。中国与荷兰签订的投资保护协定规定，自由汇兑和转移的范围包括：利润、利息、股息及其他所得；为购买原材料、辅助材料、半成品或成品所需的资金，以及为保证某项投资的连续性，用于更新资本资产的资金；为发展某项投资所必需的追加资金；投资者的雇员或投资者投资的企业中雇员的收入；资本清算款；贷款的偿还金；管理费；提成费。

当然，关于货币汇转自由的保证也不是绝对的，在特殊情况下，每一主权国家基于贯彻基本经济政策和改善国际收支状况的需要，有权通过国内立法的形式，对外国投资者的汇转实行一定程度的限制。这是各国特别是发展中国家的立法通例，也是一般国际原则、国际惯例、国际公约所允许的。

（3）代位求偿权。

代位求偿权是指投资国的对外投资保证机构，在对承保范围内的政治风险损失予以赔偿后，取得原投资者相应所有权和请求权，并取代原投资者的地位，进行代位求偿，向东道国索取投资者的损失赔偿金。目前，各主要投资国普遍实行国内投资保险制度，代位权成了双边投资保护条约的主要内容。关于代位权，一般包括以下几个方面的内容：一是承保人在一定条件下代位取得投保人一切权利和义务；二是代位权的权益不能超过原投资者所享有的权利；三是代位权的行使必须受东道国法律制约，如东道国法律禁止承保人取得某些财产，则必须服从东道国的法律规定，并做出相应的安排。

对代位求偿权的规定是美国式双边投资条约的重要特点和内容。历史上，《美国与南斯拉夫双边投资条约》规定："如果承保国政府根据条约所规定的承保办法向投资人支付了赔偿金，东道国政府应当认可因上述赔偿金的支付而转移给承保国政府的一切货币、债权、资产或投资，并承认承保国继承了与此有关的现有的或可能产生的一切权利、所有权、索赔权、特惠权或诉讼权。"尽管投资国的承保机构取得了代位权，但是在条约中仍要对这种代位权给予适当的限制。其限制有二：其一是代位权权益限度的限制，即投资国的代位权权益不能超过原投资者所享有的权益；其二是东道国法律禁止投资国政府在东道国取得某些财产权益。例如，《美国与南斯拉夫双边投资条约》规定，东道国政府的法律如果部分或全部地撤销承保国政府在东道国境内取得的任何财产权益，东道国政府应允许该投资人和承保国政府做出适当安排；将撤销了的权益转移给东道国法律允许占有此项权益的实体；在承保国代位继承的任何权益上，承保国政府不应要求比转让权益的投资者依据东道国法律享有更大的权利。

（4）投资争议的解决。

在双边投资条约中都要规定，缔约国因投资协定条款的解释和适用发生争端，以及因代位索赔等问题发生争端应当采取的解决办法。关于投资争议的解决一般涉及两个层次的问题，即东道国与外国投资者争议的解决，缔约国双方争议的解决。东道国与外国投资者之间的争议主要是由于违约、征用、国有化等引起的。解决此类投资争议的方式通常有：友好协商解决、当地行政与司法解决、国际仲裁等。解决缔约国双方争议的方式通常有：谈判解决、国际仲裁等。

绝大多数的双边投资条约和促进与保护投资协定都规定采取双方谈判、协商解决或组成国际临时仲裁庭解决，如《美国投资条约样本》《美国与南斯拉夫双边投资条约》都有如此的规定。在德国式促进与保护投资协定中，除了规定上述内容外，还要规定投资者与东道国之间投资争议的解决办法。有的国家规定组成国际临时仲裁庭，有的国家规定提交国际仲裁中心解决，也有的国家规定将此争议提交投资国或东道国或第三国的司法或仲裁解决。甚至有的国家将上述各种办法都规定在条约中，供东道国与投资国选择。

3. 对双边投资条约的评价

双边投资条约是调整两国投资关系的最有效的手段。其优点是：

①调整的关系限于两国之间，强调相互尊重彼此的法律权益，比较灵活，富有弹性，能在某些重要领域内，顾及双方国家各自的特殊利益，并能在互利的基础上，谋求协调一致的平衡。这比多边投资条约谋求多数国家间的特殊利益的平衡，困难要小得多。

②条约在国际法上对双边当事人是具有约束力的法律手段，有利于落实及加强保证双方对投资保护的措施，故投资国与东道国双方均乐于接受。

③对投资国来说，现时各国都普遍实行投资保险和保证制度，不论是否像美国、德国一样以双边投资条约为国内保险制度的法定前提，双边投资条约都是保证及加强国内投资保证制度效力的主要手段，所以利用双边投资条约，能增进外国投资者的安全感，有利于吸引外资。

但是，双边投资条约也有其不可避免的局限性，这主要表现在：

①由于发达国家同发展中国家利害对立，观点不一，在谋求双方利益平衡方面，仍不能避免如同多边条约所遇到的困难，不可能期望用一种单一的法律即足以解决两国间围绕国际投资所产生的一切政治和经济问题。事实上，发展中国家为了维护国家主权及其经济利益，并不愿意其国内经济政策及国家立法受外国政府的干预和影响，对于签订双边投资条约，持极为慎重的态度。发展中国家只有在认为特定具体投资项目有利于其经济发展，而又不损害其主权尊严时，才乐于签订双边条约。

②条约用语一般化、抽象化，由于双方利害不一、解释不一，难以适用。如关于征用、国有化的合法性、补偿标准，关于外汇限制条件、原则与例外，关于外国人的国民待遇标准等，历来争执最多。

③从投资国来看，双边投资条约针对东道国政府的某些措施，如征用、国有化等，能收到一定保证效果，但对其他事故，如战争、内乱，或因国内经济陷入困境、外汇储备不足而限制或停止外汇交易等情况，则未必能收到条约所预期的效果。

④发达国家（特别是美国）往往要求在双边投资条约中订立国际仲裁甚至国际司法条款，把本来属于东道国国内管辖的投资争议上升为国际争议，回避东道国国内管辖和处理，这等于是向东道国的主权尊严挑战，所以东道国往往也不愿接受这样的条款。

二、多边投资条约概述

早在 1948 年，世界银行就曾经提出过建立多国投资保证机构的建议。第二次世界大战结束以后，特别是进入 20 世纪 60 年代以来，随着国际经济合作的发展，国际性经济组织逐渐兴起，在国际上越来越感到有必要通过多数国家间签订多边投资条约，建立国际投资法典及多国投资保证制度。许多国家和各国际组织先后提出了多种多国间投资保证制度的设想、倡议和方案。其种类繁多，但可概括为三种：一是建立一部关于投资者公正待遇的统一的国际投资法典；二是建立多国间投资保证体制；三是建立关于解决国际投资争议的国际公约及机构。这些要求本质上都是通过“多边”这一方法来实现关于国际投资的多国间的政府保证。

（一）国际投资法典（International Investment Code）

建立一部关于对外国投资者公正待遇原则的国际投资法典的设想和草案很多，而 1962 年 12 月经济合作与发展组织（OECD）所提出的《关于保护外国人财产的公约草案》（Draft Convention on the Protection of Foreign Property）可为其代表，通称为《OECD 公约》。其主要内容是：公正及无差别待遇原则；遵守契约原则；直接及间接征用仅以不违反条约及契约，依正当的法律手续并对被征用财产的真实价格进行有实效而及时的补偿为条件，方能认为适当；关于上述各原则的解释和争议，通过国际仲裁程序及国际法院司法程序解决。但投资法典的规定过于片面，只规定外国投资者的权利与东道国的义务，而关于投资者的义务与东道国的权利则无规定，因此，尚未为大多数国家所接受，迄今为止，尚未生效。

（二）多国间的投资保险计划和机构

1962 年 3 月世界银行发表的《多国间投资保险——工作人员报告》（Multilateral Investment Insurance，A Staff Report）试图提出关于政治风险的统一解释，并提出了东道国也参加分担风险的设想。经合组织（OECD）1963 年提出了关于建立国际投资保证公司（International Investment Guarantee Corporation）的方案。以上两项方案，均未达成国际协议。1968 年，世界银行再次起草了国际投资担保机构协议条款，并于 1972 年将经过修订的协议条款提交世界银行理事会审议。由于种种原因，上述设想均未付诸实施。

1981 年，世界银行行长克劳森在年度报告中又提出设立这一机构的建议。1984 年，世界银行正式提出了多国投资保证机构公约草案，1985 年 10 月世界银行通过了这一世界性的《多国间投资保证机构公约》，简称《汉城公约》。它由世界银行成员国自愿签订参加，是目前多边投资公约中第二个已正式生效的公约（1988 年 4 月 12 日生效）。我国政府于 1988 年 4 月 28 日批准了该公约，成为依该公约成立的多边投资担保机构的创始会员国。该公约在引言之后分设共 11 章 67 条和两个附件，分别对公约的宗旨、机构的设立和地位、会员国资格和资本、机构的业务与管理、投票认股权和代表权、争议的解决等问题做出规定，旨在建立多边投资担保机构，为外国私人投资提供商业风险担保。其主要内容包括：

（1）《汉城公约》的宗旨。

它鼓励会员之间融通资金尤其是向发展中国家和地区会员融通生产性投资，对会员之间的国际投资的非商业性风险提供担保，包括共保和分保，消除对国际投资非商业风险的忧虑，促进以生产为目的的资金和技术流向发展中国家和地区，加强国际经济合作。多边投资保证机构还根据会员的要求，提供技术咨询，帮助发展中国家和地区改善投资环境。机构还将同私人的、国家的或地区的投资保证机构进行合作。

（2）多国投资保证机构的法律地位。

多国投资保证机构是一个国际组织，有完全的法人地位，特别是有权签订合同、取得并处理不动产和动产、进行法律诉讼。此外，多国投资保证机构在各会员领土内享有公约所规定的诉讼豁免，机构及资产的税收豁免，机构财产免受搜查、征用、没收、征收及任何形式的扣押，机构档案无论在何地均不受侵犯等。

（3）多国投资保证机构的资本和会员资格。

多国投资保证机构的法定资本为 10 亿个特别提款权（SDR），分为 10 万股，每股 1 万个特别提款权。多国投资保证机构资本因新会员的加入和理事会特别多数通过而增加。各会员认股不得低于 50 股，应缴股金须为可自由使用的货币，发展中国家和地区可用本国（本地）货币支付25%的股金。会员资格向世界银行的所有成员和瑞士开放。

（4）承保风险的范围。

这是公约的核心内容。公约规定，多边投资担保机构对货币汇兑风险、征收（或类似措施）风险、违约风险、战争和内乱风险四种非商业风险提供担保：①货币汇兑风险，即由于东道国的责任而采取的任何措施，限制受保人（外国投资者）将其货币转换成可自由兑换的货币或受保人可接受的另一货币，汇出东道国境外而带来的风险。这里所讲的“任何措施”包括限制或禁止汇转的一切措施，无论是直接的还是间接的，无论是法律上规定的还是事实上存在的，均包括在内。②征收（或类似措施）风险是指由于东道国政府采取立法或行政措施剥夺承保人对其投资或收益的所有权或控制权而带来的风险。征收最简单、最典型的方式是东道国政府通过法令直接取得外国投资者的财产。这种直接征收方式在当代国际社会中已不多见，较为常见的是间接征收，即东道国政府采取种种干扰外国投资者的措施，使其对财产的所有权和控制权名存实亡。公约在设定此险别时，充分考虑了这一情况，对间接征收予以担保。公约还规定，东道国政府为管理其境内经济活动而采取的普遍适用的非歧视性措施不属于征收措施。③违约风险是指由于东道国政府违反投资合同而带来的风险，具体来讲就是由于东道国政府废除或违反同受保人签订的合同，而受保人无法求助于司法或仲裁机关对毁约、违约的索赔做出裁决，或未在合理期限内做出裁决，或虽做出此裁决，但不能付诸执行。多国投资保证机构将违约风险作为一个独立的险别加以承保，在国际投资保险业务上是一个创新，其目的在于增强东道国政府与外国投资者之间合同安排的可依赖性，保证外国投资者的有效经营和合同权利的实施。公约规定，此类担保仅适用于“拒绝司法”，具体包括三种情况：第一，外国投资者无法求助于东道国司法或仲裁机关对违约的赔偿做出裁决。这又可细分为三种情况：东道国缺乏司法或仲裁机关；虽有司法或仲裁机关，但缺乏独立性；司法或仲裁机关无权做出最终判决或仲裁。第二，司法或仲裁机关未能在合理的期限内做出裁决。第三，虽有裁决，但无法执行。④战争、内乱风险，是指由于东道国境内任何地区的任何军事行动和内乱而给外国投资者带来的风险。罢工、学潮和针对外国投资者的恐怖主义行为，不属此列。

凡是参加多国投资保证机构的任何会员，其投资者到另一会员进行投资时，均可申请机构承保上述四种风险。但在东道国政府同意，机构就指定的承保风险予以担保之前，机构不得订立任何担保合同。如果要将担保风险的范围扩大到上述四种风险之外的其他特定的商业风险，则要由外国投资者与东道国政府联合申请，并经多国投资保证机构董事会特别多数票通过。

（5）合格投资。

合格投资是指可申请担保的投资。机构对所担保的客体（即外国投资者的投资）在条件、形式和时间等方面做了规定，符合要求的投资才具有合格性，才可提供担保。

合格投资必须符合以下四个条件：①必须是经济上合理的投资，即投资在担保期限内具有独立性，无国家补贴等外部因素的影响；②必须是能对东道国经济发展做出贡献的投资；③必须是符合东道国法律的投资；④必须是符合东道国经济发展目标的投资。

投资的形式随社会经济的发展而不断变化。基于此，公约只笼统地将投资的形式概括为产权利益、机构董事会确定的各种非产权直接投资和机构董事会特别多数票通过的任何形式的中长期贷款。由此可见，合格投资应包括产权投资，其中包括在有关企业中的产权持有人发放或担保的中长期贷款，以及董事会确定的直接投资的种种形式。如经董事会特别多数通过，合格投资也可扩大到其他任何形式的投资。此外，担保限于要求机构给予担保的申请注册之后才开始执行的投资，如现有投资更新、扩大或发展所进行的任何外汇转换，以及使用投资中所产生的原可移出东道国的收益。

多国投资保证机构只担保新投资，即担保申请注册之后才开始执行的投资。

（6）合格投资者。

合格投资者是指可以申请担保的投资者。根据《汉城公约》第十三条的规定，凡符合下列条件的自然人和法人都有资格取得多国投资保证机构的担保：①该自然人是东道国以外的会员的公民；②该法人是在一会员方注册并在该会员领土上设有主要业务地址，或其多数资本为一会员或几个会员或这些会员的公民所有，在上述任何情况下，这些会员均不应是东道国；③如果投资者有一个以上的国籍，会员方国籍应优于非会员方国籍，东道国国籍应优于其他任何会员方国籍；④根据投资者和东道国的联合申请，董事会经特别多数票通过，可将合格投资者扩大到东道国自然人或在东道国注册的法人或其多数资本为东道国国民所有的投资者，但其所投资的资产必须是从东道国国外移入的。

（7）合格的东道国。

公约规定，只对在发展中国家和地区会员方领土上进行的投资予以担保。从公约的宗旨及本条和其他有关条款来看，这一机构的主要任务是为发达国家向发展中国家和地区的投资提供关于非商业风险的担保，故合格东道国限于发展中国家和地区。

（8）索赔与代位。

当承保风险事故发生，受保人因此受到损失时，有权向多国投资保证机构索赔。保证机构根据担保合同和董事会制定的有关规定，对投保人有支付赔偿的义务。保证合同应规定受保人在向机构索赔之前，必须在当时当地，按东道国法律用尽一切必要有效的行政补救手段。同时，投保人要遵守东道国的法律，对其投资项目加以控制，以避免或减少可能的损失，妥善保存索赔的有关文件。赔偿额不得超过投保总额和投保人的实际损失。

担保合同是机构与投保人之间订立的规定双方权利和义务的法律文件。担保合同详细规定了承保的范围、将予以赔偿的损失类型、担保期限、担保数额与货币、合同的终止与调整、担保费以及索赔的规定等。

当机构担保的非商业风险发生时，首先，由投保人根据担保合同的规定，向机构索赔。其次，机构在支付或同意支付保险金后，获得代位权，向东道国索赔。

（9）机构投票权的规定。

在多国投资保证机构投票权的分配上，发达国家与发展中国家存在着争议和矛盾。经过多次协商，最后公约规定，在公约生效后的头 3 年，发达国家和发展中国家和地区的投票权比例为 60∶40，但多边投资保证机构所做出的决定，必须有 2/3 的多数票赞成方能通过。3 年后，将逐步采取措施，帮助发展中国家和地区提高认股能力，包括重新分配世界银行成员中未参加公约的发展中国家和地区股份，使发达国家与发展中国家和地区的投票权达到相等。

（10）争议的解决。

公约规定，多国投资保证机构和会员之间或会员相互间，关于本公约的解释或其适用所发生的争议，应提交董事会解决，如会员不服，可提交多国投资保证机构的理事会进行最终裁决。公约在附件中特别规定争议可采用《解决国家和他国国民间投资争议公约》的调解和仲裁规则解决。会员应承认并接受机构的裁决。

（三）关于解决国际投资争议的程序及机构的方案

这是世界银行提出的《解决国家与他国国民间投资争议公约》（Convention on the Settlement of Investment Disputes Between States and Nations of Other States），简称《1965 年华盛顿公约》。该公约于 1965 年 3 月 19 日签订，1966 年 10 月 14 日生效。这个公约的中心内容是建立一个“解决投资争端的国际中心”（International Center of Settlement of Investment Disputes），依公约的规定为缔约方和其他缔约方的国民之间的投资争端提供调解和仲裁的便利。

公约规定：“解决投资争端的国际中心”的管辖权，“适用于缔约方和另一缔约方公民之间直接因投资而产生的任何法律争端，而该项争端经双方书面同意，提交给中心”。公约还规定：“除非另有规定，双方同意根据本公约交付仲裁，应视为同意排除任何其他补救办法而交付上述仲裁，缔约方可以要求用各种适当的行政和司法补救办法，作为同意根据本公约仲裁的一个条件。”到 1996 年 9 月，已有 139 个国家签署该公约，其中正式批准国 126 个。我国于 1990 年 2 月签署并于 1992 年 7 月 1 日批准了该公约，于 1993 年 2 月 6 日开始对中国生效。

（四）区域经济协作及区域性投资法典与投资公约

1. 概述

随着区域性经济合作和全球经济一体化的发展，以前以国家为单位的投资政策便趋向于以区域为单位实行多边调整的投资政策，以解决区域与区域之间、区域内的国家（地区）间关于外国投资的保护问题。概括起来，有几种情况：一是联合国贸易与发展会议的贸易发展理事会，为调整区域内各国（地区）对外国投资保护所提出的“区域投资法典”方案；二是联合国区域经济委员会（如亚洲太平洋经济社会委员会、拉丁美洲经济委员会等）同其他区域国际组织（如阿拉伯联盟、非洲统一组织、美洲国家组织等）协商的有关外国投资的共同保护措施，此为建立区域投资法典的设想；三是由区域性国际经济组织协调其成员或一定范围的国家（地区）签订的多边条约。其中前两种情况属方案或设想，在实践中及法律效力上作用不大。第三种情况属有效的国际投资法的重要内容。另外还有一些重要的区域性国际公约，尽管并非专门投资条约，但对国际投资也具有重大影响，如欧洲联盟的《马斯特里赫特条约》、北美自由贸易区的《北美自由贸易协定》等。

2.《阿拉伯区域内投资保证公司公约》

（1）概况。

《阿拉伯区域内保证公司公约》（以下简称《公约》），是目前区域性国际投资保证计划与公约中第一个生效并且具有实际意义的公约。《公约》是在阿拉伯国家相互之间的投资因各国政局不稳、政治风险较高、投资利益及安全得不到法律保障而每况愈下的情况下诞生的。其目的是促进阿拉伯国家之间的相互投资。该公约由科威特起草，并得到阿拉伯经济联盟理事会批准。1971 年 5 月，约旦、苏丹、叙利亚、埃及签署了该公约。目前，除巴林和吉布提外，所有阿拉伯国家联盟成员都参加了该公约。

该公约的主要特点在于，它致力于建立一种阿拉伯国家内部投资保证制度，即只有阿拉伯联盟成员国的投资者在另一成员国境内的投资才适用这种保证制度。阿拉伯投资保证公司（以下简称“公司”）成了区域性国家（地区）间共同发展的模式，在国际投资保证机构中具有特殊的地位。

（2）《公约》的主要内容有以下几个方面：

①合格的投资者。公司给予保证的投保人（即投资者），限于以财产、资金形式在另一缔约国投资的任何一个缔约国或其国民，即投资者包括东道国以外的任何一个缔约国的国家、自然人、法人。

②合格的投资。公约关于合格的投资有这样几项规定：A. 担保的投资包括直接投资、证券投资、贷款形式的投资；B. 担保的投资仅限于首次投资额和用于再投资的利润额，不包括可转让的利润额；C. 担保的投资为公约所有缔约国（除东道国外）领域内的投资；D. 担保的投资必须是经过东道国或其主管当局事先同意的投资；E. 担保的投资为保证合同签订以后所做的新投资；F. 担保的投资包括私人投资、其他基于商业经营的混合投资、公营投资。

③政治风险的范围。公司担保的政治风险包括：A. 国有化风险，包括国有化、征用、没收、扣押、查封等措施；B. 利润、收益回流权风险；C. 战乱风险。对上述风险之一种或数种所产生的部分或全部损失，公司均提供担保。

④保险费。公司收取的保险费根据投资的不同性质和投资者与东道国的特别协议而有所不同。公约规定，保险费按投资的性质分别收取，根据公司的同意，投资者也可以同东道国政府签订缴纳保险费特别协议。在此协议中，东道国政府可以分担甚至全部支付其境内的投资者应缴纳的投资申请费和保险费。公司收取的保险费用于行政管理或作为储备金。

⑤保险限额和保险金。公司支付投保人的风险事故赔偿金额，不能超过投保人所受的实际损失额，也不能超过公司投保的数额。在保险限额上，公司承保业务总值最高额在任何时候都不得超过资金储备的 5 倍，每项业务的承保额不得超过资金储备的 1/10。如果承保的是各国向合资企业的投资，则不得超过资本储备的 1/5。

⑥代位求偿权。公约规定，公司赔偿投保人政治风险损失后，取得投保人有关权利和相应的请求权。东道国应提供方便或有利条件，使公司从代位权中取得应有利益。关于代位权的细节由缔约方依国内法在保证合同中详细规定。

⑦公司的组织管理和资本构成。公司为阿拉伯国家创立的多国公营企业，拥有独立的资产，拥有签订投资保证合同的权利。公司设立理事会（由各缔约方派一名代表组成），行使所有未明确授予总经理和监督委员会的权力，并有权解释和修改公约。公司的法定资本最初为1 000万科威特第纳尔，分为1万股，各缔约国认缴出资额不低于公司资本的5%，各国可以科威特第纳尔或相等的自由兑换货币支付，收支不平衡的国家可用本国货币支付。公司资本通过各缔约方每年分期付款的收入和新成员的加入而增加。各缔约方为公司的股东，其投票表决权票数同它在公司资本的认股多少相关。

（五）国际投资指南

国际投资指南（International Investment Guideline），又称投资行动准则（Code of Behavior），或跨国公司行动守则（Code of Conduct），其目的在于向跨越两国以上的经营业务提供一定的行动准则，避免企业活动同所在国发生纠纷。具体内容包括企业活动与所在国政策的关系，企业的所有权与经营支配权、情况公开、资金周转、课税、劳动、技术转让等有关规则。

第二次世界大战结束之后，从民间企业团体到各国政府以及国际组织，先后做出了各种努力，希望建立共同遵守的国际投资行动准则。联合国于1974年设立了跨国公司委员会（GIC）。同年12月通过了《各国经济权利与义务宪章》。1975年1月，经济合作与发展组织设立了国际投资和多国企业委员会（Committee for International Investment and Multinational Enterprises，CIME），并于1976年6月通过了《国际投资及多国企业宣言》，这是经济合作与发展组织成员国的共同守则。

国际投资指南和行动准则，其对象地区，从政府间到地区间，一直扩展到世界范围；其调整范围，从调整发达国家间的投资关系，扩展到调整向发展中国家投资的关系，内容多种多样；其制定主体，从民间企业组织扩展到政府和国际组织；其性质和效力，从一般理论纲领到国际宣言、决议和政策声明，包括甚广。

（六）对多边投资条约的评价

用多边投资条约来解决国际投资问题，具体实施上困难较多。

①在处理某些属于特别情况或例外情况的重要问题上，多边条约是有困难的。由于各国政治和经济结构的不同，任何国际投资公约只可能做一般的规定，不可能包括一切具体问题。种种具体条件的变化、限制和例外情况，又是不断增加的，而这些变化以及随着变化及各种条件限制的出现，其结果将使法典关于投资的规定成为一张废纸，事实上无法实现。

②参加条约的成员在主权上要受到一定限制。大多数国家（包括少数投资国在内），都无意承担长远的保证义务，一般只愿承担具体的、特定的、有限度的保证，而不愿意受一般的广泛的保证义务的约束。

③大多数建议中的公约草案，其规定的主要内容，都是片面地保护外国投资者的利益，而不是保护东道国的利益。这一般都不符合发展中国家的期望和要求，当然也不可能为它们所乐于接受。任何一个关于国际投资的公约，如果得不到东道国和投资国的一致同意，显然是毫无意义的。

第四节　解决国际投资争议的法规

随着国际投资规模的日益扩大、国际投资项目的不断增加，国际上不同政治与经济利益主体间的国际投资争议也经常发生。能否公平合理地解决这些不同政治与经济利益主体之间的国际投资争议，既关系到投资者的权益和东道国的主权，又关系到两国政府间的关系，从根本上讲还会影响一国投资环境的变化和国际经济合作的开展。因此，研究国际投资争议的解决具有极其重要的理论意义和实践意义。

一、国际投资争议的主要种类

国际投资争议（International Investment Disputes），从广义上来讲，包括任何涉及两个或两个以上国籍的自然人、法人或外国政府、外国公司机构与投资相关事项的不同意见或利益冲突。国际投资主体有企业和国家，因此，国际投资争议可分为国家间的国际投资争议、不同国籍投资者间的国际投资争议和自然人、投资者与东道国间的国际投资争议。

（一）国家间的国际投资争议

国家间的国际投资争议，即投资者所属国与东道国之间的投资争议，主要是两国基于对双边投资条约的解释和适用所发生的争议，此种争议通常由国际公法加以调整。国家间的国际投资争议主要由税收管辖权和司法管辖权之间的冲突引起。

1. 税收管辖权引发的争议

税收管辖权是国家在税收领域中的主权，即一国政府在征税方面行使的管理权力。主权国家的税收管辖权可以按照属地和属人两种不同原则确定。按属地原则确立的税收管辖权，称为地域管辖权或收入来源地管辖权，指一国政府以纳税人的收入来源地为税收管辖权的范围。其特征是该国政府对在本国领土范围内发生的一切所得均可行使征税权而不论纳税人的身份是否为本国公民或居民。因此，外国人只要在该国有应税所得，就必须纳税。按属人原则确定的税收管辖权，称为居民管辖权，指一国政府以纳税人的国籍或住所为税收管辖权的范围。其特征为该国政府对本国公民与居民取得的一切所得均可行使征税权而不论纳税人是否在该国境内、其所得来源于何处。目前世界上绝大多数国家同时实行收入来源地管辖权和居民管辖权。因此，对同一笔国际所得，有关国家的税收管辖权便有可能发生冲突（交叉或重叠）。冲突一般有两种情形：其一，双重居民管辖权。由于各国国内法规定不同，一个纳税人（包括自然人和法人）有可能同时具有双重的居民身份。如一跨国公司在A国注册成立，实际管理机构设在B国，A国与B国按各自的国内法，同时认定该公司是其法定的纳税义务人，从而产生双重税收管辖权的冲突。其二，收入来源地和居民双重税收管辖权。如甲为A国居民，在B国有一笔所得，则两国政府依不同的国内法规定，可能会对同一笔所得征税，从而产生冲突。

2. 司法管辖权引发的冲突

司法管辖权是指一国司法机关审判具有涉外因素案件的权力，国际上是根据国家主权原则来确定各国法院的国际管辖权。国家主权包括属地管辖权和属人管辖权。前者是指主权国家对其领土内的人和物所行使的最高权力，即国家对其领土内的人和物或发生的事件，除国际法规定的外交特权和豁免外，有权按本国法律和政策进行管辖。后者是指主权国家对其领土内外的本国国民所行使的最高权力，即国家对于国内外的本国国民有管辖权，因此，国家有权保护其在外国的本国国民的合法权益。

由此，在对外国人进行管辖时，有可能出现属地管辖权和属人管辖权的冲突。表现在司法管辖权上，就成为东道国及投资者母国均可声称对国际投资争议的诉讼行使审判权，导致司法管辖权上的冲突。由于同一争议在不同国家审理时适用的法律不同，其结果可能差异极大，故发生争议的当事人对由哪个国家行使司法管辖权极为关心，并常因此产生争议，致使司法管辖权本身成为解决投资争议的障碍。按照惯例，不同主权国家的属地管辖权和属人管辖权发生冲突时，应以属地管辖权优先。但在一定条件下，也允许当事人采取东道国国内法以外的其他方式，如提交本国法院、第三国法院或国际法院审理来解决投资争议。

（二）不同国籍投资者间的国际投资争议

不同国籍投资者间的投资争议，主要是本国投资者与外国投资者基于投资合同的履行和解释发生的争议，此种争议涉及国际私法和契约之债，主要由国际私法调整。

（三）投资者与东道国间的国际投资争议

外国投资者与东道国间的国际投资争议，主要是由于东道国法律或行政措施或政治原因严重影响了外国投资者的正常经营，或因投资者进行非法经营等而引起的。引起此类争议的原因主要有三个方面：一是法律上的原因。如由于东道国通过立法手段增加税收，实行外汇管制，规定外国人部分股权转给本国人，强行中止或改变投资合同等，甚至对外资实行征收或国有化。二是行政上的原因。如东道国政府或官员通过行政手段，不当干预、强行征税而影响外国投资者的利益。三是政治上的原因。如东道国国内发生动乱、革命、战争、内乱等对投资者造成的损害。外国投资者与东道国之间的争议，才是国际投资法所专门加以调整的，这也是本节讨论的主要内容，同时本节也涉及上述第二类争议，即不同国籍投资者之间的投资争议。

二、国际投资争议的解决方法

现代国际法原则上明确要求禁止使用武力解决国际争端，当然也包括禁止以武力解决国际投资争议。一般认为，处理国际投资争议的主要方式有三类，即政治解决方法、仲裁解决方法和司法解决方法。通常情况下，遇有争议，双方首先进行谈判或协商，力求友好解决。但有时争议涉及双方重大利益，往往难以解决，于是便求助于第三者帮助解决，使用调解、斡旋和外交保护的方法，也可以使用仲裁解决方法，还可以使用司法解决方法，包括国内司法救济和国际司法救济。这些解决方法在实际解决过程中可以选择使用，如调解失败可以提交仲裁，国内救济不成可以要求外交保护等。

（一）国际投资争议的政治解决

国际投资争议的政治解决（political settlement），是指通过政治途径和方式来解决，而不是按照严格的法律程序和标准对争议进行解决。这种解决大多是基于政治因素的考虑，如出于维护共同的国际经济利益或国际法准则、保护国家主权原则等而以政治的方法、手段对争议进行解决。

运用政治解决方式解决国际投资争议的具体方式，主要包括协商、调解、斡旋、提供外交保护。这些方式具有明显的优越性，可以较有力地促使争议双方进行协商并达成谅解，不受一定形式或程序的限制，力求在最大的程度上以最快的速度解决争议，减少或避免可能给争议双方造成的利益损失。所以政治解决是目前解决国际投资争议较为普遍采纳且行之有效的重要解决方法。

1. 协商（consultation）

协商是指投资争议发生后，争议各方当事人，在自愿互谅的基础上，直接进行磋商或谈判，自行达成协议，从而解决争议的一种方式。这种方式的最大特点在于它无须第三者介入，而完全依靠双方当事人自己解决，这就使得它具有众多优点：①不需经过严格的法律程序，因而可以节约手续、费用和时间；②不受某国实体法的严格约束，在不违法的前提下，可根据实际需要灵活解决；③通过友好协商方法，不仅可以解决争议，各方乐意接受，还可促进双方关系的发展。因此，争议的各方当事人一般都愿意首先采用协商方法解决争议。从实践看，多数争议都是由当事人自己协商解决的。但协商方法也有一定局限性，尤其是分歧严重时，各方很难通过协商达成谅解，而不得不求助于第三者或以其他方法来解决。

2. 调解（conciliation）

调解是当事人在中立的第三者的主持下，通过劝说引导，使国际投资争议当事人在互谅互让的基础上达成协议，以解决争议的一种方法。调解的优点在于能较快解决争端，有利于当事人保持友好关系，给双方当事人带来相互信任感和节省费用。如果双方当事人同意通过调解方式解决争端，就必须持续运用这种方式直至争端解决。调解人只能促使双方当事人达成协议，而无权不顾当事人的意愿，自行做出裁决。因此，如果一方当事人因某种理由在调解过程中不予合作，调解即告失败。

调解按主持人身份不同可分三种：

①仲裁机构调解。调解工作通常在常设仲裁机构的主持或协助下进行。一些常设仲裁机构，如苏黎世商会仲裁院、国际商会仲裁院、格丁尼亚海事与内河航行仲裁院和解决投资争议国际中心等，均制定了调解规则或在仲裁规则中做出有关调解的规定。目前世界上许多仲裁机构都受理调解的案件，但具体做法有两种。一种是将调解程序与仲裁程序分开，分别订有调解规则和仲裁规则，调解由调解委员会主持，仲裁由仲裁法庭主持，调解不成而需仲裁时，则原调解人不得为同一方的仲裁人；一种是把调解纳入仲裁程序，由仲裁机构或仲裁法庭主持，在仲裁程序开始前或开始后，仲裁机构或仲裁庭可主动征得当事人同意进行调解，调解成功，即撤销

案件，只有调解不成或当事人不愿调解时，才进行仲裁。

②法庭调解，是指由法院主持进行的调解。

③民间调解，是指由仲裁机构、法院或者国家专门指定负责调解的机构以外的第三者主持进行的调解。民间调解人可以是组织，也可以是个人。

以常设仲裁机构的资料来看，调解的作用远较仲裁为小。但从实践中看，调解方式既有利于争议的彻底解决和协议的自动履行，又有利于增强投资各方的合作关系，是一种比较好的争议解决方式。调解因其自身的优势，在解决国际投资争端中越来越受到重视。1978 年《联合国国际贸易法委员会调解规则》是第一个国际性的调解规则，反映了大多数国家的愿望，对于促进国际投资发展有重要意义。

3. 斡旋（good office）

斡旋是指第三国或国际组织、私人机构或个人为了帮助发生投资争议的国家和个人和平解决争端，促使双方直接谈判的活动。其特点是：①进行斡旋的国家、国际组织、私人机构或个人不参加当事者之间的谈判，只是积极促进争议双方努力接触，为其和平协商解决争议提供机会，只起到撮合的作用。②斡旋对当事者不具有约束力，即使是良好的谈判机会或解决建议，若非争议双方共同认可也不具有实际意义。③进行斡旋的国家、国际组织、私人机构或个人大都由有声望和经验的专家主持，对争议双方具有某种微妙的影响力。尽管斡旋尚未被各国立法和国际条约明确加以规定，但是这种方法仍对解决国际投资争议具有不可忽视的作用。

4. 实行外交保护（diplomatic protection）

外交保护是指外国投资者在与东道国政府、其他经济组织或个人发生争议，依东道国法律得不到救济时，由其本国政府出面，通过外交途径，对其正当利益寻求保护的方法。外交保护是国家主权中基于属人管辖权而产生的一种权力，因此，国籍是外交保护的重要前提，同时，国际私人投资关系终非国家间的关系，要使其转化为国家间的关系，只有在依靠东道国救济无望时才有必要，否则投资者本国无权行使外交保护权。外交保护制度本是 18 世纪西方国家对外侵略扩张的产物，一直主要为发达国家所利用，是发达国家推行经济扩张和强行解决利益争端的政治工具，因此，外交保护遭到广大发展中国家的普遍反对，特别是那些长期以来深受外交保护制度之害的拉美国家，高举起卡尔沃主义旗帜与外交保护制度相对抗，主张投资争议只能通过当地救济解决，反对实行外交保护。随着国际社会的日益开放和不断进步，通过外交保护解决投资争议的方法趋于过时，采取法律手段解决国际投资争议已为越来越多的国家所接受，因此，外交保护的作用也必然日趋减弱。

（二）国际投资争议的仲裁解决

1. 仲裁的概念

仲裁是指双方当事人自愿协议将争议提交他们所同意的与双方无利害关系的第三者（仲裁者）居中公断，并做出对双方有约束力的裁决。在解决国际投资争端中的第三者一般由各方当事人以外的第三国有关机构或国际机构担任。通过仲裁解决国际投资争议是国际上最为普遍的方式。仲裁始终遵循当事人自治的原则，具有契约和司法两个特性。仲裁的契约性表现在仲裁是由争议双方协商一致，经双方信任的仲裁者裁决的。仲裁者审理争议时，争议双方都有义务与对方合作，采取必要的措施解决相关争议，仲裁者本身不得偏袒任何一方。仲裁的司法性表现在仲裁与非司法形式比较具有权威性和约束力。因为仲裁程序时间短、仲裁裁决具有终局性，有利于投资争议的快速解决，执行也较为容易。

仲裁的法律依据是“自由选择原则”。国际投资争议解决的法律基础有两种：一种以属地管辖原则为基础，要求投资争议应服从东道国法院管辖；另一种以自由选择原则为基础，双方当事人协议将争议提交他们所同意的第三者居中公断。前者是强制管辖，后者是协议管辖。实践中，法院的管辖权，往往可以由争议双方的仲裁协议来加以排斥，即发生争议时，争议方不得向法院提起诉讼，必须将争议案件送仲裁庭审理。仲裁协议是仲裁庭受理投资争议案件的唯一法律依据。仲裁程序由双方当事人控制，具有较大的灵活性和自治性，不受政治因素影响，由中立的第三者主持，按照法律裁判投资争议的是与非。这样既能使争议通过一定程序来加以公正解决，又能改善投资环境，有利于维持东道国与投资者及其本国政府的友好关系。

与调解方式比较，仲裁方式的主要特点是：仲裁员以裁判者身份对争议做出裁决。这种裁决一般为终局性的，对双方当事人均有约束力。如果一方当事人不自动执行裁决，另一方当事人有权申请法院予以强制执行。调解无此约束力。与司法解决方式比较，仲裁方式的主要特点为：仲裁机构均为民间组织，没有法定管辖权；仲裁机构根据双方当事人的仲裁协议受理有关案件。司法解决方式由于受到司法管辖权的限制，难以适用于国家之间、国家与私人之间的争端，而仲裁方式在争端当事人同意的情况下，可普遍适用于各种国际争端。

2. 仲裁的分类和仲裁机构

仲裁可以分为临时仲裁与常设仲裁。临时仲裁指由双方当事人基于协议直接指定仲裁人，组成仲裁庭进行仲裁和裁决，一旦争议处理完毕，即自动解散。常设仲裁是指由常设的仲裁机构进行仲裁或裁决。常设仲裁机构依据国际条约或国内法律而设立，它有固定的组织和仲裁规则。有的还备有仲裁人名单，供争议当事人挑选仲裁人，按机构的仲裁规则组成仲裁庭。这种仲裁机构能为仲裁争议当事人提供较多方便，而且较有经验，具有稳定性。一般倾向于利用常设仲裁机构处理争议。常设仲裁机构有利于争端的解决，因为其能为争端当事人提供进行仲裁的必要条件，包括仲裁场所和各类服务，而且它能促成做出裁决并能做出有关裁决是否有约束力的技术鉴定。

常设仲裁机构有国家常设仲裁机构、地区性常设仲裁机构和国际常设仲裁机构。国家常设仲裁机构指一国依国内立法所建立的国内仲裁机构，或称仲裁院，或称仲裁委员会。在国际上，目前较有声誉的国内仲裁机构有：瑞典斯德哥尔摩商会仲裁院、伦敦仲裁院、美国仲裁协会、芬兰赫尔辛基中央商会仲裁院、瑞士苏黎世商会仲裁院、中国国际贸易促进委员会对外经济贸易仲裁委员会等。关于私人投资争议，依各国立法都以东道国国内仲裁为主，但争议双方协议，也可以在被诉一方所在国或第三国仲裁机构仲裁。依大多数国家及我国惯例，在选择第三国仲裁时，通常是选定瑞典斯德哥尔摩商会仲裁院仲裁。这是因为瑞典在政治上居于中立地位，仲裁制度较为完备，并富有国际仲裁经验，比较公正合理，在国际上享有较高的声誉。斯德哥尔摩商会仲裁院成立于1917年，它在法律适用问题上规定除两个主权国家之间的仲裁外，在瑞典进行的一切仲裁的程序方面的问题受《瑞典仲裁法》约束。仲裁庭原则上按双方当事人选择的法律进行实质性裁决。如双方当事人未指定可以适用的法律，或者指定的法律同特定交易关系没有实质联系，因此回避了与合同有最密切关系的强制性规定，则按瑞典冲突法的有关规定，适用对有关争端的实质和合同有最密切联系的法律。该仲裁院的其他规定与国际商会仲裁院规则大都类似。

地区性仲裁机构中比较著名的是美洲国家商事仲裁委员会和太平洋工业产权协会。美洲国家商事仲裁委员会成立于1939年，主要受理北美、中美、南美各国家间的商事仲裁。该机构最初的原则是适用仲裁地法，后来改为根据“公平、善意及商业惯例”进行裁决。这个原则很抽象，不是一个具体而明确的法律准则，任意性很大，其结果常常很难被发展中国家接受。

国际仲裁机构中著名的是国际商会仲裁院和解决投资争议国际中心。

国际商会仲裁院成立于1932年，为处理国际商事争议的国际性民间仲裁机构。适用仲裁院主持的调解或仲裁程序必须符合以下条件：首先，争议必须属于国际商务争端，包括国际贸易和国际投资等国际经济合作中发生的争议，但不一定要求当事人具有不同的国籍或在不同国家之间有住所或活动，只要包含涉外因素，就属仲裁院的管辖权范围。其次，经争端当事人各方书面同意后，私人之间或国家与私人之间的争端均可提交仲裁院调解或仲裁解决。

国际商会仲裁院规定仲裁庭的管辖权为：如果双方当事人已同意接受仲裁，但仲裁程序开始以后，一方当事人拒绝参加，仲裁程序仍应照常进行。如果一方当事人对仲裁协议的存在或效力提出一项或多项抗辩，而仲裁确信仲裁协议存在，仲裁院得在对上述抗辩理由采纳与否不抱偏见的前提下决定继续仲裁。在此情况下，应由仲裁员本人决定管辖权问题。除非另有规定，仲裁员在认为仲裁协议有效的情况下，不应因任何有关合同无效或不存在的主张而中止管辖权。即使合同本身可能无效或不存在，仲裁员仍有管辖权来确定双方当事人的权利，并对他们的请求进行裁决。在法律适用方面，其规定当事人双方可自由确定仲裁员解决争议所适用的法律，当事人双方未做规定时，仲裁员应适用其认为合适的冲突法所确认的法律。

国际商会仲裁院有一套国际商事仲裁规则，在契约中包括有仲裁条款或事后协商同意交付国际商会的一切带有国际性的商事争议，均可由该院进行调解或仲裁。该院对会员与非会员的商事争议均开放。

随着国际交易与投资的发展和需要，各国越来越感到建立国际仲裁制度的必要。因为仲裁的国际化，可以调和各种仲裁体制的矛盾，并解决各国立法不一所带来的困难，使投资争议达到国际统一的解决。

1976年联合国国际贸易法委员会制定了一套供世界各国共同采用的仲裁规则，这套仲裁规则已成为具有世界性的商事仲裁的示范规则，而且不少国内仲裁机构，如伦敦仲裁院、瑞典斯德哥尔摩商会仲裁院，均表示愿意依该示范规则的规定，采用指定仲裁人机构的方法，可见其已具有很大的国际影响。最重要的是1965年世界银行通过了《解决国家与他国国民间投资争议公约》，并根据该公约成立了“解决投资争议国际中心”，这是现今世界上唯一解决国际投资争议的国际机构。对于其有关内容，我们将在后面详细地叙述。

受理国际投资争端的常设仲裁机构虽然有很多相似之处，但在管辖范围、法律适用和仲裁裁决方面各有特色，因此，在寻找合适的解决争端的仲裁机构时，应充分了解有关此方面的情况，以选择较合适的仲裁机构来有效地维护己方利益。

3. 仲裁条款与仲裁协议

投资争议的仲裁程序是基于双方当事人的书面协议开始的。这种协议称为仲裁协议，有排除司法管辖的效力。仲裁协议的内容，主要包括仲裁地点、仲裁机构、仲裁程序和规则、适用的法律及裁决的效力，等等。至于仲裁协议是事先在合同中订明的条款，还是事后表示同意交付仲裁的协议，在法律上都具有同等效力。鉴于仲裁程序和规则是解决投资争议的较有力而简便的方法，现时各国外资法及双边投资保护协定都有关于仲裁的规定。这虽然是选择使用仲裁手段的法律依据，但这种规定不能代替当事人的仲裁协议，仲裁程序仍须根据当事人的具体仲裁协议才能开始。

4. 仲裁程序

仲裁程序是指国际投资合同的成立、解释与执行发生争议，双方当事人根据仲裁协议的规定提交仲裁机构解决时，从开始至结案整个过程中所经过的具体手续。在这个过程中涉及的问题很多，主要是仲裁申请、仲裁庭的组成、仲裁审理、仲裁裁决及仲裁费用等。

（1）仲裁申请。

仲裁申请是仲裁机构受理仲裁案件的第一个必不可少的法律手续。如果仲裁协议中规定仲裁机构是常设仲裁机构，则仲裁申请书应由申诉人提交给明示的受理人即常设仲裁机构；如果仲裁协议中没有规定受理人即常设仲裁机构，仲裁案件需由临时仲裁机构进行仲裁的话，申诉人则将仲裁申请书或通知书直接交给被诉人。

仲裁申请包含的内容有：受理人即仲裁机构的名称，申诉人和被诉人的名称、地址，申诉人请求的事项如索赔款项和利息，提出申诉所依据的事实和有关证据，主要是合同、仲裁协议、当事人双方有关的往来信件、电报、电传以及其他可以作为证据的单证原件或者经过公证确认的复制件。

仲裁申请经仲裁机构审核受理后，则将仲裁申请书及其附件及时送交被诉人，并要求被诉人在一定的期限内进行答辩，该期限一般为15天或者20天。

（2）仲裁庭的组成。

仲裁庭的人数可以是单独一人，也可以是单数多人。我国仲裁规则规定，申诉人应选定或委托仲裁委员会主席指定一位仲裁员；被诉人接到仲裁通知书后，也应选定或委托仲裁委员会主席指定一位仲裁员。两位选定的仲裁员与仲裁委员会主席在限定时间内指定的一名首席仲裁员，共同组成仲裁庭，审理仲裁案件。

关于仲裁员资格，各国具体规定不尽相同，但各国法律都规定有下列情况之一者，不得担任仲裁员：①未成年人；②被剥夺公民权利的人；③当事人的亲属以及同争议案件有利害关系的人。

（3）仲裁审理。

仲裁案件的具体审理都是由仲裁员组成的仲裁庭进行的，其主要步骤如下：

①开庭。仲裁审理案件，一般公开进行。但为了商业性保密或其他需要，经双方或一方当事人申请，可不公开进行。仲裁审理争议案件的方式有两种：一种是口头审理，一种是书面审理。所谓口头审理，是指争议双方的当事人或其代理人直接出庭面对面地进行口头陈述和答辩；所谓书面审理，是指仲裁庭的仲裁员根据争议双方的当事人提出的书面申请、答辩书、各种证据及有关的证明材料，对仲裁案件进行审理，不需要当事人出庭面对面地口头陈述或答辩。

②调解。联合国国际贸易法委员会 1980 年制订的《调解规则》鼓励始终贯彻调解与仲裁相结合的做法。实践中，仲裁程序开始之后至仲裁庭做出最后裁决之前的任何时候，只要双方当事人之间取得协议，通过调解程序解决争议，仲裁庭即可做出调解书结案。调解书由仲裁庭做出之后，双方当事人应自觉执行。如果调解过程中，争议一方当事人不愿继续进行调解，仲裁庭可以终止调解，开始进行仲裁审理；如果一方当事人不接受审理，仲裁庭可以根据另一方当事人的请示，进行缺席审理，并做出裁决。调解也可以在仲裁申请之后、仲裁程序开始之前，由仲裁委员会的办事机构进行。由此可见，调解不仅使争议各方灵活地达成和解，而且还有利于投资各方关系的和谐发展。调解是在争议双方自愿的前提条件下进行的，贯穿于仲裁的整个过程之中，但它不是仲裁的必经程序。

③保全措施。对于仲裁委员会根据争议双方当事人指定或选定的仲裁员组成的仲裁庭或独任仲裁员，是否有权对当事人的财产或争执的标的物直接采取强制性措施，各国的法律有不同规定。联合国国际贸易法委员会仲裁规则肯定仲裁员可以对当事人的财产或争执的标的物直接采取必要的保全措施，而我国的《民事诉讼法》规定，“中华人民共和国的涉外仲裁机构根据当事人的申请，认为需要采取保全措施的，应当提请被申请人财产所在地或者仲裁机构所在地的中级人民法院裁定”。可见，我国法律规定，涉外仲裁机构无权对当事人的财产直接采取保全措施，只能由人民法院行使。

④适用法律。合议仲裁庭或独任仲裁员审理仲裁案件时，适用何种法律来处理投资合同的成立、解释、履行及争议的解决等问题，具有决定性意义。它是整个仲裁程序中最为重要的一个环节，起着决定案件命运的作用。在实践中，如何确定仲裁所适用的法律，国际上一般都分为程序和实体两个方面：在程序方面，如果当事人在仲裁协议中有明确规定者，则按协议规定执行；如果仲裁协议没有规定，则适用仲裁地法。在实体方面，适用当事人约定的法律，允许当事人自由选择，即实行当事人“意思自治”原则。这就是说，当事人已在投资合同、仲裁协议或其他文件中明确规定适用某一特定法律，仲裁庭审理仲裁案件就只能适用约定的特定法律。如果双方当事人没有约定适用的法律，则由仲裁庭自己确定应适用的法律。具体讲有四种不同做法：a. 依据仲裁庭居住地国冲突规则确定适用的法律；b. 依据仲裁庭或独任仲裁员自认为公正的法律冲突规则确定适用的法律；c. 适用仲裁地实体

法；d. 适用仲裁员自认为适合于本案的实体法。

⑤仲裁裁决及其执行。仲裁庭经过审理做出的裁决，除双方当事人另有协议或仲裁程序法允许的补救方法外，具有终局性，对各方都有约束力，不能上诉。我国仲裁规则规定，裁决必须用书面形式做成并由仲裁庭全体成员签字，裁决应依从多数仲裁员的意见决定，少数仲裁员的意见可以做成意见书附卷。

至于仲裁裁决的执行，有两种情况：一是本国仲裁裁决的执行；二是外国仲裁裁决的执行。关于本国仲裁机构的裁决，当事人应依照裁决所规定的期限自动执行。如果逾期不执行，一方当事人可请求法院强制执行。关于外国仲裁机构裁决的执行问题，包括两种情况：一种是在外国仲裁机构做出的裁决，其政府一方或其财产在本国；另一种是在本国仲裁机构做出的裁决，其政府一方或其财产在外国。无论哪一种情况，均需对方国家予以协助，其裁决才能有效执行。为了解决这一问题，1958 年在纽约通过了《承认和执行外国仲裁裁决公约》，简称《纽约公约》。依该公约规定，由于自然人或法人之间的争执而引起的仲裁裁决，在一个国家领土内做成，而在另一个国家请求承认和执行，或在一个国家请求承认或执行而这个国家不认为是本国裁决的仲裁裁决，均适用本公约。每一个缔约国都应该承认在他国做出的仲裁裁决具有约束力，并且依照裁决请求承认或执行的程序规则予以执行。但《纽约公约》也尊重当事国的意见，允许保留条款，即任何缔约国在签署、批准或参加本公约时，可以在互惠的基础上声明：①本国只对在另一缔约国领土内做成的仲裁裁决予以承认和执行，适用本公约；②本国只对根据本国法律属于商事的法律关系（契约或非契约的）所引起的争执使用本公约。大多数缔约国做了这种保留。我国已于 1986 年 12 月 2 日决定参加公约，也声明了同样的保留条件。此外，裁决被请求承认和执行的国家管辖机关，为查明该争执的事项，依这个国家的法律，不可以用仲裁方式解决的，或者承认和执行该外国仲裁裁决将同这个国家的公共秩序相抵触时，可以拒绝承认和执行。

5. 解决投资争议国际中心

为了鼓励国际私人资本不断流入发展中国家，把国际投资争议纳入正规的法律程序的轨道，并使之免受政治干预和外交干涉，1965 年，世界银行执行董事会正式通过了《解决国家与他国国民间投资争议公约》，并提交世界银行成员国批准承认。它是世界上第一个关于解决国际投资争议程序的专门性公约。为了具体实施《纽约公约》，又在世界银行总部专门设立了“解决投资争议国际中心”（以下简称“中心”）。

（1）“国际中心”的法律地位。

①“中心”是依《纽约公约》设立的，具有完全的国际法律资格。“中心”的法律能力包括：缔结契约的能力；取得和处理动产和不动产的能力；起诉的能力。

②“中心”在缔约国领土上享有《纽约公约》所规定的各种豁免权。如财产及资产享有豁免一切法律诉讼的权利；“中心”的主席、行政理事会成员、调解人或仲裁人、委员会成员、秘书处官员及雇员等执行任务的行为，享有豁免一切法律诉讼的权利；“中心”的档案不论在何处，均应不受侵犯；“中心”的资产、财产和收

入及本公约所许可的业务活动和交易应免除一切捐税和关税；还应免除“中心”征收或偿付任何捐税或关税的义务，等等。

③“中心”作为一个常设的国际机构，设有行政理事会和一个秘书处，并分别设立调解人小组和仲裁人小组。行政理事会由每一缔约国各派一名代表组成（如无反对的任命，各缔约国指派的世界银行董事为该国当然代表）。理事会为“中心”的权力机关，《纽约公约》授给该理事会制定政策的权力。世界银行行长为理事会的当然主席（但无表决权），秘书长为“中心”的法定代表人。另外，“中心”还备有调解员名册和仲裁员名册，双方在选择调解员或仲裁员时，既可在现有名册内选择，也可在名册外选择。调解或仲裁既可以在“中心”所在地——华盛顿进行，也可以在常设仲裁院所在地——荷兰海牙或任何其他与“中心”订立有协议的机构所在地进行，还可以在调解委员会或仲裁庭与秘书长共同磋商后经行政理事会批准的任何其他地点进行。

（2）“中心”管辖权及争议的性质。

“中心”的管辖：一是对人管辖；二是对事管辖。

对人管辖，指“中心”所能管辖的争议当事人，必须一方是缔约的成员国，另一方是另一缔约成员国的国民。前者也包括该缔约国指派到“中心”的该国的任何组成部分或机构，后者包括具有另一缔约国国籍的法人或自然人。如果争议一方的缔约国国籍的法人受外国控制，双方可以同意为了本公约的目的，将其视为争议另一方缔约国的国民。这一规定说明，凡属于当事国国内当事人间的争议，不在“中心”管辖范围之内。

关于对事管辖，“中心”规定，所管辖的争议，限于直接因投资而产生的任何法律争议。所谓法律争议，指“争议必须包括法律上权利与义务的存在与否及其范围，以及关于违反法律上义务的赔偿性质及其范围之争”，也就是指“中心”管辖范围内的权利冲突（conflict of rights）问题。至于单纯的“利益之争”（conflict of interests）问题，则不属于法律争议，不在“中心”管辖之列。所谓因投资产生的争议、投资的范围，泛指投资者为在国外使用的目的，所提供的经济的财源，包括赠予、贷款、保证金、取得股份或股金、购买企业支配权以及证券投资等。

“中心”管辖以同意为条件，同意是“中心”管辖权的基础和根据，同意无论是投资契约中事先订明的仲裁条款，还是争议发生后当事人双方协议提交仲裁均可，但都以书面形式为必要条件。同时，同意是指将具体案件提交“中心”解决的意思表示，不是概括的同意，故缔约国对《纽约公约》本身的批准、接受或认可，不能认为对今后每一具体案件提交仲裁的同意，仍须以当事人以每一具体争议所表明提交“中心”仲裁的同意为准。

争议当事人一旦表示同意将争议交付仲裁，就应视为同意排除任何其他救济办法，而专属“中心”仲裁，从而任何一个缔约国对本国国民和另一缔约国根据《纽约公约》已同意提交仲裁的争议，不得行使外交保护或提出国际要求，除非该另一缔约国未能遵守和履行对此项争议所做出的裁决。但缔约国可以要求用尽当地各种行政或司法救济办法，作为同意根据《纽约公约》交付仲裁的一个条件。

当双方表示同意后，任何一方即不得单方面撤销其同意。

（3）“中心”仲裁程序。

“中心”处理争议用两种程序：一是调解程序，二是仲裁程序。“中心”本身不处理争议，而是分别组成调解委员会或仲裁庭来处理。仲裁的程序是：

①仲裁的申请。希望采取仲裁程序的任何缔约国或其任何国民，应向秘书长提出书面请求，并经登记。

②组成仲裁庭。仲裁庭应由双方同意任命的独任仲裁人或任何非偶数的仲裁人组成。如双方对仲裁人的人数和任命的方法不能取得协议时，则各方自由任命一名仲裁人，第 3 名仲裁人由双方协议任命，并担任法庭庭长。如尚未能组成仲裁法庭，“中心”主席经任何一方的申请，尽可能同双方磋商后，得任命尚未任命的仲裁人，但主席任命的仲裁人不得具有双方任何一方的国籍。此外，大多数仲裁均不得有任何一方的国籍，但如果独任仲裁人或仲裁法庭的每个成员都是经双方协商任命的，则不受此限制。

“中心”设有调解人小组和仲裁人小组，供当事人或主席选任或指定调解人或仲裁人之用。每一缔约国可以向每个小组指派 4 人，他们可以是但不一定是缔约国的国民。主席可以向每个小组指派 10 人，应具有不同国籍。指派在小组服务的人员应具有高尚的道德品质，并且在法律、商务、工业或金融方面有公认的资格，可以被依赖做出独立的判断。对仲裁小组的人员来说，在法律方面的资格尤为重要。

（4）“中心”仲裁适用的法律。

《纽约公约》规定仲裁应适用的法律为：①当事人双方同意选择的法律规则。②如无此协议，则适用争议一方缔约国的法律（包括其关于冲突法的规则），这指可适用东道国的法律或投资者本国的法律以及可能适用的国际法。一般只有在国内法不足用时，才选择有关国际法规则。不论哪种情况，仲裁法庭都不得借口法律无明文规定或含义不清而拒绝裁决。③《纽约公约》授予“中心”仲裁庭在当事人同意时对争议做出公平和善意的决定之权。仲裁法庭可依公平和善意原则做出裁决的权限，只需当事人双方同意即可，而且可不顾上述两项关于法律选择的规定。这就使仲裁法庭只要取得当事人的同意，即可以独立于法律之外，甚至可以脱离现实法律规定而进行裁决。

（5）仲裁裁决的效力及其执行。

法庭应以其全体成员的多数票对问题做出决定。法庭的裁决应以书面做成，并说明所依据的理由。“中心”未经双方同意不得进行公开裁决，以体现商事仲裁保密性的特点。

裁决对双方均有约束力，不得进行任何上诉或采取任何其他本公约规定以外的补救方法。除依《纽约公约》有关规定予以停止执行的情况外（如双方对裁决的结果或范围有争议，要求对裁决进行解释等），每一方应遵守和履行裁决的规定。

《纽约公约》规定，如有仲裁庭的组成不适当、仲裁显然超过其权力、仲裁庭成员有受贿行为、仲裁程序严重违反基本程序规则或裁决未陈述其所依据的理由等情况之一，基于当事人一方的申请，可撤销其裁决。

关于仲裁裁决的执行，《纽约公约》规定：每一缔约国应承认依照公约做出的裁决具有约束力，并在其领土内履行该裁决所加的财政义务，如同该裁决是该国法院的最后判决一样。具有联邦宪法的缔约国，可以在联邦法院或通过该法院执行裁决，并可规定联邦法院应视该裁决如同其组成的联邦法院做出的最后判决。为尊重缔约国的主权和法律，《纽约公约》规定，裁决的执行应受要求在其领土内执行的国家关于执行判决的现行法律的管辖。此外，也不得背离任何缔约国现行关于免除该国或任何外国予以执行的法律，故执行裁决仍须受该被请求执行的缔约国现行主权豁免法律的制约。

（三）国际投资争议的司法解决

从解决国际投资争议的发展趋势看，各国越来越重视司法解决方法。司法解决（Judicial Settlement）是指将国际投资争议提交法院通过司法程序解决，即投资争议发生后，当事人向法院提出诉讼请求，由法院依据诉讼程序和有关法律规定审理争议案件，并做出对当事人具有法律强制力的判决。

司法解决方式包括两种：其一是国际司法解决方式，即将争端提交国际法院解决；其二是将争端提交各国法院解决。

1. 国际司法解决方式

国际法院是联合国主要的法定组织之一，其规定的诉讼管辖权为：国际法院的诉讼当事人限于主权国家，任何组织、团体或个人均不得成为诉讼当事人；国际法院管辖的案件包括各当事人提交的一切案件。《联合国宪章》或现行条约及协定中所特定的一切事件、关于条约的解释、国际法的任何问题和任何事实的存在如经确定即属违反国际义务者、因违反国际义务而应予赔偿的性质及范围四类争端，以当事国声明接受强制管辖为前提①。

由于国际法院的诉讼当事人限于主权国家，其受理的范围大大缩小，而且国际法院管辖需要以争端当事国的自愿、协定或声明为前提，各国是否将特定案件提交国际法院解决，完全出于其自身意愿。由于这些局限性的存在，国际法院很难独立担负起解决国际投资争端的责任，更无法担负起解决其他种类的国际投资争端的重要责任。

2. 提交各国法院解决方式

各国法院主要受理不同国籍私人之间的投资争端。国际上承认的主要涉外经济管辖制度包括：其一，属地管辖制度，即以当事人（主要为被告）的住所地、居所地或事物的存在地、事件的发生地等地域因素为行使管辖权依据的制度。其二，属人管辖制度，即以当事人的国籍为行使管辖权依据的制度。其三，普通法管辖制度，即以完全控制为行使管辖权依据的制度。由于目前尚无各国普遍接受的调整各国法院管辖此类争端的规则，因此，不可避免地产生了国内法院管辖权的冲突。而且，当事人在选择管辖其争端的法院的问题上也往往会有冲突，因为当事人一般倾向于选择本国法院，如果双方达不成一致协议，则难以解决争端。另外，各国法院也不

① 参见《国际法院规约》第三十四条、第三十六条。

能解决国家之间的冲突，因为国家享有司法豁免权，不能作为司法诉讼的对象。这些都限制了各国法院在解决国际投资争端中的作用。

不管是通过国际法院还是通过各国法院以司法方式解决国际投资争端，都因为它们的内在不足而不能成为一种主要的争端解决方式。

▶▶▶核心知识点小结

国际投资法是指调整国际私人直接投资关系的国内法规范与国际法规范的总和。其主要内容包括国际投资的内容、效力，对外国投资的保护、鼓励与限制，关于解决投资争议的程序和规则以及对外投资保险，等等。

国际投资法是包括国内法规范与国际法规范而综合形成的一个独立的法律体系。国内法规范包括东道国国内法规范和投资国国内法规范，国际法规范包括双边条约和多边条约。调节国际投资关系的最直接和最广泛的是东道国政府制定的有关法律规范，它主要采取国内立法形式，如外国投资法、外国投资保护法、矿业奖励法、外资企业法；除此之外，还能见于宪法、税法、外汇法及其他特别法律（公司法、专利法、破产法）。另外，有的国家采取政府的政策声明以及政府同外国投资者为开发自然资源所签订的特许协议等形式，也都是有效的法律规范。投资国的国内法规范，主要是投资国针对本国对外投资者在国外可能受到的政治风险提供保证或保险，如美、日、德等国国内所实行的对外投资保险（保证）制度。双边条约中，最主要的是政府间双边投资保护协定，即投资国同东道国之间缔结的关于鼓励与保护投资的协定，这是把投资保护上升到政府间的共同保证，是现时大多数国家所采用的通行的保护制度。多边条约是指多国间签订的关于保护国际投资的公约，它是在国际范围内为保护国际投资而确立的统一的法律制度。它主要规定缔约国对外国私人投资者给予公正的待遇、投资保护的共同准则、国际投资争议的处理等等。

外国投资法是东道国制定的关于调整外国私人投资关系的法律规范的总称，其内容包括：外国投资的范围和形式，外国投资者的权利与义务及其法律地位，对外国投资的鼓励、保护、监督和限制等。其中，不仅包含有关于外国投资关系（权利与义务）的实体法的规定，还包含有关于对外资审查批准的标准和程序等有关经济行政法及关于投资争议仲裁等程序法的规定。

对外国投资的审查和批准，可分为程序上的审查和实质上的审查。

投资国的对外投资保证法律是投资国保护本国对外投资的主要国内法依据。对外投资保证产生的直接原因是投资国对外投资者在东道国面临政治风险。

在国际投资保护问题上，由于各国之间（特别是发达国家和发展中国家之间经济地位不同、贫富悬殊）利害对立，无论是投资国对外投资的法律（如对外投资保证制度），还是东道国引进外资的法律（如外资法），均属于国内法规范，难免有其一定的局限性，不能全面保护外国投资者的安全与利益。特别是有些共同问题，如外国人待遇标准、征用、国有化及其补偿、争议的处理等，往往不是一国国内法就能单独圆满解决的。因此，为谋求一个共同的基础，取得共同的谅解，建立一种共同调整的机制——国际投资的国际公约很有必要。国际投资的国际公约包括两个方面：一是双边调整，即两国间的投资条约；二是多边调整，即多国间的投资保证公约。

友好通商航海条约（Friendship，Commerce and Navigation），是指缔约国在友好的政治关系前提下签订的关于通商航海事宜的条约。友好通商航海条约所调整的对象和规定的内容主要为确认缔约国之间的友好关系，促进国际经济活动的自由化，双方对于对方国民前来从事商业活动应给予应有的保障，赋予其航海上的自由权等。双边投资条约是投资国用来保护其国外投资的重要手段，主要分两类：一类是美国式的投资保证协定；另一类是德国式的促进及保护投资条约。双边投资条约是调整投资国与东道国之间私人投资关系的法律文件。双边投资保护协定通常规定，投资者是指缔约国双方的自然人、法人或不具备法人资格的企业和其他社团。

国民待遇，是指缔约国一方在某些方面（如民事权利方面）给予缔约国另一方自然人、法人、商船在本国境内享受与本国自然人、法人、商船同等待遇。最惠国待遇，是指缔约国双方在通商、航海、关税、公民法律地位等方面相互给予的不低于现时或将来给予第三国的优惠、特权或豁免待遇。

政治风险属于非商业风险，双边投资条约中关于政治风险的保证，直接影响到外国投资的安全和利益，是双边投资保护条约的重要内容。

代位求偿权是指投资国的对外投资保证机构，在对承保范围内的政治风险损失予以赔偿后，取得原投资者相应所有权和请求权，并取代原投资者的地位，进行代位求偿，向东道国索取投资者的损失赔偿金。目前，各主要投资国普遍实行国内投资保险制度，代位权成了双边投资保护条约的主要内容。关于代位权，一般包括以下几个方面的内容：一是承保人在一定条件下代位取得投保人一切权利和义务；二是代位权的权益不能超过原投资者所享有的权利；三是代位权的行使须受东道国法律制约，如东道国法律禁止承保人取得某些财产，则必须服从东道国的法律规定，并做出相应的安排。

许多国家和各国际组织先后提出了多种多国间投资保证制度的设想、倡议和方案。其种类繁多，但可概括为三种：一是建立一部关于投资者公正待遇的统一的国际投资法典；二是建立多国间投资保证体制；三是建立关于解决国际投资争议的国际公约及机构。这些要求本质上都是通过“多边”这一方法来实现关于国际投资的多国间的政府保证。

随着区域性经济合作和经济一体的发展，以前以国家为单位的投资政策便趋向于以区域为单位实行多边调整的投资政策，以解决区域与区域之间、区域内的国家（地区）间关于外国投资的保护问题。概括起来，有几种情况：一是联合国贸易与发展会议的贸易发展理事会，为调整区域内各国（地区）对外国投资保护所提出的“区域投资法典”方案；二是联合国区域经济委员会（如亚洲太平洋经济社会委员会、拉丁美洲经济委员会等）同其他区域国际组织（如阿拉伯联盟、非洲统一组织、美洲国家组织等）协商的有关外国投资的共同措施，此为建立区域投资法典的设想；三是由区域性国际经济组织协调其成员国或一定范围的国家（地区）签订的多边条约。其中前两种情况属方案或设想，在实践中及法律效力上作用不大。第三种情况属有效的国际投资法的重要内容。另外还有一些重要的区域性国际公约，尽管并非专门投资条约，但对国际投资具有重大影响，如欧洲联盟的《马斯特里赫特条约》、北美自由贸易区的《北美自由贸易协定》等。

国际投资指南的目的在于向跨越两国以上的经营业务提供一定的行动准则，避免企业活动同所在国发生纠纷。具体内容包括企业活动与所在国政策的关系，企业的所有权与经营支配权、情况公开、资金周转、课税、劳动、技术转让等有关规则。

随着国际投资规模的日益扩大、国际投资项目的不断增加，国际上不同政治与经济利益主体间的国际投资争议也经常发生。国家间的国际投资争议主要由于税收管辖权和司法管辖权之间的冲突引起。税收管辖权是国家在税收领域中的主权，即一国政府在征税方面行使的管理权力。主权国家的税收管辖权可以按照属地和属人两种不同原则确定。司法管辖权是指一国司法机关审判具有涉外因素案件的权力，国际上是根据国家主权原则来确定各国法院的国际管辖权。

处理国际投资争议的主要方式有三类，即政治解决方法、仲裁解决方法和司法解决方法。通常情况下，遇有争议，双方首先进行谈判或协商，以求友好解决。但有时争议涉及双方重大利益，往往难以解决，于是便求助于第三者帮助解决，使用调解、斡旋和外交保护的方法，也可以使用仲裁解决方法，还可以使用司法解决方法，包括国内司法救济和国际司法救济。国际投资争议的政治解决，是指通过政治途径和方式来解决，而不是按照严格的法律程序和标准对争议进行的解决。运用政治解决方式解决国际投资争议的具体方式，主要包括协商、调解、斡旋、提供外交保护。协商是指投资争议发生后，争议各方当事人，在自愿互谅的基础上，直接进行磋商或谈判，自行达成协议，从而解决争议的一种方式。调解是当事人在中立的第三者主持下，通过劝说引导，使国际投资争议当事人在互谅互让的基础上达成协议，以解决争议的一种方法。

调解可分为仲裁机构调解、法庭调解和民间调解。仲裁是指双方当事人自愿协议将争议提交他们所同意的无利害关系的第三者（仲裁者）居中公断，并做出对双方有约束力的裁决。仲裁的法律依据是“自由选择原则”。

国际投资争议的司法解决是指将国际投资争议提交法院通过司法程序解决，即投资争议发生后，当事人向法院提出诉讼请求，由法院依据诉讼程序和有关法律规定审理争议案件，并做出对当事人具有法律强制力的判决。司法解决方式包括两种：其一是国际司法解决方式，即将争端提交国际法院解决；其二是将争端提交各国法院解决。

▶▶▶关键术语

国际投资法　国际投资法的体系　双边条约　多边条约　外国投资法　对外投资保证制度　国际间接投资法规　外国资本　投资领域　出资比例　外国投资的审查　对外投资保证法律　国际证券投资的法规　国际投资基金的法规　国际期货和期权

投资的法规　国际投资的国际法规范　双边投资条约　友好通商航海条约　投资保证协定　国民待遇　最惠国待遇　征用、国有化　代位求偿权　多边投资条约　国际投资法典　《多国间投资保证机构公约》　《解决国家与他国国民间投资争议公约》　解决投资争端的国际中心　阿拉伯区域内投资保证公司公约　国际投资指南　国际投资争议　国际投资争议的政治解决　协商　调解　仲裁机构调解　法庭调解　民间调解　仲裁国际投资争议的司法解决

▶▶▶复习思考题

1. 国际投资法的主要内容与特点是什么？
2. 国际投资法与其他国际性法律的关系是什么？
3. 外国投资法的基本内容是什么？
4. 对外投资保证的主要特征是什么？
5. 简述美国、德国和日本的对外投资保证。
6. 国际间接投资法规包括哪些？
7. 双边投资条约的基本内容有哪些？
8. 双边投资条约的优点和局限性各是什么？
9. 《多国间投资保证机构公约》的主要内容是什么？
10. 阿拉伯区域内投资保证公司公约主要内容是什么？
11. 你对多边投资条约的评价是什么？
12. 国际投资争议的主要种类有哪些？
13. 国际投资争议的解决方法有哪些？
14. 仲裁为什么成为解决国际投资争议的有效手段？

第九章
中国的国际投资

资本在国际流动，是适应经济全球化的需要而产生和扩大的。利用外资加速本国经济和技术发展，是世界经济中普遍存在的现象，像美国和日本这样的经济发达国家，在其发展过程中就曾经大量利用外资。列宁就主张积极利用外资。他说："当我们国家在经济上还极其薄弱的时候，怎样才能加速经济的发展呢？那就是利用资产阶级的资本。"[①] 20 世纪 30 年代，苏联利用西方发生经济大危机的有利时机，接受外国贷款，引进技术和设备，聘请外国专家，利用美国和德国的资金和技术建成了不少大型企业。中国的国际投资包括利用国外投资（利用外资）和到国外投资两个方面。

第一节　中国利用外资概况

积极而慎重地利用和引进外资，对我国具有特别重要的作用和意义。第一，它有利于弥补国内建设资金的不足和解决外汇短缺的困难，增加资金投入，加强能源、交通、环保等基础设施的建设，加快经济发展；第二，有利于吸收国外先进的技术和装备，推动国民经济的技术改造和设备更新，优化我国陈旧的产业和产品结构，开拓许多新的经济增长点，提高民族的科技水平，提高劳动效率；第三，有利于扩大劳动就业，增加就业岗位，培养人才，提高经济管理水平；第四，有利于开拓国际市场、扩大出口贸易、增加外汇收入。总的来说，外资对我国经济的高速发展、技术水平的提高、替代进口、扩大出口、保持外贸顺差和国际收支平衡、增加外汇储备等方面，都发挥了积极的作用。1986—2002 年，外商投资企业占我国进口比重从 7. 9%增加到 54%，出口比重从 3. 1%增加到 52%。2019 年 1~11 月，全国外商投资企业进出口总值为 16 650 亿美元，同比下降 8. 04%，增幅低于全国平均水平 5. 79 个百分点，占全国进出口总值的 40. 19%。2019 年 1 ~ 11 月，外商投资企业出口额 8 828 亿美元，同比下降 6. 77%，增幅低于全国平均水平 6. 47 个百分点；进口额 7 822 亿美元，同比下降 9. 44 %，增幅低于全国平均水平 4. 94 个百分点。投资项下进口自用设备金额 50 亿美元。

① 列宁. 列宁选集：第 4 卷［M］. 北京：人民出版社，1986：42.

在对外资本交流中，我国主要是输入外国资本，即利用外资来进行现代化建设。在20世纪50年代，我国利用苏联政府提供的74亿旧卢布的长期贷款，建设了156项重点工程，奠定了我国的工业基础。后来由于受“左”的思潮的干扰，在很长的一段时期内没有利用过外资，固守“既无内债，又无外债”的局面。党的十一届三中全会以来，我国才改变了这种局面，在利用外资方面取得了明显的进展。特别是改革开放30多年来，我国在吸收和利用外资方面取得了重大成效。

一、我国利用外资的发展过程

第一阶段是起步阶段（1979—1986年）。这一阶段我国确立了积极采取多种方式利用外资的方针政策，逐步完善了立法，如颁布了第一个利用外资的法律《中外合资经营企业法》；改善了投资环境，比如在深圳、珠海、汕头、厦门四处试办经济特区，开放几十个沿海港口城市，建设沿海经济开发区，并在这些地方实行利用外资方面的优惠政策，此阶段成立较多的是合作企业。

第二阶段是稳步发展阶段（1987—1991年）。1986年10月出台的《关于鼓励外商投资的规定》，对外资企业特别是先进技术企业和产品出口企业实行更多的政策优惠并保障企业的独立经营自主权，使我国的投资环境得到初步改善，外商投资工作也逐渐打开局面，在此阶段成立较多的是合资企业。

第三阶段是高速发展阶段（1992—1993年）。1992年邓小平同志南方谈话发表后，全方位的对外开放在全国范围内迅速推进，地方政府更加积极地投入吸引外商投资的工作。1993年我国吸引外商投资的实际总额跃居世界第二，仅次于美国。

第四阶段是调整发展阶段（自1994年至今）。这一阶段，利用外资的重点由注重数量转向注重质量和结构优化，特别是支出结构、地域分布方面的优化，并开始对外商投资逐步实行国民待遇原则。此间，虽协议金额逐年减少，但实际利用外资金额却持续增加。

外商对我国直接投资的地域分布特点是东部沿海地区明显多于中西部内陆地区。东部沿海地区集中了外商80%以上的直接投资，而中西部省区占全国面积的86%、人口的58%的19个省区在1979—1996年，其协议外资金额与实际利用外资金额仅占同期全国总额的6.8%和14.9%。我国吸引外资最多的三个地区是珠江三角洲、长江三角洲和环渤海地区，这三个地区除交通便利、开放较早外，都具备了得天独厚的地理优势。珠江三角洲地区毗邻中国香港特区，货物进出口便利，从香港特区融资和获得信息服务均十分方便。广东省更是主动扩大外商在服务业领域的投资许可，如商业流通、金融、证券、保险、旅行社、会计、法律等方面。长江三角洲前有浦东做龙头、有上海作为金融中心，后有长江流域做广阔的腹地，发展经济极为有利。环渤海地区自然资源丰富，煤炭、石油产量分别占全国1/2和1/3，距日本、韩国也最近，是我国参与拟议中的东北亚区域合作的主要地区，在这里投资意味着直接参与未来的东北亚合作与竞争。

外商特别是跨国公司对我国的直接投资主要分布于电子、汽车、家电、通信、机械、电气等行业。据统计，到1997年9月底，外商投资于工业及房地产的合同外资额达58%和26%，而亟待投资的农业、能源和交通运输业仅占1.5%、7.2%和1.9%。从此角度看，这些外资投资项目的结构与我国政府鼓励外商在基础产业和基础工业方面投资的产业导向仍有较大的差距。

二、吸收和利用外资的原则

为了正确吸收和利用外资，必须坚持以下重要原则：第一，吸收和利用外资，要根据我国经济发展的需要和偿还能力以及国内资金、物资配套能力，量力而行，合理确定利用外资的规模、结构和流向。第二，必须有利于提高综合经济效益。对利用外资要从各方面进行全面分析，对综合经济效益做出全面评价，然后做出正确决策。第三，必须维护国家主权和民族利益，拒绝一切不平等和奴役性条件，坚持平等互利原则。第四，充分发挥外资的作用，将外资真正用在刀刃上，保证重点建设和现有企业的技术改造，以利于增强本国的经济实力和自力更生的能力。第五，改进投资环境，确保双方经济权益。为引进外资，必须努力改善投资环境，依法保护外商投资企业的权益，实行国民待遇。投资环境是一个包括众多因素的大系统，除了政治环境和经济环境以外，还有财务环境、市场环境、基础设施、技术环境以及高效率的运行机制等。对国外投资，我们应采取保护政策，要通过制定完善的对外经济贸易的法律法规，使他们能够按照国际惯例在我国经营企业。

三、我国利用外资的形式

现阶段各国利用外资的渠道较多，形式灵活多样。我国利用外资的形式主要有两种：一是外商直接投资，二是外商间接投资。直接投资是指外国政府、企业和私人直接在我国以各种形式对工矿、农林、商业、金融等业进行投资，并取得投资企业的部分或全部经营管理控制权。它不是单纯的资金投入，而是资金、技术、经营管理知识的综合体，是由投资国的特定产业向我国的特定产业的转移。它包括独资经营、合资经营、合作经营和合作开发等形式。间接投资包括证券投资和国际贷款两部分。证券投资，是指投资者在我国证券市场上，以购买我国有价证券（securities）即股票（stock）与债券（bond）的方式进行投资。证券投资有如下特点：第一，投资方式灵活多样；第二，可降低投资者投资风险，提高投资的安全性；第三，可增强资产的流动性；第四，对融资人而言可以节约融资费用。国际贷款是指期限在一年以上的各种贷款，主要有：国际银行贷款、政府贷款、国际金融机构贷款和出口信贷。2002年中国吸收FDI（外来直接投资）达到530亿美元（是截至当时为止，国内历年的最高水平），是当年世界上吸收FDI最多的国家。2019年发布的FDI数据显示，2019年新设外商投资企业5.98万家，累计外商投资企业62.7万家，1亿美元以上外资项目834个；全年实际利用外资9 415亿元，同比增长5.8%。

在开放经济条件下，外资的流入和流出、外汇市场的波动对一国经济特别是金融系统的影响是非常大的。20世纪90年代末期亚洲金融危机对该地区经济的冲击就是一个很好的印证。因此，我们必须加强对外资和外汇的管理。第一，要合理利用外资，加强对外汇的管理，注意外资结构的优化。一般情况下，外商直接投资主要是投向实物经济的部分，具有流动性低的特点，不会轻易抽逃资本；间接投资则正相反，金融风险也较大。在外债上，中长期外债较稳定，短期外债稳定性较低。因而我们应侧重利用直接外资和中长期外债，将金融风险降低到尽可能低的程度。如在1997年亚洲金融风暴发生时，我国吸收亚洲地区的外资数额明显下降。由于进行了外资来源结构的调整，1998年上半年我国吸收欧盟的合同外资金额比上年同期增长86.64%，来自美国的合同外资金额同比增长80.85%[①]。第二，坚持有管理的浮动汇率与保持人民币币值的相对稳定相结合。作为发展中国家，我们面临的是变动中的国际经济秩序和不稳定的国际汇率体系。因此，要防范金融风险，就必须对本国经济实行有效的宏观调控，学会运用灵活的货币政策来保护本国经济安全。根据我国的实际，今后应继续坚持灵活的有管理的浮动汇率制度，同时保持人民币币值的相对稳定，等条件成熟以后，实现人民币资本项目下的自由兑换。第三，保持充足的外汇储备。足够的外汇储备，可以保证政府平衡外汇市场的干预能力。因此，我们要注重外汇储备的不断积累，并形成科学的外汇积累与管理机制。

第二节　中国利用外商直接投资的主要形式及发展趋势

一、外商直接投资的主要形式

目前，中国利用外商直接投资的主要形式有：中外合资经营企业、中外合作经营企业、外商独资经营企业和中外合作开发。具体内容见表9-1。

表9-1　中国利用外商直接投资的主要形式

投资形式	概念	特点
中外合资经营企业	由外国公司、企业和其他经济组织或个人同中国的公司、企业或其他经济组织在境内共同投资举办的企业。	合资各方共同投资、共同经营，按各自的出资比例共担风险、共负盈亏。企业是中国的独立法人，组织形式是有限责任公司，董事会为最高权力机构。合资各方投资物都要折股计算投资比例，选择合资形式，有利于外商获得当地各种资源和市场信息并更好地与当地政府交流，得到当地政府的保护，降低政治风险
中外合作经营企业	国外公司、企业或其他经济组织或个人同中国的公司、企业或其他经济组织在境内共同投资或提供合作条件举办的企业	合作的方式较为灵活，各方的权利和义务包括投资或提供合作条件、利润或产品的分配、风险和亏损的承担、经营管理的方式和合同终止时财产的归属等项，都在合作各方签订的合同中确定。且如果中外合作者在合同中约定合作期满时企业的全部财产归中方所有，则外方合作者可在合作期间先行回收投资。此方式适合追求短期回报的投资者。合作企业可以是中国的独立法人，也可以不是。在管理方面，企业还可委托第三方管理

① 逄锦聚，等. 跨世纪宏观经济难题研究［M］. 天津：天津人民出版社，2000：325.

表9-1(续)

投资形式	概念	特点
外商独资经营企业	在中国境内设立的全部资金由外国投资者投资的企业	外资企业相当于外国跨国公司在东道国设立的拥有全部股权的子公司，它由外国投资者独立投资、独立经营、独立核算、自负盈亏
中外合作开发	是中国企业与外国企业合作开发自然资源的主要形式	合作开发的方式多样灵活，多与自然资源开发相关

二、外商直接投资方式的新变化

随着20世纪90年代对华投资规模的扩大，外商对中国市场的了解加深，加上中国政府对引进外资的不懈努力，各跨国公司对华投资战略已做出调整和升级，开始倾向于采取独资方式，以便使其在华子公司能更好地执行和贯彻母公司的战略安排，符合其全球战略的需要。这方面的原因有：

一是从投资环境的改善方面来看，独资可以充分发挥外国投资者运用资金、采用先进技术等方面的主动性，并尽快取得生产与销售上的垄断，抢占市场，实现利润最大化。故从“贸易”本性而言，投资者更趋向于独资。早期由于我国吸引外资的大环境还不够成熟，法规不够完善，有关硬件与基础设施方面的建设也相对落后，加上外国投资者对中国经济尚不了解，投资者多来自港、澳、台中小企业，且较多投资于合资式合作企业。进入20世纪90年代后，中国经济持续高速增长，中国现实与潜在的市场容量和投资环境的改善均引起了世界的注意，越来越多的大跨国企业进入中国，独资企业也随之增加。

二是合资企业中外双方存在的矛盾增加了创办合资企业的困难。中外双方出于自身的利益，再加上在企业战略、方针和管理等方面的不和谐，市场取向、价值观念的不同，很难对一些行动或战略达成一致，增加了经营成本，导致了经营效率低下。

三是中国为改善投资结构，增加鼓励类投资项目，如出口型企业和高科技投入含量高企业，进一步放宽独资企业的投资领域，以吸引欧、美、日的大跨国公司来华投资。

四是国际大跨国公司为抢占中国市场，以免在市场竞争中落后于同行业的竞争对手，也纷纷开始在中国进行投资，且他们大多更愿意采取独资形式。

西方跨国公司在投资方式上出现的另一个新的趋势就是并购我国企业股份的案例增加，这说明跨国公司在投资方式选择上有了新动向。即在投资新建企业、独资、合资的同时，在股权并购等主要投资方式的选择上也已经开始进行权衡比较，而不仅仅是以前的“三资”形式。

第三节　我国引进外资的现状

一、吸引外资面临激烈的国际竞争，引资结构仍需优化

当前，我国吸引外资面临着国际引资的激烈竞争等挑战。美国等发达国家制定"再工业化战略"，吸引制造业回流，重塑其制造业优势；东南亚国家、印度等发展中经济体凭借低廉劳动力成本对外资产生较强的吸引力。用"前有堵截、后有追兵"来形容我国吸引外资所面临的激烈国际竞争局面并不为过。同时，分蛋糕的人多了，全球外资蛋糕规模却变小了。

尽管我国在吸引外资上面面临这些挑战，但是我国仍然有巨大优势，因为中国经济增长带来的市场容量增长巨大，产业配套能力和综合要素生产力日趋增强，中国经济深度参与全球和区域经济合作，都为未来外资进一步进入我国创造更大的空间。

外界炒作的外资大规模撤离中国实际上并不存在，撤离中国的大多是成本导向型企业。实际上，全球价值链正在重构，大公司正在重新思考全球价值链的重新布局。如果中国投资环境进一步改善，可能会吸引更多高端外商到中国投资。

稳规模、调结构、提质量依然是我国吸引外资的重点工作之一。积极调整指标和优化结构，促进外商投资使用新技术、新工艺、新材料、新设备，进一步提高外资质量。在服务业领域，应该推动开放商业保理、融资租赁、商业建设工程、设计广告等服务领域。

在自贸试验区打造"制度高地"，消除政策壁垒，给外资准入放开和国民待遇。中国在变，改革更深入，越来越开放。在中国经济进一步融入全球产业链的过程中，在华外资有望迎来新一轮高速发展，中国投资环境的吸引力将不断加强。

二、我国今后引进外资的政策取向

针对当前形势和未来的发展趋势，我国今后引进外资的政策取向是：

(1) 积极采取各种措施，大力推动发达国家资本增加对华投资，改善外资来源地结构。

多年来，我国主要从东盟国家、韩国等亚洲国家和地区引进外资，但这几个国家和地区在全球对外直接投资中所占的比例很小。显然，这部分投资的潜力是有限的。与此同时，国际上对外投资主要来源地是美、英、日、德、法西方五大国，它们的对外直接投资总额占全球的62%，而来自这些国家的投资在我国所吸收的外国直接投资中所占比例尚不足20%，西方发达国家对我国的潜在投资能力还远未充分开发和利用。面对日趋激烈的国际竞争与挑战，我们必须改善引进外资结构，即必须尽快把引资重点转向发达国家。为达到这一目标，我们应有一些切实可行的具体办法。西方国家的企业尤其是大跨国公司对外投资考虑的首要因素多是占领东道国市场。对一些美国来华投资跨国公司的调查表明，它们之所以来华投资并不断扩大

投资额，是因为它们在中国生产的产品如电梯、药品、饮料食品等几乎完全在中国市场销售，出口或返销比例极低。由此可见，我国若想吸引更多的大跨国公司来华投资，必要时，就应该适度投其所好，在内外销比例方面放松限制，采取更加灵活务实的态度，为获得更多的技术而让出部分市场。当然，在这一过程中，需要政府有关部门进行统一宏观调控，以避免重复引进和行业过度竞争。

另外，在大力引进西方大跨国公司的同时，还应重视吸引更多的欧美中小企业进入我国。在欧美各国，大型企业仅占全部企业数量的很小一部分，中小企业则占绝大部分。它们经营灵活，技术也很先进。如果能引进一大批欧美中小企业，不仅对我国有资金支持作用，而且对我国中小企业特别是私营企业的发展会起到有益的示范作用，促进我国经济的多样性发展。

（2）加快改善中西部地区的投资环境，提高中西部地区引资的竞争力。

我国地域辽阔，南北、东西跨度很大。东部沿海地区与中西部内陆地区在自然条件、交通条件、基础设施和经济发展程度方面存在明显差异。改革开放以后，由于政府实行了由东至西的梯度开放政策，首先给交通运输方便、经济较发达的东部沿海地区施以大量吸引外资的优惠政策，使东部地区利用外资走在了前面，并使东部地区的基础设施得以大大改善，生产管理水平和消费水平大幅度提高。而中西部地区由于交通运输条件不利、经济基础较薄弱，再加上优惠政策滞后，利用外资和经济发展也因此相对滞后。中西部地区幅员广大，自然资源丰富，劳动力成本低，对外资尤其是资源开发型和劳动密集型的外国投资有一定吸引力，个别地区对一些资本和技术密集型的外国投资同样具有较强的吸引力。目前，政府应加大对中西部地区的政策倾斜和扶持力度，对到中西部地区投资的外商给予更多的鼓励。政府还应大量增加对这一地区的基础设施投资；优先安排世界银行等国际组织提供的优惠贷款；同时鼓励国内外资本以“项目融资”形式参与中西部地区基础设施建设；在条件具备的地区建立一些经济开发区，以尽快改善投资硬环境。近期比较可行的是鼓励、帮助那些已在东部地区设立项目的外商投资企业进一步向西发展，扩大投资，建立新的投资项目。他们对中国的经营环境和外资政策比较了解，已建立了产品内外销售渠道，在中西部地区投资成功的把握更大些。

（3）鼓励外商收购或参股部分经营困难的国有企业。

我国国有企业亏损面很大，政府已确定今后对企业“抓大放小”的管理方针，并且已开始陆续出售一些中小企业。这些企业经营陷入困境，往往是由于技术落后、产品结构不合理或经营管理不善等原因造成的。外资参股或收购这些企业后，通过注入新的资金，进行资产重组，盘活存量资产，调整产品结构，运用现代化管理方式对企业的产、供、销进行科学管理，可以使企业扭亏为盈。此外，还有一些企业的问题是过去不合理的投融资体制造成的：国家在创办企业时，未进行财政拨款，全部由银行贷款提供资金；投产后，尽管企业经营良好，但由于债务负担过重，企业难以维持正常经营和发展。如果政府无力或不愿增加对这些企业的投入，那么允许和鼓励外商加盟，将挽救这种濒于破产的企业，使它们转入良性循环，中外双方均可从中受益。因此，国家应鼓励外商参股或收购一些国有企业，将其作为我国今后几年引进外国直接投资的重要形式。

（4）优化引资结构，鼓励引资多元化。

外商直接投资曾在我国利用外资总量中占过绝对优势。实践证明，外商直接投资在引进技术、促进产业结构升级和增加出口等方面起了积极作用，同时又避免了巨额外债的压力，是一种适合中国国情的较为稳妥的引进外资方式。鉴于证券投资仍是国际资本投资的主要方式，在条件成熟的情况下，我国应该积极推进证券融资，提高证券融资在我国实际使用外资金额的中的比重，以促进我国引资总规模的不断增长。

我国在引资方面尽管面临着国际环境不断变化带来的种种挑战，但也具备一定的优势。中国经济持续稳定发展，投资环境在不断改善。中国经过多年来的引资实践，逐步积累了丰富经验。特别是人口众多的大市场对外资的吸引力是难以抗拒的。因此，只要我们继续坚持把利用外资作为一项基本国策，并及时根据国内外引资环境的变化，不断调整和完善引资政策，就一定能够逐步扩大引资规模，改进引资结构，提高引资质量，把引进外资推向一个更高的水平，为中国的经济建设做出更大的贡献。为此，我们应该：

第一，正确看待劳动密集型投资的作用。外国直接投资的技术含量过低是外资部门分布中最大的问题。解决这个问题要求我们转变对外资的态度，从以生产总量扩张为主时期的“来者不拒”，向以提高质量为主时期的“有所选择”转变。注意吸收资本、技术密集型的外国投资，特别要注意引导外资流向我国产业发展的支柱产业，比如机械、电子、石化、汽车，等等。同时，我们也应该更加理性地看待劳动密集型的投资在我国的作用，不应该一概排斥劳动密集型的投资。这一点在现在的舆论条件下，显得更加重要。这一判断有理论与现实的双重理由。国际经济交往和国际分工是依比较优势进行的，自然资源丰富和劳动力充裕是我国目前最大的也是最现实的比较优势。到目前为止，我们还不能说我们已经充分利用了这一比较优势，而比较优势是一个动态的概念，它是不可以储存的。在更高的层次上培育新的比较优势无疑是必需的，但其前提应该是充分利用现有的比较优势，否则我们会坐失许多发展的机会，甚至无从将资本、技术这些在我国目前尚属稀缺的要素培养出来。

第二，正确认识产业的要素密集程度与要素优势之间的关系。发展资本、劳动密集型的产业，使之成为我国经济新的增长点，是我国产业升级的目标，也应该是指导外资投向的方向。这里有一个问题必须明确：吸引资本、技术密集型的外国投资，并不意味着这些投资一定可以提高国民经济的资金力量或者技术水平。前文已经谈到，目前我国国内的许多技术密集型的外资企业，对国内转移的关键技术很少，这样的投资，在国内的产业链比较短，技术转移的溢出效应受到很大限制。还有一些跨国公司与国内企业组成合资企业之后，将原有的企业的技术开发中心纳入跨国公司总部的管理，这样有可能影响我国自身的技术开发能力，加深对外来技术的依赖。这些投资虽然从产业分类的角度看属于较高级的产业类别，但是我国从中得到的利益远没有达到最大化。

在我国注重高技术含量的外资流入的时候，我们更应注意这部分投资流入过程中技术转移的程度，逐步提高国民经济的技术水平和技术开发能力。

同样的道理，如果对劳动密集型的企业加以改造和提高，加强新产品的开发，提高产品的加工程度和附加值，这样的劳动密集型投资也一样是有利于产业结构升级的。对这样的外资，我们也应该持欢迎的态度。

第三，引导外资投向不能走行政命令的老路，不能“一刀切”。高效的市场运作是良好的投资环境的要素之一。在引导外资投向的工作中，不应该过多地运用非市场化的手段。我们过去惯用的行政命令手段，不利于外资的进一步发展，也已被证明是低效或无效的。因此，引导外资流向的根本手段，是使国内的商业环境有利于我们希望外资流入的部门。我们可以运用税收、信贷等经济手段提高这些部门的投资回报，提高外商对这些领域的投资兴趣。

处理外资的部门结构问题，要具体问题具体分析，不能“一刀切”。比如对劳动密集型的外国投资，要具体分析其具体的行业属性和地区投向，对于国内已经发达或者已经饱和、过剩的，或者投资目标地区该类投资已经比较密集的，应该采取一定的限制措施；但是国内生产能力严重不足的，或者在投资目标地区该类投资密度较低的，应该允许或者鼓励。对于资本、技术密集型的投资，也要做进一步的分析，视技术的先进性、实用性和经济性，做不同的选择。

处理第三产业的外资问题也应该遵循这一原则。我国的第三产业比较薄弱，这就要求我们一方面要扩大外资的流入，以推动产业的发展；另一方面又要非常慎重，以避免外资对国内的产业部门和国民经济产生大的冲击。

第四节　引进外资对我国经济发展的作用

利用外资是中国改革开放政策的重要组成部分。过去40多年，外资对中国经济增长、就业、技术进步、进出口、体制转换、产业重组等各个方面都有显著影响。未来几十年，我国仍将是一个高增长的发展中国家，也是一个正在进行体制转轨的国家，经济的现代化、市场化和国际化，都需要继续积极利用外资。继续利用外资和不断提高利用外资水平，是保持中国经济持续、稳定发展的重要因素，是需要认真研究的重大课题。

一、外商直接投资规模效应

中国利用外商直接投资开始于20世纪70年代末期的经济特区，经过20世纪80年代的初步发展，“八五”期间呈现出强劲的发展势头。“八五”期间，外商直接投资协议金额3 555亿美元，为1979—1990年累计数的2.6倍，为“七五”累计数的14.4倍；外商实际投入金额1 141.8亿美元，为“七五”累计数的8倍。截至2003年6月底，全国共批准外商投资企业443 073个，合同外资8 790.17亿美元，实际使用外资4 782.21亿美元。其中，2003年上半年中国新批设立外商投资企业18 877

家，合同外资金额509.58亿美元，实际使用外资金额302.55亿美元，比上年分别同期增长22.30%、40.25%和34.33%。2013年1~5月，全国新批设立外商投资企业8 609家，同比下降7.04%；实际使用外资金额475.95亿美元，同比增长1.03%。仅5月当月，全国实际使用外资金额即达92.56亿美元，同比增长0.29%。

外商投资企业对中国的对外贸易产生了显著的影响。1996年，外商投资企业进出口1 371亿美元，占进出口总额的47%，其中出口615亿美元，占出口总额的40.7%；进口756亿美元，占进口总额的54.5%。如果扣除设备进口的248.6亿美元，外商投资企业实现贸易顺差107.7亿美元。据海关总署统计，1999年外商投资企业进出口总值已达1 745亿美元，比1998年增长10.7%，占全国进出总额的比重已超过国有企业，在我国对外贸易中居于首位。

外商直接投资对中国经济发展的积极作用还表现在促进体制转换方面。通过与外商合资，促进了企业经营机制的转换，培养了一批掌握大型跨国企业现代化经营管理知识的人才。从长期发展看，外商直接投资在这两方面的积极意义甚至更强于对当前增长、就业和出口的促进作用。跨国投资之所以被称为"一揽子创造性投资"，就是因为随着资金的转移，技术、管理、营销技术、市场网络等都会随之移向受资方。如果没有大量的外商直接投资，中国经济的市场化进程和国际化进程就不会推进得如此迅速。

"八五"以来，中国对外商直接投资开放的领域不断扩大。1996年开始在浦东进行外资金融机构经营人民币业务的试点，在浦东和深圳进行中外合资外贸企业的试点，以这两个领域对外资的开放为标志，可以说，除少数与国家安全有关以及新闻媒介等国际社会认可的不开放领域外，中国利用外商直接投资已基本上"无禁区"。

二、外商间接投资分析

与外商直接投资在"八五"期间剧增相比，我国对外借款的增长相对比较平稳。"六五"期间平均每年借款约10亿美元，"七五"期间平均每年借款约60亿美元，"八五"期间总计比"七五"期间增长40%，"十三五"期间将会更多。

近40多年来，中国对外筹款的渠道不断拓展，筹资方式趋于多样化。改革开放时期，政府部门和中国银行是对外筹款的主渠道，借款类型主要是外国政府贷款、国际金融组织贷款和政府补贴性的商业贷款，这些类型筹款占当时筹款总额的90%以上，以后所占比重明显下降。1995年年底，外国政府贷款余额为221亿美元，国际金融组织贷款余额为148亿美元，两项合计占当年外债余额的35%。

进入20世纪80年代以后，中国开始进入国际资本市场，筹资渠道不断拓宽，筹资方式更加多样化。除政府部门和中国银行外，国内其他金融机构也开始在国际市场上筹资。1982年，以中国国际信托投资公司在日本发行100亿日元武士债券为标志，我国开始向国际资本市场发行债券。1995年年末，海外市场债券余额约为170亿美元，仅次于国外银行及其他金融机构贷款和外国政府贷款，占海外筹集资金的第3位。至1995年年末，我国向国外企业和私人借款余额已达71亿美元，在对外筹款方式中占第 6 位。占比重较大的筹资方式还有利用出口国买方信贷，1995 年年末余额达 117 亿美元。此外，在华外资银行发放贷款、国际金融租赁等对外筹款方式都有所发展。1995 年的我国债务人结构为：政府部门外债余额占外债余额总额的 29.2%，金融机构占 42.6%，外商投资企业占 15.5%，国内企业占 11.0%，租赁公司占 1.7%。

“八五”以来，中国向国外投资者开放国内股票市场和国内企业到海外上市有了长足发展。1991 年，以上海电真空发行人民币特种股票（B 股）为标志，中国企业开始在境内向境外投资者发行股票。1993 年中国首批 9 家大型国有企业在香港发行股票（H 股），并在香港联合交易所上市。到 1996 年，中国共有 26 家企业在香港联合交易所、纽约证券交易所上市，累计筹集资金 49 亿美元。近年，中国已开通了“沪港通”，不久将开出“深港通”，随着人民币的自由化，中国的货币市场将彻底对外开放，到时资金在中国的进出更方便、快捷，流动量也会更大。

按照宏观经济政策及产业政策，对外借款主要用于生产性投资，重点是基础设施、基础工业、支柱产业和出口创汇产业，通过与国内资金配合，建设了一大批重要项目。与国内同期人民币贷款和外商直接投资相比，国外借款向基础产业、瓶颈产业的倾斜十分明显，对中国经济持续高速增长起到了重要的支持作用。通过利用国际金融组织贷款（主要是世界银行的贷款项目），中国还培养了一批掌握大型项目建设管理经验的人才。

借用外债也是调节国际收支的重要手段。对买方信贷的使用、外国政府贷款项下的进口，都增加了国内市场的外汇供给，对贸易外汇收支平衡起到了调节作用。

第五节　我国引资规模的实证分析

一、外资必要规模通用决定模型研究

在经济发展过程中，通过利用外资来克服国内资本短缺的约束，加速资本形成的规模与速度以促进经济发展，始终是经济理论界与政策制定者极为重视的一大问题，也是当代大多数发展中国家已经采用或正在采用的一种经济发展战略。在此过程中，如何从经济发展对外资的客观需要这一角度来把握一国在一定时期利用外资的必要规模，一直是发展经济学研究的一个重要问题。在对既有学术文献回顾与评述的基础上，笔者提出了一个外资必要规模的通用决定模型，并对此模型的特点加以说明。

（一）外资必要规模的既有理论并不可靠

所谓外资必要规模，是指一国在一定时期根据经济发展的客观需要与其相应的国内储蓄能力而利用的外资规模。对此问题的研究，学术界早已有之。如我国著名经济学家张培刚先生在其《农业与工业化》一文中，谈到战后中国工业化的资金筹措问题时，就曾富有远见地断言：中国作为一个发展中大国，纵使只是实现“中等工业化”水平，也需要相当庞大的资本数额。张先生对利用外资的上述论证在学术

上至少具有两个方面的意义：一是他论证了在经济发展过程中，利用外资是甚为必要的这一命题；二是他指出了外资必要规模将取决于经济发展对资本的客观需要及本国的储蓄能力这两个因素。可以说，中国有关外资必要规模的讨论或多或少地受到张先生上述论证的启迪。

继张先生之后，罗森斯坦·罗丹最早对外资必要规模进行了数量上的分析，并给出了一国在一定时期利用外资必要规模的决定模型。其基本思路是：在固定资本产出系数的假设下，根据哈罗德—多马经济增长模型，一国在一定时期的投资数额可以从其经济增长率目标中求得；在国内储蓄水平可估算的情况下，其外资必要规模恰等于计划投资与能得到的国内储蓄的差额。因此，在一国计划所需的投资总额中，外资是国内储蓄的一种补充，利用外资的目的恰在于弥补国内储蓄与投资之间的缺口，以实现预期的经济增长。

在学术文献中，罗森斯坦·罗丹虽然最早对外资必要规模进行了数量上的分析，但其思路至少有如下局限性：一是他假定资本产出系数不变这一点不合乎经济发展的客观要求；二是他假定国内储蓄水平可估算，但对于如何估算并未进行充分的论证。

依罗森斯坦·罗丹的思路，钱纳里和斯特劳特所提出的“两缺口”模型可以说是既有文献中分析外资必要规模的最为有效的基本定型的模型。其基本思路可概括如下：

一是大多数发展中国家（或地区）在其经济发展过程中，几乎都要受到 3 种约束，即储蓄约束、外汇约束与吸收能力约束。这 3 种形式的约束把一个国家的经济发展过程顺序地划分为 3 个彼此连续的阶段，即吸收能力限制阶段、储蓄限制阶段与外汇限制阶段。

二是经济发展所面临的客观现实是：在前两个阶段上，存在着储蓄缺口和投资的有限增长；在第 3 个阶段，则存在着外汇缺口即“贸易的有限增长”。两大缺口的存在使得发展中国家（或地区）的国内生产要素得不到充分有效的利用，从而遏制了经济发展的进程。

三是在这种情况下，发展中国家（或地区）若利用外资，则不仅能够填补缺口，而且可以缓解约束的程度。这是因为外资不仅“使国内资源可能得到较充分的运用从而加速增长，一些可能的生产障碍如缺少技巧、储蓄或外汇等，都能通过增加无须付现的外部资源而暂时得到缓和”；而且“加快增长速度……使总产值的增长实际上能够大大高于多数受限制的国内因素所允许的增长速度……实际上大大加强了运用自己资源以取得经济持续发展的能力”。

钱纳里和斯特劳特的上述理论问世后，受到了学术界的广泛关注。例如，有不少学者根据“两缺口”模型的基本理论和发展中国家的实际情况，对它又做了进一步的补充和发展，并将其应用于对外资的必要规模的实际测算中。其中，瑟尔沃尔（Thirwill）的分析最具有典型意义。

瑟尔沃尔认为：发展中国家（或地区）在同时存在储蓄缺口和外汇缺口的情况下，如果储蓄缺口较大，则一定时期利用外资的必要规模由储蓄缺口决定，因为此时从国外引进外资的规模只有在能够弥补储蓄缺口时，才能满足既定经济增长目标下的投资需求；而当外汇缺口较大时，外资必要规模应由外汇缺口来决定。换言之，其分析标准是：在“两缺口”同时存在的情况下，利用外资的必要规模由“大中取大”准则确定。无疑，瑟尔沃尔的这种分析强调了利用外资对促进经济增长的必要性和重要性，而且他的“大中取大”准则也给分析外资必要规模提供了一种明确的思路。尽管如此，瑟尔沃尔的分析仍有可商榷之处：

（1）瑟尔沃尔分析的重点放在一国在一定时期国际收支的均衡，而非经济发展对外资的切实需要，因此，他所提出的外资规模并不一定是必要规模。

瑟尔沃尔指出，在经济发展过程中，若“两缺口”同时存在，则外资必要规模依“大中取大”的准则而确定。事实上，一国在一定时期的储蓄缺口主要是因为投资大于国内储蓄，储蓄不足以支持经济发展所需要的投资而造成的；而相应的外汇缺口仍是由于进口大于出口所致。即是说，在经济发展中，只有储蓄缺口才与经济增长速度所客观要求的外资规模直接相关；而对于外汇缺口而言，因为进口品并不都是投资品，当引进外资用来填补外汇缺口时，则相应地意味着其中必然有一部分并不是为实现国内预定的经济增长速度所必需的外资。因此，遵照国际收支均衡的原则，由“大中取大”准则决定的外汇缺口来确定利用外资的替代并不一定是必要规模。

（2）瑟尔沃尔的分析前提是以国内储蓄率作为已知量，但实际上，不仅平均储蓄倾向而且边际储蓄倾向也是一个可变的量。

在对经济问题进行研究时，纵然出于分析方便的考虑，边际储蓄倾向这一参数也需要人们对经济发展的客观现实与前景做出科学的估计。众所周知，利用外资的必要规模取决于必要的国内投资规模与国内储蓄能力之差，而国内储蓄能力的大小又直接决定于一国在相应时期的国内储蓄倾向。因此，这一参数如何决定及其值的大小便直接制约着利用外资必要规模的大小。而在瑟尔沃尔的分析结构中，对于储蓄率如何决定及赋值范围，他并未做出准确的规定与解释，这势必给外资必要规模的决定带来两个方面的难题：一方面，如果人们对储蓄率高估，则由此而得的外资规模会小于真正的外资必要规模；另一方面，倘若低估储蓄率，那么由此而计算的外资规模又会比实际利用外资的必要规模大。这两种情况均不利于一国的经济增长及相应的经济发展。

（3）瑟尔沃尔的分析和“两缺口”模型的其他分析一样，并没有讨论技术进步的变化对外资必要规模的影响。

事实上，技术进步不仅对一国的经济结构变化形成刺激，而且它本身就是对国内经济结构变化的综合反映。在利用外资的经济发展战略中，外资的流入一方面受国内技术进步的约束，另一方面它又给技术进步带来了诱因。一国在一定时期的外资流入不仅会改变其产业结构，而且还影响其相应的资本—产值比率。因此，我们在分析外资必要规模时，必须考虑技术进步的影响及资本—产值比率的变化。

综上所述，我们必须承认：两缺口模型发展到今天，其理论的价值是毋庸置疑的，其实践指导意义也是众所周知的。但是，运用两缺口模型来分析一国在一定时期的外资必要规模又存在如上所述的应该引起我们注意的方面。

（二）外资必要规模通用决定模型的构造前提

根据前面的分析，笔者认为，外资必要规模可由一国在一定时期的经济增长速度及相应的国内实际积累率决定。因此，若要构造外资必要规模的通用决定模型，其前提便是需要对经济增长速度及国内积累率进行切实的分析。在这里，借用马克思的社会扩大再生产理论与资本积累理论来进行分析。为分析方便起见，特做如下假设：

一是 W_t 为某一部门在第 t 年的社会总产值，C、V 分别表示资本有机构成中的不变资本与可变资本，S_t 为第 t 年的生产性投资，Y_t 为第 t 年的国民收入，r_1、r_2 分别表示第Ⅰ、Ⅱ部类的追加资本的有机构成相对于本部类资本有机构成的增长率，j_t 为第 t 年的积累率，相应的积累额为 A_t，利润率为 P_t。

二是在宏观经济运行中，一国在一定时期的储蓄能够转化为投资，合乎宏观经济动态均衡的要求。即不仅一定的储蓄等于相应的投资，而且储蓄的增量恰等于相应投资的增量。

三是社会再生产是扩大再生产而非简单再生产，社会再生产的周期为一年。即当社会扩大再生产进行到 $t+1$ 年时，相应的时间变量 t 也要滞后一年。

根据上述假设，我们可分别对经济增长速度及国内积累率进行分析。

1. 经济增长速度模型

根据马克思关于社会总产值构成的理论，一国在一定时期的社会总产值由不变资本、可变资本与剩余价值构成。根据上述各变量间的关系，我们有下列各式：

$$\sum w_1 = \sum (C_t + V_t + M_t) \tag{9-1}$$

$$\sum S_t = \sum (C_t + V_t) \tag{9-2}$$

$$\sum y_1 = \sum (V_t + M_t) \tag{9-3}$$

$$j_t = \sum A_t / \sum y_t \tag{9-4}$$

$$P_t = \sum M_t / \sum S_t \tag{9-5}$$

将（9-2）、（9-5）式代入（9-1）式，有：

$$\sum w_t = \sum C_t + \sum M_t = \sum S_t + P_t \sum S_t = \sum S_t(1 + P_t) \tag{9-6}$$

根据前面的假设，（9-1）式可变为：

$$\sum W_{t+1} = \sum C_{t+1} + \sum V_{t+1} + \sum M_{t+1} = \sum S_{t+1} + \sum M_{t+1} \tag{9-7}$$

在（9-7）式中，我们有：

$$\sum S_{t+1} + \sum S_t + \sum A_t = \sum S_t + j_t \cdot \sum y_t$$

$$\sum M_{t+1} = P_t \cdot \sum S_{t+1} = P_t \cdot (\sum S_t + j_t \cdot \sum y_t) \tag{9-8}$$

（9-8）式表明：下期的生产性投资等于本期的生产性投资加上本期的积累用于下期的生产性投资。出于这种考虑，将（9-8）式代入（9-7）式，有：

$$\sum W_{t+1} = \sum S_t + j_t \cdot \sum y_1 + P_t \cdot (\sum S_t + j_t \cdot \sum y_t) = (\sum S_t + j_t \sum y_t) \cdot (1 + P_t) \tag{9-9}$$

令一国在一定时期的社会总产值增长速度为 g，则有：

$$g = \left(\sum W_{t+1} / \sum y_t \right) - 1 \tag{9-10}$$

将（9-6）、（9-9）式代入（9-10）式，得：

$$g = \frac{\left(\sum S_t + j_t \cdot \sum y_t\right)(1 + P_t)}{\sum S_t \cdot (1 + P_t)} - 1 = \sum y_t / \sum S_t \cdot j_t \tag{9-11}$$

在（9-11）式中，$\sum_{yt} / \sum S_t$ 表示单位投资所带来的国民收入，简称为一国在一定时期的投资收益率，令 $G_t = \sum y_t / \sum S_t$，则（9-11）式便变为：

$$g = G_t \cdot j_t \tag{9-12}$$

由（9-12）式可知：在社会扩大再生产过程中，社会总产值的增长速度关键在于投资收益率及支持这种投资的积累率这两个变量间的相互作用。当投资收益率和积累率同时上升时，经济增长速度就一定会加快；而当两个变量同时下降时，其经济增长速度便会随之下降。

2. 实际国内积累率决定模型

在一国的经济发展过程中，一定的经济增长速度相应地需要一定的积累来支持。在（9-12）式中，假如投资收益率相对稳定，则一国在一定时期的经济增长速度便相应地依积累率的大小而定。但在宏观经济运行中，积累率的大小在一定时期内并不是一个可任意放大或任意缩小的经济变量。其中的原因在于积累率并不是一个外生的或外在给定的量，而是由经济系统内在决定的一个变量。在这里，主要借助于马克思的资本有机构成理论及资本积累理论来进行分析。

根据前面的假设，我们有如下数学关系式。变量的下标“1”“2”分别表示一国在一定时期的第Ⅰ部类、第Ⅱ部类。即有：

$$\left.\begin{aligned} &\frac{\Delta C_1}{\Delta V_1} = \frac{C_1}{V_1}(1+r_1) \\ &\Delta C_1 + \Delta V_1 = j_1 y_1 \end{aligned}\right\} \tag{9-13}$$

$$\left.\begin{aligned} &\frac{\Delta C_2}{\Delta V_2} = \frac{C_2}{V_2}(1+r_2) \\ &\Delta C_2 + \Delta V_2 = j_2 y_2 \end{aligned}\right\} \tag{9-14}$$

$$j_1 y_1 + j_2 y_2 = j(y_1 + y_2)\ j \cdot y \tag{9-15}$$

求解上面（9-13）式、（9-14）式、（9-15）式，有：

$$\begin{cases} \Delta C_1 = \dfrac{C_1(1+r_1)}{C_1(1+r_1) + V_1} \cdot j_1 y_1 \\ \Delta V_1 = \dfrac{V_1}{C_1(1+r_1) + V_1} \cdot j_1 y_1 \end{cases} \tag{9-16}$$

$$\begin{cases} \Delta C_2 = \dfrac{C_2(1+r_2)}{C_2(1+r_2) + V_2} \cdot j_2 y_2 \\ \Delta V_2 = \dfrac{V_2}{C_2(1+r_2) + V_2} \cdot j_2 y_2 \end{cases} \tag{9-17}$$

令：

$$\begin{cases}H_1=\dfrac{C_1\ (1+r_1)}{C_1\ (1+r_1)\ +V_1}\\ H_2=\dfrac{C_2\ (1+r_2)}{C_2\ (1+r_2)\ +V_2}\end{cases} \tag{9-18}$$

则有：

$$\begin{cases}\Delta C_1=H_1j_1y_1\\ \Delta C_2=H_2j_2y_2\end{cases} \tag{9-19}$$

在（9-18）式中，H_1、H_2分别表示在社会扩大再生产条件下，第Ⅰ、Ⅱ部类的生产资料资本（即不变资本）部分在资本总额中所占比重的大小。

为了谋求全面而协调的经济发展，宏观经济运行中的两大部类的产品在价值上应得到补偿、在实物上应得到替换。为此，积累率应满足如下条件，即：

$$V_1+M_1-\Delta C_1=C_2+\Delta C_2$$

$$S.t：M_1=\Delta C_1+\Delta V_1+\ (\frac{M}{x})_1 \tag{9-20}$$

将（9-19）式代入（9-20）式，有：

$$V_1+M_1-H_1j_1y_1=C_2+H_2j_2y_2 \tag{9-21}$$

由于：

$$y_1=V_1+M_1$$

所以：

$$\begin{cases}H_1j_1y_1+H_2j_2y_2=y_1-C_2\\ j_1y_1+j_2y_2=j\ (y_1+y_2)\end{cases} \tag{9-22}$$

求解上式，便可求出j_1、j_2的均衡解，即：

$$\begin{cases}j_1=\dfrac{y_1-C_2-H_2j\ (y_1+y_2)}{H_1y_1-H_2y_2}\\ j_2=\dfrac{H_1j\ (y_1+y_2)\ +C_2-y_1}{H_1y_2-H_2y_2}\end{cases} \tag{9-23}$$

由于积累是进行社会扩大再生产的物质基础，因此，要使社会扩大再生产顺利地进行，第Ⅰ、Ⅱ部类的均衡积累率均需满足强非负约束，即：

$$j_t>0\ (i=1,\ 2) \tag{9-24}$$

根据经济发展中生产资料优先增长的原理，“增长最快的是制造生产资料的生产资料的生产。其次是制造消费资料的生产资料的生产，最慢的是消费资料的生产”。这样，第Ⅰ部类的资本有机构成应高于第Ⅱ部类的资本有机构成，即是说：

$$H_1y_1-H_2y_2>0 \tag{9-25}$$

综合考虑（9-23）式、（9-24）式、（9-25）式，可得：

$y_1-C_2-H_2j\ (y_1+y_2)\ >0$，即：

$$j<\frac{y_1-C_2}{H_2\ (y_1+y_2)} \tag{9-26}$$

（9-26）式表明：在一个国家的经济发展过程中，其国内积累率不能超过第Ⅰ部类的国民收入减去第Ⅱ部类的生产资料价值的余额除以第Ⅱ部类生产资料价值在该部类总投资中的比重与国民收入的乘积。

上面我们分析了一国在一定时期内积累率的上限，继而再来讨论其下限。在社会扩大再生产的条件下，生产资料的生产优先增长，绝不意味着生产资料的生产的发展可以完全脱离消费资料的生产的发展。事实上，第Ⅱ部类对第Ⅰ部类的生产起着制约作用。这是因为制造生产资料的生产终究不能成为其本身的目的。这样，根据现实经济运行中两大部类资本的有机构成关系，我们有：

$$H_1y_2-H_2y_2>0 \tag{9-27}$$

综合（9-23）式、（9-24）式、（9-27）式三式，得：

$H_1\cdot(y_1+y_2)\cdot j+C_2-y_1>0$　即：

$$j>\frac{y_1-C_2}{H_1(y_1+y_2)} \tag{9-28}$$

（9-28）式表明：一国在一定时期的国内积累率最低不得低于第Ⅰ部类的国民收入减去第Ⅱ部类生产资料价值后的余额除以第Ⅰ部类的生产资料价值在该部类总投资中的比重与国民收入的乘积。

这样，综合（9-26）式、（9-28）式两式，我们便可得到一国在一定时期的国内积累率的决定模型。即：

$$j\in\frac{y_1-C_2}{H_1(y_1+y_2)},\frac{y_1-C_2}{H_2(y_1+y_2)}\quad S.t\text{：}y=y_1+y_2=\sum_{n=1}^{\infty}y_j \tag{9-29}$$

3. 外资必要规模通用决定模型的建立

根据上述的经济增长速度模型和实际国内积累率模型，我们可以推导出利用外资必要规模的通用决定模型。

（1）根据经济增长速度模型，我们可确定一国在一定时期为实现经济增长速度目标所客观要求的积累率及相应的积累规模。

令经济增长速度目标为 g'，由此决定的必要积累率为 j_{nt}，相应的投资收益率为 σ_t。则由（9-12）式可以得到：

$$g'=\sigma_t\cdot j_{nt} \tag{9-30}$$

即：

$$j_{nt}=g'/\sigma_t \tag{9-31}$$

相应的必要积累规模 A_{nt} 为：

$$A_{nt}=j_{nt}\cdot y_1=g\cdot y_t/\sigma_t \tag{9-32}$$

$$S.t\text{：}\sigma_t=y_t/S_t$$

（2）由于（9-30）式所揭示的是国内投资需求的相对水平，而（9-29）式所反映的是国内实际投资能力的取值区间，据此可推出一国在一定时期利用外资必要规模的通用决定模型。令：

$$j_t\in\frac{y_{1t}C_{2t}}{H_{1t}(y_{1t}+y_{2t})},\frac{y_{1t}-C_{2t}}{H_{2t}(y_{1t}+y_{2t})} \tag{9-33}$$

$$S.t\text{：}j_{tA}=\frac{y_{1t}-C_{2t}}{H_{1t}(y_{1t}+y_{2t})}\quad j_{tB}=\frac{y_{1t}-C_{2t}}{H_{2t}(y_{1t}+y_{2t})}$$

再令：j_{ft} 为投资需求与国内实际拥有投资能力的差额，则它也是在第 t 时期需要利用外资的相对数额。据（9-31）式、（9-32）式两式得：

$$j_{ft}=j_{nj}-j_t \quad S.t: j_t \in (j_{tA}, j_{tB}) \quad j_{tA}<j_{tB}$$

即：

$$j_{ft} \in (j_{nt}-j_{tB}, j_{nt}-j_{tA}) \qquad (9-34)$$

$$S.t: \begin{cases} j_{tA}<j_{tB} \\ j_{nt}-j_{tB}<j_{nt}-j_{tA} \end{cases}$$

令一国在一定时期利用外资的必要规模为 F_{nt}，则根据前面的分析，我们有：

$$F_{nt}=y_t \cdot j_{ft} \quad S.t: i_t>0$$

将（9-30）式、（9-31）式、（9-32）式、（9-33）式代入（9-35）式，得：

$$F_{nt} \in g' \cdot S_t-\frac{y_1(y_{1t}-C_{2t})}{H_{1t}(y_{1t}+y_{2t})},\ g' \cdot S_t-\frac{y_t(y_{1t}-C_{2t})}{H_{2t}(y_{1t}+y_{2t})}$$

根据（9-29）式，可得：

$$F_{nt} \in g' \cdot S_t-\left(\frac{y_{1t}-C_{2t}}{H_{1t}}\right),\ g' \cdot S_t-\left(\frac{y_{1t}-C_{2t}}{H_{2t}}\right)$$

即：

$$F_{nt} \in (F_{nt1}, F_{ntn}) \ S.t: \begin{cases} F_{nt1}=g' \cdot S_t-\left(\dfrac{y_{1t}-C_{2t}}{H_{1t}}\right) \\ F_{ntn}=g' \cdot S_t-\left(\dfrac{y_{1t}-C_{2t}}{H_{2t}}\right) \end{cases} \qquad (9-36)$$

在我们的分析中，（9-36）式就是一国在一定时期利用外资必要规模的通用决定模型。对此模型，有如下几点需要说明：

说明一：这里所给出的外资必要规模通用决定模型是一个区间模型，而非定点定值模型。它所说明的是一国在一定时期利用外资的必要规模，是一个区间，在此区间内的外资规模均属于必要规模。这是符合经济发展的客观要求的，因为一国在一定时期的经济增长速度目标是有弹性的，国内实际积累率是一个可控区间。

说明二：外资必要规模的通用决定模型告诉我们，如果经济增长速度目标定得过高，而国内实际积累能力又相对低下，则利用外资的必要规模便相对较大；反之，倘若经济增长速度目标定得过低，而国内实际积累能力又相对较强，则利用外资的必要规模便相对较小，甚至只需利用很小规模的外资。总之，一国在一定时期利用外资的必要规模由经济增长速度目标与国内实际积累能力决定。

说明三：本模型尽管在形式上较为复杂，但它实际上较瑟尔沃尔的“大中取大”准则更能准确地反映一国在一定时期利用外资必要规模的决定问题，而且还克服了前面所述及的缺陷。这是因为：

第一，该模型视一国的国内实际积累能力为主要变量，分析的重点放在国内经济发展对外资的客观需要而非其国际收支的均衡上。

第二，该模型不仅讨论了国内实际积累能力的决定问题，而且还指出一国在一定时期的国内实际积累能力是一个可控区间，其区间的长度由社会两大部类的资本有机构成的比例决定。

第三，该模型考虑了技术进步对利用外资必要规模的影响。因为资本的有机构成是“由资本技术构成决定并且反映技术构成变化的资本价值构成的”。而资本的技术构成又反映了这样一种情况，即“劳动生产率的增长，表现为劳动的量比它所推动的生产资料的量相对减少，或者说，表现为劳动过程的主观因素的量比它的客观因素的量相对减少”。因此，笔者认为，在宏观经济的运行中，资本的技术构成说明每个工人平均使用的生产资料的数量，它反映生产过程的技术水平和劳动生产力水平，从而能够反映一国在一定时期的技术进步程度。

说明四：该模型操作方便。模型所要求的参数都是常用的一些基本数据，统计数据的获得也较为容易，因此，它便于实际计算与统计分析。

说明五：该模型所说明的是一国在一定时期利用外资的必要规模，反映的是经济发展对外资的客观需要程度。因此，它并不一定是一国在一定时期的最优利用外资规模。利用外资的最优规模不仅取决于外资必要规模，而且更多地取决于利用外资的吸收规模与安全规模。所有这些均是有待于进一步探讨的课题。

第六节 中国内地的对外投资

在积极引进和利用外资的同时，我国也积极尝试对外投资。中国商务部 2014 年 1 月 16 日发布的数据显示，2013 年，中国境内投资者共对全球 156 个国家和地区的 5 090 家境外企业进行了直接投资，累计实现非金融类直接投资（下同）901.7 亿美元，同比增长 16.8%。其中，中国内地对中国香港、东盟、欧盟、澳大利亚、美国、俄罗斯、日本七个主要经济体的投资达到 654.5 亿美元，占同期中国对外直接投资总额的 72.6%，同比增长 9.1%。2013 年，中国内地对中国香港、欧盟和日本的投资分别下降 6%、13.6%和 23.5%。不过，中国内地对其他多数区域的投资也都呈现高速增长的态势。当年，中国内地对俄罗斯、美国、澳大利亚、东盟的投资额分别为 40.8 亿美元、42.3 亿美元、39.4 亿美元和 57.4 亿美元，分别实现了 518.2%、125%、82.4%、29.9%的增速。

2013 年，中国地方企业对外直接投资 329.7 亿美元，同比增长 16.9%，占全部投资的 36.6%，广东、山东、江苏位列前三位。从行业构成情况看，投资门类齐全且重点突出，九成的投资流向商务服务业、采矿业、批发和零售业、制造业、建筑业和交通运输业。具体而言，流向商务服务业的投资为 294.5 亿美元、采矿业投资 201.6 亿美元、批发零售业投资 136.7 亿美元、制造业投资 86.8 亿美元、建筑业投资 65.3 亿美元、交通运输业投资 25 亿美元。值得注意的是，建筑业、文化体育和娱乐业是投资增速最快的领域，分别同比增长 129.1%和 102.2%，采矿业、批发和零售业、制造业、房地产业等也都实现了较快增长。

2013 年，中国内地对外承包工程业务完成营业额 1 371.4 亿美元，同比增长 17.6%；新签合同额 1 716.3 亿美元，同比增长 9.6%。其中上亿美元的项目 392 个，较上年同期增加 63 个。截至 2013 年年底，中国内地对外承包工程业务累计签订合同额 11 698 亿美元，完成营业额 7 927 亿美元。

2013年，中国内地对外劳务合作派出各类劳务人员52.7万人，较2012年同期增加1.5万人。截至2013年年底，中国内地对外劳务合作业务累计派出各类劳务人员692万人①。

一、我国境外投资发展状况

1979年以后，我国的境外投资事业逐步兴起，并在不太长的时间内迅速发展，现已初具规模，成为我国对外经济活动的一个重要组成部分。中国大企业开始在海外进行较大规模的并购：中海油先后购买印度尼西亚和澳大利亚油气田部分股份，三宗收购累计金额达到12.08亿美元；2003年，京东方收购韩国现代显示株式会社，金额达3.8亿美元；安玻彩管收购位列世界500强的彩管业“老祖宗”美国道—康宁彩管分部；上海海欣集团、上海制皂公司和TCL公司分别收购美国格利奴、美国莫泰克和德国施耐德电子，这些都是数百万和数千万美元的大手笔。这表明一批中国的跨国公司正在迅速成长，并跻身全球化竞争。自1979年中国企业开始对外直接投资以来，截至2003年年底，经商务部批准的中国非金融类海外企业累计达到7 470家，中方协议投资额114.27亿美元。其中2003年达到20.87亿美元，同比增长112.3%。而且单项投资规模越来越大：截至2002年年底，平均每家企业投资134.20万美元；2002年当年，平均每家投资280.86万美元；2003年，平均投资额达到409.21万美元。项目分布在160多个地区，亚洲是中国最大的海外投资目的地，其次是北美、非洲和南美，最后是欧洲并主要集中在中东欧。投资项目涉及资源开发、贸易、工程承包、机电加工、运输、保险、医疗、餐馆等多种行业。在境外投资办企业，不仅有利于带动我国的商品和劳务出口，有助于打破各国的贸易保护壁垒，实现就地生产、就地销售，而且还可以获得稳定的原材料来源，弥补国内部分资源和投资的不足，保证我国经济的协调发展。随着我国经济力量的壮大、综合国力的增强，我国的对外投资和跨国经营将会进一步扩大。

投资理论描述了一个规律：一个国家人均GDP达到400美元时，出现零星对外投资；达到800美元时，出现系统对外投资；达到1 200美元时，将出现大规模对外投资。中国现在人均GDP达到1 000美元左右，处于对外系统投资向大规模对外投资的过渡时期，也是中国企业由跨国经营向跨国公司迈进的积累时期。以技术、资金比较优势而言，中国企业对外投资的重点是亚非拉发展中国家以及东欧等转型经济国家。

境外企业对于我国扩大对外经济技术交流与合作，促进国内经济发展起到了积极的作用。我国境外企业的作用主要表现在：①直接利用国外资源，促进我国经济可持续发展；②扩大我国出口商品市场占有率；③有利于学习国外的先进技术及管理经验，培养人才；④有力地配合了外交工作，巩固和扩大了我国的经济援助成果。

经过多年的不断发展，我国的境外投资已呈现出如下的新特点：一是在近40年境外投资实践的基础上，我国境外投资稳中求进，投资规模逐步增大。二是结合我

① http://www.chinafair.org.cn/china/News/43400_600.html.

国国民经济发展和经济体制改革及经济结构、产业结构的调整，境外投资结构逐步趋向合理。投资重点领域集中在我国紧缺资源的开发利用和能够发挥我国比较优势、有利于提高我国商品国际市场占有率、扩大出口的机电产品加工装配项目上。三是境外投资地区呈现多元化之势，特别是投向非洲、拉丁美洲、亚洲地区的项目增加较多。四是境外投资趋于合理，盲目投资现象减少，以市场为导向、以效益为中心已成为企业开展境外投资的基本原则。五是境外投资主体进一步优化，一批行业排头兵和优秀企业到境外投资开办企业，取得了较好成效。六是政府管理部门宏观调控作用加强，境外投资纳入有计划、有步骤健康发展的轨道。七是对境外企业管理得到强化，依照法律实行属地化已经成为境外企业改革的重要内容。

随着我国资本的不断增加，我国将逐步展开大规模的对外直接投资，当然这将是一个逐步累积的过程。

二、中国海外投资的类型

中国海外投资有四大类型：

第一类：新建投资型。这种投资是指投入资金设立独资或合资子公司，在家电、电子、轻纺领域特别明显。海尔在全球建立了13家工厂，在美国和巴基斯坦建有工业园。TCL在越南建立了年产50万台彩电的生产线以及年产30万台数码相机和电工产品生产线，总投资逾亿美元。格力电器在巴西生产空调、中兴通讯在巴基斯坦建厂，都属于这种投资类型。在珠三角、长三角等经济发达地区，民营企业开始成批地向海外投资。无锡市光明集团在柬埔寨建立的金卡门制衣有限公司产量占集团近1/3，产品100%外销，每年带动国内原材料出口约750万美元。

第二类：跨国并购型。这是在国际上非常普及而中国却是近年才迅速发展起来的投资类型。按目标或做法又可以归纳为四种：

①资源开发。中海油采取的是购入东道国现成油气田股份的方式，成为印度尼西亚最大的海上石油生产商。中石油也收购了印度尼西亚部分油气田。

②生产与营销全球延伸。这类情况最多。上海通用集团购入通用大宇10%的股份，走上国际化经营第一步。

③逆向代工。万向以280万美元购入纳斯达克濒临摘牌的美国汽车零部件厂商UAI，后者每年从万向购入2 500万美元的制动器，使万向销售成本大为降低。

④获取技术。中国高端显示器的生产技术距国际先进水平有一定差距，京东方科技购入韩国现代显示株式会社，是一举获得它的产品和技术的很好途径。

第三类：研究开发型。这当中最突出的是华为。华为的海外研发机构遍及8个地区总部和32个分支，在硅谷、达拉斯、班加罗尔、斯德哥尔摩和莫斯科设立了研究所，同摩托罗拉、英特尔、微软、日电等成立联合实验室。截至2002年年底，华为申请国际和国外专利198项，是发展中国家企业里最多的。华为作为中国驰名商标在86个国家和地区注册600多件次，受到《巴黎公约》和世贸组织保护。2003年，其交换机接入网连续三年全球出货量第一。这是通过海外研发取得居于国际先进水平的自主知识产权的成功案例。

第四类：战略联盟型。这比跨国并购又复杂一层，是指通过同跨国公司的某方面联合，达到优势组合和跨国发展的目的。

青岛啤酒又是另一种做法。1997 年旧金山市市长听说青岛啤酒要去旧金山设厂，就给青岛市市长写了一封热情洋溢的欢迎信，结果青岛啤酒没有去成。5 年后的 2002 年 10 月，青岛啤酒宣布和世界著名啤酒厂商安海斯—布希公司结成战略联盟，青岛啤酒向后者强制性发行可转让债券，在香港筹资 14.16 亿港元，同时利用后者的全球战略布局、技术、预算和管理，提升了青岛啤酒的品牌和核心竞争力。同仁堂的海外投资也属于这一类型。

尽管中国海外企业还存在若干问题，但海外投资的整体成绩是十分明显的。一方面扩张了企业的全球产能和市场，为中国增加了就业和出口；另一方面还提升了企业品牌的国际形象，海尔、华为、TCL 和青岛啤酒等企业已经取得了世界性声誉；此外，海外投资为企业拓宽了资金来源，如青岛啤酒通过同安海斯—布希公司联盟，在香港筹得资金；中石化通过与埃克森美孚和英国石油联盟，促进了在纽约证券交易所上市筹资，这些都为企业的全球发展创造了重要条件。

三、我国企业境外投资存在的问题

与世界上一些发达国家及部分新兴工业国家相比，由于我国企业开展跨国经营的时间不长，目前还存在一些问题，主要是：①总体来看，我国对外投资企业规模较小，同类企业重复设置，特别是境外贸易公司过度集中在发达国家和地区；②部分国内企业境外投资的目的不够明确，管理不够规范，特别是与国际惯例接轨的财务管理制度和监督制约机制尚不健全；③个别企业违反国家规定，未经批准擅自投资设立境外企业，使企业失去监督，经济效益较差，导致资产流失。

究其原因，一方面，我国社会主义市场经济体制尚未完全建立，经济体制和企业经营方式正处在两个根本性转变过程当中。长期处在计划经济体制下的国内企业缺乏市场竞争机制、自我约束机制和投资风险意识。企业内部经营管理制度的不健全和对外部环境的不适应，使企业偏重于上项目、热衷于搞投资，不重视市场风险，忽视经济效益。我国境外企业目前存在的问题，是国内企业机制问题在境外的集中表现。另一方面，部分地方、部门和企业片面地理解跨国经营和境外投资。这些企业笼统地认为把国内过剩、闲置的设备简单地搬到国外就是境外投资；不顾自然条件、不注意市场需求，认为出了国门就是跨国经营。这种片面认识，造成了大量的盲目投资和重复建设，这也是目前我国境外企业普遍小、散、乱的原因之一。境外投资办厂不是一搬就灵，产品有无市场、项目有无效益才是关键。产品无市场，长线产品搬出去也没有用；项目无效益，不但经济上受损失，政治上也不可能产生良好影响。

虽然我国境外企业目前还存在这样那样的问题，但是随着世界经济一体化进程的加快和我国对外开放水平的提高，根据实际需要和可能，开展国际化经营，对境外直接投资，设立境外企业，将成为我国企业对外经济贸易合作的重要方式。发挥我国的比较优势，积极推动有实力的大中型企业有计划、有步骤地对外投资，设立境外企业，提高境外投资的质量和效益，有利于更好地利用国外资源，弥补国内资源短缺；有利于占领和扩大我国出口商品市场；有利于促进对外承包工程和劳务合作的发展，巩固我国的对外援助成果，同时也必将促进我国国内经济结构的优化、企业结构和产品结构的调整，进一步增强我国的综合经济实力和我国企业的国际竞争力。

四、扩大国外投资，积极应对经济全球化

在经济全球化的总趋势下，资源、商品、资金和人才流动日益以世界市场为舞台。中国只有同样以世界市场为舞台，造就一批自己的大型跨国公司，才能在全球竞争中立足和发展。

进一步扩大中国海外投资，应当研究和推进三大方略：

第一，除资源开发外，鼓励制造业向发达国家投资。一般来说，制造业应设在劳动力成本相对低廉的国家，但这只是事情的一方面。发达国家转移出去的主要是低端制造业，高端制造业和核心产品仍留在本国，仍然是商品主要销售市场和技术的主要来源地。如果我们不满足于长期为别人打工，就必须到发达国家去竞争。

发达国家劳动力成本确实高得多，但其劳动生产率也高得多。美国制造业劳动生产率是中国的 23 倍，工人平均年工资约 3 万美元，考虑到劳动生产率，与中国工人工资的差距并不大。欧洲投资主要流向美国，而不是劳动力成本更低的拉美；外商对中国制造业投资主要集中在长三角和珠三角，而不是劳动力成本更低的西部地区，都是因为劳动生产率相对较高的缘故。海尔在美国投资生产，开发出美国市场最高端的酒柜，迅速提升了自己的品牌。如果仅在发展中国家设厂，就不会有这么快的成果。实际上，美国特别是各州政府，非常鼓励外来投资，并提供一系列免费服务和许多优惠政策。

第二，鼓励跨国并购或股份投资。今后，世界跨国投资的主要形式将是股权置换、参股、控股、出售的方式，或整个企业拍卖，这样可以同时获得被购企业的产品、品牌、销售渠道和人才。中国一批企业已做出努力并取得了显著效果。

在这方面，可以充分利用跨国投资银行和四大会计师行。世界跨国并购的咨询和运作，85%通过高盛、摩根士丹利、美林、花旗、瑞士银行第一波士顿等十大跨国投资银行。它们对同中国企业合作也具有很大兴趣。

第三，鼓励战略联盟。这主要是指同世界领先的跨国公司、实验室和大学联盟。战略联盟比跨国并购复杂，其形式要看企业发展需要和目标，其目的是优势互补。对中国企业来说，通过这样的形式能获得通过其他形式难以获得的市场准入、销售渠道、研发资源等。这方面也有很多机会。奥本尼州立大学纳米技术中心与 IBM、西门子等多家公司正在合作。该中心也一再提出同中国企业合作，值得探讨。

可以预期，将有更多中国企业在海外取得成功，中国国外投资的步伐也会进一步加快。

▶▶▶内容提要

资本在国际流动，是适应经济全球化的需要而产生和扩大的。利用外资加速本国经济和技术发展，是世界经济中普遍存在的现象，像美国和日本这样的经济发达国家，在其发展过程中就曾经大量利用外资。积极而慎重地利用和引进外资，对我国具有特别重要的作用和意义。

利用外资是中国改革开放政策的重要组成部分。过去40多年，外资对中国经济增长、就业、技术进步、进出口、体制转换、产业重组等各个方面都有显著影响。未来几十年，我国仍将是一个高增长之发展中国家，也是一个正在进行体制转轨的国家，经济的现代化、市场化和国际化，都需要继续积极利用外资。

▶▶▶关键术语

吸收和利用外资原则　我国利用外资的形式　中外合资经营企业　中外合作经营企业　外商独资经营企业　中外合作开发　外商直接投资规模效应　外商间接投资分析　外债规模及结构

▶▶▶复习思考题

1. 利用和引进外资的重要作用和意义是什么？
2. 简述中国利用外资的情况。
3. 中国利用外商直接投资的主要形式及发展趋势是什么？
4. 我国引进外资所面临的挑战是什么？
5. 简述中国当前的对外投资情况。

附录
国际投资相关网站

1. http://www.unctad.org：联合国贸发会议网站，可以了解全球国际投资发展的最新动态和历史数据（包括世界主要国家宏观经济政策和对外投资方面的数据），每年出《世界投资报告》，是把握国际投资发展的纲领性文件。

2. http://www.wto.org：WTO 网站，可以了解 WTO 成员的对外投资和吸引外资情况。

3. http://www.mofcom.gov.cn/：中华人民共和国商务部，了解我国的外资政策和我国吸引外资情况，了解国际经济贸易公约与惯例，获取我国对外投资的最新数据和分析报告。

4. http://fec.mofcom.gov.cn：中国对外经济合作指南，可以了解我国外资政策以及我国当前吸引外资情况，也可以查到我国企业对外投资的进展情况和世界主要国家的投资环境。

5. http://www.fdi.gov.cn：中国投资指南，可以了解我国对外资的具体利用情况。

6. http://www.china.com.cn/chinese/EC-c/636108.htm：经济中国网，作为中国网的一个板块，可以浏览到我国当前经济热点问题与宏观经济信息。

7. http://www.sciis,org.cn：国际投资研究中心，可以了解国际投资理论以及各国政府国际投资政策。

8. http://wwww.manage9.com：管理学理论研究网，可以了解经典管理学理论以及案例研究。

9. http://www.mergers-china.com：中国并购交易网，可以浏览到许多在线并购信息。

10. http://www.online-ma.com/chinese/：全球并购研究中心，可以了解全球并购动态。

11. http://finance.sina.com.cn：新浪财经网站，可以查阅我国所有上市公司股票的走势，了解最新的财经新闻。

12. http://finance.yahoo.com：雅虎财经网站，可以查阅到所有世界主要股票交易所的某只股票的动态信息以及影响全球的重大财经事件。

13. http://finance.tom.com：TOM 财经网站，可以了解最新的财经新闻。

14. http://www.pbc.gov.cn/：中国人民银行网站，可以及时了解国家货币政策。

15. http://www.bank-of-china.com：中国银行网站，该网站提供企业与个人的投资、理财等咨询，提供《国际金融研究》杂志部分年份的文章阅读。

16. http://www.chinamoney.com.cn/index.html：中国货币网，提供外汇交易方面的专业讨论、咨询和最新信息。

17. http://www.imf.org：国际货币基金组织官方网站，可以了解 IMF 提供的有关金融市场的信息和统计资料。

18. http://www.worldbank.org：世界银行集团官方网站，可以了解世界银行的部门设置、对各国的贷款政策和方向、有关出版物、贷款项目介绍等有关信息。

19. http://www.adb.org：亚洲开发银行网站。

20. http://www.afdb.org：非洲开发银行网站。

21. http://www.sse.com.cn：上海证券交易所。

22. http://www.szse.cn/：深圳证券交易所。

23. http://www.nyse.com：纽约证券交易所。

24. http://www.sgx.com：新加坡证券交易所。

25. http://www.londonstockex.co.uk：伦敦证券交易所。

26. http://www.tse.or.jp：日本证券交易所。

27. http://www.abnnewswire.net/companies/：亚洲财经新闻网。

28. http://www.eurobank.org：欧洲银行集团官方网站，可以提供有关欧洲货币市场以及国际金融市场发展的信息。

29. http://www.iosco.org/library.html：国际证券监管组织网站，可以了解国际证券监管组织的详细情况，特别是它公布的 126 个监管文件。

30. http://www.globefinance.net：世界汇金网，可以查询国内外金融市场、金融机构动态、金融市场监管、专业研究报告、证券外汇交易和产业经济领域的相关资料。

31. http://www.chinca.org：中国对外承包工程商会网站，可以了解中国的国际工程承包情况和劳务合作情况等内容。

32. http://www.chinabidding.com：中国国际招标网，是中国最大的招标网，是采购信息门户和中国政府指定的在线招标采购交易与管理平台。

33. http://www.chinarent.net：中国租赁网（http://www.zoloo.com.cn/），可以看到租赁理论、租赁业务以及租赁业的动态。

34. http://www.chinafiw.com：中国外资网，可以了解有关国际信托投资的有关信息。

35. http://www.cbrc.gov.cn/index.html：中国银行业监督管理委员会网站。

36. http://www.csrc.gov.cn/pub/newsite/：中国证券监督管理委员会网站。

37. http://www.elsevier.com/locate/econbase：爱思唯尔网站，是全球五大出版社之一的爱思唯尔集团发布各种著名期刊文章的网站，提供各个学科相关文章的全文阅读。

38. http://www.wtolaw.gov.cn：WTO 法律咨询网，可以了解有关 WTO 的经济与

法律知识，尤其是中国在加入 WTO 后的开放现状和趋势。

39. http://www.cme.com：芝加哥商业汇率网，全球著名的金融服务网站，提供各种外汇买卖组合、咨询以及与外汇交易相关的各种服务。

40. http://www.un.org：联合国网站，可以查到世界以及各国的投资数据、双边投资协议统计数据，可以了解世界性国际投资条例与法规的具体内容等。

41. http://www.worldbank.org/icsid：世界银行下属解决投资争议国际中心网站，可以了解《解决国家与他国国民间投资争端公约》的详细条款和签约国数据。

42. http://www.miga.org：多边投资担保机构网站，可以看到《多边投资担保机构公约》的详细条款和签约国数据。

43. http://www.chinafdi.org.cn：中国国际投资促进网站（中国国际投资促进会网站 http://www.cciip.org.cn/），了解我国最新的投资、贸易数据及世界其他国家的投资环境分析。

44. http://www.wtoguide.net：WTO 经济导刊网站，了解中国与 WTO 有关的各项数据。

45. http://www.safe.gov.cn：国家外汇管理局网站，可以查到我国对外借款的历年信息。

46. http://www.stats.gov.cn：国家统计局网站，可以查到历年统计年鉴和统计公报，了解我国利用外资的详细情况。

参考文献

［1］马克思. 资本论［M］. 北京：人民出版社，1975.

［2］联合国跨国公司中心. 再论世界发展中的跨国公司［M］. 北京：商务印书馆，1982.

［3］威廉逊. 开放经济与世界经济［M］. 厉伟，等，译. 北京：北京大学出版社，1991.

［4］科斯. 论生产的制度结构［M］. 盛洪，陈郁，译. 上海：上海三联书店，1994.

［5］钱德勒. 看得见的手：美国企业的管理革命［M］. 重武，译. 北京：商务印书馆，1987.

［6］A. M. 格拉曼. 跨国企业的内幕：内部化市场经济学［M］. 纽约：哥伦比亚大学出版社，1981.

［7］R. L. 马里斯. 管理资本主义的经济理论［M］. 伦敦：麦克米兰出版公司，1964.

［8］W. J. 鲍莫尔. 商业行为、价值和增长［M］. 纽约：麦克米兰出版公司，1959.

［9］J. K. 加尔布雷斯. 新工业国［M］. 波士顿：霍顿出版公司，1967.

［10］W. M. 戈登. 生产理论［M］. 伦敦：牛津大学出版社，1972.

［11］T. 霍斯特. 对外投资决策的企业和产业决定因素［J］. 经济学和统计学评论，1972（54）：113-116.

［12］G. P. 马吉. 信息和跨国公司：对外直接投资的报偿理论［M］//巴格瓦蒂. 国际经济秩序. 马萨诸塞州，坎布里奇：麻省理工学院出版社，1977.

［13］P. J. 巴克利. 跨国企业的未来［M］. 伦敦：麦克米兰出版公司，1976.

［14］J. H. 邓宁. 贸易、经济活动的区位和跨国企业：一种折中主义方法的探索［M］. 伦敦：麦克米兰出版公司，1977.

［15］J. 克莱格. 跨国企业和世界竞争［M］. 伦敦：麦克米兰出版公司，1987.

［16］艾德伍德·陈. 跨国公司、技术和就业［M］. 伦敦：麦克米兰出版公司，1983.

［17］P. J. 巴克利，M. C. 卡森. 跨国企业的经济理论［M］. 伦敦：麦克米兰出版公司，1985.

[18] 原信. 外汇风险 [M]. 北京: 中国金融出版社, 1987.

[19] 邓宁. 重估外国直接投资的利益 [J]. 国际贸易问题, 1993 (10): 158-162.

[20] 邓宁. 多国企业 [M] //联合国秘书处经济社会事务部. 世界发展中的多国公司. 北京: 商务印书馆, 1975.

[21] 傅梦孜. 世界直接投资: 发展、理论与现实 [M]. 北京: 时事出版社, 1999.

[22] 姚曾荫. 国际贸易概论 [M]. 北京: 人民出版社, 1987.

[23] 联合国跨国公司中心. 三论世界发展中的跨国公司 [M]. 北京: 商务印书馆, 1992.

[24] 陈彪如. 国际金融概论 [M]. 上海: 华东师范大学出版社, 1987.

[25] 世界经济百科全书 [M]. 北京: 中国大百科全书出版社, 1987.

[26] 滕维藻, 陈荫枋. 跨国公司概论 [M]. 北京: 人民出版社, 1991.

[27] 杨大楷. 国际投资学 [M]. 成都: 西南财经大学出版社, 1998.

[28] 国际货币基金组织. 国际资本市场 [M]. 北京: 中国金融出版社, 1994 以来的有关各期.

[29] 谢荣兴. 同舟共济, 为百万规模而努力 [N]. 中国证券报, 1997-11-07.

[30] 徐洪才. 世界基金市场与我国对外筹资选择 [J]. 国际金融研究, 1996 (5): 3.

[31] 王经训. 美国养老基金分类和投资 [J]. 上海投资, 1996 (1): 4.

[32] 沈建忠. 英国养老金不动产投资透视 [J]. 上海投资, 1996 (4): 16.

[33] 姚梅镇. 国际投资法 [M]. 武汉: 武汉大学出版社, 1986.

[34] 逄锦聚, 等. 跨世纪宏观经济难题研究 [M]. 天津: 天津人民出版社, 2000.

[35] 樊亢, 宋则行. 外国经济史 (近现代部分) [M]. 北京: 人民出版社, 1982.

[36] 徐文通, 任映国. 现代西方投资学 [M]. 北京: 中国金融出版社, 1991.

[37] 任映国, 等. 国际投资学 [M]. 北京: 中国金融出版社, 2001.

[38] 尹忠明. 当代跨国公司论 [M]. 成都: 西南财经大学出版社, 1999.

[39] 酒井健三. 国际金融 [M]. 羊子村, 译. 北京: 中国财政经济出版社, 1980.

[40] 小岛清. 对外贸易论 [M]. 周宝廉, 译. 天津: 南开大学出版社, 1987.

[41] 王东京. 国际投资论 [M]. 北京: 中国经济出版社, 1993.

[42] 张中华, 李荷君. 国际投资理论与实务 [M]. 北京: 中国财政经济出版社, 1995.

[43] 邓小平文选: 第 2 卷 [M]. 2 版. 北京: 人民出版社, 1994.

[44] 世界经济统计年鉴 [M]. 上海: 生活·读书·新知三联书店, 1974.

[45] THOMAS ANDERSON. Multinational Investment in Developing Countries [M]. 1991: 24.

[46] S H HYMER. The International Operational Firms: A Study of Direct Foreign

Investment [M]. Published by M.I.T. Press, 1976.

[47] C P KINDLEBERGER. American Business Abroad: Six Lectures on Direct Investment [M]. New Haven, CT: Yale University Press, 1969.

[48] R VERNON. International Investment and International Trade in the Product Cycle [J]. Quarterly Journal of Economics, 1966 (80).

[49] AMY JOCELYN GLASS. Product Cycles and Market Penetration [J]. American Economic Review, 1997 (38): 885-886.

[50] Y AHARONI. On the Definition of a Multinational Corporation [J]. Quarterly Review of Economic and Business, 1971 (11): 22-37.

[51] RICHARD E CAVES. Multinational Enterprises and Economic Analysis [M]. London: Cambridge University Press, 1982.

[52] GORDON J ALEXANDER, WILLIAM E SHARPE. 证券投资原理 [M]. 成都: 西南财经大学出版社, 1992.

[53] HERBERT E DOUGALL, FRANCIS J CORRIGAN. 投资学 [M]. 北京: 中国人民大学出版社, 1990.

[54] FRANKLIN R ROOT. International Trade and Investment [M]. Sixth Edition. Southwestern Publishing Company, 1990.